IAN KERSHAW

De volta do inferno
Europa, 1914-1949

Tradução
Donaldson M. Garschagen
Renata Guerra

Copyright do texto © 2015 by Ian Kershaw

O autor assegura seus direitos morais.

Todos os direitos reservados.

A primeira edição em língua inglesa foi publicada por Penguin Books Ltd, Londres.

*Grafia atualizada segundo o Acordo Ortográfico da Língua Portuguesa de 1990,
que entrou em vigor no Brasil em 2009.*

Título original
To Hell and Back: Europe, 1914-1949

Capa
Kiko Farkas e Ana Lobo / Máquina Estúdio

Foto de capa
ullstein bild / Getty Images

Preparação
Alexandre Boide

Índice remissivo
Luciano Marchiori

Revisão
Jane Pessoa
Angela das Neves

Dados Internacionais de Catalogação na Publicação (CIP)
(Câmara Brasileira do Livro, SP, Brasil)

Kershaw, Ian.
De volta do inferno : Europa, 1914-1949 / Ian Kershaw;
tradução Donaldson M. Garschagen, Renata Guerra — 1ª ed. — São
Paulo : Companhia das Letras, 2016.

Título original : To Hell and Back : Europe, 1914-1949

ISBN 978-85-359-2806-8

1. Europa – História – 1918-1945 2. Guerra Mundial, 1914-1918
– Europa 3. Guerra Mundial, 1939-1945 – Europa I. Título.

16-06949	CDD-940.5

Índice para catálogo sistemático:
1. Europa : 1914-1949 : História   940.5

[2016]
Todos os direitos desta edição reservados à
EDITORA SCHWARCZ S.A.
Rua Bandeira Paulista, 702, cj. 32
04532-002 — São Paulo — SP
Telefone: (11) 3707-3500
Fax: (11) 3707-3501
www.companhiadasletras.com.br
www.blogdacompanhia.com.br
facebook.com / companhiadasletras
instagram.com / companhiadasletras
twitter.com / cialetras

Sumário

Lista de mapas 7

Agradecimentos 13

Prefácio. 15

Introdução: O período de autodestruição da Europa 19

1. No limite 26

2. O grande desastre. 61

3. A paz turbulenta 109

4. Dançando no topo do vulcão 164

5. Sombras ameaçadoras 210

6. Zona de perigo 258

7. Rumo ao abismo 304

8. Inferno na terra 353

9. Transições silenciosas nas décadas sombrias 413

10. A Europa renasce das cinzas 472

Bibliografia selecionada 525

Índice remissivo 549

Lista de mapas

Mudanças territoriais na Europa decorrentes da Primeira Guerra Mundial
A Europa durante o nazismo, fim de 1942
Mudanças territoriais na Europa decorrentes da Segunda Guerra Mundial

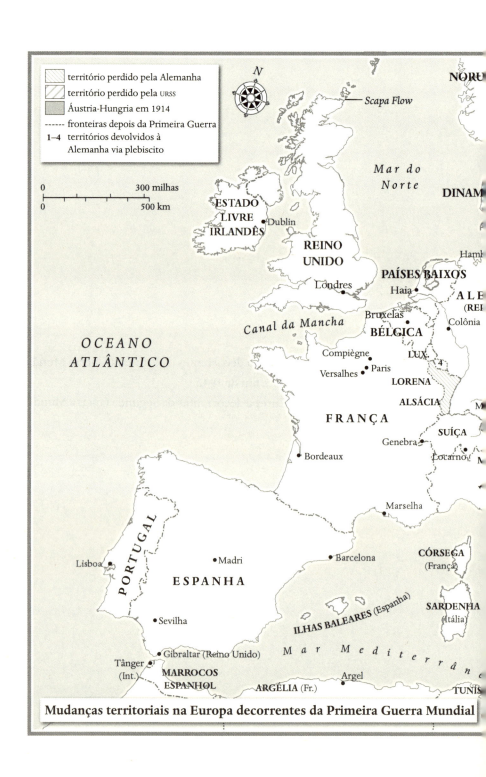

Mudanças territoriais na Europa decorrentes da Primeira Guerra Mundial

A Europa durante o nazismo, fim de 1942

Agradecimentos

Um livro como este depende, mais do que de costume, de sugestões e incentivo de outras pessoas — às vezes, sem que elas se deem conta disso. Em muitos sentidos, sou grato a Joe Bergin, Richard Bessel, John Breuilly, Franz Brüggemeier, Chris Clark, Paul Corner, David Dilks, Christopher Duggan, Richard Evans, Detleff Felken, Jürgen Förster, Norbert Frei, Elke Fröhlich, Mary Fulbrook, Dick Geary, Robert Gerwarth, Christian Göschel, Mike Hannah, Joe Harrison, Julia Hoffmann, Dov Kulka, Eberhard Jäckel, Margit Ketterle, Peter Liddle, Klaus A. Maier, Michael Mann, Andy Marrison, aos membros do Cambridge Modern History Seminar, Hans Mommsen, Bob Moore, Irene Nielsen, Frank O'Gorman, Peter Pulzer, Aron Rodrigue, Mary Vincent, George Wedell, Hans-Ulrich Wehler, Frieder Weitbrecht, Charlotte Woodford, Hans Woller, Jonathan Wright e Benjamin Ziemann.

Sou grato também a Gerhard Hirschfeld por me enviar a excelente e confiável enciclopédia da Primeira Guerra Mundial, da qual foi um dos organizadores e que, posteriormente, saiu em inglês, numa edição esplêndida. Bernt Hagtvet foi mais que amável ao me proporcionar dois volumes extremamente úteis e informativos a que eu não havia tido acesso e que merecem ser mais conhecidos: a coletânea de ensaios organizada por Dirk Berg-Schlosser e Jeremy Mitchell sobre as crises da democracia no período de entreguerras na Europa, e o livro de Stein

Ugelvik Larsen a respeito da transição do fascismo para a democracia depois de 1945. Agradeço também a Norman Davies, que me indicou vários relatos de primeira mão dos acontecimentos na Polônia, entre eles as fascinantes memórias de Jan Słoma, prefeito de uma cidadezinha; e a Andreas Kossert, por outras referências a fontes polonesas.

Tenho uma dívida especial para com diversas pessoas por seus comentários críticos sobre o texto. Beverley Eaton eliminou muitos erros tipográficos. Traude Spät fez sugestões magníficas (e ela e Ulrich me receberam com generosa hospitalidade, como sempre, durante minhas viagens a Munique). No nível acadêmico, devo um agradecimento cordial a David Cannadine (editor-geral da coleção de História da Europa Penguin), Laurence Rees e Nicholas Stargardt. Depois de encerrado o manuscrito, Richard Mason foi um meticuloso preparador de texto.

Da mesma forma que em ocasiões anteriores, foi um prazer trabalhar com a excelente equipe da Penguin. Simon Winder foi, como de hábito, um editor exemplar. Tanto ele como Maria Bedford prestaram enorme ajuda na pesquisa e escolha das imagens, enquanto Richard Duguid supervisionou a produção com sua eficiência habitual. Cabe uma palavra de agradecimento também a Auriol Griffith-Jones pela competente confecção do índice remissivo. Sou grato, como sempre, a Andrew Wylie, um agente literário *sans pareil*, à Wylie Agency, em Londres, e a James Pullen e Sarah Chalfant pela ajuda e pelos conselhos proveitosos.

Betty, David e Stephen foram, do começo ao fim, fontes contínuas de apoio e estímulo. Betty levantou várias questões pertinentes quanto a detalhes do texto, e as conversas com David a respeito das primeiras versões do livro, no Royal Oak, em Didsbury, foram imensamente prazerosas e construtivas. Por fim, nossos cinco netos — Sophie, Joe, Ella, Olivia e Henry — sempre garantiram um maravilhoso e agradável contraponto à história triste que eu tinha de narrar aqui. Esperemos que eles e outros de sua geração desfrutem de uma Europa sem as divisões, o rancor e o ódio que turvaram seu passado.

Ian Kershaw
Manchester, maio de 2015

Prefácio

Este é o primeiro de dois volumes sobre a história da Europa, de 1914 aos nossos dias. De certa forma, é a obra mais difícil que já escrevi. Cada um de meus livros foi, em certo sentido, uma tentativa de chegar a uma melhor compreensão de um problema do passado. Neste caso, o passado recente encerra uma multiplicidade de problemas complexos. No entanto, apesar de todas as dificuldades, foi irresistível a tentação de procurar entender melhor as forças que, no passado recente, moldaram o mundo de hoje.

Não existe, é claro, uma maneira única de abordar uma história do século XX na Europa. Já existem excelentes histórias, com variadas interpretações e estruturas — entre elas, cada qual com uma visão diferente do século, contam-se as obras de Eric Hobsbawm, Mark Mazower, Richard Vinen, Harold James e Bernard Wasserstein. Este volume e o que a ele se seguirá representam, necessariamente, um enfoque pessoal desse século tão relevante. E, como toda tentativa de cobrir um vasto panorama ao longo de um extenso período, tem de se basear bastante na pesquisa pioneira de outras pessoas.

Estou mais que consciente do fato de que para praticamente cada frase que escrevi estava disponível uma infinidade de trabalhos especializados, muitas vezes de alta qualidade. Somente com relação a alguns poucos aspectos, relativos principalmente à Alemanha entre 1918 e 1945, posso afirmar ter feito pesquisa primária. No tocante a outros pontos, tive de depender do excelente trabalho de outros estudiosos dos mais diversos campos. Mesmo que minha competência linguística fosse maior, isso teria sido inevitável. Nenhum estudioso poderia pesquisar arquivos em toda a Europa e, como essa tarefa já foi feita por especialistas em diferentes países e com temas históricos específicos, tal trabalho não faria sentido. Assim, um panorama como o que estou apresentando deve se fundamentar em incontáveis pesquisas de outras pessoas.

O formato da coleção História da Europa Penguin, da qual a edição original deste livro faz parte, impede referências a muitas obras historiográficas indispensáveis nas quais me baseei — monografias, edições de documentos contemporâneos, análises estatísticas e estudos estrangeiros especializados. A bibliografia redime algumas de minhas principais dívidas para com outros historiadores. Espero que os autores me perdoem por não me referir a seus trabalhos em notas de rodapé, e que aceitem meus sinceros agradecimentos por seus enormes esforços. Qualquer originalidade minha acha-se, portanto, apenas na estrutura e na interpretação — na forma como fiz o relato dos acontecimentos e na natureza subjacente da argumentação.

A introdução "O período de autodestruição da Europa" expõe o plano geral deste volume e indica o enfoque do segundo (que ainda não foi escrito). Com relação à estrutura, organizei os capítulos em ordem cronológica, com subdivisões temáticas. Isso decorreu de meu desejo de explicar com precisão como o drama se desenrolou e de revelar a marcha dos acontecimentos; para tanto, concentrei a exposição em períodos bastante breves, embora aborde separadamente, dentro desses períodos, as diversas forças envolvidas. Por isso, não há capítulos dedicados expressamente a tópicos como economia, sociedade, cultura, ideologia e política, embora todos esses aspectos estejam presentes, ainda que não com o mesmo peso, em cada um dos capítulos.

A guerra dominou a primeira metade do século xx, o tema deste volume. Isso suscita problemas específicos. Como tratar as vastas e relevantes questões da Primeira e da Segunda Guerras Mundiais num único volume? Sobre cada um desses dois conflitos existem bibliotecas inteiras. Entretanto, os leitores podem, com razão, esperar que não sejam simplesmente convidados a procurar informações em outras obras (embora elas possam, claro, ser consultadas em relação a qualquer tema tratado neste volume). Por isso, julguei que valia a pena começar os capítulos que tratam diretamente das duas guerras mundiais com exposições extremamente concisas sobre o que aconteceu nas frentes de batalha. Ainda que narrados laconicamente — sobretudo como orientação e para destacar, de forma bem sucinta, a enormidade da catástrofe e de suas consequências —, fica óbvio que tais fatos foram cruciais. Em outros casos, perguntei-me também se deveria partir do princípio de que todos os leitores estariam familiarizados, por exemplo, com o pano de fundo da ascensão do fascismo na Itália ou com o desenrolar da Guerra Civil Espanhola, antes de decidir que, também nesse caso, resumos breves poderiam ser úteis.

Fiz questão, em todo o livro, de expor experiências pessoais de contemporâneos para dar uma ideia de como era a vida nessa época, tão próxima no tempo, mas de natureza tão diferente. Tenho consciência, claro, de que experiências pessoais são simplesmente isso — experiências pessoais. Não podem ser vistas como estatisticamente representativas. No entanto, com frequência servem de indícios — reflexos de atitudes e mentalidades mais amplas. De qualquer forma, elas proporcionam instantâneos vívidos e oferecem um vislumbre, diferente de abstrações e análises impessoais, de como as pessoas reagiam às forças poderosas que atormentavam sua vida.

Uma história da Europa não pode, naturalmente, ser um somatório de histórias nacionais. O que pretendo apresentar são as forças que moldaram o continente como um todo — em todas, ou pelo menos na maioria de suas partes constituintes. Uma síntese tem de oferecer, claro, uma visão panorâmica — como a de uma ave, e não a de uma minhoca. Tem de generalizar, e não se concentrar em peculiaridades, ainda que eventos singulares só se tornem visíveis através de uma grande-angular. Tentei não negligenciar nenhuma região da Europa e, muitas vezes, procurei enfatizar a história especialmente trágica da porção oriental do continente. De forma inevitável, porém, alguns países desempenharam um papel maior (ou mais doloroso) do que outros e, por isso mesmo, exigem maior atenção. Neste volume e no próximo, o conceito de Europa inclui a Rússia (na época, União Soviética); seria impensável deixar de fora um ator tão importante na história europeia, ainda que partes extensas do Império russo, então soviético, se encontrassem, do ponto de vista geográfico, fora do continente. Da mesma forma, o conceito inclui a Turquia, nos casos em que se envolveu de maneira significativa nos assuntos europeus, embora sua importância tenha diminuído sensivelmente a partir de 1923, depois que o Império Otomano se decompôs e ela surgiu como Estado-nação.

Este volume começa com um breve panorama da Europa às vésperas da Primeira Guerra Mundial. Seguem-se capítulos sobre o conflito em si, suas consequências imediatas, a efêmera recuperação em meados da década de 1920, o impacto da Grande Depressão, a ameaça assustadora de outro conflito mundial, a eclosão de outra grande guerra no período de uma geração e o colapso devastador da civilização causado pela Segunda Guerra Mundial. Nesse ponto, interrompo a estrutura cronológica com um capítulo temático (o de número 9), que explora várias questões que não se encaixam nos limites cronológicos dos capítulos anteriores — a mudança demográfica e socioeconômica, a posição das Igrejas cristãs, a postura dos intelectuais e o crescimento do entretenimento popular. O capítulo final retorna à estrutura cronológica.

Pensei em encerrar este primeiro volume em 1945, com o fim da Segunda Guerra Mundial. Todavia, apesar de as hostilidades formais na Europa terem acabado em maio daquele ano (prosseguindo até agosto contra o Japão), o rumo funesto dos anos 1945-9 foi determinado de forma tão clara pela guerra e pelas reações a ela que considerei justificado me estender para além do momento em que a paz voltou oficialmente ao continente. Em 1945, não se vislumbrava muito bem o perfil de uma nova Europa, a do pós-guerra; só pouco a pouco ele se tornou claro. Por isso, pareceu-me apropriado acrescentar um capítulo final que tratasse do pós-guerra imediato, que não só assistiu a novos episódios de violência como também moldou de forma indelével a Europa dividida que emergiu em 1949. Portanto, o primeiro volume termina não em 1945, mas em 1949.

Um dos mais batidos chavões dos comentaristas de futebol, quando o intervalo de uma partida traz uma nítida mudança no comportamento das equipes, costuma ser: "É um segundo tempo completamente diferente". É muito tentador pensar no século xx da Europa como um século de dois tempos completamente diferentes, talvez com uma prorrogação a partir de 1990. Este volume trata apenas da primeira metade de um século extraordinário e dramático. Uma era em que a Europa travou duas guerras mundiais, ameaçou os alicerces da própria civilização e parecia temerariamente determinada a se autodestruir.

Ian Kershaw
Manchester, novembro de 2014

Introdução:
O período de autodestruição da Europa

As guerras dos povos serão mais terríveis que as dos reis.
Winston Churchill (1901)

Para a Europa, o século xx foi uma época de conflitos armados. Duas guerras mundiais, seguidas de quarenta anos de Guerra Fria — ela própria produto direto da Segunda Guerra —, definiram uma era. Foi um período trágico, fascinante e de enorme dramaticidade, com uma história de imensa agitação e transformações estarrecedoras. Durante o século xx, a Europa foi ao inferno e voltou. O continente, que por quase cem anos desde o fim das guerras napoleônicas, em 1815, se orgulhava de estar no apogeu da civilização, mergulhou, entre 1914 e 1945, no abismo da barbárie. Contudo, a uma calamitosa era de autodestruição seguiram-se uma estabilidade e uma prosperidade antes inimagináveis — ainda que ao alto custo de uma intransponível divisão política. Posteriormente, uma Europa reunificada, confrontada com imensas pressões internas decorrentes da globalização acelerada e de graves desafios externos, experimentou crescentes tensões estruturais, antes mesmo que o colapso financeiro de 2008 lançasse o continente numa nova crise, ainda sem solução.

Um segundo volume tratará da era que se seguiu a 1950. Este primeiro, porém, aborda a maneira como a Europa quase se autodestruiu na primeira metade do século. Examina como as perigosas forças surgidas na Primeira Guerra Mundial culminaram em desumanidade e destruição quase inimagináveis durante a Segunda. Essa catástrofe, com o genocídio sem precedentes do qual não pode ser separada, torna esse conflito o epicentro e o episódio determinante da história conturbada do continente no século xx.

Os capítulos que se seguem analisam as razões dessa catástrofe imensurável, dividindo-as em quatro componentes principais e entrelaçados com uma crise generalizada, específica dessas décadas: (1) uma explosão de nacionalismo etnorracista; (2) exigências ferozes e irreconciliáveis de revisionismo territorial; (3) um agudo conflito de classes — que ganhou um foco concreto com a Revolução Bolchevique na Rússia; e (4) uma prolongada crise do capitalismo (que muitos observadores julgavam ser terminal). O triunfo do bolchevismo foi um novo componente vital depois de 1917. O mesmo pode ser dito do estado de crise quase constante do capitalismo, só aliviado durante uns poucos anos, em meados da década de 1920. Os outros elementos já se faziam presentes antes de 1914, ainda que de forma menos aguda. Nenhum deles foi uma das causas primárias da Primeira Guerra Mundial. Entretanto, a virulência renovada de cada um deles foi um resultado crucial daquele conflito. Sua interação letal gerou uma era de notável violência, que por sua vez levou à Segunda Guerra Mundial, muito mais destrutiva que a Primeira. As regiões que sofreram os piores efeitos da combinação dos quatro elementos foram o centro, o leste e o sudeste da Europa — de modo geral, as áreas mais pobres do continente. A Europa Ocidental sofreu menos (embora a Espanha tenha sido uma exceção importante).

A desintegração dos impérios Austro-Húngaro e Otomano, no fim da Primeira Guerra Mundial, e as imensas e violentas revoltas da guerra civil que se seguiram à Revolução Russa desencadearam novas forças de nacionalismo extremado, segundo o qual a identidade com a nação em geral era definida em termos étnicos. Esse tipo de conflito foi especialmente endêmico na metade oriental do continente, mais pobre — regiões onde, havia muito tempo, mesclavam-se etnias variadas. Com frequência, o ódio nacionalista escolhia os judeus como bode expiatório para o ressentimento e a miséria social. Havia mais judeus na Europa Central e Oriental do que na Ocidental, e naquelas regiões eles não estavam, em geral, tão bem integrados à sociedade como os da Europa Ocidental, além de serem de classe social mais baixa. Os países da Europa Central e Oriental eram, muito mais do que a Alemanha, focos tradicionais de exacerbado antissemitismo. A maior homogeneidade étnica que existia na Europa Ocidental e o fato de seus Estados-nações normalmente terem se desenvolvido durante um longo período faziam com que as tensões ali, embora não ausentes de todo, fossem menores do que no leste.

Além do mais, os países vitoriosos e a maioria dos países neutros da Primeira Guerra Mundial se localizavam na Europa Ocidental. O prestígio nacional diminuído e a competição por recursos materiais — o caldo de cultura do nacionalismo étnico agressivo — desempenharam um papel muito maior no leste. No centro do continente, a Alemanha — o mais importante país derrotado e possuidor da chave para a paz futura na Europa, com fronteiras que se estendiam da França e da Suíça, no oeste, à Polônia e à Lituânia, no leste — alimentava fortes ressentimentos pela maneira como fora tratada pelos vencedores, e só refreou temporariamente suas ambições revisionistas. Mais ao sul e a leste, as ruínas dos impérios Austro-Húngaro, Russo e Otomano davam origem a novos Estados-nações, muitas vezes amalgamados nas circunstâncias menos propícias possíveis. Não surpreende que os ódios nacionalistas e étnicos que envenenavam a política viessem a transformar essas regiões nos maiores campos de morticínio da Segunda Guerra Mundial.

As alterações territoriais que se seguiram à Primeira Guerra Mundial intensificaram em alto grau os conflitos nacionalistas e as tensões etnorraciais. Por melhores que fossem suas intenções, os arquitetos do Tratado de Versalhes, em 1919, viram-se diante de problemas insuperáveis em sua tentativa de satisfazer as demandas territoriais dos países formados a partir do esfacelamento dos velhos impérios. Minorias étnicas representavam partes consideráveis da maioria dos novos Estados no centro, no leste e no sudeste da Europa, o que constituía uma base potencial para graves conflitos políticos. Praticamente em toda parte, o traçado das fronteiras dava ensejo a litígios, e as reivindicações das minorias étnicas, em geral discriminadas pelas populações majoritárias, ficavam sem solução. Ademais, o novo desenho de fronteiras, definido em Versalhes, fomentava ressentimentos perigosos em países que se sentiam injustiçados. Embora a Itália não tivesse divisões étnicas internas (exceto a população, basicamente de língua alemã, do Tirol do Sul, anexado depois do fim da guerra), nacionalistas e fascistas podiam explorar um sentimento de injustiça pelo fato de um país aliado às potências vitoriosas ser privado dos ganhos territoriais a que aspirava, ou seja, dos territórios que em breve receberiam o nome de Iugoslávia. Muitíssimo mais perigosa para uma paz duradoura na Europa foi a fúria profunda da Alemanha — que, como a Itália, não tinha divisões étnicas internas. Causada pela mutilação de seu território depois da guerra e por suas exigências de revisão do Tratado de Versalhes, mais tarde alimentou o crescente apoio ao nazismo e, fora das fronteiras do Reich, incentivou o ressentimento de minorias étnicas alemãs na Polônia, na Tchecoslováquia e em outros países.

O nacionalismo estrepitoso surgido depois da Primeira Guerra Mundial ganhou ímpeto não com as rivalidades étnicas, mas também devido ao conflito de classes. A percepção de unidade nacional podia ser enormemente intensificada pelo foco em supostos "inimigos" de classe dentro ou fora do Estado-nação. A imensa turbulência econômica que se seguiu à guerra e as medonhas consequências da crise da década de 1930 potencializaram o antagonismo de classes em toda a Europa. O conflito de classes, com frequência violento, já havia pontuado, naturalmente, toda a era industrial. No entanto, com a Revolução Russa e a criação da União Soviética, ele se tornou muito mais forte em comparação com o período anterior à Primeira Guerra Mundial. Tratava-se da proposição de um modelo alternativo de sociedade, que tinha derrubado o capitalismo e criado uma "ditadura do proletariado". As ideias da eliminação da classe capitalista, a expropriação dos meios de produção pelo Estado e a redistribuição das terras em grande escala a partir de 1917 atraíram amplas parcelas das massas empobrecidas. Contudo, a existência do comunismo soviético também dividiu a esquerda, debilitando-a de forma fatal, ao mesmo tempo que fortalecia muitíssimo as forças da extrema direita nacionalista. Elementos revitalizados da direita podiam direcionar as energias violentas daqueles que se sentiam ameaçados pelo bolchevismo — de modo geral, as elites proprietárias tradicionais, as classes médias e os camponeses proprietários de terras — para movimentos políticos novos e extremamente agressivos.

A contrarrevolução, tal como o apelo revolucionário da esquerda, explorava o rancor e as angústias do conflito de classes. Os movimentos contrarrevolucionários ganharam maior popularidade onde foram capazes de combinar o nacionalismo extremado com um antibolchevismo virulento. Também nesse caso, os países da Europa Central e Oriental, onde a ameaça bolchevique era vista como iminente, foram os mais afetados. O maior perigo internacional, porém, ocorreu onde a combinação de nacionalismo extremo e ódio quase paranoico ao bolchevismo estimulou o surgimento de movimentos de massa de direita — que conseguiram ascender ao poder na Itália e, mais tarde, na Alemanha. Nesses casos, quando as energias nacionalistas e antibolchevistas carregadas de ódio que haviam impelido a extrema direita ao poder puderam ser canalizadas para a agressão externa, a paz na Europa se viu gravemente ameaçada.

O quarto componente, que alicerçava os outros três e interagia com eles, foi a persistente crise do capitalismo no entreguerras. A enorme perturbação da economia mundial, causada pela Primeira Guerra Mundial, a grave debilidade das principais economias europeias — Inglaterra, França e Alemanha — e a relutância da potência econômica hegemônica, os Estados Unidos, em se empenhar plenamente na reconstrução do velho continente prenunciavam o desastre. Os problemas da Europa eram complicados pelas consequências da guerra no restante do mundo. O Japão expandia seus mercados no Extremo Oriente, com destaque para a China — arrasada pelo caos político —, à custa dos europeus. O Império britânico se confrontava com crescentes dificuldades políticas e econômicas, mais evidentes na Índia, onde o crescimento de uma indústria têxtil nacional e a consequente perda dos mercados de exportação britânicos intensificaram ainda mais os dissabores econômicos ingleses. E a Rússia na prática desapareceu da economia mundial, na esteira da revolução e da guerra civil. A crise do capitalismo era global, mas foi especialmente deletéria na Europa.

A crise inflacionária do começo da década de 1920 e a crise deflacionária do decênio seguinte delimitaram um ciclo de crescimento demasiado efêmero, que se revelou um castelo de areia. As duas fases de gigantescas inquietações econômicas e sociais, separadas por tão pouco tempo, criaram um clima em que tanto a privação como o medo dela alimentaram intensamente os radicalismos políticos.

Por si só, o desarranjo econômico não bastava para produzir uma grande perturbação política. Para isso, era necessária uma crise de legitimidade do Estado, sustentada por uma disputa ideológica e por cisões culturais profundas que expusessem as elites detentoras do poder a novas pressões decorrentes da mobilização das massas. Tais condições se achavam presentes em muitos países da Europa, sobretudo naqueles onde o nacionalismo extremado — oriundo da sensação generalizada de perda de prestígio nacional e da frustração de expectativas de status de grande potência — fomentava um movimento que extraía energia da suposta força dos inimigos diabólicos que alegava enfrentar e estava em condições de aspirar ao poder num Estado de fraca autoridade.

Assim, o que faltava para engendrar a abrangente crise política, socioeconômica e ideológico-cultural que deixou a Europa à beira da autodestruição foi o entrelaçamento dos quatro componentes da crise. Em maior ou menor medida, essa interação afetou a maioria dos países europeus, mesmo na Europa Ocidental. Não obstante, num país em especial — a Alemanha —, todos os quatro elementos estavam presentes em sua forma mais extrema, reforçando-se mutuamente com efeito explosivo. E quando Adolf Hitler, explorando com maestria a crise generalizada e com ideias de vencê-la pelo uso da força, conseguiu consolidar seu controle ditatorial sobre o Estado, as chances de uma catástrofe de larga escala aumentaram bastante. Como o poderio militar e econômico da Alemanha era enorme (ainda que reduzido durante algum tempo pela Primeira Guerra Mundial), e como suas reivindicações revisionistas e suas ambições expansionistas afetavam diretamente a integridade territorial e a independência política de muitos outros países, a probabilidade de que a crise europeia terminasse numa nova guerra cataclísmica tornava-se cada vez maior. Não foi surpresa que a situação chegasse a um ponto crítico no centro e no leste do continente, suas áreas mais desestabilizadas, nem que, uma vez iniciada a guerra, o Leste Europeu se transformasse no cenário da maior destruição e de absurda desumanidade.

A devastação provocada pela Segunda Guerra Mundial alcançou patamares desconhecidos até então. As consequências morais de um colapso tão profundo da civilização se estenderiam pelo restante do século e além dele. No entanto, foi notável que a Segunda Guerra Mundial, em gritante contraste com o caos gerado pela Primeira, preparasse o caminho para o renascimento da Europa na segunda metade do século. Se a Primeira Guerra deixou um legado de acentuados conflitos de etnias, fronteiras e classes, além de uma profunda e prolongada crise do capitalismo, a Segunda varreu essa sequência de fatos interdependentes em seu próprio torvelinho de destruição. O domínio da Europa Oriental pela União Soviética suprimiu, por imposição da força, as divisões étnicas internas e a agitação política. A limpeza étnica em grande escala do pós-guerra imediato redesenhou o mapa do centro e do leste europeus. Os sonhos da Alemanha de dominar a Europa se extinguiram com sua completa derrota, devastação e divisão em dois Estados. Surgiu na Europa Ocidental uma nova disposição de desarmar o antagonismo nacionalista em favor de cooperação e integração. As fronteiras tornaram-se fixas, devido à presença das novas superpotências. A transição do antigo antibolchevismo, que fortalecera a extrema direita, para uma ideologia de Estado na Europa Ocidental promoveu uma política conservadora estável. E, principalmente, o capitalismo reformado (dessa vez com liderança ativa dos Estados Unidos) gerou uma inacreditável prosperidade na metade ocidental do continente, apoiando com isso a estabilidade política. Essas mudanças fundamentais ocorridas depois de 1945 combinaram-se, todas elas, para remover a matriz de elementos de crise que quase destruíram o continente em duas guerras mundiais.

Fundamentalmente, a Segunda Guerra pôs fim, de uma vez por todas, ao sistema em que as grandes potências europeias competiam pelo domínio do continente, um sistema que antecedia a era de Bismarck, remontando ao fim da era napoleônica, em 1815. Com uma Europa renascida, ainda que agora dividida ideológica e politicamente, as únicas grandes potências que restavam eram os Estados Unidos e a União Soviética, cada qual de seu lado da Cortina de Ferro, lançando olhares hostis uma para a outra e presidindo a reconstrução de Estados e sociedades segundo sua própria imagem. Mas em 1949 surgiu um novo e vital elemento: como as duas superpotências produziram bombas atômicas e quatro anos depois as horrendas bombas de hidrogênio, ainda mais destrutivas, o espectro de uma guerra nuclear acenou com um nível de destruição que teria superado, e muito, a devastação das duas guerras mundiais. Isso despertou uma maior cautela e desempenhou um papel relevante para criar o que, em 1945, parecia ser uma era altamente improvável de paz na Europa.

A forma como esses elementos interagiram para transformar a Europa, tanto a Oriental como a Ocidental, será analisado no volume seguinte. O que se segue neste é uma tentativa de compreender como o continente mergulhou no abismo durante a primeira metade desse século tão violento e conturbado, mas, de forma extraordinária, quatro anos depois de ter chegado ao fundo do poço em 1945, começou a construir o caminho para uma recuperação surpreendente — para que uma nova Europa emergisse das cinzas da antiga e começasse a trilhar o caminho de volta do inferno à terra.

1. No limite

Levamos o pacifismo muito a sério! Mas temos de fazer com que o orçamento para nossa artilharia seja aprovado.

General Stumm em *O homem sem qualidades*, de Robert Musil

Mesmo na época, havia previsões de que o mergulho na guerra daria fim a uma era. É bem conhecida a sensação de mau presságio expressa por Sir Edward Grey, secretário de Relações Exteriores britânico, em 3 de agosto de 1914: "As luzes estão se apagando em toda a Europa. Não as veremos acesas de novo enquanto vivermos". O chanceler do Reich alemão, Theobald von Bethmann-Hollweg, teve um pressentimento semelhante: "Vejo uma ruína que a força humana não é capaz de deter pendendo sobre a Europa e sobre o nosso próprio povo", exclamou, quando a perspectiva de guerra crescia e se aproximava, em julho de 1914. Três anos antes, num discurso no Parlamento alemão, o Reichstag, o socialista August Bebel afirmara que crescia o perigo de uma guerra iminente na Europa e que ela traria a catástrofe ao continente. "O *Götterdammerung** do mundo burguês está se aproximando", ele declarou. Essas palavras foram recebidas com objeções e contraditas. A guerra não levou ao colapso do capitalismo e ao triunfo do socialismo; no entan-

---

* Crepúsculo dos deuses. Em alemão no original. (N. T.)

to, Bebel foi visionário em sua previsão de que ela traria consigo uma nova era. O diplomata americano George Kennan mais tarde classificou a guerra como "a grande catástrofe seminal". E com razão. Ela foi realmente uma catástrofe. E inaugurou uma época — a "Guerra dos Trinta Anos" do século xx — em que o continente europeu chegou muito perto de se autodestruir.

UMA IDADE DE OURO?

O que permaneceu, principalmente na memória das classes privilegiadas, depois da Primeira Guerra Mundial, foi a imagem de uma era esplendorosa de estabilidade, prosperidade e paz, varrida tragicamente pelos horrores que viriam. *"The Gilded Age"* — foi assim que os americanos vieram a classificar os anos que antecederam a guerra: uma era dourada. No entanto, a expressão captava a maneira como também os europeus passaram a vê-la. A burguesia parisiense recordava *"la belle époque"* como o tempo em que a cultura francesa fazia inveja ao mundo, quando Paris parecia o centro da civilização. As classes dominantes de Berlim lembravam "a era guilhermina" como um período de riqueza, segurança, grandeza e da estatura nacional que convinha à Alemanha recém-unificada. Também Viena se via no pináculo da glória cultural, do brilho intelectual e da histórica grandeza imperialista. Munique, Praga, Budapeste, São Petersburgo, Moscou e outras cidades, de um lado a outro do continente, partilhavam um florescimento da cultura. Novas correntes de expressão artística, desafiadoras e provocantes, surgiam em praticamente todas as formas das artes visuais, da literatura, da música e do teatro numa explosão de ousada criatividade.

Em Londres, a economia tinha mais importância que a cultura. Na capital de um império global, a geração que se seguiu à Primeira Guerra Mundial ansiava pela volta de uma extinta "idade de ouro" de contínuo crescimento econômico, comércio florescente e moeda estável. Ficou famoso um texto de John Maynard Keynes no qual o grande economista britânico dizia, depois da guerra, que "o morador de Londres" podia encomendar "pelo telefone, bebericando seu chá na cama, os mais variados produtos de toda a Terra, na quantidade desejada, e esperar recebê-los prontamente em sua porta". Tratava-se, naturalmente, de uma perspectiva bastante privilegiada, por parte de um homem abastado da classe média alta e residente na cidade que era o centro do comércio mundial. Nos *shtetls* da Europa Oriental, nas áreas rurais empobrecidas do sul da Itália, da Espanha, da Grécia e da Sérvia, ou entre as massas urbanas amontoadas nos cortiços de Berlim, Viena, Paris, São Petersburgo e da própria Londres, pouca gente tinha ouvido falar dessa existência idílica. Mesmo assim, a imagem de uma "idade de ouro" não foi apenas uma ideia artificial do pós-guerra.

Malgrado as divisões internas e as rivalidades nacionalistas da Europa, todos os países desfrutavam de livre movimentação de bens e de capital, como parte de uma economia capitalista entrelaçada, internacional e global. A estabilidade que permitia o próprio crescimento econômico fundamentava-se no reconhecimento do padrão-ouro como uma espécie de moeda mundial, com raízes na preponderância de Londres como centro econômico e financeiro. Na City, o Banco da Inglaterra detinha a chave da estabilidade da economia mundial. Ganhos invisíveis advindos do transporte marítimo, dos seguros, dos juros e das exportações mais que compensavam o déficit na balança comercial inglesa. Em 1897-8 tinha havido um aumento substancial na oferta de ouro, proveniente, sobretudo, da África do Sul. Entretanto, o Banco da Inglaterra nem acumulou reservas de ouro excessivas, o que teria prejudicado outros países, nem as reduziu. As economias dos Estados Unidos e da Alemanha eram mais dinâmicas e cresciam mais depressa do que a britânica. Era provável que em algum momento os Estados Unidos viessem a dominar a economia mundial. No entanto, a Inglaterra ainda detinha a maior parcela do comércio global (embora ela estivesse diminuindo) e era de longe a maior exportadora de capitais de investimento. A rivalidade entre as grandes potências no tocante à exploração econômica do globo estava, com certeza, aumentando a tensão que ameaçava a estabilidade da economia capitalista internacional. Até 1914, contudo, continuava intacto o sistema que tanto beneficiara a Europa, principalmente suas regiões industrializadas, durante as décadas anteriores. Era generalizada a confiança de que ele permaneceria estável, próspero e em crescimento.

Ao ser inaugurada em Paris, em 1900, a grandiosa Exposição Universal pretendia exibir uma civilização florescente, que tinha em seu núcleo a Europa, e entoar um vibrante hino de louvor ao progresso. Alardeava-se uma era de novas tecnologias. Máquinas imensas impressionavam o público por sua capacidade e velocidade. O fulgor do "Palácio da Eletricidade", iluminado por 5 mil lâmpadas elétricas, literalmente ofuscava seus visitantes. Vinte e quatro nações europeias e os Estados Unidos, além de países africanos, asiáticos e latino-americanos, fizeram-se representar com pavilhões requintados — visitados durante os seis meses seguintes, em geral com admiração extasiada, por nada menos que 50 milhões de pessoas. A Europa Oriental, com destaque para a Rússia, com seus nove pavilhões, teve uma forte presença. E a "missão civilizatória" europeia brilhou na exposição. Com o imperialismo em seu apogeu, as representações de possessões coloniais distantes, sempre de opulento exotismo, transmitiram uma impressão avassaladora de domínio europeu do mundo. O comércio, a prosperidade e a paz garantiriam um prosseguimento ilimitado dessa dominação. O futuro se anunciava fulgurante.

O otimismo parecia justificado. Em comparação com que o que ocorrera antes, e ainda mais com o que estava por vir, o século XIX fora pacífico. A era de Napoleão terminara em 1815. A guerra na distante Crimeia, entre 1853 e 1856, assim como os breves conflitos que culminaram na unificação alemã e italiana em 1871, não haviam ameaçado a paz do continente como um todo. Uma década depois da grande exposição de Paris, um escritor britânico, Norman Angell, publicou um best-seller internacional, *The Great Illusion*, no qual se arriscava a afirmar que a riqueza moderna advinda do comércio e de uma economia globalmente interligada tornava a guerra sem sentido. Muita gente, e não só na Inglaterra, concordou. Era difícil imaginar que a prosperidade, a paz e a estabilidade não prosseguiriam indefinidamente, podendo ser varridas tão cedo e com tanta rapidez.

Todavia, a Europa tinha outra face, muito menos atraente. O tecido social estava mudando depressa, embora de modo bastante desigual, de um lado a outro do continente. Regiões de industrialização intensa e rápida coexistiam com grandes faixas que ainda eram essencial e primitivamente agrícolas. Em 1913, cerca de 80% da população trabalhadora da Sérvia, da Bulgária e da Romênia ganhava a vida com a terra. Na Europa como um todo, essa proporção era de 40%. Só na Inglaterra caía para pouco mais de 10%. E, em 1913, apenas na Inglaterra, na Bélgica e, surpreendentemente, na Suíça — nem mesmo ainda na Alemanha — mais de 40% da população trabalhadora estava ocupada na indústria. A maioria dos europeus vivia em vilarejos e cidades pequenas. Os padrões de vida continuavam a melhorar, embora ainda fossem miseráveis para a maior parte das pessoas, quer tivessem se juntado às massas fervilhantes que procuravam trabalho nas condições insalubres de cidades em rápido inchaço, como Berlim, Viena ou São Petersburgo, quer levassem uma existência precária no campo. Muitos mostravam seu descontentamento emigrando. A pobreza e a falta de oportunidades expulsavam muita gente de suas terras. Como estavam longe de conhecer os benefícios da prosperidade e da civilização, milhões de europeus simplesmente não viam a hora de ir embora. A emigração para os Estados Unidos chegou ao auge em 1907, quando mais de 1 milhão de europeus atravessaram o Atlântico. A forte elevação no número de emigrantes logo após o começo do século — eles triplicaram em relação à década anterior — foi causada pelos que fugiam da Áustria-Hungria, da Rússia e, mais que de qualquer outra parte, do sul empobrecido da Itália.

A rapidez da mudança social acarretou novas pressões políticas que começaram a ameaçar a ordem estabelecida. Nos anos que antecederam a Primeira Guerra Mundial, o poder político na Europa continuava nas mãos de poucos. As elites fundiárias, antigas famílias aristocráticas cujos filhos às vezes contraíam casamento com novas dinastias que faziam vastas fortunas com a indústria e o capital financeiro, formavam ainda a classe governante e a liderança militar em muitos países. A Europa era, basicamente, um continente de monarquias hereditárias. Somente a Suíça (cuja confederação, que durava séculos, adotara uma moderna constituição republicana federal em 1848), a França (desde 1870) e Portugal (desde 1910) eram repúblicas. Na Áustria-Hungria, o cáiser Francisco José, que ocupava o trono desde 1848 à testa do amplo império multinacional dos Habsburgo, com mais de 50 milhões de súditos, simbolizava a perenidade do poder monárquico.

Não obstante, praticamente em toda parte existia uma estrutura de governo constitucional, partidos políticos pluralistas (embora eleitos por meio de um sistema censitário extremamente restritivo) e um sistema legal. Mesmo a autocracia russa tinha sido forçada a fazer concessões depois de uma malograda revolução em 1905, quando o tsar Nicolau II se viu obrigado a conceder poderes (que na prática se mostraram debilíssimos) ao parlamento local, a Duma. Entretanto, mesmo na Inglaterra (considerada a pátria da democracia parlamentar), grandes parcelas da população careciam de representação política. Alguns países dispunham de antigos sistemas de sufrágio masculino universal. Na Alemanha, por exemplo, a constituição do Reich (1871) concedia a todos os homens com mais de 25 anos o direito ao voto nas eleições para o Reichstag (embora o sistema censitário restritivo, que garantia o domínio dos proprietários de terras, tenha sido mantido nas eleições para o Parlamento da Prússia, área que compreendia dois terços de todo o território do Reich). Na Itália, a adoção do voto masculino (quase) universal só se deu muito mais tarde, em 1912. Na virada do século XX, as mulheres não tinham direito a voto em nenhum país europeu. Campanhas feministas desafiaram essa discriminação em numerosos países, ainda que com pouco êxito antes da Primeira Guerra Mundial, a não ser na Finlândia (que, embora fizesse parte do Império russo, conseguiu introduzir algumas mudanças democráticas depois da revolução abortada de 1905 na Rússia) e na Noruega.

A mudança fundamental, que as elites em todos os países encararam como uma ameaça real, foi a ascensão dos partidos políticos da classe trabalhadora e dos sindicatos profissionais. A Segunda Internacional tinha sido instituída em 1889 como uma organização "guarda-chuva", que coordenava as exigências programáticas dos partidos socialistas nacionais. A maioria deles continuava a seguir, de uma forma ou de outra, a doutrina revolucionária enunciada por Karl Marx e Friedrich Engels. O ataque de ambos à natureza intrinsecamente exploradora do capitalismo, bem como sua campanha em favor de uma nova sociedade baseada na igualdade e na justa distribuição da riqueza, tinha um apelo óbvio e crescente para muitos integrantes da pobre e espoliada classe operária industrial. As tentativas das elites dominantes de proscrever ou suprimir os partidos de trabalhadores e os sindicatos, estes em número cada vez maior, tinham fracassado. Os trabalhadores estavam organizando a defesa de seus interesses melhor do que em qualquer época anterior. A rápida expansão dos sindicatos profissionais atestava isso. Em 1914, eles tinham mais de 4 milhões de membros no Reino Unido; eram mais de 2,5 milhões na Alemanha; e cerca de 1 milhão na França.

Na maioria dos países europeus, partidos socialistas e movimentos de diferentes tipos haviam ganhado voz e conquistado apoio cada vez maior no começo do século. Os socialistas franceses eliminaram suas divisões e se uniram em 1905, declarando que eram "não um partido de reforma, mas um partido de luta de classes e de revolução". Às vésperas da Primeira Guerra Mundial, a Section Française de l'Internationale Ouvrière tinha recebido 17% dos votos populares e obtido 103 cadeiras na Câmara dos Deputados. Na Alemanha, as tentativas de Bismarck de suprimir a social-democracia fracassaram espetacularmente. Desde 1890, com um programa marxista, o Partido Social-Democrata da Alemanha (Sozialdemokratische Partei Deutschlands, SPD) passara a ser o maior movimento socialista da Europa, chegando a mais de 1 milhão de membros antes da guerra. Na eleição de 1912 para o Reichstag, os sociais-democratas tiveram uma votação maior que a de qualquer outro partido, conquistando mais de um terço das cadeiras e fazendo um arrepio percorrer a espinha das classes dominantes da Alemanha.

Nas áreas de maior desenvolvimento econômico da Europa, o socialismo organizado, qualquer que fosse sua retórica, conduziu seus membros a uma militância aberta e canalizou-a para a atuação parlamentar, e não para a ação revolucionária. Na França, Jean Jaurès ganhou muitos adeptos ao defender, apesar da retórica de seu Partido Socialista, um caminho parlamentarista para o socialismo, e não a revolução. O Partido Social-Democrata Alemão, ainda que retoricamente ligado à doutrina marxista, na prática procurou ganhar o poder nas urnas. Na Inglaterra, o Partido Trabalhista, que adotou esse nome em 1906, crescera a partir dos sindicatos e refletia as preocupações pragmáticas dessas entidades em favor dos interesses dos trabalhadores, e não utopias revolucionárias. A mensagem marxista era praticamente ignorada em favor do discurso não revolucionário de que o capitalismo não precisava ser derrubado, uma vez que poderia ser reformado para o eventual benefício da classe trabalhadora. O poder do Estado, presumia-se, poderia ser transformado por meios pacíficos, de modo a representar os interesses da classe trabalhadora. Na maior parte do oeste, do norte e do centro da Europa, os trabalhadores eram pobres, porém menos miseráveis e menos militaristas do que em épocas anteriores. Tinham mais a perder do que seus grilhões e de modo geral seguiam seus líderes reformistas.

Nas áreas menos desenvolvidas do continente, a situação era outra. O confronto com o poder do Estado era mais nítido. Havia pouca ou nenhuma difusão do poder através de organizações intermediárias ou de estruturas sociais que dessem aos cidadãos uma participação no governo. O poder era em larga medida despótico e exercido de cima para baixo, fortemente baseado na coerção, com uma casta dominante bem estabelecida, um funcionalismo corrupto e instituições representativas fracas ou inexistentes. As ideias a respeito do progresso aparentemente ilimitado da civilização, com base na autoridade benigna do Estado e no respeito às leis, que mais tarde fariam parte da percepção que as classes médias da Europa Central, Setentrional e Ocidental tinham de uma "idade de ouro" perdida, pareciam bizarras para a periferia do sul e do leste do continente. Greves, manifestações e insurreições localizadas contra o poder do Estado e o "domínio burguês" aumentaram, por exemplo, na Catalunha e no País Basco nos primeiros anos do século xx. O anarquismo, com frequência envolvendo violência esporádica contra o Estado, granjeou muito apoio entre os trabalhadores sem terras da Andaluzia. No sul da Itália, onde funcionários estatais corruptos eram paus-mandados das classes proprietárias, a agitação rural violenta era endêmica. Bandos de desordeiros vagueavam pelas zonas rurais e misturavam atos criminosos com protestos populares ao defender camponeses e trabalhadores sem terras contra o poder do Estado e dos grandes proprietários. O alarme manifestado pelos líderes europeus diante do que julgavam ser a ameaça representada por uma classe trabalhadora revolucionária tornou-se bastante sério durante uma ampla onda de greves industriais e agitações políticas em 1905. Na Rússia, diante de uma revolução que quase derrubou o tsar, a mão pesada da repressão estatal transformou-se em franca violência contrarrevolucionária quando soldados em São Petersburgo massacraram duzentos trabalhadores e feriram muitas centenas. Fizeram-se algumas concessões, mais de aparências do que reais, no sentido de representação parlamentar, porém o poder continuou nas mãos do tsar e de seus ministros. Para os que não tinham poder, e sobretudo para os que lideravam o movimento socialista, a situação era óbvia. A autocracia tsarista não podia ser reformada. Teria de ser derrubada. O resultado foi o crescimento do radicalismo no socialismo russo.

Os contramovimentos populistas surgiram não só em resposta à ameaça que os movimentos esquerdistas pareciam representar como também para ajudar governos que tinham pouco ou nenhum apoio das massas a ampliá-lo. Com frequência, esses contramovimentos eram patrocinados, direta ou indiretamente, por industriais ou proprietários de terras desejosos de desviar a possível oposição classista para canais mais controláveis. Procuravam "nacionalizar" as massas, instilar nelas sentimentos assertivos — nacionalistas, imperialistas e racistas —, com vistas a fortalecer o status quo político. Em certa medida, tiveram êxito. O nacionalismo belicoso, o antissemitismo violento e outras formas de racismo eram corriqueiros fora da minoria atraída pelas doutrinas do socialismo internacional. A difusão da educação básica, o crescimento da alfabetização e os jornais populares baratos ofereciam a possibilidade de ampliar essa influência. Tanto na direita como na esquerda, a política de massas estava se abrindo para novas formas de mobilização. As antigas certezas começavam a se dissolver. O sistema político das velhas elites conservadoras e liberais percebia uma nova sensação de insegurança.

A mobilização das massas, vista como grave ameaça à ordem política e social vigente, levou o psicólogo francês Gustave Le Bon a publicar, em 1895, sua análise do comportamento das massas intitulada *Psicologia das multidões*. Sua afirmação de que a racionalidade desaparecia quando a pessoa era submetida aos impulsos irracionais e emocionais da multidão tornou-se influente no começo do século XX — o livro teve 45 reimpressões e foi traduzido para dezessete línguas, e mais tarde tornou-se leitura obrigatória para aspirantes a ditadores fascistas. Em toda a Europa, os impulsos emocionais que Le Bon considerava característicos das massas podiam ser facilmente estimulados mediante apelos ao nacionalismo. As elites governantes da Europa não julgavam o nacionalismo tão perigoso quanto o socialismo. Antes da guerra, os perigos incorporados ao fervor nacionalista pareciam mesmo controláveis. No entanto, eles lançaram as raízes de forças que viriam a minar, e por fim destruir, a ordem estabelecida.

A polarização política, assim como a tensão nas relações exteriores e o envolvimento em conflitos externos, definiram o volume relativo da estridente retórica nacionalista. Na Espanha, as tentativas de criar unidade em torno de noções de "regeneração nacional" descarrilaram após a derrota desastrosa e a perda de colônias para os Estados Unidos na guerra de 1898, que de início fora bem-vista pelo povo. De qualquer forma, tais tentativas estavam fadadas ao insucesso, tendo em conta as profundas divisões internas do país, tanto regionais como ideológicas. Entretanto, o zelo cruzadista para forjar uma nação renascida na luta contra inimigos internos acabaria por levar a uma guerra civil catastrófica.

Na maioria dos países, o repertório de imagens de inimigos, internos e externos, foi transformado numa retórica que logo alcançaria novos patamares de agressividade. Os meios de comunicação de massa provocavam animosidades — em geral intensamente xenófobas e, muitas vezes, abertamente racistas — que os governos incentivavam com prazer. A guerra da África do Sul, em 1899-1902, deu novo impulso na Inglaterra à beligerância nacionalista extrema, que veio a ser chamada de "jingoísmo". Na Alemanha, o governo conservador fez brotar o fervor nacionalista na "eleição hotentote" de 1907 para difamar os adversários social-democratas, acusados de falta de patriotismo. (O fato de o número de eleitores social-democratas ter aumentado — apesar da perda de uma quantidade substancial de cadeiras — indica que, como na Inglaterra, o jingoísmo tinha muito mais curso entre as classes médias do que entre os trabalhadores.)

Organizações nacionalistas como a Liga Pangermânica, a Liga da Marinha e a Liga Alemã de Defesa — com eleitores principalmente nas classes média e média baixa — lutavam por uma política externa mais radicalmente afirmativa e expansionista. Antes de 1914, não passavam de grupos de pressão que, embora relevantes, estavam fora da política dominante e do governo. Ainda assim, a essa altura, ideias nacionalistas afirmativas já permeavam praticamente todo o espectro político além da esquerda socialista. Na Itália, persistia a sensação de humilhação nacional depois da derrota calamitosa das forças coloniais italianas, em 1896, imposta por um exército etíope em Adowa (com a perda de mais de 5 mil solda-dos). Isso e também a percepção de que o país era uma "nação proletária", sem assento à mesa das grandes potências imperialistas da Europa, provocaram um sentimento nacionalista, de fervor quase religioso, que enfatizava a luta e o sacri-fício, e clamava por um Estado forte e antissocialista, poder militar e uma política exterior mais assertiva. Apesar do barulho que faziam, os nacionalistas italianos estavam longe de representar a opinião da maioria numa sociedade profunda-mente dividida, e ainda eram um fator de irritação para o governo. Mesmo assim, a pressão nacionalista desempenhou seu papel na decisão do governo liberal de obter uma colônia e invadir a Líbia em 1911 — a primeira guerra em que o mun-do conheceu o bombardeio aéreo, quando os italianos atacaram, de um dirigível, tropas otomanas que batiam em retirada. Na Itália, tal como na Alemanha, o na-cionalismo radical ainda não atraía muita gente. E talvez as coisas permaneces-sem assim se não fosse a Grande Guerra. Entretanto, as sementes de uma futura mudança nefasta já tinham sido plantadas.

Cada vez mais, o nacionalismo definia "a nação" não pelo território, mas por etnicidade — por aqueles que deveriam ter permissão para pertencer a ela. Por exemplo, na eleição de 1902, um nacionalista francês, Edmond Archdéacon, se proclamou "um declarado adversário do internacionalismo. Como antissemita, exijo que os 150 mil judeus e seus lacaios, os 25 mil maçons, parem de oprimir e ar-ruinar 38 milhões de franceses". Ele representava, segundo suas palavras, "a verda-deira República, a república francesa". Na realidade, na França, como também em outras partes da Europa, o nacionalismo, como movimento político, achava-se dila-cerado por divisões internas, incapaz de aspirar ao poder do Estado, mas, ainda as-sim, capaz de tornar os governos mais veementes em suas declarações de política externa. E, embora o nacionalismo se confinasse às margens da política, suas ideias básicas — uma nação definida pela exclusão daqueles considerados inadequados dela, vale dizer, os judeus — permaneciam parte integrante de uma cultura francesa dividida. Argumentos semelhantes eram ouvidos em grande parte da Europa.

Antissemitismo era um termo novo para um fenômeno antigo e generaliza-do no continente: o ódio aos judeus. O tradicional antagonismo aos "assassinos de Cristo", que vinha de séculos, continuava existindo e sendo fomentado pelo clero cristão — protestante, católico e ortodoxo. Outro elemento entranhado nesse ódio decorria de imemoriais ressentimentos econômicos e sociais, reforça-dos na medida em que os judeus tiravam proveito de liberdades recentes para ampliar seu envolvimento na economia e na vida cultural. Isso não demorou a se expressar no uso dos judeus como bodes expiatórios por ocasião de qualquer retração econômica. No final do século XIX, as formas antiquadas e frequentemente ferozes de aversão aos judeus tinham se revestido de algo ainda pior. Elas se mesclavam agora com novas doutrinas raciais, potencialmente mortíferas, que propunham justificativas biológicas, pseudocientíficas, para o ódio e a perseguição. A discriminação mais antiga, já bastante odiosa, autorizava (e às vezes obrigava) os judeus a se converterem ao cristianismo. O antissemitismo biológico impediu isso. Segundo esse pensamento, os judeus, em termos étnicos, eram cientificamente diferentes. "Estava no sangue." Era tão impossível um judeu tornar-se um francês ou um alemão, por exemplo, quanto um rato transformar-se num cachorro. Essa doutrina determinava não só a discriminação, como a exclusão total. Mais um passo e incluiria a eliminação física.

A retórica antissemita era estarrecedora. Os antissemitas alemães empregavam a linguagem da bacteriologia para classificar os judeus. Karl Lueger, benquisto e admirado prefeito de Viena, tinha chamado os judeus de "animais rapinantes", e antes disso dissera que o "problema judeu" seria solucionado se todos eles fossem metidos num grande navio a ser posto a pique em alto-mar. Qualquer que fosse a retórica, o antissemitismo como política parecia em declínio, ao menos na Europa Ocidental, durante a "idade de ouro", antes da Primeira Guerra Mundial. Em parte isso era ilusório, já que ele muitas vezes se incorporava ao conservadorismo predominante. A propagação de imagens negativas não cessou. Entretanto, antes da guerra, seu impacto era politicamente limitado. Apesar do antissemitismo nas periferias políticas, a maioria dos judeus podia sentir-se à vontade na Alemanha guilhermina. O clima na França, que tão pouco tempo antes passara pelo vergonhoso caso Dreyfus (em que a condenação fraudulenta por traição de um oficial judeu do Exército provocou uma onda de antissemitismo), era mais ameaçador para os judeus. No entanto, também lá a situação melhorou nos primeiros anos do novo século. Bem pior era a situação dos judeus na Europa Oriental. Pogroms brutais, que deixavam milhares deles mortos e feridos, muitas vezes instigados pela polícia e pela administração tsarista, haviam assolado áreas do oeste da Rússia entre 1903 e 1906. Na Polônia, Ucrânia, Hungria, Romênia e nas regiões bálticas, o ódio visceral aos judeus continuava endêmico. Não foi por acaso que esses lugares se tornariam, mais tarde e em outras circunstâncias, as principais áreas de extermínio da Europa.

A face sombria da "idade de ouro" da civilização e do progresso na Europa revelou-se, de forma embrionária, em outra linha de pensamento: a "eugenia" e seu parente próximo, o "darwinismo social". Esse pensamento teve origem no trabalho de Sir Francis Galton, que utilizou a teoria evolucionista de seu tio Charles Darwin para afirmar que o talento era hereditário e que a raça humana poderia ser aperfeiçoada pela engenharia genética. Já antes da Primeira Guerra Mundial, a eugenia vinha despertando atenção em outros países europeus, como os escandinavos, a Suíça e a Alemanha, bem como nos Estados Unidos. Era vista como um exemplo de ciência "progressista". Entre os que a apoiavam, na Inglaterra, por exemplo, estavam eminentes pensadores ligados ao sistema liberal ou à incipiente esquerda política, como John Maynard Keynes, Lord Beveridge, H. G. Wells, Sidney Webb e George Bernard Shaw. Numa correspondência privada escrita em 1908, mais de trinta anos antes da "ação de eutanásia" nazista, o aclamado romancista inglês D. H. Lawrence chegava a imaginar, em tom de aprovação, a construção de uma grande "câmara letal" para onde, com um suave fundo orquestral, seriam delicadamente conduzidos "todos os doentes, os coxos e mutilados".

A eugenia prometia oferecer meios de extirpar da sociedade as características que produziam a criminalidade, o alcoolismo, a prostituição e outras formas de conduta "aberrante". A ideia fundiu-se com a clássica ideologia imperialista do "darwinismo social", que se fundamentava em pressupostos segundo os quais determinados tipos raciais eram intrinsecamente superiores a outros. O próprio Galton escreveu, em 1908, que o objetivo primordial da eugenia era limitar a taxa de natalidade dos "inaptos". Com o tempo, presumia-se, a eliminação dos "doentios" produziria uma sociedade mais apta, mais saudável, "melhor". Os temores de degeneração étnica, decorrente de medidas de bem-estar que incentivavam a procriação entre os setores "inferiores" da sociedade, mesclaram-se com ideias de eficiência nacional.

Em 1911, uma revista alemã organizou um concurso com base na seguinte pergunta: "Quanto custam ao Estado e à sociedade os elementos inferiores?". O vencedor foi um funcionário do Asilo Geral dos Pobres, em Hamburgo (que listou em sua resposta quase todos os custos da previdência social). A esterilização dos "inferiores" foi uma ideia que começou a ganhar terreno em círculos médicos. Na Alemanha, o médico Alfred Ploetz ligou a eugenia à "higiene racial", criando a Sociedade para Higiene Racial, que em 1914 contava com 350 membros e quatro seções em diferentes cidades alemãs. Nesse mesmo ano, a Sociedade reivindicou uma regulamentação de procedimentos para "os casos em que o aborto ou a esterilização possam ser recomendáveis do ponto de vista médico". Poucas semanas antes da guerra, o governo do Reich preparou um projeto de lei que rejeitava argumentos sociais ou eugênicos para a esterilização ou o aborto, só permitindo ações dessa natureza se houvesse uma "ameaça imediata à vida ou à integridade física". Antes que o projeto fosse votado, a Alemanha estava em guerra. Sem ela, a eugenia, tal como o antissemitismo — quanto mais sua variante, a higiene racial — talvez nunca tivesse adquirido a relevância que ganhou num clima drasticamente alterado. Ainda assim, os fundamentos intelectuais para desdobramentos posteriores foram lançados durante a "idade de ouro" da civilização europeia.

Antes da Primeira Guerra Mundial, apesar de sua tranquilidade aparente, a Europa produziu as sementes da posterior explosão de violência. Rancores e ódios — nacionalistas, religiosos, étnicos e classistas — desfiguravam quase todas as sociedades. Os Bálcãs e o Império russo eram regiões particularmente violentas do continente. Depois de fracassada a revolução na Rússia, em 1905, gangues protofascistas, muitas vezes apoiadas pela polícia, vingaram-se ferozmente de seus inimigos. Em meio aos episódios de selvageria, foram os judeus os que mais sofreram. Em outubro de 1905, foram relatados mais de 3 mil assassinatos de judeus em 690 pogroms. Em Odessa, o pogrom mais sanguinário de todos assassinou oitocentos judeus e deixou 5 mil feridos e mais de 100 mil desabrigados. Represálias contrarrevolucionárias resultaram na execução de 15 mil opositores do regime tsarista. Pior ainda foi a situação no Império Otomano, que se estendia por grande parte do Oriente Próximo e do Oriente Médio, governado pelos turcos desde o século XV, embora então em declínio terminal. Segundo algumas estimativas, mais de 80 mil armênios foram mortos no Império Otomano entre 1894 e 1896, durante a brutal repressão do sultão Abdul-Hamid II. A chacina, tolerada pela polícia, teve como motivo receios por parte dos turcos do crescente nacionalismo armênio, alimentado também por insatisfação econômica e por antagonismo religioso e classista. Os massacres de armênios prosseguiram de forma esporádica no Império Otomano. Em 1909, uma nova onda de assassinatos matou entre 15 mil e 20 mil armênios.

Grande parte da violência na Europa foi exportada. Mesmo em países onde havia uma relativa paz e prosperidade, as potências imperialistas usaram da força para impor seu domínio sobre territórios estrangeiros e povos subjugados. Quatro quintos do globo eram controlados, direta ou indiretamente, por Inglaterra, França e Rússia. Onde o domínio imperialista era desafiado, as reprimendas eram ferozes. Em 1900, o cáiser Guilherme II recomendou que as tropas alemãs se conduzissem como os hunos de Átila ao reprimir a rebelião dos boxers, na China. Uma força internacional reunida em vários países europeus e com interesse direto na exploração econômica da China, juntamente com tropas americanas e japonesas, participou de atrocidades generalizadas, saques e estupros. De acordo com algumas estimativas, 100 mil chineses foram vítimas dos massacres.

A crueldade não tinha limites em alguns territórios coloniais. Entre 1885 e 1908, estima-se em 10 milhões o número de homens, mulheres e crianças da população nativa do Congo — na realidade um feudo pessoal do rei Leopoldo II da Bélgica — mortos em atrocidades perpetradas por seus senhores coloniais, dedicados a tirar proveito da demanda mundial por borracha. Os britânicos, envolvidos numa guerra violenta de três anos, de 1899 a 1902, para derrotar os bôeres e impor seu controle total na África do Sul, lançaram mão de impiedosas táticas de terra arrasada para destruir os bens dos inimigos e criar o que chamaram de "campos de concentração", nos quais internaram principalmente mulheres e crianças. Um quarto dos prisioneiros (seu número foi estimado em cerca de 28 mil, grande parte com menos de dezesseis anos de idade) morreu em decorrência das aterradoras condições de superlotação e insalubridade desses campos. E, a darmos crédito a algumas estimativas, no Sudoeste Africano (hoje Namíbia), 80% dos povos hereró e nama (num total aproximado de 65 mil pessoas) pereceram entre 1904 e 1907 de sede e fome nos desertos pra onde foram escorraçados pelas tropas coloniais alemãs, numa retaliação sistemática após a rebelião contra o domínio colonial. Um número ainda maior morreu em campos de trabalhos forçados (que os alemães, adotando a nomenclatura inglesa, tinham começado a chamar de "campos de concentração").

À medida que cresciam as tensões entre as grandes potências, aumentavam as pressões para que se rearmassem e, concomitantemente, a admissão de que a capacidade de destruição dos novos armamentos resultaria numa devastação sem paralelo na história. Ninguém menos que o tsar da Rússia, Nicolau II, convidou representantes dos governos de 26 países a uma conferência em Haia, em 1899, que teria o objetivo de preservar a paz e limitar os armamentos, como "um gesto de boa vontade para receber o novo século". Não tardou para que os resultados — convenções sobre a solução de disputas internacionais, as leis da guerra, a proscrição de certos tipos de armas por um período de cinco anos — se revelassem inúteis. No entanto, essas medidas indicavam uma consciência de que a manutenção da paz na Europa era incerta, além de uma preocupação com a capacidade destrutiva dos modernos armamentos industriais. Havia uma percepção crescente da urgência da prevenção da guerra em si, mas também da imensa turbulência política e econômica que se seguiria ao conflito. A necessidade de manter a paz na Europa e de garantir a continuidade do crescimento econômico e da prosperidade ganhou novo alento. Entretanto, ao mesmo tempo que torciam pela paz, os governantes europeus se preparavam para a eventualidade da guerra. E, se ela fosse inevitável, desejavam vencê-la rapidamente.

ARRASTANDO-SE PARA A GUERRA?

Num texto famoso, o estadista britânico David Lloyd George declarou que em 1914 as nações europeias tinham "se arrastado em direção ao precipício e caído no caldeirão da guerra sem nenhum sinal de apreensão ou temor". As palavras pungentes captam o impulso irreversível em direção à guerra na última semana de julho de 1914, e a sensação de que os acontecimentos tinham escapado ao controle de quem quer que fosse. Mas se equivocam ao deixar implícita uma atitude de despreocupação geral e ausência de receios. Tampouco devem ser entendidas no sentido de que a guerra chegara como um acidente, uma trágica sucessão de erros, um resultado que ninguém desejava, uma ocorrência imprevista e imprevisível. Ao contrário, apesar das esperanças genuínas, por parte da maioria das autoridades, de que fosse possível evitar um conflito armado, apesar da perplexidade, da hesitação, das profecias de ruína e do nervosismo de última hora, quando a guerra rebentou, a vontade de lutar superou o desejo de paz. Os governantes europeus contemplaram a perspectiva da guerra de olhos bem abertos.

As palavras de Lloyd George também dão a entender que não havia uma pressão óbvia em favor da guerra, que a responsabilidade pelo desastre foi genérica, e não específica. De fato, os governantes e diplomatas europeus agiam, coletivamente, como lemingues a migrar em massa para o precipício. De fato, havia mal-entendidos e uma desconfiança generalizada — nesse ponto, as personalidades dos principais atores políticos desempenharam um papel importante — que ajudaram a empurrar as grandes potências europeias para o abismo. Também é verdade que não havia uma pressão evidente para a guerra por parte de um único país, como aconteceria uma geração depois. E não há como negar que todas as grandes potências tinham alguma responsabilidade pelo que aconteceu. À medida que a crise chegava ao ponto de ebulição, a França incitava a postura cada vez mais belicosa da Rússia. A Inglaterra emitia sinais ambíguos, abstendo-se de agir de maneira a amenizar a situação e preferindo concordar com as medidas cada vez mais perigosas que culminaram na guerra. Contudo, apesar de tudo isso, não se pode afirmar que a responsabilidade pelos passos fatídicos que levaram à guerra em toda a Europa tenha se dividido igualmente entre todos.

A maior parte dessa responsabilidade recai sobre as potências cujos interesses e ambições inconciliáveis mais contribuíram para provocar uma guerra europeia generalizada e cuja temeridade diplomática durante a crise se valia, em última análise, da disposição de lançar mão de seu poderio militar. Quando se chegou ao ponto de ruptura, em julho de 1914, a Alemanha, a Áustria-Hungria e a Rússia tinham sido as forças decisivas na crise. O papel da Alemanha foi o mais crucial de todos.

O país combinava suas ambições de ser a potência dominante no continente europeu com um medo cada vez maior, quase paranoico, de que a Rússia obtivesse ascendência e uma eventual hegemonia. Para garantir seus propósitos e afastar o perigo, a Alemanha estava disposta a correr o risco de uma conflagração geral na Europa. Em 6 de julho de 1914, deu uma garantia incondicional de apoio à Áustria-Hungria (o "cheque em branco", como ficou conhecida). A medida foi tomada com base na presunção de que a ela se seguiria rapidamente uma ação limitada contra a Sérvia como punição pelo assassinato, por nacionalistas sérvios, do herdeiro do trono austríaco, o arquiduque Francisco Fernando, e de sua mulher, Sofia, durante uma visita oficial a Sarajevo em 28 de junho. Mas isso era *apenas* uma presunção. A garantia não impunha nenhum veto a medidas retaliativas da Áustria, ainda que fosse evidente o perigo de um conflito mais amplo e do envolvimento das grandes potências europeias. A pressão da Alemanha para que a Áustria desse um ultimato à Sérvia, o que fez em 23 de julho, sendo o ultimato projetado de forma a tornar impossível sua aceitação, foi decisiva para transformar uma questão inicialmente local numa crise europeia generalizada. O ultimato exigia sanções contra autoridades e militares sérvios ligados ao complô para o assassinato, a prisão de dois oficiais, indicados pelo nome, e a supressão da propaganda contra a Áustria. E a soberania sérvia foi ferida, sobretudo, com exigências de que representantes da Áustria-Hungria colaborassem na investigação do complô e na eliminação do movimento subversivo na Sérvia.

Com seu controle sobre os Bálcãs em perigo devido ao fortalecimento sérvio e com seu império multinacional cada vez mais ameaçado de desintegração, a Áustria-Hungria estava disposta a fazer a Europa mergulhar numa guerra para beneficiar seus próprios interesses, mas só se pudesse contar com o respaldo alemão. Os termos deliberadamente impraticáveis do ultimato da Áustria à Sérvia (sede da organização terrorista Mão Negra, que fornecera as armas para os assassinos de Sarajevo) foram apresentados com plena consciência de que a Rússia provavelmente apoiaria os sérvios, o que também elevava bastante as chances de uma guerra generalizada na Europa. E a Rússia, ansiosa por evitar o domínio dos Bálcãs pela Áustria-Hungria (o que atrapalharia suas ambições), reagiu exatamente dessa forma, oferecendo total apoio aos sérvios, sabendo que isso significava guerra não só contra a Áustria-Hungria, como também, mais provavelmente, contra a Alemanha; e que uma guerra com a Alemanha inevitavelmente arrastaria para o campo de batalha os franceses (já que era notório que os planos bélicos alemães previam atacar a França, bem como a Rússia) e, quase com certeza, os britânicos.

Foi a estratégia de alto risco da Alemanha, da Áustria-Hungria e da Rússia — permitir o agravamento da situação em vez de sanar um conflito essencialmente local, embora essa estratégia significasse uma guerra europeia total em favor de seus respectivos objetivos de poder — o que, em última análise, causou a catástrofe de 1914. E dessas três potências, como já se observou, cabe à Alemanha especial responsabilidade. Sem o "cheque em branco" com que garantiu seu apoio, a Áustria-Hungria não se atreveria a impor à Sérvia um ultimato tão inflexível. E, sem a agressiva intransigência austríaca, a Rússia não teria empenhado seu apoio à Sérvia, com todas as consequências que isso ocasionou. O "cheque em branco" foi o agente precipitante que tornou uma guerra europeia generalizada mais, e não menos, provável.

Em 1914, o equilíbrio cada vez mais instável entre as grandes potências — Inglaterra, França, Rússia, Alemanha e Áustria-Hungria —, ligadas por sistemas rivais de alianças, ainda se mantinha, embora a duras penas. Uma circunstância fatídica e de longa maturação, que levou a uma tensão crescente, foi a ambição da Alemanha de se tornar uma potência mundial, manifesta na década de 1890. Foi um desafio direto ao status de potência mundial da Inglaterra. A rivalidade entre esse país e a Alemanha aumentou. No entanto, na Europa continental, uma Alemanha forte (que estava aliada à Áustria-Hungria desde 1879 e à Itália desde 1882) representava maior ameaça para a França e a Rússia. O interesse comum provocou uma aproximação um tanto inesperada entre as duas nações — a primeira uma república, a segunda uma autocracia monárquica —, o que levou a uma aliança firmada em 1894, que visava diretamente a neutralizar o desafio da Alemanha. Pouco mais de dez anos depois, a posição alemã se fortalecera pela retumbante derrota da Rússia em 1905 — o que na época surpreendeu a muitos — para o Japão, a potência ascendente no Extremo Oriente, episódio que abalou as fundações do império tsarista. Foi por um triz que a autocracia sobreviveu à desordem interna que se seguiu à derrota. Notavelmente, porém, graças a uma bem planejada administração econômica e política, os anos seguintes foram de prosperidade para a Rússia. Com a ajuda de grandes empréstimos franceses, a economia cresceu a passos largos. A reconstrução das Forças Armadas progrediu rapidamente. E renasceram as antigas esperanças de ganhar o controle sobre o Bósforo, ao custo da desintegração do Império Otomano — uma perspectiva realçada pela acentuada melhora das relações com a Inglaterra.

As duas potências eram rivais tradicionais. Já fazia muito tempo que a Inglaterra estava atenta, a ponto de chegar à guerra na Crimeia, em 1854, à necessidade de evitar que a Rússia dominasse os estreitos turcos — de Bósforo e de Dardanelos, cruciais para o controle do Mediterrâneo e o acesso ao Oriente Médio — e de eliminar qualquer possível ameaça à Índia, sua colônia, decorrente da expansão russa na Ásia Central. Entretanto, a debilidade da Rússia depois da derrota para o Japão convenceu o regime tsarista a aproximar-se da Inglaterra, numa convenção celebrada em 1907, que estipulou suas respectivas áreas de influência na Pérsia, no Afeganistão e no Tibete — possíveis locais de conflito. Essa convenção afetava a Alemanha não de forma direta, mas indireta. O acordo entre a Rússia e a Inglaterra — firmado com base na anterior aliança franco-russa e na Entente Cordiale de 1904, entre a França e a Inglaterra (e voltada especificamente contra a Alemanha) — rearticulou a estrutura da política de poder na Europa. A Alemanha e seu principal aliado, a Áustria-Hungria (a Itália, que não chegava a ser grande potência, embora seus governantes tivessem essa pretensão, era um aliado menos digno de confiança), viram-se confrontados com a recém-criada (e surpreendente, à luz de inimizades passadas) entente formada por Inglaterra, França e Rússia. A compreensível sensação de que o Reich estava cercado de inimigos tornou-se ainda mais forte entre os alemães.

As alianças antagônicas, que o departamento do Serviço Exterior britânico via como uma força dissuasora da agressão (papel que mais tarde seria exercido pelo arsenal nuclear), acabaram determinando que a guerra, quando eclodisse, seria generalizada, e não local. Contudo, não foram as alianças que causaram a guerra. No decênio anterior, houve diversas crises que, embora graves, não levaram a ela. A tensão entre as grandes potências tinha sido aliviada com certa rapidez em 1905, quando a Alemanha desafiou as intervenções da França no Marrocos; novamente em 1908, depois da peremptória anexação, pela Áustria, da Bósnia-Herzegóvina (que formalmente ainda fazia parte do Império Otomano, embora estivesse ocupada pela Áustria nos últimos trinta anos); e em 1911, depois que os alemães provocaram os franceses ao despachar uma canhoneira para o porto marroquino de Agadir. Em 1912, a guerra realmente estourou nos Bálcãs, região cronicamente instável, quando uma aliança formada por Sérvia, Bulgária e Grécia (a chamada Liga Balcânica) procurou tirar proveito da fraqueza otomana. No ano seguinte eclodiu outra guerra entre os membros da Liga Balcânica, depois que a Bulgária atacou a Sérvia para se apoderar dos despojos da guerra do ano anterior, mas as grandes potências tomaram medidas para que o conflito regional não levasse a uma conflagração maior.

Não obstante, a tensão entre essas grandes potências era palpável. As guerras balcânicas tinham desestabilizado ainda mais uma região inflamável. Mais cedo ou mais tarde, outro choque repentino aconteceria. Ademais, enquanto a influência otomana nos Bálcãs vinha diminuindo havia muito tempo, a outra grande potência na região, a Áustria-Hungria, fora vista como passiva e débil durante as duas guerras, mesmo quando seus próprios interesses pareciam ameaçados. Por isso, ficou exposta a novos problemas nos Bálcãs. Os governantes russos, que ainda nutriam esperanças de um dia controlar os estreitos turcos e de proteger suas fronteiras ocidentais mediante a posse da Galícia (região da Polônia em poder dos austríacos), tomaram devida nota da fraqueza austríaca.

Uma guerra europeia estava longe de ser inevitável. Mas ninguém queria se arriscar por falta de preparo. Suspeitas mútuas levaram a uma intensa escalada da corrida armamentista. Os gastos de defesa entre as grandes potências elevaram-se de forma drástica — em 30% na Alemanha e em 50% na Rússia entre 1911 e 1913. A Alemanha e a Inglaterra destinaram recursos astronômicos para novos navios de guerra, numa competição para criar a Marinha mais poderosa. Cresceu enormemente o tamanho das forças terrestres. Quando os alemães aumentaram seu

Exército, em 1913, os franceses fizeram o mesmo. Os russos, ainda sofrendo pela derrota para os japoneses em 1905, tinham reconstruído grande parte de seu Exército em 1913 e, como os alemães temiam, planejavam ampliá-lo ainda mais. A Áustria-Hungria ficou para trás, sem condições de ir além de uma guerra regional. Sua cota de recrutas fora fixada em 1889, e uma nova lei para aumentá-la foi aprovada tarde demais, em 1913, para compensar a diferença cada vez maior em relação aos outros Exércitos.

Mesmo assim, na Áustria-Hungria, como em todo o continente, o número de homens em idade militar treinados para o conflito foi altíssimo. Em 1914, milhões de homens, já servindo ou na reserva, estavam prontos ou sendo preparados para lutar. Ao todo, o Exército russo tinha 3,5 milhões de homens; o alemão, 2,1 milhões; o francês, 1,8 milhão; e o austro-húngaro, 1,3 milhão. A Inglaterra era a única grande potência sem uma grande massa de reservistas. Seu Exército, com cerca de 100 mil voluntários, treinados principalmente para atuar nas colônias, era minúsculo em comparação com os das demais grandes potências. Mas os britânicos tinham a Marinha Real, que lhe permitia dominar as rotas marítimas e constituía a base militar de seu domínio colonial, e também os meios para convocar um gigantesco número de recrutas em seu império colonial.

Muita gente imaginava que os controles e contrapesos que haviam mantido a Europa praticamente pacífica ao longo do século anterior continuariam a funcionar. Mas havia quem achasse que a guerra era inevitável e não tardaria, e não apenas em decorrência da militarização e do aumento da tensão. Isso era reflexo do temor das elites das grandes potências, para as quais seus países enfrentavam uma ameaça à sua existência e o tempo corria contra eles, o que significava que uma conflagração grave seria provável em algum momento. Fosse como fosse, não havia ninguém disposto a apostar alto na ideia de que a frágil paz europeia durasse indefinidamente.

Era essa a situação antes do assassinato do arquiduque Francisco Fernando, em 18 de junho de 1914. O nacionalismo sérvio se intensificara bastante depois que a Áustria anexara a Bósnia-Herzegóvina, em 1908. Nacionalistas radicais, alguns deles oficiais do Exército, tinham criado em 1911 uma organização secreta, a Mão Negra, cujo inspirador, Dragutin Dimitrijević (vulgo Ápis), tornou-se o chefe do serviço de informações militares da Sérvia em 1913. O complô para matar o arquiduque tomou forma nas redes clandestinas controladas por ele. Para a execução do atentado recrutaram-se vários jovens bósnios, um dos quais seria o futuro assassino, Gavrilo Princip. Longe de opor-se às minorias eslavas, o alvo da trama, Francisco Fernando, herdeiro do trono imperial, desejava dar maiores poderes aos "eslavos do sul" a fim de estabilizar o império. Todavia, os radicais sérvios viam essa perspectiva como uma ameaça às suas ambições nacionalistas. O assassinato seguiu-se a um incidente bizarro durante a visita oficial do arquiduque e de sua mulher a Sarajevo. O motorista da limusine aberta dele entrou, por engano, numa rua estreita. Quando tentou dar marcha a ré, o motor do veículo morreu, e isso, inesperadamente, deu a Princip uma oportunidade magnífica para corrigir uma malfadada tentativa anterior, por parte de outro membro do grupo de sete nacionalistas sérvios fanáticos. Ainda assim, não havia nenhuma razão óbvia para que o assassinato de Francisco Fernando (e de sua mulher) deflagrasse uma guerra generalizada na Europa. Pouco antes, houvera outros assassinatos, até de reis, que não provocaram um grande conflito. O presidente francês Sadi Carnot tinha sido assassinado em 1894; o rei italiano Umberto I fora baleado e morto em 29 de julho de 1900; o rei sérvio Alexandre e sua mulher haviam sido assassinados em 11 de junho de 1903; e o rei Jorge I da Grécia também fora morto em 18 de março de 1913. Na verdade, a possibilidade de que o assassinato de Francisco Fernando causasse uma guerra generalizada parecia remota quase até o fim de julho de 1914.

Passaram-se mais de três semanas desde o atentado de Sarajevo antes que a pressão indicativa de uma grave tensão diplomática passasse a subir de forma considerável. Só na última semana de julho os mercados financeiros de Londres começaram a dar sinais de inquietação quanto à perspectiva de guerra. E mesmo então houve indícios de confiança em que o pior seria evitado. Em 30 de julho, o líder socialista francês Jean Jaurès comentou: "Haverá altos e baixos. Mas é impossível que as coisas não saiam bem". No dia seguinte, 31 de julho, ele foi baleado mortalmente por um ultranacionalista demente que o considerava um traidor que deveria ser morto. Sua "traição" fora lutar pela paz internacional.

Uma reação austríaca óbvia ao assassinato de Francisco Fernando teria sido obter "satisfação" por meio de um breve ataque "punitivo" à Sérvia — tida como responsável pelo assassinato e cujo Exército sofrera graves perdas nas recentes guerras balcânicas. Com toda a probabilidade, as demais potências teriam aceitado isso como uma razoável retaliação pela morte do herdeiro do trono dos Habsburgo. Havia, de fato, quase uma presunção de que seria uma resposta natural e justificada. Em Viena, mas não só lá, a retaliação era considerada uma questão de prestígio, necessária para confirmar o status da monarquia Habsburgo como uma grande potência. Cerca de três semanas depois do assassinato, os governantes alemães, em particular, julgavam que uma guerra localizada seria a única consequência.

Entretanto, mesmo uma ação limitada como essa levaria muito tempo para ser organizada. A pesada máquina governamental, diplomática e militar do império multinacional levava tempo para começar a funcionar. Enquanto o belicoso chefe do Estado-Maior, o conde Franz Conrad von Hötzendorf, apoiado pelo ministro do Exterior austríaco, o conde Leopold Berchtold, insistia numa guerra imediata contra a Sérvia, o chefe do governo na metade húngara do império, o conde István Tisza, recomendava cautela, por temer "a pavorosa calamidade de uma guerra europeia". A falta de união entre os líderes do Império Austro-Húngaro foi, precisamente, o motivo para que se buscasse uma garantia por parte dos alemães. Os austríacos julgavam o Exército alemão invencível; seu apoio era uma garantia sólida, mesmo que uma ação contra a Sérvia não redundasse numa guerra continental. E os austríacos tinham a impressão, vinda de Berlim, de que, se a guerra fosse inevitável, a ocasião não poderia ser mais propícia.

Entretanto, o Império dos Habsburgo só conhecia duas velocidades: lento e parado. Na época, muitos homens que deveriam estar no Exército se faziam ainda mais necessários, e com urgência, na colheita. Por isso, uma reação imediata era impossível. Dois dias depois do assassinato, alguém observou que seria preciso esperar pelo menos mais dezesseis dias para mobilizar as Forças Armadas para um ataque à Sérvia. E sucedeu que a demora da resposta austríaca representou um lento estopim que, por fim, levou todas as grandes potências a se envolverem. À medida que a crise se aprofundava, as ações iam sendo afetadas por subjetivismos, metas, ambições e receios que vinham se formando havia muito tempo.

A Alemanha, um país unificado apenas em 1871, porém com a mais robusta economia industrial do continente, tinha ambições e estava ansiosa para ganhar "um lugar ao sol", tornando-se uma potência mundial capaz de rivalizar com o Império britânico em status e influência. Ao mesmo tempo, a Alemanha temia muitíssimo que o tempo não corresse a seu favor e que o poderio militar combinado de seus inimigos pudesse barrar suas ambições. O chefe do Estado-Maior Geral, o marechal de campo Helmuth von Moltke, deixara claro já em 1912, na presença do cáiser, que via a guerra como inevitável, "e quanto mais cedo melhor". Instava a imprensa a insuflar sentimentos antirrussos para que o povo apoiasse a guerra quando chegasse. Moltke era o principal proponente de uma guerra preventiva — um ataque antes que a Alemanha pudesse ser atingida, pela Rússia, pela França ou por ambas em aliança. Nas semanas que antecederam a guerra, ele continuou a argumentar que a Alemanha tinha de garantir que o conflito, inevitável, deveria ocorrer enquanto tinha condições de vencer. Segundo consta, teria afirmado, em maio de 1914, que a Rússia completaria seu programa armamentista dentro de dois ou três anos, e o poderio militar dos inimigos da Alemanha seria então de tal magnitude que não poderia contê-lo. A única possibilidade, concluiu, seria "levar a cabo uma guerra preventiva para esmagar o inimigo enquanto ainda pudéssemos, em alguma medida, ter sucesso na luta".

Embora ocupasse o mais alto posto na hierarquia militar alemã, o sombrio e pessimista Moltke não traçava a política de governo. E Bethmann-Hollweg, chanceler do Reich, tinha dúvidas reais e cada vez maiores quanto às consequências de uma guerra. Ele via o conflito como um "salto no escuro", que só deveria ser dado "em último caso". Chegou a prever, contrariando o que alegavam alguns alemães mais belicosos, que a guerra, longe de destruir a social-democracia e eliminar sua ameaça à ordem social existente, na realidade a fortaleceria, "e derrubará vários tronos". Perto do fim de julho, quando a crise entrava em sua fase final e suas próprias iniciativas políticas tinham fracassado, Bethmann-Hollweg tentou "puxar os freios com toda a sua energia", já que visivelmente perdia terreno para a liderança militar. Ainda assim, não descartava por inteiro o argumento do Estado-Maior Geral: com o passar do tempo, a posição militar da Alemanha só poderia tornar-se menos favorável, enquanto a da Rússia ficaria imensuravelmente mais forte, e era melhor, portanto, ter a guerra "não mais tarde, mas agora", quando a vitória podia ser alcançada rapidamente, em vez de esperar e ver as condições se agravarem. Como a Rússia estava aliada à França, o grande inimigo da Alemanha no Ocidente, a essa altura o medo do cerco era geral.

Na Alemanha, o governo civil, e não a liderança militar, ainda detinha o poder de decisão no tocante a questões políticas até a mobilização russa em 30 de julho, quando a guerra se tornou inevitável. Mesmo assim, em nenhum outro país europeu os militares tinham tanta autonomia em relação ao governo civil como na Alemanha. E quando a crise chegou ao clímax, no fim de julho, a influência de Moltke e do Estado-Maior se mostrou decisiva. Imperativos militares levaram a melhor sobre a iniciativa política. O cáiser, que às vezes parecia concordar com a análise de Moltke, era, apesar de toda a sua bazófia belicosa, um homem hesitante que se amedrontou durante a crise e, no último momento, tentou fugir da guerra. Contudo, na realidade, o cáiser não estava em condições de controlar forças muito mais poderosas do que ele. O planejamento militar alemão foi rígido quanto à sua decidida estratégia de derrotar os franceses rapidamente antes de voltar-se contra os russos. Por isso, quando, em 30 de julho, o cáiser exigiu que Moltke cancelasse o ataque à França (na esperança de que isso garantisse a neutralidade britânica) e redirecionasse todo o Exército contra os russos, o chefe do Estado-Maior respondeu, sem titubear, que isso não poderia ser feito, pois transformaria o Exército bem treinado em pouco mais que uma "horda caótica". A ação militar, declarou Moltke, era resultado de anos de planejamento e não podia ser mudada de um momento para o outro. Durante a crise, longe de determinar a política, o cáiser só pôde reagir às decisões de seu governo e, em última análise, aos imperativos de suas Forças Armadas.

Até a posição de Moltke ser enfim aceita, quando os acontecimentos chegaram ao clímax no fim de julho, as ações do governo alemão tinham sido moldadas por seu grave erro político anterior — dar carta branca à Áustria para lidar com a crise sérvia —, o que acabou por criar o risco de uma guerra continental. Esse erro colossal obrigou a Alemanha a passar o mês de julho basicamente reagindo a fatos gerados por outros países — que rapidamente fugiam ao controle de todos.

Os interesses no longo prazo da Rússia voltavam-se para o controle dos estreitos turcos, vitais para o comércio e, como controlavam o acesso ao mar Negro, para sua segurança no sul. Os russos não podiam permitir que nenhuma outra potência dominasse a região. Ao se tornar cada vez mais evidente a debilidade do Império Otomano, a principal ameaça aos seus interesses nos Bálcãs vinha claramente da Áustria-Hungria. Membros mais belicosos da liderança naval chegaram a debater uma guerra prévia para tomar Constantinopla (como os russos ainda chamavam Istambul) e os estreitos antes que os turcos recebessem os cinco encouraçados novos que haviam encomendado (aos britânicos). No entanto, essas ideias tiveram pouco ou nenhum efeito na formulação das ações russas durante a crise de julho. Os preparativos militares da Rússia não estariam concluídos antes de 1917. Não se previa nenhum confronto iminente com a Alemanha em 1914 — quer dizer, até os termos do ultimato austríaco à Sérvia se tornarem conhecidos, em 24 de julho. Desse momento em diante, o apoio da Rússia à Sérvia significou que era literalmente impossível evitar o mergulho numa guerra continental generalizada. As considerações de prestígio por si só eram suficientes para que nenhum lado pudesse pensar em voltar atrás.

A Áustria-Hungria, a mais fraca na tríade de grandes potências cujas ações prepararam o caminho para a guerra em julho de 1914, agiu principalmente por medo de seu próprio futuro. A instabilidade nos Bálcãs (ampliada pela erosão da influência otomana), os temores de perder o domínio na região para os russos (ressentidos pela anexação da Bósnia-Herzegóvina pela Áustria em 1908) e a crescente assertividade da Sérvia, que tinha atrás de si a sombra do apoio russo, causavam muita preocupação nos corredores do poder em Viena. Por isso, em julho de 1914, esmagar a Sérvia era uma ideia tentadora — desde que o apoio alemão estivesse garantido e uma guerra limitada pudesse ser levada a cabo com êxito e rapidez. Mas não houve uma retaliação rápida ao assassinato de Francisco Fernando. Em vez disso, o ultimato de 23 de julho foi um convite para o envolvimento da Rússia (e da Alemanha e da França) no conflito que se avizinhava.

Já em 6 de julho, a Alemanha manifestara seu apoio incondicional à ação da Áustria contra a Sérvia, tida como inteiramente justificada. A Sérvia tinha como opção recuar ou ser punida militarmente. Em função disso, a posição nos Bálcãs do principal aliado da Alemanha se fortaleceria. Não se imaginava que a Rússia interviesse. Por acaso o tsar daria apoio a assassinos de monarcas? E o país, julgava-se, ainda estava despreparado militarmente para a guerra. As outras potências assistiriam aos acontecimentos e aceitariam o fato consumado. O quanto os cálculos políticos da Alemanha eram questionáveis logo se tornaria claro. Entretanto, assim que deu seu "cheque em branco", percebeu-se que, na verdade, tais cálculos eram falhos e envolviam graves riscos. O próprio chanceler, Bethmann-Hollweg, reconheceu que "uma ação contra a Sérvia pode levar à guerra mundial" e que isso viraria "tudo o que existe de cabeça para baixo".

Mais hesitações em Viena fizeram com que as esperanças alemãs de um desfecho rápido para uma crise localizada estivessem condenadas logo de saída. O texto de um duro ultimato aos sérvios só foi dado como finalizado em 19 de julho, e mais quatro dias transcorreram antes que fosse apresentado. Três semanas e meia já tinham se passado desde o atentado em Sarajevo. A resposta sérvia poderia ser esperada para dali a mais 48 horas. Cumpre observar que, temendo o pior, ou seja, um ataque austríaco, os sérvios de início se prepararam para curvar-se aos termos hostis. Isso foi antes que os russos, cientes havia dias dos termos inflexíveis do ultimato devido a um vazamento, endurecessem a resolução sérvia. Os próprios governantes russos tinham sido incentivados a assumir uma postura dura com a Áustria e a pôr-se ao lado da Sérvia, quaisquer que fossem as circunstâncias, graças ao firme apoio de sua aliada, a França, durante uma visita oficial do presidente Poincaré e do primeiro-ministro Viviani a São Petersburgo entre 20 e 23 de julho.

O presidente francês, que quando menino assistira à invasão prussiana de sua nativa Lorena, se ressentia dos alemães. Havia apoiado a ideia de uma intervenção russa nos Bálcãs em 1912 ciente de que isso provocaria um conflito com a Alemanha. Na época, como em 1914, era do interesse da França um enfraquecimento da posição alemã na Europa, devido a um choque militar com a Rússia. Em 1912, a Rússia preferira manter-se fora do conflito balcânico. Dessa vez, São Petersburgo achou que seria um equívoco ficar de fora. O apoio à Sérvia promoveria os interesses estratégicos da Rússia. Se isso significava guerra, com a Alemanha obrigada a combater em duas frentes, os membros mais belicosos do governo acreditaram que se tratava de um conflito de que sairiam vitoriosos. Essa decisão fez com que as opções diminuíssem rapidamente. Depois do ultimato austríaco, os acontecimentos se precipitaram. Uma guerra generalizada começou a se tornar mais, e não menos, provável. A essa altura, porém, poderia ter sido evitada. Só não havia a vontade necessária para isso.

"Isso significa guerra na Europa", foi a resposta no dia seguinte do ministro do Exterior russo, Serguei Sazonov, ao ultimato austríaco. Pouco depois, ele acusou os austríacos de provocarem a guerra deliberadamente, dizendo a seu embaixador: "Os senhores estão ateando fogo à Europa". Entretanto, como Sazonov sabia muito bem, as ações dos próprios russos estavam ampliando as chances de o continente se inflamar. Antes mesmo que expirasse o prazo do ultimato austríaco, já em 24 de julho, a Rússia havia retirado todos os depósitos do Estado em Berlim, no montante de 100 milhões de rublos. E mais: decidira começar, em segredo, a mobilização parcial do Exército (o que envolvia mais de 1 milhão de homens) e das frotas do Báltico e do mar Negro. Em 25 de julho teve início o "período preparatório de guerra". Os movimentos das tropas logo fizeram com que os alemães tomassem ciência da mobilização secreta, muito embora ela só fosse anunciada em 28 de julho. Foi nessa data que a Áustria por fim declarou guerra à Sérvia.

Daí em diante o impulso para a guerra geral mostrou-se irreversível. Houve manobras diplomáticas, frenéticas e inúteis, algumas mais autênticas do que outras, para prevenir uma guerra continental. Era tarde demais. As esperanças alemãs de que uma ação austríaca contra a Sérvia pudesse ser limitada e localizada tinham evaporado havia muito tempo. Ainda assim, cinco dias depois da decisão russa de começar a mobilização em segredo, a Alemanha ainda não tomara nenhuma medida militar decisiva. Em 29 de julho, Berlim ainda hesitava quanto a ordenar um "estado de perigo iminente de guerra" (a última medida antes da mobilização total). Nessa noite, porém, o governo russo se decidiu pela mobilização geral. No dia seguinte, 30 de julho, depois de um período de hesitação em que primeiro confirmou a ordem e depois, numa crise de nervos, cancelou-a, o tsar concordou com a plena mobilização.

Por fim, os imperativos militares suplantaram as considerações diplomáticas em Berlim. O "estado de perigo iminente de guerra" foi declarado em 31 de julho. Uma preocupação central dos alemães era garantir que os sociais-democratas, cujo espectro de defensores incluía fortes componentes pacifistas, apoiassem a guerra. Era essencial, pois, que a Alemanha desse a impressão de estar sendo forçada a uma guerra defensiva. A mobilização geral russa proporcionou essa justificativa. O chanceler Bethmann-Hollweg manifestou satisfação pelo fato de os russos aparecerem agora como a parte culpada, antes de acrescentar em tom fatalista: "As coisas saíram do controle e a pedra começou a rolar". Em 31 de julho, à meia-noite, a Alemanha deu à Rússia um ultimato com prazo de doze horas no qual estipulava a mobilização geral alemã se o país se recusasse a retirar sua ordem de mobilização. Ao expirar o prazo do ultimato, em 1º de agosto, sem que nenhuma medida fosse tomada em São Petersburgo, a Alemanha declarou guerra à Rússia. No mesmo dia, a França mobilizou suas Forças Armadas em apoio à Rússia. Dois dias depois, em 3 de agosto, a Alemanha declarou guerra à França.

A Inglaterra, mais preocupada com a possibilidade de uma guerra civil na Irlanda do que com a crise que se agigantava no continente, não se mostrara muito inclinada ao belicismo enquanto crescia a pressão para a guerra. Dentre todas as grandes potências, era a que menos tinha a ganhar com uma guerra na Europa. Os governantes do país estavam mais do que cientes de que, como dissera Sir Edward Grey, o secretário do Exterior, em 23 de julho, a guerra "envolveria o gasto de uma soma de dinheiro tão vasta e tal interferência no comércio" que teria como resultado "um completo colapso do crédito e da indústria europeias". E profetizara: "Independentemente de quem forem os vencedores, muitas coisas chegarão ao fim". Como Grey, os demais membros do gabinete britânico temiam as consequências da guerra e esperavam que a paz fosse preservada. Durante a semana seguinte, o secretário do Exterior tentou, hesitante, explorar as possibilidades de um acordo mediado para a crise. Os termos da entente com a Rússia e a França não obrigavam a Inglaterra a intervir, e Grey continuou a proteger os interesses britânicos. Uma firme declaração de neutralidade por parte da Inglaterra, que os alemães desejavam (embora não esperassem), poderia, mesmo naquele momento já tão adiantado, ter evitado a guerra generalizada. Entretanto, a hesitação de Grey fez desaparecer a margem para iniciativas diplomáticas. E, em última análise, a Inglaterra não podia correr o risco de um domínio do continente pela Alemanha. Essa foi a principal razão pela qual o país se dispôs a lutar. Além disso, havia no governo britânico e também na oposição pessoas que viam o apoio à França e à Rússia como uma questão de honra e prestígio. Sir Eyre Crowe, uma voz influente na secretaria do Exterior, argumentou que a Inglaterra não podia dar-se ao luxo de permanecer fora de uma grande guerra sem ver diminuído seu papel como grande potência.

Por fim, depois que tropas alemãs cruzaram a fronteira da Bélgica, um ultimato britânico exigiu que a Alemanha respeitasse a neutralidade belga. Como esse ultimato deixou de ser atendido à meia-noite de 4 de agosto, a Inglaterra declarou guerra. Ironicamente, a Áustria-Hungria, aquela cujas ações tinham precipitado a crise, foi a última das grandes potências a entrar no conflito, só declarando guerra à Rússia em 6 de agosto. A França declarou guerra à Áustria-Hungria cinco dias depois, e a Inglaterra, por fim, um dia mais tarde. A Sérvia, que motivara a centelha inicial do conflito, só veria guerra em seu próprio território catorze meses depois. Contudo, a Sérvia era agora um ator secundário, e o espetáculo principal estava para começar.

O que esses passos fatídicos em direção à guerra ocultavam era o temor. Cada uma das potências sentia medo por seu próprio futuro, em parte moldado por pressões internas no sentido de democratização e socialismo, ou, sobretudo no caso da Áustria-Hungria, por ruidosas demandas nacionalistas que poderiam acabar cindindo o império (o que de fato aconteceu). No entanto, o que cada uma das grandes potências mais temia, na realidade, era o poderio das demais. A Alemanha receava ficar cercada por seus inimigos, a França e a Rússia. Temia em especial a Rússia e a perspectiva de ter seu poderio militar superado pelo do regime tsarista, o que suporia um futuro domínio russo dos Bálcãs, área tida como vital para a expansão da influência alemã. A Rússia, por sua vez, temia que a Alemanha viesse a controlar os Bálcãs, o Oriente Próximo e sua crucial corda de segurança econômica, o Bósforo. A França, invadida pela Prússia pouco mais de quarenta anos antes, em 1870, nutria um medo quase paranoico da Alemanha. A Inglaterra temia a perda de seu predomínio comercial e a supremacia alemã na Europa. O controle alemão das costas belga e francesa, do outro lado do Canal da Mancha, era uma ideia intolerável. O medo impulsionava a corrida armamentista. Impelia também a disposição de agir antes que fosse tarde demais, tirar partido da oportunidade antes do inimigo, aproveitar o momento. E todas as grandes potências tinham em comum um mesmo medo: o da vergonha de recuar à beira do abismo.

A disposição de arriscar-se à guerra era incentivada pela convicção de todas as partes envolvidas de que o conflito seria breve. Talvez isso fosse menos uma convicção do que uma esperança disfarçada de expectativa, que fugia da reflexão sobre o que viria a acontecer se não fosse esse o caso. Poucas autoridades em cada país — não mais que meia dúzia de pessoas por potência — manifestavam apreensão em relação às graves consequências da guerra. Quaisquer que fossem seus medos, agiam como se estivessem seguros de que o conflito seria breve. Não que os governantes dos países europeus, ou seus conselheiros militares, ignorassem a capacidade altamente destrutiva da moderna artilharia ou a elevada taxa de mortalidade esperada numa nova guerra ao mandar a infantaria enfrentar o fogo de metralhadoras. Meio século antes, a Guerra de Secessão, nos Estados Unidos, dera uma ideia do morticínio que se poderia esperar. Mas pouca atenção fora dada a isso na Europa. Tampouco os 184 mil mortos na Guerra Franco-Prussiana, em 1870-1, tinham deixado uma mensagem clara. No máximo, levava a crer que o elevado poder de destruição dos armamentos modernos produziria resultados rápidos. Afinal de contas, embora aquela guerra tivesse durado dez meses, a batalha crucial, em Sedan, ocorrera apenas seis semanas depois de iniciado o conflito. Mais recentemente, observadores tinham dado ampla divulgação ao enorme número de baixas da Guerra Russo-Japonesa de 1904-5. Mas ela também fora breve — durara pouco mais de um ano.

Com base em experiências relativamente recentes, podia-se prever outra guerra curta. Por isso, em vez de serem dissuadidos pela perspectiva de um conflito prolongado e por um impasse marcado por massacres, os conselheiros militares europeus estavam tão impressionados pelos avanços na tecnologia e no poder de fogo que imaginaram que uma ofensiva rápida e móvel, mesmo que acompanhada de pesadas baixas, conduziria a uma vitória rápida. Os estrategistas militares alemães eram os que mais seguiam essa linha. Era preciso evitar a todo custo uma prolongada guerra de atrito, reconheciam, uma vez que a aliança inimiga era numericamente superior e poderia sufocar o esforço de guerra do Reich com um bloqueio naval britânico. O Estado-Maior alemão, responsável pelo planejamento militar, concluiu então que quanto mais rápida e devastadora fosse a ofensiva, mais provável seria a derrota do inimigo antes que houvesse tempo de mobilizar forças de defesa adequadas — e mais depressa, portanto, a guerra acabaria.

Moltke adaptou uma variante do plano imaginado em 1905 por seu predecessor como chefe do Estado-Maior, o general Alfred Graf von Schlieffen, que propunha uma guerra em duas frentes, prevendo um avanço inicial acelerado para oeste, destinado a nocautear os franceses com uma ofensiva rápida e fortíssima, e depois a volta para derrotar o inimigo no leste antes que os russos pudessem atacar. Schlieffen calculara que uma ofensiva vitoriosa poderia durar mais ou menos um mês. No entanto, os franceses estavam bastante atentos ao perigo e, com um exército de campanha de dimensões comparáveis, preparavam-se para resistir ao ataque com enormes ofensivas. Os russos também pensavam em termos de grandes ofensivas contra a Galícia austríaca (para azar dos franceses, uma ofensiva contra os alemães na Prússia oriental estava subordinada a esse objetivo principal) para chegar aos Cárpatos. Também os austríacos imaginavam que o ataque era a melhor forma de defesa. Entretanto, admitiam que, embora pudessem atacar os sérvios, uma investida contra os russos só poderia ser empreendida com um devastador avanço alemão contra o inimigo oriental. Cada um dos adversários continentais presumia para si a iniciativa da ofensiva. Esse, acreditavam, era o caminho para uma vitória rápida e decisiva. Não havia previsão de retirada. O que aconteceria no caso de não se obter uma vitória rápida era inimaginável. Só poderia significar uma longa guerra de atrito — e o triunfo final caberia à aliança com maior capacidade econômica e militar.

A convicção de que a guerra era necessária e justificada, bem como o consolo de que seria curta — uma aventura breve, excitante e heroica —, acompanhada de uma vitória rápida e com poucas baixas, foi muito além das classes dominantes europeias e penetrou em amplos segmentos da população. Isso ajuda a explicar por que tanta gente, em cada um dos países participantes, se mostrava tão entusiasmada, até eufórica, à medida que a tensão — não experimentada no nível das pessoas comuns antes da última semana de julho — se acumulava e, por fim, rebentava numa guerra em grande escala. Com certeza, tal crença estava longe de ser universal, e o entusiasmo era muito mais limitado do que poderia parecer à primeira vista. Na realidade, havia um amplo espectro de emoções, que diferiam de acordo com países, regiões, classes sociais e posições políticas, variando de histeria pró-guerra a intenso pacifismo, de euforia bélica a profunda angústia. Não há como negar, porém, a existência de um júbilo generalizado, ao menos em certos setores da população das grandes capitais da Europa diante da iminente perspectiva de guerra.

Em Viena, o embaixador britânico referiu-se às "vastas multidões" que, num "frenesi de alegria", desfilavam pelas ruas "entoando canções patrióticas até as primeiras horas da manhã" quando foram rompidas as relações com a Sérvia. Mais tarde, o escritor pacifista austríaco Stefan Zweig narrou que ele próprio se sentira dominado por um clima que se transformara em entusiasmo patriótico. "Havia desfiles nas ruas, bandeiras, fitas, e a música vinha de todas as direções, com jovens recrutas marchando, triunfantes, com o rosto atiçando as aclamações." Zweig admitiu que seu "ódio e aversão à guerra" tinham sido temporariamente superados pelo que julgou ser "majestoso, arrebatador e até sedutor". O "ânimo guerreiro", logo que foi aceita a ideia de que o conflito seria uma luta de proteção contra a tirania tsarista, predominou sobre os protestos iniciais por parte dos socialistas austríacos contra iniciativas que ameaçavam a paz.

Em Berlim, cerca de 50 mil cidadãos, principalmente de classe média e estudantes, reuniram-se diante do palácio real em 31 de julho, quando saiu a notícia da mobilização russa, para ouvir o cáiser declarar que "no conflito que se aproxima, não tenho mais conhecimento de partidos entre meu povo. Agora, entre nós só há alemães". Em bares, cafés e cervejarias, as pessoas ficavam de pé para entoar canções patrióticas. Rapazes desfilavam nas ruas, exigindo guerra. Em outras cidades alemãs havia manifestações jubilosas em favor da guerra. Da varanda do Palácio de Inverno, em São Petersburgo, o tsar Nicolau saudou uma imensa multidão que, como se seguisse ordens, ajoelhou-se diante dele, agitando bandeiras e cantando o hino nacional. Em Paris houve uma efusão de fervor patriótico quando o presidente Poincaré proclamou a superação das divisões internas numa "união sagrada" de franceses. Os socialistas juntaram-se à multidão. A ameaça externa fez com que a fúria da classe trabalhadora pelo assassinato de Jaurès se abatesse em vista da necessidade de união patriótica e resistência à agressão alemã.

Anos de doutrinação nacionalista em escolas e universidades, durante o serviço militar, em organizações patrióticas e grupos de lobby, bem como na imprensa popular, tinham cumprido sua tarefa e gerado essas emoções extraordinárias. Na classe alta e na média, em especial, e entre intelectuais e estudantes, o fervor nacionalista prevalecia amplamente. Além disso, para muita gente a guerra era bem-vinda como uma regeneração nacional, como uma libertação do que se julgava ser a decadência moral da sociedade contemporânea. Na Itália, o Manifesto Futurista expressara isso de forma expressiva e radical em 1909: "Queremos glorificar a guerra, a única fonte de higiene no mundo — o militarismo, o patriotismo, o ato de destruição". Ela era vista como atividade heroica, aventureira, viril — o antídoto para o declínio nacional. Havia uma sensação de unidade no país, com as divisões internas temporariamente superadas. Para os intelectuais alemães, parecia a personificação do "espírito de 1914", quase uma sensação de despertar religioso. Ela fortalecia a ideia de que a cultura alemã não era apenas diferente, mas superior à francesa, que tinha raízes na revolução e no republicanismo, e estava muitíssimo acima da democracia materialista britânica. Os valores da cultura superior precisavam ser defendidos e, se necessário, impostos à força ao resto da Europa.

Nem essa sensação de superioridade, grandiosa e intelectualizada, nem o entusiasmo mais amplo pela guerra representava de forma correta ou plena a postura da população como um todo. O júbilo ante a perspectiva de guerra limitava-se em grande parte às cidades grandes. Mesmo nelas, porém, estava longe de ser universal. O filósofo pacifista Bertrand Russell mais tarde afirmou ter testemunhado em Londres, atônito, "que homens e mulheres comuns se mostravam felizes com a perspectiva de guerra". Contudo, segundo indicadores da época, o que havia em Londres e em outras regiões da Inglaterra era um clima de ansiedade e nervosismo, e não de entusiasmo jingoísta, que parece ter se limitado em grande parte a setores da classe média, sobretudo entre os jovens.

O fervor patriótico de grupos de estudantes no centro de Berlim não encontrou eco entre os trabalhadores das áreas industriais da cidade. Nelas predominava o sentimento de oposição à guerra — ou pelo menos o nervosismo diante da perspectiva combinado com o desejo de manutenção da paz. Também no interior do país, o entusiasmo bélico tinha pouco curso. A imprensa relatou que "muitas de nossas famílias camponesas estão acabrunhadas e tomadas de enorme tristeza", e que a população rural não via muito motivo de alegria quando pais, filhos, irmãos ou netos podiam perder a vida. Muitas vezes os camponeses russos não faziam ideia do motivo por que estavam lhes pedindo que lutassem. Em vilarejos franceses houve choque, pessimismo e aceitação fatalista do cumprimento do dever, mas nenhum sinal de júbilo quanto à declaração de "união sagrada" de Poincaré.

Na classe operária industrial e principalmente entre os trabalhadores ligados a partidos socialistas e a sindicatos — internacionalistas e com tendência ao pacifismo —, o ultranacionalismo jingoísta e o entusiasmo aberto pela guerra eram relativamente pouco visíveis. No entanto, mesmo entre eles quase não havia oposição à guerra. A resistência à convocação foi mínima em todos os países. O senso de dever ou uma aceitação fatalista bastavam, mesmo quando não havia entusiasmo. Apenas 1,5% dos que foram mobilizados na França resistiram à convocação. O governo especulava uma resistência de 13%. Os sindicalistas alemães concordaram em suspender as greves durante a guerra. Nos parlamentos de Alemanha, França e Inglaterra, os socialistas votaram a favor da concessão de recursos ao governo para a guerra. Na Rússia, os socialistas se abstiveram (embora os cinco membros bolcheviques da Duma votassem contra e depois fossem presos).

O que convenceu os partidários do socialismo internacional a apoiar a guerra nacionalista foi a convicção de que ela era defensiva e inevitável. O conflito era visto como algo que, relutantemente, tinha de ser enfrentado, e como uma guerra pela liberdade, não para domínio imperialista. Gerações posteriores o veriam, em retrospecto, como um desperdício sem propósito de vidas humanas numa escala imensa. Em agosto de 1914, não parecia, em absoluto, despropositada. Os trabalhadores estavam dispostos a lutar — e morrer — por seu país, ao lado de seus compatriotas e aliados, naquilo que consideravam uma guerra justa de autodefesa contra a agressão por parte de inimigos externos. Como reservistas, tinham sido doutrinados em patriotismo e disciplina. Agora se revelavam, em primeiro lugar, patriotas; em segundo, socialistas.

Na Alemanha, a defesa contra as forças da detestada autocracia tsarista motivava e unia os socialistas. Nos últimos dias de julho, os sociais-democratas tinham organizado grandes comícios contra a guerra em cidades alemãs, a que compareceu, segundo estimativas, cerca de meio milhão de manifestantes pela paz. Não obstante, eles faziam questão de ressaltar que os trabalhadores estavam prontos a defender a pátria em sua hora de necessidade. Essa necessidade era uma "guerra contra o tsarismo". Quando a Alemanha declarou guerra, depois da mobilização russa, a situação mudou de repente, e o clima passou a ser de defesa patriótica. Na Áustria, os socialistas germanófonos apoiavam a guerra pela mesma razão. Também os socialistas russos, ignorando a postura antibélica dos bolcheviques, cerraram fileiras em torno da defesa da "Mãe Rússia" contra os alemães, que "pisoteavam todas as regras da humanidade". As greves foram interrompidas, e os pacifistas e internacionalistas, obrigados a se exilar. Os socialistas franceses sentiam o mesmo em relação à defesa da *patrie* contra a invasão dos odiados alemães. O Partido Trabalhista Britânico também aceitou que a guerra tinha de ser travada até a derrota da Alemanha.

Em todos os países, os jornais estimulavam a histeria contra os estrangeiros. A bem da verdade, algumas pessoas resistiram a isso. Contudo, a imaginação vívida, incitada pela imprensa, fazia aparecer espiões e quintas-colunas em toda parte. Qualquer pessoa com nome ou sotaque estrangeiro corria risco. Aqueles cujo sotaque germânico revelava serem alsacianos podiam ser agredidos por franceses. Duas mulheres que conversavam em francês em Munique tiveram de ser protegidas pela polícia. Turbas patriotas em São Petersburgo depredaram a embaixada alemã e saquearam lojas de alemães. O tsar mudou o nome da capital russa para Petrogrado, em reação ao furor. São Petersburgo parecia demasiado alemão.

Mais de 250 mil homens se apresentaram como voluntários na Alemanha nos primeiros dias de agosto — um número impressionante, já que quase toda a população masculina estava sujeita à convocação obrigatória, que só isentava aqueles com menos de dezessete ou mais de cinquenta anos. Na Inglaterra, a única grande potência onde não havia alistamento obrigatório, 300 mil homens apresentaram-se como voluntários em agosto e outros 450 mil em setembro de 1914. Diversos trabalhadores de uma mesma companhia e vizinhos de bairros de cidades industriais se alistavam juntos, formando os chamados "batalhões de amigos". A pressão social para o alistamento era intensa. Ainda assim, como aconteceu em outros países, e feitas todas as ressalvas, o entusiasmo geral era inequívoco, e a oposição, mínima. Em seu início, tratava-se de uma guerra popular.

Em cada país participante, num clima festivo, multidões se despediam, nas estações ferroviárias, dos soldados que partiam para a frente de batalha. As despedidas lacrimosas de mães, esposas e filhos eram acompanhadas por canções patrióticas e votos animados de vitória rápida e breve retorno. No entanto, muitos daqueles reservistas que partiam para a guerra, talvez a maioria, qualquer que fosse o ar de confiança que encenavam para os parentes e amigos, deixavam seu lar, sua lavoura, seu escritório ou seu emprego com certa relutância e alguma apreensão. Consolavam a si mesmos e aos entes queridos com o sonho de que "Tudo estaria acabado no Natal". Poucos captaram a realidade com a mesma lucidez do político e historiador austríaco Josef Redlich, ao ver milhares de reservistas subirem em trens rumo à frente de batalha na estação norte de Viena, em 3 de agosto de 1914: "Mães, esposas e noivas chorosas: quanto sofrimento as espera".

A mobilização obedecia aos horários dos trens. Os alemães reservaram 11 mil composições, e os franceses, 7 mil, para levar suas tropas à linha de frente. Era preciso também transportar um número imenso de cavalos para as linhas de combate. Juntos, austríacos, alemães e russos mobilizaram perto de 2,5 milhões de montarias, e os britânicos e franceses, centenas de milhares. No que se refere à sua dependência de cavalos, os exércitos de 1914 pouco tinham mudado desde o tempo de Napoleão.

No tocante às fardas, a maioria era agora cáqui ou cinza. Os franceses, porém, continuavam a ir para a guerra usando as túnicas azuis, as calças vermelhas e os quepes vermelhos e azuis de uma época anterior. E em agosto de 1914 não havia na mochila de nenhum soldado um capacete de aço — esse elemento de proteção só foi entregue a soldados franceses e britânicos em 1915 e às tropas alemãs no ano seguinte —, nem uma máscara antigás — que logo se revelou uma proteção necessária, ainda que insuficiente, contra uma nova e mortífera arma.

Os exércitos que foram à guerra em 1914 eram do século XIX. Contudo, travariam uma guerra do século XX.

2. O grande desastre

> *Multidões de gente silenciosa* [...]. *Os regimentos passam marchando com suas bandas; cabe lembrar que todos esses homens estão a caminho do morticínio.*
>
> Diário do funcionário público Michel Corday
> (Paris, 14 de julho de 1915)

Depois de agosto de 1914, nada voltaria a ser como antes. O novo século já tinha catorze anos. Todavia, a eclosão daquela que em breve se tornaria conhecida como a Grande Guerra assinalou o começo real do século XX na Europa. Os anos transcorridos entre a data no calendário que marcava o começo do século e o mergulho numa guerra calamitosa pertenciam a uma era anterior. O que veio depois de agosto de 1914 foi uma nova era, muito mais terrível.

UMA TRAGÉDIA SE DESVELA

Dois anos antes da guerra, um mestre-escola e escritor pacifista de Hamburgo, Wilhelm Lamszus, retratou em tons fortes, no romance *Das Menschenschlachthaus* [O matadouro humano] o horror e a brutalidade das bem azeitadas máquinas de matar que, numa guerra vindoura, produziriam mortes numa escala até então inaudita. Foi uma profecia tragicamente correta. Oito anos depois, em 1920, Ernst Jünger, oficial alemão muito dedicado à sua carreira e que servira com entusiasmo e enorme coragem como líder de tropas na frente de batalha durante quase toda a guerra, deu a seu best-seller, uma das mais extraordinárias obras literárias sobre a Primeira Guerra Mundial, o título de *Tempestades de aço*. Jünger não poderia ter achado um título mais apropriado para o que os soldados dos países europeus em guerra teriam de enfrentar ao longo de quatro anos.

Os dois livros, o primeiro deles anterior e o segundo posterior ao conflito catastrófico, captam aspectos do caráter essencial da guerra. Mais do que qualquer guerra até então, aquele foi um conflito marcado pela mortandade em massa e industrializada. Carne humana contraposta a máquinas de matar. Os soldados se confrontavam com artilharia pesada, metralhadoras, fuzis de disparo rápido, morteiros de trincheira, explosivos poderosos, granadas, lança-chamas e gases venenosos. Armas modernas utilizadas em quantidades cada vez maiores infligiam morte impessoal e destruição numa escala sem precedentes. As perdas colossais de vidas humanas eram aceitas já no planejamento de grandes ofensivas. Granadas de artilharia e estilhaços eram os mais frequentes agentes de morte no campo de batalha, mas milhares e milhares de soldados morriam de ferimentos e doenças decorrentes das atrozes condições nas frentes de combate.

A guerra, impulsora de mudanças tecnológicas, introduziu novas armas e métodos de matança em massa que desenharam o rosto do futuro. Os gases venenosos passaram a ter uso generalizado a partir de 1915, depois que os alemães os utilizaram na primavera daquele ano durante o ataque às posições dos Aliados perto de Ypres. Os tanques fizeram sua estreia no Somme, em 1916, como parte da ofensiva britânica, e em 1918 estavam sendo utilizados em grandes formações nos campos de batalha. A partir de 1915, os submarinos tornaram-se uma arma importante na campanha alemã contra o transporte marítimo dos Aliados e mudaram a natureza da guerra no mar. Além disso, o rápido desenvolvimento da tecnologia aeronáutica expôs os civis nas cidades, bem como as forças combatentes nas frentes de batalha, à terrível ameaça de bombardeios aéreos (dos quais as bombas lançadas sobre Liège, na Bélgica, por um zepelim alemão, já em 6 de agosto de 1914, foram uma antecipação). Daí em diante, os civis, por sua exposição aos bombardeios e de muitas outras formas, foram incorporados ao esforço de guerra como nunca antes — trabalhando na indústria bélica e como alvo do inimigo. A propaganda de guerra usou os meios de comunicação de massa para instilar ódio a povos inteiros. Os Estados envolvidos no conflito mobilizaram sua população de maneiras antes desconhecidas. A imprensa francesa criou em 1917 a expressão *"la guerre totale"* para expressar o fato de que a frente de batalha e a pátria estavam unidas no esforço de guerra.

Além disso, ainda que a Europa fosse seu epicentro, a guerra se tornou, pela primeira vez, um conflito verdadeiramente global, que afetava todos os continentes. Em parte, isso foi um reflexo dos impérios globais da Inglaterra e, principalmente, da França. Os dois países mobilizaram seus territórios para a guerra. Quatro *dominions* britânicos — a Austrália, o Canadá, a Nova Zelândia e a África do Sul entraram no conflito em apoio à Inglaterra em agosto de 1914. Africanos e indianos foram mobilizados para lutar por uma causa europeia, sofrendo pesadas baixas. Um milhão de indianos lutaram do lado dos Aliados, muitos deles na África e no Oriente Médio. A França alistou mais de 600 mil homens de suas colônias, sobretudo as do oeste e norte da África. Mais de 2 milhões de africanos serviram como soldados e trabalhadores. Cerca de 10% deles não sobreviveram. A taxa de mortalidade entre os trabalhadores, utilizados em grande número no leste da África para carregar suprimentos pesados, foi o dobro dessa, maior até que a taxa de mortalidade de soldados britânicos durante a guerra.

Como ocorre na maioria dos casos, foi mais fácil começar a guerra do que encerrá-la. Em vez de voltarem para casa no Natal de 1914, como tinham prometido aos entes queridos (e a si mesmos), nessa data mais de 250 mil soldados franceses já estavam mortos. As baixas totais (mortos, feridos e capturados) passavam de 450 mil já no fim de novembro. As perdas britânicas a essa altura eram de 90 mil, mais que o número de soldados recrutados de início para a luta. As baixas austro-húngaras passaram de 300 mil logo nas primeiras batalhas contra os russos na Galícia, em agosto e setembro, e ao todo chegaram a meio milhão nos primeiros cinco meses da guerra na frente oriental. A Alemanha tinha perdido 800 mil homens no fim do ano, 116 mil deles mortos (mais de quatro vezes o total de alemães mortos na Guerra Franco-Prussiana de 1870-1). As perdas russas na primeira fase da guerra foram as mais elevadas de todas. Nos primeiros nove meses, o país perdeu quase 2 milhões de homens, 764 mil deles capturados. As baixas foram maiores em 1914, em relação ao tamanho dos exércitos, do que em qualquer outra fase da guerra.

A inclusão da população civil no morticínio, quando os alemães atacaram a

Bélgica, começou imediatamente. Mais de 6 mil civis, inclusive mulheres e crianças, foram mortos, brutalmente maltratados ou deportados quando tropas alemãs atravessaram a Bélgica nas primeiras semanas da guerra. O treinamento militar alemão instilara nos soldados um medo paranoico da guerra de guerrilha. Os soldados, muitas vezes tomados de ódio, culpavam os civis, coletivamente, por supostas (e sobretudo imaginárias) ações de franco-atiradores ou por incidentes em que o "fogo amigo" era confundido com ataques inimigos vindos da retaguarda. A "punição" coletiva era infligida mesmo quando os soldados sabiam que suas vítimas eram inocentes.

Na crucial batalha do Marne, travada de 6 a 9 de setembro, quando os franceses detiveram o avanço alemão a pouco mais de cinquenta quilômetros de Paris, toda a estratégia de vitória rápida, com base no Plano Schlieffen (que envolvia derrotar os franceses antes de se voltar contra os russos), já tinha fracassado. Na frente ocidental, a época das ofensivas rápidas estava encerrada. A defesa estava na ordem do dia. Tropas dos dois lados começaram a cavar trincheiras — no começo, primitivas, mais tarde bem mais elaboradas. Não tardou para que essas trincheiras formassem uma linha quase ininterrupta da costa do Canal da Mancha às fronteiras da Suíça. Grandes quantidades de soldados tiveram de se ajustar a uma existência indescritível nas trincheiras — atoleiros de lama infestados de vermes, construídos em zigue-zague, protegidos por rolos enormes de arame farpado, com trincheiras adjuntas que levavam a depósitos de suprimentos e hospitais de campanha. No fim de setembro estava armado, na frente ocidental, o impasse que duraria mais quatro longos anos, até 1918.

As imensas perdas iniciais não persuadiram nenhuma das potências a tentar pôr fim à guerra. Todas tinham enormes reservas de homens às quais recorrer. Como o pensamento estratégico dos dois lados se resumia, em essência, a desgastar o inimigo até que não conseguisse mais lutar, e como a principal maneira de alcançar essa meta consistia em despejar cada vez mais homens no campo de batalha para realizar ofensivas maiores contra linhas defensivas bem entrincheiradas, o colossal derramamento de sangue estava destinado a prosseguir indefinidamente.

No leste, onde a guerra, travada numa frente muito maior e com uma população muito menos densa, nunca ficou tão imobilizada como na frente ocidental, a situação transcorreu de modo mais promissor para as Potências Centrais. Sob o comando do general Paul von Hindenburg, que retornara à ativa e contava com o apoio do general de divisão Erich Ludendorff, o hábil embora às vezes impetuoso chefe do Estado-Maior do 8º Exército, os alemães infligiram, no fim de agosto, uma esmagadora derrota ao 2º Exército russo perto de Tannenberg, na Prússia Oriental. Ali os alemães lutavam em solo pátrio, repelindo uma incursão russa. O que eles viram da devastação causada pelos russos durante a quinzena em que estes ocuparam parte da região confirmou o preconceito já existente e contribuiu para a ferocidade da luta. As baixas russas foram elevadas — quase 100 mil ao todo, sendo 50 mil mortos e feridos. Poucos dias depois, entre 8 e 15 de setembro, na batalha dos lagos Masurianos, os russos perderam mais 100 mil homens, dos quais 30 mil foram capturados. Mais ao sul, enfrentando os austríacos, tiveram mais sucesso em seu ataque contra a Galícia. Os austríacos foram confrontados por forças russas bem superiores em 3 de setembro, sofrendo perdas pesadas e sendo obrigados a uma retirada humilhante.

Como ocorrera com os alemães na Bélgica, a convicção — em grande parte errônea — de que civis estavam participando de ataques às tropas alimentou a brutalidade que acompanhou a ocupação russa da Galícia. Havia quase 1 milhão de judeus na Galícia, e eles foram as principais vítimas. Os cossacos assumiram a vanguarda da violência. Prevendo o que os esperava, grande número de judeus vinha fugindo à medida que os russos avançavam. Os pogroms perpetrados pelos invasores começaram já em meados de agosto. Centenas de judeus foram mortos na escalada da violência dos invasores. Roubos e estupros tornaram-se comuns. Vilarejos judaicos foram incendiados. Mais de mil judeus foram tomados como reféns pelo Exército russo e só libertados mediante extorsão. Propriedades de judeus foram confiscadas. Nada menos de 50 mil judeus — e outros tantos não judeus — foram deportados para a Rússia no verão de 1915, muitos deles acabando na Sibéria ou no Turquistão.

Os austríacos tiveram de suportar outra derrota embaraçosa nas primeiras semanas da guerra, e dessa vez não pelas mãos de outra "grande potência", mas infligida pelo país que esteve no âmago da crise que se transformou na guerra europeia — a Sérvia. A campanha para "punir" a Sérvia pelo assassinato do arquiduque Francisco Fernando tinha sido quase esquecida pelas potências participantes quando as tropas austríacas lançaram tardiamente sua ofensiva de infantaria, em 12 de agosto de 1914. Não se esperava que a "expedição punitiva" durasse muito. E no começo era de supor que os austríacos logo entrariam em Belgrado. No entanto, uma contraofensiva por parte de sérvios mal armados e altamente motivados conseguiu, depois de três dias de combates encarniçados, rechaçar os austríacos. Ambos os lados sofreram pesadas baixas. Nada menos de 10 mil austríacos foram mortos, e 30 mil saíram feridos. As baixas sérvias ficaram entre 3 mil e 5 mil mortos, além de 15 mil feridos. Um temor exagerado de franco-atiradores e de uma população civil hostil e preparada para uma guerra de guerrilha contra os austríacos fez com que estes agissem com incrível violência. Estima-se em 3500 o número de vítimas civis, a maioria delas sumariamente executadas.

O conflito estava destinado a ampliar-se. Em 29 de outubro, sem provocação, navios turcos atacaram bases navais russas no mar Negro. No começo de novembro, os russos declararam guerra à Turquia, e tropas turcas invadiram a Rússia através do Cáucaso, mas no fim do ano foram repelidas. A derrota custou à Turquia pelo menos 75 mil homens, que sucumbiram tanto a doenças e ao frio quanto às armas russas. No entanto, os turcos obtiveram um triunfo importante em 1915, ao desbaratar uma mal planejada e inabilmente executada tentativa dos Aliados, instigada por Winston Churchill, como Primeiro Lorde do Almirantado (na prática, ministro da Marinha britânica): invadir a Turquia mediante o desembarque de uma grande força em Galípoli, em Dardanelos, em abril daquele ano. Quase meio milhão de soldados Aliados — entre os quais indianos, australianos, neozelandeses, franceses e senegaleses — participaram da campanha. A defesa turca de seu território, que firmou a reputação heroica de Mustafá Kemal Paxá (que se tornaria conhecido como Atatürk) foi feroz, e a praia, bastante fortificada, mostrou-se inexpugnável. Para os Aliados, o desastre foi acachapante. Em dezembro, quando se viram obrigados a abortar a operação e dar início à evacuação, suas baixas totalizavam quase 250 mil, com cerca de 50 mil mortos (muitos em decorrência de doenças). Os turcos sofreram perdas semelhantes.

A crise que a Turquia enfrentou em 1915 causou as piores atrocidades ocorridas durante a Primeira Guerra Mundial, numa região onde massacres horrendos, motivados por reivindicações territoriais conflitantes, litígios étnicos e antagonismos religiosos entre turcos muçulmanos, curdos e armênios cristãos no leste da Anatólia já constituía um capítulo medonho da história do período anterior à guerra. Desde antes do conflito, a liderança nacionalista radical, que controlava a política interna turca a partir de um golpe de Estado em 1913, buscava a homogeneidade étnica e religiosa na Turquia. A minoria armênia, bastante numerosa, representava obviamente um obstáculo a essa pretensão. A guerra entre o Império Otomano e o Russo aumentara sensivelmente as tensões nas regiões de fronteira da Anatólia e no Cáucaso. A tensão entre os turcos e os armênios, em especial, chegou a um ponto insuportável.

Os armênios, que viviam dos dois lados da fronteira com a Rússia e ansiavam por livrar-se do domínio turco, simpatizavam principalmente com a Rússia e viam a guerra como a aurora de sua redenção. Foram incentivados pelos russos, e, por meio de espiões em São Petersburgo, os turcos tomaram conhecimento de planos para provocar um levante armênio. Para os turcos, era um sinal de perigo, sobretudo porque os armênios viviam numa área de importância estratégica vital. Os governantes turcos os viam como colaboradores do inimigo e como uma ameaça a seus planos de guerra. Os armênios, acossados por violentos ataques localizados, viam a colaboração com a Rússia como sua melhor defesa contra massacres maiores.

Entretanto, quando uma rebelião armênia começou na cidade de Van, em meados de abril de 1915, acompanhada de atrocidades cometidas por armênios, turcos e curdos, a Rússia não prestou ajuda nenhuma. Os armênios se viram sozinhos. Os turcos, enfrentando os Aliados ocidentais que atacavam em Dardanelos, assustados com a ameaça representada pela Rússia através do Cáucaso e vendo a minoria armênia como um cavalo de Troia russo, se dispuseram a infligir represálias cruéis. E a guerra proporcionava a oportunidade de buscar a meta ideológica de homogeneização étnica. As deportações começaram logo depois da sublevação, crescendo rapidamente em escala e violência. Semanas depois, o governo turco ordenou que toda a população armênia da Anatólia oriental — cerca de 1,5 milhão de pessoas — fosse deportada para o deserto sírio. Muitos morreram de doenças ou maus-tratos durante a deportação ou em acampamentos ao chegar. Um número muito maior morreu em massacres medonhos, parte de um terrível programa de morticínio apoiado por governantes turcos. As estimativas relativas ao número de armênios mortos variam de 600 mil a mais de 1 milhão.

Apesar da crescente superioridade numérica dos Aliados sobre o Exército alemão na frente ocidental, não se via um fim para o impasse. Por isso, o chefe do Estado-Maior alemão, Erich von Falkenhayn, que substituíra Moltke em setembro de 1914, depositou suas esperanças no leste. Segundo ele, obrigar os russos a chegar a um entendimento era a chave para vencer a guerra na frente ocidental.

No leste, porém, a Alemanha tinha de se confrontar com a fraqueza militar, cada vez mais evidente, de seu principal aliado, a Áustria-Hungria. Durante uma desastrosa ofensiva austríaca, no auge do inverno de 1914-5, nas montanhas dos

Cárpatos, perderam-se cerca de 800 mil homens, inclusive as últimas reservas bem treinadas. Muitos morreram congelados ou vítimas de doenças. Dezenas de milhares foram aprisionados. Os índices de deserção cresceram. No leste e no oeste, as Potências Centrais dependiam cada vez mais do poderio militar alemão.

Para a Áustria, a situação piorou ainda mais quando, em 23 de maio de 1915, a Itália entrou na guerra ao lado da Entente britânica, francesa e russa, abrindo uma frente sul. Foi notável que, debilitados como estavam, os austro-húngaros resistissem bem aos italianos. Enquanto isso, em fevereiro, os alemães infligiam sérias derrotas aos russos na região dos lagos Masurianos, província da Prússia Oriental (com perdas russas de 92 mil homens) e, nos meses seguintes, na Polônia. A Galícia foi tirada dos russos em junho, e a maior parte do que restava do Congresso da Polônia (antes governado pela Rússia), em julho e agosto. A própria Varsóvia caiu nas mãos dos alemães em 4 de agosto de 1915. Quando a grande ofensiva de verão por fim perdeu o vigor, os alemães tinham conquistado também a Curlândia (a parte costeira do oeste da Letônia) e a Lituânia. Entre maio e setembro, as forças tsaristas sofreram perdas arrasadoras, da ordem de mais de 2 milhões de homens, dos quais mais de 900 mil foram capturados.

No outono, as Potências Centrais também fortaleceram sua posição nos Bálcãs. A Sérvia, a fonte inicial do conflito, foi finalmente invadida por divisões alemãs e austro-húngaras no começo de outubro. A Bulgária, que havia entrado na guerra ao lado das Potências Centrais, um mês antes, também enviou forças para participar dessa campanha. No começo de novembro, a Sérvia estava sob o controle das Potências Centrais, e com isso se obtivera uma rota terrestre para o fornecimento de armas ao Império Otomano. Com a Rússia seriamente enfraquecida, os Bálcãs sob controle e até os debilitados austríacos mantendo os italianos imobilizados no sul, a Alemanha estava agora numa posição substancialmente melhor do que um ano antes para tentar forçar uma vitória na frente ocidental. Ainda assim, o tempo não trabalhava a seu favor. Uma ofensiva para obter a vitória ali não podia demorar muito.

O plano de Falkenhayn consistia em dominar os franceses com um ataque de grandes proporções em Verdun, centro de uma grande rede de fortificações à margem do rio Mosa, mais ou menos duzentos quilômetros a leste de Paris. Uma vitória devastadora sobre os franceses em Verdun, ele pensava, seria um passo crucial para o triunfo definitivo no oeste. Verdun esteve sob sítio cerrado de fevereiro a julho de 1916, e os combates cruéis continuaram até dezembro. Para os franceses, a defesa de Verdun tornou-se o símbolo da luta pela própria França. As perdas foram colossais: mais de 700 mil homens — 377 mil franceses (162 mil mortos) e 337 mil alemães (143 mil mortos). Mas não houve uma penetração alemã. Para os franceses, o país havia sido salvo. Para os alemães, as enormes perdas não tinham levado a nada. Em meados de julho, o palco da maior carnificina já se transferira para o Somme.

Ali, tropas britânicas e dos *dominions* formavam a espinha dorsal da "grande ofensiva". Se mais tarde Verdun veio a simbolizar o horror da guerra para os franceses, o Somme adquiriu um significado igualmente simbólico na memória britânica. Havia, porém, uma diferença. Verdun podia ser recordado como um sacrifício patriótico enorme mas necessário para salvar a França. No Somme, as tropas britânicas e dos *dominions* não estavam lutando para repelir um ataque contra a pátria. Para muitos, provavelmente não estava claro o motivo exato de seu esforço. O planejamento da ofensiva coubera basicamente ao general (mais tarde marechal de campo) Sir Douglas Haig, comandante supremo das Forças Armadas britânicas desde dezembro de 1915. Na verdade, o objetivo da ação foi alterado em relação à concepção original. Prevista para ser executada principalmente pelos franceses e destinada a produzir uma investida decisiva, ela se transformou num ataque basicamente britânico para aliviar a pressão sobre os franceses em Verdun. Esperava-se que os alemães se desgastassem e se enfraquecessem bastante. Mas a arremetida crucial para a vitória teria de esperar. Por mais que os oficiais animassem com brados patrióticos e discursos motivadores seus soldados no Somme, para a maioria deles os objetivos estratégicos eram, provavelmente, menos importantes que a sobrevivência. No entanto, dezenas de milhares de homens não sobreviveriam sequer ao primeiro dia da ofensiva. Para os britânicos, o Somme veio a simbolizar o despropósito daquele imenso desperdício de vidas humanas.

Após um intenso e pesado bombardeio que durou mais de uma semana, em 1º de julho de 1916, o primeiro dia da batalha, as forças britânicas e dos *dominions* perderam 57 470 homens, 19 240 deles mortos e 35 493 feridos. Foi o dia mais catastrófico na história militar da Inglaterra. Aquilo que pretendia ser a grande arremetida logo se revelou uma dispendiosíssima ilusão. Quando os combates no Somme se exauriram, perto do fim de novembro, em meio a chuvas, nevascas e lama, as tropas britânicas e dos *dominions* tinham ganhado um setor de aproximadamente dez quilômetros de extensão ao longo de uma faixa de 35 quilômetros da frente de batalha; os franceses, o dobro disso. Esse resultado pífio custou mais de 1 milhão de mortos e feridos. As baixas do lado britânico ascendiam a 419 654 homens (127 751 deles mortos), enquanto as dos franceses totalizavam 204 353, e as dos alemães, cerca de 465 mil. Na escala hedionda de suas perdas, e em troca de tão pouco, a batalha do Somme foi a mais terrível da frente ocidental na Primeira Guerra Mundial.

Uma terceira ofensiva de grandes proporções naquele ano, dessa vez na frente oriental, recebeu o nome de um general russo, Aleksei Alekseievitch Brusilov. Foi um lance ousado que começou em 4 de junho de 1916, contra posições austríacas num amplo setor da frente sul, entre os pântanos do Pripet (que se estendiam do sul da Bielorrússia ao norte da Ucrânia) e a Romênia. O imediato e amplo sucesso de Brusilov deveu-se em parte a seus meticulosos preparativos, e mais ainda à inépcia austríaca, a que se somou o baixo moral das tropas. Em dois dias, a frente austro-húngara se achava em estado de colapso. Trouxeram-se reforços com urgência da ofensiva iniciada no norte da Itália. Recorreu-se também a reservas alemãs para evitar uma debacle total. Contudo, no fim de setembro, as Potências Centrais tinham sido empurradas para trás cerca de noventa quilômetros numa frente larga. A essa altura, os austro-húngaros tinham perdido 750 mil homens, dos quais 380 mil capturados. As baixas alemãs também eram gigantescas, da ordem de 250 mil. No entanto, embora triunfante para os russos, a Ofensiva Brusilov teve um custo enorme, com perdas próximas a meio milhão de homens nos primeiros dez dias e cerca de 1 milhão no cômputo geral. Na Rússia, o júbilo pela importante vitória ocultava fissuras cada vez maiores atrás da fachada. Como os fatos logo mostrariam, o país se aproximava do fim ainda mais depressa que a Áustria-Hungria.

Um resultado imediato da Ofensiva Brusilov foi trazer a Romênia para a guerra, em 27 de agosto, ao lado da Entente. Os romenos esperavam colher grandes lucros aos custos da Hungria depois do que julgavam ser a derrota cada vez mais certa das Potências Centrais. Essas esperanças logo caíram por terra quando as Potências Centrais despacharam um exército, sob comando alemão, que anulou os avanços obtidos pelos romenos. No começo de 1917, as Potências Centrais ocuparam Bucareste e grande parte da Romênia, inclusive os campos petrolíferos de Ploesti, de importância estratégica.

Para o governo alemão, porém, os êxitos no leste não compensaram o fracasso do avanço decisivo na frente ocidental. Em agosto, Falkenhayn pagou o preço do revés em Verdun: foi afastado da chefia do Estado-Maior e substituído pelo herói de Tannenberg, o agora marechal de campo Hindenburg, um líder militar popular numa guerra cada vez mais impopular. Seu braço direito, o general Ludendorff, agora nomeado primeiro intendente geral, logo se tornou a verdadeira força impulsora do novo alto-comando do Exército.

Foi o começo daquilo que virou, na prática, uma ditadura militar, já que Hindenburg e Ludendorff passaram a intervir no governo de forma cada vez mais direta. Um indício disso foi a meta de pôr fim à guerra com ataques irrestritos de submarinos a navios dos Aliados, estratégia adotada apesar da oposição do governo civil. O problema do bloqueio dos Aliados, cada vez mais cerrado, permanecia sem solução, porém a frota de superfície alemã pouco conseguira fazer com relação a ele. Apesar de todas as verbas canalizadas pelos britânicos e pelos alemães para a construção de gigantescas armadas antes da guerra, o único grande combate naval, a batalha da Jutlândia, em 31 de maio de 1916, foi inconclusivo. Os alemães afundaram catorze belonaves, mais do que as onze que perderam, e sofreram menos baixas (3058 contra 6768 do lado britânico). Mas as perdas incapacitaram durante meses a esquadra alemã, que era menor, o que, com efeito, impediu que fosse usada durante o resto da guerra, ao passo que a Marinha britânica foi capaz de manter o bloqueio. Por conseguinte, as atenções se voltaram cada vez mais para a perspectiva de aumentar o emprego de submarinos não só para pôr fim ao bloqueio, como também com o intuito de provocar uma mudança decisiva na sorte da guerra. O comando naval alemão calculou que os submarinos poderiam afundar 600 mil toneladas de embarcações por mês — o que levaria a Inglaterra ao colapso dentro de cinco meses, antes que os Estados Unidos pudessem fazer alguma diferença no resultado da guerra. Todavia, se a guerra submarina não lograsse êxito e os Estados Unidos viessem a participar do conflito, as perspectivas para a Alemanha se agravariam de modo significativo.

A aposta foi feita. A partir de 1º de fevereiro de 1917, a Alemanha deu início a uma guerra submarina irrestrita. Navios dos países Aliados ou neutros podiam agora ser atacados em águas britânicas sem aviso prévio. Foi um erro catastrófico. Até aquele momento, o presidente dos Estados Unidos, Woodrow Wilson, que buscava meios de consolidar a liderança americana no mundo do pós-guerra, desejara "paz sem vitória" e evitara empenhar o apoio de seu país a qualquer um dos lados no destrutivo conflito europeu. A decisão alemã de desencadear a guerra submarina pôs um fim abrupto a essa estratégia. Em dois dias, Wilson rompeu relações diplomáticas com a Alemanha. O inevitável afundamento de navios americanos por submersíveis alemães contribuiu para induzir os Estados Unidos a declararem guerra à Alemanha em 6 de abril de 1917 (embora só na primavera de 1918 a Força Expedicionária Americana estivesse em condições de juntar-se à luta na frente ocidental). Só em abril e junho de 1917, porém, os submarinos conseguiram afundar a tonelagem mensal requerida, o que acusava as estimativas otimistas quanto à vulnerabilidade britânica. A guerra submarina foi um fracasso. E, pior ainda, a Alemanha tinha agora um novo e poderoso inimigo, os Estados Unidos.

O impasse na frente ocidental prosseguiu durante 1917. Com seus recursos humanos e materiais gravemente abalados, os alemães tomaram a decisão de defender temporariamente o que controlavam. Na primavera, recuaram para uma nova posição, mais facilmente defensável, que chamaram de Siegfried-Stellung; para os Aliados, era a Linha Hindenburg. A linha, encurtada, tinha a vantagem adicional de liberar cerca de vinte divisões alemãs. Com isso, os alemães estavam em melhor posição para repelir as novas ofensivas Aliadas que sabiam que estavam por vir.

A primeira dessas ofensivas, em Arras, em 9 de abril, feita debaixo de chuva forte e neve, levou aos habituais e dispendiosos combates de atrito sem nenhum ganho territorial. As perdas chegaram a 150 mil soldados Aliados e 100 mil alemães. A ofensiva de Arras pretendia enfraquecer as defesas alemãs para a grande ofensiva francesa no Chemin des Dames, uma crista montanhosa que acompanha o vale do Aisne, a leste de Soissons e a oeste de Rheims. Essa ofensiva foi comandada pelo novo e agressivo chefe do Estado-Maior, o general Georges Robert Nivelle, nomeado em dezembro de 1916 para substituir o general Joseph Joffre. Entretanto, os alemães tinham tomado conhecimento do ataque iminente e prepararam fortes defesas. A ofensiva de Nivelle foi um desastre. Iniciada em 16 de abril, depois de cinco dias, 130 mil baixas (29 mil mortos) e nenhum avanço, foi abandonada. Em 29 de abril, Nivelle foi exonerado e substituído pelo general Philippe Pétain, o herói de Verdun.

Sem se deixar abater pela calamidade, que confirmava sua má opinião sobre o moral dos combatentes franceses, e sem perder o ânimo por causa de seu próprio fracasso no Somme, no verão anterior, o marechal de campo Sir Douglas Haig ainda acreditava ser capaz de realizar uma arremetida decisiva com uma grande ofensiva perto de Ypres, em meados de 1917. O objetivo era uma investida através de Flandres a fim de eliminar as bases alemãs de submarinos na costa da

Bélgica. Essa meta nunca chegou nem perto de se concretizar. Em vez disso, os homens de Haig ficaram presos na lama flamenga. Os horrores da terceira batalha de Ypres, que para os britânicos se reduz a uma única palavra, "Passchendaele", nome do vilarejo num morrote a leste de Ypres, rivalizaram em notoriedade com os do Somme.

A ofensiva, iniciada em 31 de julho, foi executada sob dilúvios de verão e de outono que, em terrenos planos já revolvidos pela barragem de artilharia que a precedeu, transformaram a área em pântanos de lama viscosa nos quais, com frequência, um homem afundava até a cintura. Quando a ofensiva foi enfim suspensa, logo depois que as ruínas patéticas do vilarejo de Passchendaele foram enfim tomadas, em 6 de novembro (o vilarejo de nome imponente seria de novo evacuado e reconquistado pelos alemães dentro de cinco meses), as forças britânicas e dos *dominions* tinham perdido 275 mil homens (70 mil mortos), e os alemães, 217 mil. Em troca, os Aliados ganharam (temporariamente) alguns quilômetros.

A última ofensiva do ano na frente ocidental, iniciada em novembro, em Cambrai, a sudeste de Arras — em parte uma tentativa de compensar o fracasso em Ypres —, repetiu o modelo já familiar. Os primeiros ganhos territoriais dos Aliados — sete quilômetros ao longo de uma faixa de quinze — não puderam ser mantidos. As perdas chegaram a 45 mil homens do lado britânico e 41 mil do lado alemão. Faltaram reservas que pudessem ajudar os Aliados a explorar a desordem inicial dos alemães, exauridos pelos lamaçais em Ypres. Contudo, a batalha de Cambrai ofereceu um vislumbre do que aconteceria no futuro. Depois de uma boa operação de reconhecimento aéreo (outra novidade), mais de trezentos tanques britânicos, pela primeira vez, atacaram em massa e em formação cerrada, seguidos por infantaria e artilharia. Os tanques tinham se mostrado praticamente inúteis em Passchendaele. Em terreno mais seco e mais firme, inauguraram um novo método de ataque. Por sua lentidão, ainda podiam ser neutralizados pela artilharia pesada. No entanto, isso viria a mudar.

Embora ainda houvesse um impasse na frente ocidental, o que começava a mudar era a sustentabilidade do conflito. O cansaço causado pela guerra era palpável. Apesar da insatisfação da tropa, as forças britânicas mantinham a disciplina. Já o governo francês preocupava-se com os índices de deserção e com o moral baixo, mesmo antes que cerca de 40 mil soldados franceses se amotinassem contra as ordens de Nivelle — um motim só apaziguado quando Pétain (depois da destituição de Nivelle) atendeu à maioria das queixas da soldadesca.

Malgrado os sinais de intranquilidade, governo nenhum se sentia capaz de fazer mais que buscar condições de paz favoráveis para justificar as terríveis perdas sofridas. Com a guerra ainda num impasse, obter tais condições era improvável. A Áustria-Hungria estava particularmente ansiosa para achar uma saída. O novo imperador Carlos I (sucessor de Francisco José, que morrera em novembro de 1916) fez em dezembro tentativas infrutíferas de diálogo em favor da paz junto ao presidente americano Woodrow Wilson. Entretanto, o alto-comando alemão não tinha nenhuma intenção de abrir mão da Bélgica ou de outros territórios ocupados. Uma paz mediante concessões estava fora de cogitação. A vitória, a qualquer custo, ainda era o objetivo. O Exército alemão continuava disposto a lutar, e a reorganização da produção de armamentos, que levou a um enorme aumento no suprimento de munição, permitiu essa postura. E, justamente quando surgiam profundas fissuras políticas na Alemanha, exausta com a guerra, e as manifestações pela paz se tornavam mais veementes, surgiu uma nova esperança — não na frente ocidental, mas no leste.

Na Rússia, a insatisfação que vinha crescendo havia meses na esteira das enormes baixas na frente de batalha e das graves privações, cada vez piores, no país, explodiu numa revolução em março (fevereiro, segundo o calendário juliano, ainda utilizado no império) de 1917. O tsar foi deposto. O novo governo provisório que assumiu o poder nessas condições de crise considerou que precisava dar prosseguimento à luta, apesar do evidente desgaste das tropas, para garantir uma "paz sem derrota". O ministro da Guerra (mais tarde chefe de governo) Aleksandr Kerenski, chegou a dar seu nome a uma malfadada ofensiva, em julho, numa longa frente na Galícia e na Bucovina. Contudo, a ofensiva teve lugar em meio a uma mescla de agitação política permanente, oposição à guerra e queda no moral das tropas, à medida que o fervor revolucionário oriundo de Petrogrado chegava aos soldados na frente de batalha. Fracassada a Ofensiva Kerenski, as debilitadas forças russas não tiveram condições de repelir um ataque alemão a Riga, em setembro de 1917. A última batalha entre russos e alemães na guerra terminou com Riga ocupada pelos alemães. Em novembro (outubro no calendário juliano), caiu também o governo provisório, numa segunda revolução que levou os bolcheviques ao poder. Em breve esse fato alteraria radicalmente a constelação política da Europa. De imediato, prometia mudar o futuro da guerra, pois em 20 de dezembro de 1917, cinco dias depois de celebrar um armistício com os alemães, o novo governo bolchevique começou o doloroso processo de negociar um tratado de paz.

Esse foi o pano de fundo da declaração de 8 de janeiro de 1918 do presidente Woodrow Wilson, em que expôs seus Catorze Pontos — um plano idealista que julgava capaz de pôr fim à guerra e servir de base à paz duradoura na Europa. Com o iminente fim do envolvimento russo na guerra, Wilson viu a oportunidade de pressionar no sentido de um fim geral das hostilidades e de propor as bases de uma negociação dos termos da paz. Entre suas propostas estava a eliminação de barreiras econômicas ao livre-comércio; o desarmamento; o "ajuste" (como ele definiu vagamente) de reivindicações coloniais; a evacuação de territórios ocupados (inclusive a Rússia, à qual ofereceu uma "sincera acolhida na sociedade das nações livres sob as instituições de sua própria escolha" e "assistência de toda espécie de que ela possa necessitar"; o reajustamento das fronteiras da Itália "ao longo de linhas de nacionalidade claramente reconhecíveis"; a oportunidade de "desenvolvimento autônomo" dos povos dos impérios Austro-Húngaro e Otomano; a criação de um Estado polonês independente; e a associação das nações de modo a garantir sua "independência política e integridade territorial". Apesar de sua aparente clareza, grande parte da declaração de Wilson era, como não podia deixar de ser, indefinida, imprecisa e sujeita a interpretações díspares e a polêmicas. Os termos "autodeterminação" e "democracia" não figuravam nos Catorze Pontos, mas ambos passaram a ser vistos como a pedra angular da visão liberal que ele estava propondo e como um estímulo para as aspirações nacionalistas na Europa. No que dizia respeito ao futuro imediato, porém, os Catorze Pontos não produziram medidas no sentido de pôr fim à guerra na Europa Ocidental. E no leste não exerceram papel algum nas negociações entre os bolcheviques e as Potências Centrais.

Concluídas essas negociações, em 3 de março de 1918, em Brest-Litovski (na atual Belarus), cidade onde ficara o quartel-general do Exército alemão no leste, alguns dos termos impostos ao impotente governo soviético estavam entre os mais punitivos e humilhantes da história moderna. Todavia, foram também os mais efêmeros, pois o Tratado de Brest-Litovski foi anulado em novembro no Armistício que pôs fim à Grande Guerra. Segundo os termos do tratado, o Báltico, a Ucrânia, o Cáucaso e o que tinha sido a Polônia russa foram tirados desse país — que assim perdia um terço de sua população, além de uma proporção ainda maior de sua indústria, de sua produção agrícola e de seus recursos naturais — petróleo, ferro e carvão. O Cáucaso coube aos turcos, enquanto grande parte da Europa Oriental, inclusive o Báltico, ficaria daí em diante sob influência alemã (embora a Ucrânia não tivesse a menor condição de proporcionar as quantidades de cereais de que a Alemanha e a Áustria-Hungria necessitavam com premência).

Em maio, o desmembramento da Romênia foi quase tão brutal quanto o Tratado de Brest-Litovski. O Tratado de Bucareste, firmado entre a Romênia, por um lado, e a Áustria-Hungria, a Alemanha, a Bulgária e o Império Otomano, por outro, proporcionou novos e importantes ganhos territoriais às Potências Centrais. Se nesse caso o território amputado coube aos aliados da Alemanha — a Áustria-Hungria e a Bulgária (com ganhos menores para os otomanos) —, o verdadeiro beneficiário foi, mais uma vez, evidentemente, a própria Alemanha, cuja esfera e domínio agora se estendiam sobre a maior parte do centro, do leste e do sul da Europa. Além de o ganho ter sido efêmero, problemas futuros em grande escala estavam à espera em todas essas regiões multiétnicas, cujos territórios eram tratados como peças num tabuleiro de xadrez.

O alívio inesperadamente rápido da situação militar no leste trouxe melhores perspectivas para a Alemanha na frente ocidental. As consequências se revelariam em 1918. De forma mais imediata, havia a possibilidade de intervenção para resolver a situação inconclusiva, mas difícil, na frente italiana. Desde 1915, quando entraram na guerra ao lado da Entente, os italianos vinham enfrentando de forma mais ou menos contínua o Exército austro-húngaro ao longo do rio Isonzo, que corria dos Alpes para o Adriático, desembocando perto de Trieste. Em outubro de 1917, os alemães enviaram reforços para ajudar os austríacos. A 12ª e decisiva batalha de Isonzo (que os italianos chamaram de batalha de Caporetto) começou em 24 de outubro. Os italianos foram desbaratados e em um mês tinham sido empurrados para trás cerca de oitenta quilômetros. O Exército italiano, cuja infantaria de vanguarda era formada por homens recrutados por alistamento compulsório — mais da metade camponeses ou trabalhadores agrícolas do sul do país — simplesmente não queria saber de luta. Os soldados eram mal liderados, mal equipados e mal alimentados. Em 10 de novembro de 1917, as baixas italianas não chegavam a 305 mil. Os mortos (10 mil) e feridos (30 mil) eram relativamente poucos; a grande maioria (265 mil) tinha desertado ou se deixado capturar. Não admira que a batalha se tornasse um dia de infâmia na história italiana.

Até então, a superioridade numérica de homens e armamentos na frente ocidental sempre favorecera os Aliados, e as perdas alemãs tinham sido bem maiores na frente ocidental que na oriental. Entretanto, a retirada da Rússia da guerra liberou nada menos que 44 divisões alemãs, a serem transferidas para o oeste. Ludendorff, que na prática governava a Alemanha, viu a oportunidade de uma vitória conclusiva na frente ocidental com uma poderosa ofensiva na primavera de 1918. A Operação Michael, centrada mais ou menos na linha do Somme, começou em 21 de março, antes que os americanos pudessem entrar na guerra, com a maior barragem de artilharia do conflito, feita com 6600 canhões. Surpreendidas e inferiorizadas numericamente, as tropas Aliadas foram obrigadas a recuar cerca de 65 quilômetros, quase até Amiens. Entretanto, não houve colapso. O avanço da infantaria alemã foi pequeno, em especial na parte norte da frente. As perdas humanas foram altíssimas. No primeiro dia da ofensiva, os alemães tiveram quase 40 mil baixas, um quarto delas fatal. As baixas britânicas foram pouco inferiores. Juntando as perdas da Alemanha e dos Aliados, foi a pior carnificina num único dia da guerra, maior até que no primeiro dia da batalha do Somme. Cessada a ofensiva, em 5 de abril, as perdas alemãs totalizavam 239 mil homens. Os britânicos e franceses tinham perdido, ao todo, 338 mil homens — quase um quarto deles foi feito prisioneiro. As perdas gerais no decurso de duas semanas se equiparavam às de Verdun ao longo de cinco meses.

Foi o começo do fim para a Alemanha. Em abril, uma ofensiva complementar em Flandres, visando a capturar os portos belgas, também perdeu força depois de êxitos iniciais. Apesar das perdas (outros 150 mil homens), os Aliados ainda dispunham de reservas. Os alemães, porém, estavam recorrendo às suas últimas filas, reunidas para ataques finais em antigas áreas de luta — mais uma vez no Chemin des Dames, até o Marne (onde tivera lugar a primeira grande batalha da guerra). Em junho de 1918, as tropas americanas haviam se somado aos Aliados e estavam chegando a um ritmo de 200 mil homens por mês. Um grande contra-ataque francês no Marne, envolvendo centenas de tanques Renault com apoio aéreo, rapidamente fez 30 mil prisioneiros. O moral das tropas alemãs foi abalado e não demorou para que começasse a desabar. Os ganhos obtidos na ofensiva de março foram anulados por avanços dos Aliados em agosto e setembro. No início de outubro, os Aliados tinham ultrapassado a Linha Hindenburg, pesadamente fortificada, e os alemães batiam em retirada. A essa altura, do ponto de vista militar, a Alemanha estava quase liquidada, mas sua população não fazia ideia de que a derrota era iminente, pois o pior era ocultado pela propaganda, que continuava a pregar uma paz que viria somente depois da vitória.

Hindenburg e Ludendorff se deram conta do que estava por acontecer e se convenceram de que a paz deveria ser negociada antes que as tropas alemãs se desintegrassem e a derrota militar se tornasse óbvia. A posição do Exército (e a deles próprios) no Estado se achava em risco. Começaram a manobrar para escapar da culpa pela derrota iminente e passar a responsabilidade pelas negociações para as forças políticas — sobretudo a esquerda socialista — que, havia muito tempo, exigiam uma democracia parlamentar. Em 1º de outubro, informando aos oficiais do Estado-Maior que a guerra não poderia mais ser vencida, Ludendorff lhes disse: "Pedi a sua majestade [o cáiser] que incorpore aqueles que estão no governo e a quem temos de agradecer por nossa situação. Veremos agora esses cavalheiros assumindo funções oficiais. Eles terão de engolir a sopa que prepararam para nós". Foi o começo do que viria a ser uma lenda de duradouro e sinistro impacto depois da guerra: o Exército alemão não fora derrotado no campo de batalha — as forças socialistas, que fomentavam a intranquilidade no país, tinham "apunhalado pelas costas" o esforço de guerra.

Nesse ínterim, os aliados da Alemanha entregavam os pontos, acuados por deserções em massa, por sentimentos revolucionários em alta e pela derrota militar, a que se somava a perspectiva de paz, cada vez mais tangível. Às portas de uma derrota desmoralizante, já que as tropas da Entente avançavam implacavelmente do sudoeste, prejudicadas pelas deserções generalizadas de seus combatentes e em meio a exigências de conselhos de soldados e trabalhadores criados em várias cidades e vilas provincianas, a Bulgária assinou um armistício em 30 de setembro. No mês seguinte, foram administrados os últimos ritos ao agonizante Império Otomano. Derrotas militares, uma ignominiosa retirada do Cáucaso e soldados desertando aos magotes, tudo isso acompanhado de caos econômico e anarquia cada vez maior dentro de suas fronteiras, levaram a Turquia a assinar um armistício em 31 de outubro.

Nos primeiros dias de novembro, com os exércitos das Potências Centrais em total desorganização e seus governos em polvorosa, era evidente que o fim da grande conflagração se aproximava rapidamente. Quando o regime do cáiser caiu, em 9 de novembro, e o novo governo alemão deu mostras de sua disposição de aceitar os Catorze Pontos do presidente Wilson como base para as negociações de paz, a guerra pôde enfim terminar. No dia 11, no quartel-general do marechal Foch, o supremo comandante dos exércitos Aliados, na floresta de Compiègne, o político Matthias Erzberger, do Partido do Centro Alemão (o católico *Deutsche Zentrumspartei*), que encabeçava uma delegação alemã, firmou o Armistício que finalmente pôs fim à luta. As armas silenciaram na última hora do último dia do último mês.

A VIDA DURANTE A GUERRA

"Você não tem como imaginar este horror. Só pode fazê-lo quem passou por ele", escreveu um soldado alemão de infantaria, em 2 de julho de 1916, descrevendo a batalha de Verdun. Inúmeros outros que viveram os massacres em diferentes campos de batalha da Primeira Guerra Mundial sem dúvida sentiram o mesmo.

É impossível fazer generalizações sobre as experiências dos milhões de soldados que tiveram de suportar alguns ou todos aqueles quatro anos de inferno, mas cartas trocadas entre os militares e seus parentes e amigos nos dão alguma ideia. Contudo, elas foram muito mais abundantes na frente ocidental que na oriental. E com frequência ocultavam ou diluíam os sentimentos e as atitudes, uma vez que tinham de passar por censores e muitas vezes procuravam não alarmar ou preocupar os parentes que as leriam. As experiências também variavam enormemente, claro. Em grande medida, moldaram as posturas em relação à guerra, mas eram influenciadas por índole, educação, patente, classe social, circunstâncias materiais, tratamento pelos superiores, posições políticas, formação ideológica e mil outros fatores. As impressões contemporâneas podem ser amplificadas pelo vasto número de recordações e memórias, escritas depois da guerra, por aqueles que dela participaram. Contudo, como todo relato de testemunhas oculares feito depois dos fatos narrados — às vezes, muito depois —, esses depoimentos estão sujeitos aos caprichos da memória, assim como à influência, talvez subconsciente, de acontecimentos posteriores. Obras literárias do pós-guerra, embora sempre comoventes e carregadas de percepções profundas, transmitem imagens construídas a posteriori, ainda que realistas, das marcas que a experiência de guerra deixou em homens e mulheres comuns que tiveram de suportá-la na época. Por isso, qualquer tentativa de sintetizar o que foi viver a Primeira Guerra Mundial só pode ser, na melhor das hipóteses, um exercício de impressionismo.

É difícil, por exemplo, saber com certeza como os soldados eram afetados psicologicamente, na época ou depois, por conviver com a presença constante e nauseante da morte. São inúmeros os indícios de que os sentimentos rapidamente se embotavam. Pouco pesar causava a morte de soldados desconhecidos. "Essa indiferença talvez seja a melhor reação que pode ter um homem no meio de uma batalha", observou um soldado francês de infantaria na frente de Verdun que já não se abalava com a morte de mais um soldado. "O longo período de emoções muito fortes finalmente chegou ao fim, com a morte da própria emoção." "Vi algumas cenas horríveis, mas éramos tão disciplinados que as aceitávamos como coisa corriqueira, como se aquilo fosse normal", recordou um soldado raso britânico.

Ao que parece, mesmo a morte de companheiros próximos logo passava a ser aceita como natural. "Só pelo meu pelotão já passaram várias centenas de homens, e pelo menos a metade deles caiu no campo de batalha, mortos ou feridos", anotou em seu diário, em abril de 1915, um oficial russo de origem camponesa. "Um ano à frente fez com que eu parasse de pensar nisso." "Era uma torrente contínua de feridos, mortos e moribundos", recordou um praça do Exército britânico, falando sobre a batalha do Somme. "Era preciso esquecer todas as emoções. A questão era levar adiante o trabalho." Outro praça falou mais tarde sobre as perdas de sua unidade no primeiro dia no Somme: "Não houve uma chamada pelo nome depois que voltamos porque de oitocentos homens só sobrava [sic] mais ou menos vinte e cinco. Não havia o que contar". Um cabo foi de uma franqueza chocante: "Lamento dizer que quando voltei da linha, depois de perder um monte de homens, não sentia tristeza nenhuma. Só pensei que havia menos bocas para alimentar, e eu ia receber as rações de todos aqueles soldados durante uma quinzena antes que elas fossem reduzidas". "À medida que o tempo passava, fui ficando bem insensível", lembrou um sargento do Corpo Médico do Exército. "A gente tinha de se acostumar com coisas terríveis." É impossível ter certeza de até que ponto essas manifestações eram representativas do que ocorria nos Exércitos. No entanto esses relatos representam, sem dúvida, muitos outros.

Havia, entretanto, sentimentos mais humanos. Estimulado pelo desejo de vitória e consciente de que aquilo que via diante de si era sua "amarga e difícil tarefa", o comandante russo Brusilov, um rígido disciplinador, não se mostrou imune ao sofrimento num campo de batalha na Galícia, no qual havia "pilhas altas de cadáveres", como relatou em uma carta à mulher no primeiro mês de luta. "Isso oprime terrivelmente meu coração", escreveu. Uma carta publicada em novembro de 1914 no jornal dos mineiros alemães, o *Bergarbeiterzeitung*, destacava o horror do remetente ao deparar com o corpo mutilado de um soldado de infantaria. "Esse infante aparece constantemente à minha frente", dizia a carta, "sem cabeça e com um bolo sanguinolento de carne sobre os ombros. Não consigo parar de ver isso." O remetente observava que "a visão era de tal modo pavorosa, tão horrível, que faz duas noites que não consigo dormir".

Pouca piedade se sentia, naturalmente, pelos mortos do inimigo. "O inimigo não passa de um obstáculo que tem de ser destruído", foi uma das muitas declarações coletadas pelo Instituto de Psicologia Aplicada em Berlim. "Estamos nos transformando em animais. Sinto isso em outras pessoas. Sinto isso em mim mesmo", admitiu um soldado francês numa carta que mandou para casa em 1915. Nem todos os soldados se sentiam brutalizados pela experiência de guerra. Mas muitos, sim. Era uma mortandade brutal, mas despida de sentimentos. A maior parte era causada por artilharia, metralhadoras, granadas ou outras armas letais disparadas a certa distância, contra inimigos sem rosto. Só o fogo da artilharia foi responsável por três quartos das baixas francesas entre 1914 e 1917. Na época e também mais tarde, os soldados faziam comentários sobre a facilidade com que se atirava, à distância, num inimigo anônimo e impessoal. O combate corpo a corpo — saltar para dentro de uma trincheira inimiga e atravessar o corpo de um homem com uma baioneta — era bem mais raro. Só 0,1% das baixas alemãs na frente ocidental, na primavera de 1917, decorreram dele, contra 76% causadas por fogo de artilharia. Para alguns soldados, o combate corpo a corpo exigia a superação de inibições ou escrúpulos. Ainda assim, ele existia. E havia quem encontrasse prazer nisso. Um jovem major britânico, que dizia não pensar muito no futuro, tomou como certo "que massacraríamos os boches em sua linha de frente". Outro soldado britânico contou em seu diário, em junho de 1915, que havia atirado à queima-roupa num rapaz alemão, que estava com os braços levantados e implorando misericórdia. "Foi uma cena celestial vê-lo cair para a frente", escreveu.

Alguns, embora decerto uma minoria, viam a guerra como um processo de limpeza para destruir o que julgavam estar podre em sua própria sociedade. Um soldado alemão, que se rejubilara com a declaração de guerra, escreveu a um conhecido, no começo de 1915, que os sacrifícios na frente de batalha valeriam a pena se levassem a um país "mais puro e expurgado de estrangeirismos [*Fremdländerei*]". O mundo em breve ouviria falar bastante dele. Seu nome era Adolf Hitler.

A estereotipagem nacional do inimigo contribuiu bastante para o processo de criação de ódio. Em grande parte, esse trabalho já estava feito antes mesmo que a guerra começasse. Quando teve início a luta, a propaganda reforçou em muito os estereótipos, no país e na frente de batalha. De um lado e de outro, a propaganda oficial procurava demonizar o inimigo e instilar o ódio, tanto nas tropas de combate como na população nacional. A transmissão, pelo rádio, de acusações de atrocidades (reais ou imaginárias) era um dos meios para isso. Os estereótipos muitas vezes funcionavam. Militares alemães de esquerda, que antes criticavam intensamente o militarismo, o hipernacionalismo e o governo do cáiser, aceitavam caricaturas que mostravam os eslavos como inferiores e afirmavam a necessidade de uma missão civilizatória alemã para levar cultura ao Leste Europeu. Soldados alemães que entravam na Rússia pela primeira vez viam a confirmação dessas caricaturas. "Ásia, estepe, pântanos [...] um ermo esquecido de lama e lodo", recordava um oficial, e "sem um lampejo da *Kultur* da Europa Central." Um sargento alemão, amante de poesia, escreveu em fevereiro de 1918:

> *Por todo lado, meus olhos veem ainda a desgraça*
> *Que a vergonheira do Exército russo infligiu*
> *À sua própria terra, a obras da natureza!*
> *Mas o que parecia perdido para sempre foi recriado*
> *Pelos batalhões alemães da* Kultur!

Imagens propagandísticas de russos asiáticos, atrasados, incultos e bárbaros alimentariam posturas que prepariam o terreno para atrocidades inenarráveis na Segunda Guerra Mundial, embora o choque étnico de bolcheviques e judeus ainda estivesse por vir. Entretanto, a propaganda de ódio na Primeira Guerra Mundial não foi, de modo algum, um sucesso completo, e, com certeza, não na frente ocidental. Houve alguma confraternização em 1914-5 entre tropas alemãs, de um lado, e britânicas e francesas, de outro — que incluiu a "trégua" oficiosa de Natal na terra de ninguém em 1914 —, até que os oficiais a proibissem. Às vezes, soldados inimigos tinham permissão para buscar seus mortos e feridos. Houve períodos breves e não oficiais de trégua tácita, com base em entendimentos mútuos informais e não anunciados, e casos de soldados que, em patrulha, atiravam para errar o alvo de propósito. E houve indícios de respeito mútuo entre soldados rasos pelas qualidades de combate de seus inimigos, além de um senso de humanidade comum demonstrado num morticínio que desafiava qualquer compreensão.

Mesmo assim, seria conveniente não exagerar quanto a isso. Embora objetivos ideológicos, ostensivos ou subliminares, que ajudavam a dar sentido à balbúrdia, fossem mais comuns entre oficiais e comandantes, sobretudo entre os de patente mais alta, os soldados rasos estavam também sujeitos às forças culturais agindo em sua educação e em seu treinamento. Além do mais, a matança logo criava seu próprio ímpeto. Os soldados se habituavam a ela. Às vezes a encaravam simplesmente como "matar ou ser morto". De modo geral, aceitavam o que tinham de fazer, não viam alternativa e pensavam, principalmente, em superar aquilo e sobreviver. "A vida é uma coisa boa de comer e nós a mastigamos em silêncio e com dentes saudáveis", comentou um soldado de cavalaria italiano em 1917, depois de sobreviver a uma batalha feroz em que 50% dos homens foram mortos ou feridos. Ideais grandiosos não tinham muito lugar na guerra. "Estamos aqui porque estamos aqui porque estamos aqui porque estamos aqui", cantavam, cinicamente, soldados britânicos nas trincheiras.

O medo, como a morte, era um companheiro constante na frente de batalha, por mais que os soldados tentassem escondê-lo. O fatalismo que naturalmente o acompanhava era também onipresente. Os soldados não estavam sempre na linha de frente. Na verdade, estes constituíam uma minoria. Entretanto, o tempo passado atrás das linhas — em recuperação, relaxando ou se divertindo (jogos de futebol e visitas a bordéis parecem ter sido alguns dos passatempos mais comuns das tropas britânicas), além dos intermináveis exercícios de treinamento — era sempre anuviado pela ideia de que o próximo "grande avanço" não estava muito longe. Quando corria a notícia de que era iminente, a apreensão e o medo cresciam. Chegado o momento, alguns homens ficavam tão aterrorizados que se tornavam incontinentes. Outros exalavam confiança — em muitos casos, sem dúvida, para ocultar o nervosismo. Alguns, soldados valentes que já tinham passado pelo horror, ficavam tão assustados que chegavam a um estado de colapso nervoso e se recusavam a sair das trincheiras, pagando o terrível preço da acusação de covardia ou deserção diante de um pelotão de fuzilamento.

A maioria sabia que não tinha alternativa a não ser enfrentar a batalha e se mostrava fatalista. Uma distribuição profusa de rum, *schnapps* ou vodca, logo antes da ofensiva, ajudava. "Quando eu ia para a batalha, não pensava em nada. Simplesmente tinha de ir. E pronto", recordou um praça britânico. Muitos relatos mostram soldados com menos medo da morte que de uma mutilação grave. De acordo com um estudo alemão, "Psicologia do medo em tempo de guerra", publicado em 1920, "imaginar ficar aleijado é suficiente [...] para tornar a morte desejável". Muitos pediam ao céu aquilo que os britânicos chamavam de *blighty wound*, e os alemães de *Heimatschuß** — não um ferimento incapacitante ou capaz de levar à morte, mas que os tornasse inaptos para o serviço militar e os devolves-

---

* Respectivamente, "ferimento para voltar ao lar" ("Blighty" é um termo afetuoso com que os britânicos, principalmente os soldados no exterior, se referem à Inglaterra) e "tiro que leva à pátria". (N. T.)

se a seu país. Alguns infligiam a si mesmos esses ferimentos — mas correndo o risco de grave punição, além da dor, se fossem apanhados.

Em vista do que as tropas tinham de suportar, o moral na frente ocidental se manteve surpreendentemente alto. O motim francês no Chemin des Dames, em 1917, foi uma exceção, embora os censores que examinavam as cartas dos soldados notassem sinais de moral vacilante à medida que a épica batalha de Verdun se estendia, e as deserções tivessem aumentado no inverno de 1916-7. A rápida reação francesa para aplacar as tropas amotinadas mostrou até que ponto o governo levara a sério a revolta fugaz. O moral voltou a ser testado durante a grande ofensiva alemã na primavera e no verão de 1918. Entretanto, os franceses estavam lutando por seu próprio país. Isso os levava a pensar. Quando os tanques franceses rechaçaram os alemães no Marne, em agosto, e o fim da guerra estava à vista, o moral voltou a se elevar. As forças britânicas e dos *dominions* também aguentaram até o fim com o moral praticamente intacto. O ânimo britânico titubeara por ocasião do avanço alemão na primavera de 1918, mas voltou a crescer quando a ofensiva fraquejou e chegaram reforços (com destaque para as tropas americanas).

É claro que também no Exército britânico não faltaram queixas e protestos contra as condições lamentáveis, a má alimentação, as rações escassas, o treinamento pesado, a exaustão física e a arrogância dos oficiais. A exigência de disciplina era alta em todas as forças de combate, e brutal em algumas (sobretudo nas russas e italianas). A coerção se intensificou em todos os exércitos na segunda metade da guerra, visando a neutralizar a queda no moral das tropas. No entanto, por si só ela não explica a disposição de prosseguir na luta, e na realidade não seria capaz de reprimir a grave e generalizada onda de má vontade na maioria dos exércitos perto do fim da guerra. Nos casos em que o moral se manteve elevado, havia a atuação de forças mais positivas. A maior parte dos soldados franceses e britânicos continuou a crer que sairiam vencedores e também a acreditar na justiça de sua causa. O patriotismo e a defesa de seu país continuaram a oferecer aos soldados franceses uma razão positiva para lutar. Esse sentimento desempenhou também um papel importante para as tropas britânicas, ainda que menos preponderante, já que a Inglaterra não tinha sido invadida e seus soldados não estavam lutando em solo pátrio. Os censores que analisavam as cartas enviadas por soldados britânicos não notaram nenhum declínio na disposição de lutar até o fim, e viram pouca disposição de aceitar uma paz obtida com concessões.

O moral alemão só desmoronou em 1918. Para as tropas do país, as reclamações — exacerbadas por maiores desigualdades entre os oficiais e os soldados do que no Exército francês ou no britânico — politizaram-se cada vez mais a partir de 1916. O ressentimento pela discrepância entre os pagamentos dos oficiais e dos praças, a sensação de que os oficiais lotados em escalões de retaguarda estavam levando "boa vida", enquanto os soldados na linha de frente morriam aos milhares, a indignação pela comida de má qualidade, as reduções nas rações a partir de 1916 e as notícias que recebiam de casa sobre o aumento dos preços e a deterioração das condições de vida, tudo isso gerou uma crescente convicção, por parte dos soldados, de que os sacrifícios de todos só serviam para aumentar os ganhos dos capitalistas e aproveitadores. Nos últimos meses da guerra dizia-se, com frequência cada vez maior, que seria necessária uma revolução para corrigir as injustiças. A essa altura, muitos soldados alemães concordavam com a pintora e escultora Käthe Kollwitz, que, com o coração dilacerado pela perda de seu único filho, Peter, em 1914, afirmava que a guerra, que mandara milhões para o abatedouro, não passara de um "terrível conto do vigário". Naquelas últimas semanas de conflito, ao mesmo tempo que ocorria uma onda de deserções, os soldados na frente de batalha expressavam cada vez mais alto suas exigências de paz, socialismo e revolução.

Bem antes disso, o moral estava ainda mais abalado em outros exércitos que lutavam na frente oriental. Desde o começo do conflito, era frequente que tropas russas, austro-húngaras e italianas acreditassem pouco na "causa" pela qual se dizia que estavam lutando. O general Brusilov se queixou de que muitos praças russos, dos quais mais de três quartos provinham de famílias camponesas e eram, na maioria, analfabetos, "não faziam a mais remota ideia do que a guerra tinha a ver com eles" e, aparentemente, nem sabiam da existência de um país chamado Alemanha. A queda do moral não demorou. Logo depois das primeiras derrotas de 1914, os censores russos informaram que "os soldados não confiam mais na vitória". A escassez de alimentos, fardamento e armas — já em 1915 constava que muitos soldados na frente de combate não tinham armas — e os reveses militares corroíam o moral. O mesmo efeito tinha a forma brutal como a tropa era tratada pelos oficiais, em geral odiados como membros da classe dos proprietários de terras e desprezados por sua corrupção e pelo gosto por confortos rebuscados na retaguarda. Com frequência cada vez maior, os soldados perguntavam a quem cabia a culpa por seus apuros e encontravam a resposta na traição. "Talvez em breve tenhamos de admitir que nossa campanha bélica está perdida e, acima de tudo, que ela foi traída" foi uma atitude anunciada por censores russos já em 1915. O derrotismo — e a busca de bodes expiatórios e traidores — ganhou ímpeto em 1916, com efeitos danosos sobre a frente de batalha. Um soldado que escutava a "explicação", dada por um sargento, de que espiões e traidores estavam por trás da mais recente retirada, comentou: "O peixe começa a feder pela cabeça. Que espécie de tsar se cerca de ladrões e trapaceiros? Está claro como o dia que vamos perder a guerra". A estrada para a revolução estava sendo aberta.

A deserção e a rendição voluntária se generalizaram no Exército russo a partir de 1916. Com a quebra do moral, ocorreram naquele verão vinte motins, que tiveram muito apoio e pouca condenação entre outros soldados na frente de batalha. O cansaço da guerra e o desânimo profundo, assim que se desvaneceram os êxitos fugazes da Ofensiva Brusilov, misturaram-se à crescente preocupação, alimentada pelas cartas recebidas das famílias e pelo agravamento das condições de vida no país. O chefe da comissão de censura militar em Petrogrado observou, em novembro de 1916, que os boatos que chegavam às tropas por meio das cartas de parentes "causam queda no moral dos soldados e muita preocupação com a situação da família no país". Já em 1916 se ouviam exigências de paz, mesmo que incondicional. Quando da revolução de fevereiro de 1917, a onda já se transformara em tsunami.

As deserções em grande escala começaram cedo também entre outras tropas na frente oriental. No Exército italiano, apesar das duras punições adotadas desde o início, elas quase triplicaram entre 1915 e 1917. Em novembro de 1917, mais de 300 mil soldados tinham desertado do Exército otomano. A disposição de se render, muito mais comum do que na frente ocidental, era outro sinal da fragilidade do moral, que por fim começava a reduzir o empenho e a autodisciplina.

A falta de coesão nacional foi um fator importante na dificuldade para manter o moral no Exército austro-húngaro. Muitas vezes, os oficiais austríacos, germanófonos, tratavam com desprezo os soldados de outras origens étnicas — croatas, romenos, servo-bósnios, tchecos, italianos e outros. Por sua vez, tais soldados não só detestavam os arrogantes oficiais como frequentemente encaravam os superiores através do prisma da etnia e a causa dos Habsburgo com indiferença ou hostilidade. Os tchecos e outras minorias étnicas sentiam-se ofendidos pela forma como eram tratados pelos oficiais austríacos, por eles considerados arbitrários e arrogantes. Os próprios austríacos viam os tchecos, rutenos (provenientes do leste da Hungria, ao sul dos Cárpatos) e, com alguma razão, os servo-bósnios como indignos de confiança. Não era, com certeza, uma boa receita para um moral elevado. As deserções de tchecos, numerosas e crescentes, indicavam que as tendências nacionalistas étnicas estavam promovendo o enfraquecimento do esforço de guerra dos Habsburgo.

Na frente oriental, muito mais do que na ocidental (salvo na fase inicial do conflito), os civis se viram envolvidos diretamente nos combates. As notáveis memórias do prefeito de um vilarejo polonês dão uma boa ideia da vida dos civis durante a guerra na frente oriental. Jan Słomka nasceu em 1842, e sua longa vida chegou ao fim em 1929, aos 87 anos. Durante quarenta anos, foi prefeito de uma comunidade rural pobre em Dzików, perto da cidade de Tarnobrzeg, no sudeste da Polônia, perto do rio Vístula e dos Cárpatos, na porção do país dominada pelos austríacos antes da guerra. Seu vívido relato a respeito do impacto da guerra sobre sua comunidade mais lembra a destruição, as pilhagens e a devastação causadas pelos exércitos que avançavam e recuavam durante a Guerra dos Trinta Anos, no século XVII, que os horrores peculiares à estática guerra de trincheiras que marcaram a frente ocidental, onde as cruéis batalhas de atrito estiveram efetivamente distanciadas da vida civil.

Menos de um ano depois do começo da guerra, a vila de Słomka fora atravessada cinco vezes por tropas austríacas e quatro vezes por russas. Três batalhas de grandes proporções foram travadas nas proximidades. Os russos ocuparam o lugar duas vezes: na primeira por três semanas; na segunda, por oito meses. Os movimentos das tropas e as batalhas provocaram enorme devastação. Quase 3 mil propriedades rurais e casas foram destruídas nas áreas circunvizinhas, sobretudo por granadas de artilharia. Alguns vilarejos foram completamente arrasados. Cerca de 140 quilômetros quadrados de florestas foram queimados, derrubados ou destruídos pela artilharia. Qualquer coisa que restasse nas casas arruinadas era saqueada. Grande parte dos habitantes — aqueles que não tinham fugido antes da chegada dos russos — ficou reduzida à miséria. Muitas pessoas foram forçadas a morar em barracos improvisados entre as ruínas, enquanto seus campos ficavam sem cultivo, ocupados por trincheiras de infantaria e emaranhados de arame farpado, e seus cavalos e seus rebanhos eram afugentados pelos russos. A maior parte dos homens adultos foi deportada para os Urais. Faltavam comida, roupas e moradias, assim como mão de obra, já que não restavam homens para trabalhar. O racionamento de víveres, medida altamente impopular, teve de ser adotado, e, à medida que crescia a escassez, os preços sofreram aumentos astronômicos.

Tudo tinha começado num clima de otimismo em Dzików. Ordenada a mobilização, em 1º de agosto de 1914, os jovens correram para se alistar. A população civil acolheu as tropas com entusiasmo quando desfilaram, cantando, a caminho da frente de batalha, com o moral nas alturas. Havia a convicção geral de que as Potências Centrais seriam vitoriosas, a guerra seria decidida em território russo e seu resultado haveria de ser um novo Estado polonês.

Todavia, o início do conflito trouxe à luz uma divisão importante na população local. A animosidade e o ressentimento dos católicos contra os judeus (que formavam a maioria dos habitantes de Tarnobrzeg, embora não da própria Dzików ou de outras vilas próximas) traduziram-se em acusações de que eles se esquivavam ao serviço militar e não contribuíam com seu quinhão de hospedagem, cavalos e carroças para as tropas, o que aumentava o ônus para os moradores locais. Por fim, os judeus foram reunidos e postos para trabalhar sob coerção.

A retirada russa para além do Vístula, ante o avanço dos austríacos, confirmou a confiança popular num iminente triunfo da Áustria-Hungria e, com isso, numa vitória para a Polônia. Previa-se que a guerra estaria acabada dentro de poucos meses. Contudo, esse otimismo inicial logo se desfez. O ribombar de canhões nas proximidades, em 9 de setembro, trouxe, de repente, alarme e pânico à população, até então confiante de que o Exército austríaco estava a caminho da vitória. Em alguns dias ficou evidente que ele estava batendo em retirada precipitadamente. Soldados dispersos, exaustos, famintos e feridos, muito diferentes dos esplêndidos regimentos que haviam partido semanas antes, voltavam à vila. Primeiro, pediam comida; depois, roubavam o que pudessem para consegui-la. Muitos judeus do lugar fugiam do avanço dos russos, e com bons motivos para isso, já que o tratamento que o inimigo dispensava a eles era "severíssimo e impiedoso". Os judeus de Dzików foram reunidos e açoitados publicamente. Num vilarejo próximo, cinco judeus foram enforcados sob a acusação de esconderem armas. Outros dois, de Tarnobrzeg, foram enforcados à beira da estrada por suspeita de espionagem. No começo de outubro, quando os próprios russos foram obrigados a se retirar, a população deu boas-vindas, como libertadores, a tropas que julgaram ser austríacas, de retorno à vila. Na realidade eram regimentos húngaros, e os soldados aquartelados na área, em número aproximado de 15 mil, mostraram-se tão predatórios e hostis quanto tinham sido os russos. No começo de novembro, os russos estavam de volta, e sua ocupação, dessa vez acompanhada de novos e generalizados saques, além de muita destruição, durou até junho de 1915.

Com a drástica deterioração da situação econômica nos últimos anos da guerra, quando as dificuldades da população local pioraram bastante e as deserções constituíam um claro indício da fraqueza militar dos austríacos, as esperanças de independência para a Polônia esmoreceram. E quando, em 9 de fevereiro de 1918, a metade oriental da província austríaca da Galícia foi entregue à recém-criada República Popular da Ucrânia, por ocasião de um tratado à parte firmado entre Ucrânia, Alemanha e Áustria-Hungria (reconhecendo a independência da primeira e garantindo apoio militar contra os bolcheviques em troca de alimentos), sem que nenhum polonês participasse do acordo, houve uma sensação generalizada de que a Alemanha e a Áustria tinham traído a Polônia. Como a elevação da Polônia a Estado independente era um dos Catorze Pontos do presidente Wilson, elencados no mês anterior, os poloneses haviam sido levados a questionar sua lealdade, já vacilante, às Potências Centrais. Não obstante, a forma como esse país se materializaria — e até se isso de fato viria a acontecer — era muitíssimo incerta.

No último dia de outubro de 1918, hordas de desertores do Exército austríaco, até então escondidos nas florestas e alimentados pela população local, deixaram seus esconderijos para se juntar na praça central de Tarnobrzeg, depois de arrancar as rosetas austríacas dos barretes. Nos primeiros dias de novembro, as insígnias austríacas começaram a ser removidas de onde estivessem, substituídas pela águia polonesa. Soldados corriam para a estação, a fim de viajar para casa assim que possível. Num comício, os cidadãos se regozijaram: "A Polônia foi restaurada!". As autoridades locais (entre elas o próprio Słomka), que tinham sido a encarnação das normas opressivas e impopulares durante a guerra, foram destituídas de uma hora para a outra. Os policiais, surrados com frequência, eram um dos alvos prediletos da ira popular. Os judeus, acusados de explorar a miséria da população com escorchantes taxas de juros sobre empréstimos e de fugir ao serviço militar, eram vítimas óbvias das hostilidades, que de vez em quando irrompiam em surtos de violência nos quais lojas eram saqueadas e seus proprietários agredidos. O ódio classista era manifesto. Dois terços das terras na região pertenciam a dez grandes proprietários, enquanto cerca de 14 mil minifúndios de camponeses ocupavam a maior parte do terço restante. Não admira, pois, que nas condições caóticas do fim da guerra, e muitas vezes buscando inspiração na Revolução Bolchevique, bandos de camponeses (às vezes ajudados por servos das propriedades), armados com cajados, forcados e revólveres, atacassem mansões senhoriais e latifúndios, invadissem celeiros e saqueassem cereais, rebanhos, feno, carroças e outros bens, chegando, às vezes, a agredir e assassinar os administradores dessas propriedades.

A guerra que havia começado com expectativas tão elevadas terminou nessa parte da Polônia com intensas inimizades, conflito de classes, maior hostilidade contra os judeus, quebra de autoridade, violência e desordens generalizadas. O incipiente Estado da Polônia era tudo menos uma nação unida. Ao ser firmado o Armistício, o país não tinha governo. Em 16 de novembro de 1918, quando se anunciou a existência de um Estado polonês independente, seus esforços para definir suas fronteiras e construir uma infraestrutura unificada estavam apenas começando. E, fossem quais fossem as esperanças que a comunidade de Jan Słomka em Dzików e as de inúmeros lugarejos poloneses haviam alimentado durante a guerra de restauração do Estado, a forma precisa desse Estado, quando surgiu, teve pouco a ver com os desejos dessas pessoas e quase tudo a ver com as circunstâncias em que ocorreu o colapso das três potências — a Rússia, a Áustria e a Alemanha (ou Prússia, antes de 1871) — que vinham administrando a partição da Polônia desde 1795.

Em toda parte, tanto na Europa Ocidental quanto na Oriental, e malgrado as características diferentes da guerra nas duas frentes, a população de cada país teve de suportar novas agruras, materiais e psicológicas, durante o conflito. Couberam às mulheres os maiores esforços. Muitas tiveram de se responsabilizar pelos trabalhos nas lavouras, ao mesmo tempo que cuidavam de crianças e se preocupavam com o marido que lutava longe. Nas regiões industriais, foram obrigadas a realizar o serviço que antes era feito por homens nas fábricas de armamentos ou a manter em funcionamento as redes de transporte. Enfrentando a escassez de alimentos que só piorava e a disparada dos preços, o medo constante delas era a batida na porta com a notícia de um ente querido morto em ação. Não é de surpreender que a raiva e o ressentimento só aumentassem. As filas em busca de alimentos as punham em contato, o que levava à propagação de notícias e boatos e a debates sobre o descontentamento. As cartas recebidas da linha de frente lhes forneciam indícios de como ia a guerra e de como as tropas vinham reagindo. Suas próprias cartas para os soldados davam uma ideia da situação nacional. Os soldados também se informavam sobre as condições na retaguarda por ocasião dos raros períodos de licença, e essas lembranças os acompanhavam de volta às trincheiras.

Era impossível para os parentes, em casa, captar de forma plena os horrores da frente de batalha, ainda que na Inglaterra milhões de pessoas tivessem uma ideia do que acontecia pelo filme oficial *The Battle of the Somme*, que, embora incluísse sequências encenadas, não ocultava a medonha realidade. Foi a primeira vez na história em que se proporcionou a uma plateia civil uma experiência visceral da guerra. O filme era tão angustiante que algumas pessoas que o viam desmaiavam, e as autoridades se viram obrigadas a admitir que a população não estava preparada para tal exposição à terrível realidade da guerra. A maioria queria — ou precisava — bloquear o que seus parentes estavam enfrentando em combate. Por isso não surpreende que muitos soldados retornassem para a luta após uma folga com a sensação de que familiares e amigos não faziam ideia do que estavam vivendo. A acolhida calorosa que um tenente britânico recebeu dos parentes quando os visitou, de licença, em 1917, esfriou rapidamente. A família fez elogios aos soldados, falando da vitória britânica em Passchendaele. Quando ele descreveu os horrores da batalha e deixou implícito que as tropas tinham sofrido baixas imensas a troco de nada, foi praticamente posto porta afora.

Contudo, a insensibilidade e a incompreensão não eram necessariamente a regra geral. A interação entre as famílias e a frente de batalha era mais próxima e mais forte do que tais relatos levam a crer. O enorme volume de correspondência mostra o desejo intenso de uma licença para visitar os parentes (no caso daqueles que tinham a sorte de poder fazê-lo, o que não acontecia, digamos, com soldados canadenses, indianos, australianos ou neozelandeses, ou de regiões distantes do Império russo). Parece também que as atitudes em relação à guerra, no país e na frente de batalha, se aproximavam cada vez mais à medida que o conflito perdurava, em especial nas potências que se defrontavam com a perspectiva da derrota.

O vasto conjunto de experiências diversas, em cada um dos países e nas trincheiras, resiste a resumos simplificados ou generalizações. Não obstante, parece claro e historicamente significativo que as potências que começaram a guerra com sistemas políticos merecedores de amplo apoio, fundamentados em níveis relativamente altos de representação e em valores amplamente aceitos e sólidos — aquilo que poderia ser chamado de "legitimidade" —, gozavam de clara vantagem para manter o moral no país e na frente de batalha, e portanto para maximizar o esforço de guerra. Isso, é claro, não era tudo. Esses países precisavam também de superioridade em suprimentos de armas, alimentos e recursos humanos. A Inglaterra e a França dispunham dessas vantagens, sobretudo porque podiam contar com recursos oriundos não só de suas dependências ultramarinas como também dos Estados Unidos, e perto do fim da guerra tiveram o apoio direto de grande número de tropas americanas. Isso possibilitou manter a expectativa de uma vitória final. E, onde a esperança de vitória pôde de início ser mantida e depois se tornou cada vez mais alcançável, o sistema político conservou sua legitimidade, mesmo em face de baixas numerosíssimas na frente de batalha.

Por outro lado, nos países em que a certeza da derrota crescia, a esperança minguava e as baixas imensas (e cada vez maiores) passavam a ser vistas como inúteis, a legitimidade do sistema político tido como responsável pela calamidade foi sendo solapada até chegar a ponto de desmoronar. A expressão mais clara disso foi a quantidade de deserções nos exércitos das Potências Centrais perto do fim da guerra. Nos países em que a legitimidade era mais fraca, a guerra impôs um ônus de tal monta a seus cidadãos que os regimes que a promoviam se viram cada vez mais ameaçados pela insatisfação tanto da população civil como das tropas nos campos de batalha.

O ESTADO SOB PRESSÃO

A guerra pôs todos os Estados participantes, mesmo os que por fim colheram a vitória, sob uma tensão sem precedentes. Todas as tarefas num conflito de tamanha escala, fossem elas novas ou imensamente disseminadas, tornaram-se responsabilidade estatal. Era preciso mobilizar tropas e recursos para o combate em quantidades cada vez maiores. Em cada um dos países, uma elevada proporção da população masculina apta a empunhar armas foi recrutada, no meio da guerra, para o serviço militar. (A Inglaterra, que tinha começado a guerra com voluntários, adotou o alistamento obrigatório em 1916.) O armamento tinha de ser produzido em massa para dar aos soldados ferramentas com que lutar. O Estado passou a patrocinar pesquisas de novas tecnologias e o desenvolvimento de tipos novos de armas. O número de hospitais, enfermarias improvisadas e centros de recuperação teve de ser ampliado enormemente a fim de atender ao grande número de feridos e mutilados que voltavam da frente de batalha. Foi preciso organizar sistemas de pensões previdenciárias, por mais precários que fossem, para cuidar do sustento de viúvas e famílias que tinham perdido seu provedor. O governo tinha de orquestrar a opinião pública e manter o moral elevado por meio da propaganda e da censura oficiais, controlando a disseminação de informações e exercendo influência direta ou indireta sobre a imprensa.

Tudo isso impunha a necessidade de economias sob controle estatal e gastos públicos bem maiores. As despesas militares por si só atingiram patamares nunca vistos perto do fim da guerra: 59% do produto interno bruto alemão, 54% do francês, 37% do britânico (ainda que economias menos desenvolvidas, como as da Rússia, da Áustria-Hungria ou do Império Otomano, precisassem se haver com menos). Impuseram-se aos cidadãos tributos novos ou mais elevados. A Inglaterra foi relativamente bem-sucedida em financiar os custos da guerra mediante tributação, mas a Alemanha e, sobretudo, a França relutaram em cobrar mais impostos de seus cidadãos, imaginando que o inimigo pagaria reparações de guerra depois da vitória. A maior parte do custeio da guerra veio de empréstimos. Os Aliados levantaram dinheiro principalmente junto aos Estados Unidos. No entanto, à medida que a guerra se desenrolava, tornou-se impossível para a Alemanha captar empréstimos no exterior, e o esforço de guerra teve de ser financiado, cada vez mais, pelo aumento da dívida interna. Todos os países participantes do conflito lançaram mão de campanhas de bônus de guerra. Em todos eles, a dívida pública cresceu muitíssimo. Quando nem empréstimos nem tributação eram suficientes, os países imprimiam dinheiro, criando problemas a ser solucionados mais tarde.

Com a intensificação do controle da economia pelo Estado e de sua intervenção na vida civil, o tamanho da máquina estatal aumentou. Os serviços públicos nacionais se expandiram. O mesmo aconteceu com os padrões de vigilância, coerção e repressão. Cidadãos de países inimigos foram confinados. Em algumas regiões, em especial no leste da Europa, populações inteiras foram desalojadas. Quando os russos se retiraram do oeste da Polônia e da Lituânia, em 1915, pondo em prática a política de "terra arrasada", já tinham deportado para o interior da Rússia pelo menos 300 mil lituanos, 250 mil letões, 350 mil judeus (que, além disso, eram muito maltratados) e 743 mil poloneses. No começo de 1917, cerca de 6 milhões de desalojados — refugiados do Cáucaso e de áreas fronteiriças no oeste, bem como aqueles deportados à força — tinham se acrescentado às massas submetidas à penúria nas cidades russas.

Em toda parte, o Estado tinha de garantir o apoio principalmente da classe operária industrial (que agora incluía grande número de mulheres, empregadas na indústria de armamentos), cuja militância crescia de acordo com o agravamento das condições materiais. Muitas vezes, em especial nos sistemas mais autoritários, recorria-se mais prontamente à punição que ao incentivo. Por outro lado, na Inglaterra, na França e — até perto do fim da guerra — na Alemanha, os trabalhadores foram apaziguados com aumentos de salários (em relação a outros setores da sociedade), promessas para o futuro e concessões para facilitar a formação de sindicatos. Na Alemanha, as medidas drásticas para obter mão de obra, nos termos da Lei de Serviços Auxiliares, de dezembro de 1916 — trabalho compulsório nas indústrias de guerra para todos os homens entre dezessete e sessenta anos —, combinaram-se com a criação de comitês de trabalho em fábricas com mais de cinquenta empregados, com igual representação de trabalhadores e patrões. Ainda assim, e independentemente de seu apoio ao esforço de guerra, os trabalhadores (inclusive mulheres) se dispunham a fazer greve em defesa de seus interesses materiais. Na Inglaterra, onde as condições deterioraram-se menos que em qualquer outro país envolvido e onde o apoio à guerra permaneceu relativamente alto, houve mais greves do que em qualquer outra nação em guerra, exceto a Rússia. Em 1918, o número de trabalhadores britânicos em greve triplicou em relação a 1914. Fora da Inglaterra, as greves foram relativamente poucas nos primeiros dois anos de guerra, mas em 1917-8 cresceram substancialmente, em número e em conteúdo político.

À medida que aumentavam o sofrimento e as dificuldades causados pela guerra, aparentemente intermináveis, intensificava-se também a busca de bodes expiatórios. A propaganda governamental insuflava ódios correntes. O ressentimento popular voltava-se contra capitalistas e financistas, mas não se tratava simplesmente do óbvio ódio de classe a quem lucrava com a guerra. Com pouca dificuldade, podia ser transformado em ódio étnico. Os judeus eram cada vez mais caricaturados como exploradores das massas trabalhadoras e encarnação do capital financeiro. Contudo, a aversão a eles era demasiado antiga em grande parte da população europeia e demasiado camaleônica na adaptação de suas cores a qualquer preconceito para ser confinada a uma mera ligação com o capitalismo. Com frequência, uma antipatia profunda mesclava ressentimento econômico com antigos preconceitos contra os "assassinos de Cristo" — muito presentes ainda, em especial na Europa Central e Oriental, e amiúde promovidos pelo clero cristão. A esse amálgama de ódios adicionou-se outro ingrediente letal em 1917: os judeus como causa do bolchevismo e da revolução. Quando a guerra se aproximava do fim, a imagem multifacetada do judeu não poderia ser mais caricatural:

inimigo da cristandade, explorador capitalista, insubmisso ao serviço militar, fomentador de intranquilidade interna, força impulsora do bolchevismo. Não era de admirar que depois de 1917, ao começar a reação contra a Revolução Russa, aumentasse em muito a circulação de uma obra forjada pela polícia tsarista, antes da guerra, para revelar uma conspiração judaica que visaria a assumir o poder mundial, chamada *Os protocolos dos sábios de Sião*.

Em cada um dos países envolvidos, as mudanças na sociedade foram afetadas pelo efeito da guerra sobre a política nacional e pela viabilidade do respectivo sistema de governo, mas, ao mesmo tempo, influenciaram diretamente esse efeito e essa viabilidade. A princípio, os Estados tentaram manter seu sistema político funcionando como antes da guerra, ou da maneira mais próxima possível. *"Business as Usual"* — negócios como de costume — foi a palavra de ordem criada por Winston Churchill num discurso de novembro de 1914 para sublinhar a necessidade de manter a vida normal, sem se deixar perturbar pelas hostilidades no exterior, que supostamente seriam breves. Essa esperança seria de curta duração em todos os países envolvidos na guerra. No entanto, a política se manteve mais ou menos como de costume, até que internamente esses países passaram a se sentir fustigados, em maior ou menor grau, pelas pressões da guerra.

Na Inglaterra e na França, as divergências político-partidárias continuaram intensas e às vezes violentas, mas sem jamais suplantar um senso de união produzido pelo compromisso com o esforço de guerra — uma união só desafiada por minorias que por vezes se mostravam veementes, embora sem exercer influência em escala relevante. Nesses países, a mudança ocorreu depois de períodos de adversidade, mas no sentido de pôr "homens fortes" à frente do governo a fim de buscar a vitória com redobrado vigor. Depois das enormes baixas no Somme e na esteira da grave rebelião na Irlanda, que ameaçou o domínio britânico, o dinâmico David Lloyd George tornou-se primeiro-ministro em dezembro de 1916, chefiando um pequeno, mas poderoso, gabinete de guerra. Sua liderança logrou conferir uma nova organização e um novo impulso à economia e galvanizar o esforço de guerra. Na França, a crise política depois dos problemas de 1917 — motins na frente de batalha e greves, passeatas contra a guerra e exigências de paz negociada na cidade — levou de volta ao governo, em novembro daquele ano, o líder radical veterano Georges Clemenceau. Símbolo do nacionalismo republicano, ele foi nomeado para encarnar um empenho enérgico, restaurar a confiança e simbolizar "a luta obstinada e patriótica por uma paz de vencedor".

Nem na Inglaterra nem na França as disputas internas quanto à direção da guerra e aos variados graus de discórdia social e política, principalmente na esquerda socialista, chegaram perto de um desafio revolucionário ao Estado. O moral britânico foi mantido, em boa medida, pela confiança de que o país não seria invadido, pela perspectiva de vitória e pelas relativamente poucas privações materiais. Claro que, indiretamente, a guerra afetou a todos. Contudo, seu efeito direto limitou-se aos que haviam prestado serviço militar. Na França, as posturas foram mais diversificadas. Protestos pacifistas e passeatas em favor da paz, no começo de 1918, em que se ouviram manifestações de apoio ao bolchevismo e à revolução, levaram, em maio, a uma grande greve de trabalhadores em fábricas de munições. Essas opiniões poderiam ter sido mais comuns se a guerra não estivesse sendo travada em solo francês. No caso, o pacifismo foi mais que neutralizado pela urgência de continuar a lutar para enfrentar a grande ofensiva alemã. Assim que o avanço adversário esmoreceu e a vitória deu sinal, o moral francês se manteve alto até o fim. Tanto na Inglaterra como na França, a esquerda socialista, de modo geral, continuou a apoiar o esforço de guerra. Em nenhum dos dois países viu-se uma séria ameaça à legitimidade do Estado. A situação poderia ter sido diferente também neles se a derrota se anunciasse próxima e as baixas passassem a ser vistas como inúteis.

Na Rússia, a realidade estava no outro extremo desse espectro. Só nela houve uma revolução durante a guerra. Só nela a revolução representou uma transformação de alto a baixo nas relações socioeconômicas e nas estruturas políticas. E só nela a classe dominante foi inteiramente destruída.

A tentativa de revolução no país em 1905 tinha fracassado devido à falta de coesão dos descontentamentos dos trabalhadores em greve, dos camponeses em rebelião e dos soldados e marinheiros, dos quais só um número relativamente pequeno se amotinou. Houve também falta de uma liderança revolucionária unida. O tsar havia dissuadido os revolucionários, em parte, mediante concessões no sentido de um governo constitucional que, como logo se viu, eram pouco mais que cosméticas. A polícia política tsarista, a Okhrana, foi eficiente para prender líderes revolucionários ou mandá-los para um exílio distante, infiltrar-se em suas organizações, fechar jornais sediciosos, reprimir greves e executar líderes camponeses rebeldes. Por ora, o regime evitara sua própria queda. No decurso dos anos seguintes, as comunicações melhoraram, a economia cresceu (nos anos que antecederam a guerra, a uma taxa mais elevada que a dos Estados Unidos), a industrialização fez progressos consideráveis e as receitas públicas cresceram. No entanto, o grande problema continuava a ser a natureza esclerosada da autocracia tsarista. É possível que, sem a guerra, os russos pudessem ter adotado mudanças que transformassem seu regime numa monarquia constitucional. Contudo, isso parece improvável, devido à resistência obstinada da classe dominante a uma mudança sistêmica e à extensão da hostilidade arraigada e organizada (apesar da repressão) do operariado e do campesinato à autocracia. Era mais provável uma revolução num futuro indeterminado. No fim de 1916, ela parecia iminente.

No inverno inclemente de 1916-7, quando muitos camponeses russos escondiam alimentos ou os vendiam a preços elevados, os grandes centros industriais sofreram uma dolorosa escassez de víveres e combustíveis. Os transportes achavam-se à beira do colapso. As finanças públicas arruinavam-se. A inflação subia às alturas. Os salários (salvo os de trabalhadores qualificados nas indústrias de munições) não conseguiam acompanhar os preços desenfreados. Muita gente estava à beira da fome. Tudo isso enquanto uma minoria privilegiada lucrava com a guerra — o que era fonte de grande ressentimento. Em janeiro de 1917, em Petrogrado (antes São Petersburgo) e em outras cidades, ocorreram greves e manifestações de protesto nas quais a indignação causada pelo aumento do custo de vida se somava a sentimentos de oposição à guerra e ao governo tsarista. Trabalhadoras saíram às ruas, em 8 de março (23 de fevereiro no antigo calendário juliano), para protestar contra a falta de pão, e essas manifestações incitaram greves e passeatas de operários da indústria de armamentos. Em Petrogrado, soldados e marinheiros apoiaram a insurreição. Os disparos contra manifestantes não conseguiram pôr fim à greve de mais de 200 mil trabalhadores. E o governo se viu impotente para desmobilizar um movimento que, se chamado pelo verdadeiro nome, seria uma greve militar no seio das Forças Armadas. Ordens para supressão dos motins caíram em ouvidos moucos. A situação não demorou a fugir ao controle das autoridades tsaristas. Os trabalhadores elegeram sua própria forma de governo representativo, o soviete (conselho em russo). A ordem desintegrou-se rapidamente. Os soldados também elegeram sovietes que os representassem, exigindo a deposição do tsar. Quando oficiais e políticos de destaque concluíram que o monarca deveria deixar o poder, Nicolau II assentiu e, em 15 de março, abdicou. Ele e sua família foram fuzilados pelos bolcheviques em julho de 1918, e seus restos mortais só foram identificados oitenta anos depois, após a extinção da União Soviética.

A guerra havia gerado as condições para que a fúria inflamada voltada contra o tsar e o sistema de domínio que ele representava, tido como responsável pela miséria do povo, transcendesse, temporariamente, a divisão de interesses entre trabalhadores urbanos e camponeses. Em 1917, as forças revolucionárias da classe operária industrial e as do campesinato uniram-se durante algum tempo. Mesmo irmanadas, talvez tivessem sido insuficientes para derrubar o sistema, como fora o caso em 1905. No entanto, e isso foi crucial, a guerra aliou os interesses dos operários e camponeses aos do número cada vez maior de soldados em combate, imensamente insatisfeitos. Quando o descontentamento se propagou nas frentes de batalha, os soldados perderam a vontade de combater, e seu ardor revolucionário se somou ao das cidades e dos campos russos, o regime já estava com os dias contados. A onda de descontentamento com as imensas baixas e com os horrores insuportáveis aglutinou-se numa explosão de oposição à guerra que varreu o sistema tido como responsável por ela. Um regime baseado na repressão e na coerção, com poucas estruturas intermediárias capazes de integrar a massa da população num apoio voluntário a seus governantes, viu-se praticamente sem chão à medida que as pressões se avolumavam, até a barragem estourar, em 1917.

Mesmo depois da deposição do tsar e da criação do governo provisório de "democracia revolucionária", em março de 1917, a situação continuou muito instável. A fluidez da situação nos meses seguintes e o prosseguimento de uma guerra irremediavelmente perdida criaram o clima para uma segunda revolução, bem mais radical.

Nessa altura, em outubro de 1917 (no calendário antigo), o quadro organizacional para canalizar e conduzir a revolução estava à mão. Em contraste com 1905, esse foi um fator decisivo no sucesso da revolução. O Partido Bolchevique não contava ainda com uma base de massa além de exíguos setores da classe operária. Tinha, porém, um núcleo de liderança fanático e muito coeso, com um programa preconcebido em que a destruição do antigo sistema não era um fim em si, mas apenas o prelúdio da construção de uma sociedade inteiramente nova. O Partido Bolchevique nascera como facção do Partido Operário Social-Democrata Russo, que, fundado em 1899, mais tarde cindira-se em duas alas: uma maior, revolucionária (bolchevique) e outra menor, reformista (menchevique). Vladímir Ilitch Uliánov, mais conhecido pela alcunha de Lênin (que tinha sido exilado para a Sibéria no fim da década de 1890 e depois vivera bastante tempo fora da Rússia, até 1917) imaginava o partido como a vanguarda da classe trabalhadora e defendia uma disciplina rígida e total lealdade a serviço do objetivo de derrubar o tsar. Sua meta seguinte foi criar, mediante o uso impiedoso do terror contra os "inimigos de classe", uma "ditadura democrática revolucionária provisória do proletariado e do campesinato". Em abril de 1917, alemães que pretendiam fomentar maior insatisfação, além de agitação em prol da paz, com vistas a minar a titubeante vontade russa de continuar na guerra, transportaram o carismático líder bolchevique de seu exílio na Suíça para o caos revolucionário de Petrogrado. À luz de acontecimentos posteriores, esse foi um dos maiores "gols contra" da história. Em julho, em meio à repressão dos bolcheviques pelo governo, Lênin teve de se refugiar na Finlândia (parte semiautônoma do Império russo desde 1809 que, depois da deposição do tsar, passou a pressionar mais e mais pela independência). Entretanto, com a queda do governo, ele voltou a Petrogrado para liderar a segunda revolução.

O que mantinha a coesão dos líderes e membros do Partido Bolchevique era uma ideologia utópica de salvação, a visão de uma futura sociedade sem classes e livre de conflitos. Porém, o que deu aos bolcheviques a possibilidade de buscar o apoio de um público mais amplo foi uma estratégia menos etérea e mais pragmática: a promessa de paz, pão, distribuição de terras, propriedade e controle das fábricas e administração da lei pelo povo. Politicamente, os bolcheviques exigiam todo o poder para os sovietes (que já tinham sido criados em todas as cidades importantes). A impopularidade do governo provisório de Aleksandr Kerenski, além da escassez de alimentos, da inflação estratosférica e das imensas baixas na última e desastrosa ofensiva, acabou beneficiando os bolcheviques. O controle do soviete de Petrogrado (dirigido por Liev Trótski, nascido Liev Davidovitch Bronstein, talentoso organizador e demagogo que pregava a necessidade de revolução permanente) proporcionou a catapulta para a revolução de outubro, que por fim levou à completa encampação dos sovietes pelos bolcheviques. Uma implacável campanha de terror interno contra os inimigos de classe e mais de dois anos da mais brutal guerra civil que se possa imaginar foram necessários para que as poderosas forças da reação e da contrarrevolução fossem derrotadas e a Rússia começasse a percorrer com firmeza o caminho para uma completa transformação política, social, econômica e ideológica. Todavia, uma coisa ficou clara desde o começo: a Revolução Bolchevique foi um fato de relevância histórica mundial. E o que produziu foi um tipo de Estado e de sociedade inteiramente novos. Notícias do que estava acontecendo na Rússia provocaram, em toda a Europa, ondas de choque que reverberariam durante décadas.

Em outras partes da Europa, a crise de legitimidade ocorreu um ano depois da Revolução Bolchevique, na esteira da derrota que se tornava visível. Na Alemanha, a guerra não significou o fim da política partidária. Ao contrário, a polarização da política alemã, que se deu claramente antes da guerra, embora de início mascarada pela "trégua civil" de 1914, ficou plenamente exposta à medida que crescia a percepção de adversidade, enormes perdas humanas a troco de muito pouco e derrota iminente. As divisões ideológicas e de classe que tinham sido apaziguadas apenas temporariamente no começo do conflito logo voltaram à tona e, a partir de 1916, sob uma forma nitidamente radicalizada. Enquanto os suprimentos de víveres se reduziam, os preços disparavam e os padrões de vida despencavam, intensificavam-se as dissensões políticas sobre a paz e os objetivos anexionistas da guerra.

O principal impulso para uma mudança política drástica partiu de esquerdistas alemães. Os sociais-democratas tinham se dividido em 1917 com relação à posição diante da guerra. Uma minoria radical, que a rejeitava como um conflito imperialista que só poderia ser superado por uma revolução socialista, separou-se e formou o Partido Social-Democrata Independente da Alemanha (o USPD, cujo núcleo tornou-se mais tarde o Partido Comunista Alemão). A facção maior dos sociais-democratas, que agora assumiu o nome de Partido Social-Democrata Majoritário da Alemanha (MSPD), também condenava a guerra imperialista e as anexações alemãs, mas rejeitava a revolução em favor de uma reforma, mediante a adoção da democracia representativa e de um governo que prestasse contas ao Parlamento, e não ao cáiser. (Na Alemanha imperial, os partidos de todo o espectro político estavam representados no Reichstag. Contudo, não controlavam a tomada de decisões. O poder estava nas mãos do cáiser, dos ministros por ele nomeados e dos líderes militares.)

Em 19 de julho de 1917, o MSPD, com o apoio de alguns liberais (o Partido Popular Progressista) e do Partido do Centro Alemão, votou no Reichstag a favor de uma resolução de paz. No entanto, enfrentavam adversários poderosos da ala direita conservadora e liberal que apoiava a liderança militar e defendia não só o prosseguimento inflexível da guerra como novas anexações territoriais. Grupos de pressão, com apoio de grandes instituições como a Liga Pangermânica (Alldeutscher Verband) e, sobretudo, o Partido da Pátria (que, fundado em 1917, assumiu posições nacionalistas e imperialistas extremadas e chegou a 1,25 milhão de membros), defendiam a luta até a vitória com maiores ganhos territoriais e, ao mesmo tempo, rejeitavam a democracia parlamentar. Essa constelação política se manteve até o fim da guerra, aumentando sua influência à medida que as dificuldades materiais cresciam e a derrota se avizinhava. A polarização radical da política alemã que se seguiu à derrota em 1918 já se prefigurava no andamento dos últimos dois anos da guerra.

Foi apenas nos últimos meses, porém, depois do fracasso da ofensiva do verão de 1918, que o moral na frente de batalha desabou, aumentando ainda mais a pressão interna para o fim da luta. Em janeiro, as greves de operários industriais tinham sido recebidas com pouca simpatia pelos combatentes, que acreditavam no sucesso da ofensiva a ser lançada em março. No início da ofensiva, a reação das tropas foi de exultação por "essa expressão fundamental da força alemã". Mas, quando se começou a perceber que ela falhara, a raiva resultante se transformou em ação direta. Mais do que qualquer coisa, soldados que haviam lutado com coragem e determinação durante quase quatro anos queriam sobreviver ao que agora viam ser uma peleja perdida. O cansaço da guerra converteu-se num desejo cada vez maior de simplesmente parar de lutar. Nos últimos quatro meses do conflito, renderam-se na frente ocidental 385 mil soldados alemães — um número muito maior do que em todos os quatro anos da guerra. Estima-se que 750 mil outros tenham desertado de agosto de 1918 em diante. Isso se somou à insatisfação geral no país. Nas greves gigantescas do começo do ano, os protestos dos trabalhadores tinham se concentrado principalmente no custo de vida.

Quanto mais durava a guerra, mais era questionada a natureza do próprio Estado alemão. O sistema político em que os ministros prestavam contas ao cáiser, e não ao Parlamento, já tinha sido rejeitado pelos socialistas antes da guerra, mas se mantinha graças a forças poderosas que resistiam a qualquer mudança democrática. O agravamento da situação militar teve como resultado um aumento do clamor por parte da esquerda, não só para pôr fim ao derramamento de sangue como para tirar do poder aqueles que eram considerados responsáveis por ele e adotar um governo parlamentar democrático. Cada vez em maior número, os alemães viam como irreformável um sistema de governo que tinha como sustentáculos o militarismo, os privilégios de classe e o poder sem controle, encarnado na figura desagregadora do cáiser — um sistema que arrastara a Alemanha para uma guerra desastrosa e que precisava ser substituído. Era preciso instaurar a democracia. O povo que suportara o sofrimento, a dor e as privações da guerra precisava fazer com que sua voz fosse ouvida. No outono de 1918, a legitimidade do sistema de governo da Alemanha imperial tinha praticamente vindo abaixo.

Os Catorze Pontos que o presidente Wilson propusera no mês de janeiro previam, entre outras coisas, a devolução de territórios que a Alemanha tinha anexado ou ocupado, e por isso foram vistos como anátema pelos líderes alemães. Contudo, em 5 de outubro, diante de circunstâncias que se alteravam rapidamente, o recém-nomeado chanceler do Reich, o príncipe Max von Baden, que havia muito tempo defendia uma reforma política e a paz sem anexações, apelou para o presidente norte-americano, esperando um armistício em termos aceitáveis pela Alemanha. Entretanto, Wilson não quis fazer concessões e insistiu na adoção da democracia parlamentar (o que acarretava a perda de poder pelas elites dirigentes do país), na renúncia aos ganhos territoriais e num substancial desarmamento (que incluía a entrega da esquadra). Seguiu-se um acalorado debate entre os governantes alemães sobre a conveniência de aceitar tais termos, por eles considerados muito duros. Ludendorff opinou que seria melhor dar prosseguimento à guerra e não aceitar tamanha humilhação. No entanto, ele não estava mais em condições de dar ordens. E os acontecimentos, velozes, já não estavam sob seu controle — ou de quem quer que fosse. Em 26 de outubro, culpando a todos, menos a si mesmo, ele renunciou.

Na noite de 29 para 30 de outubro, marinheiros amotinados em Kiel desafiaram as ordens absurdas do comando naval para que a esquadra saísse ao mar a fim de enfrentar a Marinha britânica numa última grande batalha do tipo tira-teima. Teria sido um sacrifício sem sentido, apenas para salvar a honra da Marinha alemã. Os marinheiros não concordaram. O motim espalhou-se rapidamente e acendeu o estopim para uma revolução. Criaram-se conselhos de trabalhadores e de soldados, que tomaram o poder nas mãos. Os generais deixaram claro ao cáiser, o símbolo da velha ordem, que ele tinha de deixar o poder. Relutantemente, ele lhes deu ouvidos. Na noite de 9 para 10 de novembro, Guilherme II deixou o quartel-general em Soa, na Bélgica, e rumou para o exílio na Holanda, onde permaneceu até a morte, em 1941. Sua abdicação foi anunciada de forma prematura, pois a renúncia formal ao trono só se deu em 28 de novembro. Mesmo antes de sua partida, entretanto, fora proclamada apressadamente, da varanda do Reichstag, em Berlim, a criação de uma república. Também sem verdadeira legitimidade constitucional, o chanceler, Max von Baden, nomeou seu sucessor, o líder socialista Friedrich Ebert. Sutilezas constitucionais não importavam no momento revolucionário. Em meio a um tumulto que duraria meses, a Alemanha estava a caminho de criar uma democracia parlamentar propriamente dita.

Forças ainda poderosas, defensoras da velha ordem, sentiam-se ameaçadas e passaram a aguardar uma oportunidade que lhes fosse favorável, fazendo os necessários ajustes táticos até que outras circunstâncias eliminassem as concessões à democracia e ao regime parlamentar. Pouco antes do Armistício, podia-se ouvir no seio da liderança militar alemã a opinião de que "os partidos de esquerda têm de assumir o opróbrio dessa paz. Depois a tempestade da fúria se voltará contra eles. Existe, pois, a esperança de se voltar a assumir as rédeas e governar à maneira antiga". A democracia era vista nesses círculos como "a maior desgraça" que poderia suceder à Alemanha.

Na Itália, a crise do sistema de governo, que se aprofundava, foi apenas um pouco menos grave do que na Alemanha. Embora o país estivesse do lado da Entente, não se sentia vencedor. Em 1915, uma pequena elite política, que esperava uma vitória rápida que rendesse consideráveis ganhos territoriais no Adriático, tinha imposto a guerra a um país profundamente dividido. Até mesmo os generais foram mantidos desinformados, em larga medida, no tocante à decisão de intervir, e o Parlamento não fora consultado. A maior parte da população sentia não ter nenhuma participação na limitada representação política existente. Os italianos não tinham razões para se entusiasmar com governos que, apesar de mudar com frequência, pareciam sempre iguais e dedicados a proteger os interesses da mesma elite. Agora, derrota, dificuldades materiais e baixas pesadas polarizavam a sociedade e erodiam o apoio não só a uma sucessão de governos fracos como também ao próprio Estado.

Como a simbolizar a fraqueza e a divisão, o Parlamento raramente se reunia. Os gabinetes governavam por meio de decretos. Além disso, embora arcassem com a culpa pelo que saía errado, eram incapazes de controlar o general Luigi Cadorna, o austero, dominador e brutal comandante do Exército italiano até a humilhação de Caporetto, em 1917, que forçou seu afastamento. Antes disso, prevaleciam imperativos militares. A disciplina nas fábricas estava sujeita a controle marcial. Aumentaram a censura e as restrições à liberdade de expressão, ao mesmo tempo que crescia a repressão aos protestos contra o desabastecimento e às greves que ocorriam nas fábricas. As divisões sociais e políticas se aprofundaram, com foco nas desigualdades e no número absurdo de baixas na guerra. Com o aumento, a partir de 1916, das baixas, das derrotas, da escassez material e da sensação de humilhação nacional, a intranquilidade manifestou-se em greves, passeatas e protestos contra a escassez de gêneros alimentícios. O espírito geral não chegava a desembocar num movimento revolucionário — mas por pouco.

A esquerda era a principal fonte de expressão do descontentamento popular e da oposição à guerra, embora o próprio movimento socialista estivesse rachado em dois grupos: os que rejeitavam abertamente a guerra e pregavam a revolução, e a maioria que continuava a dar apoio patriótico, ainda que sem entusiasmo, ao esforço. Fato preocupante era que os ataques mais virulentos ao governo italiano vinham da direita. Os nacionalistas ampliaram sua base de apoio, aumentaram a agitação em prol de expansão territorial no sudeste da Europa e na África e, como afirmou o ministro do Interior, procuraram ganhar o controle da polícia e aterrorizar seus adversários. Queriam acabar com o que diziam ser o poder estéril do Parlamento e com sua burocracia, defendendo uma mudança social radical por meio de um Estado e de uma economia a serem dirigidos segundo princípios quase militares, mesmo depois do fim da guerra. Já estavam na vanguarda das formações municipais de defesa que se autodenominavam *fasci*. Delineava-se a crise italiana do pós-guerra.

A casa de Habsburgo, que governava a Áustria havia séculos, também pagava o preço de uma guerra cada vez mais impopular. Desde o começo, o conflito, cujo estopim foi uma disputa praticamente esquecida com a Sérvia, nunca teve muito apoio. Dificilmente poderia ser apresentado como uma guerra de defesa. E, como a Áustria-Hungria dependia da Alemanha mesmo para as pequenas vitórias que conseguia, o fato era por demais evidente e chegava a constranger. Com o prosseguimento da guerra desastrosa, potencializavam-se as forças centrífugas que ameaçavam fender e destruir o império dos Habsburgo. As tensões já eram visíveis bem antes da última e catastrófica fase do conflito. O idoso imperador Francisco José fora, durante décadas, praticamente o único símbolo de união no debilitado império multinacional (cuja metade húngara já era, em suas estruturas institucionais, quase uma entidade separada). O falecimento do imperador, em novembro de 1916, se deu em meio a uma crise de legitimidade, tanto para o esforço de guerra como para o trono dos Habsburgo. Seu sobrinho-neto e sucessor, o imperador Carlos, não tinha a menor condição de reverter o rumo dos acontecimentos, a despeito de tentativas vãs de diminuir a dependência da Alemanha e buscar um acordo de paz com os Aliados.

Durante algum tempo, depois de Caporetto, os austríacos sonharam de novo com a glória. Entretanto, os trens que tinham transportado quase que exclusivamente provisões para o Exército não estavam disponíveis para levar combustíveis e alimentos à população no duro inverno que se seguiu. Nos primeiros meses de 1918, enormes greves de protesto multiplicaram-se em várias partes do império. A insatisfação trabalhista, a indignação com as péssimas condições de vida, o desejo de separação alimentado pelos nacionalistas e a ânsia pela paz produziram uma combinação perigosa. "Total incapacidade dos governantes, absoluta desmoralização e insegurança geral" foi o diagnóstico do médico e escritor vienense Arthur Schnitzler. Em outubro de 1918, quando se multiplicavam os distúrbios provocados pela falta de alimentos, greves, protestos, antagonismos nacionalistas e anarquia, a situação, nas palavras do diretor do Departamento Austríaco de Alimentos, Hans Loewenfeld-Russ, tornara-se "absolutamente desesperadora". O Império Habsburgo estava se esfacelando visivelmente.

Em grande parte da Áustria-Hungria, as divisões de classe estavam embutidas na política do nacionalismo étnico ou eram dominadas por ela. Fora do território da Áustria, onde os protestos da classe operária contra a deterioração do padrão de vida ameaçavam se transformar em revolução, inspirando-se com frequência na Rússia, elas se fundiram com exigências de independência e de dissolução do império, que se ouviam cada vez mais entre tchecos, poloneses e eslavos do sul. Na Hungria, apesar da disposição manifesta do imperador Carlos de adotar reformas liberais e caminhar no sentido de um império de estrutura mais federativa, a pressão pela independência cresceu nos últimos anos da guerra, com apoio dos socialistas e de muitos liberais. O poder civil e o debate parlamentar haviam se mantido, pelo menos nominalmente; já na metade austríaca do império, o Legislativo (Reichsrat) estava suspenso, e as assembleias provinciais, fechadas. Além disso, a censura e a vigilância sobre os cidadãos tinham aumentado, e a lei marcial foi adotada em áreas não alemãs e não tchecas. Dissidentes eram detidos e encarcerados. No entanto, a repressão não foi capaz de sufocar os movimentos separatistas de cunho nacionalista, particularmente vigorosos entre os tchecos nos últimos anos da guerra.

Quando o que restava do Exército austro-húngaro, cujos integrantes não desejavam quase nada além de salvar a própria pele, foi destroçado pelos italianos em Vittorio Veneto, em outubro de 1918, o império entrou em seus estertores. O Exército desintegrou-se. No fim de outubro, o imperador Carlos aceitou que as tropas se juntassem a suas forças nacionais. A anuência não foi mais que o reconhecimento do que acontecia na frente de batalha, onde tchecos, poloneses, húngaros, croatas e outros desertavam e voltavam para casa. No fim de outubro, com extraordinária rapidez, a Tchecoslováquia, a Hungria e o território que se tornaria a Iugoslávia proclamavam-se independentes. O armistício da Áustria com a Itália, em 3 de novembro, marcou o fim de seu esforço de guerra. Com relutância, o imperador Carlos renunciou a seus poderes (mas não ao trono) em 11 de novembro, e passou seus últimos três anos de vida exilado na Suíça e, por fim, na ilha da Madeira. Cinco séculos de poder dos Habsburgo chegavam ao fim.

Na Alemanha e na Áustria-Hungria, a revolução, a deposição dos soberanos e a substituição das monarquias por repúblicas (sendo que no último caso surgiram vários "Estados sucessores") só se deram quando a derrota na guerra ficou evidente. No caso do Império Otomano, depois que os líderes turcos fugiram num submarino alemão para Odessa e então Berlim, à derrota seguiu-se o desmembramento do império ao sul da Turquia (a maioria das antigas possessões nos Bálcãs tinha conquistado a independência na década de 1870, e as guerras balcânicas de 1912 e 1913 levaram à perda final dos territórios otomanos na Europa). Também no Império Otomano, a hostilidade à guerra levara o Estado a uma crise insuperável de legitimidade. O elevado índice de deserções indicava uma queda perigosa do moral no Exército turco. O instável e pesado Império exagerara a fé em suas possibilidades no esforço de guerra e saiu de mãos vazias de suas tentativas de obter ganhos territoriais no Cáucaso. No Oriente Médio, uma revolta árabe deflagrada em 1916 (bastante favorecida por britânicos e franceses, ansiosos por promover seus interesses imperialistas) fez com que o governo otomano pouco atuasse na parte meridional do império.

Mesmo na Turquia, nesse ínterim, os problemas se acumulavam de maneira alarmante. As perdas na frente de batalha eram imensas. Estimativas da época calculavam as baixas turcas em nada menos que 2,5 milhões, o triplo das sofridas pelos ingleses. A enormidade dessas perdas, acompanhadas internamente pelo colapso da moeda, pela inflação galopante e por enorme escassez de víveres e outros produtos, minou os alicerces já abalados do Império Otomano. O Armistício não pôs fim ao sofrimento e à violência na Turquia, que logo afundou numa guerra de independência que durou até 1923, quando um país devastado enfim emergiu das ruínas como um Estado soberano e independente. A tomada de possessões otomanas no Oriente Médio pelas potências imperialistas ocidentais, Inglaterra e França, fez-se acompanhar de uma imensa intranquilidade anticolonial, ondas de protesto e violência endêmica que também não cessaram com o término da guerra. As consequências para o futuro indefinido foram gigantescas.

A guerra deixou uma Europa fragmentada, em que era difícil reconhecer o continente do começo do conflito, quatro anos antes. Dela saíram em pedaços até mesmo as potências vitoriosas — a Inglaterra e a França, além da Itália (como potência nominalmente vitoriosa, nominalmente "grande"). Com toda probabilidade, a missão de recolher os cacos caberia à única grande potência emergente, saída da guerra fisicamente incólume e economicamente robusta, na mesma medida em que as potências europeias se enfraqueciam: os Estados Unidos. Mas os americanos acabaram deixando a cargo dos europeus a obrigação de pôr ordem à barafunda que eles próprios haviam criado, o que teve consequências nada secundárias na longa crise do pós-guerra. Contudo, havia no legado catastrófico um fato crucial: as ruínas da Alemanha imperial, da monarquia dos Habsburgo e da Rússia tsarista tinham dado origem a uma situação perversa que teria efeitos sinistros nos anos seguintes.

A combinação de nacionalismo de cunho étnico, conflitos territoriais e ódio de classes (agora centrado, em aspiração ou aversão, na nova força que era o bolchevismo na Rússia) mostraria ser altamente explosiva. O nacionalismo étnico foi um dos principais legados da guerra. E se tornaria mais letal exatamente naquelas partes da Europa Central e Oriental onde, durante séculos, comunidades étnicas mistas tinham vivido lado a lado, mas novas tensões, cizânias e malquerenças, engendradas em larga medida pela guerra, agora se manifestavam em ferozes litígios em torno de fronteiras contestadas e terras divididas, e onde os ódios venenosos tinham inflado imensamente devido a um novo ingrediente: o triunfo do bolchevismo na Rússia. O conflito de classes, em especial na Europa Oriental e Central, recobria ressentimentos étnicos e territoriais para produzir um caldeirão fervente de violenta animosidade. Isso fez com que os primeiros anos do pós-guerra não fossem nada pacíficos nessas partes do continente, onde a violência desmedida prosseguiu sem pausa. A violência deixaria desavenças profundas que assumiriam o primeiro plano quando, vinte anos depois, a Europa se lançou em outro conflito, ainda mais arrasador.

A guerra causou perdas humanas descomunais, inimagináveis. O número de militares mortos chegou a quase 9 milhões, e o de civis (vitimados principalmente por deportação em massa, fome e doenças) totalizou cerca de 6 milhões. Considerando todos os envolvidos, nada menos de 7 milhões de combatentes tinham sido capturados pelo inimigo e, às vezes, passado anos em condições precárias em campos de prisioneiros de guerra (embora a maioria fosse repatriada com certa rapidez depois do Armistício). A vitória foi obtida, por fim, graças a uma combinação de maior poderio militar e recursos econômicos superiores. Mas a que fim servira tudo aquilo? A opinião das pessoas a respeito variava bastante, claro, principalmente de acordo com a experiência de cada um e com a sorte de seu país. Muitos, em todos os lados, tinham lutado por ideais — com frequência fora de lugar, mas, mesmo assim, ideais. Entre eles estavam a defesa da pátria, a honra e o prestígio nacionais, a liberdade e a civilização, o dever patriótico e, cada vez mais, a libertação nacional, assim como a esperança de um futuro melhor. Quando os quatro anos de mortandade chegaram ao fim, em 1918, o conhecido escritor austríaco Robert Musil fez um registro cínico em seu diário: "A guerra pode ser reduzida a uma fórmula: você morre por seus ideais, porque não vale a pena viver por eles". Àquela altura, era provável que só uns poucos, entre os milhões de combatentes, ainda prezassem os ideais, quaisquer que fossem, com que tinham começado a lutar. Para muitos, entre as legiões de soldados convocados para os exércitos europeus, talvez houvesse de início pouca coisa em termos de idealismo abstrato. Muitas vezes os homens lutavam porque não tinham alternativa. E, para muitos deles, a matança não tinha sentido algum.

As palavras pungentes de um francês, escritas na frente ocidental em 1916, pouco antes de tombar, servem como expressão dos sentimentos de milhões de soldados rasos, em todos os exércitos combatentes:

Pergunto, esperando entender
A finalidade desta matança. A resposta
Que ouço é "Luto pela Pátria!"
Mas nunca descubro por quê

A carnificina fora monstruosa, e a destruição, imensurável. O legado, numa Europa radicalmente transformada, seria profundo. O balanço do conflito, de efeito prolongado, estava para começar.

3. A paz turbulenta

Isto não é uma paz. É um armistício para vinte anos.
Opinião do marechal Foch sobre o Tratado de Versalhes (1919)

Era uma paz — de certo modo. Mas, com frequência, não parecia assim. Uma enorme turbulência, como um tsunami depois de um terremoto, seguiu-se à guerra. Os sismos levaram cinco anos para se acalmar. Ao voltar para casa, os soldados encontraram uma paisagem política, social, econômica e ideológica drasticamente alterada. A guerra destruíra sistemas políticos, arruinara economias, dividira sociedades e abrira janelas para visões radicalmente utópicas de um mundo melhor. O conflito fora rotulado como "a guerra para acabar com todas as guerras". Nesse caso, por que, em vez disso, tinha preparado o caminho para outra conflagração, ainda mais devastadora? Por que as esperanças de paz e de uma sociedade melhor, alimentadas por milhões de pessoas e alicerçadas em maior liberdade e igualdade, evaporaram com tanta rapidez? Por que, em vez disso, a Europa lançou as fundações de uma perigosa tríade ideológica de sistemas políticos totalmente incompatíveis que competiam pela prevalência: o comunismo, o fascismo e a democracia liberal? E por que, nos primeiros anos de crise, e apesar dos traumas do pós-guerra imediato, o comunismo só triunfou na Rússia, e o fascismo na Itália, enquanto a democracia sobrevivia na maior parte da Europa — e até no país que era o eixo central do continente, a Alemanha?

TERRAS "DIGNAS DE HERÓIS"?

Na campanha eleitoral britânica de 1918, o primeiro-ministro David Lloyd George, saudado por muitos como "o homem que venceu a guerra", falou sobre a construção de "um país digno de ser a morada de heróis". Mesmo na nação que antes da guerra fora a mais rica da Europa e que depois de quatro anos de luta saía praticamente ilesa no aspecto físico, tais palavras em breve soariam como um escárnio vazio aos ouvidos de muitos soldados que tinham voltado das trincheiras.

Na Inglaterra, a desmobilização dos soldados transcorrera com bastante tranquilidade. De um contingente de 3,5 milhões de homens por ocasião do Armistício, em 1918, o efetivo do Exército caiu para 370 mil em 1920. Um longo ciclo de prosperidade depois do fim da guerra fez com que em meados de 1919 quatro quintos dos soldados tivessem dado baixa, e a maioria deles encontrou trabalho (às vezes à custa da demissão de mulheres que passaram a trabalhar durante o conflito). Contudo, a prosperidade acabou tão depressa quanto havia começado e, nos últimos meses de 1920, chegava ao fim. Políticas deflacionárias (seguindo as adotadas nos Estados Unidos) destinadas a proteger a libra esterlina tiveram um efeito drástico sobre o padrão de vida. Os salários, que de início acompanharam a subida dos preços, caíram sensivelmente. As tensões de classe permaneceram altas. Em 1919, 35 milhões de dias laborais tinham sido perdidos em litígios trabalhistas; em 1921, esse número foi de 86 milhões. O desemprego dobrou em três meses, de dezembro de 1920 a março de 1921. Em meados do ano, no verão, havia 2 milhões de desempregados, a maioria vivendo em habitações imundas e em péssimo estado. Em 1918, foram prometidos lares para os heróis. Em 1923, porém, eram necessárias 822 mil casas novas só para cobrir o déficit habitacional básico — maior do que em 1919 —, e mais ainda para substituir milhões de moradias sórdidas em cortiços.

Em 1921, um número incontável de ex-soldados, muitos com deficiências físicas graves, vivia numa miséria desesperadora, esmolando nas ruas ou tentando ganhar o pão de cada dia vendendo fósforos e quinquilharias, comendo em algum sopão beneficente, às vezes obrigados a dormir sob marquises ou em bancos de praça. "Não éramos mais heróis, éramos 'desempregados', simplesmente", foi o comentário amargo de um ex-oficial. "Ex-soldados não paravam de bater às portas, vendendo cadarços de botas e pedindo camisas e meias velhas", recordou Robert Graves, poeta, escritor e ex-oficial da linha de frente. "Os patriotas, em especial os da variedade feminina, estavam tão desacreditados em 1919 quanto tinham sido festejados em 1914", lembrava-se Vera Brittain, que abandonou um abastado ambiente de classe média alta para cuidar de feridos na frente de batalha. Ela viu "um mundo desnudado de perspectivas, tornado árido e sem sentido".

A situação na Inglaterra, por mais desoladora que fosse, estava longe de ser a pior dos países europeus diretamente envolvidos no conflito. Embora altíssimo, seu índice de baixas não estava entre os mais elevados. O número de mortos do Reino Unido na guerra chegou a 750 mil (além de outros 180 mil de países do Império britânico); o da Itália, a 500 mil; o da França, a 1,3 milhão; o da Áustria-Hungria, a quase 1,5 milhão; o da Rússia, a cerca de 1,8 milhão; e o da Alemanha, a pouco mais de 2 milhões. Alguns países pequenos sofreram perdas ainda maiores em termos proporcionais. Um em cada três sérvios e romenos enviados a frentes de batalha morreu em ação ou devido a ferimentos ou doenças. A proporção de baixas fatais entre as tropas combatentes dos principais países envolvidos variou de 11-2% (Rússia, Itália e Reino Unido) a 15-6% (França, Alemanha e Áustria-Hungria). O número de feridos, mutilados e incapacitados superou enormemente o de mortos em todos os países. O cômputo geral de mortos foi mais que o dobro do total combinado de todas as guerras entre 1790 e 1914. Em seguida, a epidemia de gripe espanhola em 1918-9 provocou mais que o dobro das mortes ocorridas nos campos de batalha durante a guerra. A essa horrenda mortandade cabe somar os que perderam a vida, depois de 1918, vitimados por atos de violência relacionados à guerra e em conflitos fronteiriços.

O custo econômico da guerra foi astronômico — mais de seis vezes o total da dívida nacional de todos os países desde o fim do século XVIII até 1914. Nos locais mais diretamente afetados pela guerra, a produção depois do conflito caiu de forma drástica em relação aos níveis de 1913. O Reino Unido, por outro lado, saiu-se bem melhor. Ainda assim, em 1918 o endividamento de seu governo era quase doze vezes superior ao de 1914, e sua dívida líquida total para com os Estados Unidos, de quase 4,5 bilhões de dólares em 1922 — a maior entre os Aliados —, representava agora, como acontecia com a maior parte da Europa, uma dependência prolongada do crédito americano. Os países neutros também se viram afetados economicamente pela guerra. Muitos deles, como a Suécia, tinham conseguido expandir sua economia de modo a enfrentar as exigências da guerra. O impacto do conflito sobre a Espanha, entretanto, intensificou problemas econômicos e aprofundou as fissuras sociais, ideológicas e políticas já existentes no país.

Na Europa Ocidental, a devastação física causada pela guerra limitou-se, em grande parte, à Bélgica e ao nordeste da França. Essas regiões, palcos de batalhas, foram destroçadas. Centenas de milhares de casas estavam destruídas, a indústria sofreu danos consideráveis, vastas regiões ficaram inutilizáveis para a agricultura e grande parte do gado foi dizimada. No entanto, as áreas mais afetadas não tinham mais que trinta a sessenta quilômetros de extensão. Afora essa zona de combate, na França, como no restante da Europa Ocidental, a destruição foi extraordinariamente pequena. No leste, onde a guerra tinha sido menos confinada, a história foi diferente. A Sérvia, a Polônia e as regiões que se tornariam a Bielorrússia e a Ucrânia, assoladas e saqueadas por exércitos que ora avançavam, ora se retiravam, sofreram extrema devastação.

Os soldados vitoriosos que voltavam da frente de batalha e eram recebidos como heróis em Londres ao menos encontravam um país semelhante ao que tinham deixado. Já os que voltavam — muitas vezes em más condições psicológicas — para Viena, Budapeste, Munique ou Berlim encontravam um clima de agitação revolucionária e caos econômico. É curioso notar que a Alemanha derrotada teve mais sucesso do que a Inglaterra (ou, nesse aspecto, a neutra Holanda) em administrar o mercado de trabalho no pós-guerra e em manter baixo o índice de desemprego — em parte por forçar as mulheres a abandonar as vagas que tinham ocupado durante a guerra e substituí-las por homens. A inflação também ajudou. Medidas deflacionárias nesse momento teriam destroçado ainda mais a economia alemã e tornado impossível dar emprego a tantos ex-soldados. A inflação galopante que o governo nada fazia para coibir foi, porém, um preço que em breve seria pago de outras maneiras, muitíssimo danosa.

A inflação tinha ganhado ímpeto na Alemanha durante a guerra, quando a dívida nacional multiplicou-se por quase trinta, e o volume de papel-moeda em circulação, por mais de vinte. Os preços estavam quase cinco vezes mais altos em 1918 do que antes da guerra, e a moeda perdera cerca da metade de seu valor. Nisso a Alemanha não estava sozinha. Na Áustria-Hungria, durante a guerra, a inflação e a depreciação da moeda foram ainda maiores. A maior parte dos países experimentou algum nível de inflação na guerra. Em 1919, os preços eram três vezes mais altos do que em 1913 na França, nos Países Baixos, na Itália e nos países escandinavos, e quase duas vezes e meia maiores no Reino Unido. Sobretudo na Europa Central e Oriental, porém, a inflação do pós-guerra fugiu ao controle. Na Polônia, na Áustria e na Rússia, a moeda perdeu o valor com a hiperinflação. Jan Słomka (que já encontramos no capítulo 2), durante muitos anos prefeito da vila de Dzików, no sudeste da Polônia, recordou, alguns anos depois, o impacto da inflação galopante quando a coroa austríaca foi substituída pelo marco polonês em 1920:

> Se alguém vendesse uma coisa e não comprasse imediatamente outra com o dinheiro, perdia demais. Muitas pessoas venderam uma casa ou um terreno, ou parte de seu gado, mas guardaram o dinheiro em casa ou num banco. Elas perderam tudo o que tinham e viraram pedintes. Por outro lado, aqueles que pegaram dinheiro emprestado e compraram coisas com ele fizeram fortunas. Havia montes intermináveis de dinheiro. Era preciso carregá-lo em maletas ou cestas. Carteiras e outros objetos dessa natureza eram inúteis. Por artigos de consumo doméstico, pagava-se primeiro em milhares, depois em milhões e, por fim, em bilhões.

Somente a adoção de uma moeda inteiramente nova, o złoty, em 1924, levou à estabilização dos preços na Polônia.

Na Alemanha, o mergulho na hiperinflação foi parte da grave crise política que tomou conta do país em 1923, depois que a França, em retaliação pelo atraso no pagamento das reparações de guerra, ocupou as áreas industriais do Ruhr. No entanto, as origens da hiperinflação estavam no financiamento da guerra, com base na aposta de que a Alemanha sairia vencedora e reaveria seus custos junto aos países derrotados. As consequências econômicas da derrota proporcionaram pouco incentivo para que a Alemanha detivesse a inflação. O esforço de guerra local tinha sido financiado principalmente por empréstimos internos. A inflação facilitava a liquidação dessas dívidas. Em 1921, assim que se conheceu a conta das reparações (que só podia ser paga em marcos-ouro, e não em moeda desvalorizada), as primeiras medidas para conter os aumentos de preços no pós-guerra deram lugar a uma disposição estratégica de aceitar a inflação alta.

Além de saldar as dívidas internas e protelar a mobilização trabalhista que as medidas deflacionárias suscitaram na Inglaterra, por exemplo, a inflação ajudou a indústria alemã a se recuperar rapidamente depois da guerra e proporcionou uma substancial elevação das exportações. Os industriais podiam captar o quanto precisavam para investir e reembolsar os empréstimos em moeda desvalorizada. E, à medida que a moeda local perdia o valor, os produtos alemães passavam a ser exportados a preços altamente competitivos. Não surpreende que a produção industrial da Alemanha tenha experimentado enorme crescimento e que o desemprego tenha encolhido entre 1920 e 1922, numa época em que as políticas deflacionárias nos Estados Unidos, na Inglaterra e na França causavam exatamente o efeito contrário: queda nos índices de produção e aumento do desemprego.

Os salários dos trabalhadores industriais qualificados na Alemanha podiam, com frequência, acompanhar a inflação, pelo menos a princípio. Os sindicatos tinham conseguido tirar proveito das concessões feitas pelos empregadores durante a guerra e obter melhorias no tocante à remuneração e à jornada de trabalho. Entretanto, no caso dos trabalhadores não qualificados ou de pessoas que viviam de rendas fixas ou pensões, a inflação era um desastre que só fazia aumentar. Em 1923, durante a crise do Ruhr, ela fugiu inteiramente ao controle e se transformou em completa catástrofe. Em 1914, o dólar americano (que no fim da guerra era a principal moeda forte na Alemanha) valia 4,20 marcos; no fim da guerra, essa cotação subira para 14 marcos; em fins de 1920 estava em 65 marcos; em janeiro de 1922 alcançava 17972 marcos; e em novembro de 1923 disparara para um nível atordoante: 44,2 bilhões de marcos. O que esses números quase incompreensíveis significavam para as pessoas comuns, que viviam de suas modestas poupanças, é mostrado de maneira chocante pela sorte de um berlinense idoso e instruído cujas economias, no valor de 100 mil marcos, poderiam em outra época ter lhe valido uma aposentadoria razoavelmente cômoda, mas que, com a perda de valor da moeda, não pagavam mais do que um bilhete de metrô. De fato, ele deu um passeio de metrô pela cidade e, ao voltar, trancou-se em seu apartamento, onde morreu de fome.

Em lugar nenhum da Europa do pós-guerra havia uma terra "digna de heróis". Viúvas enlutadas, crianças órfãs e soldados mutilados misturavam-se a famintos, desempregados e miseráveis em cidades e vilarejos de todo o continente. A guerra tinha deixado cerca de 8 milhões de inválidos, necessitados de sustento pelo Estado. Só na Alemanha havia mais de meio milhão de viúvas e mais de 1 milhão de órfãos. Entre os 650 mil militares que tinham sofrido ferimentos graves na guerra, 2400 estavam cegos, 65 mil tinham perdido um braço ou uma perna e mais de 1300 haviam perdido os dois braços ou as duas pernas. A medicina fizera avanços durante a guerra, mas não existia cirurgia que resolvesse plenamente esses casos gravíssimos. E, além dos corpos mutilados, havia as mentes traumatizadas por experiências de guerra: 313 mil na Alemanha e 400 mil na Inglaterra. Muitos desses homens nunca se recuperaram, recebendo tratamento psiquiátrico inadequado e escasso reconhecimento público de seu governo. Os inválidos de guerra enfrentavam dificuldades econômicas e discriminação social. Os empregadores não queriam trabalhadores com deficiências físicas, enquanto ex-soldados portadores de traumas psiquiátricos eram muitas vezes vistos como "histéricos" ou golpistas que se faziam passar por doentes para obter uma pensão.

A famosa socialista e pacifista britânica Ethel Snowden (cujo marido, Philip, se tornou, em 1924, o primeiro chanceler do Tesouro* trabalhista), descreveu vividamente a miséria social em Viena logo depois da guerra:

> Oficiais fardados vendiam flores nos cafés. Mulheres delicadas, com vestidos finos, mas desbotados, pediam esmola com os filhos nas esquinas. A grama crescia nas ruas principais. Nas lojas não se viam clientes [...]. Nas Labour Exchanges, milhares de homens e mulheres faziam filas para receber o seguro-desemprego [...]. Médicos heroicos lutavam em clínicas e hospitais para tratar crianças raquíticas cobertas de ulcerações supurantes, praticamente sem remédios, sem sabonete, sem desinfetantes.

Na Europa Oriental, a situação era ainda pior. Centenas de milhares de refugiados que escapavam da guerra civil russa defrontavam-se com perspectivas sombrias aonde quer que fossem e raramente recebiam um gesto de acolhida por parte de pessoas que também passavam por enormes dificuldades. Grande parte da Polônia, devastada por anos de combates, achava-se num estado tétrico. Logo depois da guerra, metade da população de Varsóvia recebia um auxílio-desemprego mínimo, as doenças grassavam e a população da parte leste do país praticamente passava fome. "A Polônia", informou Sir William Goode, chefe da missão de socorro britânica enviada à Europa Central e Oriental em 1919,

> havia passado por quatro ou cinco ocupações de diferentes exércitos, e cada um deles vasculhou a terra em busca de suprimentos. A maioria dos vilarejos tinha sido

---

* Cargo correspondente a ministro da Economia. (N. T.)

incendiada pelos russos que batiam em retirada [em 1915]; as terras não eram cultivadas havia quatro anos [...]. A população aqui estava vivendo de raízes, grama, bolotas de carvalho e urzes.

O espantoso não é que houvesse agitações políticas generalizadas em grande parte da Europa do pós-guerra, e sim que as revoltas revolucionárias não fossem mais amplas.

Em quase todas as partes as pessoas tinham de enfrentar não só graves privações materiais, como também perdas pessoais. Numa guerra que envolvera tal proporção de civis, com um número de baixas tão imenso, tinha de haver algum reconhecimento nacional da magnitude do sofrimento.

As famílias francesas queriam que seus entes queridos fossem sepultados nos adros da igreja de sua cidadezinha natal. O governo por fim cedeu à pressão popular, e o Estado pagou a exumação e o novo sepultamento de 300 mil mortos identificáveis. Isso foi possível, embora constituísse uma gigantesca tarefa logística e burocrática, porque a maior parte dos mortos franceses tinha tombado em seu próprio país. No caso de outras nações, algo semelhante não era viável. Os mortos tinham de ser homenageados onde houvessem caído, embora vencidos e vencedores fossem sepultados em terrenos separados. Os franceses, em especial, não toleravam a ideia de seus parentes estarem enterrados ao lado de alemães. Por isso, nos lugares onde alemães estavam sepultados ao lado de franceses e ingleses, os restos mortais foram exumados e sepultados novamente em necrópoles separadas. O resultado foi a criação de cemitérios de guerra, iguais para cada país, nos campos de batalha ou perto deles. Eles simbolizavam heroísmo imortal e sacrifício pela nação. Também falavam à piedade popular, evocando a sensação de que o sacrifício não fora em vão, e que os caídos haveriam de se levantar de novo na presença de Deus. Entre as apertadas fileiras de lápides brancas e idênticas nos gramados bem cuidados dos cemitérios britânicos, vez por outra jazia um soldado cuja identidade não pudera ser determinada, acompanhado por uma inscrição simples: "Conhecido por Deus". Trazer para o país um soldado desconhecido e enterrá-lo num santuário nacional em breve se tornou o ponto focal do luto coletivo nacional. Em 1920, com muita pompa e ritual, os franceses sepultaram um "soldado desconhecido" sob o Arco do Triunfo em Paris, e os britânicos fizeram o mesmo na abadia de Westminster, em Londres. Pouco tempo depois, Itália, Bélgica e Portugal seguiram esses exemplos.

O que foi possível em termos de homenagem nacional aos mortos da frente ocidental não foi imitado no Leste Europeu. Na Rússia, não foi erigido monumento algum. Lá, a guerra fluiu sem intervalo para as lutas revolucionárias e para as baixas ainda maiores da horripilante guerra civil. Com o triunfo do bolchevismo, a Primeira Guerra Mundial — vista simplesmente como um conflito das potências capitalistas exploradoras — passou a ocupar um lugar secundário, à sombra do mito heroico da guerra civil. Exigências ideológicas determinaram que a Primeira Guerra não podia ocupar espaço na memória coletiva.

Tampouco se poderia esperar um sentimento de união nacional em memória dos que haviam tombado, semelhante ao das potências ocidentais vitoriosas, no caso dos países derrotados, nos quais a guerra fora desagregadora e não só levara a desastres militares e descomunal perda de vidas como a gigantescas perturbações políticas e confrontos ideológicos. Só em 1931 a Alemanha inaugurou um monumento nacional aos mortos, em Berlim (embora precedido por muitos memoriais de guerra municipais). O significado do conflito e da derrota alemã era objeto de discussões demasiado amargas para que houvesse união em torno de algum monumento comemorativo. Numa ponta do espectro do sentimento do público havia luto, horror ante o custo humano da guerra e pacifismo, tão comoventemente captados na escultura de Käthe Kollwitz — concebida durante a guerra, concluída mais de uma década depois e instalada num cemitério belga —, que mostra os pais pranteando a perda do filho. Na outra ponta do espectro, havia a sensação de humilhação nacional e fúria pela derrota e pela revolução que se seguiu a ela, e que incorporava heroísmo de guerra em esperanças de ressurreição nacional e renascimento. Isso foi sintetizado no "mito de Langemarck". Perto dessa aldeia flamenga, cujo nome parece alemão, entre 20 mil e 25 mil jovens voluntários alemães, reunidos apressadamente e mal treinados, tinham perdido a vida numa batalha inútil contra os britânicos ainda no outono de 1914. Nas mãos da propaganda alemã, essa perda quase estúpida adquiriu um duradouro status lendário como demonstração do sacrifício e do heroísmo de jovens, base necessária da renovação nacional. O mito dos caídos se manteve como foco central de uma disputa ideológica que encontrou sua resolução desastrosa na década de 1930.

O horror da guerra converteu muitas pessoas em pacifistas. "A própria Guerra tinha me transformado num oponente da guerra", foi a reação do teatrólogo socialista alemão Ernst Toller ao que classificou como "um desastre para a Europa, uma praga para a humanidade, o crime de nosso século". Foi levada por sua repulsa pela morte e pelo sofrimento, além do desalento com a morte do noivo, do irmão e de dois amigos íntimos, que a escritora inglesa Vera Brittain tornou-se pacifista, socialista e militante ardorosa dos direitos das mulheres. Na França, Madeleine Vernet, que antes da guerra tinha dirigido um orfanato, fundou a Liga Feminina contra a Guerra, mobilizando apoio de feministas, socialistas e comunistas. Como em muitos países da Europa, na França os ideais de paz e eliminação das desigualdades sociais inerentes à competição capitalista tiveram boa acolhida. Não obstante, o idealismo pacifista permaneceu limitado a uma minoria. Em sua maior parte, os soldados que voltavam para casa não eram pacifistas. Tinham lutado, e se o dever patriótico e a necessidade assim exigissem, lutariam de novo, ainda que com relutância. Quase todos, porém, desejavam paz, segurança, uma volta à normalidade e um futuro melhor, sem guerra. A vasta maioria queria retornar à sua fazenda, seu emprego, seu vilarejo ou sua cidade, e, acima de tudo, à sua família. Essa era a reação mais corriqueira — pelo menos na Europa Ocidental — das pessoas que tentavam, de maneiras diversas, reconstruir vidas que com tanta frequência tinham sido dilaceradas por aquele conflito terrificante. O pavor do acontecido gerou a convicção generalizada de que nunca mais deveria haver outra guerra.

PALADINOS DA CONTRARREVOLUÇÃO

Nem todos, contudo, pensavam assim. A terrível conflagração europeia deixara outro legado, totalmente diferente e discrepante, que glorificava a guerra e aplaudia a violência e o ódio. Para muitos, a guerra simplesmente não acabara em novembro de 1918. O choque cultural da derrota, da revolução e do triunfo do socialismo, assim como os medos paranoicos do "terror vermelho", provocados por histórias apavorantes propagadas por refugiados da guerra civil russa, alimentaram uma mentalidade brutal em que o assassinato e a mutilação daqueles que eram tidos como responsáveis pelo desastre tornaram-se um dever, uma necessidade e um prazer — um estilo de vida normal.

Uma nova e assustadora violência política caracterizou grande parte da Europa do pós-guerra. O norte e o oeste do continente não estavam isentos, como comprovou o alto nível de violência na Irlanda entre 1919 e 1923, durante a luta pela independência do domínio britânico — uma violência que incluiu assassinatos sectários, brutalidades arbitrárias por parte de paramilitares britânicos (os Black and Tans) e, por fim, a breve mas sangrenta guerra civil de 1922-3. O efêmero Levante da Páscoa contra o domínio britânico, em 1916, tinha sido logo reprimido, ainda que incluísse brutalidades contraproducentes sofridas por prisioneiros e execuções de líderes da insurreição, o que deixou um rastro duradouro de ressentimento. Isso alimentou as guerrilhas de independência que o Exército Republicano Irlandês (IRA) levou a efeito, com uma violência intimidadora, de 1919 em diante. Os britânicos responderam com os Black and Tans. Assim chamados por causa de suas fardas improvisadas — o verde-escuro (que não chegava a ser preto) da polícia e o cáqui do Exército —, os Black and Tans totalizavam cerca de 9 mil ex-soldados, além de 2200 ex-oficiais que formaram uma Divisão Auxiliar da Real Polícia Irlandesa, odiada pelos nacionalistas. As atrocidades dos Black and Tans e da Divisão Auxiliar — estupros, tortura, assassinatos e o incêndio de casas de supostos rebeldes — contribuíram para envenenar as relações anglo-irlandesas durante décadas. Seus atos repugnaram até Oswald Mosley, que mais de uma década depois lideraria a União Britânica de Fascistas. A violência deles de fato foi nauseante — uma mancha duradoura na história britânica.

No entanto, a Irlanda foi uma exceção no norte e oeste da Europa, e até no Reino Unido. O governo britânico sempre tinha considerado o país quase uma colônia, a ser tratada de forma diferente de outras partes das Ilhas Britânicas. Por outro lado, extremos de violência repressiva eram cometidos em outras possessões coloniais britânicas (como os disparos feitos por tropas comandadas pelo general Reginald Dyer contra centenas de manifestantes desarmados em Amritsar, em abril de 1919, quando a luta pela independência da Índia se ampliou, inspirada pelo Mahatma Gandhi). Na Inglaterra, a magnitude dos distúrbios do pós--guerra em parte alguma ameaçou transformar-se em revolução. Unidades civis de defesa foram usadas na Inglaterra e na França para reprimir greves em 1919 e 1920, mas a insatisfação social e política foi contida pelo Estado e não chegou a ganhar ímpeto revolucionário. Na França, a mobilização paramilitar só se tornou uma preocupação séria mais ou menos uma década depois, em outras circunstâncias, e na Inglaterra jamais ameaçou subverter a ordem política.

No sul da Europa, o caso foi outro. A progressiva violência política foi o pano de fundo da ascensão do fascismo na Itália, em 1922, e da imposição de uma ditadura militar na Espanha no ano seguinte. E, na ponta sudeste da Europa, a violência que precedia e muito a Primeira Guerra Mundial e incluíra a deportação e os massacres de centenas de milhares de armênios em 1915 prosseguiu nos primeiros anos do pós-guerra. O pior aconteceu quando, depois de três anos de ocupação grega, em setembro de 1922, os turcos retomaram o porto multiétnico de Esmirna (Izmir), na costa ocidental do Egeu, incendiaram bairros da cidade ocupados por gregos e armênios e chacinaram dezenas de milhares deles. A violência endêmica na região diminuiu em 1923, com o fim das catastróficas tentativas gregas de ampliar seu território de modo a incluir a parte oeste da Turquia. Naquele ano, o Tratado de Lausanne ratificou uma troca de populações (na verdade, expulsões), a maior antes da Segunda Guerra Mundial, com a criação da nova república turca. Esse episódio constituiu o primeiro caso em que um acordo internacional sancionou uma ampla limpeza étnica — a saída da Turquia de mais de 1 milhão de gregos (a maioria dos quais já tinha fugido da Anatólia no ano anterior) e a migração de 360 mil turcos da Grécia.

Contudo, o epicentro da nova e extrema violência contrarrevolucionária, maior que qualquer coisa já vista no continente desde a Guerra dos Trinta Anos, no século XVII, situava-se na Europa Central e Oriental. Nessas regiões, tinham sido brutalizadas sociedades inteiras, e não somente soldados que voltavam para casa depois de anos de exposição a matanças e já habituados à carnificina e ao sofrimento. Políticas de terra arrasada e deportação de civis fizeram parte da guerra na frente oriental. E nela, em vez de terminar em novembro de 1918, a guerra continuou sem interrupção, em ferozes conflitos de fronteiras na Polônia e também na guerra civil russa — combates de um horror que lançou ondas de choque que convulsionaram a Europa Central e Oriental.

Evitar que o bolchevismo se espalhasse para seus países era uma motivação crucial dos contrarrevolucionários, alguns dos quais participaram sem demora das campanhas antibolcheviques no Báltico e em outras áreas. Entretanto, a violência não era somente uma reação ao que estava acontecendo na Rússia. As revoluções esquerdistas que varreram os territórios das Potências Centrais derrotadas encontraram oposição em toda parte. Organizações paramilitares armadas ganharam força em meio ao caos político. Seus líderes tinham, invariavelmente, conhecido a mortandade na frente de batalha, com frequência no leste, durante a Primeira Guerra Mundial. Aquilo que havia horrorizado a maioria dos europeus foi uma experiência estimulante para esses homens, que exaltavam a luta e enalteciam a morte. Ao voltar para casa, encontravam um mundo que não compreendiam, um mundo, como um desses homens expressou, "virado de cabeça para baixo". Eles experimentavam uma sensação de traição ou simplesmente não viam futuro num retorno a uma vida civil desinteressante e, com frequência, paupérrima. Muitos dos que se sentiam assim buscaram a violência étnica da política paramilitar, que grassava em especial entre o leste da Alemanha e o oeste da Rússia, assim como do Báltico aos Bálcãs. Estima-se que, na Alemanha, os Freikorps (mercenários custeados pelo governo), em muitos casos liderados por aristocratas, tenham atraído entre 200 mil e 400 mil homens. Atuavam onde conflitos de fronteiras, nacionalismo étnico radical, ameaça de bolchevismo e ódio visceral aos judeus criavam uma mistura poderosa de sentimentos violentos.

Cerca de um quarto dos 225 mil oficiais alemães que voltaram para casa em 1918, a maioria de baixa patente e de famílias de classe média, ingressou em alguma unidade paramilitar dos Freikorps. O mesmo fizeram muitos ex-soldados desempregados e trabalhadores sem terra, na esperança de adquirir alguma terra no leste e, nesse ínterim, contentando-se com o que conseguiam saquear. Contudo, os veteranos de guerra eram superados em número por ativistas jovens demais para ter lutado na guerra, ainda que tivessem uma mentalidade semelhante à dos insatisfeitos com a paz — uma "geração de guerra" incentivada por valores militaristas e por expectativas de glória nacional.

Os recrutas paramilitares procuravam meios de manter — ou tentar recriar — o companheirismo, a "comunidade da trincheira", os vínculos viris e as emoções do conflito armado. Recordavam, ou imaginavam, um clima de união, de fervor patriótico, de dedicação a uma causa pela qual valia a pena lutar e morrer. E isso aumentava em muito o rancor que sentiam agora por aqueles que, a seus olhos, tinham exigido o imenso sacrifício humano que redundara não em vitória e glória, mas em derrota e humilhação. Assim se insuflava enormemente a sede de vingança que esses recrutas paramilitares sentiam em relação aos homens que julgavam responsáveis pela perda de partes de seu país e também aos que consideravam criadores de um mundo oposto a tudo que idealizavam — um mundo moldado por desordem, falta de autoridade, injustiça, caos (que seria fomentado pelos "vermelhos") e democracia "afeminada". Sua resposta era a extrema violência.

O novo surto de violência não tinha nenhuma ideologia clara ou coerente. Cobiça, inveja, sede de ganhos materiais, desejo de apoderar-se de terras — tudo isso tinha seu papel. A violência em si devia muito mais a um ativismo sem peias do que a uma visão preconcebida de uma sociedade futura ou de uma forma de Estado. Mas ainda assim era ideológica, dirigida contra um alvo e não aleatória, voltada contra as forças revolucionárias — percebidas principalmente como inimigos internos — que ameaçavam destruir os valores que eles prezavam.

Entre esses inimigos internos sobressaíam os comunistas, os socialistas e, não menos que estes, os judeus. Para muitos paladinos da contrarrevolução, esses inimigos internos fundiam-se uns nos outros. Ver judeus em papéis de relevo em movimentos revolucionários — Liev Trótski, entre outros, na Rússia; Béla Kun, na Hungria; Victor Adler e Otto Bauer, na Áustria; Kurt Eisner e Rosa Luxemburgo, na Alemanha; juntamente com várias figuras de destaque na efêmera "república soviética" em Munique, em abril de 1919 — só confirmava suas fantasias, desencadeadas por *Os protocolos dos sábios de Sião*, obra forjada pela polícia tsarista sobre uma "conspiração mundial judaica" para minar a cultura, a moralidade e a ordem política da Europa. A maioria dos judeus aplaudira a Revolução Russa, que viam como prenúncio de emancipação. Depositavam muita esperança num futuro socialista, sem discriminação ou perseguição. Era possível afirmar que aderiram ao movimento revolucionário em massa e vieram a exercer um papel significativo na administração e na polícia soviéticas. Em 1919, por exemplo, nada menos que 75% dos integrantes da polícia política de Kiev (a Cheka) eram judeus. Na Europa Oriental, os judeus foram identificados com o bolchevismo — ainda que, na realidade, não fossem majoritariamente revolucionários. E essa identificação lhes custaria muito.

Muitos soldados estavam impregnados da venenosa propaganda antissemita que as Potências Centrais e os russos tinham espalhado nas trincheiras à medida que as dificuldades se aprofundavam e a derrota se tornava cada vez mais provável. A situação caótica na Europa Central e Oriental que se seguiu ao fim da guerra acarretou uma onda de violência antijudaica. "Os judeus são odiados em toda parte", escreveu um sociólogo russo em 1921. "São odiados independentemente de sua classe ou educação, opinião política, raça ou idade." Ele via o ódio aos judeus como "um dos aspectos mais visíveis da vida russa hoje, talvez até o mais destacado". A guerra civil levou ao massacre de judeus, sobretudo na Ucrânia, onde, em 1300 pogroms, foram mortos de 50 mil a 60 mil judeus. O prosseguimento da luta entre ucranianos e poloneses no leste da Galícia semeou a violência antijudaica em mais de cem cidades, entre as quais Lvov, onde setenta judeus foram mortos durante um grande pogrom quando a polícia polonesa entrou na cidade, em julho de 1919.

Houve também violência sistemática contra os judeus na Hungria, depois do breve regime comunista de Béla Kun, em agosto de 1919. Um vislumbre do intenso ódio aos judeus e da identificação deles com o bolchevismo pode ser obtido pelas palavras de uma aristocrata húngara, em outros aspectos refinada e encantadora, que Ethel Snowden recordaria em 1919:

> Se eu pudesse, mataria todos os bolcheviques. E eles não teriam uma morte rápida. Não, eu os assaria em fogo baixo. Pense no que aqueles judeus sujos fizeram a alguns de nossos melhores homens. E em todas as minhas roupas e joias sumidas! [...]. Nesse exato momento, alguma judiazinha horrenda está metendo [minhas belas botas brancas] em seus pés feios, tenho certeza.

Em vista de tal mentalidade, não foram surpreendentes as atrocidades cometidas contra judeus na esteira da agitação política que tomou conta da Hungria no pós-guerra. Nas áreas da Hungria a oeste do Danúbio, de acordo com um relatório de 1922, mais de 3 mil judeus foram assassinados.

Até na nova república dos tchecos, um farol de incipiente liberdade democrática entre os novos Estados saídos do império Habsburgo, houve pogroms, e distúrbios estudantis obrigaram o reitor da Universidade de Praga, judeu, a renunciar ao cargo em 1922. A Alemanha e a Áustria não tiveram pogroms. Não obstante, a violenta retórica antissemita envenenou a atmosfera que levou ao assassinato de judeus que ocupavam cargos políticos importantes, como Kurt Eisner, ministro-presidente bávaro, em 1919, e Walther Rathenau, ministro do Exterior do Reich, em 1922.

A violência dos contrarrevolucionários conhecia poucos limites, e ia muito além, invariavelmente, da violência revolucionária que afirmavam combater. Estima-se que o "terror vermelho" tenha ceifado a vida de cinco pessoas na Áustria, cerca de duzentas na Alemanha e entre quatrocentas e quinhentas na Hungria. Houve pelo menos 850 vítimas de violência contrarrevolucionária na Áustria. A supressão da "república soviética" bávara, no fim de abril de 1919, levou à morte 606 pessoas, das quais 335 eram civis. E o "terror branco" na Hungria, após o colapso do regime soviético de Béla Kun em Budapeste, matou cerca de 1500 pessoas, pelo menos o triplo dos que perderam a vida nas mãos dos vermelhos.

"Não concedemos perdão. Atiramos até nos feridos", escreveu aos pais um estudante que participou, como voluntário, da repressão de um levante comunista na região industrial do Ruhr, na Alemanha, em 1920. "Trucidávamos quem caísse em nossas mãos [...]. Não restavam em nosso coração sentimentos de humanidade", lembrou outro jovem alemão que participou de lutas paramilitares no Báltico em 1919. Rudolf Höss, que mais tarde, como comandante de Auschwitz, comandaria um programa sem precedentes de matança orquestrada em massa, descreveu a luta no Báltico como mais implacável do que qualquer coisa que tivesse visto na Primeira Guerra Mundial — "pura chacina até o aniquilamento total". O Báltico e a Alta Silésia, onde se travaram combates ferozes entre poloneses e alemães entre 1919 e 1921, foram palcos de inúmeras mortes, talvez da ordem de 100 mil, nas mãos dos paramilitares.

A violência paramilitar caiu acentuadamente a partir de 1923, mas o caráter ou a atitude dos que tinham estado na vanguarda da violência não se alterou, embora tivessem de se adaptar aos novos tempos. Muitos encontrariam novas oportunidades nos movimentos fascistas que ganharam apoio em toda a Europa na década de 1930. E, nas regiões de maior violência, coisas bem piores estavam por vir — em boa parte como reação ao bem-sucedido estabelecimento do comunismo soviético na Rússia.

O TRIUNFO DO BOLCHEVISMO

Era inevitável que a Revolução Bolchevique, em 1917, não fosse aceita sem resistência por aqueles que seriam despojados de suas terras e outras propriedades. O resultado foi uma guerra civil de selvageria inimaginável que durou três anos e custou a vida de mais de 7 milhões de homens, mulheres e crianças, na maioria civis — cerca de quatro vezes o número de russos mortos na Grande Guerra. Além das vítimas de combates e da repressão de caráter terrorista, um número enorme de pessoas morreu em decorrência de fome e epidemias causadas pela guerra.

A chamada guerra civil russa foi, na verdade, uma série de guerras, vagamente interligadas pelo objetivo comum das forças contrarrevolucionárias "brancas" de tentar estrangular no berço o novo regime soviético. Houve uma dimensão internacional. Os brancos, comandados de modo geral por ex-oficiais tsaristas de alta patente e por cossacos, tiveram o respaldo de tropas, armamentos e apoio logístico dos Aliados. Cerca de 30 mil soldados tchecos, americanos, britânicos, italianos e franceses ajudaram o exército branco, em 1919, avançando para oeste vindo da Sibéria. Os Aliados forneceram aos brancos um volume de munição que correspondia a toda a produção soviética naquele ano. Entretanto, o apoio estrangeiro depois disso se reduziu, e foi menos relevante do que os relatos soviéticos sobre a guerra civil afirmaram mais tarde. Durante um período, sobretudo em 1919, o resultado da luta esteve longe de ser definido. Em fins de 1920, porém, o poder bolchevique sobre praticamente todo o vasto território do antigo Império russo tinha sobrevivido. As fases finais da guerra civil misturaram-se com a guerra, em 1920, do Exército Vermelho, cada vez mais vitorioso, contra o Exército polonês do marechal Józef Piłsudski. Depois que os poloneses foram expulsos de Kiev (que mudou de mãos mais de uma dezena de vezes durante a guerra civil) e o Exército Vermelho foi rechaçado, em agosto, pelas forças de Piłsudski, nas portas de Varsóvia, um armistício, no outono de 1920, levou a um acordo que ampliou a fronteira leste da Polônia com o Estado soviético. Em março de 1921, o Tratado de Riga garantiu a nova fronteira — ao menos até a Grande Guerra seguinte.

As campanhas antissoviéticas, que chegaram ao clímax em 1919, ocorreram principalmente nas regiões periféricas do antigo Império russo. No entanto, a chave para a vitória final dos vermelhos foi o fato de controlarem a grande zona central da Rússia, além de sua melhor capacidade organizacional, uma determinação inabalável e as divisões entre seus adversários. O vasto território russo deu aos vermelhos acesso a imensas reservas humanas (conscritas com a ajuda de uma boa dose de terror nas zonas rurais) e a alimentos, implacavelmente arrancados de camponeses cada vez mais truculentos, porém brutalmente intimidados. Isso possibilitou a rápida expansão do Exército Vermelho, que passou de apenas 430 mil homens em outubro de 1918 para 5,3 milhões no fim de 1920. Embora mal equipado, mal abastecido e muitas vezes indisciplinado, o enorme exército de massa, comandado por 75 mil ex-oficiais do exército tsarista, submetido a uma feroz disciplina e lutando em defesa da revolução, era em tudo superior às forças brancas, em menor número e menos coesas. Embora a popularidade do Estado soviético (que se formara, em grande parte, com base na promessa de reforma agrária para a população majoritariamente camponesa) estivesse declinando rapidamente, a supremacia bolchevique, a supressão dos partidos de oposição e o terror impiedoso contra qualquer pessoa que oferecesse resistência não deixavam alternativa à obediência.

De qualquer maneira, os brancos apresentaram pouca coisa que pudesse ser vista como um programa social capaz de competir favoravelmente com o dos bolcheviques. Os líderes brancos, nacionalistas russos conservadores cujo único objetivo parecia ser o de fazer com que o relógio voltasse ao período pré-revolucionário, não conseguiram conquistar muito apoio de nacionalistas não russos nas regiões periféricas. A Ucrânia, por exemplo, tinha uma população de cerca de 32 milhões de habitantes, em grande parte ardorosos nacionalistas camponeses que não se mobilizariam pela causa da Grande Rússia. Os brancos não careciam apenas de um programa coerente; eram também, do ponto de vista organizacional, mais fracos que os soviéticos, só conseguiam formar exércitos menores, suas comunicações eram deficientes e eles não tinham uma estratégia militar coordenada. Mesmo assim, a guerra civil estava tudo menos decidida. Foram necessários três anos de um conflito feroz e sangrento para que o Exército Vermelho tivesse a certeza de uma vitória completa. No entanto, uma derrota do bolchevismo era muitíssimo improvável.

Terminada a guerra civil, a economia soviética estava em ruínas. A produção industrial caíra mais de 66% em comparação com 1913, e a produção agrícola em 40%. Também na área política os problemas eram hercúleos. No início de 1921, com a extrema escassez de alimentos decorrente da ocultação da produção agrícola pelos camponeses, os operários industriais das grandes cidades — os redutos do bolchevismo — começaram a se revoltar contra os métodos coercitivos do regime. Em Moscou e São Petersburgo, a lei marcial teve de ser imposta devido a grandes greves deflagradas em fevereiro (já no calendário gregoriano). O perigo para o regime chegou a um ponto crítico com um levante dos marinheiros — que tinham apoiado os bolcheviques com entusiasmo em 1917 — da base naval de Kronstadt, perto de Petrogrado, em março de 1921. O regime reagiu com implacável severidade. Trótski avisou aos marinheiros rebeldes que seriam "abatidos como perdizes" caso não se rendessem dentro de 24 horas. Como a resistência persistiu, ele cumpriu sua palavra. Cinquenta mil soldados do Exército Vermelho lançaram um grande ataque contra a fortaleza de Kronstadt. Depois de uma batalha de dezoito horas, a rebelião chegou ao fim. Dez mil marinheiros rebeldes e soldados do Exército Vermelho estavam mortos. Milhares de outros rebeldes foram executados ou mandados para campos de concentração.

A revolta de militares que antes apoiavam o regime com ardor chocou os líderes bolcheviques. Se aquilo fora um aviso, o regime enfrentava um desafio muito maior para conquistar a vasta maioria da população, o campesinato, cuja hostilidade à política agrária dos bolcheviques se intensificara. Logo após a revolução, visando a obter o apoio dos camponeses, os bolcheviques tinham legalizado a redistribuição de terras. Contudo, dois fatos haviam criado um campesinato rebelde: a requisição forçada da produção dos camponeses durante a guerra civil e as tentativas iniciais de criar coletivos agrícolas. Os coletivos eram improdutivos; deliberadamente, os camponeses semeavam menos. Às vezes, o confisco de grãos fazia com que não restassem sementes para plantio. O resultado foi a epidemia de fome em 1921-2. Em várias regiões rebentaram revoltas camponesas, por vezes acompanhadas de atos de violência aterradora contra líderes bolcheviques locais. Lênin considerou que essas revoltas ameaçavam mais o regime que a guerra civil contra os brancos. A resposta foi a utilização de força fulminante para sufocá-las no verão de 1922. Milhares de camponeses foram fuzilados e dezenas de milhares, confinados a campos de concentração. Todavia, a coerção não era suficiente. Como mostrara a guerra civil, ela por si só não produzia alimentos.

Os bolcheviques não tinham apenas alienado a principal parcela da população de cuja cooperação dependiam politicamente; eles precisavam que os camponeses produzissem mais. Isso provocou uma mudança de direção por parte da cúpula do regime. Lênin usou a Nova Política Econômica, adotada no Décimo Congresso do Partido, em março de 1921, para apaziguar um campesinato cada vez mais rebelde. Isso reduziu o controle do partido sobre a agricultura e restabeleceu uma economia de mercado parcial, ao mesmo tempo que era mantida a propriedade estatal de todos os ramos principais da produção industrial, do transporte, da energia e das comunicações. Os produtos começaram a aparecer. Logo a recuperação econômica se fez notar, embora houvesse, nas cidades, muito ressentimento contra especuladores que exploravam descaradamente as novas condições de oferta e demanda.

Por ocasião da morte de Lênin, em 1924, a economia já estava reativada. O regime vencera a grande tempestade. Apesar da turbulência que o Partido Bolchevique tivera de superar, todos os setores do Estado soviético estavam agora em suas mãos. O partido, controlado rigidamente por seu secretário-geral, Ióssif Stálin, criou um sistema de clientelismo e corrupção que comprou a lealdade de uma quantidade cada vez maior de apadrinhados e *apparatchiks*. O número de burocratas quadruplicou, chegando a 2,4 milhões quatro anos depois da revolução. E um gigantesco influxo de novos filiados do partido — quase 1,5 milhão em 1920, dois terços dos quais de origem camponesa que esperavam ter uma vida melhor — ajudou os bolcheviques a consolidar seu poder e a ampliar a penetração do regime nas zonas rurais.

As primeiras intenções idealistas de garantir a participação popular no trato das questões políticas, econômicas e sociais por meio de representantes eleitos para os sovietes, com base no princípio do controle da produção pelos trabalhadores, tiveram de ser reformuladas. O comunismo propriamente dito teria de esperar a aurora da utopia. Entrementes, o poder no Estado socialista só poderia ser exercido pela vanguarda do proletariado, o partido. Toda oposição podia ser tachada de "burguesa" e "reacionária", e precisava ser destruída. O direito "burguês" não podia ser um entrave à extirpação impiedosa dos inimigos de classe.

O terror como arma essencial na guerra de classes ocupava um lugar central no projeto revolucionário bolchevique. "Que haja dilúvios de sangue burguês — mais sangue, o máximo possível", recomendara a imprensa bolchevique em 1918. "Devemos encorajar a energia e a natureza popular do terror", escrevera Lênin em meados desse ano. Canalizar o ódio dos camponeses, sequiosos de terra, contra os cúlaques, representados como exploradores de terras, mas com frequência apenas camponeses em situação um pouco melhor, fazia parte da estratégia. Descrevendo os cúlaques como "vampiros [que] enriqueceram com a fome do povo", Lênin condenou-os como "inimigos raivosos do governo soviético" e "sanguessugas [que] chuparam o sangue dos trabalhadores", e defendeu "a morte de todos eles".

Em 1922, quando o regime se sentiu forte o bastante para atacar os cultos religiosos e destruir o poder da Igreja ortodoxa, Lênin encorajou a "guerra sem quartel" contra o clero. "Quanto mais membros da burguesia reacionária e do clero pudermos fuzilar, melhor", declarou. A jovem União Soviética já era um regime em que o direito convencional não tinha lugar, um regime que outorgava licença ao poder ilimitado da Cheka, a polícia de segurança do Estado. "A Cheka deve defender a revolução e vencer o inimigo, mesmo que, ocasionalmente, sua espada caia sobre a cabeça de inocentes", afirmou seu diretor, Felix Dzerjinski, revelando grande cinismo. Prisões arbitrárias, tortura e execuções tornaram-se rotineiras. Ignoram-se quantas foram as vítimas do terror da Cheka. Certas estimativas situam esse número em várias centenas de milhares, incluindo aqueles que foram atirados em cárceres e campos de concentração. Nas prisões, os métodos de tortura utilizados eram hediondos.

Portanto, os elementos essenciais do poder bolchevique tinham se manifestado durante a vida de Lênin. O que se seguiu foi um desdobramento e uma consequência lógica, não uma aberração. No seio da cúpula bolchevique, intensos conflitos políticos, ideológicos e pessoais foram apenas contidos enquanto Lênin viveu. Entretanto, sua morte, no começo de 1924, ao fim de uma longa doença, deu início a uma demorada e feroz luta pelo poder. O vencedor, embora esse desfecho só aos poucos se tornasse óbvio, acabou sendo Ióssif Stálin. Sob sua liderança, viria uma fase nova e ainda mais terrível da história da União Soviética em seus primórdios.

Malgrado os medos paranoicos da direita europeia, o bolchevismo logo mostrou que não era exportável. De início, os governantes soviéticos esperavam a propagação da revolução pela Europa, mas durante a guerra civil tiveram de aceitar que isso não viria a ocorrer. Lênin deu-se conta disso já em fins de 1920, quando o Exército Vermelho foi derrotado pelos poloneses às portas de Varsóvia. As condições na Rússia eram totalmente diferentes das que havia no resto da Europa. A própria dimensão do país — o maior do mundo, bem mais vasto que o resto da Europa, estendendo-se por cerca de 8 mil quilômetros de leste a oeste e por cerca de 3200 quilômetros de norte a sul — impunha suas peculiaridades de controle político. Caso único na Europa do pré-guerra, o poder tsarista não conhecera quaisquer restrições constitucionais até 1916, ano em que foi adotado um constitucionalismo de aparências. A Rússia não contava com uma base de direito independente nem com uma estrutura representativa de política pluralista que em outros países teriam contribuído para a reforma gradual das instituições do Estado.

Comparada com a de outros países europeus, a sociedade civil na Rússia era frágil. Só uma pequena parcela da classe média tinha propriedades, enquanto a repressão à dissidência política levara à existência de uma intelligentsia minúscula, mas radicalizada. Apesar da rápida modernização, que criara um proletariado miserável nas grandes cidades industriais, a Rússia continuava economicamente muito atrasada, um país em que os camponeses — mais de 80% da população — viviam sobretudo em comunas, com frequência como servos de senhores neofeudais, e encaravam o Estado e seus agentes com muita hostilidade. A violência, a brutalidade e o menosprezo pela vida humana estavam profundamente entranhados nessa sociedade. O campesinato russo, como Lênin avaliou com precisão, era uma classe revolucionária sem nada a perder em termos de propriedade e ordem social. Em nenhum outro lugar da Europa isso acontecia, mesmo levando em conta a antipatia dos camponeses por proprietários rurais em muitas partes do continente e as tendências à revolta entre trabalhadores agrícolas em algumas regiões da Espanha e da Itália. Do ponto de vista social, econômico, ideológico e político, a Rússia oferecia precondições propícias, mesmo antes que as calamidades da Primeira Guerra Mundial radicalizassem a situação e derrubassem o tsarismo, para uma transformação revolucionária total que não poderia ser repetida em outro país.

Depois da guerra civil, a Rússia soviética tornou-se, na realidade, um corpo estranho na corrente dominante da política europeia, praticamente isolada, fechada em si mesma e submetida à imensa brutalidade interna que acompanharia a construção do Estado soviético e a modernização de sua economia ao longo dos anos seguintes. À medida que cerca de 1 milhão de *emigrés* refugiados, muitos deles ex-partidários do regime tsarista, divulgavam histórias de horror sobre a Rússia soviética nas capitais europeias, alimentando a histeria antibolchevique que se espalhava pelo continente, o bolchevismo foi se transformando num bicho-papão temido e vilipendiado, um foco negativo para a política da direita conservadora e radical.

Em 1919, durante as deliberações dos governantes das potências vencedoras, que se reuniram na Conferência de Versalhes, em Paris, para redesenhar o mapa da Europa, a Rússia já figurava apenas como uma entidade negativa. Como apoiavam militarmente a tentativa de destruir o bolchevismo e não tinham a menor disposição de reconhecer a União Soviética, precisaram deixar em aberto a espinhosa questão da validade e dos contornos das fronteiras orientais da Europa.

A GRANDE FRAGMENTAÇÃO

Ao ganhar forma, o novo mapa da Europa ficou bem diferente do que era em 1914. Quatro impérios — o russo, o otomano, o austro-húngaro e o alemão — haviam desaparecido (embora a nova república na Alemanha mantivesse o nome "Reich", símbolo de um histórico Império germânico na Europa que remontava a Carlos Magno). O colapso desses impérios representou uma alteração cataclísmica nas estruturas políticas da Europa Central, Oriental e Meridional. No lugar deles surgiram dez novos Estados-nações (inclusive, em 1923, a Turquia).

A tarefa de criar a nova ordem na Europa coube essencialmente aos quatro líderes das potências vitoriosas: o presidente dos Estados Unidos, Woodrow Wilson; o premiê francês, Georges Clemenceau; o primeiro-ministro britânico, David Lloyd George; e o primeiro-ministro italiano, Vittorio Orlando. Os problemas com que se confrontaram ao se reunir em Paris para começar a trabalhar, em janeiro de 1919, não fariam inveja a ninguém. Levados pelo idealismo de Wilson, por trás do qual estava o objetivo calculado de domínio econômico global por parte dos Estados Unidos e um mundo no pós-guerra construído à imagem americana, eles tinham ambições grandiosas. Uma delas era criar uma estrutura que impedisse a Europa de mais uma vez mergulhar na guerra. Para isso, criariam uma Liga das Nações que garantisse segurança coletiva e paz internacional.

Era um nobre ideal. Depois de sua fundação, em janeiro de 1920, a Liga, compreendendo 48 Estados no fim daquele ano e sediada em Genebra, buscou atuar a favor da cooperação internacional, proteger as minorias étnicas e fazer tudo quanto fosse possível para mitigar a crise humanitária em países da Europa Central e Oriental. Acima de tudo, estava o compromisso de preservar o acordo internacional do pós-guerra, mas em pouco tempo essa ideia revelou-se uma quimera. Sem uma força militar de intervenção, eram ilusórios os planos de um arranjo multinacional eficaz de segurança coletiva. Ademais, embora pretendesse ser um órgão global, a Liga tornou-se, na prática, uma entidade europeia, dominada sobretudo pelos interesses da Inglaterra e da França. E, nos Estados Unidos, os adversários políticos de Wilson manobraram para que o país, que deveria ser o ator principal da nova organização, não se tornasse nem seu membro.

O ideal central de Wilson, que fundamentou as deliberações em Paris, era o da "autodeterminação". O termo podia ser entendido de diversas formas, e Wilson contentou-se em ser vago quanto à sua definição, tanto mais porque suas implicações para a manutenção do poder nas colônias eram quase inaceitáveis para as grandes potências imperiais, a Inglaterra e a França. Para Wilson, autodeterminação significava, em essência, governo derivado da soberania popular — o direito de um povo a ter seu próprio Estado, o que, idealmente, resultaria de uma evolução e não de revolução violenta.

Nas condições desastrosas da Europa do pós-guerra, porém, a autodeterminação — um conceito revolucionário — era uma exigência para o futuro imediato, e não uma aspiração de longo prazo. Os bolchevistas tinham sido, na realidade, os primeiros a fazer uso do conceito. Porém, o interesse deles na autodeterminação era puramente utilitário. O apoio que davam a movimentos nacionalistas visava a solapar e destruir os impérios multinacionais existentes na Europa e, em termos mais gerais, enfraquecer ou derrubar o imperialismo. No entanto, nas palavras de Stálin, "quando o direito à autodeterminação colide com outro direito, superior — o direito que tem a classe trabalhadora, que chegou ao poder, de consolidar esse poder", nesse caso "o direito à autodeterminação não pode nem deve servir de obstáculo à classe trabalhadora para exercer seu direito à ditadura". Como essas palavras deixavam absolutamente claro, a "autodeterminação nacional" na incipiente União Soviética estaria inteiramente subordinada ao poder centralizador do Estado bolchevista.

A concepção de autodeterminação que norteou as deliberações da Conferência de Versalhes em 1919 (para a qual os soviéticos não foram convidados) diferia radicalmente da interpretação soviética. Essa concepção deveria orientar uma ordem mundial baseada na democracia liberal — governo por consentimento popular num Estado fundamentado na soberania popular. O problema, porém, era que, precisamente nas áreas mais conturbadas do continente, a reivindicação de soberania nacional baseava-se no nacionalismo étnico, e a maioria dos territórios dos antigos impérios continha mais de uma nacionalidade que reivindicava território, recursos e representação política. Nos países da Europa Ocidental (assim como nos Estados Unidos), o Estado havia, com o passar do tempo, plasmado a nação; e a associação com suas instituições tinham, gradualmente, formado uma consciência nacional. Entretanto, na maior parte da Europa Central, Oriental e Meridional, a consciência nacional tinha brotado das exigências de um povo definido por etnicidade, idioma e cultura para criar um Estado que representava — muitas vezes exclusivamente — seus interesses. Como poderia a autodeterminação conciliar-se com reivindicações múltiplas e conflitantes por um Estado-nação soberano?

Ficou evidente para os "Quatro Grandes", desde o primeiro momento, que a complexa composição étnica da Europa Central e Oriental impossibilitava a consecução da autodeterminação nacional. Toda a pretensão dos signatários do tratado reduziu-se a fazer o melhor que pudessem — e esperar que com o passar do tempo surgissem Estados-nações funcionais, nos quais as diferenças étnicas fossem suplantadas por unidade nacional num estado multiétnico. Por mais que se ajustassem as fronteiras da Europa, elas forçosamente cerceariam algumas consideráveis minorias nacionais, cujos direitos seriam salvaguardados (assim se esperava) mediante apelo à Liga das Nações. Nenhum dos novos Estados, afora a pequena Áustria, de língua alemã, era etnicamente homogêneo. No caso dos húngaros, por exemplo, 3,5 milhões acabaram vivendo fora da Hungria, muitos num território entregue à Romênia, enquanto 3 milhões de alemães viram-se residindo na Tchecoslováquia. Quando enfim se chegou a um acordo quanto ao desenho do mapa, na verdade as novas fronteiras tinham menos a ver com a autodeterminação das nacionalidades do que com a viabilidade de satisfazer algumas reivindicações territoriais aos custos de outras, ao mesmo tempo que tentavam minimizar prováveis tensões ou hostilidades.

Em quase toda parte havia territórios furiosamente disputados. As reivindicações baseadas em etnicidade eram quase sempre espúrias — uma simples máscara (às vezes transparente) de ambições territoriais, ditadas por motivos econômicos, militares ou estratégicos. Reivindicações e contrarreivindicações — entre a Grécia, a Bulgária e a Sérvia (as três querendo uma parte da Macedônia), entre a Grécia e a Itália (em relação à Albânia), entre a Romênia e a Hungria (ambas reivindicando a Transilvânia) ou entre a Polônia e a Alemanha (que disputavam a Silésia) — eram feitas a pretexto de autodeterminação, mas na verdade não passavam de tentativas de expansão territorial. Algumas reivindicações não podiam sequer simular basear-se em autodeterminação. Entre elas estavam as reivindicações da Itália ao sul do Tirol, predominantemente germanófono; a toda a costa dálmata, de população quase inteiramente eslava; a partes da Ásia Menor colonizadas sobretudo por gregos e turcos; e, o que se tornou uma *cause célèbre* para os primeiros fascistas, o pequeno porto de Fiume (hoje Rijeka, na Croácia), cuja população era apenas em parte italiana.

As tentativas de solucionar as complexas disputas causaram pesadelos aos Quatro Grandes em Paris. Foi inevitável algum artificialismo por trás das fronteiras dos novos Estados. Em vários casos — a Tchecoslováquia, o Reino dos Sérvios, Croatas e Eslovenos (que assumiu o nome de Iugoslávia em 1929) e a Polônia —, tentou-se reconhecer a realidade vigente em Estados criados a partir dos impérios desaparecidos no fim da Primeira Guerra Mundial. Em outros, procurou-se recompensar o apoio à Entente durante a guerra e punir o inimigo subjugado. A Romênia, por exemplo, foi um dos principais beneficiários dessa postura, dobrando de tamanho, sobretudo à custa da Hungria. Na Europa Central, a Áustria, a Hungria e a Alemanha foram os países que mais perderam na redistribuição territorial.

O júbilo entre os beneficiários do ajuste territorial foi suplantado em muito pelo desalento, pela indignação e pelo ressentimento abafado entre os perdedores. Na Itália, a cólera provocada pelo caso de Fiume acabou beneficiando os nacionalistas raivosos. O poeta protofascista Gabriele D'Annunzio, que cunhara a frase "vitória mutilada" para insinuar que a Itália fora lesada em seus justos espólios de guerra, assumiu como sua a causa de Fiume e, em meados de setembro de 1919, liderou uma força heterogênea numa bizarra ocupação, que durou quinze meses, da cidade à beira do Adriático. Pelo Tratado de Rapallo, firmado entre a Itália e a Iugoslávia em novembro de 1920, Fiume acabou sendo designada cidade livre com laços territoriais com a Itália. Não obstante, continuou a ser uma bandeira para os fascistas, que estavam ganhando força na Itália, e viria a ser anexada por Benito Mussolini em 1924.

Por mais difíceis que fossem muitas das questões territoriais, decorrentes da guerra, que os Quatro Grandes reunidos em Paris tinham de resolver, a prioridade central e preponderante era a Alemanha. As quatro potências foram unânimes em declarar que coubera à Alemanha a culpa maior pela grande conflagração. A seus olhos, a invasão da França (pela segunda vez em pouco mais de quarenta anos) e a violação da neutralidade belga, acompanhada de atrocidades contra a população civil, apontavam o dedo acusador diretamente para a Alemanha. Por conseguinte, as questões de punição e indenização pelos custos exorbitantes da guerra eram as preocupações mais prementes dos governantes Aliados. Mais importante ainda era garantir que a Alemanha nunca mais tivesse condições de lançar a Europa em outra guerra. Seu militarismo e sua capacidade industrial poderiam, se não subjugados adequadamente, voltar a ameaçar a paz europeia. Por outro lado, a importância econômica da Alemanha para o futuro da Europa era óbvia. Esmagar os alemães (o que seria bem-visto, principalmente na França) poderia abrir a porta para a propagação do bolchevismo no coração do continente.

Havia um problema para os Aliados: muitos alemães não admitiam que seu país tivesse sido derrotado militarmente. A Alemanha não estava destruída depois de quatro anos de guerra. Tropas Aliadas não se encontravam em solo alemão por ocasião do Armistício, e naquela data forças alemãs ainda ocupavam grande parte da Bélgica e de Luxemburgo. Os soldados alemães foram recebidos em sua pátria com bandeiras, festas e flores. O Ministério da Guerra prussiano declarou, logo após o Armistício, que "nossos heróis retornam à *Heimat* [pátria] invictos". Não era verdade. Contudo, a opinião foi repetida pelo Alto-Comando do Exército; e a seguir, em dezembro de 1918, por ninguém menos que o novo chefe de governo socialista, Friedrich Ebert. A lenda que logo começaria a ser difundida pela direita contrarrevolucionária, de que a agitação trabalhista fomentada na Alemanha por socialistas revolucionários apunhalara pelas costas as tropas na frente, tinha solo fértil para germinar.

No começo de maio de 1919, ao serem anunciadas as condições dos Aliados, o choque palpável na Alemanha foi muito maior do que teria sido se a derrota militar fosse óbvia. As condições eram rigorosas, mas não tão duras como as que os alemães tinham imposto aos russos em Brest-Litovski em março de 1918, e lenientes demais para a opinião pública francesa, sedenta de medidas punitivas mais severas. A Alemanha perderia perto de 13% de seus territórios europeus de antes da guerra (terras que incluíam ricas regiões agrícolas e industriais, sobretudo no leste), o que teria como resultado a exclusão de mais ou menos 10% de sua população de antes da guerra, de 65 milhões de habitantes. Em termos econômicos, as perdas eram graves, mas não irreparáveis. O dano principal foi político e psicológico — um golpe violento no orgulho e no prestígio da Alemanha.

A sensação de humilhação foi intensificada pelas estipulações de desmilitarização feitas pelos Aliados. O outrora poderoso Exército alemão, que ainda conseguira armar 4,5 milhões de homens em 1918, deveria ser reduzido a nada mais que 100 mil homens, ficando vedado o alistamento obrigatório. A Marinha (cujos navios de superfície e submarinos tinham sido confiscados pelos Aliados ou destruídos depois do Armistício) foi reduzida a 15 mil homens. Não seriam permitidos submarinos no futuro. E a Alemanha foi proibida de ter uma força aérea militar.

A revolta na Alemanha diante das mudanças territoriais foi imensa e ignorou fronteiras políticas e ideológicas. O Tratado de Versalhes foi denunciado como um *Diktat* de vencedores. "Não tenho dúvida alguma de que o Tratado deve ser revisto", escreveu o diplomata Bernhard von Bülow em 1920. "Devemos usar a monstruosidade do Tratado e a impossibilidade do cumprimento de muitas de suas estipulações para derrubar toda a Paz de Versalhes."

O Tratado incluiu, decerto, algumas estranhas salvaguardas para o caso de a Alemanha algum dia voltar a ser poderosa. Danzig (hoje Gdansk), por exemplo, um porto industrial quase inteiramente alemão, mas então envolvido pela Polônia, foi transformado em "cidade livre", controlada pela Liga das Nações e com acesso a suas essenciais instalações mercantis costeiras franqueado aos poloneses. Outra arbitrariedade foi a solução dada para decidir o caso do Sarre, na fronteira com a França, área industrialmente importante devido a suas jazidas de carvão e minério de ferro, cobiçadíssima pelos franceses, ainda que sua população fosse majoritariamente alemã. A França ganhou a propriedade das minas, mas o Sarre propriamente dito foi posto sob a administração da Liga das Nações durante um período de quinze anos, depois do qual os habitantes decidiriam em plebiscito se queriam pertencer à França, à Alemanha ou manter o status quo. Outro arreglo desconfortável foi aprovado com relação à Renânia. Ansiosos por garantir uma segurança duradoura, os franceses desejavam uma ocupação permanente da região pelos Aliados e que o Reno constituísse a fronteira oeste da Alemanha. Mas a França teve de arcar com a ocupação da Renânia por um período de quinze anos. Os alemães estavam impotentes para fazer qualquer coisa a respeito — ainda —, mas permaneceu a profunda sensação de injustiça.

Outras amputações dolorosas do território alemão também beneficiaram os nacionalistas que, embora forçados a aguardar melhor oportunidade, mantiveram acesas as esperanças de uma posterior revisão dos termos do Tratado de Versalhes. No oeste, as mudanças foram relativamente insignificantes. A área fronteiriça de Eupen-Malmédy, pequena e predominantemente germanófona, foi dada à Bélgica. A parte norte de Schlesswig, cuja população falava basicamente dinamarquês, coube à Dinamarca. No leste, porém, as perdas territoriais foram mais dolorosas. A faixa que ficou conhecida como Corredor Polonês tirou da Alemanha a Prússia Ocidental e Posen, incorporando-as ao novo Estado da Polônia, separando a Prússia Oriental do resto da Alemanha. O ressentimento alemão com as perdas territoriais cresceu em 1922, quando, após um plebiscito inconcludente realizado em meio a intensa agitação nacionalista de ambos os lados, o cinturão industrial da Alta Silésia, rico em carvão e outros minerais, também foi entregue à Polônia.

O que provocou mais raiva e ressentimento foram o artigo 231 do Tratado e suas implicações. Esse artigo, que passaria a ser chamado de "cláusula da culpa pela guerra", considerava que a Alemanha e seus aliados tinham sido os responsáveis e proporcionava a base legal para que o país arcasse com a obrigação de pagar reparações dos danos de guerra, exigidas com veemência por uma opinião pública vociferante na França e na Inglaterra. Ficou a cargo de uma Comissão Aliada determinar o montante das reparações, que em 1921 foi enfim fixado em 132 bilhões de marcos-ouro. Embora a soma fosse astronômica, poderia ter sido equacionada, com o passar do tempo, sem aniquilar a economia alemã. Na realidade, porém, a maior parte nunca foi paga. A bem da verdade, as reparações não foram um problema essencialmente econômico. O dano real foi político. Elas representaram, durante mais de uma década, um câncer na política alemã — ora regredindo, ora retornando para atacar a saúde política da nação, mediante o incitamento a mais agitação nacionalista. Na época em que as reparações foram canceladas na prática, em 1932, a Alemanha estava novamente em crise, e uma ameaça nacionalista mais perigosa que qualquer outra avultava no horizonte.

Os Quatro Grandes tinham se defrontado com imensos problemas objetivos na tentativa de remarcar as fronteiras europeias e estavam sujeitos a pressões da opinião pública interna. Era inevitável que ocorressem contemporizações e acomodamentos indesejados. No entanto, o que acabaram produzindo foi mais a receita para um desastre futuro do que um quadro para a paz duradoura. As concessões levaram a uma Europa que parecia um instável castelo de cartas. Durante algum tempo a nova ordem se manteria, ainda que por razões negativas: força nenhuma era vigorosa o suficiente para destruí-la. Contudo, o problema permanente era a Alemanha. Se algum dia ela voltasse a se fortalecer militarmente, o castelo de cartas ruiria com facilidade. Os signatários do Tratado tinham contido, mas não eliminado, a capacidade alemã de causar novos problemas. O militarismo, o nacionalismo agressivo e as ambições de poder que, segundo eles, haviam conduzido à guerra não tinham sido erradicados, permanecendo latentes. Mesmo a redução drástica do tamanho e da capacidade do Exército e da Marinha deixara a liderança militar intacta. No íntimo, os líderes militares, a elite econômica e política e setores significativos da população da Alemanha rejeitavam tanto os termos do Tratado como os representantes da nova democracia alemã que o assinaram. Ou seja, rejeitavam a nova ordem da Europa. Diante de uma mudança de circunstâncias, iam alterá-la de maneira a beneficiar o país. Por ora, a Alemanha era um gigante impotente, mas ferido.

UMA DEMOCRACIA FRÁGIL

Um princípio louvável fundamentou as deliberações em Paris: a intenção de que a nova Europa fosse um continente de democracias, de governos que representassem não os interesses de príncipes e de proprietários de terras, e sim a vontade do povo, expressa em partidos políticos pluralistas, eleições livres e assembleias parlamentares.

Nos primeiros anos do pós-guerra, a democracia parlamentar representativa tornou-se o modelo de governo em todos os países, com exceção da União Soviética. Mesmo no Cáucaso — região assolada por enorme violência interétnica —, a Geórgia, a Armênia e o Azerbaijão pretendiam tornar-se repúblicas soberanas antes de ser conquistados pelo Exército Vermelho durante a guerra civil e, posteriormente, incorporados à União Soviética. Nove democracias recentes (Finlândia, Estônia, Letônia, Lituânia, Polônia, Tchecoslováquia, Iugoslávia, Áustria e Hungria) nasceram das ruínas dos antigos impérios Habsburgo e tsarista. O Estado Livre Irlandês foi criado como república democrática em 1922, quando a parte meridional da Irlanda, maior, obteve na prática sua independência da Inglaterra (embora formalmente continuasse a ser, até 1949, um *dominion* da Coroa britânica). A Turquia tornou-se uma república com uma constituição parlamentarista no ano em que se seguiram uma guerra de independência, a expulsão dos exércitos Aliados de ocupação e a abolição do sultanato otomano.

Os países europeus adotaram a democracia, até certo ponto, porque os Quatro Grandes, líderes das potências vitoriosas, e sobretudo o presidente Wilson, insistiram no governo democrático como base de uma nova Europa. No entanto, a própria guerra tinha sido um processo democratizante, estimulando pressões já existentes — articuladas principalmente por socialistas, nacionalistas e feministas — para substituir os antigos sistemas monárquicos. Milhões de pessoas tinham sido mobilizadas para travar a guerra, e agora, terminado o conflito, exigiam mudança, melhoria, representação, esperança para o futuro. O resultado foi uma ampla expansão da base política da sociedade. Tratava-se de uma tendência irreversível. A política de massa tinha vindo para ficar. O direito de voto foi ampliado em quase toda parte, de modo a incluir todos os homens e, em alguns países, todas as mulheres — ainda que nem todas as mulheres na Inglaterra e nenhuma na França (devido ao fato de ter o Senado rejeitado uma moção que tivera um apoio esmagador na Câmara dos Deputados). Em consequência disso, os partidos políticos puderam mobilizar um eleitorado muito maior do que antes. Na Inglaterra, por exemplo, o número de eleitores aumentou de 8 milhões para 22 milhões entre 1884 e 1918; na Alemanha, de 14,5 milhões para quase 36 milhões entre 1912 e 1919. O maior potencial de mobilização de massa também criou, obviamente, a possibilidade de movimentos políticos desafiarem e minarem a própria democracia. Uma parte vital da vida política consistia agora em canalizar, orquestrar e mobilizar a opinião pública. A imprensa também ganhara mais força. Aumentou bastante a margem para manipulação das massas, até mesmo para promover intolerância e autoritarismo.

A radicalização da política moldou os primeiros e turbulentos anos de paz. Em muitos países surgiu uma multiplicidade de partidos, que atraíam o apoio de setores específicos da população ou de determinados grupos de interesse. Era raríssimo encontrar uma estabilidade como a que servia de base ao sistema político britânico, no qual o poder parlamentar fora, durante muito tempo, disputado por liberais (que em breve seriam substituídos como força relevante pelos trabalhistas) e conservadores. O sistema eleitoral britânico — dito *"first past the post"*, ou escrutínio majoritário uninominal, que produz um único vencedor em cada distrito eleitoral — obstaculizou o surgimento de pequenos partidos, incentivou a disciplina partidária do Parlamento e fez do governo de coalizão a exceção e não a norma (embora houvesse coalizões de fato entre 1915 e 1922). Por outro lado, a representação proporcional, sistema de modo geral preferido na Europa continental, complementado com a grande expansão do eleitorado, mostrava tendência a causar divisões parlamentares inconciliáveis e governos fracos. Na maioria dos países, o espectro compreendia apoio, em medidas diversas, a partidos comunistas e socialistas, camponeses e nacionalistas, liberais e conservadores, católicos e protestantes. A fragmentação do Legislativo e a instabilidade dos governos eram as consequências habituais.

O socialismo fez grandes avanços entre os trabalhadores nas áreas industriais, mas em quase todos os países apresentava divisões, à medida que os setores mais militantes do movimento trabalhista eram atraídos para o comunismo, inspirados pelos acontecimentos na Rússia. Em grande parte do centro, do leste e do sudeste da Europa, onde populações predominantemente camponesas se interessavam, acima de tudo, pela "questão fundiária" (que envolvia, principalmente, a redistribuição de terras de grandes propriedades), os partidos agrários populistas ganharam apoio amplo, ainda que flutuante e instável. Com frequência, fundiam-se com partidos nacionalistas, que representavam grupos étnicos importantes nos incipientes Estados-nações e também se tornavam um fator de desestabilização onde havia minorias étnicas substanciais ou litígios de fronteiras. A democracia enfrentou problemas difíceis sobretudo nos novos Estados, que tentavam, geralmente em circunstâncias econômicas adversas, construir uma identidade nacional e estabelecer alicerces políticos mais firmes. De modo geral, nesses primeiros anos do pós-guerra, a democracia sobreviveu ao desafio. Mas tratava-se de um sistema de governo rejeitado por grupos de elite poderosos e por alguns setores voláteis e recém-mobilizados da população.

Foi somente nos Estados economicamente avançados da Europa Ocidental e Setentrional vitoriosos na guerra (a Inglaterra e a França) ou neutros (os países escandinavos, os Países Baixos, a Bélgica e a Suíça) que a democracia pluralista se firmou e veio a ser aceita de forma plena como sistema de governo. Neles, os problemas relacionados com as ondas de choque sociais e econômicas do pós--guerra eram grandes e causavam discórdia, produzindo conflitos trabalhistas e agitação por parte da classe trabalhadora (muitas vezes inspirada pela revolução na Rússia). Contudo, as forças antidemocráticas eram relativamente débeis e podiam ser contidas. As minorias nacionais exerciam poucas pressões desestabilizadoras, a não ser na Irlanda. E, apesar de toda a confusão no país, que só se atenuou com a criação do Estado Livre Irlandês, em 1922, havia um consenso por trás da ideia da democracia parlamentar, levando a um estável sistema político bipartidarista. Com exceção parcial da França, onde minorias, na esquerda e na direita, rejeitavam a democracia liberal da Terceira República, a forma existente de governo democrático gozava de apoio quase universal. Não havia crise de legitimidade.

Os principais problemas estavam em outra parte. Os sistemas parlamentares na Grécia e na Bulgária, por exemplo, datavam do século XIX, embora durante muito tempo houvessem proporcionado apenas uma fachada para o sectarismo e o clientelismo. As forças populares eram exploradas e manipuladas por elites e por oligarquias tradicionais poderosas e bem entrincheiradas. Violência e repressão eram coisas do dia a dia. No pós-guerra, os governos gregos, desestabilizados pelo desastroso conflito com os turcos na Ásia Menor, eram acossados por conflitos ferozes entre facções rivais de monarquistas e partidários da figura desagregadora de Eleftherios Venizelos, líder do Partido Liberal e por muito tempo a figura--chave na política grega. No entanto, a força dominante, que exercia uma influência cada vez maior sobre o poder do Estado, era a liderança do Exército. Em 1922, um golpe de oficiais antimonarquistas obrigou o rei Constantino I a deixar o trono, após a derrota para os turcos. Sucedeu-lhe seu filho, Jorge II, ele próprio derrubado dois anos depois — dessa vez depois de um golpe malogrado por parte de um grupo de oficiais monarquistas, entre os quais o futuro ditador, Ioanis Metaxas. Em março de 1924, a monarquia foi abolida, e a Grécia tornou-se uma república. Depois disso, as intensas discórdias que marcavam a política interna atenuaram-se, embora não acabassem de todo.

Na Bulgária, exaurida e economicamente arruinada pela guerra, a União Agrária, que representava os pequenos proprietários rurais (beneficiados por uma substancial redistribuição de terras), constituía o maior partido, seguido a alguma distância pelo Partido Comunista (fundado em 1919) e pelos socialistas. Entretanto, o governo repressivo e corrupto do primeiro-ministro Alexander Stamboliiski, líder da União Agrária, granjeou inimigos poderosos, inclusive entre a oficialidade do Exército, que em 1923 resolveu agir e pôr fim à experiência democrática. Stamboliiski foi deposto, e o Exército assumiu o poder.

Na Albânia, um novo Estado criado em 1913, o sectarismo e a violência, ditados por conflitos de classes e tradicionais lealdades tribais, eram ingredientes centrais, e mais que evidentes, de uma democracia que não passava de fachada. No fim da guerra, em que sofreu partilha e ocupação por parte de seus vizinhos (Grécia, Itália, Sérvia e Montenegro), o país entrou num período breve, mas turbulento, de instabilidade. Surgiram partidos, divididos quanto a questões de reforma agrária e também no que dizia respeito a uma constituição. Formaram-se facções em torno de duas figuras principais: Fan Noli, formado pela Universidade Harvard e bispo da Igreja Ortodoxa Albanesa, e Ahmed Bey Zogu, pertencente a uma das mais poderosas famílias muçulmanas do país. Os dois políticos e seus seguidores valiam-se continuamente de tortura, assassinatos, subornos e corrupção. Num sistema político mais próximo do neofeudalismo que de uma verdadeira democracia parlamentar, Noli usou uma revolta armada, em junho de 1924, para derrubar Zogu, que deixou o país. Seis meses depois, tendo organizado um exército, que incluía muitos mercenários estrangeiros, Zogu voltou, depôs o governo e obrigou Noli e seus correligionários a fugir. Em janeiro de 1925, os membros restantes do Parlamento elegeram Zogu para presidente, com poderes ampliados e um mandato de sete anos.

Na Romênia, desde 1881 vigorava um sistema pluralista sob uma monarquia constitucional, mas o Estado passara por transformações em decorrência da expansão do território, que dobrou de tamanho depois da guerra. O Parlamento continuava fraco, em contraste com o grande poder da classe dominante — a aristocracia, os militares, a hierarquia da Igreja ortodoxa e as camadas mais abastadas da burguesia. A reforma agrária (uma reação induzida pela ameaça do bolchevismo), a incorporação de minorias étnicas, a mobilidade social e o crescimento do proletariado urbano levavam a conflitos e a uma perpétua crise interna.

Em cada um desses países, os problemas criados pela guerra em economias essencialmente agrárias, os litígios quanto a fronteiras e as demandas territoriais, assim como as questões de nacionalidade, acarretavam tensões políticas. Setores da população que haviam conquistado recentemente o direito ao voto, e sobretudo um campesinato politicamente mal informado, ofereciam amplo espaço para mobilização demagógica e manipulação. E o autoritarismo sempre estava próximo à superfície.

Havia problemas igualmente graves na Espanha, onde, apesar da neutralidade, a guerra perturbara seriamente a economia. Destroçada por ondas de greves voltadas contra a autoridade do Estado, parecia um país à beira da revolução. Tivesse sido uma das potências beligerantes, talvez a guerra a tivesse lançado na revolução. Criada em 1876, a monarquia constitucional durante muito tempo confiara, por assim dizer, numa oligarquia de elites liberais e conservadora, e apegava-se a um sistema parlamentar muito pouco representativo. O movimento socialista, em rápido crescimento, mais que dobrara o número de filiados desde o fim da guerra, mas a discriminação na concessão do direito a voto o deixava com poucas cadeiras no Parlamento. Apesar disso, o poder de controle das elites dominantes estava enfraquecendo, e sua base política liberal-conservadora se fragmentava. O fato de ter havido 34 gabinetes entre 1902 e 1923 contribuía para o desprezo geral pelo débil e ineficaz sistema parlamentar. A classe dominante sentia que seus interesses não eram defendidos efetivamente pelo Estado, fraco demais para isso; e os adversários do Estado, principalmente a classe trabalhadora, não tinham força suficiente para derrubar o sistema. O resultado era um impasse.

Ouviam-se na Espanha brados que, recriminando "a fraqueza do liberalismo", clamavam por uma "ditadura civil" que acabasse com a "anarquia bolchevique". As exigências de um governo forte e de restauração da ordem, a que se somavam o medo de uma revolução, forjaram uma coalizão de interesses que em setembro de 1923 estava disposta a apoiar um golpe e a tomada do poder pelo general Miguel Primo de Rivera. Apoiado pelo Exército, pela Igreja católica, pelas elites fundiárias, pelas grandes empresas e pela classe média, o golpe só teve a oposição de uma classe trabalhadora desalentada e dividida que fez uma débil tentativa de greve geral. Adotaram-se a lei marcial, um partido único de união nacional e uma estrutura corporativa de relações trabalhistas; além disso, a justiça declarou a organização anarcossindicalista fora da lei (para alegria de seus rivais socialistas) e algumas figuras importantes da oposição foram presas. No entanto, a ditadura de Primo de Rivera era relativamente branda e, por meio de um programa de obras públicas, até conseguiu criar uma sensação de prosperidade. Acima de tudo, Primo de Rivera foi capaz de restabelecer a ordem durante algum tempo. Para a maior parte dos espanhóis, era isso o que interessava. Poucos lamentaram a morte de uma democracia que era apenas de fachada. A maior parte da população manteve-se indiferente. Durante algum tempo, a contrarrevolução triunfou.

Nos Estados sucessores dos impérios, a democracia parlamentar era uma flor frágil, plantada em solo pouco fértil. Desde o começo, enfrentou problemas criados por poderosos grupos sociais e forças populistas (em geral nacionalistas). Entretanto, sobreviveu à crise do pós-guerra, mesmo que apenas a Finlândia e a Tchecoslováquia tenham apresentado êxitos duradouros.

A Finlândia tinha conquistado a independência em 1918, apenas cinco meses depois da violenta guerra civil entre vermelhos e brancos (que deixou 36 mil mortos), e consagrado uma democracia parlamentar com a constituição de 1919. Apesar da instabilidade do governo (que refletia as divisões ideológicas entre conservadores, sociais-democratas, ruralistas e nacionalistas suecos), a determinação de preservar a independência contra a ameaça representada pela vizinha União Soviética sustentava a legitimidade do novo Estado. O presidente finlandês (Kaarlo Joho Ståhlberg, nos primeiros anos da independência), chefe de Estado com amplos poderes executivos, também desempenhou um papel importante por meio de seu apoio ao sistema parlamentar ainda não consolidado.

O mesmo foi ainda mais verdadeiro em relação à Tchecoslováquia no pós-guerra imediato. O presidente (e fundador efetivo do Estado) Thomas Masaryk era um democrata convicto que foi ajudado por um Exército leal, uma burocracia eficiente herdada do Império Habsburgo e uma economia com uma boa base industrial que começava a sair da recessão do pós-guerra. Em dezembro de 1918 e nos primeiros dias de 1919, Masaryk usou tropas tchecas para reprimir tentativas de criação de uma república independente na Eslováquia. Pediu ajuda aos Aliados e proclamou estado de emergência enquanto, em maio e junho de 1919, atribuía a novas unidades do Exército, comandadas por oficiais franceses, a missão de repelir uma invasão de forças húngaras pró-bolcheviques que procuravam recuperar a Eslováquia. Conseguiu ainda indicar um gabinete composto de servidores livres de compromissos partidários divisionistas, capaz de enfrentar uma série de perturbações naquele verão. A seguir, o governo implantou a lei marcial para reprimir uma onda de greves em novembro e dezembro de 1920, instigadas pela facção pró-soviética do Partido Socialista.

Esse foi um ponto de inflexão importante. Depois disso, o Parlamento tcheco se manteve coeso, de forma meio instável no começo, mas com crescente autoridade. A esquerda revolucionária ficou isolada, já que a maior parte da população desejava paz e ordem. Alcançou-se um equilíbrio entre os interesses agrários e os do proletariado industrial, que era maior nos territórios tchecos do que em qualquer um dos demais Estados sucessores, mas que de forma geral apoiava a democracia parlamentar, e não o comunismo. A integração política dos eslovacos e de uma considerável minoria alemã (que por ora preferiu engolir o ressentimento por várias formas de discriminação) manteve contidas as tendências separatistas. Pouco a pouco, a democracia se estabilizou, embora as tensões implícitas tenham sido mais controladas que erradicadas.

Nos Estados bálticos Estônia, Letônia e Lituânia, a importância da recém-conquistada independência e da generalizada aversão ao bolchevismo do vizinho Estado soviético ajudava a manter o apoio à democracia parlamentar, a despeito de governos instáveis que, basicamente, promoviam os interesses dos grandes grupos ruralistas e, ao mesmo tempo, restringiam os pequenos partidos comunistas. Entretanto, a democracia permaneceu frágil, e o governo dependia da tolerância (que não seria das mais duradouras) da liderança militar e das organizações paramilitares nacionalistas.

Na Iugoslávia, o sistema parlamentar (sob a monarquia sérvia) criado pela constituição de 1921 era um dispositivo pouco promissor. Representava uma vitória estreita do centralismo sobre o federalismo, porém as tendências separatistas continuavam a desafiar os esforços do governo para propagar um senso de identidade iugoslava num país com cerca de vinte minorias étnicas e importantes divisões nos três grupamentos principais — sérvios, croatas e eslovenos. O novo Estado teve de combater poderosas forças paramilitares pró-búlgaras na Macedônia, assim como uma pressão separatista em favor de uma Macedônia independente, além de rebeldes albaneses armados em Kosovo. A maior ameaça que pesava sobre a federação iugoslava era o ressentimento croata contra a dominação sérvia. Não era possível criar uma identidade unificadora, mas as tendências separatistas croatas eram mantidas sob controle, ainda que com dificuldade. Os eslovenos consideravam que sua língua e sua cultura estavam mais bem protegidas no Estado iugoslavo, as outras minorias nacionais eram fracas e divididas, e as ambições expansionistas italianas fomentavam atitudes favoráveis à Iugoslávia ao longo de toda a costa adriática.

As divisões étnicas da Iugoslávia eram sérias, mas o país, basicamente agrícola, não contava com um verdadeiro proletariado industrial, e o Partido Comunista, proibido e perseguido de 1921 em diante, depois dessa data perdeu toda expressão. As múltiplas e corruptas facções do país, muitas das quais beneficiadas pela redistribuição das terras, tinham mais a ganhar apoiando que minando as bases do novo Estado. A própria debilidade estrutural de um sistema parlamentar em que a representação proporcional levou à formação de 45 partidos, a maioria dos quais promovendo interesses étnicos e regionais, e à formação de 24 gabinetes em oito anos na prática apoiou a preponderância da corte monárquica e seu clientelismo corrupto, as Forças Armadas (e as organizações de apoio paramilitares) e os serviços de segurança. Temporariamente, aquilo que na realidade não era mais que uma democracia de fachada poderia continuar a existir.

Em contraste com o artificialismo e a fraqueza da identidade iugoslava, a consciência nacional polonesa tinha ganhado força durante o século XIX. O renascimento da Polônia como Estado, em 1918, depois de 123 anos de partilha entre a Rússia, a Prússia e a Áustria, e também depois da guerra com a União Soviética — uma das seis guerras de fronteiras que o novo Estado teve de travar entre 1918 e 1921 —, gerou um senso inicial de identidade nacional. Esse sentimento se personificou no marechal Josef Piłsudski, tido em geral como o salvador da Polônia, e expressou-se na aversão da maior parte da população às numerosas minorias étnicas. No entanto, a união logo deu lugar a divisões profundas e rancorosas no país pobre, devastado por guerras e pelos efeitos deletérios da hiperinflação.

As divisões seguiam, até certo ponto, linhas étnicas. Quase um terço da população polonesa era formado por minorias (que em algumas regiões eram majoritárias) — 14% de ucranianos, 9% de judeus, 3% de bielorrussos, pouco mais de 2% de alemães, entre outras. As aspirações nacionalistas dessas minorias se chocavam inevitavelmente e criavam tensões com o nacionalismo vigoroso da maioria polonesa. As divisões de classe chegavam a ser ainda mais polarizadoras do ponto de vista político. A reforma agrária, num país com grande população camponesa, era uma prioridade para um grupo de partidos da esquerda não comunista, e em 1925 acabaram sendo tomadas medidas para uma considerável redistribuição de terras (embora os latifundiários tenham sido indenizados). Contudo, a reforma agrária enfrentava a oposição feroz de um bloco de partidos de direita, dispostos a defender os privilégios das classes proprietárias.

A constituição democrática adotada na Polônia em 1921 tomou como modelo a da Terceira República Francesa e, da mesma forma que sua inspiradora, levou a um governo fraco e a uma câmara baixa (o Sejm) fragmentada e difícil de administrar. Uma profusão de partidos — de camponeses, trabalhadores ou nacionalidades minoritárias — usava de todos os meios para ganhar influência. Os principais grupos eram o Bloco de Minorias Nacionais (no qual muitas vezes os interesses das diferentes nacionalidades se revelavam incompatíveis); o dos nacional-democratas (que promoviam os interesses dos proprietários de terras, da indústria e de uma classe média que procurava proteger-se da influência "estrangeira", principalmente dos judeus); o Partido Camponês (que buscava, acima de tudo, a redistribuição das terras das grandes propriedades); e o dos socialistas (ansiosos para preservar os ganhos substanciais — entre os quais a jornada de trabalho de oito horas — conquistados nas condições quase revolucionárias do fim da guerra). As frequentes mudanças de governo não conduziam nem à estabilidade nem a uma direção política clara. Aos olhos de grande parte da população, o governo democrático parecia cada vez mais incompetente — incapaz de solucionar os imensos problemas do país com um Parlamento composto de políticos que discutiam sem parar por futilidades e punham os interesses dos partidos acima das questões nacionais.

Os problemas aumentaram quando, em novembro de 1923, tomaram-se medidas drásticas de austeridade para deter a hiperinflação, que fizera com que o dólar americano valesse 1,65 milhão de marcos poloneses, e novamente em 1925, quando a própria moeda recém-adotada, o złoty, se desvalorizou e provocou a queda do governo. A democracia polonesa sobrevivera, com dificuldade, aos anos traumáticos do pós-guerra. No entanto, ela jamais se estabilizou ou tornou-se um sistema de governo universalmente aceito. Às vezes, a Polônia parecia à beira de uma guerra civil ou de um *putsch* militar. O desencanto com a democracia se generalizava. Havia quem falasse da necessidade de uma "mão de ferro para nos tirar deste abismo". Em 1926, o próprio Piłsudski, herói nacional, declarou-se disposto a lutar contra o que via como o domínio da Polônia por partidos políticos que só buscavam os benefícios materiais dos cargos e o enriquecimento pessoal. Foi o prelúdio para o golpe que ele liderou em maio de 1926, e o começo do autoritarismo no país.

Na Áustria, a maior parte da população, que agora vivia numa minúscula nação de língua alemã e não num império gigantesco, no começo depositou suas esperanças numa união com a Alemanha, mas os Aliados logo as despedaçaram. A partir daí houve pouca base para a união política. Fissuras profundas se abriram, como uma cisão entre os socialistas e as duas maiores forças políticas antis-socialistas, os social-cristãos (que formavam o maior partido do país, próximo à Igreja católica, cada vez mais veemente em seu nacionalismo austríaco), e o Partido Nacional Alemão (Deutschnationale Partei, que defendia a união com a Alemanha), uma agremiação menor, porém vociferante. Grandes milícias armadas, de base camponesa, criadas para defender as vulneráveis e disputadas fronteiras da Áustria, sobretudo contra incursões iugoslavas no sul, provenientes da Eslovênia, eram não só nacionalistas, profundamente católicas e fortemente antissemitas, como também se opunham com veemência ao que diziam ser o poder socialista da "Viena Vermelha".

Mesmo em Viena, o socialismo era um corpo estranho para grande parte da classe média, do funcionalismo público (com suas fortes continuidades com o antigo império) e do alto clero católico. E, fora, o socialismo praticamente inexistia. Quase toda a nova república alpina era rural, conservadora, dedicada ao patriotismo austríaco e à fé católica — e ardorosamente antissocialista. Passada a fase inicial, revolucionária, esses grupos, inerentemente autoritários, viram sua força crescer. De 1920 em diante, os socialistas, a principal força favorável à adoção da democracia, não exerceram papel algum no governo da Áustria. A democracia, associada acima de tudo aos socialistas, foi empurrada cada vez mais para a defensiva.

Além da Rússia, o único país em que foi possível criar uma república soviética, ainda que de curta duração, foi a Hungria. (Um governo ao estilo soviético que assumiu o poder na Baviera, em abril de 1919, não se desligou de sua base temporária em Munique antes de ser esmagado pelo Exército e por milícias paramilitares de direita.) Nela, um fraco governo de coalizão, formado por dois pequenos partidos liberais e pelos sociais-democratas (que contavam com o apoio de parte de uma classe trabalhadora relativamente pequena), não conseguiu fazer avançar as reformas sociais necessárias ou atacar a urgente questão da redistribuição de terras num país em que a nobreza magiar conservava enormes privilégios e controlava vastas propriedades com um campesinato quase servil. Grandes manifestações nas cidades exigiam mudanças radicais. A propaganda comunista caía em ouvidos receptivos. Os sociais-democratas moderados perderam influência. Conselhos de trabalhadores e de soldados desafiavam cada vez mais o poder do governo. Trabalhadores agrícolas apossaram-se de algumas das antigas propriedades da realeza. A gota d'água foi a exigência, por parte dos

Aliados, da retirada das forças húngaras que enfrentavam os romenos, com a inevitável perda territorial que isso envolveria. Em 21 de março de 1919, o governo recusou-se a aceitar o ultimato, o que levou à criação de um regime de orientação comunista que proclamou uma república soviética e a "ditadura do proletariado" na Hungria.

Os quatro meses desse governo foram uma catástrofe. A intervenção apressada e implacável, determinada a nacionalizar a economia e confiscar os depósitos bancários, veio acompanhada de requisição forçada de alimentos, perseguição à Igreja e, em meio ao crescente terror patrocinado pelo Estado, prisão arbitrária de centenas de donos de propriedades. Alguns só foram libertados mediante o pagamento de resgates elevados, enquanto outros foram fuzilados. Várias centenas de húngaros foram vitimadas pelo "terror vermelho". À medida que afundava na anarquia, a Hungria teve de enfrentar o ataque de forças romenas, tchecas e iugoslavas. Em agosto de 1919, o regime estava em situação crítica. Havia perdido o apoio da classe média, do campesinato e até do grosso da classe trabalhadora. O fato de Béla Kun, o líder do regime, e a maioria dos comissários comunistas que estavam por trás do "Terror Vermelho" serem judeus atiçou o antissemitismo. Apenas uma ajuda vinda da Rússia soviética poderia ter salvado o regime comunista húngaro — ainda que, possivelmente, só por algum tempo. No entanto, a Rússia soviética, lutando pela sobrevivência na guerra civil, não pôde prestar ajuda militar. A impossibilidade de exportar o comunismo da União Soviética para a Hungria foi o sinal mais claro de que as ideias de revolução mundial, irradiando do exemplo russo, teriam de ser abandonadas.

Béla Kun renunciou em 1º de agosto de 1919, pouco antes que as tropas romenas, agora já ocupando a maior parte da Hungria, entrassem em Budapeste e saqueassem a cidade. Ele fugiu e foi acabar na Rússia, onde perderia a vida como mais uma das vítimas do stalinismo. Dentro de alguns meses, conservadores nacionalistas de direita tinham mais uma vez passado a controlar a Hungria. A reforma agrária foi restringida e os latifundiários puderam manter suas propriedades, bem como seu poder. Os militares, a burocracia, os líderes empresariais e os setores mais abastados do campesinato, todos horrorizados com o regime de Kun, aplaudiram o que viram como a restauração da ordem através do autoritarismo conservador. A partir de 1920, o almirante Miklós Horthy, herói de guerra, presidiu, como chefe de Estado, vários governos autoritários que se estenderam por quase um quarto de século. A resposta imediata ao "terror vermelho" do regime de Kun foi o desencadeamento de um "Terror Branco", muito mais amplo (que, segundo algumas estimativas, custou cerca de 5 mil vidas e a prisão de milhares de pessoas), no qual destacamentos de oficiais direitistas do Exército Nacional executaram uma onda de atrocidades, dirigidas sobretudo contra comunistas, socialistas e judeus.

A Hungria, como a Espanha, constituiu uma exceção na tendência nos primeiros anos do pós-guerra. Ainda que às vezes com dificuldade, a democracia pôde, de modo geral, superar os enormes problemas desse período turbulento. Isso aconteceu em parte porque a democracia tinha, em toda a Europa, apoio idealista e entusiasmado, que partia sobretudo da esquerda socialista e liberal que durante muito tempo procurara quebrar os grilhões do tradicional poder elitista e autoritário e imaginava uma sociedade mais justa e mais próspera num futuro democrático. Contudo, a causa principal do triunfo da democracia foi o fato de a velha ordem ter sofrido uma derrota esmagadora no fim da guerra. Seus partidários não tinham força suficiente para contestar a implantação da democracia ou para derrubar aquele novo sistema de governo capaz de recorrer a um amplo, embora instável, apoio popular, nascido de uma combinação de interesses sociais e políticos. A fraqueza das elites, conjugada ao temor extremo que tinham do bolchevismo, fazia com que estivessem dispostas a tolerar, se não a apoiar com ardor, uma democracia pluralista que muitas vezes podiam manipular em benefício próprio. Em geral conseguiam fazê-lo agarrando-se ao nacionalismo populista, que podia ser estimulado mediante acaloradas disputas de territórios fronteiriços. No entanto, os partidos e movimentos nacionalistas estavam, eles próprios, muito divididos. A falta de unidade na direita nacionalista, assim como na elite, fazia com que raramente fosse possível organizar um desafio coerente à democracia nos primeiros anos do pós-guerra.

A debilidade das classes outrora dominantes repetia-se, até certo ponto, na debilidade e nas cisões na esquerda. Em quase toda parte, com exceção da Rússia, os partidários revolucionários do bolchevismo constituíam uma minoria entre os socialistas, a grande maioria dos quais apoiava a democracia parlamentar. Por isso, com frequência, o resultado era uma sobrevivência incômoda em que nem a direita contrarrevolucionária nem a esquerda revolucionária tinham poder suficiente para derrubar a recém-criada democracia.

A grande exceção ao padrão recorrente da sobrevivência democrática, afora a tomada do poder por Primo de Rivera mediante um golpe na Espanha, foi a

Itália, o primeiro país — e o único durante a crise do pós-guerra — em que a democracia liberal desintegrou-se e foi substituída pelo fascismo.

A VITÓRIA DO FASCISMO

Desde a Unificação, em 1861, vigorara na Itália um sistema de governo parlamentar pluralista. No entanto, chamá-lo de democrático seria ampliar demais o sentido do termo. Com base num eleitorado extremamente limitado, a política italiana era sectária e corrupta, dominada por uma exígua oligarquia de liberais. A reforma da lei eleitoral, em 1912, praticamente triplicou o número de eleitores, que passou de menos de 3 milhões para quase 8,5 milhões, na maioria ainda analfabetos. Contudo, as mudanças no sistema de governo foram mínimas. Veio então a guerra, desagregadora e traumática, na qual a Itália, depois de muita hesitação e negociações secretas, acabou entrando, em 1915, do lado dos Aliados. Em dezembro de 1918, logo depois do fim do conflito, o direito ao voto foi estendido a todos os adultos italianos do sexo masculino — uma recompensa aos soldados — e, em 1919, uma nova lei eleitoral adotou a representação proporcional. O objetivo era aumentar a votação nos candidatos do governo. Entretanto, o tiro saiu pela culatra.

Em meio ao tumulto do pós-guerra, o novo eleitorado virou as costas à velha política liberal e deu uma expressiva votação ao recém-fundado Partido Popular Italiano, que representava os interesses da Igreja, e ao Partido Socialista, que declarou ser sua meta "a conquista violenta do poder político em nome dos trabalhadores" e a instauração de uma "ditadura do proletariado". Os socialistas professavam lealdade à Internacional Comunista (Comintern) que Lênin fundara em março de 1919, em Moscou. Na eleição de novembro daquele ano, eles triplicaram o número de suas cadeiras na Câmara dos Deputados, enquanto os populistas quase quadruplicaram o seu. O eleitorado dos liberais era maior no sul da Itália, uma região mais pobre e basicamente agrícola, ainda dominada pela política clientelista. No novo contexto, porém, os liberais eram minoritários no Parlamento. O quadro partidário fragmentou-se. Os governos se desestabilizaram — houve seis mudanças de comando entre 1919 e 1922 — e mostravam uma paralisia crescente. A Itália parecia à beira de uma revolução vermelha.

Os anos de 1919 e 1920, que vieram a ser chamados de *biennio rosso* [biênio vermelho], a Itália viveu um enorme conflito social e político. Nas cidades industriais houve grande número de greves (mais de 1500 por ano), ocupações de fábricas, manifestações de trabalhadores e saques de lojas por parte de multidões furiosas com os aumentos dos preços. No campo, camponeses que haviam recentemente dado baixa do Exército apoderavam-se de terras de grandes propriedades, e mais de 1 milhão de trabalhadores agrícolas aderiam a greves. Nesse quadro — em que a agitação se alastrava, o governo se mostrava incapaz de restabelecer a ordem, as elites temiam a disseminação do socialismo ou a revolução e a fragmentação dos partidos não acenava com uma saída do atoleiro — abriu-se um vácuo para uma nova força política. Esse espaço viria a ser preenchido pelos fascistas.

Vários pequenos movimentos paramilitares que se autodenominavam *fasci* — "grupos" (ou, mais literalmente, "feixes", termo que aludia ao símbolo do poder dos lictores da antiga Roma, um feixe de varas ligado a um machado) — surgiram nas cidades do norte e do centro da Itália em meio à inquietação política, atraindo sobretudo ex-militares de classe média baixa (principalmente oficiais desmobilizados) e muitos estudantes. Não havia uma organização central, mas o que os vários movimentos tinham em comum era a relativa juventude de seus integrantes, o ultranacionalismo militante, a glorificação da guerra, a violência e a aversão visceral ao que consideravam a política parlamentar desacreditada, divisionista, fraca e corrupta dos liberais. Aos olhos deles, o heroico esforço de guerra da Itália tinha sido minado pela classe política. A Itália nunca seria grande sob a tutela daquelas pessoas, que deviam ser varridas da política. Os militantes fascistas propunham ações radicais para renovar a Itália. Tratava-se de uma postura implicitamente revolucionária, já que pretendia mudar de maneira violenta e fundamental o Estado existente. Exatamente o que o substituiria ficava em aberto.

Entre os inúmeros *fasci* havia o criado em março de 1919 por Benito Mussolini, ex-editor do jornal oficial dos socialistas. Em 1915, ele rompera com a esquerda por defender com fervor a participação na guerra. Mussolini via a guerra, na qual lutara e fora ferido, como um período heroico em seu passado e no da Itália. O programa apresentado na fundação de seu Fasci di Combattimento, em 1919, era análogo ao dos demais *fasci*, com uma linha claramente revolucionária. Muitas de suas propostas poderiam ter sido defendidas pela esquerda: sufrágio universal; supressão de todos os títulos nobiliárquicos; liberdade de expressão; um sistema educacional franqueado a todos; supressão da especulação financeira; adoção da jornada de trabalho de oito horas; organização dos trabalhadores em cooperativas, com divisão dos lucros; abolição da polícia política, do Senado e da monarquia; e fundação de uma nova república italiana com base na administração regional autônoma e no poder executivo descentralizado. O objetivo era "uma transformação radical dos fundamentos políticos e econômicos da vida coletiva".

Mais tarde, entretanto, Mussolini repudiaria os objetivos sociais e políticos concretos, declarando que tinham sido não a expressão de uma doutrina, mas simples aspirações a serem aperfeiçoadas com o tempo. O fascismo, segundo ele, era "não a cria de uma doutrina elaborada com pormenores de antemão; nascera da necessidade de ação e era, desde o princípio, prático e não teórico". Era uma racionalização, quase vinte anos depois de seus primórdios, da mudança fundamental que o próprio movimento sofrera em não mais de dois anos. Para Mussolini, o oportunista supremo, o programa apresentado em Milão existia para ser ignorado, contornado ou ajustado de acordo com as necessidades políticas. O "socialismo" de seu movimento estava sempre subordinado ao objetivo do renascimento nacional, uma ideia vaga, mas poderosa, capaz de unir, ao menos superficialmente, interesses muito díspares. Para ele, princípios nada significavam; o poder, tudo. Assim, seu movimento trocou a revolução pela contrarrevolução. O apoio às greves dos trabalhadores deu lugar, no segundo semestre de 1920, ao uso de pelotões paramilitares fascistas para reprimir greves contrárias aos interesses de latifundiários e industriais. A violência desses pelotões cresceu bastante nos meses seguintes. Mussolini reconhecera que não era capaz de derrotar o socialismo e o comunismo mediante tentativas de angariar a simpatia da mesma base de apoio. Para chegar ao poder, precisava do respaldo de quem tinha dinheiro e influência. Precisava conquistar os conservadores e a classe média, e não apenas arruaceiros e ex-militares insatisfeitos.

O motivo pelo qual Mussolini, de início apenas um dos numerosos líderes fascistas e chefe político regional, veio a dominar o incipiente movimento deveu-se menos à sua personalidade enérgica e dinâmica — todos os chefes fascistas tinham de ser assim de alguma forma — que ao uso que fez da imprensa e às ligações que criou com industriais para manter seu jornal, *Popolo d'Italia*. Sua linha de radicalismo — ênfase na unidade nacional, autoridade e ordem, disposição de usar a violência contra aqueles que obstavam seu caminho (a esquerda socialista, revolucionários, grevistas) — era não só compatível com os interesses da classe dominante conservadora como os promovia diretamente. Como a ordem se desfazia e o Estado liberal era incapaz de restaurá-la, os fascistas se tornaram um veículo cada vez mais útil para as elites políticas e econômicas da Itália.

Em meados de 1921, o governo já ajudava os fascistas com dinheiro e armas para combater a desordem cada vez maior. A polícia recebeu ordens de não intervir. Na eleição de maio, o primeiro-ministro liberal Giovanni Giolotti incorporou os fascistas, juntamente com nacionalistas, liberais e ruralistas, num "bloco nacional", na esperança de domá-los e de enfraquecer a oposição do Partido Socialista e do Partido Popular Italiano. O bloco nacional conquistou a maioria dos votos (embora tenham cabido aos fascistas não mais que 35 das 535 cadeiras parlamentares). Entretanto, os socialistas e o Partido Popular não se enfraqueceram o suficiente. Persistiu a crônica instabilidade do governo, e o sistema estatal existente era minoritário no Parlamento. Os fascistas, embora ainda com pouca expressão eleitoral, eram uma força em crescimento. No fim de 1919, somavam apenas 870 membros, mas depois da eleição eram 200 mil.

A reviravolta se deu não no sul, economicamente atrasado e quase todo agrícola, nem nas cidades do norte, como Milão, onde o movimento de Mussolini tinha nascido. Foi no interior da Itália central, região de maior desenvolvimento comercial, na Emilia-Romagna, na Toscana, no vale do Pó e na Úmbria, que o fascismo ganhou força. Enfrentando sindicatos socialistas, cooperativas agrárias e o domínio dos legislativos municipais pelos socialistas ou pelo Partido Popular, os proprietários e arrendatários de terras pagavam o transporte de arruaceiros fascistas, muitas vezes trazidos de outras cidades, para espancar seus adversários, obrigá-los a beber óleo de rícino, tirá-los dos cargos que ocupavam, destruir suas propriedades e aterrorizá-los por outros meios — tudo isso sem que a polícia mexesse um dedo. Em poucas semanas, províncias antes "vermelhas" transformaram-se em redutos fascistas. Operários ou camponeses eram "incentivados", sob ameaça de terror, a filiar-se a recém-criados "sindicatos" fascistas, que substituíram os antigos sindicatos socialistas. Em junho de 1922, esses novos sindicatos contavam com meio milhão de membros, na maioria camponeses. A agitação indisciplinada transmudara, para alegria dos latifundiários e industriais, em dócil submissão.

Os *squadristi* — bandos paramilitares formados, em geral, por cerca de uma dúzia de desordeiros — eram controlados por poderosos chefes fascistas regionais. Mussolini, embora o mais importante dos líderes fascistas, estava longe de dominar o movimento. Na verdade, em 1921, quando tentou reduzir a violência antissocialista, a fim de mostrar à elite governante suas credenciais como um patriota "moderado" que buscava uma união nacional construtiva e até se propunha a fazer um acordo com os sindicatos socialistas, os chefes fascistas regionais se rebelaram. Mussolini foi forçado a renunciar à liderança do movimento, que só recuperou depois de ceder aos radicais e abandonar qualquer ideia de pacificação dos socialistas. Seu prestígio nacional, seu controle da imprensa fascista e seus vínculos com industriais e outras figuras poderosas fizeram com que os chefes regionais, divididos entre si e desconfiados uns dos outros, se dispusessem a lhe devolver a liderança. Mussolini retribuiu o favor dando apoio visível aos *squadristi*, que no decorrer dos meses seguintes assumiram o controle de numerosas cidades do norte. E, em outubro de 1921, ele criou formalmente o Partido Fascista Italiano.

Em poucos meses, a estrutura organizacional do movimento estendeu-se para 2300 diretórios municipais (cada qual coletando mensalidades regulares para o partido), o que deu a Mussolini uma ampla base política. As classes médias, cada vez mais desencantadas com o fraco governo liberal, afluíram para o partido, que em maio de 1922 já contava com 300 mil membros — um aumento de 50% em menos de seis meses. Numerosos proprietários de terras, lojistas, funcionários de escritório e, sobretudo, estudantes engrossaram o movimento socialmente heterogêneo, que, de modo geral, gozava da simpatia das elites, da polícia e dos juízes municipais.

Em fins de 1922, o fascismo já invadira o sistema social e político, e ganhara uma forte base de apoio popular. Uma greve geral convocada pelos sindicatos socialistas foi um fracasso retumbante, mas fez aumentar o medo entre as classes médias. Em contraste com a evidente fraqueza da esquerda, um comício com 40 mil fascistas em Nápoles, em 24 de outubro, constituiu uma demonstração de força. Mussolini sentiu-se autorizado a voltar atrás com relação a outra das propostas iniciais de seu movimento, a de que a Itália se tornasse uma república, e declarou que não desejava abolir a monarquia. Proclamou que seu movimento estava em condições de assumir o poder e exigiu um novo governo com pelo menos seis ministros fascistas.

Na realidade, a chamada Marcha sobre Roma, em 28 de outubro, não foi o que prometia. Logo após a renúncia do gabinete, o rei Vítor Emanuel III foi informado falsamente de que 100 mil milicianos fascistas dirigiam-se para Roma, sem que pudessem ser detidos. Na verdade, porém, a marcha não reunia mais que 20 mil camisas-negras mal armados, que poderiam ter sido facilmente repelidos pelo Exército — se assim quisesse. Com o fracasso de uma última tentativa de formar um governo liberal, o rei convidou Mussolini para o cargo de primeiro-ministro. Longe de liderar uma entrada de fascistas triunfantes em Roma, Mussolini chegou num trem, de camisa e calça pretas e chapéu-coco. Foi nomeado chefe de governo segundo a constituição, tendo como gabinete uma ampla coalizão de ministros liberais, nacionalistas, democratas do Partido Popular e três fascistas, além dele próprio. Em meados de novembro, o novo governo recebeu um enfático voto de confiança do Parlamento. No entanto, em vista da crônica instabilidade nos últimos anos, poucos esperavam que durasse muito tempo.

Isso logo mudou. Carreiristas acorreram em bando para o Partido Fascista, que alardeava 783 mil membros no fim de 1923, bem mais que o dobro da época da Marcha sobre Roma. O fascismo estava se institucionalizando. Seu núcleo inicial de *squadristi*, formado por arruaceiros violentos e seguidores fanáticos, estava sendo diluído pelo afluxo de oportunistas em busca de empregos e avanços sociais — entre os quais muitos ex-rivais nacionalistas, incluindo monarquistas e conservadores. Mussolini ainda não planejava uma ditadura unipartidária, mas estava ganhando confiança e, em comparação com a gerontocracia política tradicional, já se mostrava uma figura mais dinâmica. Em novembro de 1923, arquitetou uma mudança vital no sistema eleitoral de modo a dar dois terços das cadeiras do Parlamento ao partido vitorioso numa eleição, desde que obtivesse mais de um quarto dos votos. Nas aparências, a reforma visava a assegurar estabilidade ao governo. Na prática, garantia que, para permanecer no poder, os liberais e conservadores teriam de apoiar o governo. Na eleição de abril de 1924, sob o novo sistema de alocação de cadeiras, o bloco nacional, majoritariamente fascista, recebeu dois terços dos votos, o que lhe valeu 375 das 535 cadeiras, graças, em grande medida, a uma campanha de violência contra os adversários. Os partidos de oposição continuaram a existir, mas os socialistas e o Partido Popular perderam muito de sua antiga força. Com exceção da classe trabalhadora, a maioria dos italianos se dispunha, com graus variados de entusiasmo, a aceitar a liderança de Mussolini.

Um ponto crítico e perigoso ocorreu em junho de 1924, quando o líder socialista Giacomo Matteoti, que havia denunciado o resultado da eleição como fraudulento, desapareceu e foi encontrado morto — assassinado, como todos corretamente presumiram, por fascistas, e quase com certeza por ordens de Mussolini ou de figuras destacadas do governo. Seguiu-se uma grave crise política. Os socialistas retiraram-se do Parlamento em sinal de protesto, atitude que só serviu para fortalecer a posição do governo. A oposição se manteve dividida e impotente. Mussolini, porém, agiu com moderação. Fez concessões para que alguns nacionalistas, monarquistas e liberais de direita fossem nomeados para cargos no governo e incorporou as milícias fascistas às Forças Armadas. Temendo que o socialismo ganhasse força, os "grandes batalhões" — o rei, a Igreja, o Exército e os industriais — apoiaram Mussolini. Entretanto, os chefes fascistas nas províncias condicionaram seu apoio à transformação do governo num regime plenamente fascista. Um novo surto de violência deu ênfase à exigência.

Como se conduzira durante toda a sua ascensão ao poder, Mussolini procurou agradar a gregos e troianos, manobrando junto aos conservadores, necessários para que o governo mantivesse o controle político, e também junto aos fascistas radicais, que rejeitavam toda medida que pudesse ser descrita como moderada. Forçado a fazer o jogo dos chefes do partido, embora recusando-se teimosamente a reconhecer sua cumplicidade no assassinato de Matteoti, como fez num discurso ao Parlamento em janeiro de 1925, Mussolini acabou admitindo em público sua plena responsabilidade pelo que acontecera. Apaziguando os radicais, declarou: "Se dois elementos inconciliáveis lutam entre si, a solução está na força". O princípio foi posto em prática. Prenderam-se adversários políticos, fecharam-se partidos de oposição, aboliu-se a liberdade de imprensa e o governo ficou quase inteiramente nas mãos dos fascistas. "Estavam lançados os alicerces do Estado totalitário", escreveu Mussolini mais tarde. A crise Matteoti, que poderia ter acabado com Mussolini, fortaleceu-o. O poder do fascismo estava garantido.

Por que o fascismo se impôs na Itália, mas em nenhum outro país durante a crise do pós-guerra? Para o sucesso de Mussolini, foi crucial a crise de legitimidade do Estado liberal — já existente e em rápida deterioração —, o impacto da guerra e a percepção da ameaça de revolução. Em parte alguma, salvo a Espanha, a crise de legitimidade foi tão profunda nos primeiros anos do pós-guerra. E a Espanha não tinha participado do conflito. Por outro lado, é impossível exagerar o impacto que a guerra teve sobre a Itália.

Antes, o Estado italiano, recém-unificado, mas ainda, de modo geral, economicamente atrasado e socialmente dividido, repousava sobre uma base estreita de política oligárquica. Tal situação não poderia ser mantida depois da guerra. As intensas divisões sociais e ideológicas tinham sido expostas de maneira gritante por intervenções e mostradas com clareza pelas baixas calamitosas durante o conflito. Milhões de italianos tinham sido mobilizados para a luta. Muitos estavam agora suscetíveis à mobilização política. A convicção de que, aos olhos de grande número de veteranos de guerra e muitas outras pessoas, a vitória fora "mutilada", que a Itália fora ludibriada e não vira o cumprimento das promessas de glória nacional e expansão imperialista, que o sacrifício não valera a pena, alimentava uma rejeição vitriólica do Estado existente e de seus representantes.

A convicção de que a oligarquia dominante atraiçoara os heroicos veteranos de guerra italianos criou uma base inicial para o apoio ao fascismo. O apelo emocional ao sentimento nacionalista, ao renascimento nacional e à destruição do fraco e decadente Estado liberal exercia grande atração para muitos em uma atmosfera de ressentimento, desunião, desordem e ameaça de revolução socialista. Os notáveis avanços eleitorais do Partido Socialista, que pregava a necessidade da tomada violenta do poder pelos trabalhadores, assim como o crescimento do Partido Comunista logo após sua fundação, em 1921, faziam a ameaça de revolução parecer muito real, ainda mais tão pouco tempo depois da ascensão dos bolcheviques ao poder na Rússia.

As reformas feitas no sistema eleitoral depois da guerra haviam desestabilizado totalmente o governo. A fragmentação da política no centro e na direita conservadora — além da óbvia incapacidade do governo para combater a ameaça representada, segundo a classe dominante, pelo fortalecimento dos socialistas — proporcionou o espaço político no qual o fascismo pôde angariar apoio. A extrema violência contra aqueles que eram vistos como inimigos internos ampliou esse apoio, em especial nas áreas comercialmente desenvolvidas do interior do norte e do centro da Itália.

Não obstante, apesar de todo o seu radicalismo, o fascismo não teria chegado ao poder se não fosse o apoio das elites dominantes, que se associaram ao movimento de Mussolini para o que desse e viesse. Mussolini não se apossou do poder. Foi convidado a tomá-lo. Posteriormente, os conservadores, os monarquistas, a elite militar e o alto clero, temerosos do socialismo, respaldaram de bom grado os métodos de intimidação que, em 1925, deram ao fascismo o controle quase total do Estado.

O país europeu no qual as condições pareciam mais próximas daquelas que incentivaram a ascensão do fascismo na Itália era a Alemanha. Nesse caso, por que a democracia, que se desintegrou na Itália "vitoriosa", sobreviveu à crise do pós-guerra na derrotada Alemanha?

A SOBREVIVÊNCIA DA DEMOCRACIA NA ALEMANHA

A Marcha sobre Roma dos fascistas de Mussolini teve efeito imediato sobre a extrema direita radical no cenário político cada vez mais turbulento da Alemanha. Desde 1920, um incendiário nacionalista e racista de notável talento demagógico, Adolf Hitler, chamava a atenção nas cervejarias de Munique, embora praticamente só nelas. Em 1921, ele se tornara líder do Partido Nacional-Socialista dos Trabalhadores Alemães (NSDAP), que em certos aspectos, como a formação de um violento braço paramilitar, assemelhava-se ao Partido Fascista de Mussolini em sua fase inicial. O Partido Nazista, como o NSDAP passou a ser chamado, diferia pouco de outros movimentos nacionalistas e racistas da Alemanha. No entanto, Hitler era capaz de arrebatar multidões como nenhum outro orador. Embora ainda pequeno, seu partido tinha adquirido seguidores rapidamente, em especial na Baviera — estado que tinha considerável autonomia regional dentro do sistema federativo alemão e, desde 1920, bastião da oposição nacionalista ao que se entendia como a democracia "socialista" na Prússia, de longe o maior estado da Alemanha.

O movimento de Hitler tinha crescido de cerca de 2 mil membros no começo de 1921 para 20 mil em fins de 1922. E quando um dos principais acólitos de Hitler anunciou, dias depois da Marcha sobre Roma e em meio aos urros da plateia numa grande cervejaria, que "o Mussolini da Alemanha chama-se Adolf Hitler", o incipiente culto à personalidade que surgia em torno do líder nazista ganhou um impulso substancial. Em 1923, enquanto a Alemanha mergulhava numa crise econômica e política causada pela ocupação do Ruhr pela França, a capacidade de Hitler para mobilizar nacionalistas que usavam de violência em ações contra o governo bastou para guindá-lo a uma posição de comando no turbilhão da política paramilitar bávara, que estava se transformando numa força pronta e preparada para agir em Berlim contra o governo eleito do Reich. A democracia se defrontava com um grave perigo.

A direita nacionalista e antidemocrática — tão conservadora quanto radical — tinha começado, de fato, a se recuperar com notável rapidez do choque da derrota e da revolução de novembro de 1918. Tomado pelo medo (exagerado, como se veria) de que a revolução viesse a se radicalizar numa linha bolchevique, o novo governo provisório socialista de Berlim fizera com o comando do Exército derrotado, mesmo antes do Armistício, um fatídico acordo que permitiu à sua oficialidade recuperar o fôlego. Em essência, o governo revolucionário concordara em apoiar a oficialidade em troca de apoio no combate ao bolchevismo. O racha, na esquerda, entre os defensores da democracia parlamentar e a minoria que, com os olhos em Moscou, havia formado o Partido Comunista Alemão e desejava uma revolução total ao estilo soviético, viria a ser um entrave constante à nova democracia que surgiu em 1919. No entanto, a ameaça séria à democracia veio da direita, temporariamente desalentada pela derrota e pela revolução, mas não destruída. No último trimestre de 1919, já estava em curso a revitalização da direita antissocialista e antidemocrática. O apoio mais forte vinha da classe média e dos pequenos proprietários rurais, cuja aversão visceral ao socialismo e cujo medo do bolchevismo só tinham aumentado com a tentativa de imposição de um governo ao estilo soviético na Baviera, em abril de 1919.

Em março de 1920, um grupo extremista surgido em círculos militares de direita, chefiado por Wolfgang Kapp, membro fundador do Partido da Pátria Alemã (Deutsche Vaterlandspartei), organização pró-guerra e anexionista, e pelo general Walther von Lüttwitz, figura inspiradora dos Freikorps paramilitares, sentiu-se forte o bastante para tentar derrubar o governo. Dentro de uma semana, a tentativa de *putsch* fora por água abaixo. Kapp, Lüttwitz e seus principais seguidores refugiaram-se na Suécia. Foi significativo, porém, que o Exército não tivesse feito nada para reprimir o levante. A tentativa de golpe foi frustrada por uma greve geral convocada pelos sindicatos e pela recusa do funcionalismo público a cumprir as ordens de Kapp. A esquerda ainda era capaz de defender a democracia.

Na esteira do *putsch* de Kapp, porém, quando ocorreram graves confrontos entre unidades armadas de autodefesa socialistas e comunistas e grupos do Freikorps, apoiados pelo governo, na Saxônia, na Turíngia e, em especial, na importante área industrial do Ruhr (onde trabalhadores tinham formado um "exército vermelho"), o Exército foi chamado e restaurou a ordem com violência. Por mais dúbia que fosse sua lealdade à nova democracia, o Exército se tornara seu arrimo essencial. Os extremistas de direita refugiaram-se na Baviera. Enquanto isso, a democracia só se debilitava. Sustentáculos da nova democracia, os sociais-democratas, o Partido do Centro Alemão e os liberais de esquerda viram seu eleitorado cair, entre janeiro de 1919 e junho de 1920, de quase 80% das cadeiras do Reichstag para apenas 44%. Os partidos democratas mais importantes perderam sua maioria, embora na eleição de 1928 tenham chegado perto de recuperá-la. Dizia-se, incorretamente, mas com perdoável exagero, que a Alemanha tinha virado uma democracia sem democratas.

Mais do que qualquer outra coisa, a questão das reparações de guerra mante-ve a tensão política em alta durante 1921-2, funcionando como oxigênio para a direita nacionalista. A violência política estava sempre próxima. Terroristas de direita cometeram 352 assassinatos políticos entre 1919 e 1922. A democracia parlamentar era atacada tanto pela esquerda como pela direita. Um malogrado levante comunista no cinturão industrial da Saxônia, no segundo trimestre de 1921, provocou lutas ferozes durante alguns dias, antes que a polícia prussiana o sufocasse. Apesar da derrota, os comunistas continuaram a ganhar apoio nas áreas industriais. Já na Baviera, onde o governo estadual recusou-se a pôr em vigor a Lei de Proteção da República, aprovada pelo Reichstag em 1922 para combater o extremismo e a violência, a extrema direita nacionalista ganhava novos adeptos.

Em 1923, com o aniquilamento da moeda — e das poupanças da classe média alemã — pela hiperinflação, a política polarizou-se. O espectro do comunismo voltou a ser vislumbrado. O Exército foi usado para reprimir a Revolução de Outubro na Saxônia e na Turíngia, e num episódio disparou contra manifestantes. Um efêmero levante comunista em Hamburgo malogrou depois de choques com a polícia, deixando mais de quarenta mortos. Contudo, a ameaça da esquerda dissipou-se depressa. A da direita era mais perigosa e se concentrava na Baviera. As milícias paramilitares, grandes e agora unidas, eram uma força a ser levada em conta. O general Ludendorff, ninguém menos, se tornara sua figura simbólica, enquanto Hitler era seu porta-voz político. Entretanto, as milícias paramilitares, por mais fortes que fossem, tinham poucas possibilidades de derrubar o governo central sem o apoio do Exército alemão, o Reichswehr.

O comando do Exército assumira uma postura ambivalente desde a fundação da república, defendendo o Estado em teoria, mas somente tolerando a nova democracia, sem entusiasmo. O comandante supremo do Reichswehr, general Hans von Seeckt, enviava sinais pouco claros. Recusou-se a intervir para restaurar a ordem na Baviera, mas, quando cresceram os boatos de um *putsch*, recomendou aos líderes políticos bávaros que não apoiassem os clamores nacionalistas cada vez mais veementes e inflamados por parte das milícias paramilitares de extrema direita. O comando bávaro do Reichswehr dera sinal verde para uma marcha sobre Berlim e a proclamação de uma ditadura nacional — ecos dos feitos de Mussolini na Itália —, mas, quando Von Seeckt jogou água fria na ideia e declarou que não atuaria contra o governo legal em Berlim, a ala bávara do Exército voltou atrás e deixou de apoiar o golpe.

Encurralado, Hitler decidiu que não tinha alternativa senão agir, para não ver seu apoio sumir pelo ralo. A tentativa de *putsch*, que ele lançou teatralmente numa grande cervejaria de Munique em 8 de novembro de 1923, frustrou-se vergonhosamente na manhã seguinte, debaixo de uma fuzilaria da polícia no centro da cidade. O malogro do *putsch* da cervejaria foi como a lancetada de um abscesso no organismo político. Seus participantes foram detidos e, alguns meses depois, os líderes, inclusive Hitler, foram julgados e condenados à prisão, ainda que essas penas fossem lenientes. A extrema direita fragmentou-se. A crise passou. A moeda estabilizou-se logo depois, e foi aprovado um novo plano, mais condescendente, para o pagamento das reparações. A democracia sobrevivera — mas por um triz.

A guerra, a derrota, a revolução e a paz tinham traumatizado e polarizado a Alemanha. Os governos eram instáveis. A classe média temia e odiava o socialismo, o que dava sustentação à estridente agitação nacionalista e à brutal violência paramilitar da direita antidemocrática. Havia, em tudo isso, semelhanças com a Itália do pós-guerra. Ao contrário do ocorrido na Itália, porém, na Alemanha a democracia conservava um apoio forte e bem organizado, não só do numeroso Partido Social-Democrata, como também do Partido do Centro, católico, e dos liberais de esquerda. A política pluralista, se não a democracia parlamentar, alimentava-se de uma longa história. A participação política tinha raízes profundas e firmes e contava com o benefício de mais de meio século de sufrágio masculino universal. Embora o principal partido democrático, o Social-Democrata da Alemanha, recuasse para a oposição no âmbito nacional e a Baviera se transformasse num reduto da direita antidemocrata e nacionalista, a Prússia, de longe o maior estado alemão, continuava governada por partidos ardorosamente democratas. Isso, por si só, não bastaria para salvar a democracia se as elites no poder — cuja atitude em relação à nova república era, no máximo, morna — lhe virassem as costas.

No entanto, o mais importante foi que o comando do Exército, que desde o começo mantivera em relação à democracia parlamentar uma posição ambígua, defendeu o Estado no auge da crise de 1923, ao passo que o movimento de Mussolini só pôde chegar ao poder por contar com o apoio dos militares italianos. Isso foi decisivo para permitir que a democracia sobrevivesse na crise do pós-guerra na Alemanha, época em que sofreu sua derrocada na Itália. O comando militar alemão, evidentemente, tinha sérias dúvidas quanto às chances de sucesso dos golpistas — as lembranças do fracasso ignominioso do *putsch* de Kapp, em 1920, ainda estavam bem vivas na memória. Além disso, a recusa a subscrever um golpe refletia a preocupação de que as Forças Armadas não fossem capazes de dominar os preocupantes problemas que enfrentariam, no país e no exterior, se fossem obrigadas a assumir a responsabilidade política pela Alemanha.

As agruras econômicas do país e sua fraqueza internacional eram razões suficientes, em si mesmas, para que se evitasse dar apoio a uma tentativa de diletantes de derrubar o governo eleito. Uma ditadura de direita, depois de um golpe bem-sucedido, estaria, desde o começo, em precária situação econômica e militar. Não havia nenhuma forma óbvia de resolver a crise econômica. Era extremamente improvável que os Estados Unidos proporcionassem ajuda financeira a um regime encabeçado pelos militares alemães. E outro atraso no pagamento de reparações por parte de um governo nacional vigoroso poderia ter levado a uma nova intervenção francesa e à perda da Renânia. Bastante reduzido pelo tratado de paz, o Exército alemão não estaria em condições de oferecer resistência armada. No entender do Exército, não havia clima para apoiar uma solução autoritária para o problema da democracia.

Até que as reparações pudessem ser liquidadas, o afrouxamento dos grilhões de Versalhes e a reconstrução do Exército teriam de esperar (ainda que acordos secretos com a União Soviética, depois do Tratado de Rapallo, em 1922, tenham criado certo grau de cooperação para o treinamento de oficiais, contornando restrições impostas em Versalhes). Mas, sem apoio do Exército, a extrema direita nacionalista da Alemanha não tinha, em 1923, a menor possibilidade de emular a ascensão do fascismo ao poder que ocorrera na Itália no ano anterior. O perigo para a democracia passou. Tempos novos e melhores estavam por vir. A ameaça, porém, apenas diminuíra, mas não desaparecera.

Em 1924, a crise do pós-guerra terminara. No entanto, sob a superfície dos tempos mais calmos que se seguiriam, o resultado da Primeira Guerra Mundial e o acordo que lhe pusera fim tinham deixado os problemas fermentando. A ameaça principal para uma paz duradoura na Europa viria da horrenda combinação de hipernacionalismo e imperialismo. Na Europa, uma nova ordem baseada em Estados-nações, muitos deles instáveis, fora um resultado crucial da guerra. Entretanto, o sonho imperial continuava bem vivo entre as principais potências. Para a Inglaterra e a França, as potências Aliadas vitoriosas, a prosperidade e o prestígio no futuro continuavam repousando em seu império. Elas eram as grandes vencedoras no acordo de pós-guerra, expandindo substancialmente suas possessões imperiais fora da Europa ao assumir o controle de ex-colônias alemãs espalhadas pelo mundo e dos territórios do antigo Império Otomano no Oriente Médio.

Um acordo secreto celebrado em 1916 entre Sir Mark Sykes e François Georges-Picot retalhara uma grande parcela do Oriente Médio árabe, dividindo-a entre a Inglaterra e a França. Ao todo, a Inglaterra acrescentou a seu império mais 2,6 milhões de quilômetros quadrados, e a França, quase 650 mil quilômetros quadrados. Duas novas criações, a Síria e o Líbano, foram entregues à França, e mandatos sobre a Palestina (inclusive a Transjordânia) e o Iraque, à Inglaterra (o que transformou o Oriente Médio na futura pedra angular de defesa do Império). Em 1917, o secretário do Exterior britânico, Arthur Balfour, promovendo os interesses do movimento sionista, ainda pequeno, havia anunciado que o governo britânico apoiava "a criação, na Palestina, de uma pátria nacional para o povo judeu". O anúncio visava, em parte, a conquistar o apoio dos judeus dos Estados Unidos para a guerra — os americanos ainda não tinham entrado no conflito — e também a garantir que a área de importância estratégica, não fosse, como previsto, entregue à França mais tarde. As consequências do Acordo Sykes-Picot e da Declaração Balfour reverberariam não só na Europa, mas em todo o mundo, sobretudo durante a segunda metade do século XX — e mais além.

A Alemanha, ex-potência, e a Itália, aspirante a potência, também nutriam pretensões imperialistas. Humilhadas por terem perdido as possessões coloniais ou por não conseguirem obtê-las, sentiam-se frustradas e destituídas. Por enquanto, nada podiam fazer. Mas as bases para problemas futuros tinham sido preparadas. Não existiu um cordão umbilical contínuo que ligasse uma Segunda Guerra Mundial à Primeira. As coisas se passariam de forma diferente. Não obstante, o legado da Grande Guerra fazia com que outro conflito de grandes proporções na Europa fosse mais, e não menos, provável. Entrementes, julgando que o pior tinha passado, os europeus começaram a alimentar esperanças de paz e prosperidade no futuro.

4. Dançando no topo do vulcão

Se perguntássemos a eles sobre o significado e o objetivo da vida, a única resposta que poderiam dar seria: "Não sabemos qual é o objetivo da vida, nem estamos interessados em saber. Mas, como estamos vivos, queremos aproveitar da vida tudo o que pudermos".

Pastor protestante falando sobre a "juventude proletária" das cidades alemãs (1929)

Em 1924, as perspectivas para a Europa pareciam melhores do que em qualquer momento dos dez anos anteriores. Economias destruídas estavam se recuperando. O nível de vida começava a melhorar. A paz internacional estava menos ameaçada do que nunca desde 1914. As insurreições violentas no continente tinham se dissipado. A criatividade e a inovação cultural floresciam. Enquanto o horror da guerra desvanecia na memória, era como se o continente estivesse começando a viver outra vez — a primavera depois de um longo e escuro inverno. Principalmente para os jovens, uma nova era, mais descontraída, se anunciava. Jazz, charleston, melindrosas — os valores importados dos Estados Unidos simbolizavam para muitos contemporâneos os "anos loucos" da própria Europa. Outros chegaram a chamá-los de "anos dourados". O futuro podia ser visto no mínimo com mais esperança e otimismo. O pior tinha passado. Ou assim parecia.

Cinco anos depois, a quebra da bolsa de Nova York desencadeou uma crise global do capitalismo, de uma gravidade sem precedentes. Ela varreu a Europa inteira, mergulhando o continente numa espiral extraordinária de depressão econômica, destruindo em sua esteira as esperanças de paz e prosperidade, desgastando democracias e preparando o caminho para uma nova guerra, ainda mais terrível que a anterior.

A Europa emergiria da catástrofe de um modo capaz de sustentar a grande promessa de paz e prosperidade antes que a devastação trazida pela depressão econômica caísse sobre o continente como uma força imensa, imprevisível e inevitável? Ou a recuperação do pós-guerra apenas encobriu características nefastas do desenvolvimento, latentes e só plenamente expostas quando a crise econômica engolfou a Europa?

Com a recuperação no auge, em 1928, Gustav Stresemann, ministro das Relações Exteriores da Alemanha, fez uma séria advertência sobre o otimismo exagerado. Era verdade que a economia alemã, decisiva para a recuperação do continente, tinha sofrido uma transformação desde os dias sombrios da hiperinflação. Não obstante, como notou Stresemann, continuava em condições precárias. Era como se estivesse dançando no topo de um vulcão. A metáfora se aplicava não apenas à Alemanha, mas a grande parte da Europa que naqueles anos dançava o charleston, alegremente desavisada do desastre que estava a ponto de eclodir, mergulhando-a numa era de crise galopante.

BOOM

Não é preciso ser discípulo de Karl Marx para admitir o quanto as forças econômicas determinaram o curso do desenvolvimento da Europa no pós-guerra. No entanto, poucos economistas — se é que houve algum — e praticamente nenhum político compreendiam isso, para não falar da massa de pessoas comuns cuja vida decidiam. Até hoje os economistas divergem sobre o que causou a Grande Depressão e por que ela foi tão abrangente, profunda e prolongada. No entanto, os fatores determinantes parecem muito claros. A causa direta da quebra foi o tremendo superaquecimento da economia americana nos "anos loucos", que teve origem no fluxo de dinheiro barato que desaguou, primeiro, na compra de bens duráveis — automóveis e eletrodomésticos — e, depois, na aquisição de ações e títulos, que pareciam estar numa interminável curva ascendente. Quando a bolha estourou, em 1929, as consequências da crise, na Europa, refletiram uma debilidade econômica estrutural que tinha deixado o continente extremamente vulnerável. Em especial, a dependência econômica em relação aos Estados Unidos, no pós-guerra, era um dos aspectos de uma economia global extremamente disfuncional, na qual os mecanismos de controle do pré-guerra já não funcionavam.

Antes do colapso, a economia europeia dava sinais inequívocos de recuperação dos enormes percalços da crise dos primeiros tempos do pós-guerra. A revitalização econômica dependia em boa medida da reconstrução da capacidade industrial alemã, abalada, mas robusta. E, com efeito, houve uma notável recuperação à medida que a Alemanha superava o trauma da hiperinflação de 1923. As dívidas da indústria foram em grande parte diluídas pela inflação. Entretanto, o capital industrial estava quase todo defasado. O problema foi resolvido com um rigoroso programa de modernização e racionalização da indústria, que teve como resultado um significativo avanço técnico no processo produtivo e um substancial aumento na produção. No entanto, essa história de sucesso estava longe da perfeição. Na verdade, ressaltou algumas das debilidades estruturais subjacentes à economia europeia que deixaram a Alemanha extremamente exposta quando veio a quebra nos Estados Unidos, em 1929.

Um fator crucial na recuperação da Alemanha tinha sido a estabilização da moeda, corroída pela hiperinflação. Junto da estabilização, veio a regularização da espinhosa questão das reparações, que estava na origem de grande parte das turbulências econômicas e políticas de 1922-3.

A medida essencial da substituição da moeda completamente desvalorizada já tinha sido tomada no auge da crise, com a implantação do novo *Rentenmark*, em novembro de 1923. Essa moeda provisória, lastreada por ativos como terras, propriedades imobiliárias e capital industrial, rapidamente conquistou a confiança do público e, no ano seguinte, com apoio de um grande empréstimo americano, foi posta em bases seguras com a conversão ao padrão-ouro e rebatizada com o nome de *Reichsmark* (valendo 1 trilhão dos antigos marcos). Ainda no fim de 1923, uma comissão internacional de especialistas, presidida pelo banqueiro americano Charles G. Dawes, começou a revisar as reparações e, em abril de 1924, estava pronta para apresentar suas recomendações. O Plano Dawes dividiu o montante das reparações em prestações gradualmente reajustáveis, tornando o pagamento mais administrável. A ideia era que fosse um acerto temporário. Depois que a economia alemã voltasse a crescer, o peso das reparações seria menor. Era o que se esperava.

O problema era que o dinheiro para o pagamento das reparações vinha principalmente de empréstimos, sobretudo americanos, que agora eram abundantes. Os investidores dos Estados Unidos viam boas possibilidades de lucro numa indústria alemã robustecida. Grandes empresas americanas, como a General Motors, a Ford e a General Electric, planejavam abrir fábricas na Alemanha. Em 1930, os créditos externos concedidos à Alemanha chegavam a cerca de 5 bilhões de dólares. A indústria alemã foi a grande beneficiária inicial. Em pouco tempo, porém, o empresariado reclamava que havia muito dinheiro dos empréstimos sendo desviado para municípios a fim de construir parques, piscinas, teatros e museus, ou para recuperar praças e edifícios públicos. Sem dúvida, isso era benéfico para a qualidade de vida nas cidades alemãs. Mas os investimentos de longo prazo estavam sendo financiados por empréstimos de curto prazo. Tinha-se como certo que os bons tempos continuariam. Porém, o que aconteceria se, pelo contrário, os credores americanos exigissem o pagamento dos empréstimos de curto prazo e negassem mais crédito? Na época, isso não parecia possível.

O Plano Dawes dava a mais clara indicação de que, no mundo do pós-guerra, o primado econômico tinha se transferido irrevogavelmente para os Estados Unidos — de longe o maior vencedor que emergiu da enorme turbulência econômica trazida pela guerra. No Extremo Oriente, o Japão também surgia como potência. O domínio econômico global dos britânicos tinha acabado. Na Europa, o número de países, moedas e barreiras alfandegárias aumentava, aprofundando a tendência ao protecionismo — na verdade, ao nacionalismo econômico — com a instituição de tarifas de importação. Os países que tinham prosperado antes da guerra, com a Inglaterra à frente, achavam que podiam recuar os ponteiros do relógio. Até 1914, o padrão-ouro — taxas de câmbio fixas regidas pelo preço internacional do ouro, com o sistema centralizado no Banco da Inglaterra — tinha sido a base da estabilidade econômica. Ele foi suspenso durante a Primeira Guerra Mundial, e quando de sua reinstituição gradual, na década de 1920, o clima econômico e político era muito diferente.

As condições eram muito instáveis, com o protagonismo dos Estados Unidos na economia e a antiga supremacia financeira de Londres desafiada por Nova York e Paris. Mas em 1925 a Inglaterra deu o grande passo para a retomada do padrão-ouro. A França seguiu-a três anos depois, quando todas as mais importantes economias europeias já tinham voltado a ele. Por questões de prestígio, a Inglaterra (acompanhada de outros países) insistiu na paridade com o dólar, que tinha vigorado no pré-guerra. Pensava-se que fosse um "retorno à normalidade" — a segurança econômica da era do pré-guerra. No entanto, o mundo estava mudado. Taxas de câmbio fixas, com relação às quais era central a posição da Inglaterra — país com graves problemas econômicos — representavam agora uma fonte de debilidade, não de força. O que fizeram foi acumular problemas para o futuro.

Esses problemas não estavam na pauta em meados da década de 1920, quando a economia europeia se recuperava com vigor. A produção industrial subiu 20% entre 1925 e 1929. Houve crescimento acima da média na Alemanha, Bélgica, França, Suécia, Finlândia, nos Países Baixos, em Luxemburgo e na Tchecoslováquia, e em bases mais modestas também na Hungria, Romênia, Polônia e Letônia. O crescimento na França e na Bélgica foi ajudado pela desvalorização cambial. A expansão da França consolidou a rapidíssima recuperação econômica do começo da década de 1920. A produção industrial aumentou mais de 25% entre 1925 e 1929, enquanto a renda per capita subiu cerca de 20%. Nas vésperas da Grande Depressão, as exportações francesas tinham crescido cerca de 50% em relação ao período anterior à guerra. A Bélgica também apresentou um notável aumento, de cerca de um terço, em sua produção industrial e um grande aumento nas exportações. O maior crescimento, depois da calamidade da guerra civil, ocorreu na União Soviética, embora nesse país, obviamente, as forças de mercado da economia internacional não vigorassem.

Na Inglaterra, Itália, Espanha, Dinamarca, Noruega, Grécia e Áustria, no entanto, o crescimento econômico continuou lento. A Itália fascista sofreu com uma significativa sobrevalorização da lira, forçada por Mussolini por motivos de prestígio. Seguiram-se desemprego e cortes salariais, em parte compensados por obras públicas e subsídios à agricultura. Na Espanha, a ditadura de Primo de Rivera também atraiu problemas. A forte proteção tarifária, que alijou a Espanha dos mercados internacionais, e a peseta sobrevalorizada levaram a economia espanhola a dificuldades que se agravavam em 1929. A Dinamarca e a Noruega também sofreram as consequências da moeda sobrevalorizada. A economia britânica teve um pico de crescimento em 1928-9, mas, apesar da expansão de novos ramos industriais, como o automobilístico, o químico e o de artefatos elétricos, os setores tradicionais — carvão, aço, têxtil e naval — continuaram em recessão durante a década de 1920. Na Europa como um todo, não obstante, em 1929 a recuperação em relação ao dificílimo período do pós-guerra imediato tinha sido muito bem-sucedida. Puxado principalmente pelo boom americano, o comércio internacional crescera mais de 20%.

O ritmo da mudança foi mais acelerado nas partes mais industrializadas e urbanizadas do norte e do oeste da Europa. Nas áreas rurais mais pobres e menos desenvolvidas — a regra no sul e no leste do continente —, as mudanças foram muito mais lentas e limitadas. A produção automobilística funcionou como agente importante tanto de estímulo econômico como da transformação social. Os carros, que começaram a ser produzidos em massa nos Estados Unidos por Henry Ford, eram artigo de luxo antes da guerra. Comprar um estava fora do alcance da maior parte das pessoas. No começo da década de 1930, havia na Europa apenas sete carros particulares para cada mil habitantes, em comparação com 183 carros por mil habitantes nos Estados Unidos. Mas a produção automobilística na Europa também estava começando a ser dirigida para um mercado de massa. O Austin 7 britânico, construído em 1922, abriu o caminho. Em pouco tempo, a Fiat na Itália, a Citroën e logo a Renault e a Peugeot na França estavam produzindo carros menores e mais baratos. A Opel (adquirida pela gigante americana General Motors em 1929) começou a fazer a mesma coisa na Alemanha, embora pouco se tenha avançado em qualquer país da Europa, nos anos do boom da década de 1920, no sentido de produzir um carro que pudesse ser adquirido por pessoas de menos posses.

Mesmo assim, já não era raro ver carros e motos nas cidades europeias. Na metade da década, havia cerca de 1 milhão de carros nas ruas e estradas britânicas, meio milhão nas francesas e um quarto de milhão nas alemãs. A Itália construiu sua primeira autopista em meados da década de 1920, e em poucos anos tinha uma malha viária de quase 5 mil quilômetros. Em outros países, as estradas estavam muito menos desenvolvidas, mas no fim da década de 1920 a maior parte delas, na Europa Ocidental e Central, estavam adaptadas para veículos motorizados. Nas cidades europeias, os veículos de carga, ônibus e táxis já não eram puxados por cavalos. O aspecto das ruas mudava rapidamente. A Europa estava em plena motorização.

A iluminação elétrica também contribuiu para a mudança da paisagem urbana. Bairros inteiros já podiam ser iluminados com o simples acionamento de um comutador numa subestação de eletricidade. Os lampiões a gás, e os empregos dos homens que percorriam as ruas para acendê-los e apagá-los, estavam se tornando obsoletos. Com a eletricidade, vieram os modernos eletrodomésticos, que já se tornavam comuns nos Estados Unidos. Aspiradores de pó começaram a aparecer aos poucos nos lares de classe média da Europa, embora as máquinas de lavar, os refrigeradores e fornos elétricos continuassem raros e, na casa dos trabalhadores, o serviço doméstico continuasse a ser pesado. Os escritórios estavam se transformando com o uso do telefone. Estimava-se que em meio milhão de linhas telefônicas de Berlim faziam-se 1,25 milhão de ligações diárias. No entanto, poucos domicílios tinham telefone. A Suécia liderava, no fim da década de 1920, com 83 telefones por mil habitantes, em comparação com a Alemanha, com cinquenta, e apenas sete na Itália. A eletricidade permitiu também o começo da primeira revolução nas comunicações, com o surgimento das redes nacionais de emissoras de rádio. Em 1924, apenas dois anos depois das primeiras emissões de rádio, a BBC tinha 1 milhão de ouvintes registrados. Na rápida expansão do rádio, logo depois da Inglaterra vinha a Alemanha, onde o número de ouvintes subiu de 10 mil em 1924 para 4 milhões em 1932 — um quarto dos domicílios.

Era como se a Europa estivesse no caminho de uma prosperidade sustentada. Mas a impressão era falsa. Muita gente nem sequer percebia aquilo como um boom. Para a maioria, a questão continuava sendo a sobrevivência, e não a prosperidade. Embora a pobreza já não fosse absoluta como no passado, ainda estava por toda parte. Grande parcela da população vivia em condições primitivas no campo ou em habitações precárias nas grandes cidades e nas áreas industriais, onde a superpopulação era crônica. Muitas vezes, uma família inteira ocupava um único cômodo num cortiço com instalações sanitárias primitivas. Novas e melhores moradias eram uma necessidade urgente. Certamente houve algum progresso — às vezes em proporções significativas, sobretudo quando o Estado intervinha. No fim da década de 1920, o Estado democrático alemão estava construindo 300 mil novas moradias por ano, muitas delas com financiamento público. Ergueram-se grandes conjuntos habitacionais para as classes trabalhadoras, em Berlim e Frankfurt. Os gastos públicos com habitação durante a monarquia no pré-guerra praticamente inexistiam. Em 1929, a construção de moradias era a área de maior crescimento nos gastos públicos, tomando por base o ano de 1913. Entre 1924 e 1930, foram construídos 2,5 milhões de moradias na Alemanha, onde a cada sete casas uma era nova, e mais de 7 milhões de pessoas foram beneficiadas. A administração municipal da Viena "vermelha", controlada por sociais-democratas, também fez grandes avanços, realocando 180 mil pessoas em novos apartamentos. A realização mais espetacular foi o enorme Karl-Marx-Hof, concluído em 1930, com 1382 apartamentos para a população mais pobre da cidade.

Mas esses casos eram excepcionais, e faltava muito para que fossem suficientes. Em 1927, 1 milhão de famílias alemãs ainda estavam sem casa própria em meio a um déficit habitacional crônico. O crescimento da construção civil na Suécia na década de 1930 pouco fez para resolver a grave superpopulação das áreas urbanas. Aglomerados urbanos não planejados de alta densidade populacional, moradias insalubres nos subúrbios de Paris e de outras cidades francesas aguardavam migrantes da zona rural ou de além das fronteiras da França, atraídos pela ideia de encontrar trabalho nas indústrias em expansão. Na Inglaterra, o déficit habitacional, principalmente nas áreas industriais, continuava sendo um grave problema social. A demanda imediata de habitação era estimada em 800 mil unidades. Mas o programa habitacional do pós-guerra, que produziu 213 mil novas moradias, foi encerrado com o vertiginoso aumento do custo dos empréstimos em 1920-1. O governo conservador favoreceu com subsídios a construção civil privada em 1923, mas a maior parte das 362 mil casas construídas por empresas privadas ao longo dos seis anos seguintes estava fora do alcance das famílias de trabalhadores pobres e acabou adquirida por compradores de classe média baixa. O novo governo trabalhista, em 1924, implantou o primeiro programa habitacional social por meio de aluguéis subsidiados para moradias construídas pelos municípios. A grande expansão das chamadas *"council houses"** fez com que até 1933 fossem construídas 521 mil moradias, principalmente para famílias de trabalhadores. Era um começo, mas pouco além disso. Milhões de pessoas ainda viviam em circunstâncias calamitosas. Nas cidades do sul e do leste da Europa, as péssimas condições habitacionais ainda eram a norma, agravadas pela chegada de pessoas de áreas rurais pobres, onde a maior parte das moradias ainda era primitiva.

Os sindicatos — que aumentaram muito de tamanho e exploravam o novo poder de negociação que a força de trabalho ganhou com a guerra — tiveram sucesso na reivindicação da semana laboral de quarenta horas (enfrentando a resistência dos empregadores), que, inicialmente na França, na Alemanha e na Itália, tornou-se o padrão em muitos países. Isso reduziu as longas jornadas de trabalho, embora na prática as horas extras fizessem com que se trabalhasse mais de qua-

---

* Moradias em conjuntos habitacionais construídos por iniciativa de legislativos municipais. (N. T.)

renta horas. Os trabalhadores qualificados, principalmente, tiveram seu salário aumentado, embora em proporção bem inferior, na maior parte dos casos, ao crescimento dos lucros empresariais. Havia, no entanto, variações notáveis. Os trabalhadores de indústrias mais novas e em expansão ganhavam bem. Os salários reais nas grandes fábricas da Renault na França, que empregavam milhares de trabalhadores na produção, cada vez maior, de veículos motorizados, aumentaram 40% ao longo da década de 1920. Mas, se os salários estavam em ascensão, o trabalho em si era quase sempre monótono — repetitivo, sendo a produção, em linha de montagem, controlada com férrea disciplina. Grande parte era executado por imigrantes — em 1931, eram cerca de 3 milhões (7% da população da França), submetidos a muita discriminação e maus-tratos. A França recebeu 400 mil refugiados russos na década de 1920, mais do que o quádruplo que qualquer outro país. Muitos outros imigrantes vieram da Polônia, Itália, Armênia e Argélia.

Nas indústrias mais antigas, o nível salarial era outra história. A maior paralisação de meados da década de 1920, a greve geral na Inglaterra entre 3 e 13 de maio de 1926, nasceu da tentativa patronal — que acabou tendo sucesso — de reduzir os salários na indústria do carvão, que passava por uma grave crise de superprodução. Mais de 1,5 milhão de trabalhadores de vários ramos do transporte e da indústria entraram em greve em apoio a 800 mil mineiros atingidos pela paralisação decidida pelos empregadores. As tentativas de furar a greve foram ganhando força, e em dez dias o Congresso dos Sindicatos (TUC) se retirou da disputa, aceitando as condições pouco menos que humilhantes impostas pelo governo. Os mineiros continuaram sua luta, mas afinal, depois de seis meses, voltaram ao trabalho empobrecidos, completamente derrotados e forçados a aceitar as jornadas prolongadas e os cortes de salários impostos pelos proprietários das minas. Os empregadores alemães assumiram uma postura igualmente agressiva em novembro de 1928, quando paralisaram toda a força de trabalho da indústria metalúrgica do Ruhr — cerca de 220 mil pessoas — para impedir aumentos salariais determinados pelo governo. Esses grandes conflitos foram os indícios mais óbvios do enfraquecimento da posição dos operários (principalmente os da indústria pesada mais antiga) e de seus sindicatos, e de um aumento correspondente no poder de barganha e combatividade dos empregadores em meio a altas taxas de desemprego — e isso antes mesmo da Grande Depressão.

A França, como a Alemanha, estava entre os países mais adiantados na adoção de modernos métodos de administração na indústria de grande escala, inaugurados nos Estados Unidos por Frederick Winslow Taylor logo depois da virada do século, e nas técnicas de produção em massa implantadas na indústria automobilística por Henry Ford em 1913. Na Alemanha, a consequência da racionalização generalizada da produção industrial foi que o desemprego, mantido baixo no início da década de 1920, mais que triplicou em 1925-6, passando de 2 milhões (10% da população economicamente ativa). Índices semelhantes de desemprego não eram raros em outros pontos da Europa. Em países de baixo crescimento, como a Dinamarca e a Noruega, o desemprego chegava a 17-8%. Era elevado também nos ramos mais antigos da indústria pesada e têxtil, que enfrentavam concorrência cada vez maior nos mercados mundiais e cuja rápida expansão levara à superprodução. O desemprego na Inglaterra em nenhum momento caiu a menos de 1 milhão, mesmo antes do colapso.

O seguro-desemprego, instituído em 1911 pela Lei Nacional do Seguro, foi ampliado depois da guerra para cobrir cerca de 12 milhões de trabalhadores britânicos (embora, na prática, isso representasse apenas 60% da força de trabalho). As mulheres estavam incluídas, mas o benefício semanal era inferior ao dos homens. Empregados domésticos, trabalhadores agrícolas e funcionários públicos ficaram de fora. O esquema evitava o pior, mas seu propósito era cobrir o desemprego de curto prazo, e não o desemprego estrutural de longa duração. As reservas para o pagamento do seguro mostraram-se insuficientes, e ele passou a ser subsidiado pelo Estado por meio de impostos. Na Alemanha o problema era parecido, porém ainda mais grave. A rede de segurança representada pelo seguro-desemprego, instituído em 1927 (como notável acréscimo ao sistema de seguro contra doenças, acidentes e invalidez por idade, posto em prática por Bismarck na década de 1880), já estava sob pressão na época em que a Depressão atingiu a economia e ficou saturado depois dela. Fosse como fosse, menos de metade da população trabalhadora tinha direito à compensação por desemprego. Embora outras partes da Europa tenham seguido o caminho aberto pela Inglaterra, implantando sistemas de seguro-desemprego, a proporção da força de trabalho coberta por ele era ainda menor.

Se o boom teve efeitos limitados e desiguais nas áreas industrializadas da Europa, no campo, onde ainda vivia a maior parte da população europeia, muitos pequenos proprietários, dedicados a uma agricultura de subsistência, mal percebiam sua existência. Muitos agricultores prosperaram na época da guerra, e a inflação do pós-guerra muitas vezes proporcionava a oportunidade de se livrar de dívidas. A desvalorização da terra no final do conflito permitiu àqueles que tinham condições para isso que aumentassem suas posses. Mas em pouco tempo a agricultura enfrentaria tempos difíceis. O aumento da produção agrícola na Europa, à medida que a recuperação do pós-guerra ganhava espaço, encontrou mercados já saturados pela produção de países não europeus, incrementada durante a guerra para preencher lacunas e evitar a escassez. No fim da década de 1920, a política soviética de exportação de grãos para importar maquinaria industrial de base aumentou ainda mais a oferta. A consequência disso foi a queda de preços. Em 1929, os preços internacionais dos produtos agrícolas tinham caído a um terço dos valores de 1923-5. Países da Europa Oriental e Meridional, dependentes da produção agrícola, foram duramente atingidos.

A agricultura continuava basicamente manual. As reformas agrárias do pós-guerra dividiram muitos latifúndios, mas criaram grande número de pequenas propriedades menos produtivas, fragmentando a terra. Na Tchecoslováquia e em outros países, os subsídios ajudaram a promover o progresso, e a opção pela pecuária e pela produção de leite e derivados permitiu que os países bálticos aumentassem suas exportações. Todavia, para a maior parte dos que viviam da terra, os problemas se acumulavam desde muito antes do colapso. O endividamento no campo crescia de forma alarmante. Muitos produtores agrícolas já estavam em situação crítica antes que a Depressão os lançasse na insolvência. À medida que ampliava a distância entre os ganhos proporcionados pelo campo e pela cidade, e a juventude deixava de ver futuro no trabalho com a terra, aumentou-se o êxodo rural para cidades superpopulosas que ofereciam péssimas condições de vida. Os jovens já não podiam emigrar em grande número para os Estados Unidos, pois o controle estrito da imigração fora instituído no começo da década de 1920, mas se deslocavam internamente. Só na França, 600 mil pessoas deixaram suas pequenas propriedades entre 1921 e 1931 para tentar a sorte em oficinas e fábricas urbanas.

Para os que viviam no campo, os últimos anos da década de 1920 nem sequer foram percebidos como um período de boom. A Depressão devastou regiões já destruídas em grande parte da Europa. A "crise antes da crise" deixou uma população rural suscetível, já antes do colapso, à radicalização política. Muitos trabalhadores sem terra foram atraídos pelo comunismo. Pequenos proprietários agrícolas, por outro lado, tendiam a gravitar em torno das forças em formação da direita autoritária.

Na segunda metade da década de 1920, embora a economia tenha se recuperado com força na maior parte da Europa, os problemas subjacentes deixaram o continente exposto a graves consequências em caso de adversidades. Poucos notavam isso. Tinha havido certa melhora no padrão de vida de muita gente, na comparação com a década anterior. Muitos, talvez a maioria, achavam que podiam esperar tempos ainda melhores. As vozes otimistas, algumas cautelosas, outras mais decisivas, se sobrepunham às dos profetas da desgraça. Mas o otimismo desapareceu praticamente da noite para o dia quando a quebra da bolsa de valores de Nova York, entre 24 e 29 de outubro de 1929, envolveu a Europa.

O MODELO ALTERNATIVO

Mesmo antes que se instalasse a crise econômica, aqueles que profetizavam o inevitável e iminente fim do capitalismo podiam olhar com admiração, e em busca de inspiração, para um país: a União Soviética. Protegido das vicissitudes da economia internacional, o modelo soviético — um sistema de socialismo de Estado como preparação para o objetivo final, o comunismo, uma sociedade sem propriedade privada e livre de divisões e desigualdades de classe — parecia ser a esperança utópica para o futuro. Como a União Soviética parecia mostrar, havia uma alternativa atraente para a economia de mercado — um modelo melhor de sociedade do que o capitalismo, injusto, economicamente ultrapassado e inferior. O planejamento centralizado, sustentado na propriedade pública dos meios de produção e na autocracia — autossuficiência econômica — pareciam indicar o caminho. Essas ideias ganhavam adeptos por toda a Europa.

Na União Soviética, o crescimento econômico fora realmente impactante — mesmo partindo de um patamar baixo, em consequência das turbulências da Primeira Guerra Mundial e da revolução, seguidas dos estragos da guerra civil. A recuperação foi surpreendentemente rápida. Em 1927-8, tanto a indústria como a agricultura tinham alcançado níveis de produção comparáveis aos de 1913. A Nova Política Econômica, com medidas que entre 1921 e 1928 deram aos camponeses um interesse pessoal na lavoura, oferecendo oportunidades limitadas de lucro com a venda de seus produtos, foi um sucesso. Mas, em 1927, essa política estava criando novos problemas. Do ponto de vista industrial, a União Soviética ainda estava muito atrás dos países avançados da Europa Ocidental.

Como resolver o problema do atraso econômico? Essa questão suscitou debates acalorados entre os governantes soviéticos. Via-se a superação dessa imensa debilidade principalmente como defesa contra a ameaça representada pelas potências imperialistas exploradoras, mas também como meio de elevar o padrão de vida e assegurar assim o futuro do socialismo na União Soviética. Essa situação, tomava-se por axiomático, em algum momento envolveria o país na guerra. "Ou fazemos isso ou seremos esmagados", disse Stálin ao comitê central do partido em novembro de 1928, num momento econômico e político crucial para a União Soviética. Mas o caminho que levava a esse momento decisivo estava longe de ser direto. Depois da morte de Lênin, em janeiro de 1924, a política econômica tornou-se a questão central na feroz luta interna que terminaria com o poder absoluto de Stálin e uma enorme e decisiva mudança de rumo na economia soviética.

A Nova Política Econômica tinha sido contestada desde o início, em 1921. Alguns bolcheviques ilustres, Trótski mais que qualquer outro, viam-na como um simples recurso provisório para superar o pior e pressionavam em favor de um planejamento econômico centralizado e de uma rápida industrialização à custa dos camponeses. Trótski continuou insistindo na necessidade de exportar o bolchevismo e promover a revolução mundial. Stálin, por sua vez, anunciou, em dezembro de 1924, que o objetivo do partido devia ser o "socialismo num só país". Nessa época, a influência de Trótski estava se esvaindo com rapidez. Apesar da força de seus argumentos e de sua personalidade marcante, ele fizera muitos inimigos. Além disso, o controle que exercia sobre os cordéis do poder dentro do partido era fraco. Stálin, apoiado por outros líderes proeminentes — Grigori Zinoviev, Liev Kamenev e "o queridinho do partido", como Lênin o chamava, Nikolai Bukharin — tinha condições de neutralizá-lo. Em 1925, Trótski renunciou à função de comissário de guerra e nesse mesmo ano foi afastado do Politburo. Em 1927, ele e seus seguidores foram expulsos do partido por suas opiniões "heréticas", e no ano seguinte Trótski foi confinado a 3 mil quilômetros de Moscou. Em seu leito de morte, Lênin advertira que Stálin não era a pessoa indicada para continuar no cargo de secretário-geral do partido, que ocupava desde 1922. Mas Stálin certificou-se de que a advertência não fosse divulgada e usou sua posição no âmago da máquina organizacional do partido para construir sua supremacia. Zinoviev e Kamenev facilitaram as coisas para ele. Em 1926, mudaram de posição e se uniram a Trótski na oposição à política econômica, que viam como excessivamente favorável ao campesinato.

Na verdade, já tinham sido dados passos largos em direção a um planejamento industrial abrangente, embora ainda sem enfraquecer oficialmente a Nova Política Econômica. Stálin, nessa etapa apoiado com firmeza por Bukharin, o principal defensor dessa política, conseguiu neutralizar Zinoviev e Kamenev e, mais tarde, alijá-los do poder. Os dois foram expulsos do partido em 1927 (embora readmitidos no ano seguinte, contritos e humilhados, depois de condenar Trótski e se retratar). No caminho de Stálin, restava apenas Bukharin.

Ao pressionar por um aumento no abastecimento de alimentos e por uma linha mais dura com o campesinato, Stálin entrou em disputas cada vez maiores com seu antigo aliado, que defendia com intransigência a Nova Política Econômica. Em meados de 1928, os dois tinham se tornado inimigos políticos irreconciliáveis. Stálin estava categoricamente convencido de que a produção em pequena escala constituía um obstáculo insuperável ao crescimento econômico. Era essencial garantir o abastecimento de alimentos para uma população industrial em expansão. E isso só se conseguiria com uma produção em grande escala dirigida pelo Estado. Com habilidade, ele conquistou apoio no partido para um ambicioso plano destinado a maximizar o crescimento industrial acelerado — à custa da gente do campo. No controle do aparelho partidário, difamou Bukharin, acusando-o de "desviacionista". Em 1929, ele era carta fora do baralho. Stálin vencera a luta pelo poder e se tornara o líder supremo da União Soviética, sucessor incontestе de Lênin.

Já nessa época, a Nova Política Econômica, embora não desautorizada publicamente, tinha se tornado obsoleta. No inverno de 1927-8, os camponeses estavam estocando grãos para não vendê-los ao preço miserável oficialmente instituído. Teve início um grave desabastecimento, justamente quando grandes projetos industriais deviam ser postos em marcha. Intermediários — aproveitadores em condições de explorar o desabastecimento — compravam a produção agrícola e vendiam-na a preços de mercado negro. Stálin, autointitulado "homem de ferro" — seu nome real era Ióssif Djugashvili —, fez jus ao apelido e respondeu da forma que lhe era característica: com a mais brutal coerção. Viajou aos Urais e à Sibéria em janeiro de 1928 e confiscou os estoques de grãos, de forma análoga ao que se fizera durante a guerra civil. Qualquer oposição ao que ficou conhecido como "método uralossiberiano" era punida sumariamente. Bukharin tentou em vão evitar a generalização do confisco e interceptar a marcha de Stálin rumo ao controle total do poder.

Em meados de 1928, Stálin ganhou a disputa sobre a política econômica. Um plano de industrialização acelerada — o primeiro Plano Quinquenal — foi posto em prática naquele ano e aceito pelo congresso do partido em abril de 1929. A implementação foi caótica, e as metas de produção, qualificadas de extraordinárias, só o foram nas estatísticas oficiais maquiadas. Mesmo assim, o progresso foi impressionante — sobretudo com o resto da Europa industrializada desmoronando convulsivamente em grave depressão. Brotaram novos e enormes complexos industriais. Uma gigantesca hidrelétrica foi construída no baixo Dnieper, construíram-se metalúrgicas em Magnitogorsk, nos Urais e em Kuznetsk, na Sibéria, e a produção de tratores cresceu com a instalação de fábricas em Stalingrado e Kharkov. Os camponeses deixavam as zonas rurais para inflar a massa de trabalhadores industriais, cujo número dobrou em quatro anos. A produção industrial cresceu, mesmo por estimativas pessimistas, num ritmo de mais de 10% ao ano, tendo praticamente dobrado nos setores de carvão, petróleo, minério de ferro e ferro-gusa em 1932.

O custo humano, no entanto, foi terrível — um custo que nenhum país do resto da Europa nem por um segundo teria considerado pagar. As condições de trabalho, os salários e o nível de vida dos trabalhadores industriais eram tenebrosos. A disciplina nas fábricas era draconiana, com severas punições para os "vagabundos". Mas o Plano Quinquenal teve consequências ainda piores no campo. O regime tinha resolvido desde o início que o programa de industrialização seria impulsionado aos custos do campesinato. O fracasso em extrair dos agricultores a quantidade necessária de grãos para evitar o desabastecimento e o racionamento de pão nas cidades em 1929 levou à adoção de um programa de coletivização forçada da agricultura. A intenção era coletivizar em dois anos um quarto da área semeada, criando grandes fazendas coletivas na qual trabalharia um proletariado rural destituído de terras próprias. Na verdade, a coletivização andou mais rápido que isso. Cerca de 60% dos 25 milhões de domicílios rurais estavam coletivizados em março de 1930.

Entretanto, os camponeses não aceitaram as medidas sem protestos. Quase 750 mil participaram de rebeliões, que eclodiram em diversos pontos da União Soviética. "Requisitaram cereais e batata, que tomaram de nós pela força, tanto dos camponeses pobres como dos médios agricultores. Para falar a verdade, foi um roubo", queixou-se um pequeno proprietário, pedindo a suspensão da coletivização, implorando "liberdade, e ficaremos felizes em ajudar o Estado". O regime admitiu temporariamente o problema. Stálin culpou os burocratas locais, a quem o êxito teria "subido à cabeça", pelos excessos. A proporção de camponeses nas terras coletivizadas caiu vertiginosamente, para 23%. Foi um interlúdio breve. A pressão recomeçou em pouco tempo. Na safra de 1931, mais da metade dos domicílios rurais, mais uma vez, tinham sido coagidos a se coletivizar, produzindo quase todos os grãos soviéticos. Três anos depois, a coletivização havia triunfado praticamente em todo o país.

A aplicação da coletivização foi executada implacavelmente por brigadas de extremistas do partido vindos das cidades. Uma política de "desculaquização" — "a liquidação dos cúlaques como classe" — foi anunciada para incentivar o ataque aos camponeses supostamente bem de vida, acusados de ser capitalistas rurais. No entanto, a definição de "cúlaque" se ajustava a qualquer coisa que os ativistas do partido quisessem. Qualquer pessoa que resistisse à coletivização era rotulada assim e presa, deportada para um campo de trabalho remoto ou fuzilada. Só da Ucrânia foram deportados à força 113 637 "cúlaques" nos primeiros meses de 1930. Os que se opunham à coletivização forçada mas eram pobres demais para se enquadrar na condição de "cúlaques" eram chamados de "subcúlaques" e submetidos aos mesmos castigos. Muitos "cúlaques" fugiram, depois de vender suas propriedades, quando podiam, ou simplesmente as abandonaram. Alguns mataram a mulher e os filhos e suicidaram-se.

A produção de grãos, em vez de dobrar, como se esperava, na verdade caiu, ainda que não de forma drástica. Mas, como a demanda do Estado tinha dobrado, a população rural enfrentou a escassez de alimentos. E, quando eram forçados a trabalhar em fazendas coletivas, os camponeses abatiam suas próprias reses ou deixavam que morressem de fome para não cedê-las ao Estado. O rebanho bovino e suíno caiu pela metade; o ovino e caprino, em dois terços. A carne e o leite, portanto, também escassearam. As fazendas coletivas que não atingissem a meta fixada eram privadas de produtos vindos de outras partes da União Soviética e recebiam ordens de entregar suas sementes — garantindo assim uma colheita desastrosa para o verão seguinte.

A fome, pior que em 1921-2 e consequência direta da política agrícola soviética, generalizou-se em 1932-3. O Cazaquistão e o norte do Cáucaso estavam entre as áreas mais afetadas. O impacto foi pior na Ucrânia, tradicionalmente uma região fértil para a produção de grãos. Um funcionário do partido, ao entrar numa aldeia, ouviu que "comemos tudo aquilo em que podemos pôr as mãos: gatos, cachorros, camundongos, passarinhos", até cascas de árvores. Mais de 2 mil pessoas foram condenadas por canibalismo em 1932-3. É impossível calcular com exatidão o número de mortos de fome na Ucrânia. As estimativas giram em torno de 3,3 milhões de mortes por inanição ou doenças decorrentes da desnutrição. Para toda a União Soviética, pode ter sido quase o dobro.

Algumas notícias do horror vazaram. Mas os admiradores da União Soviética minimizavam os relatos, ou qualificavam-nos de propaganda anticomunista. Na Europa Ocidental, a maior parte das pessoas nada sabia sobre a fome. Poucos observadores estrangeiros puderam testemunhar o desastre. Um deles, o jornalista britânico Malcolm Muggeridge, descreveu-o como "um dos mais monstruosos crimes da história, tão terrível que no futuro dificilmente as pessoas poderão acreditar que ocorreu". Ele estava certo. A população da faixa oriental do continente europeu sofrera mais que a maioria desde antes da Primeira Guerra Mundial, passando pelas turbulências do pós-guerra, pela guerra civil e agora pelo regime soviético. O vale de lágrimas já era profundo. Mas o fundo do poço ainda não tinha sido atingido.

O ESPELHO CULTURAL

Que ideia as pessoas na Europa faziam do mundo em que viviam, das forças que moldavam inexoravelmente sua existência? Uma resposta única é impossível, claro. Os padrões de vida e os reflexos que provocavam dependiam de muitas variáveis. Entre elas, estavam localização geográfica e formação familiar, assim como classe social, cultura política e as vicissitudes históricas. Na maior parte das vezes, as ideias com origem na reflexão limitavam-se a uma elite instruída — com acesso aos mais altos níveis de educação, negados à esmagadora maioria da população. Os talentos mais inovadores nas artes criativas refletiam e moldavam aquilo que, num sentido amplo, podia ser chamado de *Zeitgeist*, ou espírito da época. Para essas pessoas, pertencentes sobretudo às classes dominantes ou à classe média educada, habituadas aos produtos dessa "alta cultura", importantes traços do pensamento social e da criatividade artística podiam se mostrar, ao menos de forma indireta, extremamente influentes. Para a maior parte da população, no entanto, essa "alta cultura" era inacessível — estava além dos parâmetros da vida normal.

O que restava para a maioria das pessoas ao fim do dia ou da semana de trabalho eram os caminhos da cultura popular — filmes de entretenimento, salões de baile e, não menos importantes, visitas ao bar — que não proporcionavam reflexão sobre o mundo, mas escapismo e animação momentânea, um alívio temporário da realidade cinzenta, muitas vezes depressiva, da vida diária. Ir ao cinema era uma grande oportunidade de escapismo. Novas salas pipocavam nas cidades da Europa. A Alemanha tinha mais do que qualquer outro país: mais de 5 mil em 1930 (o dobro da década anterior), com 2 milhões de poltronas. A frequência ao cinema cresceu ainda mais quando os filmes sonoros começaram a se impor aos mudos, lá pelo fim da década de 1920. Os cinemas davam o que o público queria. A maior parte dos filmes eram comédias, dramas, aventuras ou romances. O esporte profissional — sobretudo o futebol — proporcionava a outra grande fuga para os trabalhadores, embora dificilmente para as mulheres. A popularidade do futebol se estendeu da Inglaterra para os outros países europeus muito antes da Primeira Guerra Mundial. Havia grandes ligas na Alemanha, na Itália, na Espanha e em outros países. Os estádios viviam lotados. A primeira final da Copa da Inglaterra disputada em Wembley em 1923, quando o Bolton Wanderers bateu o West Ham United por dois a zero, atraiu uma multidão oficialmente calculada em 126 mil pessoas, embora em geral se fale no dobro.*

A "alta cultura" e a "cultura popular" raramente se encontravam. Mas, cada uma a seu modo, ambas eram essenciais para o *Zeitgeist* da Europa do entreguerras. Não se tratava apenas de uma questão de cultura. Os extremos da criatividade cultural e da inovação artística a que se chegou na primeira década do pós-guerra correspondiam inevitavelmente ao gosto de uma pequena minoria. Não só as formas culturais de vanguarda — muito diversas para serem resumidas com facilidade — estavam distantes da vida da maioria da população, mas, nos pontos em que pareciam desafiar mais profundamente a cultura e os valores "tradicionais", enfrentavam uma rejeição hostil.

Pertencer à vanguarda significava estar ligado aos ideais artísticos, às formas e às expressões do modernismo cultural. Mais ou menos desde o início do século xx — embora as ideias propriamente ditas remetessem a duas décadas antes ou mais — quase todos os ramos da criatividade cultural se afastaram das formas de expressão clássicas, realistas e românticas para abraçar de forma consciente e de-

---

* Meu avô — muito antes de meu nascimento — e seus dois filhos mais velhos estavam nessa multidão. Viajaram trezentos quilômetros de trem, saindo de Oldham, mas chegaram separados, em dias diferentes. Tio Jimmy foi encontrado dormindo num ramal ferroviário, perto da estação de Reading, três dias depois do jogo. Os Kershaw tinham se divertido a valer! (N. A.)

liberada o "modernismo". Esse conceito estético difuso cobria uma ampla variedade de modos de expressão artística. O que os unia era a rebelião contra as formas anteriores de representação, vistas como fora de moda, superficiais e sem significado. Apresentado em 1906, o manifesto do grupo de artistas expressionistas de Dresden autodenominado Die Brücke — o nome evocava uma "ponte" para uma nova era artística — proclamava que "como jovens, que levamos em nós o futuro, queremos ter liberdade para nossos atos e nossa vida em relação às velhas e cômodas forças estabelecidas". Tudo o que fosse convencional, ou "burguês", era rejeitado e substituído por experimentação estética irrestrita com o novo, o "moderno". Isso equivalia à destruição revolucionária do velho para reconstruir tudo de maneiras completamente novas segundo a imaginação artística e a criatividade. Os antigos ideais de beleza, harmonia e razão foram radicalmente descartados em favor do modernismo. A fragmentação, a desunidade e o caos eram os novos leitmotiven — uma notável antecipação em forma cultural da ruptura política e econômica deixada pela Primeira Guerra Mundial.

Depois do conflito, como antes de 1914, Paris era um ímã para a energia cultural e a criatividade, um centro de vitalidade modernista. Pablo Picasso, já famoso como a força criativa por trás do cubismo — com suas novas formas de representação abstrata tridimensional — e radicado em Paris desde antes da guerra, era a estrela mais brilhante do firmamento. Artistas de todo o continente e de fora dele eram atraídos pelo caráter vibrante da capital da França. O mesmo ocorria com escritores modernistas como James Joyce, Ernest Hemingway e Ezra Pound. A inovação artística vicejava na Rive Gauche. As mais revolucionárias formas de arte — o dadaísmo, criado em Zurique em 1916, e o surrealismo, originado na França no ano seguinte, intimamente relacionados — prosperaram em Paris na década de 1920. Elas tinham surgido principalmente em reação à sociedade burguesa que produziu os horrores da Primeira Guerra Mundial e se estenderam das artes visuais à literatura, ao teatro, ao cinema e à música. Rejeitando a razão e a lógica, ambas enfatizavam o absurdo, o nonsense, o ilógico e o irracional, descrevendo estranhos saltos na imaginação. Um estímulo direto e indireto veio de Sigmund Freud e Carl Jung e suas ideias sobre a psicanálise e os impulsos primais do inconsciente. Por trás da ordem superficial do mundo, que a arte experimental queria mostrar, jazia o caos inexplicável. Além da coerência aparente havia o absurdo, estranhos voos da fantasia da psique oculta. A intenção era chocar sensibilidades e estimular a procura de possibilidades de significado desconhecidas.

As formas de "modernismo" cultural variavam muito e cruzaram o continente de maneiras diversas, ainda que sobrepostas, durante a década de 1920. O construtivismo russo e o movimento holandês De Stijl enfatizavam a abstração geométrica no design. O futurismo italiano, que tivera seu auge no pré-guerra, usou a pintura abstrata para representar velocidade, dinamismo e o triunfo da tecnologia. Na literatura, um modernismo autoconsciente permeava o *Ulisses* de James Joyce, a poesia de T.S. Eliot (principalmente seu poema épico *The Waste Land*, de 1922) e os romances de Virginia Woolf, figura central no Grupo de Bloomsbury, de Londres. A Segunda Escola Vienense deu seu nome à música experimental atonal de Arnold Schoenberg, Alban Berg e Anton Webern, que usaram variantes fluidas de composições dodecafônicas para romper com a harmonia clássica.

Sob qualquer forma que assumisse, o modernismo se caracterizou pela rejeição do realismo artístico convencional. A fragmentação, a irracionalidade, a fragilidade e a dissonância eram suas principais características e combinavam com um mundo de pós-guerra em que as certezas estavam dissolvidas. Mesmo a física, com a revolucionária Teoria da Relatividade, apresentada por Albert Einstein em 1905, tinha perdido suas certezas, e o "princípio da incerteza", de Werner Heisenberg — introduzido na mecânica quântica em 1927 para mostrar que a posição e a velocidade das partículas em volta do núcleo atômico não podiam ser conhecidas com exatidão —, parecia cimentar a ideia de que a racionalidade não dava conta de explicar o mundo.

Todas as características do modernismo já estavam presentes na cultura de vanguarda antes da guerra, mas os horrores ocorridos em 1914-8 acentuaram o ataque artístico à racionalidade. E, de movimento marginal que tinha sido antes da guerra, o modernismo agora estava entre as correntes culturais dominantes na Europa — embora sua aceitação popular fosse outra questão.

Nenhum lugar, nem mesmo Paris, eclipsou as inovações linguísticas e culturais da Alemanha em brilho modernista. Hoje, é fácil exagerar a representatividade que a cultura de Weimar (que foi como a notável vanguarda cultural da época tornou-se conhecida) pode ter tido em sua época. A maior parte da expressão cultural, mesmo na Alemanha de Weimar, continuava conservadora e convencional. (O nome República de Weimar tinha sido tomado da cidade da Turíngia, tradicional polo da cultura alemã, intimamente associada a Goethe e Schiller, onde a assembleia constituinte reuniu-se em 1919). Só 5% das cerca de 3 mil obras mostradas na exposição de arte de Munique em 1930, por exemplo, eram "modernas". No entanto, a Alemanha de Weimar, fossem quais fossem seus percalços, e Berlim, especialmente, como seu ponto focal, testemunharam em poucos anos um extraordinário florescimento da vanguarda cultural e da criatividade intelectual que teve poucos paralelos na história. E na Alemanha, talvez mais que em qualquer lugar, a arte e o pensamento social marcharam em uníssono com o ânimo volúvel da época, de forma que a explosão de criatividade dos anos 1920 deu lugar à sua violenta rejeição na década seguinte.

A guerra não trouxe ruptura para a vanguarda cultural alemã. O expressionismo, que distorcia deliberadamente as formas e usava combinações de cores chocantes para transcender a aparência superficial e expor sentimentos e ansiedades ocultos, foi o estilo artístico mais vibrante e significativo na década que antecedeu o conflito. Alguns de seus expoentes, que alimentavam sonhos utópicos, chegaram a saudar a guerra como uma experiência catártica que destruiria a velha ordem burguesa. As primeiras experiências de combate acentuaram a excitação. "Gostaria de poder pintar esse barulho", escreveu Max Beckmann em 1914. A euforia foi efêmera. No fim da guerra, Beckmann, Ernst Ludwig Kirchner e Oskar Kokoshka, alistados como voluntários para o serviço militar, tinham sido afastados das Forças Armadas por incapacitação física ou psicológica. August Macke e Franz Marc estavam mortos. O expressionismo sobreviveu ao conflito, embora superado tanto pelo dadaísmo, forma de protesto cultural e social mais clara, como por um novo realismo que representava graficamente a "verdade crua" do horror da guerra e da violência revolucionária.

A exuberância idealista do expressionismo do pré-guerra estava se convertendo em um pessimismo sombrio quanto à natureza humana. Em março de 1919, Beckmann concluiu sua grande tela *A noite*, uma assustadora representação da violência de rua e do caos político invadindo uma casa. Otto Dix, voluntário de primeira hora em 1914, desenhou mutilados de guerra e, sob influência dadaísta, rodeou-os com uma colagem de recortes de jornal e papel-moeda como fragmentos dispersos da realidade. O sentimento antibélico estava mais abertamente politizado nas grotescas composições de Georg Grosz, que mostravam cadáveres desfigurados de soldados, mutilados de guerra, mendigos famintos e prostitutas oferecendo seus serviços em sórdidas esquinas da cidade, além de agiotas satisfeitos enriquecidos pela guerra, industriais enfatuados e militaristas orgulhosos.

Em meados da década de 1920, a tendência cultural dominante parecia refletir as condições mais estáveis que tinham se estabelecido na Alemanha. As preocupações com a psique, as emoções e o idealismo que caracterizavam o expressionismo e formas correlatas deram lugar a uma busca de clareza e ordem na forma estética, uma "nova objetividade" (*Neue Sachlichkeit*), que tomou o nome de uma exposição artística realizada em 1925 em Mannheim. O modernismo foi adotado no desenho industrial, na arquitetura, pintura, fotografia, música e no teatro. Em Weimar, depois em Dessau, a Bauhaus, fundada por Walter Gropius em 1919, reuniu pintores, escultores, arquitetos e artistas gráficos para criar um novo estilo marcado pela racionalidade e funcionalidade. Entre os principais artistas ligados à Bauhaus estava Wassily Kandinsky, que antes da guerra foi a figura mais destacada do grupo expressionista Der Blaue Reiter [O Cavaleiro Azul]. Em seu retorno da Rússia, ele passou a obras abstratas geométricas, angulosas e brilhantemente impactantes. A Bauhaus tinha um objetivo prático além do idealismo artístico. Gropius acreditava na exploração da tecnologia para criar novas formas de moradia, racionalmente planejadas, capazes de superar o mal-estar social e as distinções de classe. O despojamento, o conforto e a eficiência no uso do espaço eram suas marcas. A simplicidade no estilo e a beleza eram indissociáveis nessa visão utópica. Era a "nova objetividade" em sua expressão mais prática e socialmente relevante.

Um dos produtos de maior destaque da inovação arquitetônica foi o conjunto Weissenhof, criado para a exposição de Stuttgart em 1927. Os sessenta edifícios, construídos por uma equipe de arquitetos proeminentes (entre eles Le Corbusier) sob a direção de Ludwig Mies van der Rohe, resumiam um novo estilo modernista dominado por linhas geométricas, fachadas sem adornos, telhados planos e espaços internos abertos. A era da máquina, da moderna tecnologia e da produção em massa encontrou sua expressão artística no uso de aço, vidro e concreto. "Forma sem enfeite" era o lema. Mas estava longe de ser uma unanimidade. Opositores veementes condenavam-na como "bolchevismo cultural". Na verdade, a arquitetura e o planejamento urbano de vanguarda tiveram pouco impacto sobre a questão habitacional nas cidades alemãs nos anos 1920, embora seus arquitetos tenham sido convidados a projetar prédios de apartamentos em Berlim, Frankfurt e outras cidades. No entanto, grande parte do design moderno (como no art déco, estilo criado na França na década de 1920) aos poucos encontraria seu caminho para usos variados e mais práticos, na Alemanha e em outros países.

A riqueza da literatura e do pensamento social no âmbito cultural da Alemanha não se enquadrou completamente, ou com clareza, nas categorias neoexpressionismo e nova objetividade, por mais amplos que sejam esses termos. Talvez o mais influente romance do entreguerras seja uma das melhores obras de um dos mais renomados autores da Alemanha, Thomas Mann, cujo conservadorismo levou-o gradualmente a um compromisso racional, se não instintivo ou emocional, com a nova democracia alemã. *A montanha mágica*, que na verdade Mann começou a escrever antes da guerra, foi publicado, sob aclamação geral, em 1924. Ele interrompeu a escrita durante a guerra, e só a terminou mais de uma década depois de iniciada, influenciado pela capacidade de autodestruição humana na grande conflagração, e de uma forma que guardava pouca semelhança com sua concepção inicial. A obra, de grande complexidade, é rica em simbolismo, com foco principal no caráter doentio da sociedade burguesa. A ambientação num sanatório para tuberculosos nos Alpes suíços proporciona uma metáfora de um mundo doente e em decadência. Dois dos personagens principais (Settembrini e Naphta) representam o conflito entre a razão e a assustadora irracionalidade. O terceiro (Castorp), dividido entre os dois, parece finalmente alinhar-se com os valores do Iluminismo, mas se declara, quando o romance vai chegando ao fim, num bilhete ambíguo, "a favor do espírito da irracionalidade, o princípio espiritual do mal, sob cuja égide já permaneço, na verdade, há longo tempo".

A irracionalidade, neste caso uma claustrofóbica e ameaçadora inexplicabilidade das forças determinantes que mantêm o indivíduo enjaulado e são impossíveis de combater, estava no cerne das obras misteriosas, aparentemente proféticas, de Franz Kafka — que só se popularizaram muito tempo depois de sua morte, em 1924. A chocante originalidade do emaciado Kafka, de olhos fundos, psicologicamente atormentado, é ainda mais extraordinária dado seu relativo isolamento dos principais expoentes literários da vanguarda alemã (embora ele tivesse conhecimento de muitas de suas produções). Kafka não era capaz de prever o futuro mais do que qualquer outra pessoa. Mas seus escritos — literatura modernista no que ela tem de mais soturno — tinham a capacidade soberba de captar a impotência e a total e desconcertante alienação do ser humano em face dos modernos mecanismos sociais e burocráticos de poder e repressão. O brilhante sociólogo alemão Max Weber entendia o poder burocrático como a essência da modernidade, e escreveu sobre "o desencanto do mundo" numa sociedade racionalizada, na qual uma razão disciplinada sustentaria a liberdade. Nas mãos de Kafka não havia espaço para tal otimismo implícito.

Confrontando uma realidade situada além da fachada aparentemente ordenada da rotina diária, Kafka descreve um mundo incompreensível de regras, ordens, leis e perseguição burocrática em que todas as tentativas de achar um caminho através do labirinto desembocam em portas fechadas e nunca levam para fora do caos, para o distante objetivo almejado de redenção.

Em *O processo*, publicado em 1925, Josef K. é preso por acusações que nunca são explicadas e posto diante de um tribunal ameaçador, aparentemente onipresente e inescapável, embora invisível. Quando tenta afirmar sua inocência, dizem que "é assim que os culpados falam". Seu interminável julgamento, embora sem procedimentos formais, força-o a uma aceitação gradual de culpa, à submissão derradeira e por fim à aquiescência com sua bárbara execução pelas mãos de dois carrascos silenciosos, numa remota e desolada pedreira. Em *O castelo*, publicado em 1926, um agrimensor, ao chegar a uma aldeia remota supostamente subordinada a um castelão que nunca aparece, depara com a hostilidade invencível de uma comunidade fechada, subserviente à indefinida autoridade (ainda que real na mente de todos) do nebuloso castelo. O estranho, obcecado cada vez mais e de forma mais doentia pela autoridade do castelo, se choca com a densa teia de controles sociais que impede sua aproximação da autoridade, talvez puramente imaginária, na tentativa de descobrir por que foi chamado ao castelo que está para sempre fora de seu alcance. A submissão voluntária a regras incompreensíveis na obra de Kafka pode ser entendida — embora sua escrita extraordinariamente complexa seja suscetível de diversas interpretações — como uma antecipação das sociedades totalitárias das décadas seguintes.

Por mais surpreendente que tenha sido a produção da "alta cultura" em tantas áreas diferentes e em tantos países europeus na década de 1920, ela nunca influenciou de forma direta a vida das pessoas comuns. O teatro alemão dá um exemplo ilustrativo disso. O florescimento do teatro na década de 1920, mesmo em cidades pequenas (graças, em boa medida, ao generoso financiamento público, possibilitado pelos empréstimos de curto prazo vindos dos Estados Unidos), foi um elemento central da extraordinária cultura de Weimar. Como é sabido, Bertolt Brecht fez experimentos com novas formas de espetáculo teatral, em parte com o uso de montagens, cenários despojados e cenas desconectadas, para provocar alienação da ação em vez de identificação, estimulando assim uma crítica da sociedade capitalista. Mas a maior parte do público de teatro da Alemanha evitava as obras experimentais de Brecht e outras criações de vanguarda. O teatro experimental representava não mais de 5% do repertório habitual da década de

1920. A maior parte era conservador. De qualquer forma, o que o grande público queria eram musicais, comédias, farsas e outras formas leves de entretenimento. Seja como for, os frequentadores habituais eram uma pequena minoria da população e, por causa dos preços, pertenciam principalmente à classe média. A maior parte dos trabalhadores alemães, como indicou uma pesquisa de 1934, nunca tinha ido ao teatro.

Outras áreas exibiam uma separação semelhante entre a "alta cultura" e a "cultura popular". A popularização do gramofone e ainda mais a do rádio fizeram com que as pessoas já não precisassem sair de casa para ter entretenimento — que no mais das vezes era de natureza leve. Os jovens gostavam mais de ouvir ragtime, jazz, música dançante ou canções populares que vinham do outro lado do Atlântico do que Beethoven ou Wagner, para não falar de Schoenberg ou Webern.

Os hábitos de leitura também costumavam passar longe dos clássicos modernos. Os livros ainda eram caros e só podiam ser comprados por quem estivesse bem de vida. A rede de bibliotecas públicas estava em expansão, mas não se sabe em que medida isso beneficiava as classes trabalhadoras. A "burguesia culta", setor relativamente grande da população alemã, podia se dispor a ler *A montanha mágica* de Thomas Mann, ou pelo menos falar do livro com algum conhecimento, mas a maior parte dos trabalhadores aparentemente não lia nada além de jornais e revistas. Os leitores britânicos eram mais propensos a devorar os policiais de Edgar Wallace e Agatha Christie, ou divertir-se com as peripécias de Jeeves e Wooster, personagens de P. G. Wodehouse, em vez de mergulhar nas complexidades do texto modernista de Virginia Woolf. A intelligentsia parisiense podia estar muito animada com o *Manifesto surrealista* de 1924 de André Breton, com as últimas obras de Marc Chagall ou Picasso, ou com os sete volumes do extraordinário (não somente pela extensão) romance épico de Marcel Proust *Em busca do tempo perdido*, mas é improvável que essa paixão fosse sentida pelos camponeses da província ou pelos trabalhadores braçais das grandes fábricas do norte. Até mesmo um crítico favorável à visão distópica de Fritz Lang da escravização do homem à máquina em seu brilhante filme futurista mudo *Metrópolis*, de 1927, viu-o como fracassado "porque simplesmente não é como a vida, nem a vida de ontem nem a de amanhã". O público de cinema, cada vez mais numeroso, quase sempre preferia rir com as palhaçadas dos filmes mudos de Charlie Chaplin em vez de refletir sobre o significado da vida com instigantes obras-primas artísticas de vanguarda.

As duas esferas da cultura, da arte e do entretenimento — a "alta" e a "popular" — raramente coincidiam ou se sobrepunham. A cultura de vanguarda modernista devia parecer irrelevante para a maior parte dos europeus, uma coisa com a qual não deparavam e que não tinha nenhum impacto em sua vida diária. Ainda assim, ela teve importância para as massas: poucos anos depois, em 1933, a queima de livros proibidos pela ideologia cultural e racial do regime nazista e o ataque direto à "arte degenerada" foram prova disso do modo mais brutal.

A Grande Depressão do começo da década de 1930 já tinha então determinado um ponto de ruptura cultural. Enquanto a crítica a tudo o que era novo, ameaçador e "moderno" aumentava sob impacto da crise, o ataque às formas culturais "degeneradas" tornou-se uma arma potente no arsenal do fascismo. Essa reação foi mais extrema na Alemanha, e não só porque a experimentação artística no país durante os anos 1920 fora tão radical. No entanto, a atração da direita fascista, e não só na Alemanha, estava culturalmente ancorada não na tentativa de fazer voltar o relógio para alguma mítica época tradicional, mas para atrelar a imagem de valores culturais "tradicionais" — na prática, muitas vezes completamente distorcidos — à visão de uma alternativa utópica futura. Essa visão era em si mesma "moderna" a seu modo, e de forma inegável na exploração do progresso tecnológico para fins políticos. Entretanto, sua versão de "modernidade" rejeitava firmemente as ideias do pluralismo liberal, do individualismo, da democracia e da liberdade que tinham se disseminado pela Europa desde a Revolução Francesa de 1789. Na visão utópica fascista, era central o renascimento nacional que viria quando a sociedade se redimisse das formas "decadentes" e "doentias" de modernidade. Isso supunha a eliminação da criatividade artística de vanguarda de uma sociedade pluralista.

A separação entre a cultura de vanguarda e a popular é comum em muitas sociedades. Mais ameaçador era o pessimismo cultural — mais pronunciado na vasta burguesia instruída alemã do que em qualquer outra parte, embora não exclusiva daquele país — que condenou ambas as vertentes como expressões de uma modernidade decadente e corrosiva e como sintomas de decadência nacional. As modernas formas de arte proporcionavam muitos alvos contra os quais os conservadores podiam centrar seu fogo, enquanto o hedonismo da sociedade berlinense era alvo certo da denúncia agressiva nos lares sérios da classe média, nas conversas mantidas nos cafés das cidades pequenas e nas mesas de bar nas localidades rurais. Tal "decadência" podia ser vista como uma ameaça à moral da nação e à firmeza de caráter de sua cultura.

A rejeição do "americanismo" tornou-se o atalho para todos os males da modernidade que a classe média alemã considerava enfrentar. O jazz era desqualificado como "música negra", produto de uma civilização inferior àquela que tinha gerado Bach e Beethoven, enquanto os ritmos eróticos das danças "americanas" eram consideradas uma ameaça à moral sexual das jovens. O cabelo cortado à moda "americana", disse um clérigo, era "verdadeiramente destituído de metafísica". A degradação da cultura resumia-se em Josephine Baker, cantora e dançarina afro-americana de St. Louis, Missouri, que vinha abalando Berlim (como fizera em Paris) com sua dança exótica (e erótica), coberta por pouco mais que uma penca de bananas. Dos filmes de Hollywood, que atraíam milhões de espectadores no fim da década de 1920, dizia-se que estavam "arrastando não apenas pessoas, mas a personalidade de povos inteiros" para sua mediocridade. Artigos industriais produzidos em massa, considerados uma ameaça à manufatura tradicional alemã, e o consumismo, simbolizado pelas grandes lojas de departamentos que engoliam os pequenos negócios, eram também manifestações do "americanismo", compreendido como agressor da essência cultural da nação.

O ataque à decadência cultural na Alemanha ia além do ataque ao "americanismo". Socialismo, marxismo, bolchevismo, liberalismo e democracia também se tornavam alvos da crítica à sociedade moderna. E havia nisso uma indisfarçável dimensão étnica. Era fácil retratar os judeus, que se destacavam na vida cultural e nos meios de comunicação, como os principais responsáveis pela moderna "cultura do asfalto" da grande cidade, a antítese da "verdadeira" cultura alemã arraigada "no sangue e no solo" do campo.

A esperança de criar uma nova elite podia também ganhar força em meio ao pessimismo cultural, que oferecia solo fértil para o cultivo de ideias de regeneração nacional por meio da eugenia e da "higiene racial". A Primeira Guerra Mundial e as mudanças drásticas que desencadeou aumentaram em muito a sensação de inversão de valores e de declínio cultural. As perdas sofridas na guerra agravaram em especial a preocupação com a queda nas taxas de natalidade, muito comentada e largamente percebida como uma ameaça à família, aos valores que ela representava e à virilidade da nação. Mutilados de guerra que perderam membros e a imagem de jovens viúvas enlutadas por maridos mortos em combate pareciam simbolizar os perigos demográficos para o futuro da nação. Não só as taxas de natalidade em queda, mas também a qualidade da população preocupava figuras de destaque na medicina e estimulou ideias de eugenia.

Não se tratava de uma peculiaridade alemã. A Sociedade Eugenista inglesa, fundada em 1926, em pouco tempo reuniu oitocentos membros, provenientes principalmente das elites e que atuavam na ciência, na cultura e na política, obcecados pelo melhoramento biológico da população, cuja influência se amplificava. Sociedades eugenistas existiam também na Escandinávia, na Espanha, na União Soviética e em outros países. A esterilização de doentes mentais para melhorar a qualidade da população — e poupar dinheiro — era debatida além das fronteiras alemãs. O Instituto Sueco de Biologia Racial foi fundado em Uppsala em 1922. Mas a obsessão pela qualidade racial era especialmente acentuada na Alemanha. Já em 1920, um advogado criminalista, Karl Binding, e um psiquiatra, Alfred Hoche, defendiam o que era então uma visão extremada de uma pequena minoria: "a destruição da vida que não é digna de ser vivida" devia ser legalmente permitida. "A ênfase na qualidade, mais que na quantidade, na composição da nação está psicologicamente ligada à redução de nossa área de produção de alimentos", foi dito numa palestra na Associação Alemã de Psiquiatria em 1925 — ligando a política populacional à falta de "espaço vital" ("Lebensraum", termo que mais tarde seria associado à ideologia nazista). Dois anos depois, a queda na taxa de natalidade foi tida como "o mais assustador dos muitos sinais de declínio da nossa cultura", uma consequência da "vitória da cidade sobre o campo" e da emancipação das mulheres, que certamente acabaria levando "ao declínio da raça branca".

Muito influente na propagação do pessimismo cultural foi *O declínio do Ocidente*, de Oswald Spengler, que teve seu primeiro volume publicado em 1918, pouco antes do fim da guerra, e o segundo quatro anos depois. Em sua elaborada comparação de culturas históricas, Spengler empregou uma analogia biológica dos ciclos da vida para afirmar que, em termos um tanto místicos, a cultura ocidental estava condenada ao declínio sob o impacto do materialismo, que só poderia ser combatido com o poder de um Estado forte e unido conduzido por uma elite. Até 1926, as classes médias alemãs tinham comprado mais de 100 mil exemplares da controvertida obra. De leitura mais fácil que a do livro de Spengler, mas ainda promovendo o pessimismo cultural que foi explorado pela direita, foi o romance de Hans Grimm, de 1926, intitulado *Volk ohne Raum* [Um povo sem espaço], segundo o qual a superpopulação estava na base das desgraças econômicas da Alemanha e só poderia ser superada por meio de uma "luta pela existência" para conquistar novas terras (que, evocando a nostalgia imperial, ele vislumbrava na África). O romance vendeu 200 mil exemplares entre 1926 e

1933, muitos deles adquiridos, sem dúvida, por adeptos do movimento nazista, então em crescimento.

Só uma minoria relativamente pequena da população alemã, de 60 milhões de pessoas, era composta de ávidos leitores de Spengler ou Grimm. Não obstante, a influência desses escritores, e de outros que tinham a oportunidade de expor seus pontos de vista em jornais ou em outras publicações — ou, como religiosos e professores, servindo como "multiplicadores" de opinião —, não deve ser minimizada. Nem seu potencial de moldar atitudes que mais tarde puderam ser popularizadas pelo fascismo.

A maior parte da população alemã tinha idade para lembrar — ainda que de modo distorcido e nostálgico — o que, com o tempo, passou a ser visto como uma era de paz, prosperidade e civilização destruída pela guerra, constituindo um pós-guerra desastroso e caótico. Aos olhos dos pessimistas culturais, a sombra das antigas glórias permanecia. E, para estes, o que tinha restado da civilização europeia e dos valores do Ocidente cristão (*Abendland*) estava em perigo não apenas pela decadência interna, mas pela importação de "males" morais e políticos externos. Não há muitas dúvidas sobre a natureza de sua preocupação dominante: a ameaça existencial decorrente da potencial expansão do bolchevismo na Europa e, acima de tudo, seu efeito corrosivo sobre a própria Alemanha.

O pessimismo cultural era mais generalizado e profundo na Alemanha que em qualquer outro país da Europa. Nenhum outro Estado estava tão assolado pela preocupação com o declínio nacional — embora a França a seguisse de perto, e poucos países, se é que algum, estivessem livres dos pessimistas culturais. As manifestações de pessimismo cultural na Alemanha indicam que no mais importante e avançado país da Europa Central, mesmo durante os "anos loucos", estavam sendo articuladas ideias que poderiam se tornar uma força poderosa num clima político e ideológico drasticamente alterado. Esse tempo ainda não tinha chegado. O pessimismo cultural e suas tendências secundárias ainda eram uma preferência minoritária. Mas tudo isso mudaria com a chegada da Grande Depressão.

PERSPECTIVAS BRILHANTES?

A aceitação do Plano Dawes em 1924 abriu as portas para uma nova base de relações entre a França e a Alemanha. Esse foi o eixo de todas as esperanças numa segurança duradoura para a Europa. O novo secretário do Exterior da Inglaterra, Austen Chamberlain — cuja figura reticente e austera vestida de fraque e cartola, cravo na lapela e monóculo lembrava, ainda que injustamente, uma caricatura do inglês de classe alta —, verbalizou, em janeiro de 1925, a esperança de que uma "nova Europa" pudesse ser "erigida sobre bases capazes de trazer paz e segurança às nações do velho mundo". A esperança parecia realista. O segredo da estabilidade europeia residia em superar o impasse que se estabeleceu com a exigência alemã de revisão do Tratado de Versalhes, por um lado, e a insistência francesa na segurança impenetrável contra qualquer agressão futura por parte de sua vizinha a leste do Reno.

Chamberlain seria um importante intermediário nas relações franco--germânicas, que chegariam a um novo patamar em 1925-6. Os interesses britânicos globais, que envolviam dispendiosos gastos com a defesa (principalmente a Marinha) para proteger suas possessões de além-mar, exigiam o abrandamento das tensões na Europa, o que implicava instituir algum tipo de equilíbrio entre a França e a Alemanha. Mas os dois maiores atores no reordenamento dessas relações foram os congêneres de Chamberlain nos dois países, os ministros das Relações Exteriores Aristide Briand e Gustav Stresemann.

Briand — eloquente, charmoso, com um cigarro entre os lábios sob o basto bigode — era o típico diplomata francês e estadista de visão, chegando mesmo a contemplar, naquele contexto precoce, uma futura união federativa europeia independente do poderio americano. Ele admitia que os interesses da França consistiam em combinar suas necessidades de segurança com uma reaproximação que pudesse ser a base de paz e prosperidade duradouras, tanto para a França como para a Alemanha. Sua dificuldade estava em convencer a opinião pública francesa de que a reaproximação com o velho inimigo não prejudicaria a segurança.

O ministro das Relações Exteriores da Alemanha, Gustav Stresemann — calvo, de compleição robusta, rosto levemente suíno com um bigode fino, dono de uma personalidade marcante, ambicioso e dominador —, tinha também uma visão de futuro para assegurar as bases de uma paz duradoura na Europa. Era ao mesmo tempo ardoroso monarquista e, durante a guerra, anexionista declarado. Mas o conflito, a experiência alemã no pós-guerra e o ano traumático de 1923 (época em que Stresemann foi chanceler do Reich) convenceram-no da necessidade de estabelecer as relações com a França num novo patamar se quisesse que seu objetivo de "uma Alemanha pacífica no centro de uma Europa pacífica" se tornasse realidade. "A nova Alemanha e sua recuperação", disse ele na conferência do Partido Popular Alemão (Deutsche Volkspartei, DVP) em 1926, "só pode se basear na paz." "Mas como essa paz seria possível", perguntou, "se não se fundamentasse num entendimento entre a Alemanha e a França?"

Stresemann era, a um só tempo, pragmático sagaz e nacionalista incansável. Não existia contradição nisso. Para ele, o essencial era restabelecer o predomínio da Alemanha na Europa. Entretanto, a Alemanha estava isolada em termos diplomáticos e militarmente debilitada. Para possibilitar o reerguimento alemão, o pré-requisito absoluto era devolver ao país a condição plena de "grande potência", em pé de igualdade com a Inglaterra e a França, o que levaria a uma revisão do Tratado de Versalhes e à solução da questão das reparações. Em sua opinião, isso só se conseguiria por meio de negociação pacífica, o que implicaria uma reaproximação com a França. Como Briand nesse país, Stresemann teve muito trabalho para evitar a interferência de setores importantes e agressivamente críticos da direita nacionalista que exigiam uma política externa mais assertiva. Mas durante cinco anos ele controlou a situação.

O passo decisivo no estabelecimento da détente franco-germânica foi o Tratado de Locarno, assinado em 16 de outubro de 1925. Os termos foram negociados por Stresemann, Briand e Chamberlain a bordo do *Orange Blossom*, durante um passeio de cinco horas pelo lago Maggiore. Alemanha, França e Bélgica comprometeram-se a não se atacar. A Inglaterra e a Itália ficaram como fiadoras. O elemento central foi a manutenção das fronteiras ocidentais da Alemanha e da zona desmilitarizada da Renânia, acatada pelas cinco potências. O tratado abriu caminho para a entrada da Alemanha na Liga das Nações em 1926, enquanto as relações internacionais estabelecidas pelo "espírito de Locarno" davam esperanças de paz duradoura aos europeus ocidentais. Os franceses ficaram satisfeitos por ter a Inglaterra garantido formalmente sua segurança. Para Briand, esse foi o ganho decisivo. Os britânicos receberam bem a *détente* e o fato de suas futuras responsabilidades na Europa se limitarem à fronteira do Reno. Para Stresemann, Locarno foi um passo necessário para o objetivo de ressurgimento da Alemanha no longo prazo. Com o fim do isolamento diplomático, eram boas as perspectivas de conseguir uma pronta retirada das tropas aliadas da zona desmilitarizada na Renânia (prevista para 1935). Além disso, agora parecia possível recuperar Eupen-Malmédy da Bélgica, readquirir o Sarre, facilitar as reparações e pôr um fim ao controle militar aliado na Alemanha. A perda da Alsácia-Lorena teve de ser aceita, é bem verdade, mas Stresemann demonstrou que esse era um corolário inevitável da debilidade militar alemã. E não precisou fazer concessão alguma quanto às fronteiras orientais da Alemanha.

Cada uma das potências ocidentais teve seus motivos de satisfação com os resultados de Locarno. Na Europa Oriental, a reação foi diferente. A Polônia, principalmente, sentiu-se abandonada pelas potências ocidentais, e sobretudo por sua aliada, a França. A posição da Polônia ficou bastante enfraquecida, e o país, mais isolado do que nunca, espremido precariamente entre a União Soviética e a Alemanha. Não houve um "Locarno oriental". A Alemanha excluiu claramente a possibilidade de garantir as fronteiras polonesas. Nem a Inglaterra, que não queria envolvimentos com a Europa Oriental, nem a França — apesar de suas alianças com a Polônia e com a "pequena Entente" constituída por Tchecoslováquia, Romênia e Iugoslávia, ambas de 1921 — tinham motivo para insistir nessa garantia. Estavam interessadas em comprometer com maior firmeza a Alemanha com o Ocidente e descartar qualquer possibilidade de fortalecimento de seus laços com a União Soviética — defendida por algumas vozes na Alemanha, evocando os méritos do Tratado de Rapallo de 1922, que estabelecera prósperas relações comerciais (assim como uma cooperação militar sigilosa) com vantagens importantes para os dois países. Os nacionalistas raivosos ficaram descontentes com Locarno, como se previa. O próprio Stresemann procurou aplacar as críticas da direita deixando em aberto a questão da "retificação" das fronteiras orientais, com a esperança de que em algum momento Danzig, o Corredor Polonês e a Alta Silésia voltassem para a Alemanha. Ele assegurava que o uso da força não seria contemplado. Supunha que uma diplomacia paciente faria com que isso fosse descartado com o tempo.

Em 10 de setembro de 1926, a Alemanha foi aceita na Liga das Nações como membro permanente do conselho. Stresemann falou sobre o lugar da Alemanha, ao lado de seus antigos inimigos, referindo-se à possibilidade de uma nova direção para a humanidade. Chamberlain viu o fato como o fim do capítulo da guerra e um recomeço para a Europa. Briand foi o que usou da retórica mais efusiva. "Fora com os fuzis, metralhadoras, canhões! Abram caminho para a conciliação, a arbitragem, a paz", declarou. (Dois anos depois, o francês, com seu inabalável idealismo, inspiraria, junto com o secretário de Estado americano, Frank B. Kellogg, o inócuo Pacto Briand-Kellogg, que renunciava à guerra como instrumento de política nacional e meio de resolver disputas internacionais — letra morta desde o momento em que foi assinado.)

A embriaguez do "espírito de Locarno" em pouco tempo deu lugar à sobriedade. Depois que a euforia se dissipou, percebeu-se que a distância entre os interesses franceses e os alemães continuava grande. Os receios dos franceses quanto à segurança não eram de fácil superação. Da mesma forma, a esperança alemã de pôr um rápido fim à ocupação estrangeira em toda a Renânia logo se evaporou (embora em 1926 as tropas aliadas tenham deixado a região de Colônia). Em 1926, uma proposta que visava a possibilitar o cumprimento dos compromissos da Alemanha por meio da venda pública de títulos de ferrovias entregues como garantia à Comissão de Reparações, no valor de 1,5 milhão de marcos-ouro, deu em nada. A Alemanha pressionava pela evacuação de seu território na Renânia (onde 60 mil soldados aliados estavam aquartelados), pela devolução do Sarre e de Eupen-Malmédy ao país e pela supressão da Comissão de Controle Militar Interaliados. Contudo, os franceses viam pouca ou nenhuma vantagem em correr um maior risco de segurança (embora a supervisão do desarmamento alemão pelos Aliados tivesse sido transferida de fato à Liga das Nações em 1927). Além do mais, os banqueiros americanos se opunham à venda dos títulos dados em garantia por força do Plano Dawes. Numa assembleia da Liga das Nações realizada dois anos depois, em 1928, a Alemanha apresentou um pedido formal de desocupação da Renânia, dessa vez sem oferecer nada em troca. A França e a Inglaterra, como era de esperar, não se deixaram convencer e insistiram em atrelar a questão da Renânia à decisão final sobre as reparações.

Nessa época, mais uma vez, as reparações estavam se tornando uma grande preocupação, já que as parcelas pagas pela Alemanha por determinação do Plano Dawes sofreriam reajuste em 1928-9, acarretando um pesado ônus para a economia alemã. Um novo comitê de reparações, liderado pelo empresário americano Owen D. Young, começou a funcionar em janeiro de 1929 para revisar as medidas regulatórias. Suas recomendações, apresentadas cinco meses depois, foram aceitas pelos governos interessados em agosto. Com o Plano Young, a Alemanha teria de pagar bem menos do que o estipulado pelo Plano Dawes, principalmente nos primeiros anos. Mas o prazo de pagamento seria estendido. A última parcela seria quitada só em 1988. A direita nacionalista alemã, indignada, organizou uma petição para rejeitar o Plano Young e forçar um referendo sobre a questão. Mas quando isso ocorreu, em dezembro de 1929, 85% dos eleitores escolheram o Plano Young. Stresemann, que não viveu para ver o referendo, tinha se pronunciado a favor do plano desde que cumprisse um dos objetivos imediatos que ele propunha: a retirada dos Aliados da Renânia. O Parlamento alemão ratificou o Plano Young em março de 1930. Em 30 de junho os aliados retiraram suas tropas, cinco anos antes do estipulado pelo Tratado de Versalhes.

Nessa data, Stresemann, o arquiteto da revisão dos termos da paz, estava morto. Realizou muito em pouco tempo, embora não tenha visto o fruto de seu esforço: o fim da ocupação do Ruhr e da missão controladora da Comissão Militar Aliada, a estabilização da economia, a regulamentação das reparações e a evacuação antecipada da Renânia, para não falar do Tratado de Locarno e do ingresso da Alemanha na Liga das Nações. Mas havia tempos que ele vinha sofrendo com graves problemas de saúde, ampliados pelo exaustivo esforço diplomático. Com nuvens negras encobrindo o céu da Alemanha e a crise econômica a ponto de varrer o continente europeu, sua morte representou um sério golpe às possibilidades de avanço pela senda aberta por ele — a da concessão, da cautela e da restauração negociada do poderio alemão. A perda foi agravada pelo declínio da influência de Briand, acusado pelos franceses de debilidade nas negociações que decidiram a evacuação da Renânia e de defender mal os interesses de segurança do país. Ele tinha sido primeiro-ministro nada menos que dez vezes. Na 11ª, iniciada em julho de 1929, durante a qual acumulou o cargo com o de ministro das Relações Exteriores, deixou o governo menos de um mês depois da morte de Stresemann.

A Conferência de Haia, em agosto de 1929, reunida para buscar acordo sobre as reparações e a evacuação da Renânia, tomou o nome de Conferência para a Liquidação da Guerra. Parecia o começo de um futuro brilhante. Na verdade, 1929 acabou sendo exatamente o ponto medial entre as duas imensas conflagrações que moldaram a história moderna da Europa.

DEMOCRACIAS CAMBALEANTES

O apaziguamento das relações internacionais de meados da década de 1920 em diante foi conseguido pelos governos democráticos. Enquanto sobreviveram, houve boas perspectivas para a paz na Europa, mas os anos de recuperação econômica, na segunda metade da década, não trouxeram um fortalecimento geral da democracia no continente. Algumas democracias já estavam dando lugar a regimes autoritários. Isso era mais provável em sociedades agrárias atrasadas, com raízes democráticas inconsistentes, profunda fragmentação ideológica ou grandes problemas de integração nacional. Só no norte e no oeste da Europa a democracia permanecia sólida. No resto do continente, estava em xeque.

Na Europa Central, a democracia existia apenas como fachada na Hungria e enfrentava sérias dificuldades internas na Áustria, mas resistia bem na Tchecoslováquia. Na Hungria, continuavam existindo partidos políticos, eleições (embora o direito ao voto fosse muito limitado e não houvesse voto secreto fora das áreas urbanas) e um sistema parlamentar. Mas o governo era mais pluralista na aparência que na prática. Controlado de cima para baixo por um Executivo forte, apoiado por um partido governista sem rivais que representava em grande medida os interesses das elites, era muito beneficiado pela apatia popular e por uma classe trabalhadora emasculada.

A democracia na Áustria permanecia intacta, embora suas bases fossem inseguras e seus problemas, desestimulantes. Havia pouco em comum entre os sociais-democratas e os socialistas-cristãos, que, em geral apoiados pelos pangermânicos de direita, controlaram o Parlamento (embora não a capital, Viena) ao longo de toda a década de 1920. O abismo ideológico insuperável cresceu, em lugar de diminuir, nos anos de estabilização. Em 1927 ocorreu um momento crítico. Depois que dois membros da Liga de Defesa Republicana, social-democrata, foram fuzilados pela Defesa da Pátria, de direita, e os assassinos foram inocentados em juízo, uma multidão de trabalhadores ateou fogo à sede do Tribunal de Justiça em Viena. A polícia disparou contra manifestantes que atiravam pedras, matando 85 pessoas e sofrendo quatro baixas. Houve centenas de feridos. Uma calma incômoda retornou, mas os maiores vencedores foram as organizações direitistas de defesa da pátria, que ganharam novos adeptos e apoio financeiro de industriais. Os nacionalistas alemães também conquistavam apoio. As frentes políticas se radicalizavam. A crise econômica, ao chegar, em 1930, atingiu uma democracia erigida sobre terreno instável.

A Tchecoslováquia, em comparação, superou divisões étnicas e a fragmentação de sua estrutura partidária, indo contra a corrente para sustentar o governo democrático livre de graves ameaças. Os territórios tchecos (embora não a Eslováquia) eram industrialmente bem desenvolvidos. Havia uma vasta burguesia instruída e uma experiente administração civil. A ameaça do comunismo — o Partido Comunista ganhou quase 14% dos votos em 1925 (numa eleição disputada por 27 partidos) e mais cadeiras parlamentares que qualquer outro — foi um fator de unidade para o restante do espectro político. Apesar de suas divisões, os principais partidos (fora o Comunista) apoiavam a democracia. Foi possível formar coalizões funcionais cujo propósito inabalável de fazer o governo democrático funcionar fortaleceu-se com o crescimento econômico sustentado a partir de 1923 e com a queda acentuada no desemprego. A ainda frágil unidade nacional da Tchecoslováquia, conquistada a duras penas, dependia de uma situação interna estável e da disposição dos partidos políticos para sustentar o sistema democrático, enquanto rumores conciliatórios sobre a concessão de maior autonomia à relevante minoria alemã e aos eslovacos desmobilizavam a oposição potencial desses eleitorados.

A Tchecoslováquia foi uma rara história de sucesso. Mas, mesmo antes que se desencadeasse a Grande Depressão, em grande parte da Europa Oriental, nos Bálcãs, e do Mediterrâneo ao Atlântico, a democracia estava em colapso, em vias de entrar em colapso, ou lutando para se firmar.

Na Polônia, o herói da independência, o marechal Piłsudski, perdeu a paciência com o fracasso de sucessivas administrações que tentavam conferir estabilidade ao país, às voltas com gravíssimos problemas, e deu um golpe de Estado em 12-4 de maio de 1926. Nos anos seguintes, levou a Polônia para um autoritarismo cada vez maior. Integrar em pouco tempo um país que tivera seis moedas, três códigos civis, duas bitolas ferroviárias, um número excessivo de partidos políticos e consideráveis minorias étnicas (cada uma delas fortemente discriminada) era pouco menos que impossível. A economia estava se recuperando da hiperinflação de 1922-3 — a adoção de uma moeda única, o złoty, em 1924, foi um grande passo —, mas o país ainda enfrentava uma situação grave (exacerbada por uma guerra tarifária com a Alemanha), ainda mais difícil de superar por causa da crise política permanente. Mais do que qualquer outra, a redistribuição da terra era uma questão que causava divisões políticas. Governos começavam e acabavam em rápida sucessão.

Em 1926, sem nenhuma melhora política ou econômica no horizonte e com o governo paralisado na prática por divergências parlamentares insolúveis, Piłsudski deu um basta. Organizando o apoio de partes do Exército que tinham permanecido leais a ele e depois de um breve enfrentamento militar em Varsóvia, forçou a renúncia do governo. Os elementos decorativos do governo constitucional continuaram existindo, mas as restrições às liberdades democráticas aumentaram e o autoritarismo se ampliou, inclusive com uma repressão cada vez maior à oposição política.

Condições estruturais semelhantes às que levaram a Polônia ao autoritarismo — graves problemas na economia predominantemente agrária, tensões sobre a questão da terra, divisões partidárias insuperáveis, minorias étnicas de peso, integração nacional inatingível e Forças Armadas poderosas — frustraram as chances de estabelecer democracias seguras em grande parte do Leste Europeu. Na Lituânia, o autoritarismo não levou muito tempo para se instalar. As Forças Armadas lituanas, derrotadas pelo Exército de Piłsudski em 1920 mas agora inspiradas por seu golpe na vizinha Polônia, instigaram um *putsch*, em dezembro de 1926, que levou ao fechamento do Parlamento por uma década e à concentração do poder nas mãos do presidente. Em outras partes do Báltico, apesar da instabilidade interna, os sistemas parlamentaristas da Letônia, da Estônia e da Finlândia conseguiram segurar as pressões autoritárias da esquerda e da direita — embora só a democracia finlandesa tenha atingido sobrevivência duradoura.

Nos Bálcãs, a política clientelista e a violência brutal andavam invariavelmente de mãos dadas por trás da aparência de governo representativo. A corrupção campeava. Rivalidades políticas muitas vezes refletiam ódio de clãs em países agrários e paupérrimos, com altos índices de analfabetismo. Questões de fronteiras e nacionalidade contribuíam para a instabilidade crônica. As Forças Armadas normalmente desempenhavam papel determinante.

A Grécia transitou da monarquia à república, a uma ditadura militar efêmera e de volta à república entre 1923 e 1927, quando foi adotada a terceira constituição em três anos. Depois disso, seguiram-se quatro anos de relativa estabilidade até que a dracma perdeu três quartos de seu valor, com a chegada da crise econômica, e a Grécia mergulhou numa espiral de incapacidade administrativa desastrosa. Em 1936, a democracia de fachada descambou de vez para o autoritarismo.

Sem lei e dominada pela violência, a Albânia mal podia ser vista como um Estado. O cruel e paranoico Ahmed Zogu, vitorioso em numerosas vendetas e brigas de clãs, tomou o poder em dezembro de 1924 com um golpe militar. Quatro anos depois declarou-se rei e deu início a um governo clientelista apoiado na força armada. A ditadura pessoal do rei Zog durou catorze anos.

Também na Bulgária a violência política era extrema e endêmica. Quando o primeiro-ministro Alexander Stamboliiski foi assassinado em 1923 por um grupo de oficiais apoiado pelo rei Boris III, seu corpo foi desmembrado e sua cabeça, enviada a Sofia numa lata. Um levante comunista foi reprimido com violência sanguinária, com as vítimas contadas aos milhares. Outra onda de "terror branco" seguiu-se à explosão de uma bomba na catedral de Sofia em 1925, que deixou 160 mortos e centenas de pessoas gravemente feridas (embora o rei e seus ministros tivessem saído ilesos). Sustentada por essa repressão, uma forma superficial de governo parlamentarista, com um partido governista dominante, estabilizou-se e sobreviveu aos anos da Depressão.

Na Romênia, profundas tensões giravam em torno da questão da terra — a grande massa da população, predominantemente rural, compunha-se de pequenos proprietários agrícolas — e da identidade nacional. A nação se sentia ameaçada tanto pelas pretensões húngaras de recuperar territórios tomados pelo Tratado de Versalhes como pelo bolchevismo (embora o minúsculo Partido Comunista, declarado ilegal em 1924, representasse apenas a sombra de uma ameaça) e por minorias étnicas, principalmente pelos judeus. Durante a década de 1920 as tensões foram controláveis. A nova constituição de 1923 reforçou o poder executivo. A manipulação das eleições permitiu que a família Bratianu exercesse praticamente um monopólio do poder, apoiada pela maioria parlamentar do Partido Nacional Liberal, controlado por ela. No entanto, a morte do rei Fernando, em 1927, depois de um reinado de catorze anos, corroeu o poder da família Bratianu e inaugurou a instabilidade política. No ano seguinte, em consequência das dificuldades cada vez maiores da economia agrária, o Partido Nacional Liberal foi derrotado nas urnas pelo Partido Nacional Camponês, que, incapaz de gerenciar os problemas econômicos do país, em pouco tempo perdeu apoio. Num golpe incruento em 1930, o rei Carlos II, obrigado a renunciar a seu direito ao trono por causa de sua amante de origem judia, revogou a renúncia e foi proclamado rei. Os anos seguintes assistiriam a uma prolongada crise política, junto à ascensão de um movimento fascista violento e visceralmente antissemita, contra o pano de fundo das graves dificuldades econômicas — um caminho aberto para a ditadura.

No Reino dos Sérvios, Croatas e Eslovenos, congregação que já começou titubeante, a expropriação dos grandes latifúndios (com indenização) e a redistribuição da terra aos camponeses continuaram sendo fontes de grandes atritos. O país enfrentava também problemas fronteiriços por todos os lados: com Itália, Grécia, Hungria e Albânia. Mas seu problema estrutural, que consistia na tentativa de conciliar os interesses irremediavelmente conflitantes dos croatas católicos e da maioria sérvia ortodoxa, foi o que levou a democracia inadministrável para o autoritarismo. O assassinato de três deputados croatas em pleno Parlamento por um sérvio furioso e incontrolável, em 1928, desencadeou a sucessão de acontecimentos que levou o rei Alexandre I a dissolver o Parlamento e suspender a constituição em janeiro do ano seguinte. Aboliu-se a liberdade de imprensa, os partidos políticos foram proibidos e instaurou-se um Estado mais centralizado. (Em outubro de 1929, o país recebeu o nome supostamente unificador de "Iugoslávia" — terra dos eslavos do sul.) Esses atos foram consolidados com a nova constituição autoritária de setembro de 1931.

No Mediterrâneo, o governo parlamentarista pluralista estava na defensiva fazia tempo ou já tinha entrado em colapso. Com o Tratado de Latrão, de 1929, que reconheceu a soberania do Vaticano, regulou as relações com o papado e reafirmou o catolicismo como religião oficial da Itália, Mussolini consolidou seu poder sobre o Estado italiano eliminando qualquer possibilidade de oposição por parte da Igreja católica. A última esfera de poder relativamente autônomo no Estado fascista estava neutralizada. Na Espanha, Primo de Rivera deu continuidade à ditadura relativamente branda que estabelecera em 1923, mas enfrentou dificuldades para manter a coesão de seu frágil regime na época em que a Depressão se abateu sobre o país.

Em 1926, Portugal acompanhou os demais países mediterrâneos no autoritarismo. A Primeira Guerra Mundial tinha desestabilizado a velha estrutura oligárquica de poder. A instabilidade governamental crônica desembocou em 45 governos de tipos diversos entre 1910 e 1926. Um governo militar ocupou o poder durante poucos meses em 1915. Outra ditadura militar breve, com características protofascistas, foi instaurada em 1917-8. A violência política, nunca distante da superfície da política portuguesa, tornou-se endêmica na década de 1920. As Forças Armadas, embora desunidas, constituíam uma força potencialmente insurrecional que tolerava com muita má vontade o sistema pluralista disfuncional. Um golpe mal organizado em 1925 foi reprimido. No ano seguinte, facções de militares superaram suas divisões, e o governo civil, sem nenhum apoio efetivo do povo apático, não apresentou resistência ao golpe encabeçado pelo general Gomes da Costa. A elite conservadora e a Igreja católica apoiaram o golpe. A esquerda era pequena e fraca demais para opor alguma resistência. Gomes da Costa em pouco tempo cedeu lugar ao general António Carmona, cujo governo continuou sendo apoiado pelos militares. Carmona tornou-se presidente em 1928 e continuou na função até a morte, em 1951, mas a figura central do governo já era António de Oliveira Salazar, professor de economia na Universidade de Coimbra que foi indicado para o Ministério das Finanças em abril de 1928 e tornou-se primeiro-

-ministro dois anos depois. Durante quarenta anos, ele seria a voz decisiva do regime autoritário de Portugal.

Só no norte e no oeste da Europa — as partes mais avançadas do continente do ponto de vista econômico — a democracia estava firme no fim da década de 1920. As condições que determinaram a erosão da democracia no sul e no leste não existiam ali. A democracia estava já firmemente estabelecida ou em vias de consolidação nos anos de forte crescimento econômico antes da Depressão. O Estado apoiava-se num amplo consenso no âmbito popular e no da elite, e os partidos extremistas de direita e esquerda haviam sido marginalizados. Quaisquer que fossem as variantes, certo número de fatores gerais teve um papel na sustentação da legitimidade democrática: a continuidade das instituições políticas e sociais, apesar das turbulências da guerra e do pós-guerra; formas de governo que foram capazes de incorporar os interesses de vastos setores da sociedade e de fazer ajustes pragmáticos em sua política; integridade territorial e homogeneidade cultural; e a debilidade do comunismo, que deixou uma social-democracia relativamente forte como principal representante da classe trabalhadora. A integração nacional nesses países foi, na maior parte dos casos, um processo lento e gradual. Foi o que ocorreu em Inglaterra, França, Escandinávia, Países Baixos e Suíça. O novo Estado Irlandês Livre, que compreendia a parte maior e mais meridional da Irlanda, era uma exceção pelo fato de ter se estabelecido apenas depois de seis anos conturbados de luta contra os britânicos pela independência. Contudo, logo ficou comprovado que mesmo no sul da ilha era possível consolidar um Estado-nação recém-criado e uma democracia bipartidária funcional, baseada em boa medida numa cultura homogênea, sustentada pelo arraigado catolicismo e pelo antagonismo generalizado à Inglaterra.

O fracasso da democracia em grande parte da Europa teve consequências para a população dos países afetados e, às vezes, para seus vizinhos mais próximos. Mas não era provável que ameaçasse a paz na Europa. Essa ameaça só existiria se a democracia entrasse em colapso em uma ou mais das grandes potências — Inglaterra, França e Alemanha —, cuja estabilidade era essencial para o precário equilíbrio no pós-guerra.

A economia da Inglaterra esteve estagnada durante grande parte da década de 1920, ainda que na comparação com quase todos os demais países da Europa fosse um modelo de estabilidade política. Contudo, nem o sistema eleitoral de escrutínio majoritário — que favorecia os grandes partidos, evitando a fragmentação e a formação de coalizões — conseguiu evitar três mudanças de governo entre 1922 e 1924. Ramsay MacDonald, filho de uma trabalhadora rural e empregada doméstica escocesa, superou a desvantagem social da ilegitimidade e chegou à liderança do Partido Trabalhista. No primeiro de seus dois períodos como primeiro-ministro, MacDonald formou um governo que durou apenas de janeiro a novembro de 1924. Depois disso, o governo permaneceu durante cinco anos em mãos dos conservadores. O novo primeiro-ministro, Stanley Baldwin, de uma rica família de industriais da siderurgia das Midlands, tinha uma aparência firme e confiável. Seu governo teve de superar as divisões sociais e as turbulências políticas que acompanharam a greve geral de 1926 e, no ano seguinte, entrou em declínio. Mas a crise na Inglaterra foi administrada por meio de ajustes internos no sistema. O comunismo, apoiado por menos de 1% do eleitorado, e as minúsculas facções fascistas em formação, integradas nessa altura principalmente por valentões e excêntricos, não causavam maior impacto na política dominante. Na década de 1920, os problemas socioeconômicos da Inglaterra eram significativos, mas não dilapidaram a legitimidade democrática. Quando a Depressão impôs a crise sobre o governo trabalhista minoritário de Ramsay MacDonald, em 1930-1, o Estado em si não entrou em crise.

A estabilidade não estava tão garantida na França, embora a democracia não tenha enfrentado ameaças sérias até os anos da Depressão. O troca-troca de gabinetes — seis governos diferentes durante a crise monetária, entre abril de 1925 e julho de 1926 — não pôs em questão a legitimidade da Terceira República. A estabilidade voltou com o governo de Raymond Poincaré, primeiro-ministro entre 1926 e 1929, e parecia consolidada pelo predomínio da direita nas eleições de 1928. Na superfície, estava tudo bem.

Ao contrário da Inglaterra, porém, o sistema político era contestado. Um setor da sociedade francesa, com influência além do âmbito de seu pequeno número de integrantes, nunca aceitou a República, apenas tolerou-a com resignação. Em 23 de novembro de 1924, os comunistas, que haviam perdido boa parte de sua base de apoio, participaram de uma grande passeata em Paris, ao lado dos socialistas, acompanhando as cinzas do herói socialista Jean Jaurès (assassinado em 1914) ao Panteão. Nessa época, em que a França tinha um governo de esquerda e estava às voltas com uma crise financeira, a "floresta de bandeiras vermelhas" evocou o espectro da Revolução Bolchevique. O evento foi descrito pela direita como "o funeral da burguesia", "quando a ameaça revolucionária tornou-se clara para todos". Em poucos dias, começaram a pipocar "movimentos patrióticos" autodenominados "ligas" disto e daquilo — uma delas, o Faisceau, mostrava suas inclinações no próprio nome, tomado de empréstimo ao fascismo italiano —, que recrutaram dezenas de milhares de franceses, especialmente jovens, quase que da noite para o dia.

Nem todas as ligas eram fascistas. Algumas delas, na verdade, rejeitavam essa associação. E nem toda a extrema direita francesa foi atraída pelas ligas. Como em toda parte, os limites entre a direita conservadora e a extremista eram tênues. O movimento perdeu força. A mão estabilizadora de Poincaré e a sensação de segurança restabelecida entre as classes proprietárias desarmou a crise. As ligas perderam apoio — pelo menos por algum tempo. Com o conservadorismo dominando, a sensação de necessidade de uma extrema direita diminuiu. Mas não desapareceu. Numa nova crise — mais prolongada, mais desestabilizante, mais perigosa —, a ameaça da extrema direita poderia voltar, de forma mais intensa, a pôr em perigo a república francesa.

Se a Inglaterra estava firmemente estabilizada e a França quase isso, a Alemanha era mais enigmática. Não se encaixava claramente nem no modelo das democracias relativamente bem estabelecidas do norte e do oeste da Europa, com economias mais avançadas, nem no modelo das recém-criadas e frágeis democracias do leste. Em muitos aspectos, a Alemanha era um híbrido. Parecia ao mesmo tempo com a Europa Ocidental e Oriental. Tinha um vasto proletariado industrial, como a Inglaterra e a França, mas também um grande campesinato, principalmente nas regiões orientais, cujos valores estavam presos à terra. Possuía uma antiga tradição de idealismo democrático e políticas pluripartidárias, uma burocracia altamente enraizada, uma economia industrial moderna e uma população instruída e culturalmente adiantada.

Mas seu sistema democrático era novo. Surgira do trauma da derrota na guerra e na revolução, e era veementemente contestado desde o início. A unificação política da Alemanha tinha ainda pouco mais de meio século, e era recoberta por um sentimento de identidade cultural que ia muito além das fronteiras do Estado-nação. Ao contrário do que acontecia na Inglaterra, na França e em outros países da Europa do norte e do oeste, a nacionalidade alemã se definia pela etnicidade, não pelo território. E as elites intelectuais nacionais, embora com pontos de vista diversos, em geral rejeitavam os valores daquilo que chamavam de democracia "ocidental", fossem as tradições francesas herdadas da Revolução de 1789 ou o capitalismo de livre-comércio e o liberalismo que moldaram o desenvolvimento britânico. O Estado alemão, como corporificação dos valores culturais nacionais, era, a seus olhos, não apenas diferente dos demais representantes da civilização ocidental, mas superior a eles. A humilhação nacional alemã ao fim da Primeira Guerra Mundial, sua debilidade econômica e militar no pós-guerra, a perda da condição de grande potência e as divisões em seu sistema parlamentar eram, a seu ver, uma catástrofe temporária, não um estado de coisas permanente.

A estabilidade política na Alemanha não era apenas uma questão que dizia respeito a seus próprios cidadãos; era vital para o futuro pacífico do continente europeu. A posição geográfica da Alemanha, ocupando áreas do leste e do oeste da Europa, seu potencial econômico e militar, e suas expectativas revisionistas quanto ao Leste Europeu tornavam essencial a sobrevivência da democracia e, com ela, a continuidade da política de cooperação internacional de Stresemann para manutenção do instável equilíbrio de poder no continente.

Na Alemanha dos "anos dourados" do fim da década de 1920, não parecia haver motivo de inquietação. O crescimento econômico era firme. Os padrões de vida estavam melhorando. O país passou a fazer parte da Liga das Nações. As fronteiras ocidentais tinham sido fixadas em Locarno. Quatro mudanças de governo entre 1925 e 1927 não afetaram a sensação de que, depois do período de inquietação no início da década, a democracia estava instalada. Os extremismos políticos tinham perdido apoio. A base de sustentação do comunismo caíra para 9% em 1924, com o correspondente aumento de votos para os sociais-democratas moderados. A extrema direita, embora fragmentada depois da frustrada tentativa de golpe empreendida por Hitler em novembro de 1923, permanecia viva nos setores mais marginais da política — ao sair da prisão, no ano seguinte, ele refundara seu Partido Nazista. Na opinião de um observador em 1927, este não passava de "uma dissidência incapaz de exercer influência digna de nota sobre a grande massa da população e sobre o curso dos acontecimentos políticos".

As eleições gerais de 1928 foram o reflexo de tempos mais estáveis. A direita conservadora, em grande parte pouco entusiasmada com a democracia, no melhor dos casos, sofreu derrotas pesadas. Parecia um fato comprovado que os nazistas estavam liquidados como força política depois dos míseros 2,6% dos votos conquistados, que lhes deram apenas doze cadeiras no Parlamento. Os principais vencedores foram os sociais-democratas, com pouco menos de 30% dos votos, de longe o maior partido dentro da "grande coalizão" integrada também pelos dois partidos católicos e os dois liberais. Com Hermann Müller, os sociais-democratas lideravam o governo pela primeira vez desde 1920. A democracia na Alemanha parecia ter boas perspectivas.

Sob a superfície, a situação era menos rósea. A coalizão de Müller foi frágil desde o início, com profundas divisões que logo emergiriam entre os sociais-democratas e seu aliado mais improvável: o Partido Popular Alemão, de Stresemann, representante do grande empresariado. O primeiro motivo de desacordo entre os dois partidos foi a construção de um poderoso navio de guerra. Na campanha que antecedeu a eleição, os sociais-democratas usaram o slogan "couraçados não, alimentos para as crianças sim". Portanto, quando ministros do centro e da direita da coalizão começaram a pressionar pela construção do couraçado, os sociais-democratas ficaram indignados. A paralisação determinada por industriais do Ruhr atingiu quase 250 mil metalúrgicos, causando novos desentendimentos entre os membros da coalizão. A incompatibilidade ficou claramente exposta com uma disputa inconciliável e prolongada sobre a proposta de aumentar ligeiramente a contribuição patronal para o seguro-desemprego — questão que acabou dissolvendo a mal-ajambrada coalizão em março de 1930.

Nesse período, as dificuldades econômicas vinham aumentando. O desemprego chegou à marca de 3 milhões de trabalhadores em janeiro de 1929, 1 milhão a mais que no ano anterior e o equivalente a 14% da população economicamente ativa. Os comunistas, que tinham conquistado mais de 10% dos votos nas eleições de 1928, estavam encontrando apoio entre muitos dos desempregados e, de acordo com a linha stalinista adotada pelo Comintern, centravam fogo nos sociais-democratas, caricaturizados como "sociais-fascistas". No campo, a crise da economia agrária causava muita animosidade política.

Os nazistas, em certa medida até para sua própria surpresa, perceberam que estavam conquistando considerável apoio nas zonas rurais do norte e do leste, mesmo sem promover uma agitação continuada. O número de filiados vinha aumentando, na verdade, mesmo durante os anos de ostracismo político, e chegava agora a 100 mil — uma boa base de ativistas para explorar o descontentamento crescente. A publicidade favorável que receberam da imprensa conservadora pela estridente campanha que fizeram contra o sistema de reparações instituído pelo Plano Young também ajudou sua causa. Os nazistas, embora ainda longe de ser um partido dominante, tiveram um aumento no número de eleitores em diversas eleições regionais em 1929. Em junho seguinte, com a depressão correndo solta, o partido de Hitler teve mais de 14% dos votos nas eleições estaduais da Saxônia — quase seis vezes mais que na eleição de 1928 para o Reichstag.

Pouco depois, o sucessor de Müller no cargo de chanceler, Heinrich Brüning, do Partido do Centro, dissolveu o Reichstag, que rejeitara suas propostas de cortes drásticos nos gastos públicos. Não se fez nenhuma tentativa de encontrar uma solução democrática para as dificuldades financeiras. Pelo contrário, Brüning pretendia impor suas medidas deflacionárias por decreto presidencial. O cargo crucial de presidente do Reich vinha sendo ocupado desde 1925 por um herói de guerra, o marechal de campo Von Hindenburg. Embora tendo jurado manter a república democrática, Hindenburg, um pilar do velho regime monarquista, não era em absoluto um democrata e, pelo contrário, via-se mais ou menos como uma espécie de sucedâneo do cáiser. A troca do chanceler social-democrata Müller por Brüning, sabidamente determinado a governar com o apoio de decretos presidenciais, tinha sido, na verdade, planejada meses antes como parte de uma estratégia que pretendia desgastar a social-democracia e instaurar um governo sem pluralismo parlamentar. Nem por um momento Hindenburg, Brüning e as elites conservadoras, que apoiavam suas manobras, contemplaram a possibilidade de um governo liderado pelos nazistas — vistos como populistas primitivos, vulgares e barulhentos, em nada adequados para gerir o Estado alemão. O que eles queriam era fazer os ponteiros do relógio andar para trás, com ou sem monarquia, para um arranjo constitucional de tipo bismarckiano em que o governo estivesse fora do controle do Parlamento — principalmente fora do controle dos odiosos sociais-democratas. O objetivo de Hindenburg, de Brüning e das elites conservadoras era uma espécie de semiautoritarismo administrado por essas elites.

Com Brüning na chancelaria e Hindenburg disposto a passar por cima do Parlamento, um sério golpe foi infligido ao Estado democrático antes mesmo do mergulho na Depressão. Outro golpe importante ocorreu com as eleições para o Reichstag, em 14 de setembro de 1930. A convocação das eleições, decidida por Brüning, foi um espetacular tiro no pé. O partido de Hitler conquistou um sensacional avanço eleitoral, ganhando 18,3% dos votos e 107 cadeiras no novo Reichstag. De uma hora para a outra, os nazistas estavam no mapa, agora na condição de segunda força no Parlamento. O voto nos nazistas já não era um voto desperdiçado em um partido periférico sem importância. O apoio de massas crescia rapidamente, trazendo consigo um fluxo de financiamento para empreender mais agitação radical. Sua popularidade estava aumentando, mas a possibilidade de

Hitler chegar à chancelaria ainda era remota. Porém, com a fatídica decisão de governar por decreto, e com o sucesso eleitoral dos nazistas em 1930, a morte da democracia alemã se anunciava. Com ela, as incertezas na Europa como um todo tendiam a se ampliar. O equilíbrio instável dos anos anteriores estava em perigo.

Obviamente, o futuro está sempre em aberto, jamais sendo um caminho de mão única, claro e predeterminado. Não é possível saber se sem a Depressão, importada dos Estados Unidos, a Europa poderia ter avançado pela senda do crescimento econômico, do liberalismo e dos governos democráticos até as vastas alturas ensolaradas da paz e da harmonia internacional. Mas um apostador prudente não teria colocado muitas fichas nessa possibilidade. Embora a crise cada vez mais profunda dos anos seguintes não fosse inevitável ou preestabelecida, ela não veio do nada. Os "anos dourados" da Europa foram, por baixo do brilho superficial, tempos opacos e conturbados.

Graves debilidades econômicas numa economia global instável e desequilibrada, agravadas pelo protecionismo nacionalista e pela glorificação dos interesses próprios, não proporcionavam uma base firme para deter as ondas de choque que vinham do outro lado do Atlântico. As divisões culturais estimulavam forte preconceito e animosidade, que podiam ser facilmente explorados no caso de uma reviravolta no clima social e intelectual. Em toda parte, as ideias liberais e democráticas se achavam na defensiva. E, quando chegou a Depressão, grande parte da Europa estava afundada no autoritarismo, ou à beira dele.

Havia um país mais importante que qualquer outro para o destino da Europa. As esperanças de um futuro luminoso para o continente se depositavam sobretudo na Alemanha. E ali, mesmo antes da quebra da bolsa de Nova York, havia motivo de preocupação. O crescimento econômico ocultava problemas crescentes. A divisão cultural era mais aguda que em qualquer outro lugar. E os sinais de perigo político iminente já eram visíveis antes do mergulho na crise total. A sobrevivência da democracia alemã era a melhor garantia de paz e estabilidade futuras para a Europa. O que aconteceria se a democracia entrasse em colapso no país que era mais crucial para a Europa? As consequências da Depressão sobre os anos seguintes seriam decisivas não só para a Alemanha, mas para todo o continente.

A Europa tinha dançado no topo do vulcão, em aparente serenidade, durante os anos do charleston. Agora, ele entrava em erupção.

5. Sombras ameaçadoras

Ladeira abaixo, afogado sem deixar sinal, absolutamente destruído. Ordem e limpeza, fim; trabalho, segurança material, fim; progresso e esperança, fim.

Hans Fallada, *E agora, Zé-Ninguém?* (1932)

A Grande Depressão, que apertou suas garras a partir de 1930, foi nada menos que uma catástrofe para a Europa. Mas não atingiu todo o continente de forma homogênea. Alguns países, a depender de suas estruturas políticas e econômicas, escaparam de seu impacto sem grandes traumas. E, dentro de cada país, nem todas as regiões foram afetadas igualmente. Houve algumas áreas de crescimento até em economias gravemente deprimidas. Mesmo assim, o prejuízo trazido pela recessão dificilmente poderia ser exagerado. Foi gigantesco e extenso. Nenhum lugar passou ileso de suas consequências.

As linhas de fratura política da Europa se expandiram durante a Depressão. O continente dividiu-se praticamente em dois. Com exceção de Finlândia, Tchecoslováquia e Espanha (e nestas duas últimas por pouco tempo), a democracia só sobreviveu no norte e no oeste da Europa. Em todos os demais países, o autoritarismo, em uma forma ou outra, saiu triunfante. Estavam se formando sombras sobre o continente econômica e politicamente combalido.

RECESSÃO

O boom americano que promovia cada vez mais investimentos de risco em bens de consumo duráveis, automóveis, siderurgia e construção civil entrou em colapso a partir de 24 de outubro de 1929, quando a bolha especulativa estourou. "O mercado parecia uma coisa insensata que infligia uma vingança brutal e implacável contra os que acharam que podiam dominá-lo", comentou um observador. Em Wall Street, investidores em pânico vendiam suas ações, cujos preços desabaram. Milhares de especuladores ficaram arruinados. A confiança empresarial acabou. A produção industrial e as importações entraram em rápido declínio. Os preços das commodities caíram. O desemprego disparou. Os empréstimos internacionais já tinham caído antes da quebra, e exigiu-se o pagamento dos créditos de curto prazo concedidos a países europeus, principalmente a Alemanha.

Numa economia internacional desequilibrada, que já se defrontava com fortes tendências deflacionárias, a Europa foi sugada inevitavelmente para o desastre econômico, que só aumentava. O contágio ganhou terreno. Em 1930, a produção industrial europeia estava em frangalhos. O desemprego em massa cruzou o Atlântico. No começo do verão de 1930, já havia 1,9 milhão de desempregados só na Alemanha, e o sistema de seguro-desemprego não dava conta deles. A renda média per capita em todo o país já vinha caindo, e em 1932 estava em cerca de dois terços do que tinha sido em 1929. Um ciclo deflacionário se espalhou pelo continente. À medida que a demanda caía, os preços despencavam. Comprava-se menos. Até os gastos em bens de primeira necessidade foram reduzidos ao mínimo. Os salários sofreram cortes, mas, com a queda de preços, seu poder de compra — para os que ainda tinham trabalho — aumentou. Dessa forma, os "salários reais" muitas vezes aumentavam. As receitas dos governos sofreram grande pressão, já que a arrecadação de impostos caiu.

As tentativas de equilibrar o orçamento por meio de corte de gastos públicos só fizeram piorar a já desastrosa situação. A única tentativa de ensaiar uma reação internacional coordenada, a muito alardeada Conferência Econômica Mundial realizada em 1933, em Londres, foi um fracasso total. Cada governo reagiu com a tentativa de proteger sua própria economia. Em meados de 1930, os Estados Unidos já tinham aderido firmemente ao protecionismo. Outros países retaliaram com suas próprias barreiras tarifárias. Em média, as tarifas de importação na França aumentaram para 38% em 1931, e as da Tchecoslováquia para 50%. A Inglaterra quebrou sua tradição de livre-comércio e implantou uma tarifa geral de 10% em março de 1932. Quatro meses depois, fez um acordo com os países de sua esfera de influência que garantia a preferência por produtos britânicos. O comércio internacional, já combalido, sofreu fortes perdas com a queda vertiginosa das exportações.

O pior estava por vir. O sistema financeiro enfrentava pressão cada vez mais forte em muitos países europeus. Em maio de 1931, a quebra do maior banco da Áustria, o Creditanstalt, de Viena, em meio a uma corrida de correntistas que, temerosos de perder seus depósitos, fizeram saques em massa, foi um choque para todo o sistema financeiro da Europa. O segundo maior banco alemão, o Darmstädter und Nationalbank, foi arrastado pelo redemoinho e, em meio ao pânico de saques, decretou falência dois meses depois. Como os bancos europeus começaram a vender libras esterlinas para reforçar suas reservas de ouro, houve uma desvalorização da moeda britânica. A Inglaterra tentou sem sucesso sustentar a taxa de câmbio, mas perdeu 2,5 milhões de libras por dia na segunda quinzena de julho. Os saques em Londres, entre meados de julho e meados de setembro, totalizaram mais de 200 milhões de libras; as reservas do Banco da Inglaterra caíram a um patamar mínimo perigoso e, em 21 de setembro, a Inglaterra foi obrigada a abandonar o padrão-ouro. A libra esterlina perdeu um quarto de seu valor cambial no período subsequente.

Em 1932, a recessão que assolava a Europa chegou a seu pior momento — um colapso sem precedentes da economia capitalista. Caiu o produto interno bruto praticamente em toda parte. No entanto, as percentagens de queda — menos de 7% em Inglaterra, Suécia e Itália, pouco mais de 10% na Bélgica, porém mais de 17% na Alemanha e na Iugoslávia e quase 25% na Polônia — variavam de acordo com as estruturas econômicas desses países, assim como seu grau de dependência do mercado financeiro americano. Uma das maiores economias da Europa, a França, de início foi pouco afetada, em parte porque o franco já estava desvalorizado antes de 1931. Um grande setor agrícola, com peso substancial da agricultura de subsistência praticada em pequenas propriedades, e um grande número de produtores industriais e artesanais em pequena escala, com raízes em economias municipais e regionais, de início ajudaram a proteger a economia contra os efeitos da quebra da bolsa. As medidas tomadas em 1929 para proteger os preços dos produtos agrícolas, mantendo os mercados internos à tona, contribuíram para a resiliência francesa inicial. O governo proclamava com orgulho que sua "política de prosperidade" teria prosseguimento, enquanto outros países encaravam a falência. "Seja qual for a causa da depressão mundial, a França é capaz de enfrentá-la com relativa serenidade", afirmou um grande jornal francês. "O feliz equilíbrio econômico e as virtudes do povo fizeram da França um pilar da economia mundial."

A arrogância em pouco tempo desapareceu. Em 1931, os desempregados no país eram apenas 55 mil. Mas, a partir de então, o governo já não conseguiu evitar ser sugado pela derrocada internacional. E a Depressão, uma vez instalada, durou mais tempo que na maior parte das outras grandes economias. A produção levou uma década para recuperar os níveis de 1929. Em 1936, as exportações francesas chegaram à metade do que tinham sido em 1928. O número de falências empresariais disparou em 1932 e continuou a crescer. Oficialmente, havia mais de 1 milhão de desempregados em 1935. Extraoficialmente, muito mais. A lenta recuperação deveu-se, até certo ponto, à relutância em desvalorizar o franco por razões de prestígio. Como a libra e o dólar se desvalorizaram, os produtos franceses de exportação deixaram de ser competitivos.

Embora a imagem recorrente da Grande Depressão seja a do desemprego industrial em massa nas cidades, os que tiravam seu sustento da terra — agricultores e demais trabalhadores rurais — também sofreram gravemente com a tormenta econômica. A Europa Oriental, muito dependente da agricultura, foi atingida de forma cruel. A pobreza extrema e uma profunda indigência social se generalizaram. Em nenhum lugar foram piores que na Polônia, economia com forte predomínio agrícola e um pequeno setor industrial cujos problemas foram agravados pelo governo com cortes de gastos e manutenção da moeda sobrevalorizada. Um contemporâneo resumiu assim o impacto da Depressão sobre a zona rural polonesa: "No verão é mais fácil, mas no inverno vemos cabanas com crianças amontoadas e metidas até o pescoço em sacos cheios de palha, porque sem essa proteção elas congelariam nas casas gélidas sem aquecimento [...]. A vida tornou-se miserável para todos".

Com os preços dos produtos agrícolas no chão, as torneiras de crédito secas e as taxas de juros nas alturas, a insolvência reduziu muita gente à penúria. As propriedades agrícolas eram vendidas ou iam a leilão. Na Baviera, as vendas forçadas de propriedades entre 1931 e 1932, por exemplo, chegaram a mais de 50%. Os trabalhadores agrícolas lutavam para conseguir trabalho. Pequenos proprietários se mantinham com a agricultura de subsistência. Às vezes, tratava-se de sobrevivência em sentido estrito. As famílias de um vilarejo pobre no sul da França ficaram reduzidas a uma única refeição diária, composta apenas de castanhas, azeitonas, rabanetes e alguma verdura que não conseguiam vender. Compreensivelmente, esses camponeses da França e de muitas outras partes da Europa dirigiam seu ódio a qualquer alvo que acreditassem culpado de seu infortúnio — o Estado, os burocratas, a gente da cidade, agiotas, estrangeiros, judeus —, alimentando o radicalismo da extrema direita.

Nas regiões industriais, a devastação da economia era ainda mais evidente. A produção da Áustria caiu 39% entre 1929 e 1932, enquanto o desemprego praticamente dobrou. Na Polônia, a produção industrial em 1932 chegou a 30% do que tinha sido em 1929, com o dobro de desemprego. A maior economia da Europa continental, a da Alemanha, teve sua produção reduzida quase à metade entre 1929 e 1932. Fábricas e oficinas fechavam as portas, e milhões de pessoas eram postas na rua. O desemprego foi às alturas. No fim de 1932, mais de um quinto dos trabalhadores da Inglaterra, Suécia e Bélgica estavam sem ocupação. Na Alemanha, quase um terço da força de trabalho estava desocupada — 6 milhões de pessoas, segundo as estatísticas oficiais. Se a esse número forem acrescentados os trabalhadores em tempo parcial e o desemprego oculto, a cifra passava de 8 milhões, o que significa que quase metade da força de trabalho do país estava total ou parcialmente desempregada. Os números, por mais assustadores que sejam, mascaram a realidade da miséria e do sofrimento humano.

Os que estavam sem trabalho viviam de algum magro auxílio-desemprego que recebiam de sistemas públicos sobrecarregados. O governo britânico cortou 10% do auxílio-desemprego em 1931. Muitos dos que ficavam desempregados por longo tempo perdiam o direito a esse auxílio e tinham de sobreviver com recursos da assistência aos pobres, que só eram concedidos depois do teste de pobreza, uma rigorosa e odiada avaliação das condições de subsistência do solicitante. Como se dizia na época, ela tinha como resultado tornar os pobres ainda mais pobres, pois limitava a concessão da ajuda a um só membro da família se outros estivessem trabalhando. O pai desempregado de uma família de quatro pessoas de Wigan teve seu benefício reduzido de 23 xelins para dez xelins por semana porque seus dois filhos ganhavam juntos 31 xelins. Uma família de Blackburn, na deprimidíssima área têxtil de Lancashire, onde os estabelecimentos de fiação do algodão tinham demitido a maioria de seus empregados, sobrevivia, em 1932, com o auxílio-desemprego pago a somente um de seus membros. Quando essa pessoa recusou uma oferta de emprego na Cornualha, a mais de quatrocentos quilômetros de seu domicílio, ela e a família foram irrevogavelmente privadas do benefício, sua única fonte de renda. Não é surpreendente que o detestado teste de pobreza tivesse lançado uma sombra sobre a política social britânica pelo resto do século XX e até depois.

Era uma pobreza devastadora que destruía a vida familiar e só trazia desesperança. No começo de 1936, George Orwell, um dos mais influentes escritores e comentaristas sociais ingleses de sua época, passou um tempo em Wigan, no noroeste da Inglaterra, para experimentar diretamente as condições de vida numa área industrial em depressão.*

Quando deixou Wigan, poucas semanas depois, "através do monstruoso cenário de montes de escória, chaminés, pilhas de ferro-velho, canais imundos, caminhos de barro atravessados por incontáveis marcas de tamancos", ele avistou "o habitual rosto exausto da jovem favelada de 25 anos que parece ter quarenta por causa dos abortos e do trabalho pesado; um rosto que mostrava, naquele segundo em que passou por mim, a expressão mais infeliz e desconsolada que já vi". Um ano ou dois antes, Orwell quis testemunhar a calamitosa pobreza de Paris. "Você descobre o que é sentir fome. Com pão e margarina no estômago, sai e olha as vitrines [...]. Você descobre o tédio que é inseparável da pobreza, nas vezes em que não tem nada para fazer, e, mal alimentado, não consegue se interessar por nada."

Dos desempregados na Alemanha em 1932, só 15% recebiam o benefício integral, ainda que miserável. Outros 25% tinham pensões de emergência; 40% dependiam do auxílio aos pobres e outros 20% não recebiam absolutamente nada. "A nação inteira está submersa em angústia; a ação do governo não resolve; o povo está passando por um verdadeiro inferno de carência, opressão e doenças", relatou um observador que viajou por áreas da mais terrível pobreza. Nos meses de inverno, em Berlim e outras cidades, milhares de sem-teto procuravam diariamente os grandes abrigos improvisados para se aquecer, conseguir algum alimento e passar a noite. As consequências disso eram demolidoras para famílias intei-

---

* Surpreendentemente, um observador tão arguto da classe trabalhadora perdeu a oportunidade de assistir a um típico esporte proletário, a Rugby League, em Wigan. No primeiro sábado que passou na cidade, 15 de fevereiro de 1936, Orwell poderia ter visto, perto de onde estava hospedado, o poderoso time de Wigan ser humilhado pelo Liverpool Stanley por dezessete a dez, diante de 15 mil espectadores e em seu próprio estádio. (N. A.)

ras. "Meu pai está desempregado há três anos", escreveu uma menina alemã de catorze anos em dezembro de 1932. "Antes pensávamos que um dia ele ia conseguir emprego, mas agora até nós, os filhos, perdemos as esperanças."

A apatia, a resignação e um profundo sentimento de desesperança causado pelos longos períodos de desemprego ficaram patentes num estudo sociológico clássico do distrito industrial austríaco de Marienthal, a quarenta quilômetros de Viena, onde três quartos da população foram atingidos pelo fechamento da fábrica têxtil, única grande empregadora do local. "Não lhe restou nenhuma esperança, ele só vive de um dia para o outro, sem saber por quê" foi a avaliação sobre um trabalhador desempregado abatido pela pobreza, de trinta e poucos anos, com mulher e dois filhos subnutridos. "Perdeu a vontade de resistir."

As consequências sobre a vida familiar eram desastrosas, como mostra um relatório sobre a situação na Polônia.

> Diversas pessoas amontoadas num único cômodo onde em pouco tempo já não havia móveis para sentar ou dormir, e onde há cada vez menos comida a dividir, e o clima se torna cada vez mais desesperado e depressivo — tudo isso não poderia levar a outra coisa que não desavenças constantes [...]. A ruptura da vida familiar se acelera e o caminho fica aberto a uma vida de vadiagem e prostituição.

Um terrível indicador da miséria na Polônia foi o nítido aumento no número de suicídios causados pelo desemprego.

Os mais afetados foram os trabalhadores da indústria pesada — minas de carvão, metalurgia e siderurgia e ramos correlatos, como a construção naval. As áreas têxteis (como Marienthal), onde a indústria de base vinha declinando havia tempos, também foram devastadas. Mas o impacto da Depressão variava de região para região. O desemprego na Alemanha como um todo quadruplicou entre 1928 e 1932. Na Prússia Oriental, predominantemente agrária, dobrou (embora a situação da economia rural fosse de miséria generalizada). Na Saxônia, uma área industrial, o desemprego multiplicou-se por mais de sete. Em 1932, no norte da Inglaterra, era em média o dobro do que se registrava em Londres. Essas médias, porém, escondiam profundas divergências. Em Bishop Auckland e Jarrow, no nordeste, mais da metade dos trabalhadores não tinham emprego. "Por onde quer que se passe, veem-se homens perambulando, não às vintenas, mas às centenas e aos milhares", observou J. B. Priestley, impressionado, em seu *English Jour-*

ney, escrito no outono de 1933. Em Merthyr Tydfil, na região industrial de Gales do Sul, mais de dois terços dos trabalhadores estavam desempregados. Mas em St. Albans, ao norte de Londres, o desemprego não passou de 3,9%.

Mesmo em meio à depressão tão generalizada, houve áreas com notável crescimento. A prosperidade relativa da metade meridional do Reino Unido atraiu um lento movimento de pessoas que vinham das partes mais assoladas do país em busca de trabalho, aumentando a demanda, o que alimentava o crescimento. A construção civil floresceu para corresponder à necessidade de novas casas, escolas, lojas, cinemas e outras instalações. A ampliação dos subúrbios exigia novas estradas. A construção gerou novas áreas de crescimento. A indústria elétrica, concentrada no sul da Inglaterra, continuou se desenvolvendo à medida que o uso de eletrodomésticos crescia. O aumento de quase dez vezes no consumo de eletricidade no entreguerras criou demanda de artigos elétricos mesmo durante a Depressão. Havia também mais pessoas em condições de comprar um carro. O mercado de veículos automotores continuou a se expandir apesar da crise, e as Midlands, onde ficava a maior parte das fábricas de automóveis, escaparam do pior da devastação econômica que assolou o norte da Inglaterra, Gales e Escócia, onde se concentravam as indústrias mais antigas. O hiato econômico entre o norte e o sul se ampliou. O mesmo aconteceu com a divisão entre empregados e desempregados. O desemprego em massa das regiões mais atingidas parecia um problema remoto para muitas famílias de classe média no sul, mais próspero. Os que trabalhavam nas indústrias em expansão e os consumidores com renda suficiente para tirar proveito do que essas indústrias produziam eram, com efeito, afortunados.

A crise econômica aguçou fontes de ódio e ressentimento já existentes, além de aprofundar temores e preocupações com o futuro. Isso amesquinhou as sociedades e as tornou menos tolerantes. Um indicador disso, em meio ao desemprego em massa, foi o preconceito exacerbado contra mulheres que conseguiam vagas em empregos "de homem". Os casais em que ambos os cônjuges trabalhavam foram alvo de grande rejeição na Alemanha quando o desemprego disparou. Na França a Depressão também intensificou o preconceito contra as mulheres. Entendia-se que o lugar delas era em casa, na propriedade rural, como esposas e mães, ou, no máximo, em "trabalhos de mulher", como de assistente social ou enfermeira. À medida que a Depressão se intensificava, elas foram obrigadas a sair de muitos postos de trabalho ou a interromper sua carreira. Passaram a ser malvistas nas universidades e a enfrentar discriminação em quase todas as áreas (não menos na política francesa, pois só tiveram direito ao voto em 1944). Quando conseguiam trabalho — como atendentes de lojas, secretárias ou em outras funções administrativas —, dava-se por certo que seus salários seriam inferiores aos dos homens. Só a Escandinávia escapou à tendência europeia geral de discriminação das mulheres no trabalho. A Suécia, em 1939, chegou a determinar por lei que o casamento não era mais motivo de dispensa do emprego.

O caminho excepcional tomado pela Escandinávia no tocante ao trabalho da mulher se enquadrava numa concepção mais ampla de bem-estar e política populacional. Mas lá também a preocupação com o declínio populacional e com o que se via como inevitável consequência da deterioração da qualidade da população serviu aos propósitos de correntes europeias de pensamento mais amplas que se fortaleceram com o clima de crise econômica. A preocupação com o declínio populacional — comum na maior parte da Europa desde a guerra, e especialmente pronunciada na França e na Alemanha — causou uma reação contra a anticoncepção que vinha sendo promovida cada vez mais na década de 1920. A tendência reacionária era generalizada, tinha apoio popular e, nos países católicos, recebia também o forte apoio da Igreja em sua veemente e incessante oposição ao controle de natalidade. O aborto já era ilegal na maior parte da Europa, mas quanto a isso também as posições endureceram. Na Inglaterra, por exemplo, tornou-se crime em 1929. Qualquer pessoa culpada da "tentativa de destruir a vida de uma criança em condições de nascer viva" (entendida como feto de 28 semanas ou mais) seria condenada a trabalhos forçados perpétuos. Mesmo assim, centenas de milhares de mulheres, na Inglaterra e no resto da Europa, casadas e solteiras, continuaram a abortar, arriscando-se ao severo castigo e a graves complicações de saúde e até à morte em procedimentos ilegais.

Quando a botânica inglesa Marie Stopes promoveu o controle da natalidade, na década de 1920, atuava num contexto de medidas de melhoramento da qualidade da população. Problemas de hereditariedade, genética, declínio da reserva étnica e a busca desesperada de progênies superiores tinham se tornado obsessão entre os intelectuais da Europa desde a guerra. A eugenia, ou seu equivalente de tom mais nefasto, a "higiene racial" — eliminação dos "deficientes" e aperfeiçoamento da "eficiência nacional" por meio do melhoramento racial —, ganhava apoio à medida que a Depressão intensificava as dúvidas sobre a "saúde da nação". Os gastos com cuidados dispensados a membros "improdutivos" da sociedade passaram a ser ainda mais questionados nos momentos em que os governos apertavam os cintos. Na Inglaterra, não só distintos cientistas, psicólogos e médicos como também intelectuais de renome, como o economista John Maynard Keynes e o dramaturgo George Bernard Shaw, estavam entre os que apoiavam o movimento eugênico. Pouco antes da publicação de seu romance distópico *Admirável mundo novo*, de 1932 (ambientado numa sociedade cuja estabilidade repousava sobre a engenharia biológica e o condicionamento mental para atingir a máxima utilidade social e econômica), Aldous Huxley falou da eugenia como meio de evitar "a rápida deterioração [...] de toda a descendência europeia ocidental". Alguns dos eugenistas mais radicais — que acreditavam que a "raça" britânica estava se defrontando com uma degeneração inevitável e com a extinção final de suas qualidades biológicas, a menos que se tomassem medidas drásticas de limpeza racial — chegavam a contemplar o extermínio puro e simples dos "indesejáveis", ou, caso isso fosse impossível, a esterilização compulsória. Embora essas ideias tenham ficado restritas a uma minoria de eugenistas e não tenham sido levadas adiante na Inglaterra, mostram bem para que lado sopravam os ventos durante a Depressão, mesmo numa democracia.

Na Alemanha, em 1932, antes da ascensão dos nazistas ao poder, foram apresentadas propostas preliminares a favor da esterilização *voluntária* de pessoas que sofressem de defeitos hereditários, com apoio da comunidade médica. O governo de Hitler mais que depressa foi muito além. Mas tinha a certeza de poder contar com muito apoio popular para a lei de 14 de julho de 1933, pela qual se adotava a esterilização *compulsória* para portadores de numerosas doenças hereditárias, graves deformidades físicas e alcoolismo crônico. Nos anos seguintes, a lei faria cerca de 400 mil vítimas. (As "câmaras letais" para o extermínio dos doentes mentais da Alemanha ainda teriam de esperar seis anos.) A esterilização compulsória, no entanto, não era exclusividade de uma ditadura desumana. Em 1934, todos os Estados democráticos da Escandinávia, com amplo respaldo popular, aprovaram leis de esterilização compulsória que vitimaram milhares de pessoas. A esterilização determinada por lei tampouco estava confinada ao "continente escuro" da Europa. Às vésperas da Segunda Guerra Mundial, cerca de 42 mil cidadãos de trinta estados americanos foram esterilizados, a maior parte compulsoriamente, sob alegação de "retardo mental" ou "loucura". Por toda a Europa (e todo o mundo ocidental), a intervenção do Estado na vida dos cidadãos estava se tornando aceitável num grau inconcebível até 1914.

O desastroso agravamento da situação econômica radicalizou não apenas o pensamento social, mas a ação política em toda a Europa. À medida que as tensões de classe se aguçavam, aprofundava-se a polarização política. A esquerda, que em muitos países estava dividida entre socialistas mais moderados e partidos comunistas alinhados com Moscou, mutuamente antagônicos, procurava, quase sempre em vão, evitar a deterioração drástica no padrão de vida da classe trabalhadora. A militância na esquerda era, em boa medida, também uma resposta aos perigos de uma maré montante de movimentos extremistas de direita e antissocialistas. Em quase todos os países fora da União Soviética, a Depressão trouxe um surto de apoio a movimentos fascistas que pretendiam destruir a esquerda e reorganizar as sociedades por meio de uma unidade nacional artificial e forçada. Quanto mais abrangente a crise, maior a probabilidade de mobilização de amplos setores da população pela extrema direita. A crise era mais generalizada na Alemanha; portanto, não surpreende que a reação no país fosse mais extrema do que em qualquer outro lugar da Europa.

A economia europeia mais afetada foi a mais importante do continente. A Alemanha era uma democracia frágil, pressentia uma ameaça a sua cultura, estava ideológica e politicamente dividida e ainda trazia profundas cicatrizes da guerra. Com o colapso da economia, o sofrimento social se intensificou, e o governo democrático implodiu em meio à violência crescente e à polarização política. A democracia, já ameaçada com a chegada da crise, era frágil demais para sobreviver. O desvio para um governo autoritário tornou-se inevitável. Algumas democracias europeias já tinham entrado em colapso. Em outras isso aconteceria em breve. Mas a Alemanha era, de longe, a mais crucial. Não só por seu tamanho, sua poderosa base industrial (ainda que temporariamente muito prejudicada pela retração) e centralidade geográfica, mas também por seus desejos de revisar as determinações territoriais do Tratado de Versalhes, a Alemanha era um caso excepcional — e uma ameaça potencial à paz europeia no caso de um governo autoritário seguir uma política externa agressiva.

Com o agravamento da Grande Depressão, o tecido social se esgarçou, e o hiato ideológico transformou-se em abismo. Intensificou-se demais a sensação de que uma nação outrora grande estava agora tomada pela crise, com sua própria existência em perigo, humilhada, impotente e inapelavelmente dividida. Sob essa pressão, as estruturas da democracia parlamentar capitularam. Abriu-se um vácuo político. E, com isso, uma única força política oferecia a esperança de salvação nacional, aos olhos de um número cada vez maior de alemães: o Partido Nazista de Hitler.

O resultado disso seria a ascensão de Hitler ao poder, em 30 de janeiro de 1933, data que marcaria um calamitoso ponto de virada na história da Europa. De todas as maneiras pelas quais a Depressão remodelou a política e a sociedade na Europa, a mais fatídica viria a ser a que tocou a Alemanha — não só para o povo alemão, mas para toda a Europa e, por fim, para grande parte do mundo.

O PIOR RESULTADO POSSÍVEL

A crise alemã não foi apenas ou principalmente econômica, mas uma crise total do Estado e da sociedade. O caos econômico nos Estados Unidos não levou a uma crise de legitimidade. Um declínio econômico menos desastroso, ainda que extremamente grave, trouxe na Inglaterra um notável fortalecimento do status quo conservador. Nesses dois países, as elites dominantes viam seus interesses atendidos pelo sistema político em vigor, enquanto a esmagadora maioria da população apoiava as estruturas de governo existentes e os valores que lhes serviam de base. Na França, onde o consenso era menos absoluto, o Estado passou por um choque, mas resistiu. A crise econômica na Suécia acabou reforçando a base social-democrata do Estado.

Já na Alemanha, a Depressão reabriu as feridas purulentas que vinham sendo tratadas com paliativos desde 1918. A superficialidade da aceitação da democracia entre as elites políticas, econômicas e militares ficou plenamente exposta. E a crença das massas numa democracia que, aos olhos de uma maioria crescente, era responsável pelas agruras por que passava a Alemanha diminuía mais e mais à medida que a Depressão se agravava. Desgastada pelas elites e defrontada com o fim do apoio popular, a democracia alemã respirava por aparelhos desde 1930. A política se polarizava, com vantagem para os extremos, e Hitler foi o maior beneficiário.

O chanceler do Reich durante o pior período da crise, Heinrich Brüning, tinha atrelado toda a sua estratégia política à supressão das reparações, tentando provar que a Alemanha, arruinada pela Depressão que só piorava, não tinha condições de pagar. O aprofundamento do mal-estar social interno era, a seus olhos, um preço necessário para livrar a Alemanha do ônus das reparações. Em junho de 1931, seu objetivo chegara ao alcance da mão depois que o presidente dos Estados

Unidos, Herbert Hoover, com a oposição da França, pressionou em favor de uma moratória de doze meses no pagamento das reparações. No fim do ano, uma comissão formada dentro dos termos do Plano Young para analisar a capacidade de pagamento da Alemanha concluiu que o país não seria capaz de arcar com os compromissos assumidos depois que a moratória acabasse. O comitê propôs o cancelamento dos pagamentos e também das dívidas de guerra entre os Aliados. A proposta foi adotada numa conferência realizada em Lausanne em meados do ano seguinte. A Alemanha concordou com um pequeno pagamento final (que na verdade nunca foi feito). Com isso, as reparações, que desde 1919 representavam um pesado ônus político, muito mais do que puramente econômico, foram eliminadas. Mas Brüning já não estava em condições de ficar com o crédito. Tinha perdido a confiança do presidente Hindenburg, que o demitiu pouco antes da Conferência de Lausanne. Brüning fora útil aos fins de Hindenburg, porém não era mais necessário.

Com o fim das reparações, os revisionistas passaram a considerar de modo mais realista a eliminação das algemas de Versalhes: o Exército querendo reconstruir seu poderio, e as elites antidemocráticas querendo um governo autoritário mais firme. Hindenburg começou a mostrar sua verdadeira face. O governo alemão inclinou-se cada vez mais para a direita com os novos chanceleres que vieram em rápida sucessão: Franz von Papen (de junho a novembro 1932) e o general Kurt von Schleicher (de dezembro 1932 a janeiro 1933). Mas, sem o apoio das massas, nenhum deles foi capaz de solucionar a crise que se agravava rapidamente: não só da economia, mas do Estado alemão. O problema era que qualquer solução precisava passar por Hitler.

A fragmentação cada vez maior do sistema político entre 1930 e 1933 criou um enorme vazio que os nazistas vieram a preencher. Como o sistema estatal perdera quase todo o apoio popular, um vendaval de descontentamento lançou os eleitores nos braços do movimento de Hitler. Ele mesmo tornou-se cada vez mais um ímã para as massas raivosas e assustadas. A máquina de propaganda que tinha atrás de si conseguiu fabricar uma imagem que capitalizou não só a fúria popular pelas condições da Alemanha como as esperanças e os sonhos de um futuro melhor. As pessoas projetavam em Hitler suas próprias crenças, desejos e projetos, e ele reuniu tudo isso numa visão de completo renascimento nacional.

Mas nem todos se deixaram atrair, longe disso. A esquerda ficou com mais de 30% dos votos em 1933. Outros alentados 15% ficaram com os dois partidos católicos. No entanto, os profundos ressentimentos entre os sociais-democratas e o Partido Comunista (este último integrado quase que exclusivamente por desempregados) excluíram qualquer possibilidade de uma frente unida contra os nazistas. Essa fatídica divisão contribuiu para a catástrofe que se anunciava para a esquerda alemã. Sua causa, porém, não foi a cisão. Os partidos de esquerda não tinham acesso ao poder. O problema principal não estava na esquerda, mas na direita. A autoridade do governo se esfacelava, e a desordem pública se espalhava. Confrontos violentos entre organizações paramilitares nazistas e comunistas se multiplicavam. O pânico diante do prestígio crescente do Partido Comunista (em grande parte à custa dos sociais-democratas) e a exageradíssima perspectiva de uma revolução comunista encurralaram as classes médias. Os partidos "burgueses" de centro e direita, por sua vez, desmoronaram, e o mesmo ocorreu com cerca de trinta pequenos partidos regionais ou representantes de grupos de interesse cuja proliferação fora facilitada por um sistema eleitoral de representação proporcional sem restrições. Os nazistas engoliram o que restava de seus adeptos.

A agitação nazista acendeu o fogo da cólera e do ódio, aproveitando-se dos mais diversos ressentimentos e preconceitos. No entanto, seu apelo não era exclusivamente negativo. A propaganda nazista ligava a demonização dos inimigos políticos e raciais a um apelo emocional extraordinariamente poderoso, ainda que formulado de maneira vaga, à regeneração e à unidade da nação. Evocava a unidade nacional que existira brevemente em 1914, e a "comunidade da trincheira", integrada pelos que combateram na guerra, pretendendo criar, segundo suas palavras, uma "comunidade do povo" de etnia alemã que transcenderia todas as divisões internas. Foi um simbolismo eficaz.

Um escriturário de dezoito anos que entrou para o Partido Nazista em 1929, depois de ir a reuniões de outros partidos, expressou com suas próprias palavras a atração que sentiu depois do empolgante discurso de um orador nazista:

> Fui envolvido não só pelo discurso apaixonado, mas também por seu sincero compromisso para com o povo alemão como um todo, cuja maior infelicidade era estar dividido em tantos partidos e classes. Finalmente uma proposta prática para a renovação do povo! Acabar com os partidos! Pôr fim às classes! Uma verdadeira comunidade do povo! Esses são os objetivos com os quais eu poderia me comprometer sem reservas. Na mesma noite, tornou-se claro para mim qual era o meu lugar: o novo movimento. Só ele dava esperança de salvar a pátria alemã.

Centenas de milhares como ele, quaisquer que fossem seus motivos pessoais, afluíram para o movimento nazista entre 1930 e 1933. Na véspera da ascensão de Hitler ao poder, o número de membros do partido chegava perto de 850 mil — dos quais mais de quatro quintos tinham se filiado depois do início da Depressão. Só a divisão de paramilitares (a Sturmabteilung, ou SA) contava com 400 mil integrantes, dos quais muitos não eram membros efetivos do Partido Nazista.

A maior parte dos eleitores não buscava um programa coerente, nem reformas restritas ao governo. O partido de Hitler os atraía porque prometia um recomeço radical, substituindo inteiramente o velho sistema. Os nazistas não queriam consertar o que proclamavam moribundo ou podre; diziam que o erradicariam e construiriam sobre suas ruínas uma nova Alemanha. Não ofereciam a derrota aos opositores: ameaçavam destruí-los por completo. A mensagem tinha poder de atração justamente por causa do radicalismo. Respeitáveis alemães de classe média, que bebiam a expectativa de "paz e ordem" desde o leite materno, agora estavam prontos para tolerar a violência nazista — desde que voltada contra os detestados socialistas e comunistas, ou contra judeus (vistos por muita gente, e não apenas por ardorosos nazistas, como poderosos demais e como uma força deletéria). As classes médias viam a violência como subproduto de um objetivo totalmente positivo: a causa da renovação nacional. O fato de envolver intolerância e violência não foi obstáculo ao apelo pela unidade nacional para superar as divisões internas. Quando Hitler transformou a intolerância em virtude — ao declarar, num discurso feito no verão de 1932, que "nós *somos* intolerantes. Tenho um objetivo, que é eliminar os trinta partidos da Alemanha" —, a multidão de 40 mil pessoas ululou sua aprovação.

O frouxo amálgama de fobias e palavras de ordem nacionalistas por trás da retórica violenta levou muitos críticos a considerar o nazismo um movimento de protesto incoerente que se esfacelaria assim que as condições do país melhorassem, ou se em algum momento fosse obrigado a assumir um papel de responsabilidade no governo. Os nazistas compunham *de fato* um movimento de protesto grande, pouco governável e dividido, é verdade. Mas iam além do simples protesto e da propaganda. Seus líderes, Hitler mais que qualquer outro, não eram apenas hábeis demagogos e propagandistas, mas ideólogos implacáveis, determinados e comprometidos.

Hitler não fazia segredo de seus objetivos. Seu livro *Mein Kampf*, escrito entre 1924 e 1926 (a primeira parte dele ainda na prisão de Landsberg), anunciava em

1. Violência colonial. Durante a invasão da Líbia, em 1911, um soldado italiano confisca a bandeira muçulmana de soldados otomanos derrotados perto de Trípoli. (akg-images)

2. Caricatura alemã da Europa em guerra em 1914. Alemanha e Áustria-Hungria apontam suas arma[s] para o monstro ameaçador da Rússia. Uma bota alemã se prepara para pisotear os franceses. Grã-Bre[tanha (representada por um escocês), Itália e Turquia observam a cena com apreensão, enquanto u[m] buldogue inglês parece aboletado sobre a Irlanda. (akg-images)

3. Tropas alemãs a caminho da batalha do Marne, em setembro de 1914, provavelmente pou-co encorajadas pela procissão de ambulâncias que volta da frente de batalha. (akg-images/ullstein bild)

A Ravina da Morte, logo abaixo da fortaleza francesa de Douaumont, durante a batalha de Verdun, em 1916. (akg-images)

5. Um cartaz francês mostra sérvios em fuga depois da desastrosa derrota para austríacos e búlgaros no outono de 1915 e proclama o "Dia da Sérvia" em 25 de junho de 1916, a fim de arrecadar dinheiro para os refugiados. (akg-images/ Jean-Pierre Verney)

6. "A Terra em 1916 vista da Lua", uma imagem chocante do mundo pingando sangue numa revista alemã. (akg-images)

Um membro do Partido Social-Democrata Independente da Alemanha (USPD) fala para a multidão em 29 de dezembro de 1918, enquanto o cortejo fúnebre de marinheiros mortos por tropas do governo durante os levantes revolucionários em Berlim passa diante do antigo palácio real. O USPD deixou o governo em protesto contra esse ato. Muitos de seus membros aderiram ao recém-constituído Partido Comunista da Alemanha. (akg-images)

8. "Eis o que perdemos." Um cartaz alemão mostra o que as exigências dos Aliados no Tratado de Versalhes significaria para o país: a perda de 20% de sua área produtiva, 10% da população, um terço do carvão, um quarto da produção agrícola, quatro quintos do minério de ferro, todas as colônias e a marinha mercante. (akg-images)

9. Sufragistas francesas em 1919 exigindo o direito ao voto. Elas não tiveram êxito: as mulheres n[a] França tiveram de esperar até 1944 para poder votar. (Fox Photos/ Getty Images)

10. Propaganda alemã durante a campanha do plebiscito da Alta Silésia, em 1921: "Na Alemanha, prosperidade duradoura; na Polônia, pobreza e emigração". A Alta Silésia acabou sendo repartida, e sua região industrial mais importante ficou com a Polônia. (Universal History Archive/ UIG via Getty Images)

1. Tanque britânico em Colônia, quartel-general do Exército Britânico do Reno, c. 1920, como parte da ocupação da Renânia pelos aliados entre 1919 e 1930. (akg-images)

2. Assinaturas dos que negociaram o Tratado de Locarno em 1925 — entre elas as de Briand, Stresemann, Austen Chamberlain e Mussolini — gravadas no pêndulo do relógio da sede do tribunal de Locarno. (akg-images/ picture-alliance/ dpa)

13. Uma família de cúlaques é expulsa de sua propriedade na região de Odessa, na Ucrânia, em algum ponto entre 1928 e 1937, durante o brutal movimento stalinista de coletivização da produção agrícola. (akg-images/ RIA Nowosti)

14. Um cartaz anuncia o cinema UFA-Palast no complexo de entretenimento de Wilhelmshallen am Zoo, em Berlim, por volta de 1930. O advento do cinema sonoro causou uma explosão na frequência aos cinemas em toda a Europa. (akg-images)

5. Alguns conselhos municipais fizeram esforços significativos para combater as péssimas condições habitacionais. O governo socialista da Viena Vermelha encomendou o edifício Karl-Marx-Hof, concluído em 1930, com 1382 apartamentos para os habitantes mais pobres da cidade. (ullstein bild/ ullstein bild via Getty Images)

6. Uma multidão acorre a um comício eleitoral nazista em Frankfurt am Main — provavelmente para ouvir um discurso de Hitler em 28 de julho de 1932. O Partido Nazista obteve 37,4% dos votos nas eleições gerais, realizadas três dias depois. Foi o ponto alto de seu sucesso eleitoral antes que Hitler se tornasse chanceler, em janeiro do ano seguinte. (akg-images)

17. Guarda diante do Karl-Marx-Hof, em Viena, depois que o levante socialista de 12 de fevereiro de 193[4] contra o regime autoritário foi brutalmente reprimido pelas tropas do governo. (ullstein bild/ ullstein bi[ld] via Getty Images)

18. Propaganda fascista para a "eleição[ ]italiana — que não passou de uma fars[a] plebiscitária — de 26 de março de 193[4]. Uma enorme imagem de Mussolini com[o] Grande Irmão se sobrepõe a uma única pa[-]lavra, que se repete indefinidamente, o "si[",] para induzir ao voto positivo. Os italiano[s] tinham uma chapa única à disposição. Nã[o] surpreendeu que o Partido Fascista obtive[-]se 99,84% dos votos. (Keystone-France[/] Gamma-Keystone via Getty Images)

19. Soldados do Exército da África do general Franco esperam seu voo para a Espanha num Junkers-52 fornecido pela Alemanha nazista, durante os primeiros dias de agosto de 1936. O transporte das tropas nacionalistas oferecido por Hitler e Mussolini foi essencial para as primeiras vitórias de Franco na guerra civil. (akg-images/ ullstein bild)

0. Poloneses vigiados por guardas alemães no outono de 1939 — possivelmente reunidos para ser enviados a trabalhar na Alemanha — esperam por seu destino nada invejável. (akg-images/ ullstein bild)

21. Membros de uma empresa de propaganda alemã fotografam material bélico britânico abandonado depois que as tropas aliadas foram obrigadas a evacuar Dunquerque, no fim de maio de 1940. (akg-images)

22. Cidadãos londrinos se abrigam numa estação de metrô, dormindo nas escadas rolantes, durante um ataque alemão à cidade em 7 de outubro de 1940. (akg-images)

3. Um cartaz convida ao alistamento na legião norueguesa da Waffen-ss, provavelmente na época de sua formação, em 29 de junho de 1941, com o lema "Contra o inimigo comum... contra o bolchevismo". (akg-images)

4. Uma interminável coluna de soldados alemães, italianos e húngaros feitos prisioneiros pelo Exército Vermelho no começo de 1943, depois da Batalha de Stalingrado. (akg-images)

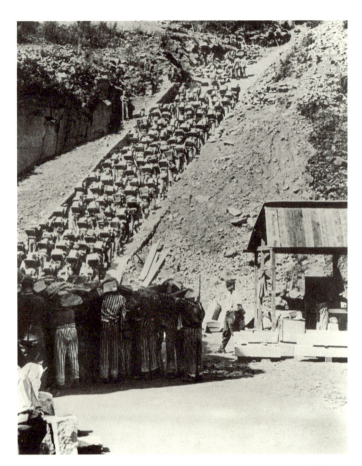

25. Prisioneiros no campo de concentração de Mauthausen, na Áustria, em 1943, obrigados a subir 186 degraus até a saída da jazida carregando pesados blocos de granito. (akg-images/ ullstein bild)

26. Cartaz de propaganda antibolchevique para o trabalho obrigatório (*service du travail obligatoire*) na França, em 1944. "Cada hora trabalhada na Alemanha é uma pedra na barragem que protege a França", diz o cartaz. O trabalho obrigatório era odiado, e muitos dos convocados fugiam para se unir à Resistência. (Art Media/ Print Collector/ Getty Images)

7. Italianos observam tanques americanos passando pelo Coliseu, em Roma, depois da libertação da cidade, em 4 de junho de 1944. (akg-images/ Universal Images Group/ SeM)

28. Fotografia soviética de Varsóvia em ruínas no fim da Segunda Guerra Mundial. "Isto aqui é um cemitério. Isto aqui é a morte", disse uma polonesa ao ver a cidade devastada. (akg-images/ Universal Images Group/ Sovfoto)

29. Um grupo surpreendentemente alegre de alemães dos Sudetos perto de Liberec (Reichenberg), n Tchecoslováquia, em 6 de maio de 1946, talvez achando que o pior já havia passado, aguarda seu envi à Alemanha. Eles estavam entre os cerca de 3 milhões de alemães expulsos da Tchecoslováquia, muita vezes com violência brutal, no outono de 1947. (Sovfoto/ UIG via Getty Images)

30. "Abram alas para o Plano Marshall", diz o carta que anuncia o programa de auxílio americano qu simbolizou o caminho para a prosperidade na Euro pa Ocidental. Stálin rejeitou o plano para o bloc oriental. (Archiv Gerstenberg/ ullstein bild via Gett Images)

termos claríssimos sua paranoia antijudaica e a ideia de que o futuro da Alemanha só estaria garantido com conquistas territoriais à custa da União Soviética. Pouca gente além dos adeptos dos nazistas prestava muita atenção ao que parecia ser a distopia maluca de um golpista fracassado com atuação marginal na política.

Tampouco sua ideologia pessoal teve muita importância para atrair as massas para o nazismo no começo da década de 1930. O antissemitismo, central no pensamento de Hitler, teve na verdade menos destaque na propaganda nazista desse período, quando os eleitores estavam se agrupando sob a bandeira do partido, do que no começo da década de 1920, quando relativamente poucos tinham sido seduzidos por ele. Os judeus serviram, claro, de bode expiatório para todos os males da Alemanha. Mas o que atraiu os eleitores na Depressão foi a promessa de pôr fim à miséria que, a seus olhos, a democracia de Weimar tinha criado, de destruir os responsáveis pelas desgraças da Alemanha e criar uma nova ordem nacional baseada na "comunidade do povo", que criaria as bases para o futuro poderio, o orgulho e a prosperidade alemães. Hitler era celebrado como o único homem capaz de conseguir esses objetivos, "a esperança de milhões", como dizia a propaganda eleitoral nazista em 1932. Ele era a personificação da ideologia do partido e do anseio popular de salvação nacional.

Seu excepcional talento demagógico, combinado com suas certezas ideológicas (apesar da flexibilidade tática), permitiu-lhe consolidar seu poder supremo sobre o movimento nazista. Sua visão ideológica era ampla o bastante para absorver tendências individuais do pensamento de direita, ou algum interesse potencialmente divisionista, que um ou outro de seus líderes secundários, cada um deles atado a um fetiche específico, pudesse promover com fervor (ainda que de modo impraticável). Os que queriam, por exemplo, assegurar o sucesso entre os trabalhadores acenando com uma variante "nacional" de socialismo, ou que pretendiam dar destaque ao lema "sangue e solo" para ganhar o apoio do campesinato, tiveram seus objetivos programáticos incorporados num nebuloso, apesar de potente, apelo à unidade nacional, enquanto ressentimentos sociais particulares eram desviados por meio de uma retórica antijudaica. Assim, o Líder tornou-se a personificação da "ideia". E o culto à liderança erigido em torno de Hitler constituiu uma barreira contra a tendência intrínseca comum aos movimentos fascistas de se fragmentar em facções belicosas, como ocorrera nos primórdios do Partido Nazista.

Nos anos da Depressão, o Partido Nazista teve sucesso em minar o terreno do que restara da cambaleante democracia de Weimar. Em 1932, apenas os que ainda apoiavam os sociais-democratas — cerca de um quinto dos eleitores —, junto com os poucos liberais remanescentes e alguns adeptos do Partido do Centro Alemão, queriam manter o sistema democrático. A democracia estava morta. Quanto ao que deveria substituí-la, as opiniões variavam. Cerca de três quartos dos alemães queriam alguma forma de governo autoritário, mas havia várias possibilidades, e entre elas estavam uma ditadura do proletariado, uma ditadura militar ou uma ditadura de Hitler. No verão de 1932, com todo o barulho que tinham feito e a agitação sem pausa, os nazistas chegaram ao limite — pouco além de um terço do eleitorado — das possibilidades de sucesso em eleições livres. Quando, em agosto de 1932, Hitler exigiu o cargo de chefe de governo (logo depois que o Partido Nazista, com o apoio de 37,4% do eleitorado, se tornou o maior do Reichstag), foi firmemente repelido pelo presidente Hindenburg. A forma de autoritarismo que Hindenburg queria — algo como um retorno ao sistema do Império germânico — não toleraria uma chancelaria ocupada por Hitler. Cinco meses depois, no entanto, Hindenburg mudou de ideia — e num momento em que o eleitorado nazista estava em queda.

Hitler por fim foi nomeado chanceler, em 30 de janeiro de 1933, logo depois de uma derrota eleitoral. Na eleição de novembro de 1932, os nazistas perderam votos pela primeira vez desde o começo de sua ascensão, em 1929. Ao que parecia, sua bolha, em meio a uma crise na liderança do partido, tinha estourado. Aquela eleição — a segunda para o Reichstag em 1932, logo depois de dois turnos da eleição presidencial e uma série de eleições regionais — fora motivada pela contínua crise do Estado, cada vez mais grave. O aumento da violência nas cidades alemãs, expressa em choques entre nazistas e comunistas, deu espaço a receios legítimos de que o país estivesse mergulhando na guerra civil. O Exército temia ser envolvido. Os sucessivos governos da direita conservadora foram fracos demais para oferecer alguma solução. Chegou-se a um impasse. As elites conservadoras nacionais eram incapazes de governar sem o apoio das massas que os nazistas controlavam. Mas os nazistas não queriam participar do governo se Hitler não fosse o chanceler. Conchavos tramados por baixo dos panos por pessoas que mantinham diálogo com o presidente do Reich finalmente resolveram o impasse, convencendo Hindenburg de que a única solução era levar Hitler à chancelaria, mas deixá-lo de mãos amarradas por meio de um gabinete integrado por ministros em sua maior parte conservadores. Foi esse o fatídico acordo que enfim deu a Hitler o poder que ele queria.

Ele soube como usá-lo. Mussolini precisou de três anos para adquirir controle completo sobre o Estado italiano. Hitler estabeleceu seu domínio total sobre a Alemanha em seis meses. O principal método que usou para isso foi o terror escancarado contra os opositores, além de fortes pressões para que compactuassem com o novo regime. Dezenas de milhares de comunistas e socialistas — 25 mil só na Prússia — foram presos nas primeiras semanas do governo de Hitler, lançados em prisões e campos improvisados e submetidos a maus-tratos. Decretos de emergência legitimaram o poder policial sem limites. Uma lei aprovada pelo Reichstag em 23 de março, num clima de ameaça, concedeu poderes especiais ao governo, sem restrições parlamentares. A sociedade alemã, acossada e intimidada por um lado e entusiasmada por outro, aceitou. Novos membros entravam em massa para o Partido Nazista, e inúmeras organizações sociais, culturais, clubes e associações nacionais, regionais e municipais se nazificaram prontamente. Além dos 30% dos alemães adeptos da esquerda (e, claro está, a pequena minoria judaica, já perseguida, apenas 0,76% da população), havia muita gente que, não tendo votado nos nazistas, encontrava alguma atração naquilo que o partido dizia oferecer durante o chamado "levante nacional". Os que não viam nada de bom nos nazistas eram aconselhados a guardar para si suas opiniões. A intimidação era presença constante na atmosfera inebriante de renovação nacional.

A possível oposição organizada ao governo nazista foi sistematicamente eliminada. Os comunistas foram esmagados sem piedade, e o Partido Social-Democrata — o maior e mais antigo movimento da classe trabalhadora da Europa — foi posto na ilegalidade. Com isso, e a liquidação obrigatória do grande movimento sindical no começo de maio, a democracia alemã — apenas catorze anos depois de fundada, embora inspirada na existência de ideais democráticos duradouros — estava na prática extinta. Tudo o que restava era uma frágil oposição clandestina, que corria perigo permanente. Os partidos políticos "burgueses" e católicos também foram proibidos, ou se dissolveram. Em 14 de julho, declarou-se oficialmente que o Partido Nazista era o único permitido por lei.

Hitler, nos primeiros tempos de seu governo, precisava atentar não apenas para seu vasto exército de seguidores, mas para os pilares do establishment conservador, representado pela reverenciada figura do presidente Hindenburg. Numa espetacular encenação de unidade em 21 de março (o Dia de Potsdam), Hitler ganhou o apoio conservador ao propor uma renovação nacional baseada nos laços entre a velha e a nova Alemanha, atrelando simbolicamente o militarismo prussiano dos dias gloriosos de Frederico, o Grande, a uma visão de futura grandeza nacional. Muitos céticos ficaram impressionados. Hitler parecia um estadista, ao contrário do que indicava em seus tempos de demagogo. Estava a ponto de transformar sua imagem de líder partidário numa imagem de líder nacional de estatura.

Uma grave crise surgiu no começo de 1934 por causa das ambições de Ernst Röhm, líder das tropas de assalto, que pretendia radicalizar ainda mais a revolução nazista e subordinar o Exército ao braço paramilitar do partido. A ameaça à posição das elites estabelecidas era óbvia. Hitler foi obrigado a intervir, e o fez em 30 de junho, de maneira brutal, autorizando o massacre dos líderes das tropas de assalto na Noite das Facas Longas. Röhm e outros líderes da SA foram fuzilados. Pessoas que em algum momento se puseram no caminho de Hitler, como Gregor Strasser (visto como traidor por sua oposição no outono de 1932) e o general Kurt von Schleicher, ex-chanceler do Reich que diziam que conspirava contra o regime, também foram assassinados. O número total de mortos foi calculado entre 150 e duzentos.

A posição de Hitler ficou imensamente fortalecida, em especial por sua adesão ao assassinato em massa "em defesa do Estado". As pessoas comuns achavam que ele estava fazendo uma limpeza e eliminando corruptos — uma "úlcera" no corpo político. O Exército sentiu-se gratificado pela "ação asséptica" que removeu uma grande ameaça a seu poder e solidificou sua condição de instituição indispensável para o Estado. E os que pensavam que podiam desafiar o regime de Hitler receberam uma advertência explícita sobre sua disposição de abater com força brutal até mesmo os mais poderosos. Hitler agora era inatingível. Quando Hindenburg morreu, no começo de agosto de 1934, ele assumiu pessoalmente a autoridade de chefe de Estado. Com essa jogada, seu poder total estava garantido. O poder do Estado e o poder do Führer eram exatamente a mesma coisa.

A consolidação da ditadura foi acompanhada da revitalização da economia e da reconstrução, a passos largos, da força militar — enquanto as democracias ocidentais, atingidas pela Depressão, deixavam à mostra sua fraqueza e suas divisões. Com os países da Europa lutando para superar a crise econômica, a democracia foi obrigada a permanecer na defensiva em quase toda parte, enquanto o autoritarismo, de uma ou outra espécie, avançava. Tratava-se de um desdobramento profundamente preocupante para a paz na Europa.

OS CAMINHOS DA RECUPERAÇÃO ECONÔMICA

Em 1933, a Grande Depressão tinha levado grande parte da Europa ao fundo do poço, e os primeiros indícios de uma recuperação desigual começavam a ser vislumbrados. Em muitas das áreas industriais mais afetadas, as primeiras melhoras — se é que havia alguma — dificilmente podiam ser vistas a olho nu. E a França ainda estava escorregando mais fundo para a Depressão, quando outras grandes economias da Europa já tinham passado pelo ponto de virada. No verão daquele ano, o presidente recém-eleito dos Estados Unidos, Franklin Delano Roosevelt, na Conferência Econômica Mundial, jogou um balde de água fria nos que pretendiam estabilizar as moedas e acabar com a guerra tarifária. Foi a única tentativa de chegar a um acordo internacional sobre medidas de recuperação. Roosevelt, como era de esperar, deu clara prioridade aos interesses americanos e ao estímulo da economia dos Estados Unidos. Sem demora, desvalorizou o dólar em relação à libra esterlina, o que confirmou o modo já estabelecido de lidar com a crise. Cada país que tratasse de encontrar seu próprio caminho para sair da Depressão. Cada um fez isso a seu modo e em seu ritmo. O fracasso de um acordo quanto a um sistema internacional de comércio com certeza atrasou o processo. As democracias, por sua vez, caminhavam aos tropeções rumo à recuperação. John Maynard Keynes reconheceu que a economia estava "numa confusão assustadora" até mesmo para economistas profissionais. Não surpreendia em nada que os governantes quase nunca tivessem uma ideia clara da direção para onde estavam indo.

Em 1933, a Inglaterra — a maior economia do mundo depois dos Estados Unidos — começava a sair da Depressão. No ano seguinte, foi o primeiro país a superar o nível de produção industrial de 1929 — embora isso tenha sido em grande parte resultante do baixo crescimento da década de 1920. A queda do desemprego, de 3 milhões para 2,5 milhões em 1933, foi outro indicador de que o pior ficara para trás. Mesmo assim, permaneceu assustadoramente elevado, caindo lentamente dos 17,6% da população ativa em 1932 para 12-3% em 1935. Nas regiões mais deprimidas, ainda estava acima de 50%. "Marchas da fome" integradas por milhares de desempregados da Escócia, do País de Gales e do norte da Inglaterra, apoiadas pelo Partido Comunista, enfrentaram a hostilidade do Governo Nacional de Ramsay MacDonald e levaram a grandes distúrbios e embates violentos com a polícia. Um abaixo-assinado com grande apoio no sentido de

229

abolir o teste de pobreza foi confiscado pela polícia para evitar que fosse levado ao Parlamento. Em 1936, atormentados pela pobreza, cerca de duzentos trabalhadores demitidos dos estaleiros da cidade de Jarrow, no nordeste da Inglaterra, empreenderam uma marcha até Londres, a quinhentos quilômetros de distância, e atraíram mais solidariedade. O governo, porém, rejeitou a petição de ajuda para a cidade arrasada, apesar da assinatura de 11 mil de seus habitantes.

A Inglaterra aderiu firmemente à ortodoxia financeira que tinha como objetivo o equilíbrio orçamentário. As teorias que pregavam o combate à Depressão por métodos heterodoxos de financiamento deficitário ainda estavam engatinhando. Keynes, que pouco depois da quebra da bolsa fizera uma constrangedora previsão de que não haveria consequências graves para Londres e que "achamos o futuro decididamente animador", ainda não concluíra sua teoria econômica anticíclica. Quando a Depressão se instalou, o mais ambicioso esquema de planejamento econômico mediante empréstimo para financiar o crescimento veio de Oswald Mosley, em quem a ambição política, a impaciência e o descompromisso eram tão notáveis quanto sua indiscutível capacidade. Mosley, de formação aristocrática, a princípio era um conservador. Desencantado com os conservadores, saiu do partido no começo da década de 1920 para tornar-se membro independente do Parlamento antes de entrar para o Partido Trabalhista. Suas posições sobre política econômica e social eram claramente de esquerda. Quando suas ideias sobre a estimulação da economia mediante financiamento deficitário foram rejeitadas sem contemplação, ele provocou uma secessão no Partido Trabalhista e criou o Partido Novo. E, quando o Partido Novo fracassou na eleição geral de 1931, em que não teve votação significativa, ele passou para a extrema direita, expressando abertamente sua admiração por Mussolini. Fundou a União Britânica dos Fascistas em 1932 e assim empreendeu o caminho para o ostracismo político.

O Governo Nacional, que assumira durante a crise financeira de meados de 1931, era integrado por ministros dos três principais partidos — Trabalhista, Conservador e Liberal — em um pequeno gabinete de dez homens. Entre eles, em pouco tempo se destacaram o ex-primeiro-ministro conservador Stanley Baldwin e Neville Chamberlain, filho do velho político liberal Joseph Chamberlain e meio--irmão de Austen Chamberlain, ministro das Relações Exteriores que foi um dos artífices do Tratado de Locarno de 1925. Mas Ramsay MacDonald, primeiro--ministro do governo trabalhista em 1929 e 1931, manteve o cargo, e Philip Snowden permaneceu de início como chanceler do Tesouro. Entrando para o Governo

Nacional, MacDonald e Snowden dividiram o Partido Trabalhista, que, em meio a muita hostilidade e acusações de traição, expulsou-os, forçando-os a fundar um novo partido, que batizaram como Partido Trabalhista Nacional.

Previsivelmente, o orçamento emergencial de Snowden, determinado por imperativos de solidez financeira, suscitou fúria dentro de seu antigo partido. Contudo, o Governo Nacional, respaldado por uma ampla maioria na Casa dos Comuns, conseguiu cortar gastos, elevar impostos, reduzir o salário dos servidores e o auxílio-desemprego, medidas que quando foram propostas pela primeira vez (já que muitos dos cortes recaíam desproporcionalmente sobre os mais pobres) tinham levado à queda do governo trabalhista. Restabelecer a confiança na combalida moeda era um dos objetivos principais dessas medidas, que no entanto acarretaram redução da demanda e deflação. O que aos poucos tirou a Inglaterra da Depressão foi, sobretudo, o dinheiro barato resultante da redução dos juros nos empréstimos de curto prazo. Consequência disso foi o estímulo à construção civil, que aqueceu a demanda por material de construção, mobiliário, eletrodomésticos e outros subprodutos correlatos. Já em 1930, o pior ano, tinham sido construídas 200 mil unidades habitacionais. Entre 1934 e 1938, a média foi de 360 mil por ano.

Enquanto procedia à demolição dos cortiços, que entre 1934 e 1939 acabou com 250 mil moradias impróprias para a habitação, o governo subsidiou a construção de habitações populares conhecidas na Inglaterra como *"council houses"*. Na Escócia, a maior parte das demolições e reconstruções foi empreendida pelas autoridades municipais. Mais de 300 mil unidades habitacionais populares foram construídas em toda a Escócia nas décadas do entreguerras, embora em 1939 houvesse ainda 66 mil moradias consideradas inabitáveis e mais 200 mil fossem necessárias para evitar a superlotação das já existentes. Na Inglaterra e no País de Gales, autoridades municipais progressistas implantaram grandes programas de construção de moradias. No entanto, muito mais moradias foram construídas — cerca de 2 milhões num total de 2,7 milhões — sem assistência do governo, três quartos delas financiadas por construtoras que ofereciam hipotecas e cujo capital tinha crescido muito depois da guerra. A construção civil privada prosperava, em especial em áreas suburbanas do sul da Inglaterra. Os terrenos eram relativamente abundantes; os custos de construção, baixos; as moradias, acessíveis; e as hipotecas, baratas. A economia foi aquecida também pelo crescimento da demanda interna e pela exportação de novos produtos eletroquímicos e automóveis. A expansão do uso do automóvel trouxe receitas consideráveis para o governo. Os impostos sobre veículos automotores arrecadados em 1939 foram cinco vezes maiores do que em 1921.

Da mesma forma que a Inglaterra, a França tentou sanar sua economia enferma com métodos ortodoxos de retração financeira. Os gastos públicos sofreram severos cortes. Diminuiu a construção de escolas, de casas populares e outras edificações. A burocracia inflada era um alvo fácil e visado, mas quando os cortes implantados por decreto, sem passar pelo Parlamento, atingiram salários, pensões e benefícios dos servidores públicos, aumentando o desemprego e começando a afetar veteranos de guerra e outros setores, o descontentamento cresceu e trouxe turbulências políticas. Por motivos políticos, foi descartado o recurso à desvalorização da moeda, que outros países tinham adotado para estimular as exportações. Quando a Bélgica, que continuava ao lado da França no desgastado grupo de países que ainda mantinham o padrão-ouro, enfim o abandonou, em março de 1935, desvalorizando sua moeda em 28%, a produção e as exportações começaram a se recuperar, enquanto o desemprego caía nitidamente. A França continuou a rejeitar a desvalorização. Por fim, em setembro de 1936, a desvalorização ocorreu, como não podia deixar de ser — imposta ao governo da Frente Popular, de esquerda, que tinha prometido defender o franco, mas incorrera em pesados gastos de rearmamento. Seguiram-se uma nova desvalorização, em junho de 1937, e uma terceira, em 1938. A essa altura, o franco já perdera um terço de seu valor em menos de três anos. Só então a economia começou a crescer outra vez.

Enquanto em quase toda a Europa não se ia além da ortodoxia liberal clássica como meio de administrar a crise econômica até que os mercados se ajustassem e voltasse a haver crescimento, os países escandinavos tomaram outro caminho. A Dinamarca, a Suécia e a Noruega tinham sido duramente atingidas pela Depressão. O desemprego estava alto — mais de 30% na Dinamarca e na Noruega, mais de 20% na Suécia. A Dinamarca, além disso, fora bastante afetada pela queda dos preços dos produtos agrícolas e pela redução das exportações. Desde a guerra, seus governos eram instáveis. Uma maior fragmentação e uma tendência aos extremismos políticos pareciam prováveis. No entanto, a partir de 1933, houve uma consolidação política entre os partidos que começou na Dinamarca e se estendeu rapidamente à Suécia e à Noruega. Assim, conseguiu-se uma base sobre a qual erigir um consenso firme sobre a adoção de políticas econômicas que contribuiriam em muito para a recuperação que se anunciava.

A Dinamarca saiu na frente, em janeiro de 1933, quando a necessidade de acordo sobre a desvalorização da coroa resultou numa barganha pela qual os sociais-democratas apoiariam medidas protecionistas para ajudar os agricultores em troca da disposição do Partido Agrário a apoiar políticas sociais e medidas que aliviassem o desemprego. Acordos semelhantes foram obtidos na Suécia e na Noruega. Na Suécia, em especial, a nova base pragmática de consenso foi usada para implantar uma política econômica anticíclica com o objetivo de combater o desemprego por meio de gastos em obras públicas. No entanto, não ficou totalmente claro em que medida esses esquemas foram importantes na recuperação econômica. O déficit público nos primeiros anos da recuperação foi baixo, e a recuperação já estava em andamento, ainda que em ritmo gradual, antes que tais esquemas fossem implantados, auxiliada pela desvalorização da moeda e pelo aumento das exportações. Mesmo assim, os acordos conseguidos como modo de sair da crise tiveram significado duradouro por lançar as bases de políticas de bem-estar social que se apoiavam na estabilidade política e na aceitação popular. A similaridade das políticas adotadas pelos países escandinavos refletiam novos níveis de cooperação que foram ensejados não só pela necessidade de diluir tensões internas mas também pelos problemas internacionais crescentes, principalmente em relação aos acontecimentos na Alemanha.

As ditaduras traçaram seu próprio caminho para a recuperação. A existência de um regime fascista na Itália não foi barreira contra o avanço da Depressão. Na verdade, a política deflacionária adotada em 1927 enfraqueceu a economia antes do impacto da quebra da bolsa. Medidas deflacionárias se seguiram à revalorização da moeda, com a libra esterlina agora cotada em noventa liras, pois Mussolini considerava o que ele mesmo entendia como uma lira subvalorizada (150 por libra) um insulto ao prestígio nacional da Itália. A revalorização pretendia ser uma demonstração de força e vontade política. Mas em termos econômicos teve consequências desastrosas. A produção industrial caiu cerca de 20% entre 1929 e 1932, enquanto o desemprego triplicou. Para os que trabalhavam, a renda caiu, embora entre 1932 e 1934 essa queda tenha sido mais que compensada pelo vertiginoso declínio dos preços e pela adoção de subsídios familiares. Em 1934, a semana laboral foi reduzida para quarenta horas, principalmente como medida de redução do desemprego, embora não tenha havido um ajuste no valor da hora trabalhada para compensar a perda salarial. Os salários reais caíram outra vez a partir de 1935, e às vésperas da Segunda Guerra Mundial ainda não tinham voltado aos níveis de 1923.

O governo de Mussolini reagiu à Depressão aumentando a intervenção do Estado na economia. Ampliou o investimento em obras públicas. Os gastos com recuperação de terras não eram em si nada novo na Itália. Mas se durante meio século, a partir de 1870, eles chegaram a 307 milhões de liras-ouro (em valores de 1927), entre 1921 e 1936 dispararam para 8,697 bilhões de liras-ouro. Isso ajudou a reduzir o desemprego, embora não tenha contribuído para baixar os custos, melhorar a produtividade ou estimular o progresso tecnológico. A busca da autossuficiência alimentar foi adotada como alta prioridade. A "batalha dos grãos", acompanhada de tarifas de importação altamente protecionistas, levou ao aumento da produção de trigo e forçou a queda das importações do cereal, em 1937, a um quarto do que tinham sido no fim da década de 1920. Em consequência disso, porém, os preços dos alimentos subiram, enquanto caía o consumo médio de muitos gêneros de primeira necessidade.

Ainda durante a Depressão, o regime fascista da Itália empenhou-se em pôr em prática a antiga ideia de Estado corporativo, o que culminou, em 1934, com a fundação de 22 corporações, cada uma delas representando um setor específico da produção econômica. Em conjunto, esperava-se que resultassem numa economia integral planificada. Objetivos e realidade, no entanto, permaneceram distantes entre si. O Estado corporativo revelou-se uma estrutura pesada, burocratizada, mais propensa a sufocar do que a promover o empreendedorismo. Por trás das aparências, o poder econômico real permanecia nas mãos do grande empresariado. Os sindicatos já tinham perdido a independência em 1926, deixando as relações trabalhistas sob controle dos industriais, organizados na Confederação Geral da Indústria Italiana. Nos principais setores da indústria, cartéis garantiam a proteção dos interesses empresariais. As medidas econômicas do regime durante a Depressão também ajudaram os grandes empresários, embora nas aparências a economia estivesse sob rigoroso controle do Estado. Em 1931, criou-se uma corporação estatal para comprar bancos falidos, o que levou a um controle maior do sistema financeiro e à nacionalização do Banco da Itália em 1936. Outra corporação estatal foi criada em 1933, o Instituto de Reconstrução Industrial, para estimular indústrias em dificuldades. Pouco a pouco, o Estado estendia sua participação direta a importantes setores da atividade econômica, como o transporte marítimo, a engenharia e a produção de armas.

As medidas que visavam à instituição de uma autocracia foram fortalecidas no fim da década de 1930, o que aumentou a intervenção do Estado na economia e distanciou a Itália das economias liberais. O Estado impôs limites à liberdade de ação dos líderes empresariais, cada vez mais sujeitos a controles burocráticos. No entanto, os receios iniciais dos industriais de perda de autonomia em favor do Estado nunca se concretizaram. Embora as relações entre o Estado fascista e o grande empresariado não fossem isentas de atritos, havia interesses comuns mais do que suficientes — para não falar dos lucros astronômicos da indústria bélica — para garantir sua colaboração até bem depois do início da Segunda Guerra Mundial.

Acima de tudo, na década que se seguiu ao início da Depressão, a economia italiana permaneceu em boa medida estagnada, com o crescimento econômico num nível muito inferior ao do período 1901-25 e com a iniciativa sufocada pelas restrições oficiais, pelo medo dos trabalhadores de perder o emprego e pela possibilidade de represália contra qualquer demonstração de inconformismo político. O padrão de vida de grande parte da população caiu, e pouco melhorou com a chegada da guerra. O mesmo se aplica à produção industrial. O caminho tomado pela Itália para sair da Depressão, a despeito da mão pesada do Estado repressivo, revelou-se mais acidentado e menos eficaz do que o das democracias europeias. E muito mais perigoso. Em 1935, foi escanteado pela busca de glórias imperialistas, empreendida por Mussolini com a invasão da Etiópia em outubro. Embora a motivação para a conquista colonial fosse ideológica, havia certamente, entre fascistas de destaque, a ideia de que em tempos de graves dificuldades econômicas a expansão colonial na África poderia revitalizar o regime. Para o fascismo, a recuperação econômica fazia parte de uma agenda mais ampla.

O mesmo ocorreu, de forma ainda mais clara, na Alemanha, onde a rápida recuperação econômica deu-se justamente onde a Depressão tinha sido mais profunda. A velocidade da recuperação espantou e impressionou os observadores da época, na Alemanha e fora dela, contribuiu para consolidar o apoio à ditadura de Hitler e deu amplo curso à noção do "milagre econômico" nazista. Os nazistas tinham chegado ao poder sem um programa claro de recuperação econômica. Em seu primeiro discurso como chanceler do Reich, em 1º de fevereiro de 1933, Hitler prometeu dois grandes "planos quadrienais" para salvar os agricultores alemães e eliminar o desemprego. Como esses objetivos seriam alcançados, ele não revelou, e na verdade nem sabia. A economia para Hitler não era questão de destreza técnica, mas — como qualquer outra coisa — de vontade. Em sua mente toscamente determinista, decisivo era o poder político, e não a economia.

O que Hitler e seu regime fizeram nos primeiros meses de governo nazista, como ele prometera aos líderes do grande empresariado antes de chegar ao poder, foi remodelar as condições políticas dentro das quais a economia poderia funcionar. A destruição dos partidos de esquerda e dos sindicatos deu aos industriais o que queriam. As relações de trabalho foram reestruturadas, concedendo aos empregadores o controle dos locais de trabalho. A repressão do Estado garantiu a nova liberdade dada ao empreendimento econômico. Os salários podiam ser reduzidos, e os lucros, maximizados. Em troca, no entanto, os industriais sabiam, com certeza, que os interesses do Estado, não os da economia de mercado liberal, determinariam o contexto do empreendimento econômico. Hitler não se incomodava em entregar a especialistas em finanças na burocracia do Estado e a líderes econômicos a tarefa de traçar planos para pôr em marcha a economia. Para ele, o fator essencial era a *imagem* de um novo dinamismo, de revitalização. E, ao incutir confiança de que a recuperação estava em marcha, deu sua contribuição mais pessoal para fazer isso acontecer.

Os nazistas tiveram sorte de chegar ao poder quando a Depressão estava em seu ponto mais crítico, de modo que algum nível de recuperação cíclica ocorreria com qualquer governo. No entanto, a velocidade e as proporções da recuperação alemã — mais rápida que a da economia mundial como um todo — foram além de qualquer reversão normal da recessão. A recuperação precoce deve muito a ideias que já tinham sido formuladas (e estavam em alguma etapa de implantação antes que os nazistas chegassem ao poder) e agora estavam sendo resgatadas e expandidas. Projetos de criação de empregos foram apresentados em 1932. Mas eram insignificantes, não davam nenhuma esperança de causar impacto no alto índice de desemprego. Enquanto o governo de Papen destinou 167 milhões de Reichsmarks para a criação de empregos em 1932, o regime nazista investiu 5 bilhões em 1935. Ainda assim, essa importância correspondia a apenas 1% do produto interno bruto, muito pouco para reativar a economia. Mas o impacto da propaganda foi muito maior do que a soma envolvida. Parecia que a Alemanha estava funcionando outra vez.

Os projetos de criação de empregos — construção de estradas vicinais, abertura de canais, aterramentos e outros — traziam uma visibilidade muito grande, fosse qual fosse seu valor econômico real. As filas de voluntários do Serviço de

Empregos (que se tornou obrigatório a partir de 1935) transmitiam a impressão de um país que começava a engrenar. O pagamento era irrisório, mas os que se recusavam a executar trabalho pesado em troca de uma recompensa mínima eram enviados a um campo de concentração e brutalmente coagidos a reconsiderar sua atitude. Os que trabalhavam nesses programas de emergência eram retirados das estatísticas. A acentuada curva descendente do desemprego — a queda era autêntica, porém menor do que os números mostravam — também incutiu confiança num país que revitalizava sua economia com dinamismo e energia.

A criação de empregos, os investimentos substanciais na construção civil, incentivos fiscais para a indústria de veículos automotores e outras medidas de reforço à proteção dos produtos agrícolas contra a queda de preços, que beneficiava os agricultores (cuja renda triplicaria nos cinco anos seguintes), foram todos fatores que representaram um avanço do regime nazista no que se refere ao estímulo à economia. Isso foi antes que os gastos com rearmamento a partir de meados da década de 1930 começassem a levar a recuperação a um novo patamar, acabando inteiramente com o desemprego e levando a uma escassez de mão de obra. A indústria automotiva recebeu impulso através do instinto de Hitler para a propaganda eficaz. Bem no começo de seu governo, ele prometeu reduzir os impostos para a produção de automóveis, um grande projeto de construção de estradas e a produção de um "carro popular" barato (embora o Volkswagen só tenha se tornado acessível à população civil depois da guerra). Em 1934, a produção de automóveis tinha aumentado 50% em relação a 1929, o ano de pico antes da Depressão. A abertura de estradas — inclusive o início das construções de autopistas, um grande sucesso de propaganda — se ampliou de modo espetacular. O investimento em estradas em 1934 foi cem vezes maior do que em qualquer momento da década de 1920. O investimento público na construção civil incentivou também a construção privada, abrindo negócios para inúmeras pequenas empresas, que produziam bens e serviços necessários tanto para as construtoras como para os consumidores que desejavam equipar suas novas casas.

As políticas adotadas para estimular a economia alemã tiveram consequências sobre o comércio internacional. A demanda não podia ser satisfeita apenas com recursos alemães. Mas a recusa em considerar uma desvalorização do Reichsmark — não apenas por motivo de prestígio mas também por causa das amargas lembranças da grande inflação de 1923, quando o dinheiro tinha perdido praticamente todo valor — fazia com que as importações fossem caras e a balança comercial se inclinasse contra a Alemanha. A solução encontrada foi fortalecer o movimento de reintegração à economia de mercado mundial por meio de acordos de comércio bilaterais e uma marcha firme na direção da autocracia. Com Hjalmar Schacht, presidente do Reichsbank e, a partir de 1934, ministro da Economia, as medidas adotadas logo depois da quebra do banco em 1931, com o intuito de controlar divisas e regular o pagamento da dívida, foram bastante ampliadas. Em 1934, uma escassez crítica de divisas e uma preocupante queda das reservas levaram o governo a privilegiar acordos de comércio bilaterais, principalmente com países do sul da Europa que forneciam matérias-primas a crédito contra a entrega (sempre atrasada) de produtos alemães manufaturados. A estratégia surgiu mais por pragmatismo, devido à debilidade econômica da Alemanha, do que por alguma pretensão de domínio sobre o centro e o sudeste da Europa. Até certo ponto, ajudou na recuperação daquelas partes do continente. Com o tempo, porém, enquanto a economia alemã se fortalecia, a dependência econômica daquelas regiões aumentou, e elas foram sugadas para a órbita da Alemanha.

A recuperação econômica não era um fim em si mesma, e se subordinava a um programa político voltado para um rearmamento rápido e uma posterior expansão pela força militar. Em 1936, os gastos do governo chegavam quase ao dobro do que tinham sido nos anos pré-nazistas, e estavam a caminho de dobrar mais uma vez nos dois anos seguintes. E a maior fatia dos gastos públicos — bem mais de um terço em 1936, quase a metade em 1938 — ia para o rearmamento, que se tornara o principal motor da economia. Num primeiro momento, o Exército foi incapaz de gastar tudo o que Hitler queria lhe dar. Mas, desde o início, a primazia do rearmamento estava clara. A partir de 1934, sustentada por enormes verbas camufladas que Schacht repassava por meio de uma "contabilidade criativa", fora do orçamento da nação, a consolidação de Forças Armadas grandes e poderosas ganhou impulso. Os gastos em bens de capital e matérias-primas, engolidos gananciosamente pela indústria de armas em rápida expansão, superaram em muito os investimentos na produção de bens de consumo.

Entretanto, em 1935, surgiu no horizonte um problema óbvio e ameaçador. Pagar pelas importações necessárias de alimentos e conviver com as demandas cada vez maiores do rearmamento era impossível numa época de escassez de divisas na qual as reservas de moeda nacional estavam diminuindo. A safra ruim de 1934 e a ineficácia da superburocratizada Reichsnährstand — Corporação de Alimentos do Reich, criada em 1933 para acelerar a produção agrícola e melhorar a situação dos agricultores — provocaram um grave desabastecimento no segundo semestre de 1935. O descontentamento cada vez maior causou uma preocupação tão grande para o regime que Hitler viu-se forçado a intervir e fazer com que as reservas em moeda estrangeira fossem destinadas à importação de alimentos em lugar das matérias-primas que os fabricantes de armas pediam desesperadamente.

No começo do ano seguinte, chegou-se a um impasse econômico, consequência inevitável do caminho tomado pela Alemanha nazista para sair da Depressão. Só havia duas maneiras de resolvê-lo: deter a escalada armamentista e buscar a reintegração na economia internacional ou apressar a militarização, o que implicaria tomar o caminho da autocracia, que, sem expansão territorial, poderia ocorrer apenas de forma parcial. E a expansão territorial seria impossível sem entrar em guerra em algum momento. Em 1936, Hitler precisou decidir. Era óbvia qual seria sua escolha. Um princípio implícito desde o início do regime nazista confirmou-se com essa decisão: o primado da economia deu lugar ao primado da ideologia. A partir de 1936, estava em marcha a contagem do tempo para o início de uma nova guerra.

GUINADA POLÍTICA PARA A DIREITA

Durante os anos da Depressão, a política europeia inclinou-se de forma clara para a direita. Estranhamente, enquanto o capitalismo atravessava aquela que muitos contemporâneos pensavam ser sua crise terminal, num período de desemprego em massa e mal-estar social generalizado, a esquerda perdeu terreno quase em toda parte. Mesmo na Espanha, onde os socialistas tinham sido a força motriz da fundação da Segunda República, em abril de 1931, o socialismo passou cada vez mais para a defensiva a partir de 1933, e o governo francês socialista da Frente Popular, que chegara ao poder em 1936, foi de curta duração. O sucesso da social-democracia na Escandinávia era a exceção. Em toda parte, a direita estava em marcha — muitas vezes literalmente. Por que foi assim? O que determinava que uma democracia sobrevivesse ou naufragasse? Até que ponto ia a atração do fascismo? Por que a Europa em peso preferiu a direita e não a esquerda? E até que ponto a crise econômica em si foi responsável por esse desfecho funesto? Às vezes, a guinada para a direita fortaleceu o conservadorismo, fosse na forma relativamente branda que assumiu nas democracias da Europa Ocidental, fosse com os regimes autoritários reacionários dominados por elites políticas antidemocráticas no leste e no sudeste da Europa. No entanto, a Depressão também trouxe condições para que movimentos populistas da direita radical pudessem reunir apoio e, em alguns casos, mais adiante desestabilizar sistemas de governo já fragilizados.

A atração do fascismo

Alguns movimentos da extrema direita radical copiavam abertamente os métodos, os símbolos e o léxico usados pelos seguidores de Mussolini e Hitler, e se autointitulavam "fascistas" ou "nacional-socialistas" com orgulho. Outros aceitavam algumas ou muitas das ideias dos movimentos, mas negavam-se a usar o rótulo. A questão é basicamente de definição — e tentar definir fascismo é como tentar pregar gelatina na parede. Cada um dos numerosos movimentos de extrema direita tinha suas características e suas ênfases. E, como cada um deles se dizia representante "verdadeiro", "real" ou "essencial" de uma nação e baseava grande parte de seu apelo ultranacionalista na suposta singularidade dela, não podia haver uma organização internacional autêntica que representasse para a direita radical um equivalente do que a Comintern era para a esquerda. Em dezembro de 1934, uma reunião de representantes da extrema direita de treze países (Áustria, Bélgica, Dinamarca, Espanha, França, Grécia, Irlanda, Lituânia, Noruega, Países Baixos, Portugal, Romênia e Suíça), realizada às margens do lago Léman, tentou estabelecer um contexto para uma ação colaborativa, porém o país mais importante, a Alemanha nazista, boicotou o encontro — que nem sequer foi capaz de entrar em acordo sobre uma base doutrinária comum.

Não obstante, existiam algumas características ideológicas comuns aos movimentos de extrema direita, fossem autointitulados "fascistas" ou não: a ênfase ultranacionalista na unidade da nação, que ganhava sua própria identidade por meio da "limpeza", eliminando todos os que não pertencessem a ela — estrangeiros, minorias étnicas, "indesejáveis"; exclusão racial (embora não necessariamente racismo biológico como na variante nazista), expressa na reiteração da qualidade "especial", "singular" e "superior" da nação; compromisso radical, extremo e violento com a destruição absoluta dos inimigos políticos (especialmente marxistas, mas também liberais, democratas e "reacionários"); comportamento calcado na disciplina, na "virilidade" e no militarismo (normalmente envolvendo organizações paramilitares); e crença numa liderança autoritária. Outros traços foram importantes, até mesmo centrais, para a ideologia de algum movimento específi-co, mas não onipresentes. Alguns países orientaram seu nacionalismo para objeti-vos irredentistas ou imperialistas, com consequências desastrosas, mas nem todos eram intrinsecamente expansionistas. Alguns ainda, embora não todos, tinham forte tendência anticapitalista. Com frequência, mas nem sempre, defendiam a reorganização da economia segundo uma orientação corporativista, a abolição dos sindicatos e a regulação da política econômica por "corporações" de interes-ses, dirigidas pelo Estado.

Esse amálgama de ideias, com ênfases variadas, em geral era coerente com o objetivo de obter apoio de massas para um regime autoritário essencialmente reacionário, não revolucionário. Mas alguns movimentos da direita radical, decla-radamente fascistas, iam mais longe. Queriam mais do que apenas derrubar ou desmantelar o Estado existente e substituí-lo por um governo nacionalista autori-tário. Queriam compromisso total com a ambição de uma nação unida. Queriam a alma tanto quanto o corpo. Procuravam criar um "homem novo" (a linguagem era invariavelmente machista), uma sociedade nova, uma utopia nacional. Em última análise, foi essa reivindicação total, mais que qualquer outra coisa, que conferiu ao fascismo seu caráter revolucionário e o distinguiu de correntes da di-reita a ele relacionadas que, sendo autoritárias e nacionalistas, na prática busca-vam manter a ordem social existente. O fascismo pretendia uma revolução não de classe, como os marxistas, mas uma revolução mesmo assim — de mentalidades, valores e vontades.

A exatidão acadêmica da terminologia é uma questão absolutamente indife-rente tanto para os que sofreram nas mãos da extrema direita como para os que, sendo de esquerda, fizeram decidida oposição aos movimentos que eles mesmos não hesitavam em chamar de "fascistas". Naturalmente, os requintes da precisão semântica não devem obscurecer a questão maior da guinada para a direita — em qualquer de suas formas — durante a Depressão.

Fosse na direção da direita conservadora ou da radical, a guinada era vista como essencial para proteger e regenerar a nação. Enquanto os conflitos de classe se intensificavam — já não com predomínio de questões econômicas, mas de na-tureza abertamente política e ideológica —, a unidade nacional era apresentada como uma barreira essencial contra a ameaça do socialismo. Em lugares onde essa ameaça era vista como pequena, moderada ou distante, caso da Inglaterra, prevaleceu o conservadorismo — comprometido com a manutenção da ordem política e social vigente — e o espaço para o avanço da direita radical era mínimo. No polo oposto, caso da Alemanha, onde o perigo era visto como considerável, o conservadorismo — ele mesmo tentando derrubar a ordem política e social existente — rachou, e seu eleitorado foi em grande parte engolido pela direita fascista. Outros países ficaram em algum ponto entre esses dois polos opostos.

A atração exercida pelo fascismo nunca fora tão forte quanto naquela época. A mensagem de renovação nacional, ligando poderosamente o medo à esperança, era diversificada o bastante para ser capaz de cruzar fronteiras sociais. Sua mensagem envolvia o apelo aos interesses materiais essenciais de grupos sociais dos mais diversos num miasma de retórica sentimental sobre o futuro da nação. Tocava os interesses daqueles que se sentiam ameaçados pelas forças das mudanças sociais modernizantes. Mobilizava aqueles que acreditavam ter alguma coisa a perder — status, propriedades, poder, tradição cultural — para a suposta ameaça de inimigos internos e, principalmente, para o avanço do socialismo e sua promessa de revolução social. Contudo, amarrava esses interesses a uma visão de sociedade nova que premiaria os fortes, os aptos, os merecedores — os dignos de recompensa (a seus olhos).

Dado esse apelo que timidamente tentava transcender os limites convencionais dos interesses setoriais (e se intensificava na medida em que a crise aumentava a fragmentação política), não é de surpreender que a base social dos movimentos fascistas fosse tão heterogênea. Na verdade, alguns setores da sociedade eram mais propensos a sucumbir à atração do fascismo. O lado emocional, romântico e idealista do fascismo, com seu ativismo violento e aventureiro, era atraente em especial para jovens do sexo masculino expostos a tais valores nos movimentos de juventude de classe média — caso ainda não fossem ligados a organizações de jovens, católicas ou de esquerda. A "revolta geracional" contra os valores estabelecidos foi facilmente canalizada para o ultranacionalismo fascista e para a violência paramilitar e racista contra a esquerda. Os membros dos partidos fascistas eram em sua imensa maioria homens, embora na Alemanha, nos lugares em que sua participação pôde ser medida, as mulheres passaram a votar cada vez mais no Partido Nazista à medida que ele se aproximava do poder, e provavelmente pelos mesmos motivos que os homens.

As classes médias descontentes em geral eram atraídas para o fascismo numa proporção maior que outros setores da sociedade. Empregados de escritórios, empresários, profissionais liberais, oficiais e suboficiais da reserva, funcionários públicos, comerciantes, artesãos, donos de pequenas oficinas, agricultores e estudantes (normalmente originários das classes médias) quase sempre estavam presentes em maior número na base de apoio do fascismo do que outras categorias. Mas, embora militantes de classe média fossem dominantes entre os funcionários do partido e nos cargos de liderança, o fascismo não pode ser definido (como era hábito) apenas como um movimento de classe média, nem em termos absolutos de classe. Trabalhadores qualificados e braçais o apoiavam em maior número do que se acreditava. Cerca de 40% dos novos filiados ao Partido Nazista entre 1925 e 1932 vieram da classe trabalhadora. Mais de um quarto dos eleitores dos nazistas eram trabalhadores — possivelmente até 30% ou 40% se forem levados em conta os domicílios da classe trabalhadora como um todo. Em 1932, é provável que mais trabalhadores votassem nos nazistas do que nos socialistas ou comunistas. Entre os paramilitares das tropas de assalto, uma organização masculina de combatentes de rua, os jovens da classe trabalhadora eram maioria: bem mais da metade entre 1925 e 1932, e uma proporção ainda maior depois que o Partido Nazista chegou ao poder.

Desses trabalhadores, não eram muitos os que foram cooptados dos partidos socialista e comunista. Alguns tinham efetivamente mudado de lado, mas a grande maioria não pertencia ao meio institucionalizado dos partidos de esquerda. O Partido Nazista, não só por seu tamanho (já no começo de 1933 era bem mais de três vezes maior que o partido fascista da Itália tinha sido antes da Marcha sobre Roma de Mussolini, onze anos antes), era em muitos aspectos atípico no meio da direita radical como um todo. Mas a estrutura de apoio em movimentos fascistas menores — com um núcleo de classe média, porém com um considerável contingente de trabalhadores não ligados anteriormente a partidos de esquerda — quase sempre era similar. Foi o caso, por exemplo, de França, Espanha, Áustria, Suíça e Inglaterra (assim como da Itália antes da "tomada do poder" por Mussolini).

Não havia correlação direta entre a Depressão e as chances de sucesso da direita radical. A crise gerada pela Depressão, é verdade, levou ao triunfo de Hitler. Mas Mussolini chegara ao poder na Itália quase uma década antes da recessão, e em alguns países o fascismo só surgiu quando a Depressão já estava arrefecendo. Além disso, em outros países, em especial a Inglaterra e, fora da Europa, os Estados Unidos, embora gravemente castigados pela Depressão, não surgiram movimentos fascistas de vulto. Só onde as tensões sociais e políticas criadas pela Depressão interagiram com outro fator dominante — ressentimento por perdas territoriais, medo paranoico da esquerda, rejeição visceral dos judeus e de outros "forasteiros", descrença na capacidade da política partidária de "endireitar as coisas" — ocorreu um colapso sistêmico que pavimentou o caminho para o fascismo.

A Itália e a Alemanha acabaram sendo, afinal, os únicos países em que os movimentos fascistas gerados internamente tornaram-se fortes a ponto de conseguir remodelar o Estado à sua imagem, com a ajuda de elites conservadoras fragilizadas. Com maior frequência (como no leste da Europa), os movimentos fascistas foram mantidos sob controle por regimes autoritários repressivos, ou (como no norte e no oeste da Europa) causaram violentos distúrbios na ordem pública sem ter no entanto a capacidade de pôr em risco a autoridade do Estado.

O triunfo do fascismo dependia do descrédito total da autoridade do Estado, da debilidade de elites políticas já incapazes de garantir o funcionamento do sistema em favor de seus interesses, da fragmentação da política partidária e da liberdade para construir um movimento que prometia uma alternativa radical. Esses pré-requisitos estavam presentes na Itália do pós-guerra, entre 1919 e 1922, e na Alemanha tomada pela Depressão entre 1930 e 1933, mas não em outros lugares — a não ser a Espanha, onde o confronto cada vez mais violento entre esquerda e direita (ambas divididas em facções) acabaria levando à guerra civil de 1936-9, seguida de ditadura militar, mas não da "tomada do poder" pelos fascistas. Por outro lado, onde o Estado democrático manteve a confiança das elites dominantes e das massas populares, como no norte e no oeste da Europa, ou onde as elites autoritárias conseguiam controlar com rigor um sistema que atendia a seus interesses, restringindo direitos civis e a liberdade de organização, como em grande parte do leste e do sul da Europa, os movimentos fascistas não se fortaleceram a ponto de conquistar o poder.

A direita na Europa Ocidental: Democracia resiliente

A Inglaterra é o exemplo mais claro de Estado cujo sistema político não abriu espaço para que a direita radical viesse à tona. Os valores políticos e sociais dominantes — apoiados na monarquia, na nação, no império, no governo parlamentarista e no estado de direito — eram amplamente aceitos. O sistema de monarquia constitucional baseado na democracia parlamentarista era praticamente incontesto quando o país mergulhou na Depressão. Não existia nenhum grande partido marxista que pudesse representar uma ameaça real ou imaginária à ordem política. O Partido Trabalhista (que durante a década de 1920 substituíra o Partido Liberal como principal opositor dos conservadores) era reformista e não revolucionário, assim como os sindicatos que formavam sua coluna vertebral. O Partido Conservador, ao contrário dos conservadores de outros países da Europa, tinha interesse total em manter a ordem existente. Quando a crise do sistema financeiro levou à queda do governo trabalhista, em 1931, as eleições gerais que se seguiram, em 27 de outubro, deram aos conservadores o maior triunfo da história do parlamentarismo britânico. O Governo Nacional ganhou 521 cadeiras, com mais de 60% dos votos. Os conservadores ficaram com nada menos que 470 dessas cadeiras. Apesar do nome que evocava unidade, o Governo Nacional era na prática uma administração de conservadores. No auge da crise econômica, portanto, o sistema parlamentar britânico não só permaneceu firme como se consolidou. Não houve crise de legitimidade do Estado. Nenhuma ameaça veio da esquerda. Os trabalhistas estavam na oposição, mas apoiavam o Estado. Os extremistas foram marginalizados. Enquanto durou o período da Depressão, não houve nenhum comunista ou fascista no Parlamento.

A força do conservadorismo bloqueou qualquer possível abertura para a extrema direita. A União Britânica de Fascistas (BUF), de Oswald Mosley, fundada em 1932, nunca teve chance de se disseminar. A essa altura, tinha cerca de 50 mil membros, uma clientela variada de profissionais liberais de classe média, insatisfeitos, ex-soldados, pequenos empresários, comerciantes, funcionários de escritório e trabalhadores sem qualificação de algumas áreas decadentes da Inglaterra e do East End de Londres (área pobre tradicionalmente, ocupada por imigrantes, onde vivia um terço da população judaica do país). O estilo da BUF mais parecia uma tosca imitação importada. As camisas pretas dos fascistas, as marchas, a ação política e a iconografia, para não falar da revoltante violência pública contra judeus e opositores políticos, não combinavam com a cultura política britânica. Confrontos com a esquerda antifascista causavam perturbações cada vez maiores na ordem pública. Seu apoio — inclusive o de Lord Rothermere, dono do muito lido jornal *The Daily Mail* — desabou depois que uma grande passeata, realizada em Londres em junho de 1934, foi acompanhada de uma brutalidade repulsiva contra os opositores de Mosley, infiltrados às centenas na multidão de 15 mil manifestantes. Mosley tinha tanta certeza da humilhação eleitoral que seu partido sofreria que a BUF nem sequer concorreu à eleição de 1935. Em outubro daquele ano, os membros da organização já não passavam de 5 mil, e ela só se recuperou lentamente às vésperas da Segunda Guerra Mundial, quando chegou a 22,5 mil membros. Quando da eclosão do conflito, Mosley e outros líderes da BUF foram presos, e o partido foi dissolvido. A União Britânica de Fascistas representou uma ameaça para aqueles que seus membros consideravam inimigos raciais ou políticos e um considerável incômodo para a ordem pública, mas seu impacto sobre a política institucional britânica foi mínimo.

Também nos países do norte e do oeste da Europa que tinham saído vitoriosos da Primeira Guerra Mundial — ou que se mantiveram neutros durante o conflito — pouco existiam sentimentos de humilhação nacional ou ambições irredentistas. Dessa forma, a direita radical encontrou seu caminho para o poder bloqueado pela resiliência das estruturas políticas existentes. Os movimentos fascistas conquistaram apoio popular irrisório na Dinamarca, Islândia, Suécia e Noruega. Na Finlândia tiveram um pouco mais de sucesso, mas seu desempenho eleitoral não passou de 8,3% nas eleições de 1936. Em alguns dos cantões suíços de língua alemã, a Frente Nacional fascista conquistou mais de 27% dos votos entre 1933 e 1936, mas esse apoio caiu nitidamente pouco depois, enquanto no resto da Suíça o fascismo encontrou um número insignificante de adeptos e muita oposição.

Os camisas-azuis irlandeses — oficialmente, Associação dos Camaradas do Exército, rebatizada em 1933 com o nome de Guarda Nacional — tiveram existência breve. Organizaram-se em 1932 e tiveram como líder Eoin O'Duffy, conhecido por seu temperamento volúvel e pelo extremismo político, um ex-chefe do Estado-Maior do Exército Republicano Irlandês (IRA) que acabara de ser demitido do cargo de comissário da polícia irlandesa. Em 1934, afirmavam ter 50 mil membros, a maioria no sudoeste do país, a região mais afetada pela crise econômica. Mas o apoio ao movimento logo se diluiu depois de sua proibição pelo governo e do fim de uma disputa comercial com a Inglaterra que afetara gravemente a agricultura irlandesa. Os camisas-azuis abandonaram o radicalismo e a identidade fascista e se uniram ao novo partido político dominante, o Fine Gael. Em 1935, já haviam deixado de existir. O'Duffy acabou rompendo com o Fine Gael — sua presença constrangia cada vez mais o partido — e mais tarde liderou uma brigada irlandesa que lutou por algum tempo a favor do general Francisco Franco na Guerra Civil Espanhola.

Nos Países Baixos, apesar do desemprego de 35% em 1936, a direita radical conseguiu pouca inserção nas estruturas políticas, que permaneceram solidamente vinculadas às subculturas protestante, católica e social-democrata. Os governos mudavam, mas na verdade existia uma continuidade na burocracia, e muita adaptação prática e concessões entre os partidos governantes. O medo cada vez maior da Alemanha nazista contribuiu também para uma ideia de unidade nacional que ajudou a manter a coesão do sistema parlamentar em vigor. O fascismo era visto como "estrangeiro" e como uma ameaça nacional. O ponto alto do principal movimento fascista, o Nationaal Socialistische Beweging, foi alcançado em 1935, quando obteve 8% dos votos. Mas em dois anos esse percentual caiu para 4%, e o apoio à extrema direita continuou em baixa durante o que restava do período anterior à guerra.

A Bélgica testemunhou uma breve lufada de apoio a um movimento corporativista católico e autoritário que beirava o fascismo. Em 1936, o Partido Rex (que tomou o nome de uma editora católica chamada Christus Rex, por sua vez assim chamada por causa da recém-instituída festa de Cristo Rei) conquistou 11,5% dos votos — em boa medida como protesto das classes médias de língua francesa nas partes industrializadas do sudeste do país contra a corrupção dos partidos convencionais. Mas esse eleitorado em pouco tempo encolheu, restando dele apenas uns poucos adeptos. Da mesma forma que nos Países Baixos, as forças tradicionais do meio social e político — católicos, socialistas e liberais — preencheram o espaço que os novos movimentos de extrema direita poderiam ter ocupado. Na Bélgica, a inexistência de um nacionalismo genuinamente *belga* era também um obstáculo. O Rex tinha uns poucos adeptos em Flandres, onde havia movimentos nacionalistas e protofascistas (embora sem apoio majoritário).

Durante algum tempo, considerou-se que a Terceira República na França podia estar seriamente ameaçada pela extrema direita. O sistema político não dava ensejo a mudanças frequentes de governo (que quase sempre se resumiam a uma dança das cadeiras, com as mesmas pessoas em torno da mesa do gabinete), mas sim a alianças pragmáticas variadas entre os partidos. Essas alianças quase sempre incluíam os radicais, que constituíam o partido central da república. Os radicais eram anticlericais, defendiam princípios econômicos liberais, apoiavam-se firmemente nas classes médias e se dispunham a acordos com facções moderadas da direita ou da esquerda com intuito de permanecer no poder (o que geralmente acontecia). Nas eleições de 1932, quando a Depressão ainda estava se instalando, o Partido Socialista e os radicais, numa incômoda aliança de esquerda moderada, tiveram ganhos importantes. A derrota do bloco direitista integrado pelos partidos conservadores desencadeou uma reação exagerada da direita, num clima de xenofobia, acentuado nacionalismo, antissemitismo, antifeminismo e medo da "ameaça vermelha" (embora os comunistas só tivessem obtido doze das 605 cadeiras na Câmara dos Deputados). O clima de agitação foi exacerbado pelos acontecimentos dramáticos do outro lado do Reno. As Ligas — organizações paramilitares e extraparlamentares da direita nacionalista, formadas por grandes associações de veteranos, algumas delas com pelo menos algumas características fascistas — ganharam novo fôlego depois do declínio sofrido durante a estabilização financeira no governo de Poincaré.

Em meio à tensão crescente, a imprensa parisiense, esmagadoramente direitista, não perdia oportunidade de condenar o governo com uma virulência sem limites. A cena política francesa era notoriamente mercenária e corrupta, mas um escândalo denunciado no fim de 1933 foi agarrado com unhas e dentes pela imprensa com especial apetite, e continha ingredientes que podiam ser preparados de modo a pôr em risco não somente o governo mas a própria república. Esse escândalo surgiu de uma fraude nas finanças públicas perpetrada por Alexandre Stavisky, personagem indigesto de origem judaica do Leste Europeu — feito sob medida para o preconceito de direita. O escândalo envolvia figuras de alto escalão, principalmente do Partido Radical. Segundo alguns boatos havia nada menos de 132 políticos na folha de pagamento de Stavisky. Quando se soube que o fraudador tinha cometido suicídio, a fábrica de boatos passou a funcionar a todo vapor. Judeus e maçons foram acusados de envolvimento numa conspiração para silenciar Stavisky, cuja morte desencadeou graves distúrbios nas ruas de Paris. Em 6 de fevereiro de 1934, grandes grupos de adeptos das Ligas — algumas estimativas falavam em 30 mil — saíram às ruas da capital francesa. O ato culminou numa noite de violência em que a polícia e milhares de manifestantes se confrontaram, com um saldo de quinze mortos e mais de 1400 feridos.

A escala da violência organizada — no pior caso já ocorrido em Paris desde a Comuna de 1871 — teve grande impacto nas instituições políticas francesas. O governo, que assumira poucos dias antes, foi derrubado — e de fato pela violência das ruas e pelas forças paramilitares. A turbulência política resultante agravou o confronto entre esquerda e direita que caracterizaria a política francesa pelo resto da década de 1930. Mas a ameaça substancial à existência do Estado não passou de miragem. A República Francesa não foi seriamente ameaçada — embora na época as aparências mostrassem outra coisa. As Ligas, apesar de uma ideologia comum de extremo nacionalismo, anticomunismo feroz e autoritarismo (quase sempre em favor de uma forma corporativista de Estado), estavam divididas internamente em termos de liderança e objetivos. A maior delas, a Croix-de-Feu, com estimados 40 mil membros no começo de 1934, de modo geral conseguiu manter a disciplina durante os distúrbios de fevereiro, se comparada à violência de membros da Action Française e outras organizações de direita — o que lhe rendeu aplausos da imprensa conservadora. O líder da Croix-de-Feu, coronel François de la Roque, mais tarde inclusive se distanciou do antissemitismo de alguns de seus seguidores.

Além disso, um resultado direto dos acontecimentos de 6 de fevereiro de 1934 foi a unificação da até então dividida esquerda francesa na luta contra o fascismo. Se isso não tivesse acontecido, a ameaça à república poderia ter sido muito mais séria. Diante da situação, a esquerda reagiu com rapidez e eficiência. Em 9 de fevereiro, os comunistas já tinham mobilizado seus adeptos. Os confrontos com a direita paramilitar deixaram nove mortos e centenas de feridos. Três dias depois, mais de 1 milhão de sindicalistas paralisaram Paris com uma greve geral de 24 horas. Durante os dois anos seguintes, houve mais de mil manifestações de uma ou outra espécie, principalmente da esquerda contra a ameaça do fascismo. Em 1934 — logo depois que o triunfo de Hitler na Alemanha enfim convenceu Stálin a abandonar os absurdos ataques da Comintern aos partidos social-democratas, chamados de "social-fascistas", e a convocar a classe trabalhadora para uma frente comum contra o fascismo —, o violento confronto fez com que os franceses encarassem a realidade e abriu caminho para ao governo da Frente Popular, formado em 1936. Depois dos acontecimentos de fevereiro de 1934, a direita, dividida, deparou pela primeira vez com uma esquerda unida.

As Ligas, postas na ilegalidade em junho de 1936 pelo governo da Frente Popular, em alguns casos se reorganizaram em partidos políticos. A Croix-de-Feu metamorfoseou-se no Parti Social Français e aumentou muito seu eleitorado. Em 1937, tinha cerca de 750 mil membros, mais que os socialistas e os comunistas juntos. Nesse processo, porém, o Parti Social afastou-se do estilo fascista de mobilização e se aproximou do conservadorismo autoritário. O Parti Populaire Français, autenticamente fascista, surgiu em junho de 1936, liderado por um ex-comunista, Jacques Doriot. A ameaça cada vez maior representada pela Alemanha nazista, o colapso do governo da Frente Popular em 1938 e, com ele, o fim da ameaça interna representada pela esquerda, além da ênfase crescente na solidariedade nacional à medida que se vislumbrava a possibilidade de guerra, corroeram o partido de Doriot, que entrou em franca decadência. Mesmo assim, em suas inúmeras formas — algumas abertamente fascistas, outras beirando o fascismo —, a direita francesa formou uma ampla base de apoio popular. Sem ele, o apoio imediato ao governo de Vichy, depois de 1940, teria sido impensável.

Apesar de todas as suas tribulações, o republicanismo na França tinha uma extensa e tradicional base de apoio popular. A situação da Espanha era outra, e as forças antagônicas à república democrática eram muito mais poderosas. De início, no entanto, as perspectivas para uma direita autoritária pareciam ter diminuído, em vez de aumentar, à medida que problemas econômicos cada vez maiores assolavam o país, cuja fragmentação social e política, profundamente arraigada, fazia com que nunca estivesse muito distante da crise.

A ditadura militar de Primo de Rivera, que vinha desde 1923, tinha perdido o que lhe pudesse restar de alento no início de 1930. Entre o descontentamento generalizado e a crise de autoridade, com o fim do boom econômico que sustentara seu sucesso inicial, Primo foi forçado a renunciar, deixou o país para exilar-se em Paris e morreu algum tempo depois. Em poucos meses, foi seguido no exílio pelo rei Afonso XIII, e as eleições de abril de 1931 inauguraram uma nova república democrática. Numa conjuntura em que a democracia em grande parte da Europa estava se voltando para a direita, a Espanha avançou no sentido oposto — pelo menos por ora. A vitória esmagadora da esquerda nas eleições de 1931 foi, no entanto, ilusória. Embora muitos espanhóis, desencantados com Primo de Rivera e com a monarquia, estivessem dispostos a dar uma chance à república, seu apoio quase sempre foi morno, vacilante e condicional. Faltava à república uma autêntica base nas massas que lhe desse apoio confiável, fora da classe dos trabalhadores industriais — setor relativamente pequeno da população, concentrado em algumas grandes cidades e regiões específicas, em especial na Catalunha, no País Basco e nas Astúrias. E havia as graves dissensões entre os partidos republicanos. A esquerda estava irremediavelmente dividida entre socialistas, o pilar da república, e os anarcossindicalistas (com força no campo, sobretudo no sul), que a viam apenas como a primeira etapa de uma violenta luta, conduzida pelos sindicatos, contra a autoridade do Estado. As fortes identidades regionais e o antagonismo a Madri, principalmente na Catalunha e no País Basco, dificultavam a consolidação de uma esquerda unida. A direita, enquanto isso, estava derrotada, desorganizada e confusa depois das eleições de 1931. Mas a derrota parlamentar escondia a força e a resiliência das tendências antirrepublicanas radicalmente conservadoras. A instituição da república na verdade reacendeu a chama ideológica que tinha estado até certo ponto adormecida durante a ditadura de Primo de Rivera.

A nova democracia foi um sistema violentamente contestado desde o início. Em dois anos, as leis de reforma agrária e de proteção aos trabalhadores, além de uma redução significativa do poder da Igreja católica, decidida pela coalizão de governo integrada por socialistas e liberais, provocaram uma reação cada vez mais ruidosa da direita autoritária, numerosa ainda que fragmentada, antissocialista e ferrenhamente católica. Os latifundiários, a Igreja e as Forças Armadas faziam oposição implacável à república, enquanto o progresso lento, limitado e parcial da reforma social frustrava e afastava muitos adeptos da república. Nas eleições de novembro de 1933, a esquerda sofreu uma pesada derrota, os partidos de direita triunfaram e, nos dois anos seguintes, as reformas do início da república foram revertidas ou barradas, já com o poder de volta às mãos de latifundiários e empregadores. Formava-se o embrião da guerra civil.

A direita espanhola estava muito longe de ser unida. Alguns setores eram declaradamente reacionários — pretendiam a restauração da monarquia e um Estado corporativo autoritário sustentado pelas Forças Armadas. Uma parte muito maior da direita — na verdade o maior grupo político da Espanha, que dizia ter 735 mil membros — formou-se em 1933 com o nome de Confederación Española de Derechas Autónomas (CEDA), um vasto conglomerado de conservadores católicos populistas. A CEDA dizia-se defensora do cristianismo contra o marxismo, referia-se ao principal nome do partido, Gil Robles, como "líder" e adotava outras formas de expressão do fascismo como marchas, uniformes, saudação específica, estilo de mobilização e organização de um movimento jovem cada vez mais fascistizante. Distinguia-se do fascismo radical por rejeitar o paramilitarismo e por aderir, ao menos formalmente, a instituições do Estado e a métodos legais e não violentos de luta política. Na prática, porém, cada vez mais apoiava a violência antirrepublicana e mostrava inclinação pela adoção de um Estado corporativo autoritário. Sua identidade democrática era no mínimo ambígua. "Quando chegar a hora, ou o Parlamento se submete ou será eliminado", dizia Robles.

Dentro desse vasto, mas fragmentado, corpo de apoio à direita autoritária, em grande parte constituído de autoritarismo conservador com nuances fascistas, o fascismo radical autêntico tinha pouco espaço. O movimento fascista mais importante, a Falange Española, fundada em 1933 por José Antonio Primo de Rivera, filho do antigo ditador, atacava a direita burguesa e a esquerda marxista. Previsivelmente, José Antonio não foi muito longe. A Falange chegou a ter 10 mil filiados num país de 25 milhões de habitantes, e conquistou 44 mil votos (0,7% do total) nas eleições de 1936. Nesse mesmo ano, foi posta na ilegalidade e seus líderes, encarcerados. José Antonio foi condenado à morte e executado em novembro. Nessa época, a rebelião contra a república, lançada a partir do Marrocos sob a liderança do general Francisco Franco, já tinha começado. Só em abril de 1937, quando Franco assumiu a Falange e fez dela, pelo menos formalmente, a pedra angular do conglomerado de forças nacionalistas de direita que apoiavam sua rebelião, o fascismo na Espanha tornou-se um movimento de massas — e por fim, depois da guerra civil, na condição de partido oficial de uma ditadura militar à qual servia mas que não controlava.

Antes da guerra civil, a Falange competia em terreno muito disputado. Além disso, sua mensagem social revolucionária afastava grande parte da classe média, assim como o status quo católico. Nas condições da democracia pluralista pré- -guerra civil, a tentativa de construir um movimento de massas verdadeiramente fascista na Espanha foi um fracasso. Mas que importância tinha isso? Aos olhos de seus mais viscerais opositores de esquerda, havia pouca diferença entre o pequeno grupo da Falange e a massa de apoio da direita. Fossem quais fossem as minúcias quanto à definição de cada uma delas, a CEDA lhes parecia tão fascista quanto a Falange. E estariam errados? Do ponto de vista daqueles que tanto sofreram nas mãos da direita, durante a guerra civil e depois dela, o fascismo espanhol tinha ampla base de apoio e não se reduzia aos poucos adeptos da Falange.

Enquanto na Itália e na Alemanha abriu-se um vácuo político em decorrência do colapso dos partidos da direita conservadora e liberal — deixando aos grandes partidos de massa, populistas e fascistas, o papel de ocupar esse espaço e reunir uma nova direita em torno de um programa de renovação nacional capaz de destruir a ameaça representada pela esquerda —, na Espanha isso não existiu. O vácuo político foi preenchido por numerosos movimentos conservadores autoritários, mais e menos fortes, alguns deles com nuances inequivocamente fascistas, em especial a CEDA. A direita espanhola antidemocrática era muito numerosa, e assim a força da própria reação conservadora bloqueava o caminho do fascismo radical. Na época do levante comandado por Franco, em julho de 1936, a crise da democracia espanhola era profunda. Mas a esquerda estava pronta para a luta. Foram necessários três anos de uma cruenta guerra civil para derrubar a democracia.

Campo fértil para a direita: A Europa Central e a Oriental

A Espanha era um caso excepcional na Europa Ocidental. No centro e no leste do continente, a guinada para a extrema direita era o lugar-comum. Os maiores movimentos fascistas surgiram na Áustria, na Romênia e na Hungria. Para a Áustria, a chegada de Hitler ao poder na vizinha Alemanha foi um acontecimento determinante. Na Romênia e na Hungria, a turbulência persistente que decorreu dos ajustes territoriais do pós-guerra foi um pré-requisito de peso.

Grande parte dos que não simpatizavam com o socialismo na Áustria já eram protofascistas à época da Depressão. O colapso do sistema financeiro em 1931 e o desemprego galopante minaram a economia do país e as condições de vida de grande parte da população. Sob o impacto da Depressão, a divisão da política austríaca em três setores se aprofundou e radicalizou. Dois grandes movimentos fascistas, o Heimwehr [Defesa da Pátria], de origem local, e o Partido Nazista da Áustria, inspirado nos acontecimentos da vizinha Alemanha e em franco crescimento, defrontavam-se com um grande Partido Socialista que mantinha o sólido apoio da classe de trabalhadores industriais. Em 1930, os seguidores do Heimwehr eram duas vezes mais numerosos que os do Partido Nazista da Áustria, que muitos viam como uma versão local de uma organização estrangeira. Mas os nazistas vinham ganhando terreno com rapidez. Nas eleições regionais e municipais de 1932, conseguiram 16% dos votos.

Depois que Hitler assumiu na Alemanha, em janeiro de 1933, a ameaça nazista na Áustria tornou-se óbvia. O chanceler austríaco, o miúdo porém enérgico Engelbert Dollfuss, de 39 anos, aboliu o regime parlamentarista e instituiu o que definiu como "o Estado social, cristão e germânico da Áustria baseado em propriedades [corporativas] e forte liderança autoritária". Seu regime, apoiado pela maior parte dos partidos não socialistas, pelo Heimwehr e pelos católicos, restringiu liberdades e eliminou a oposição. Em fevereiro de 1934, esmagou brutalmente um levante armado socialista provocado por suas próprias ações e pôs o socialismo na ilegalidade. As forças de esquerda mostraram não ser páreo para as da direita, mesmo não tendo se dividido em grupos rivais de sociais-democratas e comunistas, ao contrário do que ocorrera na Alemanha e em muitos outros países. Uma nova constituição aboliu o Parlamento em favor de um Estado corporativista, baseado na imposição de cima para baixo de uma elaborada combinação de "corporações" e conselhos consultivos apoiados por uma única organização política, a Frente da Pátria, apoiadora do governo. O poder real permaneceu nas mãos do chanceler. Dollfuss foi assassinado pelos nazistas em julho de 1934, mas o regime autoritário — mais conservador, reacionário e repressivo do que fascista, ou pelo menos ligado a uma forma relativamente branda de fascismo, em comparação com o que estava por vir — permaneceu com seu sucessor, Kurt von Schuschnigg, apesar da pressão cada vez maior dos nazistas. Von Schuschnigg tentou reafirmar a independência austríaca com um plebiscito que se realizaria em 13 de março de 1938, mas foi impedido pela invasão alemã e pela consequente anexação (Anschluss) em 12-3 de março.

Como a Romênia tinha saído da guerra em boa situação, com mais que o dobro do território anterior (principalmente à custa da Hungria, mas com ganhos sobre a Rússia, a Bulgária e a Áustria), não fica claro, à primeira vista, por que o fascismo foi tão atraente nesse país. O pano de fundo foi uma prolongada e paralisante depressão no setor agrícola que fez a renda do trabalho rural cair 60%. À medida que as dificuldades econômicas no campo pioravam, aumentava o ressentimento contra as minorias étnicas — magiares, alemães, mas, acima de todos, judeus — dominantes na indústria, no comércio e nas finanças. Com a expansão territorial, os não romenos passaram a representar cerca de 30% da população. E a Romênia, onde os judeus eram privados de direitos civis até 1918, sempre fora um dos lugares mais antissemitas da Europa. Nessas condições, não foi difícil associar a penúria econômica ao preconceito e ao ódio contra as minorias, nem construir um imaginário nacionalista no qual o "verdadeiro" povo romeno aparecia ameaçado por estrangeiros.

O movimento fascista romeno Legião do Arcanjo Miguel, também chamado Guarda de Ferro, ultraviolento (mesmo para os padrões fascistas) e ultra-antissemita, liderado pelo carismático Corneliu Zelea Codreanu, ex-estudante de direito, chegou a reunir 272 mil membros em 1937 e recebeu 15,8% dos votos na eleição daquele ano, tornando-se o terceiro partido mais importante da Romênia. Codreanu conseguiu tal apoio usando uma inebriante mistura de nacionalismo etnorracista, exaltado e romantizado, fermentada por uma doutrina de limpeza violenta com o objetivo de purificar a nação de todos os elementos externos (principalmente judeus, associados a uma suposta ameaça às fronteiras romenas, vinda da Rússia bolchevique, e ao capitalismo especulativo). A essa infusão somava-se a invocação dos "verdadeiros" valores morais romenos, radicados na pureza cristã e no solo — a "revolução espiritual" do "socialismo nacional-cristão" que daria origem ao "homem novo". Professores, funcionários públicos, advogados, religiosos ortodoxos, oficiais da reserva, jornalistas, estudantes, intelectuais e, é claro, camponeses constituíram a coluna vertebral do partido. Os trabalhadores rurais não se deixaram atrair apenas pela romantização irracional do campo, representada pela "volta ao solo", mas pela forma como esse apelo emocional foi ao encontro de suas agruras econômicas, aprofundadas pela depressão agrícola e pela promessa das terras que ganhariam com o confisco das riquezas dos judeus.

Na Romênia, apesar de seu prestígio em alta na década de 1930, o fascismo continuou sendo um movimento de oposição, incapaz de chegar ao poder. O sucesso do movimento de Codreanu nas eleições de 1937 assustou o monarca e a classe dominante. Apoiado pelo Exército, pela burocracia e por grande parte do governista Partido Nacional Liberal, e explorando divisões em outros partidos, o rei Carlos II dissolveu o Parlamento no começo de 1938 e instituiu uma ditadura real. A Legião do Arcanjo Miguel foi posta na ilegalidade, Codreanu foi preso e assassinado na prisão. Muito do que o fascismo propunha — inclusive o extremo antissemitismo — foi incorporado pelo regime monarquista. Mas foi uma vitória de pirro. A organização fascista passou para a clandestinidade e, apesar da execução de centenas de membros, renasceu na Segunda Guerra Mundial para participar do governo durante um curto período, mas em circunstâncias muito diversas.

Na Hungria, onde os graves ressentimentos irredentistas gerados pelas perdas territoriais determinadas pelos acordos do pós-guerra ainda eram uma ferida aberta, a Depressão, que trouxe uma queda vertiginosa na produção agrícola e desemprego para um terço da força de trabalho industrial, exacerbou as tensões sociais e políticas. No entanto, principalmente entre 1932 e 1936, durante o governo do primeiro-ministro Gyula Gömbös, cujas inclinações para a extrema direita dividiram e desarmaram por algum tempo as pequenas forças fascistas, as elites governantes, depois de reconquistar sua força com a restauração conservadora da década de 1920, conseguiram controlar e manipular o Parlamento e se adaptar à administração da crise, de modo que nenhum grande partido fascista surgiu até 1937. A fragilidade da esquerda socialista, que nunca se recuperou do massacre a que foi submetida depois do colapso do regime de Béla Kun em 1919, e a limitada participação das massas nos anos seguintes na democracia de fachada do regime autoritário de Miklós Horthy desempenharam seu papel em reduzir as chances de uma mobilização fascista. Só a partir de 1937, por influência do que acontecia na Alemanha e pelas rápidas mudanças no horizonte da política internacional, surgiu um movimento fascista de grandes proporções. O Partido Nacional Socialista da Hungria — amálgama de oito grupos nacionalistas extremistas — nasceu do Partido da Vontade Nacional, fundado pelo oficial da reserva Ferenz Szálasi em 1935, e em 1939 assumiu o nome de Partido da Cruz Flechada. Começou a recrutar apoio com sucesso entre profissionais do setor público, oficiais do Exército e trabalhadores das áreas industriais de Budapeste, chegando a 250 mil membros em 1939-40. O breve momento de glória da Cruz Flechada — embora tenha sido de horror para suas vítimas — viria mais tarde, durante a guerra, com a Hungria sob domínio alemão e a derrota cada vez mais próxima.

Em outros países do leste e do sudeste da Europa, o controle do Estado por elites autoritárias conservadoras, inclusive militares, que viam a mobilização populista como ameaça a seu poder, foi o maior obstáculo à irrupção dos movimentos fascistas. Em alguns casos, com efeito, estes foram suprimidos, embora seus objetivos e suas ideias tenham sido em geral encampados por regimes autoritários ultranacionalistas e muitas vezes violentamente racistas. À medida que os governos se voltavam para o autoritarismo (como os da Estônia e da Letônia, em 1934; da Bulgária, também em 1934; e da Grécia, em 1936), ou em lugares onde as elites leais ao Estado fortaleceram regimes autoritários já implantados, o espaço para que o fascismo organizasse e mobilizasse as massas quase inexistia, e até mesmo a necessidade da existência de um movimento fascista para isso.

Às vésperas da Segunda Guerra Mundial, a democracia estava confinada a onze países do norte e oeste da Europa (Inglaterra, Irlanda, França, Suíça, Bélgica, Países Baixos, Dinamarca, Noruega, Suécia, Finlândia e a minúscula Islândia). Todos tinham sido vitoriosos ou permanecido neutros durante a Primeira Guerra Mundial. Cerca de 60% dos europeus (sem contar por enquanto a população da União Soviética) viviam em dezesseis países submetidos a alguma forma de governo repressivo e autoritário, onde os direitos civis foram severamente restritos e as minorias enfrentavam discriminação e perseguição: Itália, Alemanha (agora tendo anexado a Áustria), Espanha, Portugal, Hungria, Eslováquia, o antigo território tcheco (agora protetorado da Boêmia e Morávia, sob domínio alemão), Romênia, Bulgária, Albânia, Grécia, Iugoslávia, Polônia, Lituânia, Letônia e Estônia. Das democracias criadas depois da Primeira Guerra Mundial em substituição à Áustria-Hungria, só a Tchecoslováquia sobrevivera

— até a destruição pela invasão alemã de março de 1939. A derrota da democracia nos Estados que sucederam o Império Austro-Húngaro foi a prova mais clara da falência dos arranjos do pós-guerra.

A Itália e a Alemanha, países que deram origem a partidos fascistas poderosos a ponto de tomar o poder e constituir regimes ditatoriais, foram a exceção — mesmo considerados todos os regimes autoritários da Europa — não só no caráter e na escala abrangente de seu controle interno mas também em seus objetivos expansionistas. No entanto, havia um grande desequilíbrio em seu potencial de ameaça à paz na Europa. A Itália pretendia controlar o Mediterrâneo e obter um império colonial extemporâneo na África. Essa ameaça poderia ter sido contida e, seja como for, era em si extremamente improvável como causa de uma guerra geral europeia. A Alemanha de Hitler — o maior, mais dinâmico, brutal e ideologicamente radical dos dois regimes — era outra questão. Tinha como alvo o coração da Europa para sua expansão. Isso, sim, representava um perigo para todo o continente. O precário equilíbrio de poder via-se mortalmente ameaçado pela hegemonia alemã. A paz europeia, a partir de então, estava com os dias contados.

6. Zona de perigo

"A experiência ensina", disse Gletkin, "que, no caso de todos os processos difíceis e complicados, deve-se dar às massas uma explicação simples e de fácil entendimento. Pelo que conheço da história, vejo que a humanidade jamais poderia passar sem bodes expiatórios."

Arthur Koestler, *O zero e o infinito* (1940)

Quando o pior da crise econômica tinha passado, por volta de 1934, a Europa estava mudada — e de maneira ameaçadora. O acordo do pós-guerra desabava. O conflito ideológico trilateral entre o fascismo, o bolchevismo e a democracia liberal se intensificava. Enquanto os regimes fascistas afirmavam sua força, as democracias revelavam sua exaustão. Os ditadores ganhavam a supremacia, definindo os objetivos a atingir. Das ruínas de uma crise econômica global, começava a emergir uma conflagração global.

A ORDEM INTERNACIONAL DESMORONA

Desde o princípio, a ordem internacional na Europa do pós-guerra foi uma construção fragílima, edificada sobre alicerces dos mais precários. Os interesses nacionais, as tensões étnicas e os ressentimentos nacionalistas fomentados pelo acordo que pôs fim à guerra estavam sempre ameaçando provocar um colapso. As ameaças eram mais acentuadas na metade oriental da Europa. Na parte ocidental, durante os últimos anos da década de 1920, o "espírito de Locarno" oferecera uma esperança de estabilidade e reconciliação, que se desvaneceu por completo no clima da depressão econômica. A consolidação da conquista do Estado pelo fascismo na Itália e, mais recentemente, a ascensão de Hitler ao poder na Alemanha constituíam os desafios mais perturbadores. Depois de uma década de governo fascista, a Itália não era mais o país impotente e dividido de antes da Grande Guerra e já calculava suas possibilidades de constituir um império e dominar o Mediterrâneo e o norte da África. Não obstante, a mais preocupante entidade nova que surgira durante a Depressão, com enorme potencial para subverter a ordem internacional, era o Reich alemão, confiante, revitalizado e assertivo sob o governo nazista.

Essas novas forças reformulariam em breve uma constelação de "grandes potências", muito modificada desde a guerra: o fim do Império Austro-Húngaro dera origem a um cinturão de Estados instáveis na Europa Central e Oriental; as democracias ocidentais, Inglaterra e França, tinham se enfraquecido substancialmente; e a União Soviética estava ainda muito ocupada com sua violenta reconstrução interna. A arena internacional estava dominada quase inteiramente pelo equilíbrio, em constante transformação, das relações entre os países grandes e poderosos, ao passo que as nações menores eram puxadas, cada vez mais, para sua órbita. A postura nacionalista dos países fascistas — a Itália e, em especial, a Alemanha — era o fator novo e dinâmico que punha em perigo a ordem internacional. As outras potências — inclusive a União Soviética, cuja prioridade máxima era fortalecer suas defesas contra o que tachava de ameaça de agressão por parte do mundo ocidental, imperialista e capitalista — viam-se, em larga medida, compelidas a reagir a forças que não entendiam por completo. Em vista de suas suspeitas mútuas e de seus interesses antagônicos, elas também estavam demasiado divididas entre si para contrariar tais forças.

A Liga das Nações, única organização importante criada para transcender os interesses nacionais, constituía um obstáculo débil aos poderosos elementos polarizantes presentes na ordem internacional europeia. Sem o envolvimento americano, a eficácia da Liga tinha sido prejudicada desde o primeiro momento. Ainda assim, na década de 1920, ela exercera um papel de relevo na ajuda a dezenas de milhares de refugiados que vagavam pela Europa Oriental. Contribuíra também para evitar a falência nacional da Áustria e da Hungria, mediante a canalização de vultosos empréstimos para estabilizar moedas arruinadas pela hiperinflação. Mesmo durante os anos da Depressão e depois deles, a Liga continuou a atuar em diversas áreas, como o combate a doenças epidêmicas, a prevenção do tráfico de pessoas e a melhoria das condições para o comércio mundial — todas tarefas que transcendiam fronteiras nacionais e que, de vários modos, conduziriam a avanços positivos depois da Segunda Guerra Mundial. Entretanto, no tocante à sua missão central, que seria manter e, quando necessário, impor a paz (embora sem dispor de meios militares internacionais para assim proceder), a Liga acabou sendo um completo fracasso. O órgão não estava à altura do nacionalismo predatório da Itália e da Alemanha, e não teve capacidade para superar as políticas desagregadoras e autodestrutivas, movidas por interesses próprios, das democracias ocidentais.

Na verdade, a primeira perturbação da ordem internacional ocorreu longe da Europa: a ocupação japonesa da Manchúria, um território chinês economicamente vital, em setembro de 1931. Quando a China pediu que a comunidade internacional condenasse o ataque, a Liga criou, com muito atraso, uma comissão encarregada de estudar todos os antecedentes do conflito e propor sugestões para um acordo. A comissão levou quase um ano para enfim apresentar seu relatório, no qual denunciou a ação dos japoneses, mas, ao mesmo tempo, aconselhou que a China reconhecesse o que a comissão julgava ser os legítimos interesses do Japão na Manchúria. Embora prudente, o parecer, de qualquer modo, já era anacrônico ao ser apresentado. Em 1932, os japoneses haviam criado um estado-fantoche na Manchúria, rebatizada como Manchukuo. A Liga não tinha poder coercitivo para obrigar o Japão a devolver o território conquistado, e a China estava fraca e dividida demais para tentar uma retomada militar. A agressão japonesa foi muito mal recebida pela opinião pública mundial, mas isso de nada adiantou, a não ser fazer com que o Japão, objeto de condenação internacional, se retirasse da Liga das Nações em fevereiro de 1933. O isolamento diplomático do Japão estimulou o crescimento de um estridente nacionalismo, numa época em que o país se inclinava nitidamente para ser governado por uma oligarquia militar desejosa de expansão territorial. A Manchúria havia exposto a debilidade da Liga das Nações, o que, por sua vez, denotava a fraqueza da Inglaterra e da França, os dois países dominantes na Liga. Manter o poderio naval britânico no Extremo Oriente significava pressionar ainda mais os já combalidos recursos de defesa da Inglaterra. Havia uma tendência à política de apaziguamento, tanto no Extremo Oriente como na Europa.

A missão central da Liga — reduzir as perspectivas de conflitos internacionais por meio de um sistema de segurança coletiva baseado num acordo de desarmamento — tinha se revelado, a essa altura, um absoluto fracasso. As grandiosas esperanças e ideais manifestados quando da criação da Liga, em janeiro de 1920, tinham levado a resultados parcos ou nulos na década seguinte. Não que o desarmamento deixasse de contar com o apoio de grande parte da opinião pública — nos lugares onde ela podia se manifestar livremente. Dez anos depois do Armistício que pôs fim à Primeira Guerra Mundial, uma retomada do interesse pela catástrofe e pelas lembranças evocadas pelo conflito somavam-se aos temores crescentes do desastre apocalíptico que uma nova guerra provocaria. Os movimentos pacifistas, que invariavelmente mobilizavam uma pequena percentagem da população, ganhavam apoio cada vez maior em países da Europa Ocidental como Inglaterra, França e Dinamarca. Muito mais numerosos eram aqueles que não abraçavam o pacifismo, mas faziam campanha ativa em favor da paz e do desarmamento. Entre eles destacavam-se socialistas, sindicalistas, intelectuais, liberais e religiosos, enquanto a presença feminina chamava a atenção por ser desproporcional ao percentual de mulheres na população. Em fins da década de 1920, a oposição à guerra tinha sido forte também na esquerda alemã. O romance antibelicista *Nada de novo no front*, de Erich Maria Remarque, tornou-se um best-seller ao ser publicado, em 1929, vendendo mais de 1 milhão de exemplares na Alemanha.

O sentimento antibelicista na esquerda alemã contrastava com o militarismo escancarado e a exaltação da guerra na extrema direita. Na década de 1920, a popularidade de *Tempestades de aço*, livro de memórias de Ernst Jünger que glorificava a guerra, já dera uma indicação clara do quanto a população alemã se achava dividida em relação à Primeira Guerra Mundial. Não foi surpresa, portanto, que *Nada de novo no front* enfurecesse a direita, principalmente os membros de seu incipiente grupo de vanguarda, o Partido Nazista. Ao ser distribuído na Alemanha, em dezembro de 1930, o filme americano baseado no romance provocou tamanha chuva de protestos por parte da direita, encabeçada pelos nazistas, que o consideraram um insulto à honra alemã, que as projeções públicas foram proibidas por "colocar em perigo a reputação internacional da Alemanha" e por "menosprezo ao Exército".

Foi só com a ascensão dos nazistas, porém, que a visão militarista da guerra — uma luta gloriosa na qual a vitória foi negada pela "punhalada nas costas" desferida por revolucionários marxistas no país — triunfou sobre o sentimento antibelicista. A maior organização de veteranos de guerra, a Stahlhelm [Capacete de Aço], que exaltava a experiência na linha de frente, fora, na década de 1920, bem menor que a associação de veteranos antibelicistas dos sociais-democratas, a Reichsbanner [Bandeira do Reich]. Em 1932, apenas um ano antes de Hitler assumir o poder, os socialistas alemães organizaram comícios pela paz a que compareceram mais de 600 mil pessoas. E mesmo depois que Hitler se tornou chanceler, grande parte dos habitantes da Alemanha, em especial aqueles que tinham passado pela Primeira Guerra Mundial, alimentava um medo patológico de outra guerra. Um golpe magistral de Hitler foi convencê-los, durante anos, de que estava lutando pela paz, e não pela guerra, de que o rearmamento era a melhor forma de garantir a defesa da Alemanha e de que ele não queria nada além dos "mesmos direitos" das potências ocidentais em termos de poderio militar. Se elas não se desarmavam, argumentava Hitler, a equidade básica, bem como o orgulho e a honra de uma grande nação, exigiam que a Alemanha refizesse suas Forças Armadas que tinham sido reduzidas a níveis ridículos pelo Tratado de Versalhes em 1919. Para muita gente, e não apenas nas hostes nazistas, esse argumento era convincente.

Essa foi a questão decisiva que invalidou todas as tentativas da Conferência para o Desarmamento, instalada em Genebra em 2 de fevereiro de 1932 (depois de anos de preparação), de chegar a um acordo internacional. Eram muitos, naturalmente, os colossais problemas técnicos envolvidos na tentativa de regulamentar um comércio global de armas, restringir os gastos dos governos em material bélico e convencer países a buscar a segurança por meio do desarmamento. No entanto, um obstáculo muito maior foi o fato de alguns países relevantes — Japão, União Soviética, Itália e Alemanha — simplesmente não quererem desarmar-se. Outra dificuldade tornava esse problema mais complicado e preocupava, em especial, a Inglaterra e a França: qual seria o nível permissível de armamentos na Alemanha? Era compreensível que, tendo sido invadida duas vezes num passado recente por forças vindas do outro lado do Reno, a França tivesse sua segurança como interesse nacional preponderante. Os franceses não aceitariam nenhum desarmamento que lhes trouxesse a mais longínqua ameaça. Por outro lado, a Inglaterra, principal proponente dos acordos de desarmamento, defendia uma visão mais idealista: o desarmamento geral criaria segurança. Os franceses não se convenciam disso, e provavelmente não mudariam de posição, já que os britânicos evitavam dar uma garantia de que usariam seu próprio Exército para ajudar a França no caso de um ataque alemão.

A discórdia entre as duas maiores potências da Europa Ocidental em relação ao desarmamento beneficiou Hitler. O desacordo lhe oferecia oportunidade ímpar para explorar o que ele poderia classificar como uma injustiça básica por trás da retórica magnânima da Conferência para o Desarmamento: as democracias ocidentais não estavam dispostas a reduzir seus próprios armamentos na proporção que impunham à Alemanha, nem a permitir que ela se rearmasse até o ponto que entendiam indispensável para sua própria segurança. Interesses nacionais inflexíveis (também por parte dos países menores), com cada um insistindo em garantias de segurança impossíveis de proporcionar, torpedearam qualquer esperança de um acordo geral.

A Conferência já estava prestes a afundar no esquecimento por causa de tantas discussões e discórdias quando Hitler, cumprindo plenamente os desejos do Exército e do Ministério do Exterior alemães, aproveitou o momento para tirar seu país da Conferência e da própria Liga das Nações em 14 de outubro de 1933. Com seu dom infalível para a propaganda, não perdeu a chance de fazer com que a retirada fosse acompanhada de um plebiscito que lhe rendeu, segundo fontes oficiais, 95% de aprovação de sua decisão, o que fortaleceu bastante seu prestígio junto à população alemã. Depois da retirada da Alemanha, o desarmamento virou letra morta, muito embora a Conferência continuasse se arrastando, cambaleante, até seu triste fim em junho de 1934. Hitler tinha triunfado. A Liga sofrera um grave golpe. As chances de desarmamento eram zero. A Europa estava se preparando para uma nova corrida armamentista.

Em março de 1935, Hitler se sentiu confiante o suficiente para anunciar a criação de um novo e poderoso exército, a Wehrmacht, com 36 divisões (cerca de 550 mil homens) e a volta do recrutamento militar. Anunciou-se também a existência de uma força aérea alemã, já do mesmo tamanho (um enorme exagero de Hitler) que a britânica. As duas medidas eram um claro desafio ao Tratado de Versalhes. As democracias ocidentais protestaram, mas não foram além disso. Por outro lado, inquietas com os movimentos de Hitler, elevaram drasticamente seus próprios gastos em rearmamento.

Alarmados com o rearmamento alemão, os governantes da Inglaterra, da França e da Itália, reunidos em abril de 1935 em Stresa, no norte italiano, resolveram manter o Tratado de Locarno de 1925. No entanto, menos de dois meses depois, a Inglaterra sabotou até mesmo esse simulacro de solidariedade internacional ao concordar com um tratado naval bilateral, proposto pela Alemanha, que limitava o tamanho relativo de suas esquadras. Os britânicos esperavam que o Acordo Naval fosse um passo no sentido de uma regulamentação mais ampla e de uma redução do rearmamento alemão. Vã esperança. Na realidade, foi mais um prego no caixão de Versalhes, dessa vez com a conivência direta de uma das grandes potências que impuseram o Tratado. A Alemanha regozijou-se. A França, em particular, reagiu com apreensão ao ver a Inglaterra fazer, de forma independente e desnecessária, com que Hitler ganhasse ainda mais prestígio.

Vendo a Alemanha, até então isolada, ganhar força ao mesmo tempo que a ordem internacional europeia desmoronava claramente, os países começaram a procurar novas alianças, numa tentativa de aumentar sua segurança. A Polônia fora o primeiro Estado (depois do Vaticano, que firmara uma concordata com a Alemanha logo depois de Hitler assumir o poder) a buscar uma nova base para entendimento com o gigante que despertava na Europa Central. Hitler fez o que os poloneses queriam e concordou, em janeiro de 1934, em celebrar com seu vizinho do leste um pacto de não agressão válido por dez anos. Interessava aos dois países estabilizar as relações entre eles: a Polônia ganhava segurança em sua fronteira oeste e a Alemanha dispunha de obstáculo contra qualquer problema vindo do leste numa época em que, devido ao intenso antibolchevismo dos nazistas, as relações com a União Soviética se deterioravam de forma aguda.

A União Soviética precisara se preocupar muito com suas próprias convulsões internas nos primeiros anos da década de 1930. Contudo, tão logo Hitler assumiu o poder na Alemanha, seus governantes, conscientes do novo perigo com que poderiam se confrontar, perceberam a necessidade de colaborar com as democracias ocidentais na construção de um sistema de segurança coletiva na Europa. Estabeleceram-se relações diplomáticas com o Reino Unido, a França e os Estados Unidos em 1933. Em setembro de 1934, a União Soviética aderiu à Liga das Nações — antes denunciada como uma "conspiração imperialista". Era preciso forjar novas alianças. No ano seguinte, os soviéticos firmaram um pacto de assistência mútua com a França e outro com a Tchecoslováquia, esta já ligada à França numa aliança de defesa. Longe de desestimular Hitler, os novos pactos fizeram com que ele se mostrasse ainda mais determinado a quebrar quaisquer barreiras restritivas.

Na verdade, a ordem internacional veio a ser minada não por fatos ocorridos no centro da Europa, e sim muito mais ao sul, que feriram mortalmente a Liga das Nações e abriram caminho para laços mais próximos entre a Itália e a Alemanha. Em 3 de outubro de 1935, a Itália invadiu a Abissínia (que depois viria a ser chamada de Etiópia). Era o imperialismo à moda antiga, mas com novos métodos. Mussolini foi o propugnador decisivo da guerra — que visava, em boa medida, a realçar seu próprio prestígio. A vitória seria uma vingança pela derrota humilhante que os abissínios tinham infligido às forças italianas em Adowa em 1896. Mostraria às potências ocidentais que a Itália não era mais o país impotente que em 1919, embora estivesse do lado vitorioso da guerra, fora privado do que muitos italianos consideravam sua cota "justa" de colônias africanas. Demonstraria, pela conquista militar, sua posição como potência imperial dinâmica numa época em que o poderio colonial da Inglaterra e da França parecia em declínio. Além disso, a Etiópia seria o passo inicial na construção de um império romano moderno, com base no domínio do Mediterrâneo, do Adriático e da Dalmácia, da Grécia e do Egeu, além do norte e do leste da África.

A guerra foi selvagem. Bombardeiros italianos fizeram amplo uso de gás venenoso para aterrorizar a população. No entanto, os etíopes resistiram durante meses a forças muito superiores. As batalhas terminaram com o exílio do imperador etíope, Hailé Selassié, e a entrada de tropas italianas em Adis Abeba em maio de 1936, embora os italianos tenham levado mais sete meses para poder declarar que a Etiópia estava "pacificada", a um custo elevadíssimo. O rei da Itália foi proclamado imperador. Mussolini foi exaltado pelo público italiano. Sua popularidade nunca chegara a tal ponto, nem voltaria a ele. Por ora, entretanto, seu prestígio na Itália era imenso.

No plano internacional, a guerra na Etiópia fizera soar o dobre de finados da Liga das Nações como instrumento multinacional para promover a paz e a segurança na Europa. A Liga impôs à Itália sanções econômicas, ainda que limitadas. Ficou proibida a exportação de foie gras pelo país, mas não de ferro, aço, carvão e petróleo. Ao vazarem notícias de uma proposta de acordo pelo qual os ministros do Exterior da Inglaterra e da França, Samuel Hoare e Pierre Laval, concordavam em recompensar a agressão de Mussolini dando à Itália cerca de dois terços da Etiópia, foi enorme a grita, sobretudo entre os britânicos. Os dois membros mais importantes da Liga estavam dando seu beneplácito à retaliação de um terceiro membro invadido por um quarto num ato de guerra não provocado.

As relações entre a Inglaterra e a França ficaram tensas por algum tempo, mas o dano à imagem da Liga foi muito maior. As nações menores da Europa se deram conta da impotência da instituição, reconsideraram sua participação nela e procuraram rotas alternativas de segurança. A Suíça confirmou sua neutralidade, ainda que, na verdade, visse a Itália como um contrapeso à influência da França e da Alemanha. A Polônia, a Romênia e a Iugoslávia passaram a duvidar da confiabilidade da França. Os países escandinavos, junto com Espanha, Suíça e Países Baixos, já não viam vantagem em se comprometer com um regime de sanções quando os principais agentes da Liga procuravam recompensar a agressão com ganhos territoriais. Depois da invasão da Etiópia, a Liga ficou reduzida à irrelevância do idealismo. Como instrumento destinado a manter e garantir a paz na Europa, estava morta — ainda que, bizarramente, sua última publicação sob a rubrica de "desarmamento" só saísse em junho de 1940, no momento exato em que o poderio militar da Alemanha estava sendo usado para destruir a França.

O maior beneficiário da guerra na Etiópia foi a Alemanha. Até esse momento, Mussolini tinha claramente mantido certa distância de Hitler. O governante italiano mostrava-se tão cauteloso quanto as potências ocidentais no que dizia respeito às intenções expansionistas alemãs, sobretudo no tocante à Áustria. Em 1934, quando do assassinato do chanceler austríaco Engelbert Dolfuss, Mussolini chegara a enviar tropas italianas para o passo Brenner, nos Alpes, como advertência a Hitler. Já em abril de 1935, a Itália se alinhara com as democracias ocidentais na Frente de Stresa, que visava a conter qualquer tentativa alemã de expansão no oeste da Europa e, em especial, qualquer iniciativa que demonstrasse intenções de dominar a Áustria. Mesmo assim, durante a guerra da Etiópia, a Itália se viu quase sem aliados, enfrentando sanções e fazendo avanços militares apenas hesitantes. Hitler manteve a Alemanha neutra no conflito. Mas não ofereceu apoio algum à Liga. Mussolini precisava de aliados; Hitler podia usá-lo. Em janeiro de 1936, o líder italiano mudou de posição. Deu sinais de que para ele Stresa estava morta, que não se oporia se a Áustria caísse sob o domínio da Alemanha e não daria apoio algum à França e à Inglaterra se o país desejasse reagir à iminente ratificação, em Paris, do pacto de assistência mútua com a União Soviética. Hitler ficou alerta. Isso significava que poderia analisar medidas imediatas para remilitarizar a Renânia — um passo essencial na defesa das fronteiras ocidentais e importante para o rearmamento, mas uma flagrante violação do Tratado de Locarno, de 1925.

Mais cedo ou mais tarde, qualquer governo nacionalista alemão teria procurado eliminar a estipulação do acordo de que uma faixa de cinquenta quilômetros de território alemão, na margem direita do Reno, deveria permanecer desmilitarizada. Para a maioria dos alemães, e não apenas os nacionalistas extremados, isso representava uma intromissão intolerável na soberania nacional e um estigma permanente do *diktat* dos vencedores em 1919. É provável que uma diplomacia paciente houvesse negociado, no decorrer de alguns anos, o fim da desmilitarização. O próprio Hitler tinha em mente o ano de 1937. Todavia, a diplomacia paciente não era do feitio dele, que percebia as grandes vantagens, para seu prestígio interno e para sua reputação internacional, de um ato surpreendente. A ratificação do pacto franco-soviético oferecia o pretexto. O desacordo entre as potências ocidentais com relação à Abissínia, a perda de credibilidade da Liga das Nações e a luz verde dada por Mussolini ofereciam a oportunidade. Era preciso aproveitar o momento. Houve alguma hesitação e nervosismo de último minuto, mas Hitler não vacilou durante muito tempo. Em 7 de março de 1936, um contingente de 22 mil soldados alemães entrou na zona desmilitarizada. Apenas 3 mil homens da força mobilizada de 30 mil tinham recebido ordem de adentrar profundamente na Renânia, com o apoio de unidades policiais. Não houve confronto militar. Como previra Hitler, as democracias ocidentais protestaram, porém nada fizeram além disso. Ele obteve assim seu maior triunfo até então.

Foi a última oportunidade que tiveram de detê-lo sem recorrer a uma guerra. Por que não o fizeram? Afinal, a força alemã que entrara na Renânia era pequena e tinha ordens de recuar se confrontada por um exército maior. Caso os franceses tivessem optado por uma demonstração de força militar, o golpe no prestígio de Hitler o teria enfraquecido bastante aos olhos dos militares e da opinião pública alemã. É impossível determinar quais seriam as consequências disso. Hitler talvez ficasse impossibilitado de levar adiante outras medidas, vistas por figuras poderosas na liderança militar como temerárias e perigosas, se tivesse fracassado vergonhosamente na tentativa de remilitarizar a Renânia em 1936. Contudo, como ele sabia com base no que vazara dos serviços de informações franceses, havia pouca probabilidade de que a França tomasse medidas militares para deter a ação alemã. Antes da aposta de Hitler, políticos franceses haviam praticamente excluído o uso da força para retirar tropas alemãs da Renânia. A mobilização teria sido um desastre financeiro e político, ao custo de 30 milhões de francos por dia. Ainda assim, o pânico financeiro em Paris só foi evitado por muito pouco. Além disso, o Exército não era capaz de ação imediata, precisando de dezesseis dias para mobilização. E isso para defender as fronteiras francesas, não para lutar na Renânia. A opinião pública também se opunha à retaliação militar. Mesmo aqueles que desejavam uma punição a Hitler achavam que não valia a pena lutar pela Renânia.

Fosse como fosse, os franceses não queriam agir sem apoio britânico. Contudo, não havia a menor possibilidade de a Inglaterra apoiar uma ação militar na Renânia. Seus líderes estavam perfeitamente cientes, e tinham deixado isso claro para os franceses, de que o país não tinha condições de empreender uma ação militar contra a Alemanha no caso de uma violação do Tratado de Locarno. A opinião pública britânica certamente não apoiaria uma ação dessas. Com a crise da Abissínia, o estado de espírito na Inglaterra era, no mínimo, mais antifrancês que antialemão. Não havia disposição nenhuma de criar um confronto com Hitler quando, na opinião de muita gente, ele estava "entrando em seu próprio quintal". Ao contrário das reações populares na Inglaterra quando da invasão da Abissínia pela Itália, não houve passeatas de protesto, manifestações ou exigências de sanções contra a Alemanha.

Assim, a Inglaterra e a França nada fizeram além de procurar acobertar suas próprias discordâncias em relação a como proceder, lavar as mãos, apelar para o Conselho da Liga das Nações — medida que, com certeza, não tiraria o sono de Hitler — e, por fim, apresentar propostas diplomáticas tíbias para solucionar a questão da Renânia, que a Alemanha, já tendo solucionado as coisas a seu modo, não teve nenhuma dificuldade de rejeitar. Anthony Eden, agora secretário do Exterior britânico, declarou à Câmara dos Comuns que seu objetivo fora buscar uma solução pacífica e consensual. "O que temos constantemente em mira é o apaziguamento na Europa", afirmou. "Apaziguamento" — esse foi um termo que em breve passaria a assombrar o governo britânico.

Para ratificar a ação na Renânia, no fim de março de 1936, Hitler convocou um plebiscito que lhe rendeu 99% de votos favoráveis, uma aprovação sempre bem-vinda pelos ditadores. O resultado foi manipulado, claro, mas não havia dúvida de que a imensa maioria da população alemã aplaudira com entusiasmo a medida assim que ficou evidente que ela não provocaria uma guerra. A popularidade do ditador subiu às alturas, o que fortaleceu seu domínio sobre as tradicionais elites alemãs. Sua ousadia rendera frutos. As dúvidas mostraram-se equivocadas. O Exército, em particular, sentiu-se ainda mais devedor de Hitler. A egomania do próprio ditador não conhecia limites. Ele se julgava praticamente infalível, e aqueles que haviam vacilado durante os dias tensos que precederam o avanço sobre a Renânia não mereciam senão desprezo de sua parte.

A força militar alemã constituía agora, de forma inquestionável, o fator supremo na constelação europeia de poder. Era uma reviravolta espantosa em relação à situação de apenas quatro anos antes, quando, com o país de joelhos, as potências ocidentais haviam anuído à efetiva liquidação das reparações. A remilitarização da Renânia deu o golpe de misericórdia nos tratados de Versalhes e Locarno, e desfez, por fim, qualquer fiapo de esperança quanto a uma segurança duradoura para as fronteiras entre a França e a Alemanha. Um confronto entre as democracias ocidentais e a Alemanha de Hitler em algum momento futuro parecia cada vez mais provável. Nos três anos anteriores, Hitler tinha repetidamente tomado a iniciativa, enquanto as potências ocidentais titubeavam, mostrando apenas fraqueza e irresolução.

Enquanto a Inglaterra e a França continuavam a tentar domar parceiros diplomáticos que não obedeciam às regras estabelecidas, os ditadores da Alemanha e da Itália se aproximavam cada vez mais entre si. No começo de 1936, as relações entre os dois estavam muito longe de termos cordiais. Meses depois, em 1º de novembro, criou-se o que Mussolini proclamou ser o Eixo Roma-Berlim. Embora ainda não percebesse, ele estava deixando de ser o ditador soberano para se tornar o sócio minoritário. As duas potências expansionistas, ambas governadas por líderes imprevisíveis que gozavam de poder quase absoluto em seus países, representavam uma ameaça dupla e crescente para a paz na Europa. Privada agora do apoio italiano, a Áustria concordara em julho com condições que aumentavam substancialmente a influência alemã sobre o país. E, mesmo antes de ter sido constituído formalmente, o Eixo já atuava na Espanha. Tanto Hitler como Mussolini tinham decidido fornecer apoio militar à rebelião nacionalista liderada pelo general Francisco Franco.

Um fator importante para a aproximação dos ditadores foi o antibolchevismo. Nisso, Hitler foi, claramente, a força propulsora. Para Mussolini, a Rússia tinha pouca importância estratégica, e o antibolchevismo fora, sobretudo, uma arma de propaganda interna. Já o sentimento de Hitler era mais radical. O elo intrínseco entre os judeus e o bolchevismo era uma obsessão pessoal desde a década de 1920. Todavia, a União Soviética desempenhara, na melhor das hipóteses, um papel secundário na formulação de seus passos de política externa desde que subira ao poder. Isso estava mudando em 1936. Naquele ano, a ideia de um confronto vindouro com o grande inimigo ideológico, coisa que sempre estivera presente na cabeça de Hitler, começou a se solidificar. Ele estava começando a se preocupar com a ameaça bolchevique. Hitler via um perigo real para a Alemanha, decorrente do possível domínio da França e da Espanha pelos comunistas. Estava bastante ciente dos passos largos da industrialização na União Soviética e dos planos de um amplo rearmamento. Em seu entender, o tempo não corria a favor da Alemanha. Hitler via a Europa dividida entre dois campos inconciliáveis. O perigo teria de ser enfrentado em algum momento nos meses seguintes, antes que fosse tarde demais.

No fim de agosto de 1936, ele completara um alentado memorando em que expunha a direção da economia alemã no decurso de quatro anos e estipulava um programa voltado para a maximização da produção interna, com vistas a uma rápida aceleração do rearmamento. O pano de fundo era a crescente pressão econômica interna nos meses anteriores. Temporariamente, as importações de alimentos tinham ganhado prioridade sobre as aquisições de matérias-primas exigidas pelo rearmamento. Vozes de destaque pressionavam o governo para reduzir o rearmamento e reorientar a economia. Cumpria tomar uma decisão.

Hitler a tomou. Preferiu canhões a manteiga. Seu raciocínio foi político, e não econômico. Seu memorando a respeito do "Plano Quadrienal" começava afirmando que o bolchevismo estaria no centro de um novo conflito mundial. Embora não se pudesse dizer quando aconteceria, era inevitável um confronto com a União Soviética, asseverava Hitler. E ele encerrava o memorando definindo duas tarefas: "I. As Forças Armadas alemãs devem estar operacionais dentro de quatro anos. II. A economia alemã deve estar apta para a guerra dentro de quatro anos". Não se tratava de um cronograma para a guerra. No entanto, a partir desse momento a Alemanha já não poderia afastar-se da trilha que estava seguindo. A menos que Hitler fosse tirado do poder, não poderia haver volta a uma economia de paz construída com base no comércio internacional. A escolha recaíra num programa intensivo de independência econômica destinada a construir um poderio militar pronto para o conflito. O rumo estava demarcado. A rota levava à guerra. Os ditadores estavam começando a moldar o destino da Europa.

DITADURA

Regimes reacionários

A década de 1930 foi dos ditadores. Algumas ditaduras tinham se formado no decênio anterior. Outras se mantiveram durante os anos 1940. Porém os anos

1930 foram a década por excelência em que os ditadores floresceram. Em 1939, mais europeus viviam sob ditaduras que em democracias.

Todas tinham certas características em comum: a eliminação (ou restrição severa) de formas pluralistas de representação política, limites às liberdades pessoais (ou sua abolição), controle dos meios de comunicação de massa, fim (ou rígida limitação) de toda independência do Judiciário e repressão violenta de dissidentes políticos mediante a extensão dos poderes da polícia. Todas recorriam a formas de pseudorrepresentação. À parte a União Soviética, onde a "ditadura do proletariado" baseava sua pretensão de legitimidade numa classe social, os regimes ditatoriais invariavelmente afirmavam que representavam "a nação" ou "o povo", que encarnavam a soberania popular e que agiam no interesse nacional. Em geral se mantinha alguma forma de assembleia nacional, ou parlamento, embora controlada ou manipulada. No entanto, o poder real cabia sempre a um "homem forte", cuja autoridade decorria da sustentação dos militares ou das forças de segurança. Em todas as ditaduras, o papel das Forças Armadas foi decisivo. E, salvo na União Soviética, as Forças Armadas eram, sem exceção, conservadoras-nacionalistas em termos ideológicos e antissocialistas convictas. A maioria das ditaduras se contentava com metas essencialmente negativas: reprimir a intranquilidade interna, restaurar a "ordem" e manter o poder das elites. Não representavam nenhuma ameaça internacional.

Por exemplo, o regime autoritário imposto na Estônia, em 1934, por Konstantin Päts, primeiro-ministro e ex-líder da União dos Fazendeiros, tinha o objetivo declarado, em meio a uma enorme agitação política e instabilidade parlamentar, de promover a segurança interna. A União dos Veteranos (Vapsen) — movimento populista de direita radical de caráter quase fascista — foi considerada responsável pela crescente desordem política e proscrita. O governo anulou a eleição de seus deputados, prendeu alguns de seus principais membros e proibiu manifestações políticas. Alguns jornais foram silenciados. A seguir, Päts dissolveu o Parlamento. A partir daí, a oposição ficou proibida de se manifestar, e a união nacional passou a ser promovida pela propaganda estatal. Contudo, não houve perseguição política em grande escala, não se criaram campos de concentração, as artes e a literatura não foram restringidas (desde que não fossem "sediciosas") e a interferência no Judiciário foi pequena. Päts entendia seu regime como uma "democracia dirigida". Obviamente, não era democrático, constituindo no máximo uma ditadura pouco dinâmica e até mesmo, depois das primeiras atitudes repressoras, relativamente liberal se comparada aos regimes mais autoritários da época.

Uma forma de autoritarismo até certo ponto brando (ao menos em seus primeiros anos) existiu também na Polônia. Os atributos externos de uma democracia foram mantidos após o golpe do marechal Piłsudski, em maio de 1926. Continuaram a existir um parlamento (o Sejm), vários partidos e sindicatos, e a imprensa se manteve relativamente livre. Entretanto, o poder executivo do Estado fortaleceu-se sobremaneira. O próprio Piłsudski controlava o governo, do cargo formal de ministro da Guerra. Em 1930, mais de 5 mil adversários políticos do regime foram presos e alguns dos mais importantes foram severamente maltratados na prisão. Com essa importante exceção, a repressão no período não foi das maiores. Em março de 1922, com a Polônia fustigada pela crise econômica, o Sejm deu poderes ao Executivo para governar por decreto. O poder real estava nas mãos dos militares, que apoiavam Piłsudski. Os principais cargos eram ocupados pelos chamados "coronéis", todos comprovadamente leais a Piłsudski. A repressão se intensificou. Em 1934, um campo de concentração foi criado por decreto presidencial em Berza Kartuska. O confinamento por três meses (e uma possível prorrogação por mais três meses) dispensava condenação em tribunal. Os primeiros prisioneiros, em julho de 1934, eram fascistas poloneses. Contudo, a maioria dos presos, antes de 1939, era formada de comunistas. Ao todo, cerca de 3 mil pessoas foram mandadas para o campo antes da guerra. Cerca de uma dúzia morreu ali, o que, em comparação com as vítimas de muitos regimes autoritários, foi um número pequeno. O caráter autoritário do Estado foi confirmado pela nova constituição, de abril de 1935, que atribuiu amplos poderes ao presidente como chefe de Estado e reduziu acentuadamente a independência do Parlamento.

A morte de Piłsudski, pouco depois disso, em maio, não acarretou mudanças relevantes. Em meio ao insistente sectarismo, à desunião política e à percepção da ameaça crescente representada pela Alemanha nazista, foi criada em 1937 uma grande organização de apoio ao Estado, o Campo de Unificação Nacional, que passou a angariar apoio à figura dominante da política polonesa nos últimos anos da década de 1930, o general Edward Śmigly-Rydz, chamado de Líder da Nação. A Polônia passou a demonstrar um nacionalismo mais enfático, um antissemitismo mais virulento e menos tolerância em relação às minorias étnicas. No entanto, a ideologia permaneceu limitada a pouco mais que um vago anseio de unidade nacional. E não existia um movimento fascista de expressão. Nada havia de dinâmico nessa forma de autoritarismo. Não houve nenhuma tentativa importante de mobilizar a população. O regime se contentava em controlar a sociedade. Não alimentava grandes ambições de modificá-la. Bastava preservar a ordem e atender basicamente aos interesses das elites conservadoras que por tradição dominavam a sociedade polonesa.

A mobilização de massa continuou a ser um instrumento limitado na maioria das ditaduras autoritárias. Na Grécia, o general Ioannis Metaxas, que se distinguia pela falta de carisma, não dispunha de uma organização de massa. Antes de assumir o poder, em abril de 1936, tinha o apoio de no máximo 4% dos gregos. Contudo, com o envolvimento do rei Jorge II — a monarquia fora restaurada em 1935 — e dos militares, e em meio a uma grave agitação política, ferozes lutas pelo poder e um impasse no Parlamento, ele pôde impor uma ditadura em agosto de 1936. O objetivo declarado era criar um governo livre de partidos e de sectarismos, a fim de proteger a Grécia dos comunistas. Dissolveu-se o Parlamento, aboliu-se a constituição, declarou-se a lei marcial, suprimiram-se partidos e organizações de oposição e restringiram-se as liberdades políticas. As Forças Armadas e a polícia foram reforçadas. Milhares de pessoas foram encarceradas em campos de prisioneiros. Metaxas buscou imitar os métodos fascistas, criando uma Organização Nacional de Juventude e realizando grandes desfiles em louvor ao Líder. Não obstante, a influência fascista fora pequena na Grécia antes de Metaxas ascender ao poder, e suas tentativas de mobilizar uma massa de apoio nas linhas do fascismo italiano — visando claramente a construir uma base genuína de poder personalizado — redundaram em total fracasso. Tampouco havia qualquer coisa que se assemelhasse a uma ideologia coerente. Metaxas se manteve no poder até a morte, em 1941, mas dependia inteiramente do rei e dos militares. Sua ditadura foi outra versão de um autoritarismo repressivo que coagia e controlava a sociedade, mas sem mobilizá-la, e carecia de motivação ideológica.

A maioria das demais ditaduras no período de entreguerras apresentava aspectos semelhantes, moldados em cada caso por determinantes nacionais. Na Hungria, o autoritarismo de Miklós Horthy, sofrendo uma influência alemã cada vez maior na década de 1930, conservou as características exteriores de um sistema pluralista, mas na prática dependia, cada vez mais, do Exército e dos grandes proprietários de terras, e não da mobilização das massas. O partido fascista de massa era considerado uma ameaça ao regime, em vez de uma base de apoio. Seu líder, Ferenc Szálasi, terminou preso, e seu movimento (o Partido da Vontade

Nacional, depois rebatizado como Partido Socialista Nacional Húngaro) foi posto na ilegalidade, mas depois pôde voltar a atuar, reconstituindo-se, em março de 1939, como Partido da Cruz Flechada, recebendo 25% dos votos na eleição de maio daquele ano. Mesmo assim, malgrado o crescimento da influência fascista e de sua própria linha extremamente nacionalista e antissemita, o regime de Horthy se manteve, em essência, não dinâmico — reacionário, e não revolucionário.

No outro lado da Europa, o regime de António Salazar em Portugal era, possivelmente, o menos dinâmico de todas as ditaduras europeias. Seu Estado Novo, fundado em 1933, baseava-se numa constituição corporativa que expressava os valores de um catolicismo reacionário. Esses valores, e também a manutenção das possessões coloniais ultramarinas de Portugal, constituíam mais ou menos a totalidade da vaga ideologia unificadora do regime. O direito ao voto era limitado e vigoravam a censura à imprensa, a proibição de greves e locautes e a habitual máquina de repressão — uma polícia política e tribunais especiais, denúncias e uma rede de informantes. Um partido criado pelo Estado (a União Nacional), um movimento de juventude e uma organização paramilitar (que usava a saudação fascista) proporcionavam o apoio das massas ao regime. Contudo, Salazar não queria de modo algum tornar-se dependente de um movimento de massa fascista e chegou a suprimir os camisas-azuis fascistas. Salazar, o mais apagado dos ditadores, não queria um culto à personalidade e virou as costas a um militarismo vigoroso e ao expansionismo imperialista. Seu gênero de autoritarismo conservador contrastava fortemente com as ditaduras dinâmicas da Europa.

Ditadura dinâmica: Ideologia e mobilização de massa

Mesmo na época, era claríssimo que três ditaduras — na União Soviética, na Itália e na Alemanha — distinguiam-se de todas as demais. Em meados da década de 1930, a confrontação ideológica entre elas radicalizava-se visivelmente (o bolchevismo soviético opondo-se ao fascismo italiano e ao nacional-socialismo alemão). A essa altura, como percebiam os governantes das democracias ocidentais, esse confronto estava transformando a Europa em uma zona de perigo. As luzes indicando a probabilidade cada vez maior de uma guerra no continente começavam a ganhar intensidade. Nenhum dos regimes autoritários convencionais representava uma ameaça para a paz na Europa. No entanto, as democracias ocidentais observavam com crescente apreensão cada uma das três ditaduras dinâmicas e excepcionais, em especial a Rússia de Stálin e a Alemanha de Hitler. Na direita conservadora, muita gente temia mais o comunismo do que o fascismo ou o nazismo e, a partir da década de 1920, começou a juntar os três regimes, chamando-os de "totalitários", para distingui-los das formas de governo meramente "autoritárias". Para a maior parte da esquerda, era um erro crasso pôr o comunismo soviético no mesmo balaio que os regimes da Itália e da Alemanha, que deviam ser visto como variantes de um mesmo mal, o fascismo.

Era inegável que, apesar das diferenças ideológicas, havia fortes semelhanças nos métodos de governo das três ditaduras dinâmicas — a completa arregimentação da sociedade, o terror contra adversários e minorias, o culto à personalidade de um líder e a mobilização incessante por parte de um partido único. Eram formas diferentes de um tipo moderno, completamente novo, de ditadura — a completa antítese de uma democracia liberal. Todas eram revolucionárias, se entendermos que esse termo designa um movimento político impulsionado pelo objetivo utópico de transformar os fundamentos da sociedade. Por isso, todas faziam em princípio (os processos variavam) uma "reivindicação total" do indivíduo. Não lhes bastava simplesmente usar a repressão como meio de controle. Procuravam mobilizar as pessoas por meio de uma ideologia exclusiva de modo a "educá-las", torná-las fiéis com alto grau de envolvimento, reivindicando, além do corpo, a alma de cada uma delas. Esses regimes eram, pois, dinâmicos em sentidos que o autoritarismo "convencional" não era. Mas como eram semelhantes na prática?

Stalinismo: Idealismo, terror e medo

Em meados da década de 1930, o sistema bolchevique de governo se convertera em stalinismo. A liderança coletiva, não totalmente fictícia nos primeiros anos do sistema soviético, evaporara por completo desde a morte de Lênin, em 1924. As disputas sectárias que haviam acompanhado a última fase da Nova Política Econômica e a adoção do primeiro Plano Quinquenal, em 1928, tinham gerado um claro vencedor. O que fora chamado de "ditadura do proletariado" estava se transformando na ditadura de Ióssif Stálin.

Em 1936, foi promulgada uma nova constituição soviética, que substituiu a primeira, de 1924. Segundo Stálin, era "a mais democrática de todas as constituições do mundo". Garantia emprego, sufrágio universal, direitos civis, liberdade de opinião, de imprensa, de religião, de organização e de reunião — tudo "em conformidade com os interesses dos trabalhadores e para propósitos de fortalecimento do sistema socialista". Raramente uma constituição mentiu de modo tão monumental. Na realidade, a União Soviética era uma ditadura absolutamente implacável, baseada no medo, no servilismo e na ambição carreirista. A liberdade, mesmo na forma limitada assumida durante a Nova Política Econômica, não existia, tampouco qualquer proteção garantida por lei. Na prática, os cidadãos soviéticos estavam totalmente submetidos ao poder ilimitado e arbitrário do Estado. Isso resultara, em especial, do processo perigosamente rápido e forçado de industrialização e modernização imposto a um país atrasado e combinava-se com o medo cada vez maior de uma guerra e com as tendências autocráticas, brutais e paranoicas do governante.

Stálin classificou o que aconteceu no decorrer do Primeiro Plano Quinquenal, entre 1928 e 1932, que teve em seu cerne a coletivização compulsória do campesinato, como uma revolução de cima para baixo. No fim de 1932, foi declarado que o plano tinha sido cumprido e resultara em triunfo. Com efeito, muita coisa tinha sido realizada, ainda que as estatísticas fossem com frequência manipuladas. Entretanto, o Plano tinha sido executado por meio de extrema coerção e fora impopular, sobretudo entre os camponeses. As regiões agrícolas — a maior parte do país — estavam empobrecidas. Mas também nas cidades reinava muito descontentamento. Havia escassez de alimentos, um grave déficit habitacional e preços em elevação. A insatisfação era tangível em todos os níveis, até no Partido Bolchevique e entre os altos escalões do partido e do Estado. Nem todos os líderes bolcheviques, muitos deles veteranos dos velhos tempos leninistas, aprovavam o que Stálin estava fazendo e seu modo de ação. Muitos se lembravam do Stálin dos tempos de Lênin, descrevendo-o como nada mais que mero acólito do grande líder, longe de ser o subalterno mais capacitado ou apreciado. Tinham-no conhecido antes que ascendesse na hierarquia e se tornasse algo próximo de um semideus. Para Stálin, essa era uma situação bastante incômoda.

Contudo, não havia somente dissensão e oposição ao que estava acontecendo. Havia também idealismo e empenho. O vasto e rápido programa de industrialização mobilizava milhões de pessoas em toda a União Soviética. Inúmeros membros do partido, além de jovens comunistas preparados para o ativismo político pelo movimento de juventude, o Komsomol (que, à diferença dos movimentos de juventude na Itália e na Alemanha, ainda era um órgão de elite, e não a organização de massas em que viria a se transformar no fim da década de 1930), trabalhavam incessantemente para espalhar a visão de uma iminente utopia socialista. É claro que a imagem de um povo unido que se esforçava para alcançar esse paraíso futuro era forjada e não oferecia muita compensação ou consolo para a imensa maioria da população, que pelejava sob o jugo de ansiedades cotidianas, privações materiais e opressão. Mesmo assim, não faltavam entusiastas. Os jovens trabalhadores urbanos, os intelectuais e os judeus (grande número destes eram atraídos, em toda a Europa, para o socialismo como o caminho para libertar-se de discriminação e perseguição) eram particularmente sensíveis à visão desse admirável mundo novo em formação. Os gigantescos projetos de construção — barragens, usinas elétricas, o metrô de Moscou e até cidades novas, como Magnitogorsk, nos Urais — eram vistos como imensamente positivos, sinais visíveis de uma assombrosa transformação em andamento, indicadores tangíveis de progresso, daquilo que a sociedade soviética podia produzir. O idealismo que a participação na construção da nova utopia produzia não era um fantasma.

O sentimento de integração na construção de uma nova sociedade estava ligado a expectativas reais, materiais, imediatas, e não apenas a vantagens utópicas e distantes que a dedicação ao regime poderia proporcionar. A imensa mobilização decorrente do programa de industrialização exigia um grande número de ativistas que pudessem seguir uma carreira, melhorar seu padrão de vida e desfrutar de poder substancial no esforço de levar o sistema a funcionar. Cerca de 500 mil membros do partido foram recrutados entre 1934 e 1939. Em sua maioria, tinham educação deficiente e eram inexperientes. Muitos desses recém-chegados ocuparam os escalões mais baixos da autoridade administrativa — e tomaram gosto pelo poder, assim como pelo prestígio e pelos privilégios que lhes rendia. Havia necessidade, nas fábricas, de supervisores, capatazes e gerentes, e não apenas de operários. (Na década de 1930, quase 30 milhões de camponeses se transferiram do campo para as cidades, seduzidos pela oportunidade de maiores ganhos, mas sem fazer ideia da subserviência a chefes brutais a que se veriam obrigados.) As ambições muitas vezes desenfreadas dos administradores de baixo escalão podiam ser satisfeitas se servissem ao regime. A violência em benefício da causa só refletia o que acontecia mais acima. Gerentes despóticos podiam tratar os subordinados como lixo, e às vezes faziam isso, sabendo que tal conduta não acarretaria sanção alguma e, na verdade, seria bem-vista, desde que as metas fossem alcançadas. As carreiras dependiam do cumprimento dessas metas. O fracasso, ainda que definido de forma arbitrária, era uma perspectiva assustadora. Assim funcionava o sistema, que dependia de milhões de "pequenos Stálins", que faziam o regime funcionar em seus níveis inferiores. Contudo, o poder localizado só operava num sentido: através de ordens de cima para baixo e de responsabilidade de baixo para cima.

O controle do partido por Stálin, na qualidade de secretário-geral, garantia uma rígida centralização do comando. Todos os instrumentos cruciais de poder e organização estavam em suas mãos. Uma formidável máquina burocrática — dependente, cada vez mais, dos caprichos arbitrários e do despotismo de Stálin, mas que não parava de crescer, apesar de intromissões nada burocráticas em sua operação — era capaz de exercer o controle sobre todas as instâncias a partir de seu próprio centro nervoso. Telegramas enviados por Stálin em pessoa tratavam até de questões triviais. Às vezes, por exemplo, ele ordenava que um funcionário de um órgão do partido ou do Estado, do outro lado de um país gigantesco, fornecesse pregos a um canteiro de obras que necessitava desesperadamente deles. Na União Soviética, o partido dominava o Estado, e Stálin dominava o partido. Na verdade, sua autocracia subvertia por completo a estrutura institucional de comando coletivo do partido em seu nível mais alto.

O Congresso só se reuniu duas vezes na década de 1930 — em 1934 e em 1939. O Comitê Central, teoricamente órgão máximo do partido, já se tornara, em meados daquela década, mero instrumento maleável da vontade de Stálin. O Politburo, seu órgão decisório crucial, que na época de Lênin se reunia uma vez por semana, passou a deliberar cada vez menos ao longo da década. Antes tinha quinze membros, mas reduziu-se a um punhado de amigos próximos de Stálin, o mais importante dos quais era seu fiel servidor Viatcheslav Molotov, que ocupava o cargo de presidente do Conselho de Comissários do Povo, equivalente ao de primeiro-ministro. Esse grupo de colaboradores leais — cujo servilismo era garantido pela percepção da própria insegurança e pelos incentivos e pelas recompensas do poder — teve papel importante na transmissão e no cumprimento de ordens em várias instâncias do governo stalinista. Com frequência suas reuniões eram informais, às vezes em jantares na *dacha* de Stálin ou em visitas à sua residência de verão na costa do mar Negro. As decisões eram aprovadas sem maiores deliberações, e não havia votação. Muitas vezes decorriam de uma proposta de Molotov a Stálin, que voltava com emendas e então era passada como uma ordem para repartições do partido ou até para o suposto órgão máximo do Estado, o Conselho de Comissários do Povo (Sovnarkom).

Na base, a autocracia de Stálin levava a uma enorme rotatividade de membros do partido. Os quadros mais antigos eram substituídos por um exército de novos militantes, gente que devia seu cargo às vagas que surgiam em decorrência das mudanças drásticas causadas pela "revolução de cima para baixo" de Stálin. Por sua vez, isso incentivava a aceitação servil de sua autoridade ilimitada, promovida a partir de inícios da década de 1930 pela fabricação de um culto à sua personalidade "heroica".

Esse culto teve de ser construído com muito cuidado. Não apenas por ele ser um homem desprovido de atrativos físicos — baixo e atarracado, com o rosto dominado por um bigodão de morsa e muito marcado pela varíola — ou por ser uma pessoa reticente e reservadíssima, que falava num tom baixo e discreto, com o forte sotaque georgiano que nunca perdeu. O problema real era a gigantesca sombra de Lênin. Stálin não podia ser visto como um usurpador da imagem lendária do grande herói bolchevique, o líder da revolução. Por isso, no começo pisou em ovos. As comemorações de seu quinquagésimo aniversário, em 1929, foi ocasião de exaltações públicas, mas o culto ainda estava em sua fase embrionária. Stálin professava modéstia, rejeitando publicamente as tentativas de colocá-lo num pedestal ao lado de Lênin e repudiando expressões de devoção à sua pessoa. Mas isso não passava de fachada. Tacitamente, ele permitiu sua própria entronização — para a qual foram usadas versões falsas de seu papel durante a revolução, na verdade bastante apagado — para lhe dar, no começo, o mesmo status conferido a Lênin, numa espécie de culto duplo, e logo uma clara supremacia.

Um número incontável de protegidos, oportunistas e sicofantas apressou-se a embelezar, de mil maneiras, a imagem heroica do "líder do povo". Em 1933, a quantidade de bustos e imagens de Stálin no centro de Moscou era mais de duas vezes maior que de Lênin. A essa altura, Stálin, que não era um notável filósofo do marxismo, tinha sido guindado à posição de seu mais proeminente teórico, e suas obras eram publicadas numa quantidade que excedia em muito as de Marx e Engels, e até as de Lênin. Num congresso em Moscou, em 1935, quando fez uma de suas aparições públicas, relativamente raras, vestindo, como de costume, a túnica do partido, os aplausos frenéticos por parte de 2 mil delegados duraram quinze minutos. Quando enfim cessaram, uma mulher gritou "Glória a Stálin", e a ovação recomeçou.

Grande parte do culto era artificial, obviamente, mas havia admiração popular genuína. Um número enorme de pessoas comuns o reverenciava. Consta que

Stálin teria exclamado em 1934 que "o povo russo precisa de um tsar". Um "tsar pai" evocado para muitos cidadãos soviéticos, principalmente para camponeses de uma zona rural ainda com raízes na crença e no ritual, a figura de um severo patriarca, o garantidor da ordem e do bem-estar que dela derivava. Essa imagem era, sem dúvida, um componente importante do culto cada vez mais disseminado a Stálin. A imagem de uma liderança forte e resoluta correspondia às qualidades pelas quais milhões de cidadãos soviéticos ansiavam depois de anos de conflitos. E, embora a União Soviética fosse oficialmente uma sociedade ateísta, tradições enraizadas profundamente na fé popular — num censo realizado em 1937, 57% dos cidadãos soviéticos ainda declararam ser religiosos, informação mais tarde suprimida — levavam a elementos quase sacros no culto a Stálin, e uma fé em sua pessoa como profeta, salvador ou redentor.

O culto criou, sem dúvida, a base de uma popularidade genuína, ainda que isso não possa ser quantificado. Essa base foi de incontestável importância na consolidação de seu domínio. Contudo, houve um fator muito mais importante: o medo. O poder pessoal de Stálin se baseava, acima de tudo, na precariedade de toda autoridade subordinada, cada vez mais sujeita a suas decisões arbitrárias quanto à vida ou à morte. O regime dependia, na prática, da insegurança difusa que permeava toda a sociedade soviética. Essa insegurança alcançou novos patamares durante o "grande terror" que acompanhou os expurgos de 1937-8.

Já durante o Primeiro Plano Quinquenal houvera inúmeros casos de violência e prisões. Mesmo em 1933, mais de 1 milhão de "elementos antissoviéticos" foram mandados para campos de concentração e cárceres. A extrema insatisfação de Stálin com o que considerava ser a oposição, no âmbito municipal, ao ritmo acelerado das mudanças econômicas causou a expulsão de mais de 850 mil membros do partido em 1933. Havia tensões também nos altos escalões do partido. Alguns de seus dirigentes queriam reduzir as pressões sobre a economia, e havia indícios de que Stálin não podia mais contar com o apoio incondicional da cúpula do partido. Alguns líderes depositavam suas esperanças em Serguei Kirov, o popular chefe do partido em Leningrado e membro do Politburo. Em 1934, porém, ele foi morto a tiros em seu gabinete.

O jovem assassino, Leonid Nikolaiev, havia sido ligado a Grigori Zinoviev, agora arqui-inimigo demonizado do ditador, que não o perdoava por ter feito oposição a ele e apoiado Trótski. Na verdade, a motivação de Nikolaiev pode não ter sido política, e sim pessoal, pois Kirov vinha tendo um caso com sua mulher.

Contudo, Stálin estava em busca de complôs políticos. Nikolaiev foi interrogado rapidamente e fuzilado. Quaisquer que fossem as suspeitas existentes, o envolvimento de Stálin no assassinato de Kirov nunca foi comprovado. Mas ele não perdeu tempo em tirar proveito da morte de Kirov. Deu à polícia do Estado, a NKVD, autoridade para prender, julgar e executar à vontade. Zinoviev e Liev Kamenev, que também apoiara Trótski, foram condenados a longas penas de reclusão. Mais de 30 mil opositores, reais ou supostos, foram banidos de Leningrado para a Sibéria ou outras áreas remotas. Quase 300 mil membros do partido foram expulsos nos cinco meses seguintes. E a paranoia crescente não seria amenizada pelos relatórios da polícia logo após o assassinato de Kirov. "Eles mataram Kirov. Nós vamos matar Stálin" era o refrão que corria, com outras expressões da conveniência de dar fim a ele.

A essa altura, as suspeitas do ditador não tinham limites. Em 1936, a NKVD lhe comunicou que Trótski, que se achava no exterior, mantinha vínculos com partidários de Zinoviev, Kamenev e outro ex-opositor, Nikolai Bukharin. Stálin fez com que Zinoviev e Kamenev fossem tirados da prisão e submetidos a novo julgamento, agora público — o primeiro julgamento-espetáculo —, por supostas "atividades terroristas", inclusive assassinatos, prevendo que o próprio Stálin seria o alvo seguinte, depois de Kirov. Zinoviev e Kamenev foram condenados à morte e fuzilados em agosto de 1936. Os dois foram os primeiros entre os antigos líderes bolcheviques, membros do Comitê Central, a ser expurgados. Mas houve outros. Seguiram-se, em 1938, o julgamento-espetáculo de Bukharin e sua inevitável execução. Os membros do Comitê Central viviam com medo, e com bons motivos. Nada menos que 110 de 139 membros, considerados "não confiáveis", foram presos — o que geralmente acabava em execução ou numa vida nada invejável no gulag, a rede de prisões e campos de trabalhos forçados que recebia políticos dissidentes. Também foram presos dirigentes do partido e do Estado em praticamente todas as repúblicas nacionais da União Soviética. Dos 1966 delegados que participaram do Congresso do Partido em 1934, 1108 foram presos. Stálin estava destruindo o próprio Partido Comunista como base de poder independente. Os expurgos vitimaram também grande número de administradores, cientistas e engenheiros — um dos motivos pelos quais o crescimento econômico chegou ao fim depois de 1937.

Uma vez desencadeados, os expurgos ganharam vida própria. Em 1937, a NKVD deu ao Politburo uma meta de 250 mil pessoas a serem presas. Mais de 70 mil seriam fuziladas, e as demais sentenciadas a longas penas em prisões ou campos de trabalhos forçados. No fim de 1938, quando os expurgos declinaram (talvez porque o enorme número de vítimas estivesse reduzindo a produção industrial), a meta tinha sido ultrapassada em muito. O número de presos chegara a quase 1,5 milhão, e cerca de 600 mil pessoas haviam sido fuziladas. Até o expurgador-mor, o chefe da polícia de Stálin desde 1936, Nikolai Yejov, apelidado Ouriço de Ferro, foi preso em 1939 e executado no ano seguinte. Em 1939, o número total de presos em cadeias e campos e colônias de trabalhos forçados, onde as condições estavam mais perto da morte que da vida, era de quase 3 milhões. A taxa de mortalidade por fome, excesso de trabalho e execuções arbitrárias era colossal.

Stálin era uma pessoa extremamente vingativa, fria e cruel. (Chegou a expurgar seu papagaio, esmagando-lhe a cabeça com o cachimbo, enervado com o fato de ele não parar de imitar seus pigarros.) Era dado também a fantasias paranoicas — que geravam por si só fatos que davam a Stálin motivos racionais para duvidar de sua própria segurança. Mas a incrível orgia de terror que envolveu a União Soviética na década de 1930 não foi simplesmente uma expressão extrema de sua paranoia. Milhões de *apparatchiks* ambiciosos e cidadãos servis tornavam o terror efetivo em todos os níveis da sociedade. Para cada vítima do terror havia pessoas que lucravam por servir ao regime. Inquestionavelmente, havia também a convicção generalizada, estimulada pelo regime, de que a União Soviética estava infestada de "agitadores", "sabotadores", "nacionalistas", "cúlaques", espiões e agentes inimigos. Por isso, eram muitos os que aplaudiam o terror destinado a extirpar os "oposicionistas", o que fortalecia nessas pessoas a identificação com a tarefa épica de construir uma sociedade socialista e confirmava a fé que tinham em Stálin. Até muitas pessoas que sofriam perseguição e discriminação procuravam desesperadamente uma sensação de pertencimento, associando-se aos valores soviéticos.

As denúncias eram incentivadas em todos os campos. A menor observação "desviacionista" podia provocar a temida batida na porta no meio da noite. "Acordo de manhã e penso automaticamente: graças a Deus não fui presa na noite passada", escreveu uma mulher de Leningrado em seu diário, em novembro de 1937. "Eles não prendem pessoas de dia, mas o que vai acontecer à noite, ninguém sabe." Outro cidadão de Leningrado, um operário de fábrica, ficava acordado, com medo de ouvir o barulho do motor de um carro. "Eles vieram me buscar!", seu filho se lembrava de ouvi-lo dizer sempre que escutava um veículo passando na rua à noite. "Ele estava convencido de que seria preso por alguma coisa que tinha dito. Às vezes, em casa, ele xingava os bolcheviques." A chegada da polícia era aterrorizante. "De repente, vários carros entraram no quintal", lembrou o filho de Osip Piatnitski, bolchevique veterano e no passado companheiro leal de Lênin, narrando a prisão do pai. "Homens de farda e à paisana saltaram e caminharam em direção às escadas [...]. Naquele tempo, muitas pessoas esperavam ser presas, mas não sabiam quando chegaria a sua vez." O medo da denúncia criava uma sociedade silenciosa. "As pessoas só conversam em segredo, nos bastidores e em particular. As únicas pessoas que expressam suas opiniões em público são os bêbados", registrou um homem em seu diário em 1937.

As denúncias não eram necessariamente políticas. Podiam render promoções na carreira e vantagens materiais diretas. Eram também uma dádiva dos céus para ajustes de contas: um conflito com vizinhos, uma discussão no trabalho ou o rompimento de um relacionamento íntimo. Um exército de informantes, alguns pagos ou subornados, alguns forçados a cooperar por meio de chantagem, muitos apenas colaboradores voluntários, deduravam pessoas à polícia. Seguiam-se, invariavelmente, a prisão, o exílio, o campo de trabalhos forçados ou a execução. Na população carcerária, grande parte da qual ignorava seus próprios "crimes", estavam representados todos os setores da sociedade. Em 1937-8, ninguém estava em segurança na sociedade soviética, desde o mais humilde camponês até os membros do Comitê Central. De fato, a elite do partido estava entre os de maior risco. Nem mesmo os entusiastas de Stálin podiam ter certeza de que em algum momento não ouviriam socos noturnos na porta, dados por policiais que vinham buscá-los.

A crescente ansiedade de Stálin quanto a perigos que espreitavam a União Soviética talvez fosse a causa da verdadeira explosão de terror por ocasião dos grandes expurgos. Farejando "espiões e inimigos fascistas" em toda parte, como uma imensa quinta-coluna dentro de seu próprio país, Stálin não deixou pedra sobre pedra na tentativa de erradicar toda a oposição interna antes que a guerra começasse. Minorias étnicas que viviam perto das fronteiras soviéticas ficaram sujeitas a execuções e deportações em massa. Os poloneses das regiões ocidentais da União Soviética (junto com muitos bielorrussos e ucranianos considerados suspeitos) viram-se especialmente ameaçados. Temendo que a Polônia se aliasse à Alemanha de Hitler para atacar a União Soviética, Stálin ordenou, em agosto de 1937, a detenção de 140 mil poloneses soviéticos, que nos meses seguintes foram fuzilados ou mandados para campos de trabalhos forçados.

Nem o Exército Vermelho foi poupado. Ao intensificar-se a percepção da ameaça que vinha tanto do oeste como do leste — a Alemanha de Hitler e o Japão tinham firmado o Pacto Anti-Comintern em novembro de 1936 —, a última coisa de que Stálin precisava era um empecilho ao fortalecimento do Exército Vermelho. Surpreendentemente, porém, em 1937-8, Stálin quase demoliu seu alto-comando militar. O mais destacado estrategista, Mikhail Tukhachevski, que mais de uma vez o irritara, foi preso, acusado de conspirar para derrubar a União Soviética, e executado. Ao todo, mais de 30 mil oficiais foram expurgados, e pelo menos 20 mil deles, executados. Quanto mais alta a patente, maior era a probabilidade de prisão. A "decapitação" do Exército Vermelho deixou-o gravemente debilitado, sob o comando de um protegido de Stálin, o incompetente Kliment Voroshilov, e sem condições de enfrentar uma guerra.

Conhecida a enorme lacuna a ser preenchida, os gastos soviéticos com a defesa aumentaram num ritmo frenético no fim da década de 1930, passando de 9,7% do orçamento do Estado (pouco menos de 5,4 bilhões de rublos) para 25,6% (39,3 bilhões de rublos) entre 1934 e 1939. Com isso, as condições materiais da população, que tinham melhorado um pouco durante o Segundo Plano Quinquenal, entre 1933-7, voltaram a cair de forma pronunciada. As medidas destinadas a elevar as cotas de entrega de produtos agrícolas, aumentar os impostos e intensificar o trabalho nas fazendas coletivas geraram muita insatisfação do campo. Por outro lado, leis trabalhistas restritivas, adotadas em 1938, causaram indignação entre os trabalhadores urbanos.

A ditadura soviética nada tinha de popular. Havia muitas pessoas dedicadas, idealistas e fanáticos ideológicos, sem dúvida. Contudo, a população em geral, afora os admiradores de Stálin e os entusiastas do regime, reais ou fingidos, era levada à submissão através da truculência. Não havia grandes agitações ou manifestações de insatisfação. E, ao que se saiba, nunca ocorreu um atentado contra Stálin. Muitos o amavam, porém muitos mais o temiam. O terror cumprira sua missão — fora a característica definidora do regime de Stálin. Nunca antes um governo aterrorizara tanto seu próprio povo e de forma tão atrabiliária e brutal.

A Itália de Mussolini: O sonho "totalitário"

Em junho de 1925, Mussolini havia louvado "a fervorosa vontade totalitária" do movimento fascista. Como grande parte do que ele proclamava, isso não passava de uma expressão bombástica. Ele sabia perfeitamente que a "vontade", por mais "fervorosa" ou "totalitária" que fosse, por si só não era capaz de proporcionar uma base sólida de governo. O ativismo e a violência, que constituíam uma boa parcela do que era essa "vontade" na prática, podiam desarmar adversários, mas sozinhos nada construíam. Apesar de seus próprios instintos radicais, Mussolini era astuto o bastante para ver que necessitava de apoio, como ocorrera na "tomada do poder", de forças com alcance maior que o de seus arruaceiros indisciplinados. Ele necessitava das elites institucionais do país. E reconhecia que, para ser sólida, uma estrutura de poder tinha de repousar não no partido, mas no Estado.

Mussolini fora bastante hábil, ou talvez apenas tivera sorte, em fevereiro de 1925, enquanto ainda servia de instrumento para os extremistas de seu movimento, ao conceber uma solução para o problema dos chefes do partido, radicais e incontroláveis. Havia nomeado Roberto Farinacci, o mais radical de todos os chefes provinciais do partido (o Ras), secretário nacional do Partido Fascista. Farinacci era uma pessoa perversa, de absoluta impiedade, com uma percepção política deficiente. Expurgou alguns radicais mais desagregadores, esperando com isso ajudar Mussolini. Todavia, a violência pública que tolerava e até encorajava diretamente acarretou um retrocesso que permitiu a Mussolini destituí-lo em 1926 e se distanciar das ações impopulares do partido. Nos anos seguintes, com secretários menos radicais mas competentes como administradores, o Partido Fascista expandiu-se enormemente (em 1933 tinha quase 1,5 milhão de filiados, numa população de aproximadamente 42 milhões), mas perdeu tudo o que pudesse remeter a uma "fervorosa vontade política". Tornou-se um partido institucionalizado, abandonando no processo seu impulso revolucionário.

Com certeza, ainda havia no partido, com destaque para o próprio Mussolini e também alguns chefes regionais, pessoas que nutriam ambições revolucionárias e garantiam que não haveria um recuo para um autoritarismo meramente convencional. Na essência, porém, o partido se transformara em pouco mais que um instrumento de propaganda, um meio de orquestrar as homenagens a Mussolini, um aparelho de controle social e uma organização destinada a manter o poder do Estado. Isso porque, na Itália, em forte contraste com o regime soviético, o partido único desde 1928 era o servo, e não o senhor do Estado.

"Tudo no Estado, nada fora do Estado, nada contra o Estado" — essas tinham sido palavras de Mussolini em outubro de 1925. A ampliação dos controles econômicos e sociais do Estado, realizada por todos os países participantes da

Primeira Guerra Mundial, estimulara uma convicção cada vez maior, e não apenas na Itália, de que o poderio nacional só poderia ser mantido mediante o controle total da sociedade pelo Estado. A subsequente fraqueza visível dos sistemas políticos liberais para enfrentar os imensos problemas que constituíam o legado da grande conflagração havia encorajado essas ideias. O mais importante teórico de Mussolini, Giovanni Gentile, professor de filosofia em Roma e, desde 1923, ministro da Educação do regime, se referia não à "vontade totalitária" do movimento fascista, e sim ao "Estado totalitário". Para ele, fora do Estado nada tinha significado. O Estado englobava todas as facetas da sociedade. Ele era a corporificação da vontade popular. A essência "totalitária" do fascismo italiano dizia respeito "não apenas à organização política e tendência política, mas a toda a vontade, todos os pensamentos e todos os sentimentos da nação". Por mais vaga e irrealizável que fosse essa ideia na prática, era uma novidade na época.

A construção desse "Estado totalitário" ganhara forma pouco a pouco, e não da noite para o dia, na década de 1920. Repousava, inevitavelmente, na supressão da oposição. A oposição política fora suprimida no começo de 1925. Nessa época, com os adversários já intimidados, não foi difícil chegar a esse objetivo. Somente cerca de cem pessoas foram presas. A maior parte dos opositores tinha deixado o país. Nesse mesmo ano, a imprensa foi rapidamente posta sob o controle do governo, e impôs-se uma rígida censura. Nada disso suscitou muitos protestos, embora o Senado, que conservava certa independência, tenha adiado a tramitação da lei de imprensa por algum tempo. Em 1926, depois que o malogro de quatro atentados contra Mussolini foi explorado para criar um fervor pela imposição de ordem, todos os partidos de oposição foram postos na ilegalidade. O mesmo se deu com greves e locautes. Os comunistas mantiveram em funcionamento sua organização clandestina por alguns anos, ainda que em 1934 ela estivesse reduzida a não mais que algumas centenas de membros. Em 1929, a Igreja católica foi aplacada com os Tratados de Latrão. Não se esperava problema algum com esse setor. Para assinalar o novo acordo, o papa Pio XI cobriu Mussolini de encômios, dizendo ser ele um homem enviado pela "providência" para libertar seu país da falsa doutrina do liberalismo.

Conquanto a criação do Estado fascista italiano tivesse sido possibilitada pela violência dos *squadristi*, ou unidades paramilitares armadas, coube à polícia e ao poder judiciário, que não estavam nas mãos de fascistas radicais ou de militantes do partido, a repressão sistemática necessária para conter a oposição potencial.

Formas de repressão já existentes foram ampliadas e intensificadas, em vez de passarem por uma revolução. Os integrantes da polícia política — que na prática estavam fora do controle judicial — foram centralizados, e formou-se uma ampla rede de agentes e informantes (muitos deles voluntários). Adotou-se uma rigorosa vigilância dos dissidentes. As denúncias, em geral anônimas, eram corriqueiras. Milhares de ações policiais, muitas vezes iniciadas devido à denúncia de "transgressões" de pouca importância, se não imaginárias, ocorriam com regularidade. Elementos "subversivos" às vezes eram punidos com longas penas de prisão ou com o banimento para províncias remotas no sul da Itália ou em ilhas. As mais frequentes vítimas eram os comunistas. (Antonio Gramsci, ex-líder comunista, escreveu seus *Cadernos da prisão*, que contêm algumas das mais importantes reflexões teóricas sobre o marxismo, enquanto cumpria uma pena de reclusão de vinte anos, durante a qual morreu.) Instituiu-se a pena de morte, a ser aplicada a quem atacasse Mussolini ou membros da família real. Em 1927, foi criado o Tribunal Especial para a Defesa do Estado, que se baseava no direito militar, isento de restrições jurídicas normais. Esse tribunal julgou mais de 5 mil processos nos anos seguintes.

Todo esse clima era suficientemente repressivo para eliminar qualquer perspectiva real de oposição séria ao regime. No entanto, em comparação com outros regimes autoritários — não apenas com a Alemanha nazista ou a União Soviética stalinista —, a repressão interna era branda. A Espanha de Franco, por exemplo, logo se mostraria bem mais sanguinária. Menos de 20% dos processos ajuizados no Tribunal Especial italiano redundaram em condenação. Os condenados eram, em geral, comunistas. Os maçons eram também um alvo preferencial. Antes da guerra, só foram passadas nove sentenças de pena capital; em oito outros casos, a pena de morte foi comutada. Cerca de 14 mil fascistas foram punidos, muitas vezes por simples ordens da polícia, com exílio (*confino*) e, às vezes, com sentenças longas, ainda que, na prática, com frequência os presos fossem anistiados depois de cumprida parte da pena.

Grande parte da população levava a vida numa conformidade imposta por coerção, sem nenhum entusiasmo com o regime. Essa conformidade era necessária para conseguir um emprego ou contar com benefícios previdenciários. A corrupção e o suborno de servidores públicos eram seu corolário inevitável. Os que não aprovavam o governo faziam o possível para não externar suas opiniões. Contudo, os italianos que não saíssem da linha não precisavam temer que a polícia batesse em sua porta na calada da noite. Em vez de arbitrária e sem limites, a repressão visava em especial a adversários antifascistas. Isso em grande parte bastava. A dissensão era contida, e a oposição, neutralizada. Reinava muita apatia e resignada aquiescência ao que não podia ser mudado, mas a sociedade italiana não vivia aterrorizada como a União Soviética de Stálin. O pior do terror era exportado: voltava-se não contra o grosso da população italiana, mas contra seus supostos inferiores raciais, nas colônias africanas.

O fascismo lançou mão dos acessórios tradicionais do poder do Estado italiano. Mussolini havia prometido reduzir a burocracia oficial; na verdade, aumentou-a. O próprio ditador já tinha assumido pessoalmente, em 1929, oito ministérios. Precisava de servidores públicos que os administrassem para ele. É claro que esses funcionários se filiaram ao partido. Mas muitos deles eram, em primeiro lugar, servidores civis; em segundo, fascistas. Também nas províncias eram os administradores do Estado que mandavam, e não os chefes fascistas locais, e eles mantinham sob vigilância os militantes fascistas, assim como os "subversivos" em potencial. No mais das vezes, sobretudo no sul, os dignitários da classe dominante, que em geral eram fascistas só no nome, continuaram a governar as cidades.

Também o Exército tinha de ser cooptado. Os planos feitos em 1925 para reduzi-lo foram abandonados, e o ministro da Guerra que os propusera acabou demitido. O próprio Mussolini assumiu o ministério da Guerra (e logo depois o da Marinha e o da Aeronáutica). Na prática, isso significava que as Forças Armadas se administravam sozinhas, com coordenação e eficiência mínimas. Mussolini não podia fazer muito para melhorar as coisas. A maior parte da oficialidade continuava conservadora, quase nada fascista de verdade. A própria monarquia ainda contava com a lealdade de oficiais conservadores que em seu íntimo não sentiam nenhum entusiasmo por Mussolini. Os generais e almirantes, conservadores e nacionalistas ferrenhos, mostravam-se, em todo caso, mais do que felizes em aceitar a imposição da "ordem" fascista, a repressão da esquerda e a geração de unidade nacional — contanto que nada disso interferisse nas Forças Armadas.

Na década de 1930, o regime fascista havia consolidado plenamente seu domínio. Não restava nenhuma oposição digna do nome. Estava garantido o apoio das elites — a monarquia, as Forças Armadas, a Igreja, os industriais, os grandes proprietários de terras. Na prática, a ideia da totalidade do Estado e da sociedade nunca chegou perto de se realizar. O fascismo se mostrou incapaz de conquistar grandes setores da sociedade, principalmente os antigos meios socialistas nas cidades grandes e amplas faixas nas províncias rurais do sul. Mas, se faltava dedicação íntima e real, pelo menos havia tranquilidade. A população se acomodou ao regime. Em seus primeiros tempos, o fascismo encontrou sua principal base de apoio nas classes médias, um apoio que se tornou ainda mais pronunciado na década de 1930, à medida que diminuía o medo da esquerda, a ordem interna era assegurada, surgiam expectativas de mais status e melhores condições materiais e cresciam as perspectivas de grandeza nacional. O caráter de classe média do próprio Partido Fascista foi realçado pelo recrutamento de grande número de funcionários de escritório de baixo e médio escalão. Para esses e outros que trabalhavam em empregos públicos, a filiação ao partido passou a ser compulsória em 1933.

Independentemente do que as pessoas pensassem em seu íntimo a respeito do governo, a qualidade que distinguiu o fascismo de outros regimes autoritários mais convencionais na época e lhe trouxe muitos admiradores, até nas democracias ocidentais, foi menos a repressão e a coerção — comuns, em maior ou menor grau, a todas as ditaduras — do que sua contínua mobilização da população, sua vitalidade e dinamismo patentes. Isso ficava visível numa nova estética de poder, que procurava pôr a seu serviço a arte, a literatura e, sobretudo, a arquitetura monumental. Para muitos observadores externos, o fascismo era a face moderna do governo, uma organização racional da sociedade. Era como se combinasse ordem com bem-estar social organizado.

A ideia fascista do "estado totalitário" visava a englobar todas as fases da vida, do berço ao túmulo. Pretendia criar um "homem novo", que encarnasse o espírito do fascismo italiano, um homem novo apoiado pela "nova mulher italiana", devotada a seu dever para com a nação, entendido em grande parte como proporcionar felicidade doméstica e ter filhos. "Os pensamentos e desejos do Duce devem se tornar os pensamentos e desejos das massas", pregava Gentile. O próprio Partido Fascista lançava seus tentáculos em quase todos os setores da vida cotidiana. Entretanto, a mobilização chegava muito além das atividades do partido. Em 1939, quase metade da população estava filiada a algum tipo de instituição fascista. Criaram-se organizações assistenciais para cuidar de mulheres grávidas e de seus bebês, e para prover alimentos, vestuário e alojamento de emergência para os necessitados. Uma organização juvenil, com muitas subseções, fundada em 1926 e com mais de 5 milhões de membros em 1936, instilava nos jovens os convenientes valores marciais. Além de treinamento pré-militar, havia clubes juvenis, de grande afluência, que ofereciam mais oportunidades e melhores instalações para a prática de esportes do que as antes existentes. Construíram-se albergues para a juventude. Meio milhão de crianças, muitas delas de famílias mais pobres, foram mandadas para colônias de férias em 1935. Escolas e universidades reforçavam a doutrinação no novo sistema de valores. O que mais causou boa impressão a muitos italianos (e observadores estrangeiros) foi a criação, em 1925, de uma grande organização de lazer, a Opera Nazionale Dopolavoro [Organização Nacional do Tempo Livre], que em 1939 contava com 4,5 milhões de membros, dos quais cerca de 40% eram operários industriais. Essa entidade oferecia aos trabalhadores das fábricas (operários e funcionários de escritório) oportunidades para a prática de esportes, atividades de lazer e turismo antes desconhecidas. Muitos desses organismos tinham ampla aprovação popular, que no entanto não se traduzia automaticamente em aprovação do regime, e muito menos do Partido Fascista.

Os esportes, em particular, eram muito apreciados. O regime os transformou em evocação de orgulho e prestígio nacionais. O ciclismo e o esqui se tornaram esportes de massas, muito incentivados pelo regime. Um dos mais importantes líderes fascistas, Italo Balbo, mostrou sua coragem e perícia como aviador ao cruzar o Atlântico. Primo Carnera foi campeão mundial de boxe, na categoria peso-pesado, entre 1933-5. O automobilismo, fomentado por marcas famosas como Maserati, Bugatti e Alfa Romeo, eletrizava as massas, atraídas pela velocidade e potência dos carros. O futebol, sobretudo, estava a caminho de se tornar a maior paixão esportiva dos italianos e um instrumento de propaganda para o regime depois que a Itália venceu a Copa do Mundo de 1934 e repetiu o feito em 1938. Nos cinemas, a mais importante forma de entretenimento popular, cinejornais exaltavam os triunfos esportivos e transmitiam, ora de forma sutil, ora às claras, os valores do fascismo para o grande público. Também a proliferação das emissoras de rádio foi uma bênção para o fascismo. Pensando naqueles que ainda não possuíam um receptor — em 1939, a maioria das famílias italianas —, milhares de alto-falantes foram instalados em praças urbanas, onde a população era coagida pelos membros do partido a ouvir os discursos de Mussolini.

A figura de Mussolini era o maior trunfo do regime. Os estrangeiros o admiravam, e não só por ser um opositor ferrenho do comunismo. Ninguém menos que Winston Churchill o enalteceu, descrevendo-o, em 1933, como a personificação do gênio romano. O culto ao Duce era um constructo cuidadoso. Só a partir de meados da década de 1920, quando a oposição tinha sido suprimida e os meios de comunicação de massa mobilizados para servir ao regime, a propaganda pôde dedicar-se plenamente à construção de uma imagem quase sobre-humana de um novo César. Para os italianos, em meados da década de 1930, a popularidade de Mussolini era muito maior que a de seu regime em geral e a do Partido Fascista em particular.

O Duce era amplamente idolatrado por muitos que, no fundo, criticavam vários aspectos do fascismo e detestavam seus chefes e burocratas locais, presunçosos e com frequência corruptos — ainda que nem mesmo ele escapasse à crescente apatia política e ao desencanto com o fascismo no fim da década de 1930. O que equivalia praticamente a um endeusamento de Mussolini por parte de amplos setores da população podia assumir uma forma transmutada de ingênua fé religiosa. "Quando olhas em torno e não sabes mais a quem recorrer, tu te lembras de que Ele está lá. Quem, senão Ele, pode ajudar-te?", perguntou o jornal *Corriere della Sera* em 1936, referindo-se não a Deus, mas a Mussolini. O articulista indagava, a seguir, quando era que as pessoas deveriam escrever ao Duce, e ele mesmo dava a resposta: "Praticamente em todas as ocasiões, num momento difícil de tua vida". "O Duce sabe que, quando lhe escreves, é por uma dor genuína ou por necessidade real. Ele é o confidente de todos e, na medida do possível, há de ajudar a todos." Muitos italianos acreditavam nisso. Cerca de 1500 pessoas lhe escreviam a cada dia. Eis algumas declarações efusivas de camponeses numa província que tinha sido um reduto socialista: "Recorro a Ti, que tudo fazes e és capaz de tudo fazer"; "Para nós, italianos, tu és nosso Deus na terra, e por isso recorremos a ti, fiéis e certos de sermos ouvidos"; "Eu te venero, Duce, como os santos devem ser venerados".

A ânsia de glória imperial fora uma marca do regime desde o começo. A avalanche de propaganda que saudou a invasão da Abissínia em 1935 e também a visão da Itália como um país tratado injustamente pela Liga das Nações intensificaram o fervor patriótico no país. Não surpreende, pois, que a vitória na Abissínia, em 1936, tenha levado a popularidade de Mussolini às alturas. Vinham louvores de todos os lados, classificando-o como "divino", "infalível", um "gênio", um "César" e o "fundador de uma religião" cujo nome era "Itália". No entanto, esse foi o auge de sua popularidade. Informes da polícia davam conta de que essa popularidade vinha diminuindo nos anos que antecederam a guerra, à medida que crescia o abismo entre a propaganda e a realidade. Acossados por problemas materiais na vida diária, preocupados com a perspectiva de uma nova guerra que o país provavelmente não teria condições de travar e irritados com o fato de depender cada vez mais da Alemanha, muitos italianos já tinham, a essa altura, perdido a fé no fascismo.

Com vistas a recuperar o dinamismo, em evidente baixa, e mostrar que o fascismo não ficava atrás do nazismo em radicalismo, o regime intensificou seu ardor ideológico nos últimos anos da década de 1930. A saudação fascista, com o braço estendido, tornou-se obrigatória em todas as formas de cumprimento; os funcionários públicos passaram a usar uniforme; e o Exército recebeu instruções para adotar o passo de ganso. O sinal mais visível desse novo radicalismo foi a adoção de cruéis leis antissemitas em 1938. A Alemanha não tinha feito pressão nesse sentido, mas mesmo assim foi o modelo. Houve uma época em que os nazistas viam a Itália fascista como um exemplo. Agora acontecia o contrário. Mussolini não queria ser tido como acólito de Hitler. Desejava provar que era tão radical quanto o ditador alemão. Além disso, julgava que, ao apontar os judeus como "inimigos internos", poderia contribuir para cimentar a unidade nacional. Tradicionalmente, o racismo na Itália se voltava contra os negros africanos, e não contra a minúscula minoria judaica, que não passava de 50 mil pessoas (mal chegava a 0,1% da população do país). No entanto, o antissemitismo sempre estivera presente no movimento fascista, embora não fosse um de seus aspectos centrais. Quando a Itália se ligou à Alemanha no Eixo, ele se tornou mais proeminente, culminando nas leis raciais de 1938, baseadas na premissa segundo a qual "os judeus não pertencem à raça italiana". Não houve protestos dignos de nota. A maior parte da população não compartilhava do fervor antissemita oficial. Mas havia uns poucos exaltados, enquanto outros, com certeza, foram afetados pela propaganda. Nesse, como em outros aspectos do fascismo, o regime lançava raízes frágeis para a população, mas podia contar com sua passividade e conformidade.

Para as democracias ocidentais, as questões internas dos ditadores, por mais odiosas que fossem, eram problemas deles. No campo internacional, entretanto, Mussolini e Hitler passaram a ser vistos como "cães raivosos" que ameaçavam a paz na Europa. Antes da invasão da Abissínia, o fascismo italiano não era considerado um perigo sério. A partir de 1936, contudo, quando a Itália se aliou à Alemanha nazista como parte do Eixo, a situação mudou. Mas mesmo assim a ameaça real era claramente o Reich alemão, revitalizado, unificado e fortalecido.

A Alemanha de Hitler: Comunidade racial

A ascensão do fascismo ao poder na Itália e, acima de tudo, a figura de Mussolini como a personificação do líder forte e autoritário que tinha esmagado o marxismo e unido o país pela força de vontade fascinavam os nacionalistas alemães muito antes da "tomada do poder" por Hitler em 1933. Mussolini era uma das poucas pessoas que Hitler admirava. Surgiram ligações pessoais entre alguns dirigentes nazistas e a liderança fascista italiana. A "saudação alemã" com o braço estendido, compulsória no Partido Nazista a partir de 1926, foi tomada de "empréstimo" à congênere fascista. O "acordo" entre a liderança nazista e as elites dominantes conservadoras e nacionalistas que levou Hitler ao poder lembrou aquele que havia selado a ascensão de Mussolini na Itália onze anos antes. E, bem antes de ambos juntarem o destino de seus países no Eixo, eram patentes as afinidades entre o fascismo italiano e o nacional-socialismo alemão.

A Kraft durch Freude [Força pela Alegria], organização de lazer do regime nazista, criada como uma subseção da Frente Trabalhista Alemã (sucedânea estatal dos sindicatos suprimidos) para proporcionar atividades culturais e de lazer para os trabalhadores, teve como modelo a Dopolavoro italiana, criada em 1925. As vias expressas (*Autobahn*), que viriam a ser vistas como emblema da recuperação e modernização econômica da nova Alemanha, inspiravam-se na primeira via expressa italiana, a *autostrada*, construída entre 1924 e 1926. O culto alemão aos mortos na Primeira Guerra Mundial, a propagação de um éthos militarista, a encenação de gigantescos comícios e desfiles para gerar uma nova estética de mobilização de massa, a criação de um movimento de juventude para formar uma geração impregnada de valores nazistas desde a infância, uma panóplia de organizações assistenciais e, inevitavelmente, o domínio de um grande partido único baseado na lealdade inquestionável ao líder — tudo isso tinha paralelos na Itália fascista. A supressão da esquerda e, naturalmente, o antibolchevismo, eram também traços que os dois regimes tinham em comum. O mesmo pode ser dito (em contraste com o radical socialismo de Estado na União Soviética) em relação à promoção de grandes empresas, desde que servissem aos interesses do regime. Além disso, as duas ditaduras eram não só veementemente nacionalistas e militaristas como essencialmente imperialistas. Não obstante, apesar de todos esses paralelos, os dois regimes eram, em si mesmos, mais distintos que semelhantes. O fato de o regime nazista ser mais radical, dinâmico, agressivo e ideológico em tudo o que empreendia era reflexo de estruturas essenciais da ditadura alemã, cuja similaridade com o fascismo era tão somente superficial.

A excepcionalidade do regime nazista decorria, em grande medida, das esperanças, expectativas e oportunidades ideológicas personificadas na suprema e incontestável posição de Hitler como líder nacional. O culto que atribuía a ele qualidades heroicas, quase sobre-humanas, convertendo o ex-demagogo de cervejarias numa figura quase divinizada, objeto de veneração, era evidentemente forjado, tal como o culto ao Duce na Itália, o culto a Stálin na União Soviética e o culto a outros líderes em vários lugares. Entretanto, Hitler não precisava transcender uma fonte anterior de legitimidade ideológica, como Stálin foi forçado a fazer em sua fidelidade nominal ao legado de Lênin e aos princípios do marxismo. Tampouco teve de construir seu culto anos depois de tomar o poder, como Mussolini. As raízes do culto ao Führer eram menos rasas, mais antigas e de maior consequência para o dinamismo ideológico da ditadura.

Mesmo em meados da década de 1920, Hitler havia imposto seu total domínio do movimento nazista. Quando foi nomeado chanceler do Reich, em 1933, já incorporara havia muito a visão utópica de renovação nacional e grandeza futura que conquistara milhões de adeptos para seu partido. Não foi por acaso que o nacional-socialismo ficou conhecido como "o movimento de Hitler". Em 1933, seu domínio sobre o partido foi transferido para os mecanismos de um Estado moderno e avançado. A partir de 1934, ele passou a exercer poder total no Estado, à diferença de Mussolini, que, pelo menos nominalmente, permaneceu subordinado ao rei. Embora fossem metas distantes e imprecisas, os pontos preestabelecidos da visão de Hitler podiam agora impregnar todas as áreas do Estado, impelidos, como eram, pela lealdade inabalável das massas ao partido único, pelo eficiente aparelho repressivo da polícia e do órgão de vigilância, e sustentados, em linhas gerais, pelas elites conservadoras e nacionalistas e por milhões de alemães comuns. A visão pessoal de Hitler — que tinha como premissa a guerra para alcançar a salvação nacional, apagar a vergonha da capitulação em 1918 e exterminar os judeus, que ele considerava responsáveis por tal humilhação —, oferecia "diretrizes de ação" que agora podiam transformar-se em política de Estado.

Dois temas aparentados, o da "eliminação dos judeus" (ideia com sentidos diversos para pessoas diversas em momentos diversos) e o do "espaço vital" (*Lebensraum*) implicavam a preparação para um conflito militar em um futuro próximo que asseguraria os fundamentos econômicos e a supremacia da Alemanha na Europa (ideia capaz de englobar várias noções de expansão alemã) e cumpriam a finalidade de manter uma dinâmica ideológica contínua. Essa campanha ideológica não tinha nenhum correspondente, nem remoto, na Itália de Mussolini e diferia completamente, em essência, daquilo que matinha o clima de constante agitação na União Soviética. Não obedecia a nenhum plano coerente ou cronograma, mas sua direção e seu impulso inexorável de radicalização eram intrínsecos ao sistema nazista.

A limpeza racial era um elemento central da radicalização. O racismo do fascismo italiano, mesmo após a adoção de leis antissemitas em 1938, não igualava em centralidade ou intensidade o impulso mobilizador para a imposição de pureza racial que permeava todo o regime nazista. O racismo ia muito além do antissemitismo, embora o ódio ao judeu constituísse seu cerne. Os judeus ocupavam um lugar ímpar no conjunto nazista de fobias. Para Hitler e seus ardorosos seguidores, eles constituíam um perigo onipresente que ameaçava a existência da nação alemã. No plano interno, eram vistos como envenenadores da cultura da Alemanha, solapando seus valores e corrompendo sua pureza racial. No plano externo, eram tidos como uma maligna força internacional que dominava tanto o capitalismo plutocrático como o bolchevismo.

A partir de 1933, esses delírios patológicos puderam ser convertidos em política de Estado. Um boicote nacional dos negócios de judeus, em 1º de abril de 1933, seguido pela primeira leva de leis destinadas a excluí-los do serviço público e discriminá-los no direito e na medicina, foi para muitos judeus, nos primórdios do regime, um sinal de que não tinham futuro algum na Alemanha. Uma segunda onda de perseguições, em 1935, culminou nas Leis de Nuremberg, em setembro daquele ano, que proibiram casamentos entre "pessoas de sangue alemão" e judeus e negaram a estes a cidadania do Reich — fundamentos para o aumento da discriminação nos anos seguintes. Uma nova onda, a pior, viria em 1938 e explodiria nos pogroms ocorridos em todo o país em 9 e 10 de dezembro (chamados, sarcasticamente, de Reichskristallnacht, por causa das vitrinas e vidraças quebradas de lojas e residências de judeus). Isso fez com que outras dezenas de milhares de judeus deixassem o país. Eles vinham sendo cada vez mais afastados da economia, privados de seus meios de sustento e empurrados como párias para a periferia de uma proclamada "comunidade do povo" (*Volksgemeinschaft*), que, erigida com base em discriminação e perseguição raciais, ganhava sua própria identidade pela exclusão daqueles considerados inaptos para pertencer a ela.

Assim como os judeus, várias minorias de "excluídos" sociais — homossexuais, ciganos, alcoólatras, doentes mentais, mendigos, "vadios", "criminosos contumazes" e "antissociais" de todos os tipos — foram banidos da comunidade "ariana". Os profissionais da medicina e de órgãos assistenciais e de segurança não precisavam de muita ajuda do Partido Nazista para desempenhar o papel que lhes cabia na execução do programa de exclusão. Medidas previdenciárias e pró-natalidade — como empréstimos para casamento, auxílio-maternidade, salário-família e até a esterilização de "degenerados" (já iniciada em 1933) — tinham equivalentes em outros países europeus, mas em lugar nenhum esses benefícios foram determinados de forma tão radical e abrangente por princípios de "higiene racial", destinados a criar uma sociedade pura em termos raciais e geneticamente forte, uma sociedade que estava sendo preparada para a guerra (não que isso fosse declarado em alto e bom som).

No seio do gigantesco movimento nazista, o éthos racial da "comunidade do povo" era axiomático. O próprio Partido Nazista — não subordinado ao Estado, como o Partido Fascista na Itália, tampouco acima dele, como o Partido Comunista na União Soviética, mas coexistindo e se entrecruzando com o Estado alemão num dualismo incômodo — garantia que a pressão para excluir da "comunidade do povo" os elementos "inferiores" não se atenuasse por muito tempo. Contudo, a mais crucial força propulsora institucional não tinha paralelo na Itália ou na União Soviética. Era a Schutzstaffel — literalmente "esquadrão de proteção", a SS, tropa de elite do movimento nazista e seu setor mais dinâmico no tocante à ideologia, dedicada a práticas de "limpeza racial" tanto para melhorar a "saúde política da nação" quanto para criar os alicerces da futura dominação da Europa pela Alemanha.

A partir de 1936, a SS, que já administrava os campos de concentração (estes fora de quaisquer restrições legais), assumiu o comando da polícia de segurança e do policiamento público), construindo uma enorme rede de segurança e, por fim, criando também uma ala militar (a Waffen-SS, ou SS armada). Em meados da década de 1930, a cruel repressão para sufocar toda e qualquer oposição real ao regime alcançara sua meta. No começo de 1935, o número de internados em campos de concentração (na maioria adeptos dos antigos partidos de esquerda) tinha caído para cerca de 3 mil, o mais baixo durante a existência do regime. Tendo cumprido sua finalidade inicial, esses campos poderiam ter sido fechados, mas isso não convinha a Hitler ou ao comando da SS. Um claro indício de que a missão da máquina repressiva formada pela SS e pelo policiamento público envolvia uma espiral de controle ininterrupta e ascendente, com a erradicação dos "inimigos internos da nação" e a purificação racial da "comunidade do povo", foi o fato de que nesse exato momento traçavam-se planos para a expansão dos campos. A exclusão de marginais sociais, tidos como "nocivos ao povo" (*volksschädigend*), da "comunidade do povo" fez com que a população dos campos de concentração se multiplicasse por sete em quatro anos, totalizando 21 mil internos às vésperas da Segunda Guerra Mundial.

Junto com a política racial, o esforço para construir Forças Armadas poderosas, militarizar a "comunidade do povo" e orientar a economia para um rearmamento rápido assegurou um ritmo acelerado que em nenhum momento o governo permitiu que arrefecesse. E, a partir de 1936, o ímpeto ganhou força. Hitler não tinha deixado de lado, como demonstrou seu memorando para o lançamento do Plano Quadrienal, a visão de um imperialismo racial que apresentara em *Mein Kampf* dez anos antes — a premissa de que, em algum momento, seria preciso um conflito para conseguir "espaço vital". E o império não seria conquistado na África colonial ou em outro ponto ultramar, mas na própria Europa.

No presente, a ideia continuava a ser apenas isso: uma noção indeterminada na cabeça de Hitler e de alguns outros líderes nazistas. Diferiam as interpretações do que poderia significar "espaço vital", diferiam os pressupostos quanto ao caráter de qualquer expansão que fosse discutida. Alguns generais pensavam em termos de um exército capacitado a atuar como elemento dissuasor para assegurar a defesa da Alemanha. Outros imaginavam um conflito em algum momento para impor a hegemonia da Alemanha na Europa Central e Oriental. Em 1936, poucos ou nenhum deles imaginavam uma guerra contra a França ou a Inglaterra, ou uma invasão da União Soviética, no futuro próximo. No entanto, mesmo que houvesse pouca reflexão específica sobre cenários de um eventual conflito, os alemães não estavam construindo um grande exército para que ficasse aquartelado indefinidamente. E, ao contrário do pouco dinâmico Exército italiano, capaz de vencer uma campanha imperialista na Abissínia, mas nada muito além disso, os comandantes militares alemães eram eficientes, experientes, hábeis e determinados.

Havia uma cultura embrenhada entre eles segundo a qual um exército forte, o enaltecimento nacional e o império eram vistos como atributos naturais de uma grande potência. Eles tinham vivido a guerra, a conquista e a ocupação de territórios na Europa entre 1914 e 1918, antes de precisar engolir a pílula amarga da derrota, da humilhação nacional e a perda devastadora da condição de grande potência. Vinham pensando numa grande guerra, planejando toda a moderna maquinaria da morte e da destruição desde meados dos anos 1920, para colocá-la em prática assim que um exército novo e poderoso pudesse ser novamente construído. As metas e as realizações de Hitler para reafirmar o poderio alemão, fazer letra morta do Tratado de Versalhes e despejar verbas astronômicas no rearmamento tinham decerto boa acolhida entre esses comandantes militares. Depois que as democracias ocidentais demonstraram fraquezas e divisões, em 1935 e 1936, diante das violações dos tratados de Versalhes e de Locarno, a expansão alemã se tornou cada vez mais provável. Tal como o primeiro componente da ideologia de Hitler, a "eliminação" dos judeus, começava a entrar em foco o segundo: a expansão em busca de "espaço vital".

De acordo com todos os indicativos, o regime nazista podia contar com amplo apoio popular em meados da década de 1930. É impossível quantificar até onde ia esse apoio na Alemanha, como também no caso de outras ditaduras que haviam reprimido brutalmente as opiniões contrárias e monopolizado os meios de comunicação de massas para a propaganda do regime. Contudo, não resta dúvida de que a recuperação econômica, a eliminação do desemprego, a restauração da "ordem" política, o restabelecimento da unidade e da força da nação e, acima de tudo, os triunfos patrióticos (em especial a postura de desafio diante das potências ocidentais na remilitarização da Renânia) rendiam amplo apoio popular. A popularidade de Hitler era imensa, mesmo entre muitos dos que não gostavam do partido e de seus representantes municipais, ou se mantinham à distância devido aos ataques dos radicais do partido às práticas, às instituições e ao clero da Igreja católica ou das denominações protestantes. Até as pessoas que se opunham fortemente ao regime tinham de resignar-se a aceitar a generalizada incensação de Hitler. A ocupação militar da Renânia levou seu quase endeusamento a novas alturas. "Que sujeito, o Hitler. Teve coragem de correr riscos" era o que comentavam até operários industriais, que afora isso não tinham nada de bom a dizer sobre o regime, mas aplaudiam suas medidas no sentido de rasgar o odiado Tratado de Versalhes. Hitler era visto como símbolo do novo prestígio da Alemanha no mundo. Havia uma confiança "simplesmente prodigiosa" em que ele conseguiria "levar tudo a um bom fim para a Alemanha".

A propaganda podia se valer de sentimentos pseudorreligiosos e da ingênua piedade popular, bem como da crença em valores patriarcais que garantissem disciplina e ordem. A cada ano, mais de 12 mil alemães enviavam a Hitler cartas de louvor e veneração que beiravam a idolatria. Um número surpreendente de jovens de ambos os sexos, mesmo alguns que tinham sido criados em ambientes comunistas ou socialistas, foram conquistados para o regime, absorvendo valores nazistas na Juventude Hitlerista (que, como o movimento de juventude do Estado, tornou-se praticamente compulsório em 1936). Muitos desses jovens encontravam nele emoções, aventuras e a noção de fazer parte de uma comunidade que transcendia todas as divisões de classe. Tinham ali uma sensação de fascínio, de um mundo de oportunidades novas e sedutoras, de experiências que os aguardavam, sem falar da sensação de pertencimento, como membros de um povo especial e superior. "Achei aquela uma boa época. Eu gostava", admitiu, muitos anos depois, uma senhora idosa ao recordar a adolescência. E não estava sozinha. Muitos alemães que depois da guerra de 1914-8 encararam a inflação galopante, o desemprego em massa e as profundas divisões políticas durante os anos da república de Weimar lembravam-se da década de 1930 como "bons anos".

Quanto aos demais, a repressão terrorista tinha cumprido sua função. Em 1935, as últimas brasas da oposição esquerdista estavam quase apagadas. Socialistas que não tinham se exilado faziam o possível para se manter em contato, porém pouco ou nada faziam que prejudicasse o regime. Células comunistas continuavam a ser reconstruídas, infiltradas e destruídas, com o ciclo da resistência corajosa, mas inútil, se repetindo até o último dia do Terceiro Reich. Contudo, fora do círculo das ínfimas minorias ainda comprometidas com o mundo perigoso da oposição clandestina, a maioria dos alemães precisava, inevitavelmente, encontrar meios de se acomodar à ditadura, obedecendo com vários graus de entusiasmo às exigências do regime. A vigilância, a bisbilhotice, a denúncia — todos os elementos de uma sociedade rigidamente controlada — eram onipresentes. Não era conveniente se destacar da massa, por exemplo, recusando-se a retribuir a saudação "Heil Hitler!". As pessoas estavam sempre na defensiva. A pressão para não chamar a atenção era constante, e era improvável que quem agisse como todos os demais fosse incomodado pela Gestapo. O terror desempenhou um papel muito mais reduzido na década de 1930 do que na União Soviética de Stálin, a não ser contra as minorias tidas como "inimigas do povo" — os judeus, um grupo cada vez maior de excluídos sociais ("estranhos à comunidade", como passaram a ser chamados) e oposicionistas políticos.

A maior parte das pessoas se satisfazia com o fato de serem lembradas de que faziam parte de uma "comunidade do povo" unificada, com perspectivas de um futuro glorioso com base em sua exclusividade e superioridade raciais. A maioria não se apiedava dos "excluídos" da "comunidade" e muito menos dos judeus. A difamação e a demonização constantes na propaganda incessante de fato tiveram seu efeito. "Os nacional-socialistas criaram realmente um abismo intransponível entre o povo e os judeus", relatou um agente clandestino para a liderança social-democrata exilada, falando de Berlim em janeiro de 1936. "A ideia de que os judeus são outra raça está difundida atualmente." Era consenso geral que os judeus não tinham lugar na "comunidade do povo" e que deveriam sair da Alemanha ou ser expulsos. O que não faltava eram "camaradas do povo" (como os alemães comuns passaram a ser chamados) dispostos a adquirir negócios de judeus a preços vis, ficar com os bens deles ou se mudar para seus apartamentos quando se retiravam.

A ideia de que pessoas de etnia alemã (*Volksdeutsche*) de outras partes da Europa deviam se juntar à "comunidade do povo" tinha boa acolhida, mas poucos queriam correr o risco de uma guerra para que se concretizasse. Por ora, reprimiam seus temores e enfiavam a cabeça na areia. Em breve ficaria óbvio que estavam no centro da zona de perigo.

COMPARAÇÃO ENTRE DITADURAS DINÂMICAS

As três ditaduras dinâmicas — a União Soviética de Stálin, a Itália de Mussolini e a Alemanha de Hitler — eram na prática formas de governo bastante distintas, embora tivessem alguns aspectos estruturais em comum. O regime de Stálin distingue-se claramente dos outros dois, que partilham um maior número de características (além do fato de a Alemanha nazista ter tomado "emprestados" alguns elementos da Itália fascista), ainda que também apresentem diferenças cruciais. Cada um deles fez uma "reivindicação total" de seus cidadãos. Isso não era percebido na prática e ocorreu de forma mais débil na Itália fascista — paradoxalmente, o único dos três regimes a declarar explicitamente que estava construindo um "estado totalitário". No entanto, a "reivindicação total" teve, de forma incontestável, consequências tremendas para o comportamento dos cidadãos em sociedades orquestradas e controladas de forma tão rígida. O "espaço político" e as formas de atividade social organizada, mesmo em comparação com os de outras ditaduras da época, para não mencionar as democracias liberais, na prática deixaram de existir fora dos limites permitidos e administrados pelo próprio regime. Em cada um dos três regimes tentou-se, incessantemente, moldar atitudes e comportamentos de acordo com princípios ideológicos excludentes. A identidade com o regime era sustentada e fortalecida pela ênfase no "inimigo interno" — os "excluídos", cuja própria existência levou à criação de uma comunidade de "incluídos", aqueles que estavam "integrados".

A sociedade italiana foi a que menos se impregnou dos valores do regime; e o grau de impregnação, com toda probabilidade, foi maior na Alemanha. O sucesso da doutrinação variava, embora nos três regimes tenha sido mais visível entre os jovens. Em cada um dos casos, o regime teve bastante êxito em mobilizar grande número de idealistas e em conquistar amplo apoio popular. É impossível quantificar esse apoio, devido à repressão generalizada da oposição e à ausência de liberdade de expressão. Com base nos indicadores disponíveis, a Alemanha nazista teve o mais alto nível de apoio popular, e a Itália ficou a certa distância, enquanto a União Soviética tinha a maior população coagida, o que parece indicar um menor índice de apoio autêntico.

Os três regimes empregaram a mão pesada da repressão terrorista. Para as pessoas aterrorizadas pelo Estado policial, as diferenças ideológicas ou estruturais entre os regimes eram uma questão da mais absoluta indiferença. A União Soviética exercia um extraordinário nível de terror dirigido a seus próprios cidadãos, muito mais que os outros dois regimes, uma dissuasão arbitrária e imprevisível não repetida em nenhum outro lugar. O terror nazista concentrava-se em sufocar a oposição política organizada e, cada vez mais, em minorias fracas e pequenas — em especial os judeus e outros grupos raciais ou sociais "excluídos". Os piores aspectos do terror fascista ficaram reservados para as colônias africanas. Na Itália, assim que se reduziram as manifestações iniciais de violência urbana com cassetetes e a ingestão forçada de óleo de rícino, a utilização do terror foi branda em comparação com a dos outros dois regimes, concentrando-se em eliminar adversários conhecidos, mas, de modo geral, satisfazendo-se com uma estratégia de contenção.

O regime da Itália fascista era também o que apresentava menor dinamismo em termos ideológicos e de militarização. Grande parte da mobilização da sociedade foi pouco mais que superficial. Depois de mais de uma década de governo fascista, a lacuna entre a retórica e a realidade era considerável, e o objetivo de uma totalidade de Estado e sociedade permaneceu ilusório. Havia pouca determinação impulsora por trás das ações do regime. Mesmo a guerra colonial e a vitória na Abissínia, embora o triunfo fosse bem-visto, tiveram somente um efeito superficial sobre a postura dos italianos e mobilizaram a população por pouco tempo. Apesar da beligerância de Mussolini e da cúpula fascista, havia pouco interesse pela perspectiva de guerra e glória militar, e com certeza pouca disposição de suportar as agruras e o sofrimento de um conflito. As Forças Armadas só eram capazes, no máximo, de campanhas breves contra oponentes inferiores, e estavam absolutamente despreparadas para uma guerra de grandes proporções. Além disso, a indústria bélica, tecnologicamente atrasada, não era capaz de manter o ritmo de rearmamento de outros países.

Ao contrário do que ocorria na Itália, o impulso ideológico na União Soviética era fortíssimo. Avanços colossais, a um enorme custo humano, tinham sido feitos para mobilizar a economia estatal, reestruturar a produção agrícola e industrializar o país em ritmo mais que acelerado. Por trás da notável rapidez dessas medidas estava a presunção de uma guerra que não demoraria a acontecer. Todavia, à diferença da Alemanha e até da Itália, o foco estava na preparação da economia e da sociedade para a defesa militar da União Soviética, e não para a agressão externa (embora a ocupação dos países bálticos e, talvez, do oeste da Polônia fosse levada em conta, confessadamente, como parte da construção de um cordão defensivo). Como Stálin sabia muito bem, o rearmamento estava apenas em seus estágios iniciais. A União Soviética não se achava, de maneira alguma, pronta para um conflito de vulto, embora o próprio Stálin infligisse sérios desfalques ao Exército Vermelho com os grandes expurgos.

O dinamismo ideológico de Hitler avulta sobre o dos outros dois regimes, tanto na nitidez do foco de sua perseguição cada vez maior dos "inimigos" externos, sobretudo os judeus, como em sua intensa preparação para o conflito militar num futuro próximo — preparações que eram de natureza claramente agressivas, e não defensivas. A Alemanha tinha a economia mais avançada da Europa, uma economia que vinha sendo orientada rapidamente e cada vez mais para a guerra. E contava também com a mais eficiente liderança militar.

Juntas, as três ditaduras viriam a desempenhar um papel fundamental no desenho do continente europeu nos anos vindouros, mas os governantes das democracias ocidentais consideravam, corretamente, que a maior ameaça era a Alemanha. Na época, Stálin era visto como um perigo sobretudo para seu próprio povo, enquanto Mussolini era uma ameaça em especial para os povos subjugados das colônias italianas na África e fonte de imprevisibilidade no Mediterrâneo. Hitler ameaçava os judeus alemães, mas, da perspectiva internacional, era acima de tudo um perigo gigantesco e crescente para a paz na Europa.

O governo britânico, em especial, desconfiava da União Soviética e lhe era antagônico, abominando seu sistema social e vendo com perplexidade os expurgos de Stálin. A Itália era considerada um problema controlável no Mediterrâneo, cada vez mais hostil aos interesses ocidentais, mas não uma ameaça grave por si só. A principal e crescente fonte de preocupação era a Alemanha, com um povo unido e liderado por um ditador de implacável determinação, um país que se rearmava depressa e cujas forças já estavam perto de superar o poderio militar da Primeira Guerra Mundial. Em 1914, a Inglaterra tinha ido à guerra principalmente para evitar que a Alemanha dominasse a Europa e para proteger seu império de suas pretensões à condição de potência mundial. Tudo indicava que em pouco tempo a história se repetiria.

Nesse ínterim — em 1936 — surgiu a ocasião para um embate preliminar entre as poderosas ditaduras num conflito que muitos viam como prenúncio de um confronto maior que estava por vir. Em julho daquele ano, o general Franco lançou sua rebelião contra a república espanhola, e em pouco tempo ganhou o apoio de Hitler e de Mussolini, enquanto Stálin dava apoio às forças republicanas. Os ditadores, em lados opostos da Guerra Civil Espanhola, estavam testando suas forças. Mais uma vez, as democracias ocidentais revelariam sua fraqueza. O envolvimento das grandes potências na Guerra Civil foi o mais claro sinal, além da tragédia nacional para o povo espanhol, de que a ordem internacional da Europa estava entrando em colapso. O perigo de o continente ser tragado por uma nova conflagração só fazia crescer.

7. Rumo ao abismo

É preciso que não prevaleça o princípio de que uma pessoa pode se acomodar às circunstâncias e, com isso, deixar de solucionar os problemas. Ao contrário, são as circunstâncias que precisam adaptar-se para atender às necessidades. Isso não é possível sem "avançar" sobre outros países ou atacar as posses de outras pessoas.

Adolf Hitler, dirigindo-se a comandantes militares,
23 de maio de 1939

Uma nova guerra, apenas uma geração depois que milhões derramaram seu sangue nos campos de batalha do grande conflito de 1914-8, era uma perspectiva aterrorizante para a maior parte dos europeus. Ainda assim, eram poucos os que não percebiam, nos últimos anos da década de 1930, que o continente seguia em marcha inexorável para isso. Dessa vez não se poderia falar de líderes políticos e militares que "se arrastavam para o precipício" ou que, "sonâmbulos", caíam numa catástrofe que anteviam com pouca clareza. Havia uma potência agressiva cujos atos tolhiam, cada vez mais, todas as outras opções que não fossem a guerra ou a aceitação do domínio do continente europeu por seu poder tirânico. "O inferno está cheio de boas intenções", reza o ditado. Esse é o melhor comentário que se pode fazer em relação à maneira como as democracias ocidentais tentaram lidar com Hitler. As toscas tentativas de chegar a um bom termo com relação à campanha expansionista alemã permitiram que ele criasse fatos a que só podiam reagir tibiamente. Sua resposta às concessões das democracias ocidentais consistia em pedir mais concessões. O restante da Europa só acompanhava, com crescente ansiedade. Em outros lugares, estavam sendo feitos preparativos para uma guerra muito temida, e cada vez mais esperada.

A DERROTA DA ESQUERDA

A derrota da esquerda na Alemanha, durante os anos da Depressão, e sua destruição em 1933, depois da ascensão de Hitler ao poder, puderam então ser avaliadas plenamente. Embora em posições ideológicas inteiramente distintas, os dois partidos da esquerda alemã, o Social-Democrata e o Comunista, opuseram--se de forma taxativa ao militarismo da direita, que, como previam com acerto, acabaria levando à guerra. Se a esquerda não tivesse sido destruída depois da tomada do poder por Hitler e se a democracia, cujo sustentáculo era o Partido Social-Democrata, houvesse sobrevivido na Alemanha, a probabilidade de uma nova guerra na Europa teria se reduzido bastante. Em vez disso, abriu-se o caminho para uma política externa agressiva, apoiada pelas elites nacionalistas e conservadoras e sujeita às apostas cada vez mais temerárias de Hitler.

O fim trágico da esquerda na Alemanha foi somente um aspecto de sua derrota muito mais ampla em grande parte da Europa. Em 1935, com exceção da União Soviética, a esquerda se encontrava impotente em quase todos os países. A social-democracia continuava a participar do governo nos países escandinavos, de pouco peso na constelação internacional de poder. No restante da Europa, a direita — invariavelmente apoiada pelas Forças Armadas, pela polícia e pelos órgãos de segurança — era fortíssima. Em meados da década de 1930, vigorava em quase todo o continente algum tipo de regime nacionalista opressivo, fosse reacionário ou abertamente fascista, o que deixava a esquerda indefesa e à mercê das forças de uma repressão brutal. As mais poderosas democracias ocidentais, a Inglaterra e a França, tinham sido dominadas por governos conservadores durante a Depressão. Por isso, também nelas a influência política da esquerda diminuíra muito.

A derrota da esquerda ocorreu em escala continental, ainda que estruturas nacionais tenham condicionado a natureza específica dessa derrota. Foi, em parte, um reflexo de divisões paralisantes, principalmente a que se dava entre suas alas social-democrata e comunista (embora a união da esquerda não tenha impedido a derrota na Áustria). A própria esquerda comunista estava desunida, e às vezes dividia-se em facções rivais, sendo a maior delas dominada pelos interesses da União Soviética. A derrota da esquerda também se deveu a uma antipatia visceral pela ideologia socialista e pelo intenso medo do comunismo por parte das classes alta e média, do campesinato e por setores da própria classe trabalhadora. Enquanto os nacionalistas, de qualquer espécie, exerciam atração sobre todos os setores da sociedade, a esquerda, fosse ela socialista ou comunista, procurava em primeiro lugar promover os interesses de um grupo social específico, a classe trabalhadora industrial. A política classista do socialismo e, mais ainda, o objetivo comunista da "ditadura do proletariado" obviamente não atraíam todos aqueles — a maior parte da população — que se viam como perdedores certos no caso do triunfo da esquerda.

O temor, sobretudo de uma vitória dos bolcheviques, era imensamente desproporcional ao poder real, ou mesmo potencial, da esquerda na maior parte da Europa. Contudo, em vista das palavras de ordem classistas trombeteadas pela extrema esquerda nas regiões da Europa onde ainda conseguia se manifestar, das histórias de horror que chegavam da União Soviética e do domínio quase universal de uma imprensa direitista e antissocialista, não surpreende que tantos europeus tenham decidido depositar a esperança naqueles que, imaginavam, manteriam a "ordem" e promoveriam os interesses nacionais, e não os de determinada classe.

Uma falsa alvorada na França

Em meio à derrocada da esquerda na Europa, uma eleição em particular trouxe um raio de esperança. O resultado da eleição geral na França, em 1936, pareceu um triunfo para o antifascismo, uma reviravolta, enfim, naquilo que durante anos tinha sido a tendência rumo à extrema direita militante em todo o continente. Terminada a apuração dos votos do segundo turno, em 3 de maio de 1936 (o primeiro fora uma semana antes, em 26 de abril), a Frente Popular de Socialistas, Comunistas e Radicais obteve uma vitória assombrosa, ficando com 376 cadeiras, muito mais que as 222 da Frente Nacional, de direita. Foi imensa a euforia por parte dos eleitores da esquerda — principalmente trabalhadores, mas também a maioria dos intelectuais, escritores e artistas. Manes Sperber era um escritor judeu, nascido em 1905 na Polônia, mas exilado em Paris desde sua breve experiência na prisão na Alemanha, em 1933, e membro do Partido Comunista, do qual foi se tornando cada vez mais crítico até abandoná-lo em 1937. Mais tarde, escreveu a respeito de sua empolgação com o resultado do pleito. Para ele, e para muitos outros, foi mais do que uma vitória eleitoral. Foi como uma lufada de vento fresco a arejar um ambiente abafado. Uma meta durante longo tempo vista como impossível parecia alcançável. "Nunca a fraternidade se divisou tão próxima como naquele maio de 1936", escreveu Sperber. "Vindos de todas as direções, homens, mulheres e crianças acorriam às praças da Bastilha e da nação", com suas canções e brados de alegria chegando às ruas vizinhas, convocando todos para se unir na busca de justiça e liberdade, e tudo sem recorrer à violência revolucionária. Não tardou para que as esperanças humanitárias de Sperber se mostrassem um sonho de desvairado otimismo.

A França continuou dividida de alto a baixo. O ódio da direita nacionalista à Frente Popular ia muito além da oposição política convencional. A fúria maior se voltava contra Léon Blum, intelectual judeu que fora um dos primeiros defensores de Dreyfus. Blum tinha sido agredido fisicamente por uma horda nacionalista em fevereiro de 1936. No ano anterior, Charles Maurras, líder da Action Française, de extrema direita, denunciara Blum, de forma chocante, como "um homem a ser baleado — pelas costas". O triunfo eleitoral da esquerda não diminuiu a polarização ideológica na França. Na realidade, a vitória fora muito menos contundente do que parecera à primeira vista. A votação da esquerda, de 37,3%, tinha sido apenas um pouco superior aos 35,9% obtidos pela direita. A principal mudança se dera no seio da própria esquerda, o que só fez aumentar o antagonismo da direita. Os radicais, do principal bloco centrista da república, perderam terreno, caindo de 157 cadeiras em 1932 para apenas 106 em 1936. Os socialistas, grupo majoritário na Frente Popular, tinham passado de 131 para 147 cadeiras. Pequenos partidos de esquerda obtiveram em conjunto 51 cadeiras, catorze a mais que em 1932. O que mais preocupava a direita era o fato de os comunistas terem sido os mais beneficiados: haviam saltado de dez para 72 cadeiras.

O que tornou possível a vitória da Frente Popular foi o fato de Stálin, em junho de 1934, ter deixado, de uma hora para a outra, "como uma mudança de cena no teatro" (nas palavras de Blum), de chamar os sociais-democratas de "sociais-fascistas". O poderio crescente da Alemanha de Hitler exigia uma alteração completa da estratégia comunista anterior em toda a Europa. A nova estratégia envolvia trabalhar em prol da segurança coletiva, ao lado dos países "burgueses" até então condenados. No âmbito nacional, Stálin passou a incentivar ativamente os comunistas a colaborar com os partidos socialistas — e até "burgueses" — na formação de "frentes populares" de esquerda para combater a crescente ameaça do fascismo. A mudança foi confirmada no Sétimo Congresso da Internacional Comunista, em 1935.

Na França, a pressão por uma "frente popular" contra o fascismo viera de baixo para cima, a princípio articulada por sindicatos, depois adotada pelo Partido Comunista. A pressão cresceu ao longo de 1935. Perto do fim do ano, quando os radicais juntaram suas forças às dos socialistas e comunistas, a Frente Popular tornou-se uma realidade.

Entre suas promessas eleitorais estava a adoção de um programa de obras públicas (que assinalava o fim da política econômica deflacionária), a redução da semana de trabalho, a instituição de pensões de aposentadoria e a criação de um fundo de desemprego. Como reflexo do forte clima antifascista, as entidades paramilitares seriam postas na ilegalidade. Entretanto, evitaram-se medidas radicais capazes de amedrontar as classes médias. A revolução social teria de esperar. Os socialistas puseram de lado o desejo de estatizar a economia; os comunistas não fizeram referência a sovietes ou coletivos camponeses. A cúpula administrativa do Banque de France seria ampliada para acabar com o controle exercido por uma oligarquia fechada de acionistas, mas o banco não foi estatizado. O valor do franco deveria ser mantido — para tranquilizar a classe média, que perdera suas poupanças no governo anterior de coalizão esquerdista —, embora isso logo tenha se revelado um compromisso imprudente. Garantiu-se o direito das mulheres ao trabalho, mas, na ânsia de evitar a abertura do debate sobre uma possível reforma da constituição (defendida por grande parte da extrema direita), não se fez menção alguma a seu direito ao voto.

Blum, o primeiro socialista e o primeiro judeu a chefiar um governo na França, encabeçava um gabinete integrado por membros (entre os quais três mulheres) dos partidos Socialista e Radical. Os comunistas (e vários partidos minoritários) apoiavam o governo, mas preferiram ficar fora dele. Mesmo antes que o novo gabinete fosse empossado, a França foi varrida pela maior onda de greves de sua história — muitas vezes espontâneas e realizadas com alegria e numa atmosfera festiva. Quase 2 milhões de trabalhadores, muitos deles não sindicalizados e entre os quais havia grande número de mulheres que recebiam baixa remuneração, participaram de milhares de greves, ocupações de fábricas e demonstrações de desobediência, esmagadoramente no setor privado. Restaurantes e cafés fecharam as portas, os hóspedes dos hotéis tiveram de se arranjar sem o serviço de quarto, as grandes lojas de departamentos de Paris não tinham empregados para atender os clientes e os postos de gasolina foram fechados. A euforia dos grevistas e daqueles que os apoiavam era um lado da moeda. O outro era a condenação generalizada da desordem social por parte de direitistas de classe média, que temiam estar diante da porta para o comunismo. A polarização política se acentuou.

A enorme onda de greves fez com que os empregadores abrissem bem os olhos. Numa única tarde, em 7 de junho, numa reunião na residência do primeiro-ministro, no Hôtel Matignon, eles atenderam às principais exigências dos sindicatos, e as relações trabalhistas transformaram-se de um dia para o outro. Aprovaram-se o direito à sindicalização, a negociação coletiva de contratos de trabalho, a representação dos trabalhadores e a proscrição de medidas punitivas contra grevistas, além de aumentos salariais da ordem de 15%. Em poucos dias tornaram-se lei a semana de trabalho de quarenta horas e as férias remuneradas anuais de duas semanas (o que, com o apoio de passagens de trens a baixo custo, deu início ao êxodo de verão, de Paris e outras cidades, o que se tornou um aspecto permanente da vida social francesa). Aos poucos, as greves diminuíram. O dilúvio de novas leis prosseguiu com a proibição de ligas paramilitares, em 18 de junho, o que reduziu a desordem política e a violência nas ruas (apesar de levar setores da extrema direita à clandestinidade). Outras leis instituíram a reforma do Banque de France, elevaram para catorze anos a idade mínima para sair da escola, nacionalizaram as indústrias de armamentos e apaziguaram os agricultores ao aumentar os preços dos cereais. Criou-se o Ministério dos Desportos e do Lazer, que tinha como meta democratizar o acesso a atividades recreativas ao ar livre (uma reação à militarização desse setor nas organizações fascistas), oferecer formas atraentes de distração à classe trabalhadora e melhorar a saúde pública. O resultado foi o estímulo ao ciclismo, às caminhadas, aos albergues para a juventude e ao turismo popular, a melhoria das instalações esportivas e o fomento do interesse pelos esportes e sua prática. De modo geral, foi notável o alcance da intervenção realizada pelo governo da Frente Popular em tão pouco tempo.

Notável também foi o espírito de euforia da esquerda francesa. Na época um jovem revolucionário de dezenove anos, Eric Hobsbawm, que viria a ser um dos mais famosos historiadores da Europa, experimentou a extraordinária atmosfera de Paris em 14 de julho de 1936, aniversário da Queda da Bastilha. Ele recordou

> os estandartes vermelhos e as bandeiras tricolores da França, os líderes, os contingentes de trabalhadores [...] que desfilavam diante das massas que lotavam as calçadas, as janelas cheias de gente, os acenos simpáticos dos donos de cafés, dos garçons e dos clientes, o entusiasmo ainda mais acolhedor das profissionais dos bordéis, reunidas para aplaudi-los.

A euforia do verão depressa se desvaneceu, o clima festivo se dissipou, voltaram as obrigações e as preocupações do dia a dia. O governo logo se viu em dificuldades. O limitado experimento socialista de Blum não demorou a enfrentar poderosas ventanias contrárias, sopradas pelas forças dos mercados internacionais. A recusa a desvalorizar o franco mostrou-se equivocada, prejudicando a margem de manobra do governo. As grandes empresas retiraram seus investimentos do país. O maior custo da semana de quarenta horas transferiu-se para os preços, alimentando a espiral inflacionária, que não era compensada por mais produtividade. Aumentou a pressão sobre o franco e as reservas de ouro. Em setembro de 1936, o governo se viu obrigado a admitir o erro e desvalorizar o franco em mais ou menos um terço. Nem isso, porém, eliminou a pressão sobre a moeda. Os ganhos dos trabalhadores e as poupanças da classe média viram-se engolidos pela inflação. O apoio ao governo diminuiu. Quando, em junho de 1937, o Senado, de maioria conservadora, se recusou a conceder poderes de emergência ao governo para que fossem confrontadas as dificuldades financeiras do país, Blum renunciou e foi substituído por Camille Chautemps, um radical. Ministros socialistas (inclusive Blum) permaneceram no governo, mas o ímpeto socialista tinha passado. O governo era agora dominado pelos radicais, cujas inclinações políticas os levavam para a direita, para um maior conservadorismo.

Autorizado pelo Parlamento a legislar por decreto (poderes que tinham sido negados a Blum), Chautemps aumentou os impostos e pôs fim às reformas sociais. Muitos fatores que derrubaram Blum mantiveram-se inalterados. Os preços continuaram a subir e a dívida pública a crescer. O franco seguiu perdendo valor. A produtividade continuou estagnada. A intranquilidade social não amainou. A Frente Popular continuou a agonizar, abatida por problemas econômicos insuperáveis, enfrentando a oposição implacável da direita conservadora e fascista, e confrontada por perigos cada vez maiores nas relações internacionais.

Blum voltou ao cargo de premiê em março de 1938, porém num clima internacional drasticamente mudado, depois da incorporação da Áustria ao Terceiro Reich. A França, agora acossada por preocupações relativas à política externa, estava cansada de experiências sociais e econômicas. Blum logo perdeu toda e qualquer esperança de avançar com novas tentativas de criar investimentos estatais, controles cambiais e um imposto sobre grandes fortunas. O aumento das despesas de rearmamento impunha suas próprias limitações aos gastos do governo para fins civis, ao mesmo tempo que a fuga de capitais e a queda das reservas de ouro obrigavam a novos cortes nos gastos públicos e, por fim, a uma terceira desvalorização do franco. O primeiro governo de Blum durara 382 dias; o segundo terminou depois de apenas 26. Com seu novo afastamento, a política passou a ser dominada pela direita conservadora, sob a liderança de um novo primeiro-ministro, o radical Édouard Daladier, um homem visto como "competente, honesto e trabalhador", o epítome da França provinciana, apoiado pelas grandes e pequenas empresas, além de elogiado pela direita por desfazer grande parte da legislação social de Blum, o que pôs fim à "revolução de junho de 1936".

A tentativa de confrontar e derrotar o fascismo na França com a formação de uma Frente Popular que reunisse socialistas, comunistas e o centro político, representado pelos radicais, foi uma estratégia racional e sensata. No mínimo, deteve a ameaça da direita paramilitar à república. Mas, se uma Frente Popular era necessária, é igualmente claro que seu fracasso estava quase garantido desde o começo. Um programa social revolucionário, como aquele que os comunistas teriam apoiado, não tinha a menor chance de ser adotado. Com o endosso de apenas 15% da população, era impossível levá-lo a termo. O eleitorado de classe média dos radicais teria se horrorizado com qualquer ameaça às suas propriedades. Os socialistas se viam forçados a pisar em ovos para não perder apoio à esquerda ou à direita. E as reformas sociais, aprovadas apesar da oposição de grande parte da população, arrancadas aos representantes das grandes empresas e antagonizadas pelas forças dos mercados internacionais, tinham contra si grandes probabilidades de insucesso.

A criação da Frente Popular só foi possível graças a concessões que equivaliam a um casamento forçado entre pessoas ideologicamente incompatíveis. A tolerância escondeu de um inimigo comum, durante algum tempo, as divisões profundas. Mas não passava de uma construção frágil cujos alicerces eram corroídos pelos assustadores problemas com que o governo se confrontava. As relações entre os dois partidos de esquerda foram, elas próprias, submetidas a testes severos. A antipatia dos socialistas pelos comunistas era intensificada pelos relatos negativos, amplamente divulgados, sobre as condições na União Soviética e pela repercussão no noticiário dos julgamentos-espetáculos stalinistas. Os comunistas, por sua vez, passaram a tachar Blum de "assassino de trabalhadores" depois que a polícia abriu fogo contra manifestantes comunistas, matando seis deles e ferindo duzentos, numa passeata em Clichy, bairro operário de Paris, em março de 1937.

O caldeirão espanhol

À medida que as agruras do governo da Frente Popular iam sendo superadas na consciência popular por fatos que ocorriam do outro lado da fronteira, o fracasso da esquerda na França começou a ser eclipsado pela tragédia muito maior, que foi a derrota da esquerda na Espanha. Com muito apoio popular e os recursos do Estado à sua disposição, a esquerda espanhola se dispunha a lutar para defender o regime republicano. No entanto, estava seriamente debilitada por terríveis divisões faccionais, conflitos destrutivos e dissensões ideológicas, a que se superpunham separatismos regionais mais vigorosos do que em qualquer outra parte da Europa Ocidental (sobretudo na Catalunha e no País Basco, regiões relativamente desenvolvidas do ponto de vista econômico). Ainda mais lesiva para a esquerda era a antiga e profunda polarização da sociedade espanhola. Muito mais do que na França, um abismo separava os grupamentos ideológicos da esquerda e da direita na Espanha. As lealdades republicanas não eram tão arraigadas como na França. Tampouco estavam ligadas a um evento histórico e simbólico na história nacional equivalente à Revolução Francesa.

A Segunda República na Espanha era de fundação recentíssima, pois datava apenas de abril de 1931. Tinha sido obra da esquerda e era fundamentalmente rejeitada por quase toda a direita, cada vez mais extremada e de um antissocialismo profundo, visceral e generalizado. A aversão à esquerda se inseria com facilidade na trama de valores católicos ferrenhos que caracterizavam grande parte da Espanha provinciana e que a direita tinha incorporado à sua imagem da nação espanhola. Essa hostilidade era secundada, naturalmente, pelos membros das tradicionais elites dominantes, os que mais tinham a perder no caso da ascensão do temido regime socialista — os proprietários de terras, os grandes industriais, a Igreja católica e, em especial, setores significativos da oficialidade do Exército. O poder dessas elites vinha caindo, mas ainda se mantinha intacto. Derrubar a república usando de força era uma opção. Afinal, a ditadura de Primo de Rivera só chegara ao fim alguns anos antes, em janeiro de 1930, e o *pronunciamiento* (o golpe militar) desde muito ocupava seu lugar na política espanhola. Em março de 1936, os generais espanhóis conspiravam para tentar outra vez derrubar um governo eleito.

Como mencionado no capítulo 5, o triunfo da esquerda socialista e republicana nas eleições de 1931 acabou sendo efêmero. Em novembro de 1933, quando houve novas eleições, a direita tinha recuperado as forças. A esquerda sofreu uma derrota fragorosa para uma coalizão de direita formada pela CEDA e pelos radicais, liderados por Alejandro Lerroux, que se tornou primeiro-ministro. Os dois anos seguintes puseram fim, e em muitos casos subverteram, os modestos avanços sociais feitos desde a fundação da república. Para a esquerda, esse período foi o *bienio negro*, de crescente ameaça fascista e forte repressão. Em outubro de 1934, na região das Astúrias, no norte, uma greve de mineiros que enfrentaram a polícia armados com qualquer coisa em que conseguissem pôr as mãos foi reprimida com violência, depois de duas semanas, por tropas de truculência ímpar trazidas especialmente do Marrocos por ninguém menos que o futuro ditador, o general Francisco Franco. A repressão foi feroz, bárbara até, e deixou um saldo de 2 mil mortos, 4 mil feridos e 30 mil presos, sendo muitos deles torturados na prisão. A Espanha já estava à beira da guerra civil.

Desmantelada a coalizão de direita governante, derrubada por escândalos financeiros e discórdias políticas, novas eleições foram convocadas para fevereiro de 1936. Nesse meio-tempo, a esquerda formara uma Frente Popular, coligação eleitoral de republicanos (cujos eleitores pertenciam basicamente à classe média) e socialistas — as duas maiores forças —, apoiada, com graus variados de entusiasmo, por comunistas, separatistas catalães e sindicatos socialistas e anarquistas. A eles se opunha, na eleição, um bloco nacional de grupos de direita. O país estava rachado ao meio e mais radicalizado que nunca. A eleição foi descrita como uma competição que decidiria o futuro da Espanha. Para a direita, tratava-se de uma escolha entre o bem e o mal, o catolicismo ou o comunismo, "a Espanha das antigas tradições" ou "a anti-Espanha da demolição, do incêndio de igrejas e da [...] revolução". Vozes esquerdistas ameaçavam "fazer na Espanha o que foi feito na Rússia". Apuradas as urnas, a Frente Popular obteve uma vitória histórica — estreita na diferença de votos (4 654 111 a 4 503 524), mas acachapante na distribuição de cadeiras parlamentares (278 contra 124).

A unidade da Frente Popular só durou até a eleição. O governo, formado apenas por republicanos, era fraco desde o começo. Os socialistas, eles mesmos desunidos, recusaram-se a participar. O partido estava dividido entre sua ala reformista, chefiada pelo moderado Indalecio Prieto, e a Unión General de Trabajadores, cada vez mais revolucionária, liderada por Francisco Largo Caballero, que adorava ser chamado de "o Lênin espanhol", designação que lhe foi dada pela imprensa soviética. O Movimento Juventude Socialista, assim como a organização sindicalista, também viam o futuro em termos de uma revolução em grande escala, e não de reformismo fragmentário. Eram evidentes os atrativos do Partido Comunista, que ainda era pequeno, mas crescia depressa.

O governo começou a restaurar as mudanças sociais e econômicas de 1931--3, libertou presos políticos, expropriou latifúndios e devolveu a autonomia à Catalunha (prometendo o mesmo aos bascos). Entretanto, o controle do país lhe escapava. Camponeses pobres e trabalhadores agrícolas ocuparam grandes propriedades no sul da Espanha. Ocorreram greves em centros urbanos. Os incêndios de igrejas — símbolos da mão opressora da Igreja Católica — tornaram-se mais comuns do que em 1931 e alimentaram a propaganda da direita. Foram numerosos os assassinatos, cometidos tanto pela esquerda como pela direita. Os dois lados estavam se tornando mais extremistas. A Falange, antes uma pequena facção da direita, viu-se de repente ganhando novos filiados, muitos deles pertencentes ao movimento de juventude da Confederação Espanhola da Direita Autônoma (CEDA), que apoiava uma posição antirrepublicana mais agressiva do que a defendida por muitos membros mais velhos do partido. Enquanto isso, sem que o governo percebesse, a conspiração fermentava.

Alguns comandantes do Exército, entre eles Franco, tinham aventado um golpe logo depois da eleição. Entretanto, o momento não era propício, e eles preferiram observar e esperar. Na tentativa de neutralizar possíveis problemas causados pelos militares, o governo afastou Franco da chefia do Estado-Maior e deu-lhe um comando nas ilhas Canárias. O general Emilio Mola, sabidamente hostil à república (e, na verdade, o principal instigador do golpe planejado), também foi posto fora de cena. Surpreendentemente, porém, Mola foi trazido de volta de um comando no Marrocos espanhol e posto à frente de uma guarnição em Pamplona, no norte da Espanha — de onde poderia forjar vínculos fortes com figuras que apoiavam o golpe de forma clandestina. Alguns falangistas foram presos, mas teriam sido capazes de levar adiante seus planos mesmo na cadeia. Mas o governo, em sua fraqueza, tomou poucas medidas além dessa para evitar problemas.

O levante teve início no Marrocos espanhol e nas Canárias, em 17 de julho de 1936, e se espalhou para o território continental da Espanha nos dois dias seguintes. Os conspiradores contavam com um golpe rápido e a imediata tomada do poder pelos militares, mas logo ficou evidente que isso não iria acontecer. Em algumas áreas, unidades militares e grande parte da população apoiaram os rebeldes. A nomeação de três primeiros-ministros em dois dias foi um sinal claro de que o governo estava em pânico. Mola sentiu-se confiante o suficiente para rejeitar um pedido de trégua. Em outros lugares, porém, o Exército e a polícia se mantiveram leais à república, embora com frequência fizessem jogo duplo. Em Madri, Barcelona e San Sebastián, no País Basco, trabalhadores pegaram em armas. Em questão de dias, a Espanha estava completamente dividida, tanto quanto estivera na eleição de fevereiro.

O leste e o sul do país mantiveram-se, de modo geral, ao lado dos republicanos. Entretanto, os rebeldes conseguiram avanços rápidos no sudoeste, no oeste e em grande parte da área central do país. Do ponto de vista militar, as forças da república e as dos rebeldes eram bastante equivalentes; as mais importantes áreas industriais ainda estavam nas mãos do governo. Até mesmo nas aldeias as pessoas tomavam partido: esquerda ou direita, a república ou o fascismo. A espiral de violência não parava de crescer. Já nos primeiros dias, registraram-se atrocidades infames dos dois lados. Nas áreas que dominaram, os rebeldes mataram ou executaram sumariamente grande número de pessoas. Não há como determinar a quantidade exata de mortes, mas com certeza chegaram a milhares. Do lado republicano foram comuns atos de violência contra partidários da sublevação ou inimigos de classe. Houve acerto de contas. A aplicação da "justiça revolucionária" em tribunais improvisados levou a numerosas execuções. O clero foi alvo de violências hediondas. Mais de 6 mil religiosos — sacerdotes, monges e freiras — foram assassinados, ao mesmo tempo que se queimavam igrejas e se destruíam imagens religiosas. O golpe já estava se transformando numa guerra civil em grande escala, embora não houvesse um vencedor claro à vista.

Uma mudança importante no equilíbrio do poder militar teve início em fins de julho e em agosto, quando Hitler e Mussolini, que fariam de tudo para evitar que o comunismo se firmasse na península ibérica, forneceram aviões para transportar do Marrocos para a Espanha a tropa de elite de Franco — o Exército da África, mais de 30 mil combatentes calejados e experientes. Isso representou o começo da ajuda da Alemanha e da Itália a Franco. Tanto Hitler como Mussolini esperavam poder contar, no futuro, com o apoio de uma Espanha nacionalista, e ao mesmo tempo aproveitaram de bom grado a oportunidade de testar seu poder de fogo bem longe de seus próprios países. Também Portugal, dominado por Salazar, que temia o triunfo do bolchevismo bem a seu lado, forneceu homens e suprimentos aos rebeldes.

Com isso, os nacionalistas sublevados ganharam nítida vantagem, que poderia ter sido facilmente neutralizada se as democracias ocidentais houvessem fornecido armas a outra democracia. Contudo, em agosto, a Inglaterra e, logo em seguida, a França (onde Blum encheu-se de remorsos por não ajudar os socialistas), lideraram uma iniciativa no sentido de um acordo internacional para que não fossem fornecidos materiais bélicos à Espanha republicana. Os dois países temiam que o aprofundamento do conflito levasse a uma nova guerra em toda a Europa. Com isso, porém, cresceu sobremaneira a perspectiva de uma vitória dos militares nacionalistas. Mais perto do fim do ano, Stálin atendeu a um pedido de ajuda militar feito pelo governo republicano, mas o desequilíbrio no fornecimento de armas se manteve. Por fim, 24 países assinaram o Acordo de Não Intervenção. Alemanha, Itália e União Soviética firmaram o documento, comprometendo-se cinicamente a não interferir, enquanto forneciam armas em grande quantidade.

Apesar dessas políticas oficiais, ao menos 30 mil voluntários (muitos deles judeus) — em geral socialistas, comunistas e sindicalistas oriundos de vários países europeus e organizados pelo Comintern em Brigadas Internacionais — viajaram para a Espanha a partir dos últimos meses de 1936 para tentar salvar a república. De uma forma ou de outra, eram, na maioria, idealistas que entendiam estar numa guerra de classes para derrotar o fascismo. Milhares deles perderam a vida nessa tentativa. Na época, e mesmo depois, a propaganda soviética exagerou a contribuição militar prestada. No entanto, as Brigadas com certeza desempenharam um papel importante em grandes batalhas, começando com a luta para salvar Madri das forças rebeldes. Na opinião de um jornalista britânico, Henry Buckley, que viu as Brigadas em ação, "de modo geral, combateram como heróis. As armas eram ruins, era difícil impor disciplina, eles falavam uma dúzia de línguas diferentes e poucos sabiam espanhol. Fizeram milagre com puro heroísmo".

Para a esquerda espanhola, o início da Guerra Civil Espanhola foi uma fonte de inspiração. Pouco a pouco, virou uma fonte de desmoralização.

Depois que as tropas de Franco, avançando para o norte rumo a Madri, fracassaram na tentativa de ocupar a capital após um longo cerco em novembro de 1936, a guerra civil se transformou numa prolongada luta de atrito, travada com uma selvageria sem limites. Os nacionalistas passaram a fazer avanços lentos, porém constantes, ao passo que os republicanos, ainda que capazes de contraofensivas fugazes, viram-se reduzidos na prática a uma defesa eficiente, mas cada vez mais desesperada. No primeiro semestre de 1937, as forças nacionalistas fizeram avanços importantes rumo ao norte. No final do ano, depois de terem dominado a costa norte, inclusive o País Basco (o que deu a Franco acesso a matérias-primas vitais e a uma importantíssima região industrial), o governo passou a controlar apenas um bloco de território, que ia do sudeste de Madri até a costa e, no norte, um pouco além da Catalunha.

A guerra civil deu aos alemães a oportunidade de realizar experiências de bombardeio "sem responsabilidade de nossa parte" (nas palavras de Wolfram Freiherr von Richthofen, comandante da Legião Condor, o esquadrão de bombardeiros alemães). Aos ataques contra Madri seguiu-se o bombardeio de várias cidades no sul da Espanha. Richthofen considerou os resultados "ótimos". No segundo trimestre de 1938, os italianos também passaram a bombardear cidades e aldeias espanholas durante a ofensiva dos nacionalistas no norte, enquanto os alemães aumentavam seus ataques em apoio à ofensiva, despejando seiscentas toneladas de bombas sobre Bilbao. O terrível ataque à vila basca de Guernica, realizado por cerca de trinta bombardeiros alemães e três italianos na tarde de 26 de abril de 1937, assombrando o mundo, não foi isolado. Naquele mesmo dia, de manhã, num ataque a Guerricaiz, a oito quilômetros dali, bombardeiros alemães não tinham deixado "nenhuma casa intacta". O ataque a Guernica, que durou três horas e teve como objetivo humilhar os bascos, foi entendido pelos alemães como "um total sucesso técnico". Transformou a vila em ruínas fumegantes e matou cerca de trezentos de seus habitantes. Um padre que chegou a tempo de testemunhar a devastação descreveu vividamente os gritos das pessoas que fugiam, aterrorizadas, da praça do mercado, com a cidade em chamas. O famoso quadro de Pablo Picasso, exibido no pavilhão espanhol na Exposição Mundial de Paris, em 1937, imortalizou a destruição de Guernica numa representação visualmente explícita da barbárie da guerra moderna. Apesar da condenação universal, continuaram os pesados bombardeios alemães na Espanha. Perto do fim da luta nas Astúrias, meses depois, o comando da Legião Condor tomou a decisão de "utilizar implacavelmente os esquadrões contra todos os lugares e métodos de transporte no reduzido espaço dos vermelhos".

A guerra estava longe de terminar em fins de 1937, mas seguia um rumo inexorável. A conquista da Espanha pelos nacionalistas foi demorada, mas sem tréguas. A lentidão se explicava, em parte, à forte resistência republicana. Entretanto, deveu muito também à maneira como Franco conduziu a guerra, que para ele foi uma cruzada destinada a restaurar a grandeza da Espanha católica. Isso exigia a erradicação, e não apenas a derrota, daqueles que considerava inimigos internos da Espanha. Por isso, Franco não estava interessado em obter uma vitória rápida, mas superficial.

Nascido em 1892, ele passara toda a juventude no Exército. Uma combinação de excelentes qualificações como comandante militar, ambição fervorosa e determinação inabalável o levaram à cúpula do oficialato. Embora tenha aderido tardiamente à conspiração contra a república, o fato de ser o comandante do Exército da África foi crucial para o sucesso da rebelião. No fim de setembro de 1936, os nacionalistas o aceitaram como comandante supremo do Exército e chefe de Estado. Em abril do ano seguinte, ele unificou as várias facções da direita num partido único, cujo nome era tão longo — Falange Española Tradicionalista y de las JONS (Juntas de Ofensiva Nacional Sindicalista) — que na prática nunca era usado, abreviando-se invariavelmente como FET.

Franco não tinha nada do carisma de Hitler ou Mussolini. Era um militar de alto a baixo. Não fora com discursos empolgantes ao povo e com manobras políticas que chegara à elevada posição que ocupava, mas sim com sua ascensão na hierarquia do Exército e com seu indubitável talento militar. Em termos físicos, não era nada imponente — baixo e com uma voz estridente e aguda. Exibia, porém, uma brutalidade implacável em relação aos inimigos, que, segundo ele, eram muitos. Considerava a maçonaria, o comunismo e o separatismo os males que haviam trazido a decadência, a corrupção e o declínio à Espanha desde sua época áurea, no século XVI. Sua cautela como chefe militar era inseparável da determinação de consolidar a conquista nacionalista da Espanha, por meio da eliminação completa e duradoura do inimigo que se interpunha em seu caminho. Lia pessoalmente as sentenças de morte após os julgamentos em massa de seus adversários e as assinava. Suas forças cumpriram, ao todo, cerca de 200 mil execuções. Um milhão de prisioneiros foram mandados para prisões e campos de trabalhos forçados. Tudo isso pretendia ser uma lição perpétua para a esquerda e seus demais inimigos.

É notável que a república tenha sido capaz de resistir às forças de Franco com tamanha resiliência e durante tanto tempo, em vista das divisões, das rivalidades, do rancor e da incompatibilidade ideológica existentes no lado do governo. Socialistas (eles próprios bastante divididos), anarquistas e seus sindicatos, comunistas que seguiam a linha stalinista, facções do comunismo que rejeitavam a linha stalinista e a esquerda catalã, com sua própria pauta — o que unia todos esses grupos era pouco mais que uma férrea determinação de derrotar o fascismo. (As querelas puristas quanto a serem ou não as forças nacionalistas genuinamente fascistas são irrelevantes. Para os republicanos, elas eram. Quem há de dizer que estavam errados?) O antifascismo era a mais poderosa das forças unificadoras. Fora dele só havia cisões e facções.

A república parecia perto da desintegração nos primeiros meses da guerra. O próprio governo deixara Madri, sitiada, em novembro de 1936 e se transferira para Valência (e em outubro de 1937 recuou ainda mais, para Barcelona, na Catalunha). A essa altura, a autoridade do Estado tinha sido substituída várias vezes por comitês antifascistas, surgidos depois do levante nacionalista para tomar o poder em suas cidades. Separatistas bascos proclamaram uma República Basca autônoma. Também a Catalunha e Aragão seguiram seu próprio caminho. Os sindicatos socialistas e anarquistas levavam adiante o que equivalia a uma revolução social espontânea. Propriedades agrárias, indústrias e empresas eram transformadas em coletivos, criavam-se milícias locais e conselhos revolucionários municipais assumiam o governo. Grande parte disso se dava em condições caóticas, embora funcionasse de certa forma, ao menos por algum tempo.

George Orwell descreveu as condições em Barcelona, onde aderira à milícia de uma pequena organização comunista, não alinhada a Moscou, o Partido Obrero de Unificación Marxista, normalmente chamado de POUM:

> Praticamente todos os prédios, de qualquer tamanho, tinham sido ocupados pelos trabalhadores e estavam cobertos por bandeiras vermelhas ou pelas bandeiras vermelhas e negras dos anarquistas; todas as paredes estavam rabiscadas com a foice e o martelo e com as iniciais de partidos revolucionários; quase todas as igrejas haviam sido destruídas por dentro, e suas imagens, queimadas [...]. Todas as lojas e todos os

cafés traziam uma inscrição dizendo que tinham sido coletivizados [...]. Praticamente todo mundo usava roupas grosseiras de trabalhadores, macacões azuis ou alguma variante do uniforme da milícia.

Era improvável que a revolução social viesse a ser apreciada por muita gente além dos mais dedicados marxistas, embora não houvesse alternativa senão seguir a nova ordem.

Os próprios milicianos estavam mal armados e mal organizados — na opinião de Orwell, "uma corja, por qualquer padrão razoável". Era muito improvável que tais forças ganhassem uma guerra contra as tropas bem armadas e disciplinadas de Franco. O governo central tinha de adaptar-se, e depressa. Socialistas e comunistas aderiram em setembro a um governo da Frente Popular, liderado por Largo Caballero, visto temporariamente como uma figura unificadora, e não divisionista. O governo concordava que a revolução social teria de esperar. Nesse ínterim, era urgente substituir as milícias por um exército de fato organizado. Aos poucos, afirmou-se uma autoridade central. Ganhou forma um exército unificado, apoiado por uma economia centralizada, recrutamento, racionamento e defesa civil mobilizada.

Parte disso se achava sob influência soviética cada vez maior. Com a chegada das armas dos stalinistas, aumentou o peso dos comunistas no governo — e eles não estavam interessados de verdade numa república "burguesa", mas apenas em salvá-la do fascismo a fim de orientar uma revolução "genuína" em data posterior, eliminando no processo todos os rivais, como trotskistas e anarquistas, da esquerda radical. Em maio de 1937, forçado a deixar o cargo, Largo Caballero foi substituído por Juan Negrín, político astuto e administrador competente (fora anteriormente ministro das Finanças) que encarava o predomínio comunista como uma compensação aceitável e a melhor chance de derrotar Franco. Na Catalunha e em Aragão, a revolução social chegou ao fim, e o POUM deu início a um expurgo impiedoso. A república conseguiu levar a luta adiante, embora o predomínio dos comunistas estivesse longe de ser aplaudido por muita gente na zona republicana e tenha contribuído para uma queda do moral.

Em 1938, aproximava-se a agonia final da república. Uma grande ofensiva republicana fracassou no baixo Ebro, no leste da Espanha. O moral deteriorava-se depressa, e o cansaço da guerra se generalizava. A comida escasseava. A Catalunha por fim caiu, no começo de 1939. Os vencedores fizeram um número gigantesco de prisioneiros, entregues à misericórdia dos nacionalistas. Quinhentos mil espanhóis refugiaram-se na França, onde os esperava um futuro incerto, quase sempre miserável. O que restava do controle dos republicanos acabou por desmoronar em março. No dia 26, os nacionalistas finalmente entraram em Madri. No fim do mês, o restante do território republicano estava em suas mãos. Em 1º de abril, Franco declarou a guerra encerrada. Mais de 200 mil homens tinham morrido em ação. Bem mais de 1 milhão, numa população de 25 milhões, estavam mortos, tinham sido presos ou torturados. Muitos mais partiram para o exílio.

Franco e seus seguidores não mostraram clemência depois da vitória. Enrique Suñer Ordóñez, nomeado presidente do Tribunal Nacional de Responsabilidades Políticas, representava bem o espírito de um expurgo redentor para purificar a Espanha. Ex-professor de pediatria em Madri, descrevera os republicanos, em 1938, como "diabólicos [...] sádicos e loucos [...] monstros". Suñer os via como maçons, socialistas, anarquistas e judeus apoiados pelos soviéticos, que tentavam colocar os planos, expostos em *Os protocolos dos sábios de Sião*, em prática. Em sua mentalidade distorcida, a finalidade da guerra fora "fortalecer a raça" e "levar à extirpação total de nossos inimigos". Atitudes desse tipo caracterizaram a postura vingativa em relação a uma esquerda demonizada. Cerca de 20 mil republicanos foram executados depois de vencida a guerra. Outros milhares morreram em prisões, campos de concentração e batalhões de trabalhos forçados. A mortandade prosseguiu na década de 1940.

O silêncio caiu então sobre a metade da Espanha que havia defendido a república contra os rebeldes nacionalistas de Franco. Discriminação, dificuldades e sofrimentos, além de uma amarga resignação à nova e repressiva ditadura, era tudo o que lhes restava. O silêncio duraria mais de 35 anos, até que a morte de Franco, em 1975, trouxe um novo começo para a Espanha.

Poderia a guerra civil ter sido evitada? Parece difícil. As probabilidades de que isso acontecesse eram poucas em 1936. O país estava completamente dividido, e o governo, nos primeiros meses após a eleição de fevereiro, perdeu o controle bem depressa. Quando Prieto foi convidado, em maio, para formar um gabinete, mas foi obstado por Largo Caballero, seu rival esquerdista, é provável que tenha desaparecido a última chance de evitar uma guerra civil. Naquele ponto, um governo socialista forte, mas moderado, talvez tivesse impedido que pelo menos parte da classe média, assustada com a extrema esquerda, se bandeasse para a direita a fim de apoiar os nacionalistas. Largo Caballero fez com que o governo permanecesse fraco e dividido, enquanto a maior parte da classe média buscava apoio nos rebeldes, e não na república. Tampouco os planos de Prieto para limitar os poderes da polícia, desarmar os pelotões terroristas fascistas e nomear um chefe de Estado digno de confiança poderiam ser postos em prática. É extremamente duvidoso, porém, que Prieto pudesse adotar reformas que tivessem atenuado a situação, em vista da pouquíssima fé que grande parte da esquerda tinha então numa solução "moderada" e da determinação da direita de derrubar a república. É igualmente duvidoso que ele ou qualquer outro governante republicano tivesse poder suficiente para prender líderes da direita ou afastar comandantes militares importantes cuja lealdade à república fosse sabidamente dúbia. Seja como for, nada disso foi tentado. Aqueles que mais desejavam o fim da república tiveram liberdade para tramar a sublevação militar que pretendia derrubá-la.

Poderia a república ter vencido a guerra? Depois que começou o levante, que Mola recusou a proposta de uma trégua, que Franco transportou o Exército da África do Marrocos para a Espanha e que os nacionalistas consolidaram importantes ganhos territoriais, a vitória republicana ficou cada vez mais improvável e, em meados de 1937, já era quase impossível. As divisões e desavenças na esquerda não ajudavam a república. Entretanto, não foram a causa da derrota. Aos poucos, as forças do governo se tornaram, se não muito eficientes, ao menos capazes de travar uma prolongada guerra defensiva. Em nenhum momento, porém, pareceram capazes do triunfo final. Poderiam ter sido, se a natureza assimétrica da intervenção estrangeira não houvesse dado uma vantagem inequívoca aos nacionalistas num conflito que rapidamente ganhou o caráter de uma disputa indireta entre as forças internacionais do fascismo e do comunismo. Embora a ajuda soviética tenha permitido que as forças republicanas prolongassem a resistência, o fornecimento de armas da Itália fascista e da Alemanha nazista às forças nacionalistas rebeldes foi vital para sua vitória militar. Tanto a política de não intervenção das democracias ocidentais como a determinação dos Estados Unidos de manter uma rigorosa neutralidade fizeram com que, afora a ajuda soviética, os republicanos se nutrissem de migalhas, enquanto os nacionalistas recebiam das potências fascistas fluxos regulares de armas. Tal disparidade praticamente excluiu a chance de vitória republicana e tornou o triunfo final de Franco quase certo.

A guerra deixou a Espanha chorando seus mortos (embora muitas de suas feridas mais graves tenham permanecido ocultas durante gerações), com a sociedade ainda totalmente dividida (mesmo que um ralo verniz de declarada união nacional dissimulasse as cisões profundas), a economia em ruínas e suas perspectivas de urgente modernização adiadas por muitos anos. Para a esquerda espanhola, a guerra foi um desastre que se estenderia por décadas, uma derrota catastrófica cuja dimensão não há como exagerar. Mas a tragédia humana teve consequências políticas mais amplas para o resto da Europa? Em caso positivo, como a derrota da esquerda afetou o rumo geral da história europeia? Uma vitória da esquerda na Guerra Civil Espanhola, por mais difícil que fosse, poderia ter alguma influência no sentido de evitar outra guerra mundial?

É muito pouco provável. Não se pode avaliar o que seria a Espanha sob um governo republicano depois de uma derrota das forças nacionalistas de Franco. Pode-se imaginar que os beneficiários em última análise fossem os comunistas, que conduziriam o país pelo caminho que levaria a uma ditadura. Se a esquerda mais moderada tivesse triunfado (resultado ainda menos provável), teria proporcionado um estímulo aos socialistas na Europa Ocidental e oferecido um aliado potencial num conflito vindouro. Outra possibilidade seria a melhora das perspectivas da imaginada "grande coalizão" de forças internacionais, entre elas a União Soviética, para deter Hitler. Contudo, também é possível que um triunfo da esquerda na Espanha (e na França) houvesse mais provocado que dissuadido Hitler — o grande perigo para a paz na Europa. A Espanha talvez se visse, mais tarde, como alvo de uma invasão alemã. Tais cenários são incognoscíveis. O fato é que a guerra espanhola deixou os socialistas desalentados: dezenas de milhares deles, na maioria comunistas, vindos de mais de cinquenta países, impelidos pelo idealismo a se juntar às Brigadas Internacionais a fim de lutar pela república, sentiam-se amargurados com o que consideravam ser a traição da causa por parte das democracias ocidentais. No entanto, a Espanha contribuiu para que a esquerda se convencesse de que não havia sentido em manter uma fé persistente no pacifismo e no desarmamento. Só a força das armas poderia derrotar o fascismo.

O que muitos temiam — que a guerra civil viesse a ser o prenúncio do confronto entre o fascismo e o bolchevismo numa nova guerra europeia — não aconteceu. Apesar do envolvimento da Alemanha, da Itália e da União Soviética num conflito "por procuração" na Espanha, nenhum desses países estava pronto para uma grande guerra europeia (embora a Alemanha estivesse empreendendo ações que a tornariam inevitável). Os alemães, sobretudo, tinham aprendido importantes lições táticas a respeito de ataques aéreos em apoio a tropas terrestres e da necessidade de aperfeiçoar seus tanques. Eles e os italianos viram o que seus bombardeiros podiam fazer à população civil de áreas urbanas; já os soviéticos se deram conta de que não podiam contar com as potências "burguesas" ocidentais contra a ameaça do fascismo. As democracias ocidentais, por sua vez, sentiam-se justificadas por não ter se deixado arrastar para o conflito. Embora o resultado fosse uma Espanha nacionalista que ainda poderia criar laços mais fortes com as ditaduras fascistas, aos olhos das democracias ocidentais isso era melhor do que um triunfo do bolchevismo em um país geograficamente tão próximo.

A guerra civil durou três anos terríveis e arruinou a Espanha por décadas. Não obstante, pode ser separada dos principais fatos que estavam acontecendo no continente. A Espanha estava na periferia da política europeia antes da guerra civil. Durante um período breve e traumático, fatos cataclísmicos no país tinham galvanizado a atenção do continente. Depois de 1939, porém, a Espanha voltou à sua condição marginal na Europa — importante do ponto de vista estratégico ao ser palco de uma guerra de vulto, mas, afora isso, sem despertar maior interesse até que a enorme alteração das circunstâncias durante a Guerra Fria transformasse Franco num patrimônio valioso para o Ocidente.

Para o resto da Europa, os fatos que ameaçavam levar diretamente a outra grave conflagração continental pouco tinham a ver com a Espanha. Estavam ocorrendo na área perigosa da Europa Central. E vinham sendo moldados por uma força que a terrível guerra civil na Espanha não afetou de maneira significativa: o impulso indomável da Alemanha para expansão.

A CORRIDA ARMAMENTISTA

No fim da tarde escura e sombria de 5 de novembro de 1937, os comandantes supremos do Exército, da Força Aérea e da Marinha da Alemanha — o general Werner von Fritsch, o general Hermann Göring (também diretor do Plano Quadrienal) e o almirante Erich Raeder — dirigiram-se à Chancelaria do Reich para ouvir a decisão de Hitler sobre o fornecimento de aço às três forças. Ao menos era isso o que supunham.

Hitler falou durante duas horas, mas não sobre o fornecimento de aço. De início, pouco houve de novo. Já tinham ouvido muitas vezes que no futuro a segurança política da Alemanha não poderia ficar à mercê dos caprichos dos mercados internacionais e só poderia ser garantida pela aquisição de "espaço vital" (*Lebens-*

raum). A ideia em si, uma variante da ideologia imperialista, reforçada pela vulnerabilidade da Alemanha ao bloqueio econômico durante a Primeira Guerra Mundial e uma das obsessões de Hitler desde meados dos anos 1920, implicava, claro, expansão territorial e também o risco, se não a certeza, de conflito armado em algum momento. Isso, em si, não preocupava os comandantes militares nem os demais presentes, o ministro da Guerra, Werner von Blomberg, o ministro do Exterior, Konstantin von Neurath, e o auxiliar de Hitler para assuntos da Wehrmacht, o coronel Friedrich Hossbach. O que "espaço vital" significava na prática ficou em aberto. A expressão se referia a várias noções de expansão futura. Nenhuma delas significava guerra no futuro próximo. No entanto, Hitler disse em seguida que estava considerando justamente essa possibilidade. O tempo não estava a favor da Alemanha. A vantagem em relação aos armamentos seria passageira. Ele estava decidido a agir em 1943-4, no máximo, mas, em certas circunstâncias, bem antes disso.

Hitler aventou a possibilidade de atacar a Áustria e a Tchecoslováquia já no ano seguinte, 1938. Isso deixou a pequena plateia bastante tensa. Não que afirmar a supremacia alemã na Europa Central ou o domínio econômico na região do Danúbio (ideia do especial agrado de Göring) fosse o problema. O que acionou o alarme foi a perspectiva de guerra entre a Alemanha e as potências ocidentais. Nem de longe o país estava preparado para uma guerra de grandes proporções, e eles sabiam disso. O que ouviram deixou Blomberg, Neurath e, sobretudo, Fritsch, nervosos. Três meses depois, os céticos tinham sido destituídos. Hitler afastara todos eles de seus cargos.

À medida que o ano de 1937 chegava ao fim, a corrida armamentista entre os países mais poderosos da Europa tornava-se um determinante cada vez mais crucial para as ações dos governos. A princípio, o encontro de Hitler com seus comandantes militares tinha o objetivo de tratar da alocação de aço. Com efeito, a escassez da liga vinha criando sérios problemas para o programa alemão de rearmamento. A produção siderúrgica era baixa demais para as necessidades do Exército, impunha restrições drásticas à produção de aviões e fazia com que a construção de navios de guerra se atrasasse muito em relação às metas da Marinha. A crescente crise do aço provocara, nos últimos meses de 1937, a demissão do ministro da Economia, Hjalmar Schacht, que planejara a recuperação econômica depois de 1933, porém vinha levantando ponderadas objeções a um programa de gastos militares que estava fugindo ao controle. Göring, o diretor do Plano

Quadrienal — o crucial programa de rearmamento exposto no último trimestre de 1936 —, assumiu de fato a direção da economia e só se interessava pela gestão econômica na medida em que pudesse maximizar a produção de armamentos e preparar a Alemanha para a guerra no prazo mais breve possível, não importando o custo. Quando os grandes industriais do Ruhr reclamaram dos custos de processar os minérios de ferro de baixo teor para cumprir suas metas de produção nacional, ele criou três siderúrgicas estatais para se encarregar do processo.

Os principais empresários alemães, na maioria pouco entusiasmados com Hitler antes que ele conquistasse o poder, tinham se convertido rapidamente depois, de olho nos enormes lucros a ser obtidos com a revitalização da economia, do programa de armamentos e do previsto domínio do leste e do sudeste da Europa. Por mais que os dirigentes da indústria de base do Ruhr relutassem em investir em minérios de ferro de baixo teor, ainda assim foram os maiores beneficiários das imensas verbas aplicadas no rearmamento. Uma grande empresa como a IG Farben, uma gigante da área química, já vira seus lucros dispararem com as necessidades do Plano Quadrienal e antevia ganhos astronômicos como butim pelas conquistas alemãs. Os acionistas com certeza aprovariam uma expansão na direção da Áustria e da Tchecoslováquia, regiões que acenavam com a perspectiva de grandes lucros num futuro nada distante — a obtenção, no mínimo, de matérias-primas e potencial industrial necessários com urgência cada vez maior para sustentar a produção de armamentos numa economia submetida a enorme tensão.

Os gargalos na oferta e a escassez crítica de mão de obra já se acumulavam. Nos meses seguintes, os problemas só se intensificaram. Por fim, tornaram-se advertências quanto a um iminente colapso nas finanças do Reich. Qualquer governo "normal" se sentiria compelido a atenuar os problemas cortando gastos, a fim de evitar a hecatombe econômica. Todavia, o regime nazista não era "normal". Na opinião inabalável do próprio Hitler, que veio a ser também a de amplos setores do complexo industrial-militar, só a guerra — e a aquisição de novos recursos econômicos — resolveria os problemas da Alemanha. Em vez de servir como freios na corrida de Hitler rumo à guerra, o agravamento dos problemas econômicos da Alemanha só reforçou sua convicção de que o conflito era uma necessidade urgente.

Outro país europeu que se rearmava com vistas à agressão externa era a Itália, parceira da Alemanha no Eixo. Contudo, o ritmo de seu rearmamento era bastante diferente do alemão. Tal como na Alemanha, a produção italiana de aço impunha fortes restrições à escala da fabricação de material bélico, e as decrescentes reservas monetárias tinham o mesmo efeito. Os industriais italianos estavam satisfeitos com a maximização de seus lucros na produção de armas, mas não se dispunham a arriscar investimentos de retorno demorado. Uma gestão deficiente e erros de fabricação levavam a problemas de tecnologia e desempenho. Além disso, muitos recursos escassos da Itália eram desperdiçados com a guerra civil na Espanha, que estava durando muito mais do que Mussolini previra quando correu a oferecer ajuda a Franco. No fim de 1937, a combinação de problemas na economia italiana começava a impor restrições substanciais ao rearmamento. Faltava ao Estado tanto a capacidade industrial como os recursos financeiros para acelerar o rearmamento no ritmo pretendido. Na verdade, enquanto outros países intensificavam seus programas de rearmamento, em 1937-8 a Itália apresentou uma queda de 20% nos gastos militares em relação ao ano anterior. Mussolini previa que o país só estaria preparado para a guerra em cinco anos. E até mesmo esse cálculo era otimista demais.

A partir de 1936, os dirigentes soviéticos passaram a reagir com mal-estar cada vez maior ao perigo que a Alemanha representava para seu país, além do fato de provavelmente estar aliada, conforme se presumia, a outras potências "fascistas" e "imperialistas". Com todos os ramos da produção industrial nas mãos do Estado, numa economia fechada e sob uma rígida ditadura, não havia restrições a um rearmamento total. No entanto, a produção era dificultada por ineficiências, disputas entre a indústria e o Exército no tocante a áreas de competência, e também por problemas estruturais decorrentes da conversão da produção civil em militar. E havia ainda os expurgos desastrosos — ao menos em parte, reflexo da paranoia de Stálin em relação a "inimigos internos", que estariam ameaçando as defesas soviéticas. Não surpreende que observadores estrangeiros do Kremlin julgassem óbvio que a União Soviética tivesse se enfraquecido seriamente e que com certeza não seria, no futuro previsível, uma força a ser temida. Apesar dos grandes avanços no programa de rearmamento, e a julgar pelas informações que estavam recebendo, os dirigentes soviéticos consideravam que o atraso em relação à Alemanha, em especial na esfera crucial da qualidade dos armamentos aéreos, estava aumentando, e não diminuindo. Isso era preocupante.

Para as democracias ocidentais, o rearmamento era um mal necessário, uma reação à ameaça crescente representada pela Itália e, em especial, pela Alemanha (bem como, no Extremo Oriente, pelo Japão). A guerra e uma imensa turbulência continental, se não mundial, só poderiam prejudicar, no plano internacional, suas atividades financeiras, seu comércio e suas empresas. Seu interesse estava em manter a paz. Aos olhos britânicos, essa prioridade era fortalecida pelos dispendiosos esforços que vinham empreendendo para manter o controle de algumas de suas possessões coloniais. A Índia, onde os britânicos enfrentavam uma pressão contínua pela independência, continuava a representar um grave problema. Além disso, a partir de 1936, a Inglaterra se envolveu na brutal repressão (que viria a se estender por três anos inteiros) de uma ampla insurreição árabe contra o domínio colonial e o assentamento judaico no território sob mandato na Palestina.

Não só os recursos necessários para a defesa do Reino Unido estavam sendo desviados em peso para o império; os recursos franceses para a defesa de suas próprias colônias estavam submetidos ainda mais às prementes necessidades de armar a metrópole contra o óbvio perigo que avultava no outro lado do Reno. Mas a manutenção do império exigia vastos recursos materiais e humanos. Os políticos e militares britânicos percebiam claramente que os compromissos globais de defesa do país eram excessivos. Uma guerra simultânea contra a Itália, a Alemanha e o Japão, em três frentes separadas, constituiria um pesadelo. Essa perspectiva medonha fez surgir a política de apaziguamento — a tentativa de dissuadir possíveis inimigos —, em que a Inglaterra tomou a frente, e a França a acompanhou.

A capacidade de igualar o acelerado programa de rearmamento da Alemanha era uma contínua fonte de ansiedade. O estado das defesas aéreas, em particular, causava enorme preocupação. Três anos antes, ao declarar que "o bombardeiro sempre há de chegar a seu alvo", Stanley Baldwin, a figura dominante no governo britânico e, a partir de 1935, primeiro-ministro pela terceira vez, em nada contribuíra para aplacar o temor de ataques aéreos no caso de outra guerra. Na época, em 1932, ele pretendia com essas palavras expressar a inútil esperança de que a Inglaterra pudesse tomar a iniciativa de lutar pela proscrição dos bombardeios como parte do desarmamento internacional. No fim de 1934, quando tais esperanças se desvaneceram e o rearmamento alemão em grande escala teve de ser reconhecido como um fato sinistro, já se ouviam queixas de que as negligenciadas defesas britânicas não seriam capazes de resistir a uma disparidade em poderio militar que se aprofundava, em especial no que se referia à força aérea. Num encontro em Berlim, em março de 1935, Hitler dissera (visando mais ao efeito que à correção) ao secretário do Exterior britânico, Sir John Simon, e ao Lorde

Guardião do Selo Privado (um ministro sem pasta), Anthony Eden, que a Alemanha já garantira paridade em força aérea com a Inglaterra. Isso fez soar o alarme em Londres. A partir daí, os que ainda defendiam o desarmamento — a maioria dos liberais e os eleitores dos trabalhistas — pouco a pouco ficaram com o pé atrás. Em junho de 1935, Baldwin substituiu o ineficaz ministro da Aeronáutica, Lord Londonderry, por Sir Philip Cunliffe-Lister, mais enérgico e impositivo. A expansão e a modernização da força aérea passaram a ser vistas como questão de urgência, como parte de uma ampliação geral (e cada vez mais substancial) do rearmamento britânico.

Em sua avaliação da dianteira alemã na corrida armamentista, os estrategistas militares britânicos julgavam que 1939 seria o ano de máximo perigo, quando a Inglaterra deveria estar militarmente pronta para confrontar a Alemanha. Havia quem considerasse esse cálculo ilusório. As advertências assustadoras, vindas das Forças Armadas — ansiosas, claro, para defender um forte aumento dos gastos em rearmamento — e dos altos escalões da secretaria do Exterior, davam conta de que a Inglaterra não estaria em condições de conter a ameaça da Alemanha. Apontavam para uma disparidade nos armamentos, sobretudo aéreos, que só fazia crescer. Temia-se também que orientar a economia depressa demais para o rearmamento obrigasse a aumentos de impostos e elevação do custo de vida, o que, por sua vez, talvez ameaçasse a estabilidade social, a ponto de abrir as portas para uma economia militarizada no estilo socialista e estatista. As opiniões variavam entre políticos e militares no tocante à gravidade da ameaça alemã, ao momento de maior perigo e à intensidade a ser dada ao esforço de superar a diferença em poderio militar. A postura dominante, porém, era de que havia necessidade de ganhar tempo, evitar uma guerra prematura e, com sorte, a guerra em si por meio de uma hábil diplomacia — o que significava, sem dúvida, chegar a um ponto de acomodação com a Alemanha. Os principais argumentos econômicos e militares apontavam na mesma direção — a do apaziguamento.

Na França, o argumento econômico em favor dele passou a atrair os ministros ainda mais depois da queda do governo da Frente Popular de Blum, em 1937. As políticas de austeridade adotadas na tentativa de estabilizar as finanças públicas eram incompatíveis com uma expansão do programa de armamentos. O ministro das Finanças, Georges Bonnet, avisou que era impossível ter ao mesmo tempo canhões e manteiga, e que os grandes programas de rearmamento teriam de ser reduzidos. A economia liberal da França, segundo ele, não podia competir com os gastos ilimitados em armamentos da Alemanha, e por isso o orçamento da Defesa para 1938 acabou reduzido. Os comandantes das Forças Armadas queixaram-se em vão.

A ameaça aérea, vista na França e em toda parte como o grande perigo em qualquer guerra futura, causava especial preocupação. A reestruturação da recém-nacionalizada indústria aeronáutica criou problemas de produção que se somavam às limitações financeiras. Somente 370 aviões foram fabricados em 1937, contra 5606 na Alemanha. Para o ministro da Aeronáutica, Pierre Cot, considerado de modo geral um radical de esquerda pouco popular por defender uma aliança estreita com a União Soviética, era preciso que o orçamento de sua pasta fosse aumentado em 60% a fim de estimular a produção de aviões. Em vista das restrições financeiras, isso estava fora de cogitação. Não era de estranhar que a força aérea francesa emitisse prognósticos sombrios quanto às suas perspectivas numa guerra. Seu chefe previu, no começo de 1938, que se a guerra começasse naquele ano "a força aérea francesa seria aniquilada em poucos dias". Bastante conscientes de suas limitações econômicas e militares, os governantes franceses estavam, naturalmente, sintonizados com a política que vinha sendo costurada em Londres — encontrar um meio de chegar a um entendimento com a Alemanha de Hitler a fim de ganhar tempo.

No fim de 1937, a corrida armamentista desencadeada pela Alemanha estava ganhando ímpeto em todas as grandes potências e restringindo as opções políticas. Delineavam-se os contornos do drama extraordinário que haveria de se desenrolar no decurso dos dois anos seguintes. E, à medida que a margem de manobra se reduzia objetivamente, seria decisivo o papel desempenhado por um pequeno grupo de personagens-chave.

EXTREMISTAS E MODERADOS

Em Londres, em novembro de 1937, mais ou menos na mesma época da reunião na Chancelaria do Reich, Lord Halifax, líder da Câmara dos Lordes que em breve se tornaria secretário do Exterior, preparava-se para visitar Hitler. Esperava chegar a um acordo com o ditador alemão em relação à Europa Central. Era o primeiro passo numa política de apaziguamento mais ativa, que refletia a iniciativa do novo primeiro-ministro britânico, Neville Chamberlain, que substituíra Baldwin em 28 de maio.

Pode-se dizer que Baldwin havia deixado o cargo de primeiro-ministro num bom momento. Em dezembro do ano anterior, lidara habilmente com a crise da abdicação, quando o rei Eduardo VIII renunciou ao trono, em favor de seu irmão Jorge VI, para se casar com uma americana divorciada, Wallis Simpson. Duas semanas antes da renúncia de Baldwin, a coroação de um novo rei fora uma momentânea exibição de união patriótica no país, que se recuperava da depressão econômica e evitara o extremismo político que tomava conta de grande parte da Europa. E Baldwin, cada vez mais preocupado com a perspectiva da guerra, renunciara antes de ter de enfrentar a grave e prolongada crise internacional que estava prestes a engolfar o continente.

Ao se avistar com Hitler em 19 de novembro, o próprio Halifax deu a entender que o governo britânico aceitaria uma mudança mediante a "evolução pacífica" da situação da Áustria, da Tchecoslováquia e de Danzig, embora desejasse evitar "perturbações de maiores consequências". Isso era tudo o que Hitler queria ouvir. Respondeu que não tinha o menor desejo de anexar a Áustria ou torná-la politicamente dependente da Alemanha. Nos bastidores, porém, continuou a trabalhar com esse objetivo. Halifax registrou em seu diário que considerou Hitler "muito sincero" e desejoso de relações amistosas com a Inglaterra. O culto aristocrata britânico estava sem dúvida nenhuma fora de seu habitat natural ao tratar com um líder político cuja solução para os problemas da Inglaterra na Índia era, declaradamente, abrir fogo contra Gandhi e várias centenas de membros do Partido do Congresso Nacional Indiano até a ordem ser restaurada. De volta a Londres, Halifax garantiu aos ministros que Hitler não tinha em mente nenhuma "aventura imediata" e sugeriu dar-lhe de presente algum território colonial para torná-lo mais tratável na Europa.

Chamberlain considerou a visita "um êxito completo". Numa carta privada, escreveu à irmã que, embora os alemães desejassem dominar a Europa Oriental, ele não via motivo para não chegar a um acordo caso a Inglaterra desse garantias de que nada faria para impedir mudanças por via pacífica e a Alemanha rejeitasse o uso da força no trato com a Áustria e a Tchecoslováquia. O ministro que mais se opunha a essa nova forma, mais ativa, de apaziguamento — a busca de um entendimento com a Alemanha mediante relações bilaterais e a aceitação de mudanças territoriais na Europa Central — era o secretário do Exterior, Anthony Eden, que desde janeiro de 1938 se encontrava doente e convalescia no sul da França. Em sua ausência, a condução das relações exteriores estava nas mãos do próprio

Chamberlain. Desgastado e em conflito permanente com o primeiro-ministro, Eden renunciou ao cargo em 20 de fevereiro de 1938. Seu sucessor foi o arquiapaziguador Lord Halifax.

Nessa altura dos acontecimentos, um governo britânico preocupado com suas deficiências quanto à defesa, atado a excessivos compromissos imperiais e buscando ativamente um entendimento com Hitler era o principal obstáculo à expansão alemã na Europa. Não era um quadro muito animador. Admitia-se em Paris — na época em que o primeiro-ministro Chautemps e o ministro do Exterior, Yvon Delbos, viajaram a Londres, em novembro de 1937, para ouvir um relato da reunião de Halifax com Hitler — que a política externa francesa estava fortemente subordinada à da Inglaterra. Quando os franceses perguntaram se sua aliada, a Tchecoslováquia, poderia contar com o apoio da Inglaterra, assim como o da França, caso viesse a ser alvo de agressão, Chamberlain evitou comprometer-se, limitando-se a dizer que a Tchecoslováquia ficava a "uma distância muito grande" e era um país "com o qual não tínhamos muita coisa em comum". Na verdade, em privado, Chautemps reconhecia a inevitabilidade de uma maior influência alemã na Europa Central à custa da Áustria e da Tchecoslováquia, e não se incomodava em deixar a Inglaterra encarregada do apaziguamento.

Em Roma, em novembro de 1937, Benito Mussolini tinha fresco na memória o quanto havia se deslumbrado durante sua visita oficial à Alemanha, semanas antes, quando Hitler não poupou esforços para impressionar seu parceiro no Eixo. No começo do mês, a Itália assinara o Pacto Anti-Comintern, associando-se à aliança celebrada um ano antes entre a Alemanha e o Japão. O Pacto voltava-se ostensivamente contra a União Soviética. No entanto, em suas tratativas com os italianos, antes que estes aderissem ao Pacto, Joachim von Ribbentrop, emissário de Hitler e na época embaixador em Londres, deu a entender o que de fato estava por trás da iniciativa. Os britânicos, explicou, tinham rejeitado as sondagens para uma reaproximação anglo-alemã (e na esperança de que as aceitassem Hitler enviara Ribbentrop a Londres como embaixador). Ribbentrop insinuou para Mussolini e seu ministro do Exterior, o conde Galeazzo Ciano, que o Pacto era "na realidade, antibritânico", o fundamento preliminar para laços militares mais estreitos entre a Alemanha, a Itália e o Japão. A Itália estava sendo atraída cada vez mais para o abraço de ferro da Alemanha. Em janeiro de 1938, o Exército italiano recebeu, pela primeira vez, uma diretriz que previa um alinhamento dos dois países contra a Inglaterra e a França. Conscientes da precariedade de seu programa de rearmamento, as Forças Armadas italianas só podiam pedir aos céus que a guerra não viesse logo.

Em Moscou, Stálin passara grande parte de 1937 demolindo o comando do Exército Vermelho com seus grandes expurgos. Para os observadores externos, parecia rematada loucura. Essa era a opinião de Hitler. "Deve ser exterminado", comentou ele com Joseph Goebbels, seu ministro da Propaganda. Contudo, a União Soviética não estava ainda em sua pauta imediata, e não tinha figurado nos cenários que exibira aos comandantes militares um mês antes. Para os dirigentes soviéticos, a guerra com as potências capitalistas — entre as quais eles incluíam a Alemanha e a Itália (já que viam o fascismo como a forma mais extrema e agressiva de capitalismo) — era tida como inevitável. Havia uma crescente convicção de que as democracias ocidentais estavam incentivando Hitler a voltar-se contra o leste, a travar por elas a guerra ao comunismo. Stálin também se preocupava com suas próprias fronteiras orientais. O militarismo japonês ao longo da intranquila fronteira entre o Manchukuo e a União Soviética começava a representar uma ameaça séria. A única dúvida era quanto à data em que ocorreria a guerra. Quanto mais pudesse ser protelada, melhor seria para a União Soviética. Havia um longo caminho a percorrer antes que sua máquina militar estivesse pronta.

Enquanto isso, as opções de Stálin se reduziam. A segurança coletiva, política defendida por seu ministro do Exterior, Maxim Litvinov, tornou-se menos atraente em vista da evidente fraqueza das democracias ocidentais e de sua disposição de buscar um entendimento com Hitler. Uma alternativa, que aos poucos ganharia peso, era voltar a uma forma de aproximação com a Alemanha. O acordo da década de 1920, que se seguiu ao Tratado de Rapallo de 1922 e que usava a vantagem econômica mútua como instrumento, constituía uma espécie de precedente. No entanto, o antibolchevismo visceral de Hitler, que ele voltara a demonstrar pouco tempo antes, no comício do Partido Nazista, em setembro de 1937, impedia até sondagens indiretas. A terceira opção de Stálin consistia em aceitar o isolamento soviético e intensificar ainda mais o ritmo do rearmamento, na esperança de que a guerra não começasse tão cedo. Por ora, esse era o único caminho aberto.

Nas capitais dos países da Europa Central e Oriental, em fins de 1937, os governantes locais estavam mais que conscientes de uma drástica alteração do equilíbrio de poder e da limitação de suas próprias opções. Era óbvio que dependiam de iniciativas das grandes potências europeias, que eles não podiam controlar. A ideia de segurança coletiva por meio da Liga das Nações estava morta e enterrada havia muito, como mostrara a invasão da Abissínia. A França, antes fiadora de proteção por meio de sua rede de alianças, estava gravemente debilitada. Suas divisões internas e seus problemas econômicos saltavam aos olhos. A Inglaterra, evidentemente, não tinha maior interesse em preservar o status quo na Europa Central. A influência política e econômica da Alemanha estava preenchendo o vácuo deixado. Interesses nacionais, assim como suspeitas ou inimizades mútuas, representavam entraves à cooperação militar. Enquanto isso, o poderio alemão crescia visivelmente, sendo a Europa Central o alvo mais óbvio de quaisquer ações expansionistas. O nervosismo e a apreensão eram tangíveis. Tanto a Áustria como a Tchecoslováquia careciam de aliados; os franceses, cuja política externa estava se atrelando à da Inglaterra, eram parceiros menos confiáveis da Tchecoslováquia do que tinham sido no passado. A Áustria, que não tinha mais a proteção da Itália, seria, quase com certeza, o primeiro alvo da Alemanha. Um movimento nesse sentido certamente ocorreria em breve.

Longe da Europa ocorriam também fatos relevantes, que acabariam por ter impacto no continente. Desde julho de 1937, o Japão, cada vez mais militarista e agressivo, vinha travando uma guerra feroz contra a China. O mundo assistia, chocado, às atrocidades cometidas, entre as quais, em dezembro, a horrenda chacina, em Nanquim, de civis chineses por enlouquecidas tropas japonesas. Esses fatos contribuíam para um declínio paulatino, embora vagaroso, da atitude isolacionista dos Estados Unidos, onde o presidente Roosevelt já havia chamado a atenção, três meses antes, para a necessidade de "pôr em quarentena" as potências agressoras que ameaçavam a paz mundial. Por ora, e para a frustração dos britânicos (cujos interesses no Extremo Oriente seriam ameaçados diretamente por agressões japonesas), os Estados Unidos não esboçavam reação alguma. Ainda assim, o ano de 1937 assistiu ao começo do confronto no Pacífico entre o Japão e os Estados Unidos, que acabaria levando os dois países a um conflito global. E foi também em 1937 que Roosevelt começou a perceber a necessidade de persuadir a opinião pública americana de que qualquer agressão alemã na Europa não deixaria de ter consequências para os Estados Unidos.

Em 4 de fevereiro de 1938, foram anunciadas em Berlim importantes mudanças na cúpula do Reich alemão. O ministro da Guerra, Blomberg, e o comandante supremo do Exército, Fritsch, tinham sido destituídos. O próprio Hitler assumira a chefia do alto-comando reestruturado da Wehrmacht. Por conta disso, sua supremacia tornou-se ainda maior, ao passo que a posição do comando militar ficou muito enfraquecida. O número daqueles que manifestavam temores de ser arrastados a uma guerra contra as potências ocidentais era enormemente inferior ao dos correligionários de Hitler, conquistados pelos gigantescos gastos em rearmamento, pela recuperação do prestígio e pela afirmação da posição internacional da Alemanha. Outras elites poderosas na economia ou nos altos escalões do serviço público, cujas esperanças de um ressurgimento da dominação alemã nunca tinham desaparecido, cerraram fileiras com o regime de Hitler. A política externa agressiva, que explorava as fraquezas e as divisões das democracias ocidentais, havia feito com que o líder caísse nas boas graças do povo. As massas lhe conferiram o apoio plebiscitário que incrementava seu prestígio no país e no exterior. O movimento nazista, enorme e complexo, constituía a base organizacional de seu governo e a máquina que garantia a constante mobilização do apoio de massa. A ditadura era forte, segura e não enfrentava a ameaça de uma oposição significativa. O potencial de resistência organizada fora sufocado havia muito tempo. Somente um golpe militar poderia desafiar de fato o poder de Hitler. E disso ainda não havia sinal.

Na grande reestruturação da cúpula do regime, no começo de fevereiro de 1938, a outra importante destituição, juntamente com a dos militares Blomberg e Fritsch, foi a do conservador Neurath, substituído pelo linha-dura Ribbentrop, num momento crítico, como ministro do Exterior. Ribbentrop era conhecido por replicar as ideias de Hitler, e desde seu fracasso como embaixador em Londres tornara-se furiosamente antibritânico. Outras mudanças ocorreram nos altos escalões da burocracia e do corpo diplomático. Hitler tinha agora representantes em posições-chave, homens sintonizados com sua política externa de alto risco. Possíveis restrições a qualquer decisão sua tinham se tornado insignificantes. Pessoas próximas a Hitler conjecturavam que ele poderia tomar em breve uma atitude ousada. Kurt von Schuschnigg, o chanceler austríaco, devia estar "tremendo", registrou em seu diário pessoal um alto funcionário da Chancelaria.

Pouco mais de um mês depois, o governo austríaco rendeu-se à intensa pressão de Berlim, tropas alemãs cruzaram a fronteira da Áustria e as leis que incorporariam o país a uma Grande Alemanha foram preparadas às pressas. Em 15 de março, diante de uma multidão em êxtase na Heldenplatz, em Viena, Hitler anunciou "a entrada de minha terra natal no Reich Alemão". Como ele previra, as democracias ocidentais protestaram timidamente, porém nada fizeram. Tampouco a brutal perseguição de judeus austríacos e de adversários políticos dos nazistas, que logo se seguiu, provocou alguma reação em Paris ou Londres ou anulou as esperanças de Neville Chamberlain de que talvez fosse possível "para nós, um dia, retomar negociações de paz com os alemães".

A Tchecoslováquia, com suas fronteiras agora expostas, decerto seria o próximo alvo. A Inglaterra e a França haviam praticamente desistido da Áustria muito antes que ela caísse diante dos alemães. O caso da Tchecoslováquia era diferente. Sua posição geográfica lhe conferia uma importância vital. O país tinha uma aliança com a França e outra com a União Soviética. E a França era aliada da Inglaterra. Um ataque à Tchecoslováquia poderia precipitar uma guerra europeia generalizada. Da perspectiva alemã, os vínculos da Tchecoslováquia, um país da Europa Central, com o oeste e o leste do continente constituíam um problema estratégico potencialmente sério. Suas matérias-primas e seus armamentos seriam valiosíssimos para os preparativos bélicos da Alemanha. Entretanto, atacar a Tchecoslováquia era uma aventura de alto risco, que poderia arrastar o país à guerra com as democracias ocidentais — uma guerra que alguns de seus comandantes militares, como o general Ludwig Beck, chefe do Estado-Maior do Exército, tinham certeza de que o país não poderia vencer.

A Tchecoslováquia, porém, não podia contar com proteção. Mesmo enquanto a Alemanha engolia a Áustria, o ministro da Defesa francês, Édouard Daladier, avisava a seu governo que a França não poderia oferecer nenhuma ajuda militar direta; da mesma forma, os comandantes militares soviéticos descartavam qualquer possibilidade de o Exército Vermelho socorrer a Tchecoslováquia. Semanas depois, o governo francês soube que a Inglaterra não daria garantia alguma de empreender ações militares se os alemães atacassem a Tchecoslováquia. Em meados de 1938, as potências ocidentais tomaram posição. A França, por mais que afirmasse seu apoio à Tchecoslováquia, não agiria sem a Inglaterra; e a Inglaterra não acenaria com nenhuma perspectiva de intervenção militar. Os tchecos estavam entregues à própria sorte.

Sua situação, nada invejável, era agravada, tal como a dos austríacos anteriormente, pela intranquilidade interna. Konrad Henlein, líder da minoria alemã cada vez mais nazificada nos Sudetos (maltratada pela maioria tcheca, mas nem de longe tanto quanto a propaganda alemã afirmava), foi instruído por Hitler a fazer exigências de autonomia que Praga jamais poderia atender. Para as potências ocidentais, ao menos algumas delas pareciam razoáveis. E, quando Hitler alegou que não desejava nada além de trazer os alemães perseguidos "de volta ao Reich", foi como se, mais uma vez, ele não passasse de um político nacionalista, embora extremado e absolutamente intransigente, em busca do objetivo limitado de incorporar ao Reich outro bloco étnico alemão. A falta de compreensão das motivações de Hitler era um componente crucial da crescente tragédia da Tchecoslováquia. A agressividade da Alemanha, a impotência da Tchecoslováquia e a apatia anglo-francesa desempenharam um papel no drama que estava levando a Europa em direção a outra guerra.

Num verão de ameaças, temeridade política e tensão insuportável, Hitler se dispôs a arriscar-se a uma guerra com as potências ocidentais a fim de destruir a Tchecoslováquia. Os preparativos para o ataque previam a data de 1º de outubro, no mais tardar. Para consumo público, Hitler aumentou o volume de suas agressões verbais cada vez mais desabridas ao governo tcheco e afirmou em público que não tinha outras exigências territoriais na Europa além da solução do problema dos Sudetos.

Acreditando que desejava a incorporação dos Sudetos à Alemanha e nada além disso, Neville Chamberlain viajou duas vezes a Berlim, em meados de setembro, para reunir-se com o ditador. Ao retornar de sua primeira viagem, no dia 15, mostrou-se otimista quanto à perspectiva de um acordo próximo: os tchecos cederiam os Sudetos e Hitler renunciaria ao uso da força. Em conversas reservadas, opinou que o alemão, embora duro e implacável, "era um homem em cuja palavra se podia confiar". Muito em breve o primeiro-ministro britânico se desiludiria quanto à presunção da boa-fé de Hitler. Entrementes, a Inglaterra e a França tinham exercido enorme pressão sobre os desafortunados tchecos, ressaltando que não podiam ajudá-los se fossem atacados e instando-os a concordar com concessões territoriais. Em 21 de setembro, com imensa relutância e um profundo sentimento de terem sido traídos, os tchecos enfim capitularam ao *diktat* anglo-francês. Para Hitler, contudo, isso não bastou. Em sua segunda reunião com Chamberlain, em 22 de setembro, ele repudiou o que o primeiro-ministro britânico julgara ser um acordo, definido uma semana antes. Agora exigia que os tchecos aceitassem a ocupação alemã dos Sudetos em 1º de outubro; caso contrário, tomaria a área à força. E ainda declarou ser indiferente às advertências da Inglaterra de que isso poderia levar à guerra com as potências ocidentais.

Em privado, no entanto, Hitler recuava em sua intenção de usar a força militar para destruir totalmente a Tchecoslováquia. Afinal de contas, os britânicos e franceses estavam forçando os tchecos a lhe dar o que, ostensivamente, ele desejara. Depois de os tchecos aceitarem a mutilação de seu país, as áreas de desacordo com as potências ocidentais passaram a ser relativamente secundárias. "Não se pode fazer uma guerra mundial por causa de tecnicidades", foi como o ministro de Propaganda de Hitler, Joseph Goebbels, resumiu a questão.

De qualquer forma, a guerra quase aconteceu. Hitler tinha ido além dos limites toleráveis por certos membros do gabinete de Chamberlain, entre os quais o secretário do Exterior, Lord Halifax. Em 25 de setembro, eles se opuseram à aceitação do ultimato alemão. Franceses e britânicos concordaram em enviar um emissário a Berlim a fim de advertir Hitler de que, se atacasse a Tchecoslováquia, haveria guerra. Os franceses começaram a se mobilizar, assim como os soviéticos. Os britânicos prepararam a esquadra. A guerra parecia cada vez mais provável. Fizeram-se tensos esforços para convocar uma conferência que levasse a um acordo. Por fim, Mussolini interveio para intermediar uma conferência quadripartite entre Alemanha, Itália, Inglaterra e França. (A União Soviética, que não contava com a confiança de ninguém, ficou de fora.) Com isso, abriu-se o caminho para o desfecho do drama no Acordo de Munique, assinado em 30 de setembro de 1938. Os tchecos não estiveram representados no encontro das grandes potências, reunidas para dividir seu país. As duas democracias ocidentais forçaram outra democracia a se submeter à intimidação de um ditador.

Segundo o anúncio oficial da capitulação, feito em Praga, "o governo da República da Tchecoslováquia" protestou "junto a todo o mundo contra as decisões de Munique, tomadas unilateralmente e sem a participação tchecoslovaca". O escritor alemão Frederick W. Nielsen, que deixara a Alemanha em outubro de 1933, exilando-se em Praga, indignado com um regime inumano que, para ele, decidira ir à guerra (mais tarde Nielsen mudou-se para a Inglaterra e, depois, para os Estados Unidos), exprimiu a amargura de toda a população de seu país adotivo nas cartas abertas que dirigiu a Chamberlain e Daladier. "Não se engane!", escreveu ele ao primeiro-ministro britânico. "As mesmas vozes que o louvam hoje hão de amaldiçoá-lo no futuro não muito longínquo quando ficar claro o veneno que escorre da semente desse 'ato de paz'." Sua crítica a Daladier não foi menos cáustica: "A grandeza da França, fundada na tomada da Bastilha, tornou-se agora, por meio de sua assinatura, motivo de troça para o mundo".

Hitler tinha obtido aquilo que, ao menos nas aparências, desejava. A ocupação dos Sudetos ocorreria de imediato; o resto da Tchecoslováquia, ele não duvidava, poderia ser tomado mais tarde. A paz fora preservada. Mas a que preço?

Ao regressar a seus países, Chamberlain e Daladier tiveram recepções delirantes. Somente aos poucos veio a ser percebida a vergonha que fora a capitulação às ameaças alemãs, à custa dos tchecos. Teria havido alternativa? No tocante a isso, as opiniões diferiam na época e continuaram divididas ao longo das décadas. Naquele jogo de apostas altas, Hitler estava com os ases. E a mão de Chamberlain era ruim. Quanto a isso, pouco se discute. Mas até que ponto ele também jogou mal?

A carta mais fraca de Chamberlain era o estado do rearmamento britânico. A situação de Daladier, do outro lado do Canal da Mancha, era ainda pior. Em ambos os casos, o comando militar deixara claro que as Forças Armadas não estavam equipadas para travar uma guerra contra a Alemanha. Na realidade, tanto os franceses como os britânicos exageravam o poderio militar adversário, mas sua avaliação de uma flagrante inferioridade em equipamento, principalmente aéreo, baseava-se nas informações disponíveis no momento, e não nos benefícios de uma visão retrospectiva. (Uma campanha de bombardeios estratégicos do tipo tão temido estava, na verdade, muito além da capacidade da Alemanha.) Outros relatórios dos serviços de informações, que sublinhavam a falta de matérias-primas na Alemanha e os preparativos inadequados para uma guerra de vulto, foram ignorados ou minimizados. Os comandantes militares viam como necessidade absoluta ganhar tempo para o rearmamento.

Mesmo assim, no auge da crise, em 26 de setembro, o comandante em chefe francês, general Maurice Gamelin, informou os governantes franceses e britânicos que, juntas, suas forças militares, somadas às dos tchecos, eram maiores que as dos alemães. No caso de ser necessária uma ofensiva para retirar os alemães da Tchecoslováquia, a França dispunha de 23 divisões em sua fronteira com a Alemanha, contra somente oito divisões alemãs. Se a Itália participasse das ações, Gamelin pensava em atacar no sul — lançando uma ofensiva do outro lado da fronteira alpina, no vale do Pó —, derrotar os italianos, depois avançar para norte, em direção a Viena, e seguir adiante para ajudar os tchecos. Menos tranquilizador foi o fato de Gamelin declarar que, ao enfrentar os alemães, as tropas francesas avançariam até encontrar oposição e então recuariam para a linha defensiva Maginot. Os militares franceses, em especial, mas também os britânicos, padeciam de um injustificado complexo de inferioridade em relação aos alemães. Contudo, o problema latente sempre fora, em essência, político, e não militar.

Isso começara bem antes de 1938. Em inúmeras ocasiões, nos cinco anos anteriores, os britânicos e franceses tinham anunciado aos quatro ventos suas deficiências e dificuldades tanto para compreender os objetivos de Hitler como para lidar com ele, sendo o caso mais claro a remilitarização da Renânia em 1936. Nada fizeram para impedir que a Alemanha de Hitler se tornasse militarmente forte. Foi com isso que Chamberlain deparou ao se tornar primeiro-ministro em 1937; com isso e também com as consequências dos anos que a Inglaterra passara se desarmando e não se rearmando, ao mesmo tempo que executava um verdadeiro número de equilibrismo, durante anos de severas restrições econômicas, para dividir as Forças Armadas em missões no Extremo Oriente, no Mediterrâneo e em águas nacionais. Chamberlain era, obviamente, a figura de maior destaque nas democracias ocidentais, em vista da confusão interna e dos problemas econômicos dos franceses. Ademais, tinha não só uma maneira mais proativa de tentar acomodar as exigências expansionistas alemãs, como também uma autoconfiança muito exagerada, que o levava a crer que sabia o que Hitler desejava, que podia lidar com ele e que era capaz de convencê-lo a chegar a uma solução pacífica para os problemas da Europa.

A marca pessoal que Chamberlain imprimia na política externa britânica, às vezes ao arrepio da opinião de membros experientes da secretaria do Exterior, refletia essa convicção. Um sinal dessa autoconfiança foi, em sua primeira visita à Alemanha, em meados de setembro, ter negociado sozinho com Hitler, face a face. O secretário do Exterior, Lord Halifax, nem sequer o acompanhou na viagem. Numa época posterior, um amplo aparato de diplomacia internacional de certo teria sido empregado na tentativa de esfriar a situação crítica. Mas isso aconteceu muito antes da diplomacia da ponte aérea transcontinental. E, com a Liga das Nações mais ou menos sepultada, não havia nenhum órgão internacional que interviesse. Tendo sangrado numa guerra europeia, os *dominions* britânicos não queriam ouvir falar de outra, e apoiaram o apaziguamento. Os Estados Unidos, ainda na era do isolacionismo, assistiam de longe. Roosevelt fizera um apelo em favor da paz em meados de 1938, mas ficou nisso. Chamberlain, cujo antiamericanismo nunca se ocultava inteiramente, mostrava-se indiferente a qualquer ajuda que pudesse receber do outro lado do Atlântico. Fosse como fosse, a fraqueza militar americana não deixava os Estados Unidos em condições de intervir, mesmo que quisessem. De qualquer forma, Roosevelt enviou um telegrama a Chamberlain — "Bom homem!" — ao saber que ele compareceria à conferência de Munique. Mais tarde, o presidente comparou o resultado, que fora absolutamente previsível, à traição de Jesus por Judas.

O drama se centrava, portanto, no duelo pessoal entre Hitler e Chamberlain, o mais desigual já visto na história mundial. Chamberlain só vacilou em sua convicção de que poderia negociar uma solução pacífica com Hitler quando se viu diante da oposição do leal Halifax e de outros em seu gabinete ao voltar de sua segunda viagem à Alemanha. Essa convicção se reafirmara na época da conferência de Munique, a ponto de Chamberlain considerar que, por ter a assinatura de Hitler num papel sem nenhum valor, exibido em sua volta à Inglaterra, tinha alcançado a "paz em nossa época". Mais tarde ele lamentou seu entusiasmo, manifestado sob a influência das empolgadas multidões em Londres, e se mostrou suficientemente realista para imaginar que havia apenas adiado, e não evitado, a guerra. Insistiu até sua morte, em 1940, que lutar em 1938 teria sido muito pior que protelar a guerra, já que não era possível evitá-la. A Inglaterra não estava pronta, insistia, e ele precisava ganhar tempo.

Já se debateu interminavelmente se a Inglaterra e a França não teriam obtido melhores resultados lutando em 1938, apesar das advertências dos comandantes militares, do que esperando mais um ano. De fato, só em 1939 os gastos militares dos dois países quase igualaram os da Alemanha, e apenas naquele ano as duas democracias iniciaram um sério planejamento de guerra. Todavia, também a Alemanha se rearmou fortemente em 1939, e ficou muito mais equipada para a guerra do que estivera. Esse estado de coisas foi reforçado pela destruição do poderio militar tcheco e pela aquisição de novas fontes de matérias-primas e de armamentos na antiga Tchecoslováquia. Na realidade, em 1939, em certos sentidos o novo equilíbrio de forças favorecia um pouco mais a Alemanha.

Também se debate até hoje se o desastre de Munique poderia ter sido evitado. Winston Churchill, que durante muito tempo se manifestara contra o apaziguamento, mas como uma voz bastante isolada, defendera abertamente, em 1938, uma "grande aliança" com a União Soviética e os países da Europa Oriental para deter Hitler. Mais tarde, argumentou com veemência que a guerra não teria sido necessária se a estratégia tivesse sido a dissuasão, e não o apaziguamento. O Partido Trabalhista e outros grupos da esquerda apoiavam a "grande aliança". A arraigada falta de confiança na União Soviética e a aversão entranhada ao bolchevismo, para não falar dos pavorosos relatos sobre os expurgos de Stálin, fizeram com que tal estratégia jamais pudesse ganhar o apoio do governo britânico ou do francês.

A possibilidade de uma "grande aliança" teria sido, com efeito, a melhor opção para deter Hitler. Se poderia traduzir-se em ação é outra história. A posição da União Soviética era a de cumprir suas obrigações com os tchecos, assumidas por tratado, assim que os franceses agissem no sentido de cumprir as suas — o que era improvável que acontecesse. Mesmo que a União Soviética houvesse agido, romenos e poloneses não teriam permitido que tropas soviéticas cruzassem seu território. Não obstante, os romenos declararam que permitiriam que aviões soviéticos cruzassem seu espaço aéreo. A força aérea soviética estava em condições de prestar assistência à Tchecoslováquia, se os franceses defendessem o país por terra, e uma mobilização parcial do Exército Vermelho chegou a acontecer. No entanto, Stálin mostrou cautela durante toda a crise, à espera dos acontecimentos, tomando cuidado para não se envolver num conflito de "potências imperialistas". A possível ameaça à Alemanha, pelo leste e pelo oeste, representada por uma "grande aliança", nunca se materializou.

A dissuasão por meio de uma "grande aliança" poderia ter também encorajado a incipiente oposição na Alemanha. Em meados de 1938, vinha ganhando forma um complô, por parte de comandantes militares e altos funcionários do ministério do Exterior, para prender Hitler no caso de um ataque à Tchecoslováquia. O Acordo de Munique pôs fim a qualquer possibilidade de ação pelos conspiradores. O mais provável é que, de qualquer forma, a trama não daria em nada ou não teria êxito, mesmo que posta em prática. Mas há ao menos a possibilidade de que, se Hitler — contrariando ponderados conselhos militares — houvesse atacado a Tchecoslováquia, provocando uma temida guerra em duas frentes, teria saído do episódio bastante enfraquecido, se não derrubado.

É impossível afirmar que a "grande aliança" teria evitado uma guerra generalizada. O mais provável é que a guerra se mostrasse inevitável em algum ponto futuro. Não obstante, se em 1938 Hitler tivesse sido detido, ou até derrubado, o conflito teria sido diferente e travado em outras circunstâncias. O fato é que, depois de Munique, o caminho para a guerra que de fato ocorreu foi curto.

OS ÚLTIMOS RITOS DA PAZ

Hitler se sentira irritado, e não satisfeito, com o dividendo que sua agressão lhe valera em Munique. Tinha sido obrigado a renunciar ao que queria, cedendo à pressão por uma solução negociada com relação aos Sudetos, quando o que desejava era destruir a Tchecoslováquia pela força armada. Consta que ao voltar de Munique comentou: "Aquele sujeito [Chamberlain] estragou minha entrada em Praga". As multidões alemãs exultantes estavam aplaudindo menos um triunfo territorial, obtido com um alto risco de guerra, que a preservação da paz (que muitos creditavam a Chamberlain). Semanas depois do Acordo de Munique, em 10 de novembro, Hitler admitiu num discurso (não destinado a publicação) para uma plateia de jornalistas e editores que o fato de ter sido obrigado a simular durante anos que a Alemanha tinha intenções pacíficas preparara mal os alemães para o uso da força.

Na véspera dessa franca admissão, a Alemanha fora convulsionada por uma terrível noite de violência, a Reichkristallnacht. Pogroms horrendos causaram a morte de quase cem judeus (número oficial divulgado pelo governo, e provavelmente inferior ao real; inúmeros outros foram cruelmente agredidos por turbas de nazistas ensandecidos, que queimaram sinagogas e destruíram propriedades de judeus de um lado a outro do país). Era o ponto culminante da aterradora espiral de violência antijudaica — superando as ondas de 1933 e 1935 — que começara após a anexação da Áustria em março e ganhara impulso com o aumento da tensão em meados do ano. Desprezando a fraqueza de seus adversários estrangeiros depois de Munique, Hitler aprovou que as hordas nazistas, por indução do ministro da Propaganda, Joseph Goebbels, dessem vazão à sua sanha homicida.

A finalidade dos pogroms era acelerar a imigração dos judeus, o que aconteceu. Antes da ascensão dos nazistas ao poder, viviam na Alemanha meio milhão de judeus, em geral totalmente assimilados, a despeito do crescente e horrendo clima de perseguição. Agora, às dezenas de milhares, eles cruzavam fronteiras em busca de refúgio na Europa Ocidental; muitos atravessavam depois o Canal da Mancha, procurando asilo na Inglaterra, ou cruzavam o Atlântico para buscar proteção nos Estados Unidos. Apesar das políticas imigratórias, que continuavam restritivas, cerca de 7 mil judeus foram para a Holanda, 40 mil para o Reino Unido e 85 mil para os Estados Unidos. Mais ou menos 10 mil crianças foram recebidas pela Inglaterra através do programa de refugiados conhecido como Kindertransport, criado pelo governo britânico dias depois dos pogroms.

Ao longo das décadas seguintes, os imigrantes judeus dariam uma contribuição importante para a vida científica e cultural de seus países adotivos. Para a Alemanha, o prejuízo autoinfligido foi imenso. Entretanto, dezenas de milhares de outros judeus, que tiveram sua entrada negada por países europeus, pelos Estados Unidos e pela Palestina (ainda sob o mandato britânico) foram bem menos afortunados. Muitos deles permaneceram à mercê dos alemães, e um número muito mais vasto corria o risco de cair em suas garras em caso de guerra. Menos de três meses após os pogroms, Hitler emitiu um aviso sinistro — uma "profecia", como o chamou —, dirigido ao mundo: outra guerra acarretaria o extermínio dos judeus da Europa.

A Alemanha não foi o único país a se beneficiar do desmembramento da Tchecoslováquia. A Polônia não alimentava a menor simpatia por seu vizinho, e os poloneses, de olho num possível ganho territorial decorrente da divisão da Tchecoslováquia, permaneceram neutros durante a crise de 1938. Sem perder tempo, anexaram Teschen, uma fatia do sudeste da Silésia, logo depois do acordo de Munique. Esse território, com uma população dividida, tinha sido reivindicado depois da Primeira Guerra Mundial pela Polônia e pela Tchecoslováquia, mas fora concedido a esta última em 1920. No entanto, os poloneses logo descobriram que o pacto de não agressão por dez anos, firmado com os alemães em janeiro de 1934, nada significava se eles fossem um obstáculo para Hitler.

O primeiro sinal de dificuldade surgiu nos últimos meses de 1938, quando os poloneses se recusaram a concordar com a devolução de Danzig (cidade livre sob a égide da Liga das Nações desde 1920, embora sua população fosse quase toda alemã) à Alemanha e com a criação de uma rota de transporte através do "corredor" que separava a Prússia Oriental do restante do Reich. A obstinação da Polônia em relação a essas questões prosseguiu em 1939. Hitler conteve sua irritação. Podia esperar. Só no segundo trimestre daquele ano sua atenção começou a se concentrar na Polônia.

Isso aconteceu depois que as tropas alemãs concluíram o que Hitler desejara um ano antes — a invasão do restante da Tchecoslováquia, em 15 de março. Criou-se o Protetorado da Boêmia e Morávia. Os eslovacos fundaram seu próprio Estado autônomo. A Tchecoslováquia, a mais bem-sucedida das novas democracias surgidas com o fim do Império Austro-Húngaro, desapareceu do mapa. Depois da entrada alemã em Praga, não podia mais haver ilusões quanto a Hitler ser um mero político nacionalista interessado em incorporar grupos de etnia alemã a um Reich expandido. Tratava-se de conquista imperialista pura e simples. As democracias ocidentais enfim o viram como realmente era. O apaziguamento estava morto. Ficou claro para todos, excetuados os proverbiais cegos que não queriam ver, que Hitler não se deteria diante de nada. Estava igualmente claro que, quando se desse a ocupação seguinte, o que com certeza ocorreria, ele teria de enfrentar resistência armada. Haveria guerra.

Em 31 de março de 1939, constrangido por ter sido ludibriado com a ocupação alemã do que restava da Tchecoslováquia, Chamberlain ofereceu à Polônia, considerada a provável nova vítima de Hitler, uma garantia de apoio militar em caso de ataque. Os franceses, que na verdade não tinham política externa própria, acompanharam a decisão britânica. Os soviéticos ainda não eram vistos como prováveis aliados numa tentativa de confrontar Hitler com a possibilidade de uma guerra em duas frentes. Notificados da garantia poucas horas antes que fosse anunciada, seus furiosos dirigentes ficaram mais convictos do que nunca que Chamberlain estava fazendo um jogo de paciência que acabaria resultando no que ele queria: uma guerra entre a Alemanha e a União Soviética.

A dissuasão era a principal intenção da garantia. Finalmente, Chamberlain tinha decidido tentar impedir que Hitler cometesse novos atos de agressão. Sua esperança era que dessa vez ele fosse sensato e solucionasse suas questões territoriais sem o uso da força. No entanto, Chamberlain escolhera um contexto inapropriado para isso e deixara a iniciativa em mãos alheias. Ele sabia que a Inglaterra nada poderia fazer, do ponto de vista militar, para impedir que os alemães dominassem a Polônia, objetivo que, como seus assessores lhe informavam, estaria consumado três meses depois de uma invasão. Mas tendo se recusado, no ano anterior, a dar uma garantia semelhante a uma democracia que estivera disposta a lutar e estava aliada à França e à União Soviética, ligou o destino da Inglaterra ao da Polônia. No entanto, a Polônia, nas palavras de Churchill, "com um apetite de hiena, apenas seis meses antes tinha participado da pilhagem e da destruição do Estado tchecoslovaco", e era um país exposto em termos geográficos e militarmente mal equipado para resistir a uma arremetida alemã. A entrada da Inglaterra numa nova guerra estava agora nas mãos da Alemanha e da Polônia.

A garantia por parte de Chamberlain jamais deteria Hitler. Seu efeito, na realidade, foi provocá-lo. Furioso com os britânicos, prometeu "cozinhar para eles um guisado com que vão se engasgar". No começo de abril, autorizou uma ordem militar para a destruição da Polônia em qualquer data posterior a 1º de setembro de 1939. A teimosia polonesa em relação a Danzig e ao Corredor se encarregou do resto. Estavam esboçados os contornos da crise que chegaria ao clímax no verão de 1939.

Nesse ínterim, sentindo-se inferiorizado pelo golpe de Hitler contra Praga e não querendo ficar para trás no jogo de conquista de territórios, Mussolini deu uma demonstração do poder militar italiano anexando a Albânia. A Inglaterra e a França reagiram estendendo sua garantia à Romênia e à Grécia. Embora pessimamente executado, o ataque italiano foi qualificado como um grandioso triunfo, que, como expressou o político e diplomata fascista Dino Grandi, "abriria as antigas rotas das conquistas romanas no leste para a Itália de Mussolini". As estradas que os italianos começaram a construir no pequeno e empobrecido país levavam à Grécia. No caso de guerra, a intenção italiana era expulsar os britânicos do Mediterrâneo. Também no sul da Europa começavam a surgir tensões.

Tudo o que as populações europeias podiam fazer era acompanhar, ansiosas, os governantes dos países mais poderosos determinarem o destino de cada uma delas, como se movessem peças num tabuleiro de xadrez. Em meados de 1939, a atmosfera geral não tinha nada a ver com a do ano anterior. No auge da crise dos Sudetos, o medo de que a Europa estivesse cambaleando à beira do abismo era generalizado e palpável. A euforia com que Chamberlain, Daladier, Mussolini e Hitler foram festejados no regresso da Conferência de Munique expressava o alívio com o fato de a guerra ter sido evitada. Só mais tarde calaram no espírito — ou não calaram, em alguns casos — as implicações morais do que tinha sido feito para preservar a paz. Durante a crise polonesa, em 1939, o clima foi mais resignado, estranhamente menos apreensivo.

Na Alemanha, quase inexistia a "psicose de guerra" que informes internos haviam registrado no ano anterior. Predominava a sensação de que, se as potências ocidentais não tinham se animado a defender a Tchecoslováquia, tampouco o fariam em relação a Danzig (o alvo ostensivo da Alemanha na crise polonesa). "As pessoas nas ruas ainda estão confiantes que mais uma vez Hitler conseguirá o que quer sem guerra", declarou no fim de agosto William Shirer, jornalista e radialista americano baseado em Berlim. "Tudo vai dar certo de novo", foi a opinião que Viktor Klamperer, acadêmico judeu que vivia em perigosa reclusão em Dresden, mas que era um lúcido observador do ambiente hostil a seu redor, julgava ser a convicção geral. À medida que a crise se agravava, persistia a esperança de que mais uma vez a guerra seria evitada, combinada com uma resignada disposição de resistir se a Inglaterra e a França forçassem a Alemanha à guerra (a mensagem que a propaganda procurava instilar). Havia o desejo de que o problema de Danzig e do Corredor fosse resolvido segundo os interesses alemães, ainda que muita gente, talvez a maioria, julgasse que tais questões não justificavam uma guerra. Observadores da época relataram a diferença de atmosfera em relação a 1914. Dessa vez não havia entusiasmo em parte alguma.

Também na França o estado de espírito era outro. Não diminuíra o medo do que a guerra poderia trazer, em particular o receio dos bombardeios, mas desde a entrada de Hitler em Praga havia uma maior resiliência, uma resolução mais profunda de resistir a novas agressões alemãs — a sensação de que o limite da tolerância fora ultrapassado. Numa pesquisa nacional realizada em julho de 1939, três quartos dos entrevistados disseram apoiar o uso da força na defesa de Danzig. Reinava um espírito de falsa normalidade. Cinemas, cafés e restaurantes continuavam apinhados, com as pessoas "aproveitando a vida", fazendo questão de não pensar no que estava por vir. Nas rodas intelectuais abundavam os catastrofistas. No mês seguinte, as cidades se esvaziaram, com as pessoas viajando aos bandos para balneários litorâneos ou para o interior, muitas levando o mais recente best-seller, a tradução de *E o vento levou*, de Margaret Mitchell, para gozar suas férias remuneradas num agradável ambiente de veraneio. Talvez fosse a última chance de fazê-lo durante um bom tempo, e por isso não podia ser desperdiçada.

Quase a mesma situação imperava na Inglaterra. A ocupação do resto da Tchecoslováquia pela Alemanha tinha alterado a posição do público. "Havia uma acentuada transformação na atitude do país em relação ao pacifismo e ao recrutamento", recordou mais tarde William Woodruff, na época um jovem da classe trabalhadora do norte da Inglaterra que conseguira uma bolsa para estudar na Universidade de Oxford. Os estudantes discutiam "se teriam de lutar este ano ou no próximo. Rearmamento não era mais uma palavra proibida". Numa pesquisa de opinião feita na Inglaterra em julho, uma proporção dos entrevistados quase igual à da consulta na França — cerca de três quartos — respondeu que a Inglaterra deveria honrar seu compromisso de combater ao lado da Polônia se o conflito por Danzig levasse à guerra. Tal como na França, as pessoas se apegavam a ilusões de normalidade, bloqueando na mente o rufar soturno dos tambores de guerra. Os salões de baile e os cinemas viviam grande movimento, os torcedores estavam interessadíssimos nas partidas de um torneio internacional de críquete contra uma equipe visitante das Índias Ocidentais (a terceira partida foi disputada no estádio The Oval, em Londres, pouco mais de uma semana antes do começo da guerra), enquanto o êxodo da população das cidades industriais do norte do país para as praias durante as férias se deu como de costume. Na zona rural inglesa, pacífica e bela naquele verão ameno, os horrores da guerra pareciam muito distantes. Eram muitos os que acreditavam, em todo caso, que Hitler estava blefando quanto a Danzig e que no fim recuaria em sua decisão de atacar a Polônia caso isso acarretasse uma guerra com a Inglaterra.

Na própria Polônia, a garantia dada ao país pela Inglaterra transformara a postura da população, tornando-a subitamente pró-inglesa ou pró-francesa. A hostilidade contra a Alemanha saltava aos olhos. Pairava no ar a sensação de que haveria guerra, eclipsando tudo o mais. O clima era de apreensão. A romancista Maria Dąbrowska, famosa desde a publicação de sua saga *Noites e dias* e agraciada com o mais prestigiado prêmio literário da Polônia em 1935, recuperava-se de uma cirurgia e desfrutava a placidez de um retiro no sul da Polônia em julho, refletindo sobre a conveniência de voltar para Varsóvia, mas relutando em partir. "O tempo está tão maravilhoso, a perspectiva de guerra tão próxima, talvez este seja o último momento de paz na vida", pensava. Havia uma sensação de que o tempo era precioso. Quando ela regressou a Varsóvia, no começo de agosto, um amigo persuadiu-a a mudar-se para uma estância hidromineral no noroeste do país. "Não perca muito tempo pensando nisso", recomendou. "É a última possibilidade, a última oportunidade. O que há para discutir? Em poucas semanas, no máximo, haverá guerra." Nos últimos dias do mês houve uma apressada mobilização de homens, carroças e cavalos. As pessoas armazenavam provisões. Houve uma corrida em busca de máscaras antigás, que as autoridades não tinham disponibilizado em quantidade suficiente. Procurava-se improvisar cômodos à prova de gases, e as janelas eram lacradas com tiras de papel. Como todos sabiam, as chances de paz estavam por um fio. "A Polônia defrontava-se com uma terrível catástrofe."

A bomba estourou na noite de 21 de agosto. A Alemanha e a União Soviética, arqui-inimigas figadais, estavam prestes a celebrar um acordo impensável. Depois de anos ouvindo que o fascismo era o mal supremo, os cidadãos soviéticos ficaram atônitos ao saber que Hitler agora era seu amigo. Como mais tarde expressou uma mulher que morava em Moscou, "o mundo estava de cabeça para baixo". Depois de anos de arengas sobre a natureza diabólica do bolchevismo, os cidadãos alemães ficaram igualmente aturdidos com a reviravolta quase inacreditável. Todavia, sentiram-se sobretudo aliviados. Aquilo significava "que o temido pesadelo do cerco" estava afastado.

Alguns meses antes, a Alemanha tinha ensaiado uma extraordinária reaproximação com a União Soviética. A destituição de Maxim Litvinov, em 3 de maio, e sua substituição por Viacheslav Molotov no cargo de comissário do povo para Assuntos Exteriores assinalou uma mudança no pensamento no Kremlin. Ribbentrop via uma possível abertura para um novo entendimento que eliminaria qualquer aliança antialemã entre a União Soviética e as democracias ocidentais (que estava sendo debatida, mais uma vez sem entusiasmo, em Londres e Paris). Além disso, esse novo entendimento de um só golpe isolaria totalmente a Polônia.

A época em que Hitler imaginava atacar a Polônia — no fim de agosto, antes que viessem as chuvas do outono — impunha sua própria pressão. Em 19 de agosto, Stálin finalmente deu sinais de que estava disposto a um acordo com a Alemanha. Sem demora, Hitler tomou providências para enviar Ribbentrop a Moscou. Quatro dias depois, Molotov e Ribbentrop assinaram um pacto de não agressão entre a União Soviética e a Alemanha. Um protocolo secreto delineava esferas de interesse no Báltico, na Romênia e na Polônia, com vistas a "uma transformação territorial e política" nessas regiões. Foi o pacto mais cínico que se possa imaginar. Contudo, fazia muito sentido para ambas as partes. A Alemanha assim fechou sua frente oriental; a União Soviética ganhou tempo para consolidar suas defesas.

Com isso, nada obstava uma iminente invasão da Polônia pela Alemanha. Hitler nutrira tênues esperanças de que a Inglaterra e a França recuassem na garantia dada aos poloneses, mas estava disposto a ir em frente mesmo que isso significasse guerra com as democracias ocidentais. Seu desprezo por elas fora confirmado no verão anterior. "Nossos inimigos são uns vermezinhos", disse ele a seus generais. "Eu os vi em Munique." Sua maior preocupação consistia em evitar uma intervenção de último minuto que pudesse resultar numa segunda "Munique" e impedir que a Polônia fosse demolida.

No ano anterior, quando a política de alto risco de Hitler ameaçara causar uma guerra com as potências ocidentais, surgira um embrião de oposição entre as elites das Forças Armadas e do Ministério do Exterior. Entretanto, a Conferência de Munique erodira as chances de sucesso dessa oposição. Um ano depois, aqueles que continuavam a se opor em segredo à corrida precipitada de Hitler para a guerra e para o grande desastre que vaticinavam, não tinham nenhuma possibilidade de desafiá-lo. Os comandantes do Exército, divididos em 1938 a respeito de suas opiniões sobre a guerra, agora não diziam nem faziam coisa alguma quanto a eventuais dúvidas. Com fatalismo, se não com entusiasmo, apoiavam o ditador. Isso foi crucial. Internamente, nada se interpunha à determinação de Hitler de buscar a guerra.

Desde 22 de agosto, o embaixador britânico em Berlim, Sir Nevile Henderson, vivenciara diversas reuniões extremamente tensas na Chancelaria do Reich, durante as quais Hitler, ao que parecia, oferecera alguma esperança de uma solução pacífica para a crise, ao mesmo tempo que, em segredo, se preparava para invadir a Polônia. Além disso, Göring enviara três vezes a Londres um emissário pessoal, o industrial sueco Birger Dahlerus, com acenos das boas intenções dos alemães. Da parte dos alemães, porém, as negociações eram um simples embuste. Eles não tinham a mais remota intenção de se abster do planejado ataque à Polônia. Na realidade, ele deveria ter ocorrido em 26 de agosto. Hitler tinha dado as ordens de mobilização ao Exército na tarde do dia 25, mas viu-se obrigado a cancelá-lo algumas horas depois, quando Mussolini avisou ao parceiro no Eixo que a Itália não estava em condições, no momento, de entrar numa guerra. Se a conversa foi embaraçosa para Mussolini, não passou de um revés passageiro para Hitler, que logo fixou uma nova data para o ataque. Na manhã de 1º de setembro de 1939, tropas alemãs cruzaram a fronteira da Polônia.

Como os britânicos vinham esperando até o último instante que Hitler negociasse, o ataque pegou-os de surpresa. Seguiram-se dois dias de hesitação, nos quais a Inglaterra e a França não agiram de forma coordenada, enquanto as tropas de Hitler devoravam a Polônia. Mussolini ofereceu-se para mediar, junto a Hitler, a convocação de uma conferência em 5 de setembro. Os franceses se mostraram mais dispostos que os britânicos a concordar com a sugestão, que, previsivelmente, não surtiu nenhum efeito em Berlim. O ministro do Exterior francês, Georges Bonnet, considerado por Churchill e outros em Londres como a "quinta-essência do derrotismo", enviou sinais diplomáticos confusos, procurou ganhar tempo e relutou em comprometer a França com o temido passo final. Ainda na tarde de 2 de setembro, Churchill e Halifax disseram-se dispostos a aceitar uma conferência se as tropas alemãs se retirassem da Polônia. Naquela tarde, porém, no Parlamento, Chamberlain não teve a menor dúvida de que a perspectiva de novas negociações com Hitler derrubaria seu governo. Diante da ameaça de uma revolta em seu gabinete, ele concordou em enviar um ultimato, exigindo que a Alemanha retirasse suas tropas da Polônia imediatamente. O ultimato seria apresentado em Berlim às nove horas da manhã seguinte. Hitler tinha duas horas para responder.

Às 11h15 da manhã de 3 de setembro de 1939, muita gente em toda a Inglaterra se acotovelava em torno de aparelhos de rádio para ouvir Chamberlain

350

anunciar, com voz melancólica, que nenhuma resposta ao ultimato tinha sido recebida "e que, consequentemente, este país está em guerra com a Alemanha". Imediatamente soou um uivo de sirenes de ataque aéreo; foi um falso alarme, mas serviu de prenúncio ao que estava por vir. Em grande parte devido a mais uma procrastinação de Bonnet, a declaração de guerra não foi sincronizada. Houve um intervalo de quase seis horas antes que, às cinco da tarde, a França por fim acompanhasse a Inglaterra.

O caminho para o inferno de outra guerra fora sinuoso — e, na prática, "pavimentado com as boas intenções" dos apaziguadores. Chamberlain declararia na Câmara dos Comuns, em 3 de setembro: "Tudo pelo que trabalhei, tudo o que esperei, tudo em que acreditei durante minha vida pública desmoronou". Ainda que estimulada pelos melhores motivos, a política de apaziguamento fora, como disse Churchill, "uma história triste de avaliações erradas formuladas por pessoas bem-intencionadas e capazes", mas que acabou sendo "uma linha de marcos miliários para o desastre". Os apaziguadores, na Inglaterra e na França, eram, sem dúvida, "bem-intencionados". Mas sua educação, suas experiências e suas vivências políticas os tornavam pessoas totalmente despreparadas para enfrentar um bandido no palco internacional. Eles simplesmente não eram páreo para Hitler. *Eles* achavam que podiam negociar um acordo que levasse à paz, mesmo que isso custasse atirar outro país aos lobos. *Ele* nunca quis nada além da guerra. Só a conquista, de acordo com a visão de mundo que Hitler cultivara durante quase duas décadas, poderia atender às necessidades alemãs. Por isso, o fim da estrada provavelmente sempre foi o mesmo: a guerra na Europa, de novo.

"Em certo sentido, é um alívio. As dúvidas estão resolvidas", foi a reação lapidar de Sir Alexander Cadogan, subsecretário permanente da secretaria do Exterior britânica. William Woodruff, estudante de Oxford, filho de uma família proletária inglesa, renunciou a suas convicções pacifistas naquele dia: "Lutar era o menor de dois males. Eu ia resolver minha vida acadêmica junto à universidade e me alistar para a guerra". Um número incontável de outros jovens correu a se voluntariar para o serviço militar. Woodruff resumiu, provavelmente com toda correção, a opinião da maior parte da população britânica, que considerava a guerra inevitável e que era preciso deter Hitler: "Eles estavam satisfeitos com o fim do logro e com o começo da luta de vida ou morte". O escritor judeu Manes Sperber se achava nas longas filas de voluntários em Paris, temeroso quanto ao que o esperava, mas aliviado por seus pais e irmãos estarem em segurança na Inglaterra. "Nada de entusiasmos loucos. Há um trabalho a ser feito. É só isso", observou Pierre Lazareff, editor do *Paris Soir*, em seu diário. Lembrando a carnificina que ocorrera em solo pátrio apenas uma geração antes, os franceses convocados — que logo totalizavam 4,5 milhões, da França e das colônias — estavam, segundo relatórios administrativos, resignados a combater, mas sem nenhum sinal do entusiasmo que se via em 1914.

Na Alemanha a sensação não era muito diferente. William Shirer descreveu a atmosfera de Berlim em 3 de setembro: "No rosto das pessoas, assombro, depressão [...]. Em 1914, creio, era tremenda a empolgação em Berlim no primeiro dia da guerra mundial. Hoje não há entusiasmo, nem hurras, nem vivas, nem flores, nem febre guerreira, nem histeria de guerra". Já em Varsóvia, recordou Marcel Reich-Ranicki, que mais tarde seria um famoso crítico literário na Alemanha, quando se soube que a Inglaterra e a França tinham declarado guerra à Alemanha, o estado de espírito era de alegria quase incontida. Uma multidão em delírio juntou-se diante da embaixada britânica, gritando "Viva a Inglaterra!" e "Viva a luta pela liberdade!". Mais tarde, no mesmo dia, cantaram *A Marselhesa* diante da embaixada francesa. Pensavam que a ajuda estava a caminho. Logo, quando as bombas alemãs choveram sobre as cidades polonesas e o martírio teve início, eles se deram conta de que não viria ajuda nenhuma.

Quaisquer que fossem os sentimentos em todo o continente no dia 3 de setembro, praticamente todos perceberam que a vida se transformaria de forma drástica. O que a guerra traria, exatamente, ninguém sabia. Eram muitos os motivos para que os anos vindouros fossem encarados com ansiedade. Muitas pessoas se davam conta de que teriam de suportar, mais uma vez, o fogo do inferno. Entretanto, talvez tenham sido poucos os que perceberam a profundidade dos maus presságios registrados em um diário (num inglês imperfeito) pelo escritor Stefan Zweig, um judeu austríaco, então exilado na Inglaterra. A nova guerra, escreveu ele em 3 de setembro de 1939, seria "mil vezes pior que a de 1914 [...]. Não fazemos ideia dos novos horrores de envenenamento e pústulas que esta guerra trará. Eu espero tudo desses criminosos. Que decomposição da civilização".

8. Inferno na terra

Era como se estivéssemos assistindo a uma ruptura total na evolução da humanidade, o colapso absoluto do homem como ser racional.

Heda Margolius Kovály, *Sob uma estrela cruel:*
Uma vida em Praga 1941-1968 (1986)

Para milhões de europeus, a Segunda Guerra Mundial, ainda mais que a Primeira, foi o mais perto que chegaram do inferno na terra. O número de mortos por si só — mais de 40 milhões apenas na Europa, mais que o quádruplo da Primeira Guerra — dá uma ideia do horror. As perdas vão além da imaginação. Só na União Soviética, foram mais de 25 milhões. Os mortos da Alemanha chegaram a cerca de 7 milhões; os da Polônia, a 6 milhões. A crueza dos números não diz nada dos extremos de sofrimento, ou da infelicidade a que foram submetidas incontáveis famílias. Nem dão a mais remota ideia do peso geográfico da imensa quantidade de baixas.

A Europa Ocidental teve perdas relativamente brandas. Na Inglaterra e na França, o número de mortos foi bem menor que na Primeira Guerra. O total de soldados dos Aliados mortos na Segunda Guerra foi de pouco mais de 14 milhões. A Inglaterra (incluídos seus territórios além-mar) sofreu cerca de 5,5% dessas baixas; a França (com suas colônias) cerca de 3%; a União Soviética cerca de 70%.

Excluída a guerra contra o Japão, a proporção de soviéticos seria ainda maior. A morte de civis na Inglaterra, principalmente em bombardeios, chegou a menos de 70 mil. No epicentro do morticínio — Polônia, Ucrânia, Bielorrússia, países bálticos e a porção ocidental da União Soviética —, os civis mortos somaram perto de 10 milhões.

Na Segunda Guerra, ao contrário do que ocorreu na Primeira, a morte de civis superou em muito a de combatentes. Muito mais que a grande conflagração anterior, envolveu sociedades inteiras. O alto índice de vítimas civis foi, principalmente, consequência de sua natureza genocida, inexistente na guerra de 1914-8. Foi uma agressão à humanidade sem precedentes na história. Uma descida ao abismo nunca antes empreendida, a devastação de todos os ideais de civilização surgidos do Iluminismo. Uma guerra de proporções apocalípticas, o Armagedom da Europa.

A Segunda Guerra, num intervalo de uma única geração, decorreu de assuntos pendentes da Primeira. Além de milhões de pessoas pranteando entes queridos, o conflito anterior deixou um continente convulsionado. Incomensuráveis ódios nacionalistas, étnicos, de classes, todos entrelaçados, criaram um clima de extrema violência política e um contexto polarizado do qual surgiu o regime de Hitler que pôs em perigo a paz na Europa. Para a Alemanha, mais que para qualquer outro país, o primeiro conflito tinha deixado assuntos pendentes, mas a conquista do domínio continental e depois mundial por meio de outra guerra foi uma aposta gigantesca. Dados os recursos da Alemanha, o sucesso nesse jogo contrariava todas as possibilidades. Outros países, rearmando-se rapidamente, fariam o que pudessem para evitar a hegemonia alemã, e com maiores recursos a seu dispor uma vez que estivessem mobilizados. Seria breve para a Alemanha a oportunidade de conquistar uma vitória sobre seus inimigos antes de ser detida por eles.

Para Hitler e os demais dirigentes nazistas, outra guerra teria uma poderosa motivação psicológica subjacente. Deveria redimir o desfecho da primeira, expurgando a desventura da derrota e da humilhação de Versalhes, erradicando o legado dos "criminosos de novembro" (os líderes da esquerda que, aos olhos de Hitler, tinham causado a revolução de 1918). E, não menos importante, como Hitler "profetizara" em seu discurso de janeiro de 1939, destruiria o que ele via como o deletério poder dos judeus em toda a Europa. Em resumo: seria uma nova guerra que reescreveria a história.

As democracias ocidentais, Inglaterra e França, cuja fragilidade fora plenamente exposta por Hitler, tinham se prontificado a aceitar a influência alemã na Europa Central — incluindo no processo a mutilação da Tchecoslováquia — como o preço da paz. Tratava-se de uma concessão a uma mudança relevante no equilíbrio de poderes na Europa. A perspectiva de conquistas alemãs ilimitadas era outra questão, que ameaçava não só perturbar o equilíbrio de forças na Europa e desestabilizar as possessões britânicas e francesas de além-mar como também punha em perigo, de forma direta, a própria França e até a Inglaterra. Uma Europa dominada por Hitler e seu regime desumano seria infinitamente pior do que teria sido uma Europa dominada pelo cáiser. Para britânicos e franceses, portanto, tinha chegado a hora de resistir à expansão do poderio alemão. Na Inglaterra e na França, poucos queriam outra guerra. As feridas de 1914-8 ainda estavam abertas. As Forças Armadas dos dois países não estavam preparadas para outro conflito de grandes proporções. As economias, ainda se recuperando da Depressão, não tinham condições de financiar uma guerra. A City de Londres e o grande empresariado, tanto na França como na Inglaterra, não queriam nem pensar numa repetição do terremoto econômico que a Primeira Guerra causara. O povo, lembrando o banho de sangue anterior, certamente não queria outro conflito. Mas estava claro: a guerra precisava ser travada. O interesse nacional e uma causa moral se misturavam convenientemente. Se alguma vez houve uma guerra justa, era essa. Para a Europa ter paz, Hitler teria de ser derrotado.

Se a primeira Grande Guerra tinha sido a maior das catástrofes, a segunda foi sua extrapolação — o colapso total da civilização europeia. Marcou o confronto definitivo de todas as forças ideológicas, políticas, econômicas e militares que tinham se cristalizado durante a guerra anterior e causado instabilidade e tensões no continente durante os vinte anos que se seguiram. Tornou-se o episódio determinante que remodelou o século xx. Com a Segunda Guerra Mundial, chegou ao fim a Europa herdada da Primeira. O continente por pouco não se destruiu. Mas sobreviveu. Resultou disso uma Europa radicalmente mudada.

UM CONTINENTE EM CHAMAS

O que acabou se tornando uma guerra mundial, juntando o conflito no Extremo Oriente ao da Europa, passou por três fases principais e afetou o continente europeu em diferentes graus e situações. Suécia, Suíça, Espanha, Portugal, Turquia e Irlanda permaneceram oficialmente neutros. Não participaram dos combates, embora não tenham podido se furtar a um envolvimento indireto nas hostilidades. Todos os demais países europeus estavam, de uma forma ou outra, envolvidos.

Em sua primeira fase, o conflito se estendeu da Polônia ao Báltico, depois à Escandinávia, à Europa Ocidental, aos Bálcãs e ao norte da África. Seguiu o caminho da agressão alemã e italiana, mas também o da expansão da União Soviética para a Polônia e para o Báltico, com a intenção de estender o domínio soviético e assim consolidar um cordão defensivo. O leste da Polônia, de acordo com o combinado com a Alemanha, foi ocupado pela União Soviética em meados de setembro de 1939. Os países bálticos — Estônia, Letônia e Lituânia — foram obrigados a se transformar em repúblicas soviéticas em abril de 1940. Seguiu-se a anexação da Bessarábia e do norte da Bucovina, até então pertencentes à Romênia. A Finlândia sustentou uma corajosa guerra contra o poderoso Exército Vermelho no inverno de 1939-40, mas acabou obrigada a ceder território à União Soviética para integrar a barreira defensiva do país no Báltico.

A Polônia foi rapidamente esmagada pelos alemães em setembro de 1939. No segundo trimestre do ano seguinte, Dinamarca, Noruega, Países Baixos, Luxemburgo e Bélgica, todos Estados neutros, foram invadidos. Depois, por mais inacreditável que pudesse parecer, a própria França (dona do maior exército da Europa) capitulou, ao fim de uma campanha que durou não mais de cinco semanas. Mais de 1,5 milhão de soldados franceses capturados foram levados para a Alemanha, onde muitos ficaram na condição de prisioneiros de guerra durante os quatro anos seguintes. No primeiro semestre de 1941, Iugoslávia e Grécia também sucumbiram à força armada alemã.

No catálogo de triunfos alemães, uma lacuna persistia. A Inglaterra, apoiada em seu império mundial, continuava inconquistável. Isso acontecia principalmente porque Winston Churchill, primeiro-ministro desde 10 de maio de 1940, recusou-se a acatar a sugestão do secretário das Relações Exteriores, Lord Halifax, de que a Inglaterra deveria considerar propor os termos para um acordo de paz. As discussões, no fim de maio, foram tensas — a família real e muitos integrantes do Partido Conservador teriam preferido Halifax no comando do país —, enquanto o Exército britânico estava imobilizado nas praias de Dunquerque. Com a Inglaterra decidida a lutar, a Alemanha confrontou-se com a incômoda possibilidade de ajuda econômica e talvez militar dos Estados Unidos aos britânicos. Acabar com a guerra na Europa Ocidental era o pré-requisito para que Hitler se lançasse contra a União Soviética na guerra que vinha preparando durante a maior parte dos vinte anos anteriores. Mas ele não foi capaz de pôr a Inglaterra de joelhos e concluir sua vitória na Europa Ocidental. A possibilidade de uma invasão foi discutida por um breve período em 1940, mas as dificuldades logísticas eram desanimadoras. Assim, com a invasão considerada impossível, a ideia foi abandonada. O bombardeio da Inglaterra até a submissão estava muito além da capacidade da Luftwaffe, apesar dos muitos danos causados a cidades britânicas e da perda de dezenas de milhares de vidas nas incursões aéreas de 1940 e início de 1941.

No segundo trimestre de 1941, a espantosa série de ataques-relâmpago dos alemães, combinando de uma maneira nova e devastadora o poder aéreo com tanques rápidos, o que dava à Wehrmacht uma temível superioridade militar, garantiu que o domínio alemão se estendesse da Noruega a Creta. Já a Itália não ia tão bem. Entrou na guerra no momento da conquista da França pelos alemães, em junho de 1940, e aos poucos revelou sua constrangedora fragilidade militar na Grécia e no norte da África, obrigando os alemães a uma intervenção militar para salvar o parceiro de Eixo em apuros.

Obcecado pela corrida contra o relógio que daria à Alemanha as maiores chances de sucesso em sua grande jogada para a dominação da Europa e depois do mundo, Hitler mudou sua ideia inicial. Para derrotar a Inglaterra, disse ele a seus generais, o melhor seria derrubar primeiro a União Soviética. Essa grotesca subestimação da capacidade militar soviética (incentivada pela dificuldade encontrada pelo Exército Vermelho de derrotar as pouco numerosas forças finlandesas na Guerra do Inverno de 1939-40) obteve a aquiescência dos generais alemães, convencidos de que a vitória na campanha oriental pudesse ser obtida em questão de semanas. Em dezembro de 1940, decidiu-se que a União Soviética seria invadida na primavera seguinte. A vitória nessa campanha garantiria o "espaço vital" que Hitler dizia necessitar. Ao mesmo tempo, preencheria o segundo dos objetivos que ele acalentara durante duas décadas: uma "solução final para a questão judaica" que desde o início obcecava a cúpula nazista.

A segunda fase da guerra começou na manhã de 22 de junho de 1941, quando, sem nenhuma declaração de guerra, forças alemãs invadiram a União Soviética. Mais de 3 milhões de alemães cruzaram a fronteira. No oeste do país, foram recebidos quase pelo mesmo número de soldados do Exército Vermelho. Assim começou o maior e mais mortífero conflito armado da história.

Havia um grande prêmio para a rápida vitória nessa operação colossal. Os recursos naturais da União Soviética seriam vitais para que a Alemanha se apropriasse de todo o continente. E esse era o pré-requisito para pôr fim à ameaça vinda do Ocidente, onde a Inglaterra se aproximava de uma aliança bélica total com os Estados Unidos. Hitler convenceu-se de que os americanos estavam dispostos a entrar na guerra ao lado dos ingleses em 1942. A Alemanha, e nisso ele foi intransigente, precisava dominar o continente antes disso. Essas preocupações só cresceram depois que o Congresso americano aprovou, em março de 1941, a Lend-Lease Bill [lei de empréstimos e arrendamentos], instrumento que garantia o aumento substancial da ajuda à Inglaterra. O presidente Roosevelt não ousara levar ao Congresso a proposta de entrar na guerra. A política de isolacionismo vinha perdendo força, mas ainda era influente. A Lend-Lease Bill confirmava, no entanto, que os Estados Unidos estavam comprometidos a empregar seu enorme poderio econômico para tentar derrotar as potências do Eixo. Para a Alemanha, derrubar a União Soviética antes que o poderio econômico americano — e provavelmente, em algum momento, o poderio militar do país — pudesse afetar de forma decisiva os rumos da guerra levou a uma corrida contra o tempo.

O ataque alemão trilateral que constituiu a invasão da União Soviética — Operação Barbarossa — inicialmente avançou em ritmo alucinante no norte, centro e sul ao longo de uma fronteira leste de cerca de 1800 quilômetros. Stálin tinha ignorado todos os avisos, muitos deles acertados, de uma iminente invasão, encarando-os como desinformação deliberada. Muitas unidades do Exército Vermelho tinham sido deixadas em posições expostas e tornaram-se presas fáceis dos ataques de rápidos veículos blindados que serviam de ponta de lança para enormes cercos, o que resultou na captura de centenas de milhares de prisioneiros. Em dois meses, no entanto, ficou claro que os objetivos extraordinariamente ambiciosos da Operação Barbarossa não seriam atingidos antes do inverno — para o qual não haveria provisões suficientes. O inimigo tinha sido subestimado de forma grosseira, e o desafio logístico para a conquista de um país tão vasto era gigantesco. As terras férteis da Ucrânia haviam sido conquistadas, mas foi impossível avançar até os campos de petróleo do Cáucaso ou destruir Leningrado no norte. O avanço em direção a Moscou começou tarde, só no começo de outubro. Stálin estava disposto a admitir concessões territoriais em troca de um acordo de paz com Hitler. O ditador alemão não se interessou; achava que a Alemanha estava prestes a conquistar a vitória. Diante da aproximação das forças alemãs, os habitantes de Moscou entraram em pânico em meados de outubro.

Stálin pensou em abandonar a cidade, mas mudou de ideia. O moral soviético, depois de alguma hesitação, se recuperou. Os alemães foram atingidos pelas chuvas do outono, depois pela neve e pelo gelo do inverno precoce, quando as temperaturas despencaram para trinta graus negativos. Nesse momento, 40% da população da União Soviética e quase a metade de seus recursos materiais estavam sob controle alemão. Três milhões de soldados tinham sido capturados. Entretanto, as perdas alemãs vinham aumentando assustadoramente. Quase 750 mil soldados — cerca de um quarto do exército oriental — tinham sido dados como mortos, feridos ou desaparecidos desde o início da Operação Barbarossa. As reservas humanas já escasseavam. Stálin, por sua vez, parecia ter um estoque inesgotável de soldados. A contraofensiva soviética, que começou em 5 de dezembro de 1941, com a vanguarda das tropas alemãs a não mais de cinquenta quilômetros de Moscou, constituiu a primeira grande crise na guerra para a Alemanha. A esperança de uma vitória rápida foi substituída pela admissão de que teriam pela frente uma guerra longa e difícil.

O ataque japonês a Pearl Harbor, em 7 de dezembro, e a declaração de guerra dos Estados Unidos ao Japão no dia seguinte, implicaram um conflito global. Hitler viu nisso uma oportunidade estratégica. Os japoneses prenderiam os americanos à arena do Pacífico. Os submarinos alemães, retidos durante meses enquanto os Estados Unidos travavam uma "guerra não declarada" no Atlântico, podiam agora ser lançados contra a frota americana para cortar o crucial cordão umbilical com a Inglaterra e ganhar a guerra naval. Com essa esperança em mente, em 11 de dezembro de 1941, Hitler levou a Alemanha à guerra contra os Estados Unidos. Fosse qual fosse seu raciocínio, as probabilidades de vitória no conflito europeu se reduziram ainda mais.

Na verdade, Hitler tinha superestimado grosseiramente o poderio militar japonês. Pearl Harbor foi um choque para os Estados Unidos, mas não levou o país a nocaute. A expansão japonesa, embora de início bem-sucedida, chegou ao limite durante o primeiro semestre de 1942. Mas a grande vitória naval americana na batalha de Midway, em junho de 1942, foi o ponto de virada na guerra do Pacífico.

No Atlântico, a roda da sorte virou um ano depois. Hitler tinha superestimado a capacidade destrutiva de seus submarinos. O sucesso que obtiveram em 1942 não pôde ser sustentado, principalmente porque a inteligência britânica, depois de muito esforço, conseguiu decifrar as mensagens trocadas entre os alemães, que usavam o sistema criptográfico Enigma, e localizar a posição dos submarinos. O aprimoramento da defesa contra os submarinos foi essencial para que os suprimentos indispensáveis aos Aliados cruzassem o oceano em segurança. Em 1943, Hitler estava perdendo a batalha do Atlântico.

Enquanto isso, a Alemanha tinha chegado ao limite de sua expansão. A batalha de El Alamein, que durou três semanas, em outubro e novembro de 1942, encerrou o avanço alemão no norte da África e abriu caminho para a vitória total dos Aliados naquela frente no ano seguinte. Na União Soviética, a segunda grande ofensiva alemã (embora com menor número de soldados se comparada à de 1941), no verão de 1942, pretendia conquistar o petróleo do Cáucaso, mas terminou numa catástrofe em Stalingrado — uma batalha de desgaste que durou cinco meses, avançando pelo rigorosíssimo inverno russo, e terminou em fevereiro de 1943 com a destruição total do Sexto Exército alemão, a perda de mais de 200 mil homens (e cerca de 300 mil de seus aliados). O destino da guerra mudou irreversivelmente ao longo de 1942. Ainda havia muito por fazer, mas os líderes dos Aliados agora estavam confiantes na vitória final. E quando Roosevelt e Churchill se reuniram para conversar na Conferência de Casablanca, em janeiro de 1943, decidiram que a vitória só poderia ser por rendição incondicional das potências do Eixo.

O desembarque dos Aliados no Norte da África, em novembro de 1942, abriu caminho para a capitulação das forças do Eixo na região, em maio do ano seguinte. Em julho de 1943, os Aliados invadiram a Sicília — uma ação que provocou a destituição de Mussolini pela própria cúpula fascista ainda naquele mês. Em setembro, os italianos selaram um armistício com os Aliados, o que levou à ocupação de grande parte da Itália por soldados alemães. Começava para as forças aliadas o demorado avanço para o norte. Tratava-se de uma segunda frente — embora não a que Stálin queria. Não foi o bombardeio de cidades e instalações industriais alemãs o que deu o impulso destrutivo final em 1943. A política britânica de "bombardeio de área", tida pelo marechal do ar Arthur Harris como meio de destruir o moral alemão e ganhar a guerra, começara no ano anterior. Uma grande incursão destruiu grande parte de Colônia em maio de 1942. Outras cidades do norte e do oeste da Alemanha foram atacadas. Mas nada chegou perto, em poder de destruição, da devastação de Hamburgo, no fim de julho de 1943, em ataques que mataram pelo menos 34 mil civis — número equivalente à metade de todas as vítimas britânicas de ataques aéreos durante a guerra inteira. Mas até

360

mesmo isso estava longe do auge dos bombardeios, que se intensificariam durante o último ano de guerra, quando a superioridade aérea dos Aliados se impôs quase por completo.

A última grande ofensiva alemã na frente oriental, em julho de 1943, durou pouco mais de uma semana. A Operação Cidadela foi suspensa depois de uma colossal batalha de tanques — mais de 5 mil ao todo — em Kursk. As perdas soviéticas foram imensamente superiores às da Alemanha. Mas os soldados alemães eram necessários no sul da Itália para fortalecer as defesas depois do desembarque aliado na Sicília. Com o fim da Cidadela, a iniciativa do ataque passou irrevogavelmente para os soviéticos. O mês de julho foi desastroso para a Alemanha. Com sua extraordinária resiliência, o país não entrou em colapso, mas sua estratégia agora consistia em nada mais que uma ação prolongada e tenaz de retaguarda contra forças muito superiores, à espera de que a Grande Aliança entre a Inglaterra e os Estados Unidos capitalistas e a União Soviética comunista se esfacelasse. Com o abismo entre os recursos dos alemães e os dos Aliados se aprofundando inexoravelmente, o destino estava selado. Um indício de que a situação tinha se invertido foi a tomada de Kiev pelos soviéticos em novembro. Ainda em julho, na Conferência de Teerã, os governantes aliados combinaram que no ano seguinte a Inglaterra e os Estados Unidos realizariam uma invasão conjunta das áreas da Europa Ocidental ocupadas pelos alemães.

O exitoso desembarque aliado na Normandia, em 6 de junho de 1944 (Dia D), e, duas semanas depois, a devastadora intervenção do Exército Vermelho na Operação Bagration, inauguraram a terceira e última fase da guerra na Europa, que terminou com a capitulação alemã. Foi a fase mais sangrenta. A quarta parte dos europeus mortos na guerra, equivalente ao total de militares mortos em toda a Primeira Guerra Mundial, foi contabilizada nesses meses. A maior parte das mortes de combatentes britânicos e americanos, grande parte das mortes de soviéticos, metade das mortes de militares alemães em toda a guerra e a maior parte das mortes de civis foram registradas nos onze últimos meses do conflito. Muitas das baixas entre civis deveram-se aos ataques aéreos dos Aliados que arrasaram cidades alemãs num crescendo de devastação nesses meses derradeiros. Em fevereiro de 1945, a destruição de Dresden, com a perda de 25 mil vidas, sobretudo de civis, tornou-se o símbolo do terror que, vindo do céu, se derramava sobre as cidades alemãs assim que as defesas antiaéreas entravam em colapso. Em março de 1945, os aviões britânicos despejaram mais bombas do que nos três primeiros anos da guerra.

As perdas alemãs no leste durante a Operação Bagration e logo depois dela tornaram insignificantes as de Stalingrado ou as de qualquer outra batalha, e não tinham como ser compensadas. A Alemanha lutou até o fim. O medo da conquista do país pela União Soviética (dados os horrores que os alemães cometeram em solo soviético), a intensificação da repressão à dissidência interna, o controle total exercido pelo Partido Nazista e seus órgãos, a impossibilidade de organizar qualquer resistência depois do malogrado atentado contra Hitler em 20 de julho de 1944, a admissão por parte de proeminentes nazistas que ficariam com Hitler de pé ou cairiam com ele e a persistente fé no ditador entre as lideranças militares e civis — tudo isso contribuiu para uma luta inútil quando a razão gritava alto em favor da rendição.

No entanto, era apenas uma questão de tempo. Com a derrocada na frente oriental, a Finlândia, a Romênia e a Bulgária voltaram-se contra a Alemanha em setembro de 1944. A Romênia e a Bulgária foram ocupadas pelos soviéticos. A Polônia — com Varsóvia em ruínas em virtude da destruição pelos alemães depois do levante de agosto de 1944 — estava nas mãos dos soviéticos no fim de janeiro de 1945. Depois de prolongados e intensos combates, a Hungria também passou a ser controlada pelos soviéticos a partir de março. A essa altura, os Aliados ocidentais já tinham forçado a passagem pelo Reno — o prelúdio do avanço para o norte da Alemanha, da tomada do cinturão industrial do Ruhr e do implacável progresso para o sul do país. O rolo compressor soviético foi igualmente incontrolável no leste, forçando passagem para a costa do Báltico e para o Oder e se preparando para o assalto final a Berlim, que teve início em 16 de abril de 1945. O avanço soviético sobre a Alemanha e sua conquista da capital do Reich foram acompanhados de terríveis crueldades contra a população local, sendo o estupro de incontáveis mulheres uma das marcas supremas da selvagem vingança das indescritíveis atrocidades cometidas pelos ocupantes alemães em território soviético.

Em 25 de abril, as enormes forças que convergiam para a Alemanha, vindas do leste e do oeste, encontraram-se no rio Elba. Soldados soviéticos e americanos apertaram-se as mãos. O Reich estava partido em dois. Berlim foi cercada no mesmo dia pelo Exército Vermelho. Em 2 de maio, a batalha pela cidade chegou ao fim. Hitler tinha se suicidado em seu bunker dois dias antes. Seguiu-se um breve mas sangrento pós-escrito, até que o almirante Karl Dönitz, escolhido por Hitler como sucessor, finalmente curvou-se ante o inevitável. A capitulação alemã total em todas as frentes foi assinada na presença de representantes da Inglaterra, dos Estados Unidos e da União Soviética em 8 de maio de 1945. A mais terrível guerra da história da Europa tinha terminado. Seu custo material e em vidas ainda estava para ser calculado. Suas consequências políticas e sociais moldariam as décadas futuras.

O POÇO SEM FUNDO DA DESUMANIDADE

Todas as guerras são desumanas, principalmente as guerras modernas. As armas atuais transformaram a matança em combate em algo impessoal e de enormes proporções, arrastando para o massacre um número cada vez maior de civis. A Grande Guerra de 1914-8 mostrou claramente essas características. Terrível como foi, no entanto, ela empalidece diante do poço sem fundo de desumanidade em que o gênero humano afundou durante a Segunda Guerra Mundial.

O mergulho sem precedentes estava esperando para acontecer numa Europa dividida por ódios étnicos e de classe, racismo extremo, antissemitismo paranoico e nacionalismo fanático. Uma luta motivada pelo ódio e pela disposição para erradicar o inimigo — e não apenas derrotá-lo — foi a receita para o colapso de todos os padrões elementares de humanidade. Foi o que aconteceu, em grande medida, entre os soldados na guerra do Leste Europeu, embora bem menos no oeste. A guerra total foi o ingrediente necessário para transformar antagonismos em morticínio em massa numa escala inimaginável.

Em todas as guerras, as mortes no campo de batalha assumem uma dinâmica própria. A Segunda Guerra Mundial não foi exceção. Nas campanhas da Europa Ocidental e do Norte da África, no entanto, a maior parte dos combates deu-se de forma relativamente convencional. No Leste Europeu foi diferente. A crueldade, a insensibilidade e o puro e simples desprezo pela vida humana foram quase inacreditáveis. Ali, a luta era parte de uma guerra racial. Isso derivava diretamente do duplo objetivo da cúpula nacional-socialista da Alemanha: conquista ao estilo colonial e limpeza racial.

O inferno resultante disso, não só para os combatentes como para civis, foi antes de tudo um produto da ideologia. Ou seja, a decisão a respeito de quem deveria viver e quem deveria morrer era, em primeira instância, ideológica. O terror e a matança a que foi submetida a população da Polônia durante a guerra no leste foram reflexos disso desde o começo. A demonstração mais clara do predomínio da ideologia foi a escolha dos judeus, entre todas as incontáveis vítimas da extrema violência, para aquilo que em pouco tempo se tornaria um genocídio sem limite.

No entanto, a ideologia andava de mãos dadas com imperativos econômicos. Isso já estava claro dentro da própria Alemanha na chamada "ação de eutanásia", que teve início em 1939. A operação foi dirigida sobretudo contra "degenerados raciais", conceito essencial da eugenia. Anteriormente, Hitler declarara que qualquer ação como essa teria de esperar pela guerra. Em outubro de 1939, antedatou de 1º de setembro a autorização secreta para ela, um claro indício de que via o conflito como o momento de começar a fundamental quebra do princípio humanitário básico do direito à vida. A ação foi suspensa, também em segredo, em agosto de 1941, depois que chegou ao conhecimento do público e foi denunciada pelo bispo de Münster, Clemens August Graf von Galen. Até então, cerca de 70 mil pacientes de hospitais psiquiátricos tinham sido vítimas dela. Esse total ultrapassou o número previsto pelos médicos, apesar de terem sidos eles mesmos os responsáveis por referendar pacientes considerados aptos para a ação. A ordem de suspensão de agosto de 1941, no entanto, não representou, de modo algum, o fim do processo de extermínio dos doentes mentais "inúteis". Sua matança apenas foi transferida para a discrição dos campos de concentração. Calcula-se que as vítimas da "ação de eutanásia" tenham chegado a 200 mil no total. Médicos e enfermeiros se envolveram sem restrições na morte deliberada de seus pacientes. Embora a eliminação dos doentes mentais tivesse motivação ideológica, também pretendia poupar recursos, suprimindo vidas consideradas "inúteis". Foram feitos cálculos exatos sobre a economia a ser alcançada. "Os doentes mentais são um peso para o Estado", afirmou o diretor do hospício de Hartheim, perto de Linz, na Áustria.

Os passos dados em direção ao genocídio contra os judeus também tinham um componente econômico importante. Quando se tornou óbvio que a "limpeza" em massa de judeus dos territórios conquistados, dada por certa no início, poderia não ser obtida com rapidez, os guetos instituídos na Polônia tornaram-se empreendimentos altamente lucrativos para os ocupantes alemães. Por causa disso, mais tarde, quando os judeus começaram a ser deportados para morrer, alguns administradores de guetos não queriam que fossem fechados. Mas e quanto aos judeus que não estavam aptos ao trabalho? Já em julho de 1941, o diretor do Serviço de Segurança alemão em Posen, na parte ocidental da Polônia anexada, dizia que, como "já não se podia alimentar todos os judeus", considerava que para "acabar com os judeus não capacitados para o trabalho" deveria ser administrado "algum tipo de substância de efeito rápido". Cinco meses depois, Hans Frank, chefe nazista da zona central da Polônia ocupada conhecida como Governo-Geral, ao destacar a necessidade urgente do extermínio de 3,5 milhões de judeus em seus domínios, disse a seus subordinados que eles eram "extremamente prejudiciais a nós, dada a quantidade de alimentos que engolem". Mais tarde, quando os judeus estavam sendo assassinados aos milhões, o maior dos campos de concentração nazistas, situado em Auschwitz, em outra região da Polônia, a Alta Silésia, combinou extermínio com lucro. O enorme complexo tinha 28 subcampos — instalações industriais que empregavam o trabalho escravo de 40 mil prisioneiros, gerando no total lucros de cerca de 30 milhões de marcos para o Estado alemão. Quando já não serviam para o trabalho, os prisioneiros eram mandados para as câmaras de gás.

A ideologia também se misturava intimamente com a economia no modo como os dirigentes alemães viam a conquista e a ocupação. Garantir alimento para a população alemã era um imperativo. O "inverno do nabo" de 1916-7 tinha feito muito mais que devastar o moral durante a Primeira Guerra Mundial. Aquilo não podia se repetir. Não importava que o resto da Europa passasse fome. Era dado como certo que entre 20 milhões e 30 milhões de eslavos e judeus morreriam de inanição com a ocupação alemã da União Soviética. O que importava, disse Göring aos nazistas dos territórios ocupados, era que "nenhum alemão sucumbisse à fome". Houve casos de canibalismo entre os desesperados prisioneiros soviéticos, às vezes amontoados de tal maneira que mal podiam se mexer, nem mesmo para as necessidades, e assim morriam a um ritmo de 6 mil por dia. Dos 5,7 milhões de prisioneiros de guerra soviéticos nas mãos dos alemães, 3,3 milhões tiveram morte horrível por inanição, doenças decorrentes da desnutrição ou do frio. Enquanto isso, a Alemanha tirava da Europa ocupada 20% dos grãos que consumia, 25% das gorduras e quase 30% da carne.

Rações mínimas acabaram sendo dadas aos cativos soviéticos, já que aos poucos a cúpula nazista percebeu que era absurdo deixar morrer de fome os prisioneiros dos campos quando havia cada vez mais necessidade de mão de obra para a produção de material bélico. Mesmo assim, a maior parte deles não sobreviveu ao cativeiro. No caso dos judeus, havia uma evidente contradição em fazê-los atravessar metade da Europa para morrer quando havia uma grave escassez de mão de obra. Mas nesse caso a ideologia manteve a primazia.

A Polônia foi desde o início da ocupação alemã um campo de experimentação ideológica. As partes ocidentais do país conquistado — a Prússia Ocidental, a província de Posen (agora rebatizada com o nome de Reichsgau Wartheland, por causa do rio que corta a região) e a Alta Silésia — foram anexadas ao Reich, não só retomando mas ampliando consideravelmente os territórios que antes da Primeira Guerra Mundial tinham sido parte da Prússia. Essas áreas, embora de população esmagadoramente polonesa, foram implacavelmente "germanizadas". O centro e o sul da Polônia, a parte mais densamente povoada do país na época da ocupação alemã, foram apelidados de Governo-Geral (*Generalgouvernement*), embora no uso coloquial fossem chamados de forma depreciativa de "resto da Polônia" (*Restpolen*) — e vistos como depósitos de lixo para "indesejáveis raciais" dos territórios anexados. Hitler, como sempre, estabeleceu o tom. Seria uma "luta racial dura", declarou. Não haveria lugar para restrições legais. Tudo isso contribuiu para a inacreditável provação e o sofrimento da população polonesa subjugada, e foi a antecâmara do genocídio para os alvos prioritários, os judeus.

O desprezo pelos poloneses era generalizado na Alemanha. Hitler falava deles como "mais animais que seres humanos". E não era nem de longe o único alemão a pensar assim. Com poucas exceções, membros do Exército alemão em serviço na Polônia não faziam objeção ao assassinato autorizado, à perseguição impiedosa e ao saque de bens em grande escala a que assistiam ou de que participavam. Os poloneses eram tratados como subumanos, muito distantes da proteção da lei, e eram privados de educação, presos ou executados por capricho, vistos como não mais que um reservatório de trabalho escravo. Suas rações eram de fome. Sua cultura devia ser erradicada, e toda ideia de cidadania polonesa, extinta. Os membros da intelligentsia polonesa, como transmissores de cultura e cidadania, deviam ser liquidados ou mandados a um campo de concentração alemão. Auschwitz era um lugar de terror extremo para os poloneses muito antes de se tornar um campo de extermínio de judeus. Nas regiões anexadas da Polônia ocidental, as igrejas católicas foram fechadas e muitos membros do clero acabaram presos ou mortos. Tornaram-se comuns as execuções públicas, depois das quais os corpos das vítimas eram deixados pendurados durante dias para dissuadir quem os visse.

Não obstante, a resistência clandestina nunca foi totalmente aniquilada. Na verdade, até cresceu, apesar das horríveis represálias, e acabou formando um movimento ilegal de coragem extraordinária que, apesar da repressão draconiana, causava sérios problemas para os ocupantes. Represálias coletivas eram frequentes depois de atos individuais de resistência. Uma estimativa, baseada em registros que nada têm de completos, contou 769 ocorrências nas quais se tirou a vida de quase 20 mil poloneses em atos de represália. Trezentos vilarejos foram destruídos durante a ocupação alemã. O terror se intensificou ainda mais quando os ventos da guerra mudaram, o controle alemão do país ficou mais precário e a resistência, mais ousada. "Não havia um só momento em que não nos sentíssemos ameaçados", contou uma mulher. "A cada vez que saíamos à rua, não sabíamos se voltaríamos para casa." Todos temiam o recrutamento forçado de pessoas para serem deportadas para a Alemanha, onde executariam trabalhos forçados. Em 1943, 1 milhão de poloneses trabalhavam na indústria bélica alemã. Seus parentes não tinham, em geral, a menor ideia de onde eles se achavam. Muitos nunca voltaram a ver a terra natal.

Temerariamente, previu-se que a remoção forçada dos judeus das regiões anexadas se faria com rapidez. Por fim, os alemães acabaram decidindo removê-los também do Governo-Geral. Entre 1939 e 1941, no entanto, eles foram deportados *para* o Governo-Geral, e não tirados de lá. No auge do inverno de 1939-40, mais de 100 mil poloneses cristãos e judeus receberam o aviso de que tinham poucos minutos para reunir alguns pertences, então foram metidos em vagões sem aquecimento para transporte de gado e despejados no Governo-Geral. Centenas de milhares tiveram o mesmo destino em 1940. Em março de 1941, mais de 400 mil tinham sido deportados e um número equivalente fora enviado à Alemanha para trabalhos forçados. A deportação de mais 831 mil só não se deu por causa dos preparativos para a Operação Barbarossa.

As deportações se faziam com a intenção de abrir espaço para a colonização por grupos de etnia alemã trazidos do Báltico e de outras regiões. Os judeus deveriam ficar confinados numa grande reserva no distrito de Lublin, no sudeste da Polônia. Esse pelo menos era o objetivo inicial, mas os alemães tinham subestimado grosseiramente as dificuldades logísticas que enfrentariam. Hans Frank, em pouco tempo, proibiu a admissão de mais judeus no Governo-Geral. Com os dirigentes nazistas pressionando a favor da deportação dos judeus de suas respectivas regiões, mas sem ter para onde enviá-los, além de milhões de judeus nas mãos dos nazistas desde a conquista da Polônia, tornava-se cada vez mais urgente a busca de alternativas à concentração no Governo-Geral. Depois da vitória alemã sobre a França em 1940, a colônia francesa de Madagascar foi durante algum tempo analisada como destino dos judeus da Europa. Essa possibilidade também mostrou-se impraticável. Deportá-los para a vastidão gelada da União Soviética também foi uma possibilidade levantada quando se planejava a Operação Barbarossa.

Depois de apenas vinte anos de independência, a Polônia fora dividida mais uma vez em setembro de 1939. A leste da linha divisória decidida de comum acordo pela Alemanha e pela União Soviética, a população polonesa foi submetida a uma espécie diferente de horror ideologicamente determinado. O objetivo era a sovietização, não a germanização. Não tardou para que uma revolução social fosse imposta no leste da Polônia. A terra foi coletivizada em 1940. Os proprietários foram despejados de suas terras. Os bancos foram nacionalizados e a poupança, confiscada. Grande parte da maquinaria industrial foi desmontada e enviada para a União Soviética. As escolas particulares e religiosas foram fechadas, proibiu-se o ensino de religião e história e implantou-se o catecismo segundo Marx e Engels. A erradicação do nacionalismo polonês era axiomática, assim como a eliminação de todos os que representassem uma suposta ameaça aos interesses soviéticos. A elite polonesa se viu especialmente ameaçada.

Stálin e os outros membros do Politburo assinaram pessoalmente, em 5 de março de 1940, a ordem de assassinar mais de 20 mil membros da elite polonesa no leste da Polônia. Entre eles estavam 15 mil oficiais que haviam desaparecido em maio daquele ano. Os corpos de mais de 4 mil deles foram encontrados pelos alemães na floresta de Katyn, perto de Smolensk, em abril de 1943. Muito se discutiu sobre quem os teria matado. Hoje não restam dúvidas de que foram fuzilados pela polícia secreta soviética, a NKVD. Os outros 11 mil certamente tiveram destino semelhante, como parte das 21857 pessoas de cuja execução por ordem de Stálin se tem registro.

Ondas de prisões seguiram-se à ocupação soviética. Mais de 100 mil cidadãos poloneses foram encarcerados. A maior parte foi condenada a anos de trabalhos forçados no gulag, e mais de 8500 foram sentenciados à morte. Os poloneses radicados perto da fronteira soviética eram os mais ameaçados. Em alguns lugares, ucranianos e bielorrussos eram incitados a saquear os bens de seus vizinhos poloneses e até a matá-los. Milícias locais assumiram o protagonismo da violência. Os poloneses considerados uma ameaça à União Soviética, normalmente mero produto da imaginação, eram concentrados para deportação. As grandes deportações foram executadas com extrema brutalidade. Quase 400 mil poloneses — muitos mais, segundo algumas estimativas — foram enviados a campos de concentração nos confins da Sibéria ou do Cazaquistão, em trens sem aquecimento e sem janelas, para viagens de 10 mil quilômetros em pleno inverno. Cerca de 5 mil morreram durante a viagem; outros 11 mil morreram de fome e doenças no verão seguinte.

Um dos homens da NKVD envolvidos na concentração de poloneses para deportação mais tarde proporcionaria um vislumbre de qual era sua mentalidade na época: "Eu era responsável pela deportação de uma ou duas aldeias", contou. E prosseguiu:

Agora quando penso nisso, é mesmo difícil levar as crianças embora quando elas são bem pequenas. [...] É claro que eu sabia que eles eram nossos inimigos, inimigos da União Soviética, e deviam ser "reciclados" [...]. Agora me arrependo, mas na época era diferente [...]. Stálin era como um deus para nós. E suas palavras eram as últimas sobre qualquer assunto. Não se podia sequer pensar que ele não tivesse razão. Na época, ninguém duvidava. Toda decisão tomada estava correta. E essa não era só minha opinião — todos pensávamos assim. Estávamos construindo o comunismo. Cumpríamos ordens. Acreditávamos.

Não surpreende que, dada a intensa perseguição movida pelos alemães, muitos judeus recebessem com satisfação a ocupação soviética do leste da Polônia. A chegada do Exército Vermelho parecia uma promessa de libertação da discriminação que sofreram na Polônia do pré-guerra. Os judeus às vezes recebiam seus supostos libertadores com bandeiras vermelhas. Não era raro que assumissem cargos administrativos, e sua disposição de colaborar gerou ressentimento entre os poloneses católicos. Quando os alemães chegaram para ocupar a região, depois de ter invadido a União Soviética em junho de 1941, e descobriram os corpos de milhares de vítimas das atrocidades da NKVD em prisões do leste da Polônia, não tiveram dificuldade em incitar o ódio não só aos bolcheviques, mas também aos judeus, que em geral eram vistos como seus colaboradores. Na verdade, a maior parte dos judeus em pouco tempo entendeu o que significava a ocupação soviética — e não era libertação. As propriedades de muitos foram tomadas, enquanto intelectuais e profissionais liberais eram presos em grande número. Um terço dos deportados eram judeus.

A violência da sovietização no leste da Polônia teve equivalentes em Estônia, Letônia e Lituânia depois que esses países foram anexados pela União Soviética, em 1940. Por outro lado, a selvageria da ocupação alemã da Polônia não teve paralelo sequer remoto no tratamento dado pelos alemães à Europa Ocidental ocupada.

Na recém-criada Croácia (que incorporava a Bósnia-Herzegóvina), depois da invasão da Iugoslávia, em abril de 1941, os alemães encontraram quem fizesse o trabalho sujo em seu lugar. O regime que instauraram sob o comando de Ante Pavelić, líder dos fascistas da Ustaša, foi um governo pelo terror que desafia a imaginação. A Ustaša era um movimento extremista que antes de ganhar o poder tinha não mais de 5 mil adeptos, decididos a "limpar" o país de todos os não croatas — quase metade da população de 6 milhões de pessoas. O objetivo de Pavelić era resolver o "problema sérvio" convertendo um terço dos quase 2 milhões de sérvios da Croácia ao catolicismo, expulsando um terço deles e matando o terço restante. Tratava-se de um desvario letal.

Se Pavelić era louco ou não — dizia-se que tinha um cesto cheio de olhos humanos em sua mesa como suvenires — é questão aberta a discussão. Mas sobre a sanidade de muitos de seus seguidores não há dúvida. As atrocidades perpetradas por seus esquadrões da morte — que massacraram comunidades inteiras, visando principalmente a sérvios, judeus e ciganos, com o propósito de varrer toda influência não croata — chegam às profundezas do horror sádico. Numa ocasião, quinhentos sérvios, entre homens, mulheres e crianças, de uma cidadezinha não muito distante de Zagreb foram fuzilados. Quando 250 pessoas de vilarejos próximos se reuniram e se prontificaram a se converter ao catolicismo para não serem mortas, seis membros da Ustaše as trancaram numa igreja ortodoxa sérvia e mataram todas, uma a uma, golpeando-lhes a cabeça com "estrelas da manhã" — clavas dotadas de pregos numa extremidade. Outras orgias de morte incluíram medidas obscenas de humilhação e tortura. Mesmo numa região de violência política tradicional e endêmica, nunca tinha ocorrido uma catástrofe humana dessas proporções. Em 1943, a Ustaše já matara cerca de 400 mil pessoas.

A Ustaše certamente explorou antagonismos étnicos já existentes na antiga Iugoslávia quando tomou conta da Croácia, mas sua barbárie extrema gerou um ódio étnico maior e mais profundo do que aqueles que haviam existido. Isso também se revelou contraproducente para os alemães. Na Croácia, a Ustaše tinha o apoio explícito dos alemães para seus atos. (Ao contrário do que aconteceu na Romênia, onde a orgia de violência desencadeada pela Guarda de Ferro fascista levou os alemães, desejosos de estabilidade pela importância do petróleo romeno, a apoiar sua extinção pelo general Antonescu, ditador local.) As atrocidades da Ustaše alimentaram tanto sentimentos anti-Eixo como a força em ascensão do movimento guerrilheiro comunista de Josip Broz Tito.

Com grande parte do sul e do leste da Europa afundando cada vez mais no poço de uma terrível desumanidade, a invasão alemã da União Soviética, em junho de 1941, deu início a um capítulo à parte. A guerra no leste — a guerra de Hitler — foi radicalmente diferente de todas as campanhas anteriores, embora a indizível selvageria da ocupação alemã da Polônia, a partir de setembro de 1939, tenha prefigurado o mergulho na desumanidade sem limites na União Soviética, vista pelos nazistas como o caldo de cultura do "judaico-bolchevismo". O próprio Hitler foi indispensável tanto para promover como para autorizar a barbárie. Mas ele era sua força motriz e seu porta-voz radical, não sua causa.

Hitler disse pessoalmente aos comandantes do Exército que a invasão da União Soviética seria uma "guerra de aniquilamento". Soldados comunistas não eram vistos como adversários honrados. O comando do Exército alemão acatou a ordem de liquidar sem julgamento os comissários soviéticos capturados e assim declarar aberta a temporada de fuzilamento de civis. Não admira que, ao incentivar esse tipo de ato sem piedade contra um inimigo repetidamente retratado como "bestial" ou "criminoso", numa luta que os próprios comandantes do Exército chamavam de "raça contra raça", a barbárie extrema na guerra soviética tenha sido generalizada desde o início. Esse logo passou a ser o comportamento característico das tropas alemãs, estimulando os militares soviéticos à barbárie retaliatória e a uma espiral de desumanidade desenfreada de ambos os lados. Não houve nada parecido nas campanhas da Europa Ocidental, onde a própria rapidez da conquista assegurou que as baixas, mesmo entre os derrotados, fossem relativamente poucas, e o tratamento dispensado à população nos países ocupados fosse muito menos brutal que no leste. Durante o ataque à União Soviética, a perda de vidas humanas foi enorme desde o início. E lá, ao contrário do que ocorreu no oeste, muitos civis foram massacrados como parte do ataque.

A guerra no leste foi francamente genocida, e tinha sido planejada dessa forma. Meses antes do lançamento da Operação Barbarossa, e com apoio expresso de Hitler, o comandante supremo da ss e da polícia, Heinrich Himmler, e o comandante da Polícia de Segurança, Reinhard Heydrich, consideraram que a "solução final para a questão judaica" poderia ser obtida pela deportação de todos os judeus que estivessem nas mãos dos alemães — estimados em 5,8 milhões —

para as terras que seriam conquistadas à União Soviética. Lá eles morreriam de inanição, fadiga, doenças ou exposição ao frio do Ártico. Como a Alemanha não conseguiu levar a guerra contra os soviéticos a uma conclusão vitoriosa e rápida, a política de deportação para a União Soviética mostrou-se irrealizável. No entanto, a morte de judeus soviéticos era parte integrante da conquista alemã. Ao se aproximar o momento da invasão, quatro grandes forças-tarefas (*Einsatzgruppen*) integradas por homens da polícia política foram instruídas a acompanhar o Exército e erradicar todos os "elementos subversivos". Isso queria dizer, sobretudo, judeus.

Em seu avanço sobre os países do Báltico, no início da Operação Barbarossa, o Exército alemão não teve dificuldade para encontrar colaboradores entre nacionalistas de Lituânia, Letônia e Estônia, que viam os nazistas como libertadores do jugo soviético. Dezenas de milhares de cidadãos desses países, anexados em 1940, tinham sido deportados para o gulag. O peso da opressão soviética recaíra sobre comunidades inteiras. Os judeus ocuparam posições de destaque na administração e na polícia soviética, de modo que nos países bálticos muita gente estava disposta a acreditar que os judeus e os bolcheviques em nada se distinguiam, e que os judeus eram responsáveis por seu sofrimento.

Os alemães e seus colaboradores conseguiram com facilidade suscitar o ódio aos judeus entre nacionalistas radicais. Pouco depois que os nazistas chegaram à Lituânia, dias após o início da Operação Barbarossa, em 22 de junho de 1941, cerca de 2500 judeus foram mortos em pogroms. Unidades lituanas ajudaram as forças-tarefas da polícia política alemã em suas abomináveis operações, que no Báltico, mesmo para os padrões nazistas, foram absolutamente criminosas nos primeiros meses da ocupação. As coisas foram um pouco diferentes na Letônia, onde os alemães, com assistência de letões, mataram 70 mil dos 80 mil judeus locais até o fim de 1941. Na Estônia, onde havia pouquíssimos judeus, unidades locais sob ordens alemãs mataram todos os 963 nos quais puseram as mãos, além de cerca de 5 mil estonianos não judeus por suposta colaboração com os soviéticos. As forças-tarefas faziam uma contabilidade minuciosa de suas matanças. No fim do ano, a força-tarefa em operação na região do Báltico registrou com orgulho e precisão burocrática um total de 229052 judeus mortos (além de aproximadamente outras 11 mil vítimas).

Mais ao sul, na Ucrânia, os judeus já tinham sido massacrados em grande número a essa altura. Mas, ao contrário do que aconteceu no Báltico, os não judeus da Ucrânia, considerados eslavos "inferiores", foram tratados sem clemência pelos conquistadores alemães. Como no Báltico, de início os ucranianos recebe-ram os alemães de braços abertos. "Ficamos felicíssimos ao vê-los", lembrou uma mulher. "Eles iam nos salvar dos comunistas que tinham levado tudo e nos deixa-do famintos." A terrível epidemia de fome de 1932 ainda era uma lembrança do-lorosa. A mão pesada da opressão stalinista não dera trégua desde então. Quando os alemães invadiram a Ucrânia, muitos ucranianos desertaram do Exército Ver-melho ou desapareceram para não ser convocados. À medida que os soviéticos recuavam, na tentativa de escapar à captura pelos alemães, a NKVD esvaziava as cadeias fuzilando milhares de prisioneiros ucranianos. Inúmeros ucranianos fo-ram abandonados para lutar sozinhos, enquanto as medidas soviéticas de terra arrasada destruíam o gado e a maquinaria industrial. Os alemães entraram em Kiev em 19 de setembro de 1941, e poucos dias depois o centro da cidade foi sacu-dido por minas plantadas pelos soviéticos, provocando um grande incêndio que deixou mais de 20 mil pessoas sem teto. Havia, portanto, boas razões para que a população ucraniana em peso odiasse profundamente os soviéticos, e não sur-preende que os alemães tenham sido recebidos como libertadores. Só a burrice absoluta poderia torná-los ainda mais odiados que os soviéticos. Mas os conquis-tadores conseguiram.

Até alguns fervorosos ideólogos nazistas defendiam uma aliança com os ucranianos, por meio da integração da Ucrânia a um cinturão de satélites, garan-tindo assim uma dominação alemã duradoura no leste. Hitler, porém, via os ucranianos como "irremediavelmente asiáticos", da mesma forma que os russos, e apoiou sem reservas a dominação violenta do país, política implantada por seu representante, Erich Koch, o brutal comissário do Reich. Na cabeça de Himmler, a Ucrânia precisava ser "limpa" para futura colonização alemã. O destino da po-pulação ucraniana estava determinado pelo Plano Geral para o Leste, que con-templava a "remoção", nos 25 anos seguintes, de 31 milhões de pessoas, principal-mente eslavos, dos territórios conquistados no leste.

Esse genocídio muito maior só não foi posto em prática porque a guerra se voltou contra a Alemanha. Mesmo assim, a ocupação — na qual os alemães, em sua cruel repressão, contaram com a ajuda de unidades da polícia ucraniana, letã e lituana, além de outros colaboradores — foi tão violenta que engendrou um terror generalizado entre a população. Nas ruas, corpos de pessoas fuziladas arbi-trariamente pelos ocupantes eram uma visão frequente. Como na Polônia, as ví-timas das execuções públicas eram deixadas penduradas durante dias como elemento de dissuasão. Incidentes de sabotagem levavam a execuções de centenas de pessoas em represália. Vilarejos inteiros foram incendiados por não entregar os alimentos requisitados, ou por suspeita de apoiar guerrilheiros. "Quando víamos um grupo de alemães, corríamos para nos esconder", lembra um morador de Kiev.

Houve um novo motivo de medo a partir de 1942, quando a Alemanha, numa busca desesperada de mão de obra para a indústria bélica, passou a recrutar compulsoriamente ucranianos para deportá-los para o Reich. Isso equivalia a uma sentença de morte. Em julho de 1943, quando o número de deportados chegou a 1 milhão, quase todas as famílias do país tinham sido atingidas. As deportações e a violência com que eram feitas facilitavam o recrutamento para a guerrilha. De uma população em princípio amigável, a ocupação alemã criou uma nação de inimigos. Mas os soviéticos também eram inimigos dos ucranianos, e os guerrilheiros nacionalistas ucranianos achavam-se em violento conflito não apenas com os alemães, mas também com eles. Mais tarde, um guerrilheiro ucraniano lembraria: "Os alemães nos matavam, mas com os guerrilheiros vermelhos a bestialidade era diferente [...]. Eles tinham esse modo asiático" — foi assim que ele se expressou — "de torturar as pessoas, cortavam as orelhas e a língua [...]. Bem, é claro que nós éramos bem cruéis [...]. Não fazíamos prisioneiros, e eles também não, então nos matávamos uns aos outros. Isso era natural".

Ao contrário dos não judeus da Ucrânia, os judeus ucranianos (cerca de 1,5 milhão, ou 5% da população total e um quarto da população de Kiev) obviamente temiam a conquista alemã. No entanto, nem em seus piores pesadelos poderiam ter sequer imaginado o destino que os esperava logo depois da ocupação nazista.

O antissemitismo, com frequência violento, era generalizado na Ucrânia muito antes da chegada dos alemães. Iniciada a ocupação, os judeus enfrentaram o massacre perpetrado pelos conquistadores numa sociedade que lhes era hostil. Uma pequena minoria de ucranianos ajudou seus vizinhos judeus. Uma minoria bem mais numerosa estava disposta a denunciar judeus aos ocupantes alemães, ou mesmo participar de seus massacres. A maior parte dos ucranianos, porém, olhava e não fazia nada. A inveja da riqueza, das posses e da posição dos judeus desempenhou um papel importante no antissemitismo ali. O mesmo aconteceu, como em outras partes do leste, com a crença de que os judeus tinham sido agentes da opressão soviética. Quando o Exército Vermelho retomou a Ucrânia, em 1943, o que mais se ouvia era "esses judeus estão aqui outra vez".

Na época em que os alemães entraram na Ucrânia, não apenas homens, mas mulheres e crianças judias estavam sendo massacrados em todo o leste. Na ravina de Babi-Yar, nas proximidades de Kiev, num massacre colossal que durou dois dias (29-30 de setembro de 1941), 33 771 pessoas foram metralhadas. Durante o outono e o inverno, outras dezenas de milhares de pessoas foram assassinadas por toda a Ucrânia, na Bielorrússia e em outras partes dos antigos territórios soviéticos, à medida que se ampliavam as áreas conquistadas pelos alemães. Nessa época, o genocídio era total no leste. Em pouco tempo, seria transformado num programa que visava toda a Europa ocupada pelos alemães.

Em janeiro de 1942, o número de judeus a serem exterminados na "solução final" estava fixado em 11 milhões (embora as estimativas sobre a população judaica nos diversos países da Europa fossem às vezes bastante inexatas). O total incluía judeus de Inglaterra, Finlândia, Irlanda, Portugal, Suécia, Suíça, Espanha e Turquia — áreas que não estavam sob controle alemão, mas que supostamente no futuro seriam incorporadas à "solução final". Tal objetivo não pôde ser alcançado. Mesmo assim, quando o caminho tomado pela guerra pôs fim ao morticínio, cerca de 5,5 milhões de judeus tinham sido mortos.

Na enormidade do tenebroso massacre de não combatentes durante a Segunda Guerra Mundial, não houve hierarquia de vítimas. Fosse uma pessoa morta por inanição ou excesso de trabalho, fuzilada ou enviada à câmara de gás; fosse atacada pelos homens de Hitler ou de Stálin; fosse "cúlaque", judeu, homossexual ou "cigano" (cerca de meio milhão deles foram mortos pelos alemães) — tratava-se de alguém que tinha entes queridos, não apenas uma baixa infeliz causada pelo combate, mas uma pessoa deliberadamente assassinada. Ninguém estava em posição mais alta ou mais baixa nessa escala. No entanto, havia motivações distintas por trás das mortes e nas características essenciais dos programas de assassinato. Além dos judeus, nenhum outro grupo social ou étnico tinha sido encapsulado em ideologia, muito antes do começo da guerra, como se fosse um inimigo cósmico de poderes satânicos que precisava ser erradicado. Só eles eram minuciosamente listados para a aniquilação por meio de um zeloso aparato burocrático. Nenhum outro povo — nem mesmo as etnias sinti e roma (depreciativamente chamadas de "ciganos") — foi destruído de maneira tão implacável, dentro de um programa sistemático, e não apenas em fuzilamentos em massa, mas cada vez mais num sistema industrial de extermínio.

Em meio ao catálogo completo dos elementos de destruição, devastação e miséria que constituíram a Segunda Guerra Mundial, o assassinato dos judeus da

Europa foi o ponto mais baixo a que o gênero humano desceu no abismo da desumanidade. O fogo dos crematórios dos campos de extermínio foi, quase literalmente, a manifestação física do inferno na terra.

No último trimestre de 1941, o assassinato de judeus em ações criminosas deliberadas nas diferentes regiões do Leste Europeu começou a ser executado por dirigentes nazistas locais que operavam sob ordens gerais de Berlim. Foram inspirados pela determinação do próprio Hitler de promover a mais radical "solução" para a questão judaica. Essas ações na Europa Oriental aceleraram o processo de implantação do genocídio total. O processo se acelerou naquele período porque o objetivo de deportar judeus europeus para a Rússia, onde o genocídio já era intenso, precisou ser abandonado quando a esperada vitória rápida dos alemães sobre os soviéticos não aconteceu. Com a pressão aumentando para declarar suas províncias "livres de judeus", depois de meses de incitação dos dirigentes nazistas, era preciso encontrar algum outro lugar para a "solução final da questão judaica".

No começo de 1942, começou a surgir um programa de deportação em massa para centros de morte na Polônia. Câmaras de gás móveis e estacionárias passaram a ser preferidas aos fuzilamentos em massa como método de matança. Em dezembro de 1941, em Chełmno, no oeste da Polônia, entraram em operação as vans de gás — semelhantes a pequenos caminhões-baús de mudanças, mas adaptadas para descarregar monóxido de carbono no compartimento traseiro fechado. Até serem aposentados, esses veículos mataram cerca de 150 mil judeus. Em março e abril de 1942, os judeus poloneses eram levados para morrer em câmaras de gás estacionárias em Belzec e Sobibor, no leste da Polônia. Treblinka, perto de Varsóvia, que entrou em funcionamento em junho, foi o último do trio de campos de extermínio que operavam dentro da "Aktion Reinhard" naquele verão, com o objetivo de eliminar todos os judeus poloneses.

Não havia trabalhos forçados nesses campos. Na verdade, "campo" é um nome equívoco. Ninguém residia neles, além de carcereiros e alguns poucos prisioneiros mantidos temporariamente em poder dos "destacamentos especiais" (*Sonderkommandos*), integrados por judeus obrigados a fazer o trabalho sujo de cuidar dos cadáveres nas câmaras de gás e nos crematórios. Os "campos" da "Aktion Reinhard" existiam para um único propósito: matar os judeus enviados para lá. Poucos sobreviviam mais de algumas horas após a chegada. Quando começaram a ser desativados, no fim de 1943, tinham servido de palco para o assassinato de cerca de 1,75 milhão de judeus, principalmente poloneses. Apenas em 1942, foram mortos 2,7 milhões de judeus, quase a metade do total da guerra. A maior parte deles pereceu nos campos da Reinhard.

O principal centro de morte em 1943-4, no entanto, foi Auschwitz. Ao contrário do que acontecia nos campos da "Aktion Reinhard", os judeus eram levados para lá como mão de obra escrava, não apenas para morrer. Diversamente, também, a grande maioria a partir de 1942 vinha de fora da Polônia. Auschwitz já era um enorme campo de concentração e trabalho — de início para prisioneiros poloneses — quando se iniciou a deportação de judeus do resto da Europa, a começar por Eslováquia e França, depois Bélgica, Países Baixos e logo outros países, em março de 1942.

Os deportados eram enviados principalmente a Birkenau, um campo auxiliar a dois quilômetros do principal, mas muito maior. De maio de 1942 em diante, os judeus incapacitados eram separados dos aptos e mandados diretamente para as câmaras de gás, cuja capacidade de matança aumentou muito em 1943, quando foram construídos novos crematórios (com capacidade para queimar cerca de 5 mil corpos por dia). Nessa época, os tentáculos do programa genocida tinham se estendido aos confins mais remotos da Europa ocupada pelos nazistas. Até mesmo no posto avançado das Ilhas do Canal, a única possessão da Coroa britânica que caiu sob domínio alemão, três judias (duas austríacas e uma polonesa) foram deportadas primeiro para a França, depois para Auschwitz. O que aconteceu com elas depois disso não se sabe, mas nenhuma sobreviveu à guerra.

As maiores deportações para Auschwitz foram as últimas: a de judeus húngaros, em meados de 1944, depois da ocupação da Hungria pelos alemães. Os alemães precisavam do trabalho e das riquezas dos judeus húngaros. Mas os motivos econômicos se entremearam ao imperativo ideológico de destruição. Hitler disse a seus chefes militares, em maio de 1944, que todo o Estado húngaro estava "desgastado e corroído" por judeus, integrantes de "uma rede integrada de agentes e espiões". Sua destruição era essencial para a vitória alemã. Os comandantes militares responderam com uma tempestade de aplausos quando o Führer lhes disse que sua intervenção destinava-se a "solucionar o problema", destacando que só a manutenção da raça alemã importava. A consequência foi a deportação em massa de judeus húngaros para Auschwitz. Em julho, 437 402 deles já tinham morrido nas câmaras de gás de Auschwitz.

Cerca de 1,1 milhão de pessoas foram assassinadas em Auschwitz — 1 milhão de judeus, 70 mil presos políticos poloneses, mais de 20 mil sintis e romas, 10 mil prisioneiros de guerra soviéticos e centenas de testemunhas de Jeová e homossexuais. O Exército Vermelho libertou os prisioneiros de Auschwitz no fim de janeiro de 1945. Em julho do ano anterior, mesmo os soldados soviéticos calejados ficaram estarrecidos ao chegar ao campo de extermínio de Lublin-Majdanek, onde cerca de 80 mil das 200 mil vítimas estimadas eram judeus. O que encontraram em Auschwitz foi ainda pior. Mesmo assim, o tormento dos judeus não estava encerrado. Cerca de 250 mil prisioneiros do campo, majoritariamente judeus, pereceram em marchas da morte empreendidas nos últimos meses da guerra, quando os campos da Polônia, primeiro, e da própria Alemanha, depois, começaram a ser evacuados ante a aproximação do inimigo.

Cada uma das pessoas mandadas a Auschwitz e a outros campos de extermínio tinha um nome. A burocracia do assassinato em massa transformou os nomes em números. Para os assassinos, as vítimas eram anônimas. Foi uma maneira muito moderna de matar. Primo Levi, químico judeu italiano capturado pela milícia fascista e mandado para o campo de trabalho escravo de Auschwitz-Monowitz em fevereiro de 1944, recorda como se sente uma pessoa privada de identidade: equivale à "demolição de um homem". E continua: "Chegamos ao fundo. Não é possível afundar mais que isso, nenhuma condição humana é mais miserável que esta, nem poderia ser. Não temos mais nada; tiraram nossas roupas, nossos sapatos, até nosso cabelo [...]. Querem até nos tirar nosso nome". E tiraram. Logo ele soube que era o prisioneiro 173417, número que foi tatuado em seu braço esquerdo. E comentou: "Isto é o inferno. Hoje, em nossos dias, o inferno deve ser assim".

Alguns conseguiram preservar uma identidade além do número do campo de concentração e mantiveram sua dignidade até mesmo quando se preparavam para entrar na câmara de gás. Chaim Hermann escreveu uma notável última carta à mulher e à filha, encontrada em fevereiro de 1945 debaixo de cinzas humanas perto de um dos crematórios de Auschwitz. Ele descreve sua vida no campo como "um mundo completamente diferente" de qualquer coisa que sua mulher pudesse imaginar, "simplesmente o inferno, mas o inferno de Dante é ridículo se comparado a este inferno real". E garantiu a ela que estava saindo desse inferno "com calma e talvez heroicamente (isso vai depender das circunstâncias)".

Nem todos eram tão estoicos. Um poema escrito em tcheco que sobreviveu a seu autor em Auschwitz resume o ódio profundo aos que cometiam o horror, a rebelião íntima contra a degradação e a morte, o sentimento, certamente experimentado por muitas das vítimas, de que um dia de acerto de contas em algum momento viria:

> *E há muitos e muitos mais de nós aqui embaixo;*
> *avolumamo-nos e crescemos a cada dia que passa;*
> *vossos campos já estão inchados conosco*
> *e um dia vossa terra explodirá.*
> *E então emergiremos, em terríveis fileiras,*
> *com um crânio em nossos crânios e canelas ossudas;*
> *e gritaremos no rosto de toda a gente*
> *Nós, os mortos, acusamos!*

OS MUITOS SIGNIFICADOS DE INFERNO NA TERRA

Para o poeta tcheco anônimo, e para inúmeros outros, era difícil encontrar um significado no massacre sem sentido de tantas vítimas inocentes. Muitos judeus se perguntavam onde estava Deus enquanto a morte e o sofrimento sem limites aconteciam. Se existia um, por que permitiria semelhante horror? Os cristãos, em muitas partes da Europa sujeitos a um infortúnio inimaginável, com frequência se faziam a mesma pergunta. Outros, ao contrário, se apegavam à sua fé. Ao que parecia, era tudo o que lhes restava. É difícil saber se centenas de milhares de vítimas sintis e romas encontravam alívio na fé religiosa, ou percebiam apenas desesperança e falta de sentido em sua perseguição e assassinato. Entre eles não havia poetas. Muitos eram analfabetos e não deixaram relatos escritos de seus sofrimentos para a posteridade — incontáveis vidas humanas deliberadamente aniquiladas, deixando poucos traços além da memória e da tradição oral.

Genocídio e "limpeza étnica" numa escala gigantesca eram parte intrínseca do significado da guerra para a cúpula nazista e para sua horda de subordinados nas Forças Armadas, na polícia e na burocracia, dedicados a executar a política racial. Para seus milhões de vítimas, muitas vezes não poderia haver nada senão total incompreensão. O mais desolado pessimismo em relação à humanidade teria sido, e às vezes foi, uma reação perfeitamente natural àquilo que essas pessoas precisaram suportar. Ainda assim, surpreendentemente, havia mais que niilismo. Mesmo em Auschwitz, cantava-se a "Ode à alegria" de Beethoven. Mesmo naquele inferno feito pelo homem ainda havia humanidade, um sentimento de transcendência que a música, quando não a religião, podia evocar.

As pessoas encontravam seus próprios significados, ou a falta de um. É possível falar do "sentido" da guerra para os milhões que viveram, lutaram e morreram durante o titânico conflito? O que eles fizeram do turbilhão de acontecimentos que se abateram sobre sua vida, mudando-a para sempre, muitas vezes da forma mais traumática? Cada pessoa viveu a experiência da guerra à sua maneira. Ela teve muitos significados, ou, com frequência, nenhum. As circunstâncias, muito diferentes, ditavam a experiência, e dela surgia às vezes uma ideia sobre o significado que a guerra poderia ter. As experiências não eram apenas pessoais. Várias foram compartilhadas, muitas vezes moldadas pelo acaso da nacionalidade, outras indo além da nacionalidade, ainda que com frequência condicionada por ela e percebida através de suas lentes.

Milhões de pessoas serviram em frentes muito diversas, no mar ou no ar, uns nas forças de ocupação, outros na clandestinidade da guerrilha de resistência. As mulheres aderiram às forças combatentes em grande número, centenas de milhares delas prestaram serviços auxiliares essenciais, desempenhando papel significativo nos movimentos de resistência, no Exército Vermelho e entre os guerrilheiros iugoslavos que lutavam na linha de frente. Os civis, envolvidos como nunca, preocupavam-se todos os dias com entes queridos que estavam longe, em combate. Na maior parte da Europa, tiveram também de se adaptar à ocupação inimiga, sofrer duras privações materiais e enfrentar o terror dos bombardeios e o trauma das evacuações forçadas. O tipo de ocupação determinava decisivamente a diversidade das experiências. A grotesca desumanidade que teve lugar no Leste Europeu não encontrou paralelo no oeste. Mas lá também, embora de formas diversas em cada país, os anos de ocupação deixaram sua marca dolorosa na mente das pessoas. Em toda parte, a vida em si se tornou mais precária do que nunca. Para milhões de pessoas, a guerra foi um período de mera sobrevivência. Certamente foi isso o que ela significou, em primeira instância, para os inúmeros combatentes de todas as nacionalidades.

Os combatentes

Para soldados, marinheiros e aviadores, nos momentos de perigo mais intenso, a sobrevivência costumava ser o único pensamento e a única preocupação. No calor da batalha, não havia espaço para reflexão. O medo e a apreensão eram os sentimentos dominantes quando as armas começavam a disparar. A lembrança dos entes queridos em casa, a necessidade de protegê-los e o imperativo de viver para voltar para eles eram fortes fatores motivacionais. Igualmente forte era a necessidade de vingança pelo que o inimigo tinha feito aos entes queridos. A lealdade aos camaradas próximos seguia de perto a luta pela sobrevivência como motivação. Quando a perda de vidas ocorria em tão grande escala como na frente oriental, e quando unidades militares inteiras eram continuamente dizimadas e reconstituídas, a "lealdade ao grupo" não podia ter o mesmo significado que teve, por exemplo, para os *pals battalions* [batalhões de amigos] que saíram das cidades industriais britânicas para lutar na Primeira Guerra Mundial. No entanto, a sobrevivência dependia em grande medida dos atos dos camaradas mais próximos. Portanto, o interesse de cada um determinava que a luta pela própria sobrevivência fosse também uma luta pela sobrevivência dos que combatiam juntos. O medo das consequências de não lutar também tinha seu papel. Soldados soviéticos e alemães, em especial, não podiam esperar piedade caso se recusassem a lutar ou desertassem.

Fora do calor da luta, os que estavam nas Forças Armadas, mesmo que não fossem pessoas dadas à reflexão, mostravam, nas cartas que escreviam à família ou em diários, alguns indícios das causas pelas quais imaginavam estar lutando, além da sobrevivência individual. Por meio de treinamento, educação, formação e valores culturais assimilados de longa data, uma ideia subliminar de significado se superpunha às razões imediatas e pessoais para lutar.

A crença de que participavam de uma cruzada para defender a Alemanha da terrível ameaça do bolchevismo sem dúvida orientou as ações de muitos soldados da Wehrmacht que cruzaram as fronteiras soviéticas em junho de 1941. Isso lhes dava uma justificativa aparente para sua conduta bárbara na guerra, contra civis ou contra o Exército Vermelho, inclusive o massacre de judeus. "Aqui termina a Europa", escreveu um soldado alemão de elevada instrução a um amigo, ao pisar em solo soviético. Para ele, os alemães estavam ali para defender o Ocidente culto e cristão do detestável vandalismo ateu do bolchevismo. E, apesar de não ser ideologicamente antissemita, assimilara a propaganda nazista sobre o "judaico--bolchevismo". Ele não escondia a repulsa diante da população judaica de alguns dos vilarejos pelos quais sua unidade passava. Um policial alemão da reserva, comerciante na vida civil, escreveu à mulher em agosto de 1941 sobre o fuzilamento de 150 judeus — homens, mulheres e crianças. "Os judeus estão sendo completamente exterminados", comentou. "Por favor, não pense nisso, é assim que tem de ser." Muitos soldados observavam, impassíveis, as execuções em massa. Alguns tiravam fotos. "Assistíamos ao espetáculo e depois voltávamos ao trabalho como se nada tivesse acontecido", relatou um deles à mulher. Seguia-se a justificativa: "Os guerrilheiros são inimigos e canalhas, e devem desaparecer". O sentimento aplacava consciências, às vezes intranquilas, mas em pouco tempo todos se aclimatavam, quando centenas de vilarejos eram incendiados e seus habitantes massacrados ou queimados até morrer — seiscentos só na Bielorrússia — em represália por atividades guerrilheiras reais ou supostas.

É claro que havia exceções à desumanidade. Os corajosos oficiais que vieram a constituir a coluna vertebral da resistência alemã que tentou matar Hitler em numerosas ocasiões, entre 1943 e 1944, foram estimulados à conspiração ao ficar sabendo das atrocidades cometidas contra os judeus e outras pessoas no leste. Suas iniciativas se frustraram mais pela má sorte do que por qualquer outra coisa. Mas o nome do general Henning von Tresckow e o do coronel Claus Schenk Graf von Stauffenberg representam muitos outros, repugnados pela desumanidade da Alemanha de Hitler.

Soldados rasos também se sentiram mal desde o início com o que estava acontecendo. Alguns deles, por convicção religiosa, se rebelaram secretamente contra a barbárie, ou até mesmo, em raras ocasiões, ajudaram judeus. Wilm Hosenfeld, membro do Partido Nazista e das tropas de assalto, admirador de Hitler e plenamente convicto da causa alemã na guerra, ficou tão horrorizado com o que viu e ouviu, na condição de oficial de baixa patente baseado em Varsóvia, que assumiu, movido por suas fortes crenças católicas, a tarefa de ajudar judeus como pudesse — entre eles o músico polonês Władisław Szpilman, cuja história foi contada muito mais tarde no filme *O pianista*, de Roman Polanski. "Será que o Diabo assumiu forma humana?", perguntava Hosenfeld em carta à mulher em julho de 1942, depois de informar que os judeus estavam sendo mortos aos milhares. "Não duvido", foi a resposta que ele mesmo deu à pergunta. Tratava-se de algo sem precedentes na história, observou. E mencionou uma "culpa tão terrível que você quer afundar no chão de vergonha".

Calcula-se talvez em cem o número daqueles que se comportaram de maneira tão nobre. Pode ser que os atos de outros não tenham ficado registrados para a posteridade. Mas de qualquer forma o número é pequeno se comparado aos mais de 18 milhões que serviram na Wehrmacht.

A maior parte engoliu em alguma medida o que ouvia sobre o objetivo da guerra. Tudo indica que as opiniões cruamente resumidas pelo marechal de campo Walter von Reichenau, nazista convicto e um dos favoritos de Hitler, tenham se embrenhado em certa medida em todos os níveis do Exército. Reichenau deixou claro quais eram os deveres dos soldados alemães no leste numa ordem geral emitida em 10 de outubro de 1941:

O principal objetivo da campanha contra o sistema judaico-bolchevique é a destruição total de suas forças e o extermínio da influência asiática no âmbito da cultura europeia. Em vista disso, os soldados terão de assumir tarefas que vão além das convencionais, puramente militares. No âmbito do leste, o soldado não é apenas um combatente segundo as regras da guerra, mas o sustentáculo de uma ideologia racial [*völkisch*] implacável e vingador de todas as bestialidades infligidas à nação alemã e dos grupos étnicos relacionados a elas. Por esse motivo, os soldados devem compreender plenamente a necessidade de severa punição que se exige dos judeus subumanos.

Esses soldados alemães pensavam que estavam lutando por algo que se definia como uma visão turva de uma utopia futura, uma "nova ordem" na qual a superioridade racial alemã e seu domínio sobre o inimigo aniquilado garantiriam paz e prosperidade para suas famílias e seus descendentes. Em 1944-5 essas vagas esperanças tinham se desvanecido. Mas a guerra ainda fazia sentido. O fato de estar sendo disputada com insistência até o fim agora se justificava por outro imperativo ideológico: a "defesa do Reich". A frase encapsulava não apenas uma entidade política e geográfica abstrata, mas a defesa da família, da pátria, da propriedade e das raízes culturais. E, para cada soldado, ciente dos crimes que ele mesmo e seus camaradas tinham cometido, principalmente no leste, ir em frente significava continuar lutando a todo custo contra o Exército Vermelho, cuja vingança na vitória certamente traria a destruição de tudo o que lhe era caro. Os significados ideológicos da guerra ajudaram, junto com a disciplina, o treinamento e boa liderança, a manter alto o moral de combate da Wehrmacht praticamente até o fim.

Para os aliados militares da Alemanha, o significado da guerra era muito menos claro, e o moral, mais difícil de sustentar. Cerca de 690 mil soldados não alemães, principalmente romenos, tinham aderido à invasão da União Soviética em 1941. Da ofensiva que chegou a um fim catastrófico em Stalingrado participaram romenos, húngaros, croatas, eslovacos e italianos. Cerca de 300 mil soldados não alemães do Eixo foram capturados na contraofensiva soviética. Hitler nutria por eles nada mais que o desprezo por sua falta de espírito combativo. Na verdade, quanto a isso eles ficavam bem atrás dos alemães, e por razões compreensíveis. O ódio à União Soviética era generalizado, mas não bastava para atribuir à guerra um significado motivador para os aliados da Alemanha como fazia com as tropas alemãs. Os aliados da Alemanha não tinham uma visão clara de futuro, com uma sociedade, ou um regime, pela qual valesse a pena combater, arriscando a própria vida. A deserção era comum, o abatimento moral aumentava, a liderança vacilava. Os oficiais romenos tratavam seus soldados rasos, insuficientes e mal equipados, não muito melhor que cachorros. Não chega a surpreender que muitos deles só lutassem sob coação. "Os romenos não têm um objetivo real — por que estão lutando?", foi a pergunta pertinente feita por um ex-soldado do Exército Vermelho que tinha se confrontado com eles e pôde observar sua debilidade como combatentes. Soldados italianos que lutavam no rio Don também se perguntavam com frequência o que estavam fazendo ali. Longe de casa, em péssimas condições, numa guerra que pouco significava para eles. Não chega a surpreender que lhes faltasse espírito de combate. Quando um intérprete soviético perguntou a um sargento italiano por que seu batalhão tinha se rendido sem disparar um tiro, ele respondeu: "Não disparamos porque achamos que seria um erro".

Muitos italianos não tinham escolhido lutar. Cada vez mais, achavam que Mussolini os arrastara para uma guerra que só beneficiava os detestados alemães. Sem um sentido ideológico claro ou relevante, a guerra para eles não tinha uma motivação. Era perfeitamente compreensível que preferissem se render e sobreviver a lutar por uma causa perdida. Mas, com o país ocupado pelos alemães no norte e pelos Aliados no sul, depois que a Itália abandonou a guerra, em setembro de 1943, eles mostraram que estavam prontos a lutar com vontade — contra os ocupantes e uns contra os outros — por uma causa ideológica que afetava diretamente a si mesmos, a suas famílias e suas casas: que tipo de país seria a Itália no pós-guerra, fascista outra vez ou socialista?

Para os soldados do Exército Vermelho, um imenso corpo multiétnico de combatentes, a guerra tinha um significado totalmente diverso. A maior parte deles tinha pouca instrução e vivia em condições primitivas. Cerca de 75% da infantaria era integrada por camponeses. Alguns rapazes de vilarejos do interior nunca tinham visto luz elétrica antes de entrar para as Forças Armadas. É pouco provável que a maior parte deles tivesse refletido sobre um significado mais profundo da guerra. Muitos, sem dúvida, lutavam porque precisavam lutar, porque não havia escolha, porque não lutar teria significado morte certa. Mas só o medo não poderia ter mantido o fantástico poder de luta e o moral do Exército Vermelho, que foi da beira da catástrofe, em 1941, para a vitória total quatro anos depois.

De fato, o moral do Exército Vermelho esteve perto da falência à medida que o aparentemente inelutável avanço alemão se estendia de triunfo em triunfo no verão de 1941. As deserções eram muitas. Muitas também eram as punições letais aos que desertavam. Entretanto, uma barragem intransponível de propaganda, as histórias sem fim sobre a carnificina promovida pelos alemães tendo como vítimas os conquistados e uma fábula sobre o heroísmo do Exército Vermelho triunfaram diante das portas de Moscou. Os soldados soviéticos, assim como os da Wehrmacht, viam sentido na guerra, embora não conseguissem articular isso. Seria um erro subestimar o papel da ideologia em sua motivação. Não era necessariamente a ideologia oficial do regime, embora esta estivesse agora sintonizada com a ênfase no patriotismo. Quando Stálin falou aos soldados na manhã da grande ofensiva do Exército Vermelho no Don, em novembro de 1942, que culminou na vitória de Stalingrado, usou os seguintes termos: "Caros generais e soldados, dirijo-me a vocês, meus irmãos. Hoje vão começar uma ofensiva e suas ações vão decidir o destino do país — se continua independente ou se perece". Uma testemunha relembra as emoções daquele dia: "Aquelas palavras realmente tocaram meu coração [...] quase cheguei às lágrimas [...]. Senti um impulso verdadeiro, espiritual".

Mas não se tratava apenas de patriotismo. Patriotismo e ideologia marxista-leninista se reforçavam mutuamente. Os soldados eram instruídos em bolchevismo. Aqueles que combateram às portas de Moscou, em Stalingrado, em Kursk nada sabiam além disso. Desde a infância, foram imersos em visões de uma sociedade nova melhor para todos. Um veterano do Exército Vermelho, tendo reconhecido que pensava em Stálin "como um pai" e comparava a voz dele com "a voz de Deus", disse que, fosse qual fosse a repressão, "Stálin corporifica o futuro, todos nós acreditamos nisso". Essa utopia da Mãe-Pátria comunista estava agora gravemente ameaçada. Ainda podia se tornar realidade — mas só se os fascistas de Hitler, que avançavam como hienas para destruir as terras soviéticas, matar seus cidadãos e devastar suas cidades e seus vilarejos, pudessem der destruídos. Era uma mensagem forte, que ganhava potência com o ingrediente adicional de vingança depois que o jogo virou e o Exército Vermelho passou a ter no horizonte as fronteiras do Reich. Para os soldados do Exército Vermelho, era uma guerra defensiva e justa, a ser vencida a qualquer preço. Era uma motivação forte. A guerra tinha significado real.

Já para os combatentes dos Aliados da Europa Ocidental, a guerra não podia ser reduzida a um único significado. Os países que integraram de início a aliança ocidental — Inglaterra, França e Polônia —, logo após o começo da guerra, receberam a adesão dos *dominions* do Império britânico. As possessões coloniais britânicas e francesas contribuíram com grande número de soldados. Só a Índia enviou 2,5 milhões de homens, com a missão de combater principalmente os japoneses, enquanto as colônias do Norte da África forneceram a base para a recomposição da força militar francesa depois de 1942. Tchecos, belgas, holandeses e norugueses estiveram entre muitos outros europeus que lutaram ao lado de poloneses, franceses e britânicos desde a primeira fase da guerra. Os Estados Unidos e muitos outros países entraram no conflito mais tarde, ao lado dos Aliados. Em 1942, a aliança contra as potências do Eixo era integrada por 26 países, que chamavam a si mesmos de "Nações Unidas". A guerra inevitavelmente teria significados diversos para os homens e as mulheres que integravam uma aliança de tal diversidade, lutando não apenas na Europa, mas também, depois que os japoneses entraram na guerra, no Extremo Oriente, assim como nos mares e nos ares. Os soldados dos Aliados não eram melhores que os demais para articular os motivos pelos quais consideravam estar lutando. As cartas que enviavam para casa em geral falavam de aspectos mundanos da vida militar, poupando os parentes das agruras piores, como dores, medos e traumas que tinham de enfrentar. A camaradagem era crucial; a ânsia de voltar para casa e para a família, quase universal; em última instância, a sobrevivência de cada um era o que importava. Ainda que não mencionados, havia valores culturais e crenças motivadoras subliminares que mantinham o moral e faziam com que lutar na guerra valesse a pena.

Para poloneses exilados e franceses, baseados na Inglaterra, e para os cidadãos de outros países europeus que se uniam às forças dos Aliados, a causa era óbvia: livrar a pátria da ocupação alemã. Mas o general De Gaulle, líder da França Livre, não falou durante muito tempo em nome da maioria de seus compatriotas. Para o povo, no país e fora dele, a guerra não tinha um sentido único. Também para os poloneses no exílio havia mais de um sentido na guerra. A causa não era apenas a libertação do jugo alemão, e sim, cada vez mais, com a progressão do conflito, garantir que a Polônia não passasse de uma forma de servidão a outra, caindo sob o domínio da União Soviética.

Sob o comando do general Władisław Sikorski, chefe das Forças Armadas da Polônia e primeiro-ministro do governo polonês no exílio, cerca de 19 mil soldados das forças de terra e ar foram evacuados da França para a Inglaterra em 1940, embora três quartos dos poloneses que lutavam em solo francês tivessem sido mortos ou capturados. Os pilotos poloneses deram uma grande contribuição para a Batalha da Inglaterra. Bem menos reconhecido foi o trabalho dos criptógrafos poloneses, essencial na tarefa conjunta com britânicos e franceses de quebrar o código Enigma — eles já tinham decodificado uma versão anterior do modelo na década de 1930 —, o que permitiu aos Aliados compreender mensagens alemãs, questão crucial para a vitória na batalha no Atlântico.

A partir de 1942, depois que Stálin libertou dezenas de milhares de poloneses prisioneiros no gulag e restabeleceu relações diplomáticas com a Polônia, cerca de 40 mil soldados poloneses, comandados pelo general Władisław Anders, lutaram ombro a ombro com os britânicos no Norte da África, e depois com os Aliados na Itália. O próprio Anders tinha sido capturado pelos soviéticos e sofreu bárbaras torturas nas mãos deles. É claro que, depois de libertado, continuou a ser violentamente antissoviético. As hediondas descobertas em Katyn em abril de 1943 constituíram o mais claro dos lembretes aos poloneses no exílio dos horrores da ocupação não apenas alemã, mas também soviética. O esmagamento do Levante de Varsóvia, em agosto de 1944, acabou com a esperança de instituir uma Polônia independente. Em fevereiro de 1945, quando, na Conferência de Yalta, os Estados Unidos e a Inglaterra concordaram em deixar a Polônia dentro da área de influência da União Soviética no pós-guerra, com fronteiras revistas, mais do que nunca a Polônia se sentiu traída. Para os poloneses não comunistas, que formavam a grande maioria da população no país e no exílio, a guerra começou e terminou como um desastre nacional.

Até 1940, Charles de Gaulle era apenas um oficial desconhecido do Exército francês. Promovido a general durante a invasão alemã da Bélgica e indicado, em meados de 1940, para o cargo de subsecretário da Defesa, com apoio britânico, ele se firmou como líder no exílio da França Livre, uma força minúscula de apenas 2 mil homens e 140 oficiais. Em Londres, numa série de entusiasmados discursos radiofônicos dirigidos ao povo francês, De Gaulle afirmava que a França Livre representava a verdadeira França. Ele buscava personificar a resistência, tanto para os alemães como para o regime de Vichy (governo da zona não ocupada da França, depois da derrota de 1940), cuja legitimidade negava. Mas teve pouco êxito até meados da guerra. Na França, por influência da imprensa de Vichy, ele era visto como traidor.

O afundamento da frota francesa em Mers el-Kébir, na Argélia, em 3 de julho de 1940, por ordem de Churchill (para impedir que caísse em poder dos alemães), com a perda de 1297 marinheiros, em nada ajudou os Aliados a conquistar apoio na França ou em suas colônias. Junto com as autoridades coloniais, as tropas francesas das colônias, muito mais numerosas que as da própria França, de início se alinharam com o governo de Vichy, repelindo um desembarque da França Livre em Dacar em setembro de 1940. Aos poucos, à medida que a sorte da guerra se voltava contra a Alemanha e o governo de Vichy perdia popularidade, as colônias passaram a apoiar a França Livre. O relacionamento difícil de De Gaulle com Churchill e Roosevelt, bem como as dissensões internas da liderança da França Livre, foram obstáculos à consolidação de uma oposição a Vichy até bem depois dos desembarques dos Aliados no Norte da África, em novembro de 1942. A essa altura, as forças da França Livre contavam com apenas 50 mil homens contra os 230 mil que até então eram, pelo menos formalmente, leais a Vichy. Só em meados de 1943, depois de mudar seu quartel-general para Argel e melhorar sua reputação com o apoio ao movimento de resistência que crescia dentro da França, De Gaulle foi reconhecido como líder incontestable de um futuro governo. Ele agora representava um rival, cada vez mais poderoso e aclamado, para o regime de Vichy, que a partir de novembro de 1942, quando os alemães se apropriaram do que tinha sido anteriormente a zona não ocupada, tornou-se cada vez mais um fantoche nas mãos dos odiados alemães.

Os soldados britânicos eram um caso singular entre seus aliados europeus pelo fato de não estarem lutando pela libertação de seu país de uma ocupação estrangeira. As causas pelas quais lutavam, o sentido de sua guerra, eram portanto mais abstratas e menos óbvias. Acima de tudo, apoiavam Churchill como seu líder na guerra. Mas sem contar as elites, representadas na oficialidade, poucos partilhavam da crença dele na guerra como meio de preservar a grandeza do Império britânico, além de defender a liberdade e a democracia. Muitos dos soldados provenientes das colônias que lutavam ombro a ombro com os ingleses esperavam exatamente o contrário: a independência de sua pátria do controle colonial. Mesmo os soldados provenientes da própria Inglaterra, lutando a milhares de quilômetros do país no Extremo Oriente, contra um inimigo brutal e implacável, tinham pouca noção de que estavam ali para manter o imperialismo britânico. Sobreviver ao inferno da floresta, assim como à violência dos japoneses e, com muita probabilidade, aos horrores indescritíveis do bárbaro tratamento que recebiam em cativeiro, era o que mais importava. Poucos soldados mencionavam em suas cartas algum sentido da guerra que não fosse a própria sobrevivência. Um oficial britânico escreveu aos pais pouco antes de ser morto, no Norte da África, expressando ideais que, embora vagos, quase com certeza tinham amplo curso. Ele estava preparado para morrer, afirmou, por aquilo que chamava "o anseio sincero de todas as 'pessoas comuns' que buscam algo melhor — um mundo mais digno de seus filhos".

Esse sentimento sobre o sentido da guerra como caminho para um futuro melhor era generalizado, embora muitas vezes não expresso, nas forças britânicas. Ganhou voz no país em novembro de 1942 com a publicação do plano elaborado pelo economista liberal William Beveridge, que esboçava o que seria um sistema de seguridade social capaz de oferecer benefícios a todos os cidadãos britânicos, do berço à sepultura. O Plano Beveridge foi amplamente debatido pelos soldados além-mar, numa indicação de que era visto como porta de entrada para uma nova sociedade. A ideia recorrente de que a guerra não era travada apenas para derrotar e destruir a ameaça do nazismo — embora esse fosse o objetivo óbvio e principal —, mas para romper com a Inglaterra do passado depois que a tarefa principal estivesse cumprida, dava um objetivo aos soldados britânicos e ajudava a manter o moral. Isso ganharia expressão nas eleições gerais de 1945, quando a guerra contra a Alemanha estava ganha, a guerra contra o Japão ainda estava em curso e o herói da guerra, Churchill, foi rejeitado pelos votos de milhões de militares, que o viam como representante da velha ordem classista de privilégios, riqueza e posição, que deveria ser substituída por uma sociedade mais justa. Esperanças utópicas, assim como a luta contra a Alemanha de Hitler, davam sentido ao esforço de guerra britânico.

Para alguns dos que serviram nas Forças Armadas, no entanto, e de início tinham grandes esperanças, a guerra trouxe decepções — com a política, com um futuro melhor, com a própria humanidade. William Woodruff, que na época da Depressão saiu da região proletária de Lancashire, onde nascera, para a Universidade de Oxford, tornou-se um pacifista socialista que passou da necessidade de lutar contra o nazismo para a necessidade de garantir uma sociedade diferente e melhor. No entanto, quem voltou da guerra profundamente mudado foi ele mesmo, que viu seu otimismo se dissipar no campo de batalha. "Antes da guerra eu falava sobre a construção de uma nova civilização", escreveu mais tarde. "No fim, aprendi o quanto a civilização é frágil [...]. Levou muito tempo para que a lembrança da morte de outros homens se apagasse." Sem dúvida, muitos outros soldados que retornavam sentiam a mesma coisa.

As frentes internas

A distância entre as frentes de combate e as frentes internas foi menor na Segunda Guerra Mundial do que em qualquer outra guerra. Com frequência, não havia distância nenhuma. As frentes praticamente se fundiam. Em algumas partes da Europa Oriental, os avanços e retrocessos dos exércitos de Hitler e Stálin, além da atividade dos guerrilheiros, diluíram as diferenças entre as frentes de combate e a frente interna. Em outras partes da Europa, a distinção persistiu. De diferentes maneiras, os povos de todos os países participantes enfrentaram o inferno na terra, principalmente os que estavam sob ocupação alemã.

Somente os seis países neutros — República da Irlanda (conhecido até 1937 pelo nome de Estado Livre Irlandês), Espanha, Portugal, Suécia, Suíça e Turquia — e os pequenos Estados de Liechtenstein, Andorra e Vaticano conseguiram escapar relativamente ilesos. Mas nem eles puderam ignorar totalmente a guerra. Sua população sofreu privações causadas pelas turbulências econômicas e, em alguns casos, em decorrência de bloqueio direto, chegou a ser alvo de ataques aéreos ocasionais dos Aliados por engano (por exemplo, as cidades suíças de Schaffhausen, Basileia e Zurique), com civis entre os mortos e feridos. No entanto, todos esses países foram poupados do pior. O caminho que levou à neutralidade diferia de caso para caso, e só em parte foi escolhido por inclinações ideológicas. Em grande medida, foi consequência de necessidades estratégicas e vantagens econômicas.

Preocupada com a perspectiva de uma invasão e com todas as suas fronteiras expostas às potências do Eixo, a Suíça (onde três quartos da população falava alemão) foi indiretamente arrastada para o conflito, como não podia deixar de ser. Tanto os alemães como os Aliados violaram repetidamente seu espaço aéreo. E ambos os lados fizeram uso do seu sistema financeiro. A necessidade de alimentos e combustíveis importados tornava vital para a Suíça manter seus laços comerciais com a Alemanha. A exportação de instrumentos de precisão ajudou o esforço de guerra alemão. Os bancos suíços guardaram grande quantidade do ouro alemão, em sua maior parte saqueada de países ocupados e usado para importar de outros países neutros suprimentos e matérias-primas para o esforço de guerra. Apesar da pressão dos Aliados, carregamentos de carvão, ferro, material de construção e, nas primeiras etapas da guerra, armas e equipamento militar saíram da Alemanha e cruzaram a Suíça com destino à Itália. Por outro lado, a proximidade entre a Suíça e a Alemanha fazia com que o território suíço fosse destino certo de refugiados e prisioneiros de guerra que conseguiam escapar. O país recebeu, ainda que nem sempre de boa vontade, centenas de milhares de refugiados civis e militares. Devolveu muitos outros, inclusive um terço dos refugiados judeus que fugiam à perseguição dos nazistas.

A neutralidade da Suécia, como a da Suíça, foi gravemente comprometida. O comércio internacional ficou muito prejudicado pelo bloqueio britânico, o que contribuiu para um aumento substancial dos negócios com a Alemanha, que no princípio da guerra já era o maior parceiro comercial sueco. A importação de minério de ferro de alto teor era essencial para a produção de aço da Alemanha. Os rolamentos suecos também eram importantes para o esforço de guerra alemão (ainda que, furando o bloqueio, quase tão essenciais para a economia de guerra britânica). O carvão, do qual a Suécia tinha necessidade vital, era importado da Alemanha em grandes quantidades. A neutralidade era violada com a autorização da passagem de tropas e armamento. Soldados alemães foram transportados através da Suécia até a Finlândia, antes do ataque à União Soviética, em 1941. Ao todo, mais de 2 milhões de soldados alemães passaram pela Suécia no trajeto entre a Noruega e a Alemanha. E milhares de veículos de transporte de armas e equipamentos militares cruzaram a Suécia rumo à Finlândia e à Noruega. Já mais para o fim da guerra, no entanto, a Suécia recebeu milhares de refugiados (entre eles judeus que fugiam da Dinamarca e da Noruega). A Suécia, como a Suíça, prestou aos Aliados importantes serviços de inteligência.

Na península ibérica, Espanha e Portugal, ambos oficialmente neutros, tinham posições divergentes em relação às potências participantes da guerra. Em sua neutralidade, Portugal, o mais antigo aliado da Inglaterra, favorecia seu lado em detrimento dos alemães, principalmente depois que a guerra se voltou de vez contra esse país. Em especial, a cessão de bases aéreas nos Açores, feita com relutância em 1943, proporcionou grande proteção para os comboios Aliados que cruzavam o Atlântico. Já Franco, apesar de afirmações posteriores de que com sua astuciosa liderança tinha mantido a Espanha fora do conflito, na verdade esteve mais propenso a aderir ao Eixo. Mas o preço que ele queria cobrar para entrar na guerra era alto demais. Franco não só tinha expectativas de ganhos territoriais no Norte da África, à custa da França, como apresentou elevadas exigências de gêneros alimentícios e armamentos que a Alemanha não tinha como satisfazer. Mas ele não mudou sua preferência ideológica pelo Eixo. Vultosos carregamentos de matérias-primas foram exportados para a Alemanha, os submarinos desse país foram autorizados a se abastecer na Espanha e cerca de 20 mil espanhóis se apresentaram como voluntários para lutar na frente oriental. Mas, à medida que a derrota tornava-se certa e o bloqueio dos Aliados às importações alemãs de alimentos e outros produtos exigia uma atitude, Franco mudou aos poucos de tom e permitiu que sua neutralidade servisse aos interesses dos Aliados.

A preocupação da Turquia no sentido de não ser arrastada para uma nova e desastrosa guerra e a exposição geográfica do país ao conflito que se ampliava no Mediterrâneo sustentaram sua neutralidade. No começo da guerra, incentivada por empréstimos e créditos de mais de 40 milhões de libras esterlinas para a compra de equipamento militar, a Turquia preferiu os Aliados, embora resistindo a todas as pressões para entrar na guerra. E, como ocorreu com a neutralidade espanhola, sua posição ajudou indiretamente o esforço de guerra aliado no Mediterrâneo e no Norte da África. Com a expansão alemã em 1941 chegando a suas fronteiras, a Turquia aceitou um tratado de amizade com a Alemanha, uma espécie de seguro contra a possibilidade de vitória alemã na guerra. A Alemanha pressionou intensamente a Turquia para garantir a entrega de quantidades cada vez maiores de cromita, necessária para a economia de guerra. Mas o país se manteve neutro, e assim continuou, mesmo quando submetido a novas pressões dos Aliados, depois que a guerra se voltou contra a Alemanha. Para efeitos meramente simbólicos, já que continuou a evitar se envolver em combates, a Turquia enfim declarou guerra contra a Alemanha em 23 de fevereiro de 1945.

Apesar do sentimento antibritânico generalizado entre os nacionalistas irlandeses, a neutralidade da República da Irlanda mostrava uma clara inclinação para o apoio aos Aliados. É fato que a Inglaterra foi impedida de usar portos irlandeses — finalmente cedidos à Irlanda em 1938 — que teriam encurtado o caminho marítimo para os Estados Unidos. Mas os navios britânicos eram reparados em estaleiros irlandeses, e a patrulha costeira usava o espaço aéreo irlandês. As tripulações de aviões dos Aliados resgatadas no mar eram devolvidas, enquanto as alemãs eram aprisionadas. E houve muita cooperação entre o governo irlandês e o britânico quanto ao interesse comum de defender a Irlanda. Acima de tudo, fosse qual fosse a posição oficial, muitas famílias irlandesas tinham laços estreitos com parentes na Inglaterra. Apesar da neutralidade, cerca de 42 mil cidadãos da República da Irlanda se apresentaram como combatentes voluntários (milhares deles perderam a vida usando uniformes britânicos) e 200 mil cruzaram o mar da Irlanda para trabalhar na economia britânica da guerra. A neutralidade irlandesa teve um remate bizarro: o primeiro-ministro (*Tsaioseach*) e veterano da guerra da independência, Éamon de Valera, pouco mais de quinze dias depois de apresentar suas condolências pela morte do presidente Roosevelt, entrou para o pequeno grupo dos que apresentaram condolências formais à Alemanha após a notícia da morte de Hitler em 1945.

A população civil britânica foi mais afortunada que a de qualquer outro país da Europa na guerra. Os cidadãos do East End de Londres e a população de outras cidades britânicas (como Coventry, Southampton, Bristol, Cardiff, Manchester, Liverpool, Sheffield, Hull, Glasgow e, na Irlanda no Norte, Belfast) não endossariam tal afirmação, já que sofreram sob a chuva de bombas alemãs em 1940 e 1941 — e depois, em 1944-5, com o ataque de mísseis autopropulsores V1 e mísseis teleguiados V2. Os civis ingleses, como os de outros países, tinham menos comida, precisavam trabalhar longas horas, enfrentar privações e a preocupação com os parentes que estavam combatendo. Além disso, ficaram desabrigados nas áreas bombardeadas. Tinham de suportar o sentimento profundo de perda quando as batidas na porta traziam o temido telegrama que dizia que um marido, filho, pai ou irmão tinha sido morto ou desaparecera em combate. As mulheres, principalmente, precisavam suportar a carga das privações materiais. Foram levadas a conviver com o agudo racionamento de mantimentos, a falta de gêneros de primeira necessidade que faziam parte da alimentação diária, a cuidar sozinhas dos filhos enquanto os maridos estavam longe e, muitas vezes, a trabalhar longas horas para suprir as necessidades familiares. As mulheres que não trabalhavam anteriormente, ou eram donas de casa, contribuíram com 80% da força de trabalho adicional — que cresceu em meio milhão entre 1939 e 1943.

Todavia, as pressões sobre a vida civil na Inglaterra, por piores que fossem, não passavam nem perto das que foram experimentadas em praticamente todos os outros países da Europa. Antes de mais nada, a Inglaterra nunca foi um país ocupado. Não houve drenagem de recursos econômicos em benefício de ocupantes alemães. Não houve trabalhos forçados, nem deportação para um futuro incerto como mão de obra da indústria alemã. Nos grandes centros urbanos, os danos causados pelas bombas limitaram-se a algumas áreas. Fora das cidades, a guerra provocou pouca destruição física. Milhares de pessoas ficaram sem suas casas, mas isso não se comparava à enxurrada de refugiados e evacuados em grande parte do continente. O racionamento de alimentos teve impacto importante no padrão de vida, mas em nenhum momento se equiparou à situação de fome infligida pela ocupação alemã (agravada pelo bloqueio Aliado) na Grécia e pelo bloqueio alemão das linhas de suprimento na Holanda, já perto do fim da guerra, sem falar da horrível crise alimentar da população de Leningrado. O mercado negro floresceu, embora menos que em outros países onde a escassez material era pior. E não menos crucial para a Inglaterra foi o fato de, como país não ocupado, não existir a pressão para satisfazer as exigências dos conquistadores e nenhuma divisão entre os que colaboravam (em qualquer nível) e os que preferiam resistir (de várias formas).

A Inglaterra foi, possivelmente, uma sociedade mais coesa durante a guerra do que nunca. Os que queriam fazer a paz com a Alemanha de Hitler — uma minoria cada vez mais insignificante, com raízes sobretudo nas classes privilegiadas — em pouco tempo passaram a guardar para si seus pensamentos ou foram confinados, como aconteceu com Sir Oswald Mosley e outros fascistas de destaque. Mas a voz majoritária não foi forjada ou manipulada, como nos sistemas autoritários repressivos. Por trás do esforço de guerra existiu, na realidade, um amplo consenso. O moral flutuava, claro, subindo e descendo com as vicissitudes da guerra, afetado por preocupações materiais como a oferta de alimentos. Os bombardeios abalavam o moral (ao contrário do que diz a lenda muito posterior), embora não o devastassem. Cerca de 300 mil pessoas ficaram feridas em bombardeios no transcurso da guerra (principalmente em 1940-1 e 1944-5) e mais ou menos 60 mil morreram — números altíssimos, claro, mas muito inferiores ao que se previa e não o bastante para corroer o moral da população em geral.

Havia descontentamento e reclamações normais da vida cotidiana, até um grande número de disputas trabalhistas e greves, com mais de 2 mil paralisações e mais de 3 milhões de dias de trabalho perdidos em 1944. Mas, embora indesejáveis para o governo, as greves foram em geral de curta duração e motivadas sobretudo por salários e condições de trabalho. Não se faziam em protesto contra a guerra. Quaisquer que fossem as flutuações do moral, no que diz respeito tanto à população civil como aos soldados, havia um sentimento subjacente da justiça e da necessidade de travar aquela guerra. A propaganda oficial procurou, naturalmente, reforçar esse senso de causa justa, mas seu sucesso consistiu sobretudo em consolidar um consenso que já existia. Churchill, uma figura que dividia opiniões por sua condição de político reacionário do pré-guerra, personificava esse consenso, com índices de aprovação que chegaram a mais de 90%. Seus discursos eloquentes podem não ter desempenhado um papel decisivo em estimular o moral, mas em momentos cruciais (como na retirada de Dunquerque, em maio e junho de 1940) sem dúvida animaram os espíritos, reforçando a ideia de que a guerra tinha significado vital para a sobrevivência da liberdade e da democracia. Fica mais fácil avaliar a importância dele imaginando qual teria sido o destino da Inglaterra se a principal figura do governo durante a guerra fosse Lord Halifax, como por pouco não aconteceu.

A guerra teve também um efeito unificador no vasto interior não ocupado da União Soviética, muito além do alcance da Wehrmacht. A mudança propagandística do regime stalinista, no sentido de enfatizar a defesa patriótica, apelando sobretudo aos sentimentos nacionalistas e chegando a promulgar um acordo com a Igreja ortodoxa, teve seus efeitos e contribuiu para estimular na população a disposição de sofrer imensas privações em favor da causa de repelir um inimigo tão cruel e impiedoso. A mobilização da população civil em tempos de guerra foi acompanhada inevitavelmente de pesada coação e repressão (embora tenha caído o número de internos em campos de trabalho). Onde houvesse dúvida sobre a lealdade da população, tomavam-se medidas draconianas. Quando uma minoria dentro de alguma das minorias nacionais — alemães do Volga, tártaros da Crimeia, calmucos, tchetchenos — ajudava os invasores, Stálin não hesitava em deportar toda a comunidade étnica, entre assombrosos sofrimentos e grandes perdas de vidas, para as vastidões inóspitas de partes longínquas do seu império. No entanto, o terror e a repressão não podem ser considerados os únicos responsáveis pelo extraordinário esforço de guerra da população civil soviética.

As privações sofridas e as imensas dificuldades que os cidadãos soviéticos tiveram de enfrentar são indescritíveis. Cerca de 25 milhões ficaram sem suas casas após a invasão alemã de 1941. Os alimentos, com exceção da batata, foram drasticamente racionados, e quase todos os civis tiveram de conviver com um grave desabastecimento. Em Leningrado, 1 milhão de pessoas morreram de fome. No resto da União Soviética, a população urbana sobrevivia muito perto da inanição. O mercado negro de produtos agrícolas não declarados, subtraídos às drásticas requisições do Estado, apesar dos castigos rigorosos, tornou-se essencial para a sobrevivência. No entanto, mesmo com a fome quase permanente, o moral não caiu. A jornada de trabalho foi ampliada, com duras penalidades para qualquer infração trabalhista, mas grande número de novos trabalhadores — donas de casa, estudantes, pensionistas — se apresentaram como voluntários. As mulheres, em especial, foram incorporadas à força de trabalho como nunca: chegaram a 57% da mão de obra na indústria e a não menos de 80% nas fazendas coletivas.

Fixaram-se novas metas de produção, às vezes dobrando ou triplicando as anteriores. Foram necessários quase dois anos para que a produção soviética se recuperasse da catástrofe de 1941, mas, quando isso aconteceu, estava pronta a base sobre a qual se construiria a vitória militar. As pessoas aceitavam todas as privações porque viam seus maridos, pais ou filhos lutando pela sobrevivência do país. Embora a morte em grande número fizesse parte da cultura tradicional, a guerra deu uma nova dimensão à perda. Praticamente nenhuma família escapou. O sacrifício, material e humano, poderia ter corroído o moral numa sociedade menos habituada a privações e à morte. Na realidade, o risco que todos corriam, que era perder a guerra, criou um novo senso comunitário, com determinação e disposição para a resistência, que nenhum poder coercitivo por si só poderia despertar.

A experiência da ocupação alemã variava em grande medida de país para país. Os territórios tchecos — o Protetorado da Boêmia e Morávia, como eram rotulados — estiveram sob jugo alemão desde março de 1939, e não houve combate em seu solo quase até o fim da guerra. A importância econômica do Protetorado e a necessidade da força de trabalho tcheca eram tão grandes que os alemães foram levados a evitar as soluções raciais radicais — expulsão ou mesmo o extermínio da população eslava — desejadas pelos "especialistas em raça" da ss e a abster-se de aplicar de início um regime duro demais à população subjugada. Mas o clima piorou quando, nos últimos meses de 1941, o comandante da polícia política, Reinhard Heydrich, foi nomeado *Protektor* do Reich para erradicar os sinais crescentes de inquietação e oposição. A repressão se intensificou de forma aguda. E chegou a seu auge depois que patriotas tchecos, levados de avião à Tchecoslováquia pela Executiva de Operações Especiais (soE) britânica, cometeram um atentado contra Heydrich em Praga, em 27 de maio de 1942. Heydrich morreu em 4 de junho, o que provocou violentas represálias. Seus assassinos escaparam da punição suicidando-se, mas 1300 tchecos, entre eles duzentas mulheres, foram assassinados em revide. O vilarejo de Lidice — o nome foi encontrado com um agente tcheco — foi inteiramente destruído. Hitler ameaçou deportar grande número de tchecos para o leste se houvesse problemas posteriores. Depois disso, o Protetorado permaneceu em relativa calma até perto do fim da guerra, quando, com o Exército Vermelho às portas de Praga, insurgiu-se numa rebelião.

Ao contrário do Protetorado, a Hungria só foi ocupada em março de 1944. Em outubro daquele ano, com o Exército Vermelho avançando sobre território húngaro, o chefe de Estado (desde março a serviço dos alemães), o almirante Horthy, anunciou que o país estava saindo da aliança com a Alemanha e firmando uma paz em separado com a União Soviética. Hitler ordenou sua deposição e substituiu-o por outro fantoche — Ferencz Szálasi, o fanático que liderava a Cruz Flechada fascista. O regime de Szálasi durou apenas até fevereiro de 1945, quando, depois de combates ferozes nas ruas de Budapeste, a Hungria capitulou ante o Exército Vermelho. Mas o período foi fatal para os judeus húngaros, pois a brutal Cruz Flechada submeteu-os a um reinado de terror que constituiu um horrível epílogo ao martírio já sofrido com os alemães.

Em algumas partes da Europa ocupada, longe de promover a unidade na população subjugada, a guerra foi um elemento de profunda divisão. No sul do continente, as divergências eram tão graves que geraram as condições para guerras civis que se sobrepuseram ao combate contra os ocupantes.

A violência da ocupação alemã na Iugoslávia, os massacres e as grandes ações de represália, combinadas com as revoltantes e indescritíveis atrocidades da Ustaše, alimentaram o crescimento de dois grandes movimentos guerrilheiros: o dos chetniks, liderado por oficiais nacionalistas do Exército, que pretendiam restaurar a Grande Sérvia e a monarquia, e o dos comunistas, liderado pelo croata Josip Broz Tito. Os guerrilheiros, no entanto, lutavam entre si e também contra os alemães, a Ustaše, muçulmanos bósnios e separatistas montenegrinos e albaneses. Só quando a guerra entrou em sua fase final os guerrilheiros comunistas de Tito, que vinham recebendo armas e munições dos britânicos, tornaram-se dominantes na luta da resistência e lançaram as bases de sua liderança no pós-guerra, num novo Estado iugoslavo, o único país da Europa onde os guerrilheiros (ajudados pelo Exército Vermelho) assumiram o controle e formaram governo.

Para os gregos, a pilhagem sem freio, a derrocada da moeda e o volume do tributo material exigido pelos ocupantes alemães e italianos conduziram diretamente à fome. A drástica situação de escassez foi agravada pela proibição da exportação de alimentos pela Macedônia e pela Trácia, controladas pela Bulgária desde a invasão alemã, onde se cultivava um terço dos grãos da Grécia. Para muitos gregos, a guerra foi uma luta diária pela sobrevivência. As enormes privações, junto com as implacáveis represálias alemãs a atos de sabotagem, alimentaram, como ocorreu na Iugoslávia, as ações de movimentos guerrilheiros de rápido crescimento mas profundamente divididos. Em 1943, o movimento comunista de resistência, o maior da Europa, foi combatido de forma violenta por republicanos nacionalistas que acabariam ganhando o apoio da Inglaterra. As raízes de uma guerra civil no pós-guerra estavam consolidadas.

Na Itália, o colapso do regime de Mussolini, em julho de 1943, seguido da ocupação alemã do norte e da bem mais branda ocupação Aliada do sul, criou condições que por pouco não levaram a uma guerra civil. O regime fascista tinha aplicado apenas um remendo nas profundas fissuras da sociedade italiana. A guerra, que não foi muito popular desde o início, trouxe à tona diferenças internas cada vez maiores e derrubou o moral. A situação se agravou com a escassez de alimentos (acompanhada de uma expressiva alta nos preços e de um próspero mercado negro) e, mais tarde, com os bombardeios Aliados, que, em lugar de unir a população em apoio ao governo, suscitaram fortes rancores contra as autoridades fascistas, consideradas responsáveis por deixar a população exposta aos ataques aéreos.

A partir de setembro de 1943, depois que os alemães reintegraram Mussolini como chefe de um regime fantoche, com seu quartel-general em Salò, à margem do lago Garda, as divisões subterrâneas se radicalizaram. Cada vez mais desesperados, seguidores de Mussolini, muitos deles fanáticos de linha dura e idealistas que contemplavam a possibilidade de completar a revolução fascista, formaram sinistros esquadrões da morte que enforcavam ou fuzilavam guerrilheiros ou qualquer pessoa que se interpusesse em seu caminho. Enquanto isso, as várias organizações guerrilheiras, muitas vezes empenhadas num acerto de antigas disputas, todos os meses assassinavam centenas de fascistas onde quer que os encontrassem e empreendiam atos de sabotagem contra os ocupantes alemães. A combinação da guerra com uma guerra civil de fato fez com que os meses da chamada República de Salò de Mussolini fossem os mais amargos e violentos de todo o conflito para os italianos do norte. Calcula-se que 40 mil guerrilheiros tenham sido mortos em combate. Mais de 10 mil antifascistas caíram vitimados por represálias e cerca de 12 mil fascistas ou colaboradores foram exterminados em operações de "limpeza". A resistência antifascista, dominada por comunistas, ainda que incorporasse combatentes de diversas filiações políticas, contava com o apoio de 250 mil ativistas em abril de 1945.

Ao contrário do que ocorreu na Iugoslávia e na Grécia, no entanto, os *partigiani* italianos puderam se unir contra um inimigo comum num conflito que viam como uma guerra de libertação, liderando uma insurreição contra as forças alemãs em retirada que chegou ao ponto de controlar muitas cidades do norte antes da chegada dos Aliados. Nos últimos dias de abril de 1945, eles conseguiram capturar e fuzilar Mussolini, deixando seu corpo pendurado no centro de Milão. No sul do país, no entanto, a partir de setembro de 1943, a ocupação dos Aliados impediu uma guerra civil como a que se travou no norte. Em vez disso, sob o manto do primeiro despertar da política pluralista depois da entrada dos Aliados em Roma, em junho de 1944, houve um rápido retorno ao velho clientelismo, característico da sociedade do sul da Itália. No fim da guerra, a divisão norte-sul era tão profunda quanto tinha sido no início.

Na Europa Setentrional e Ocidental, a ocupação alemã não trouxe nada parecido às condições de eclosão de uma guerra civil, como ocorreu no sul. Comparada à do leste e do sul da Europa, a ocupação foi, pelo menos nas etapas iniciais da guerra, relativamente branda. No entanto, a guerra exigia, sobretudo, aceitar a realidade da vida num país conquistado. Os alemães encontraram, invariavelmente, a cooperação das burocracias estatais e de uma minoria propensa a colaborar por convicção política. Outra minoria, que crescia à medida que se tornava claro que os dias da ocupação estavam contados, entrou para o perigoso mundo da resistência ativa. A maior parte das pessoas, porém, não colaborava sem reservas com os ocupantes nem combatia na resistência. Queria seu país livre, mas, como ninguém sabia quanto tempo a ocupação ia durar, era inevitável buscar alguma forma de adaptação ao novo regime. O modo como isso se deu para cada povo do norte e do oeste da Europa determinou não só o que a guerra representou para a população, mas também deixou um legado permanente. O caráter da ocupação, a política cultural dominante no país ocupado (que condicionou em boa medida o comportamento das elites e das massas) e a mudança de orientação da administração — que num primeiro momento foi relativamente tolerante, mas evoluiu para um rigor cada vez maior e para a imposição de grandes privações materiais à população — foram fundamentais para moldar as variadas reações ao domínio alemão.

Países Baixos, Bélgica, Noruega e Dinamarca tiveram diferentes experiências nos tempos da guerra, embora a trajetória da ocupação tenha sido mais ou menos semelhante. Os alemães pretendiam, de início, manter a ordem na Europa Ocidental. Queriam cooperação, não rebelião. A conquista militar não visava a transformar os povos subjugados em vassalos, como no Leste Europeu, principalmente porque havia uma vaga ideia de incorporar ao Reich, num futuro distante, os povos germânicos dos Países Baixos e da Escandinávia. Em cada país havia uma minoria de fascistas ou nacional-socialistas locais receptivos ao domínio alemão. O primeiro-ministro do governo fantoche da Noruega, Vidkun Quisling, chegou a emprestar seu sobrenome ao termo genérico "quisling", usado pelos Aliados ocidentais para designar colaboradores. Cada um desses quatro países contribuiu com pequenos contingentes de fanáticos que aderiram às legiões estrangeiras da Waffen-ss. Cerca de 50 mil holandeses, 40 mil belgas (tanto falantes do flamengo como valões francófonos), 6 mil dinamarqueses e 4 mil noruegueses serviram sob a bandeira nazista. Os colaboradores de adesão plena e ideologicamente comprometidos eram em geral detestados e vistos como traidores pela maior parte da população, e, por isso, considerados contraproducentes pelos ocupantes. Por outro lado, a colaboração consciente da burocracia e da polícia era essencial para a eficiência da ocupação.

A partir de 1942, quando começou a ficar claro que a ocupação não seria para sempre e aumentavam as exigências alemãs de alimentos, outras provisões e trabalho, a oposição popular tomou corpo sob numerosas formas. No entanto, houve substanciais diferenças na pressão exercida pela ocupação mesmo dentro da Europa Ocidental. O regime alemão na Dinamarca, por exemplo, durante a maior parte da guerra foi muito menos repressivo do que em outras partes ocupadas da Europa Setentrional e Ocidental. Isso se reflete no número relativamente baixo de vidas perdidas durante a ocupação — o total de civis mortos no país foi de 1100. Com a invasão de abril de 1940 e a rendição quase que imediata, o rei Cristiano x permaneceu em território dinamarquês, e o governo continuou a administrar o país sob as ordens de um emissário alemão. De início, a colaboração funcionou. As rações eram melhores (apesar da grande quantidade de alimentos que os dinamarqueses entregavam aos alemães), nunca houve trabalhos forçados nem pilhagem direta do país, e os custos da ocupação chegaram a apenas 22% da renda nacional por ano, contra 67% da Noruega e 52% da Bélgica. A partir de agosto de 1943, porém, a política na Dinamarca mudou, depois que uma rebelião contra a colaboração levou à renúncia do governo. Daí em diante a ocupação endureceu, o papel da polícia alemã tornou-se mais assertivo, o nível das represálias se intensificou e tanto a não cooperação como a resistência plena tornaram-se mais evidentes. A colaboração abriu caminho para a truculência, que por sua vez estimulou um movimento de resistência que chegou à sua máxima atividade em 1944-5.

As características do domínio alemão em todos os países da Europa Setentrional e Ocidental acabaram levando da complacência inicial generalizada a uma rejeição implacável. Nos Países Baixos, por exemplo, o racionamento drástico já em 1940 acarretou uma grave escassez de alimentos, principalmente para os moradores das cidades, acompanhada de alta de preços e do florescimento do mercado negro, enquanto o toque de recolher e as restrições à mobilidade reduziam a vida pública ao mínimo. Pessoas cumpridoras das leis viram-se na prática forçadas a cometer ilegalidades para se manter alimentadas e aquecidas. O recrutamento de trabalhadores para a indústria bélica na Alemanha, à medida que a escassez de mão de obra alemã se agravava, em pouco tempo transformou-se em fonte de inquietação de massas.

Nos Países Baixos, como em outros lugares, poucos aderiram ao movimento clandestino de resistência. Tratava-se de uma atividade perigosíssima, sempre sujeita a traições, de alto risco para as famílias, com bárbaras torturas e morte para os capturados. Os que se envolveram diretamente chegaram a apenas 25 mil até o outono de 1944, quando talvez mais 10 mil se uniram ao movimento. O índice de baixas era elevado. Cerca de um terço da resistência holandesa foi presa, e mais ou menos um quarto não sobreviveu à guerra.

Uma proporção um pouco maior da população total norueguesa, de 3 milhões de habitantes, envolveu-se ativamente na resistência. Seus combatentes, muitas vezes treinados no exílio britânico, sabotavam cargas alemãs, depósitos de combustíveis e instalações industriais, alvos aos quais mais tarde se somaram as ferrovias, com o intuito de impedir o deslocamento de tropas. Estabeleceram laços estreitos com a Executiva de Operações Especiais Britânica, apoiando suas atividades, entre elas o Shetland Bus — botes que circulavam entre Bergen e as ilhas Shetland. No fim da guerra, 40 mil noruegueses estavam ativamente envolvidos na resistência. Comunidades inteiras foram submetidas a ferozes represálias por atos de sabotagem ou ataques a membros das forças ocupantes. As retaliações eram terríveis. Por dar cobertura a integrantes da resistência que mataram dois agentes da Gestapo, a pequena vila de pescadores de Televåg, na Noruega, por exemplo, foi completamente destruída e seus habitantes do sexo masculino foram enviados ao campo de concentração de Sachsenhausen, perto de Berlim (onde 31 deles morreram).

Os envolvidos na resistência ativa tinham em comum o desejo de ver o fim da ocupação alemã, mas estavam ideologicamente divididos entre conservadores nacionalistas, socialistas e comunistas. Apesar de todos os perigos, a resistência ganhou redes de apoio cada vez maiores à medida que a guerra chegava ao fim. Quanto mais dura se tornava a ocupação alemã, mais forte era o sentimento antigermânico que cimentava a ideia de unidade nacional e o desejo de libertação. Não obstante, o sofrimento da população por causa das medidas punitivas aplicadas pelos nazistas era quase sempre extremo. Quando a resistência holandesa interrompeu o serviço de trens para favorecer o desembarque dos Aliados em Arnhem, em setembro de 1944, o bloqueio de alimentos que os alemães impuseram como represália submeteu toda a população à fome e a uma escassez extrema de materiais de aquecimento no gelado "inverno da fome" de 1944-5. O alívio só chegou quando os Aliados lançaram alimentos de aviões nos últimos dias da guerra. Para os holandeses, a guerra foi antes de tudo o trauma desses dias de sofrimento nos últimos meses do conflito.

Por mais solidariedade que a ocupação tenha engendrado entre os povos conquistados nos países do norte e do oeste da Europa, ela raramente se estendia às comunidades judaicas — a maior parte delas pequena, se comparadas às da Europa Oriental. O antissemitismo violento não precisava ser difundido. Mesmo assim, normalmente os judeus eram vistos como "excluídos", ainda mais quando foram obrigados a usar a estrela amarela cosida na roupa. A firme determinação dos governantes alemães de capturá-los para deportação e o medo de que qualquer ajuda prestada a eles pudesse trazer duras recriminações fizeram com que o setor da sociedade que enfrentava o maior perigo fosse o menos protegido e o mais exposto.

No entanto, a população não judaica não era totalmente passiva ou hostil. Em Amsterdam, as primeiras tentativas de capturar judeus para deportação, em fevereiro de 1941, provocaram até mesmo uma greve geral de curta duração, embora tenha sido uma reação contraproducente, já que induziu burocratas holandeses e a polícia a uma grande presteza em colaborar com os ocupantes. Essa cooperação, que às vezes chegou a antecipar os desejos dos alemães, contribuiu para que o número de judeus deportados dos Países Baixos, muitos deles para a morte, fosse

proporcionalmente maior que o de qualquer outro país da Europa Ocidental —
cerca de 107 mil, dos 140 mil rotulados pelos nazistas como "judeus plenos".

No entanto, havia quem estivesse disposto a se arriscar, por princípios cristãos
ou por qualquer outro motivo, para ajudar judeus. Cerca de 25 mil judeus holandeses, incluídos nesse número os judeus em parte e casados com não judeus, que tinham alguma proteção contra a deportação sumária, valeram-se dessa ajuda,
prestada por particulares ou redes de resgate, para evitar a captura ou uma vida
clandestina precária — embora 8 mil dessas pessoas tenham sido encontradas em
seus esconderijos. As redes belgas que ajudavam os judeus a escapar às garras dos
ocupantes eram mais extensas, principalmente as organizações ilegais dos próprios
judeus. Cerca de 24 mil judeus foram deportados da Bélgica para Auschwitz. Entretanto, outros 30 mil, na grande maioria imigrantes recentes que viviam em
Bruxelas e Antuérpia depois de fugir da pobreza e dos pogroms na Europa Oriental na década de 1920 e na Alemanha na década de 1930, encontraram alguma forma de refúgio e conseguiram sobreviver à ocupação. Centenas de judeus, mais da
metade da pequena comunidade judaica da Noruega, receberam ajuda para escapar para a Suécia neutra. A maior parte dos que lá ficaram acabaram perecendo.
Na Dinamarca, em 1943, não judeus avisavam seus vizinhos judeus — que constituíam uma mínima proporção da população total e estavam bastante assimilados
— da concentração iminente planejada pelos ocupantes alemães e ajudaram em
sua fuga. Assim, a grande maioria dos judeus que deviam ser deportados para a
morte foi levada em sigilo através do estreito de Øresund para o porto seguro que
era a Suécia. Embora os judeus tivessem muito mais chances de sobreviver no
oeste do que no leste da Europa, muitos ainda caíram vítimas da implacável determinação alemã de completar a "solução final da questão judaica".

A população da França, de longe o maior dos países conquistados dessa região da Europa, viveu algumas das experiências de seus vizinhos do norte. No
entanto, houve diferenças significativas. Algumas surgiram da sua divisão em
duas zonas: uma ocupada, que abrangia mais ou menos dois terços do país (o
norte, incluindo Paris, e uma faixa norte-sul cobrindo toda a costa Atlântica), e
uma não ocupada, quase autônoma, com a capital na estância hidromineral de
Vichy. O significado da guerra para a população mudou ao longo do conflito e de
acordo com a localização geográfica — não só o fato de estar em Vichy ou na zona
ocupada, mas também conforme a região ou município —, assim como a predis-
posição ideológica e a experiência pessoal.

Dessa vez não houve o sentimento de *"union sacrée"* evocado com sucesso pelo presidente Poincaré em 1914. A catástrofe da derrota no verão de 1940, com três quartos da população das cidades do norte fugindo em pânico para o sul ante a invasão alemã que se aproximava, dividiu e humilhou o povo francês. Apesar do choque, a direita francesa, que, quaisquer que fossem suas divisões, tinha em comum pelo menos o ódio à Terceira República, recebeu a derrota como uma oportunidade de promover um renascimento nacional.

Houve colaboradores de primeiro escalão que agiram por convicções ideológicas, como o ex-socialista Marcel Déat, nomeado ministro do Trabalho, responsável por recrutar franceses para servir na Alemanha. O líder fascista Jacques Doriot mais tarde se uniria a 4 mil voluntários franceses para lutar na "cruzada contra o bolchevismo" na frente oriental. Uma das figuras principais entre os colaboracionistas foi Pierre Laval, vice-primeiro-ministro do regime de Vichy, manipulador político hábil e pragmático que declarou publicamente seu desejo de vitória alemã "porque de outra forma o bolchevismo se instalaria em toda parte". Essa colaboração aberta não era a regra. Tampouco a resistência ativa — não nos anos de ocupação, pelo menos. A maioria, como ocorria com as pessoas de outros países ocupados da Europa Ocidental, tinha de encontrar meios de se acomodar à ocupação (embora nem sempre com entusiasmo) — colaborando com os novos governantes quando era inevitável, em geral mantendo distância, adotando a posição de "esperar para ver no que dá" e mostrando cada vez maior insatisfação à medida que a ocupação endurecia e a perspectiva de libertação se tornava mais distante.

Como em todo o norte e o oeste da Europa, a ocupação foi de início branda, mas tornou-se mais implacável quando a Alemanha começou a enfrentar adversidades. As exigências feitas à França foram pesadas — 55% das receitas do governo para cobrir os custos da ocupação, 40% da produção industrial total para o esforço de guerra alemão, 15% da produção agrícola para pôr comida na mesa dos alemães e, em 1943, 600 mil homens para trabalhar na Alemanha. Muitas famílias das cidades francesas, como em outras partes do norte e do oeste da Europa, viveram a experiência da guerra como uma luta constante para conseguir alimentos, às vezes no mercado negro.

A experiência francesa de graves carências e privações materiais alcançava as duas zonas do país. Mas a linha que separava essas zonas tinha um significado. No terço meridional da França, o governo estava nas mãos de franceses, não de alemães. Mesmo carregando as cicatrizes materiais e psicológicas da derrota, a

França controlava em grande medida seu próprio destino na zona não ocupada. Para milhões de franceses, Vichy atribuía outro sentido à guerra: a rejeição da república, desacreditada aos olhos de muitos como corrupta e decadente bem antes da derrota militar de 1940, e o restabelecimento de valores franceses "tradicionais" de "trabalho, família e pátria". O "Estado francês", que era como se autodenominava o regime autoritário de Vichy instituído depois da queda da França e liderado pelo marechal Pétain, era muito popular de início (embora isso tenha mudado depois do primeiro ano, mais ou menos). Cerca de 1,2 milhão de veteranos apressaram-se a aderir à Légion Française des Combattants — que guardava alguma semelhança com uma organização aclamatória ao estilo fascista —, jurando lealdade ao marechal e formando a base do incipiente culto à sua personalidade. Como representante da autoridade patriarcal e do cristianismo, figura de proa da reação contra o ateísmo, o socialismo e a secularização, Pétain tinha também o apoio da hierarquia católica.

O octogenário marechal dificilmente seria capaz de personificar a imagem de juventude comum aos movimentos fascistas. Mesmo assim, seu regime tinha características deles na evocação de um passado mitificado, na glorificação da vida no campo e do "retorno à terra", na idealização de uma sociedade orgânica, na ênfase dada a políticas para a juventude, à maternidade e à natalidade para "renovar" a população — e, com não menos intensidade, na perseguição dos "inimigos internos". Já nos primeiros dias do regime de Vichy, os prefeitos de esquerda foram depostos; os maçons, demitidos do serviço público; e os sindicatos, dissolvidos. Foram instaladas dezenas de campos de internação para estrangeiros, presos políticos, "indesejáveis", romas e judeus. As autoridades de Vichy adotaram o programa de "arianização" da zona ocupada para assim expropriar milhares de empresas de judeus, compradas a preço vil. O regime implantou normas antissemitas para restringir o emprego para judeus. De 1942 em diante, os burocratas e a polícia de Vichy colaboraram com disposição na concentração e brutal deportação de judeus estrangeiros (cerca de metade da população judaica da França, de 300 mil habitantes no total) em acréscimo às deportações da zona ocupada. Dos 75 721 judeus deportados da França para os campos de extermínio da Polônia (dos quais só 2567 sobreviveram), 56 mil eram estrangeiros.

Os não judeus também enfrentaram o recrudescimento da repressão. Já no outono de 1941, os primeiros assassinatos de funcionários alemães provocaram em represália a execução de mais de cinquenta reféns. Seguiram-se outros fuzilamentos em massa. As retaliações se intensificaram drasticamente em número e em proporção depois do desembarque dos Aliados, em junho de 1944. Na mais infame dessas ações, executada pela Waffen-ss, todo o vilarejo de Oradour-sur--Glane, a noroeste de Limoges, foi devastado em virtude de uma falsa suspeita de estar escondendo armas da Resistência. Seus 642 habitantes foram fuzilados ou queimados. Os camisas-negras, paramilitares franceses integrantes da Milice que se estabeleceram na zona de Vichy em 1943, eram tão temidos quanto a Gestapo como agentes de terror repressivo. No entanto, à medida que se tornava claro que os dias do domínio alemão estavam contados, a repressão foi se tornando cada vez mais contraproducente, assim como em outros lugares. Demorou muito para que se criasse uma unidade onde antes não havia nenhuma — em torno do objetivo da libertação.

A resistência ativa — dividida entre comunistas (novamente mobilizados depois que a Alemanha invadiu a União Soviética) e conservadores (aos poucos se aglutinando em torno da liderança de De Gaulle) — ampliou-se, apesar do medo às terríveis represálias em caso de captura. Embora a maior parte dos franceses evitasse participar ativamente e preferisse "esperar para ver", aumentou o apoio aos que se comprometeram com a Resistência. A lei que instituía o trabalho compulsório na Alemanha, outorgada em 16 de fevereiro de 1943 pelo regime de Vichy e assinada pelo primeiro-ministro Laval, criou um clima de desobediência popular que alimentou a resistência ativa como praticamente nenhuma outra medida. Grandes números de recrutados simplesmente desapareceram, muitas vezes nas montanhas ou em zonas rurais distantes, onde eram recolhidos e abrigados por moradores. À medida que se aproximava a libertação, com o desembarque dos Aliados na Normandia em junho de 1944, não raro eles se uniam ao crescente movimento da Resistência.

Depois da guerra, a Resistência chegou a simbolizar, mais do que qualquer outra coisa, o significado do conflito para os franceses. Com isso se pretendia, e se conseguiu durante um bom tempo, cobrir com um véu o lado menos palatável da experiência francesa durante os "anos negros", em especial na zona não ocupada, pelo menos de início controlada pelos próprios franceses. Somente depois de muitos anos eles se sentiriam preparados para enfrentar "a síndrome de Vichy".

Na "frente interna" na Alemanha, a guerra adquiriu significados que não foram experimentados pelo povo de nenhum outro país. O que o jornalista americano William Shirer, que viveu pessoalmente a guerra em Berlim desde o início da conflagração até o começo das hostilidades contra os Estados Unidos, em dezembro de 1941, descreveu de forma um tanto cínica como sendo a reação da maioria à breve campanha na Polônia, teve aplicação geral até que as preocupações começassem a aumentar, nos últimos meses de 1941: "Enquanto os alemães forem bem-sucedidos e não tiverem de apertar demais o cinto, esta guerra não será impopular". No entanto, no fim de 1941 e começo de 1942, apesar da pilhagem de alimentos e outros recursos em grande parte da Europa, as privações internas na Alemanha aumentaram de forma pronunciada, e a população sentiu um corte nas rações. A popularidade da guerra e do regime caiu drasticamente.

A deterioração da situação militar, simbolizada claramente, em fevereiro de 1943, pela desastrosa derrota em Stalingrado, levou a população alemã a se dar conta de que perder a guerra era uma possibilidade. As pesssoas começaram então a refletir sobre o que isso significaria. A propaganda oficial explorou o medo não somente de uma derrota militar, mas da destruição total da Alemanha e do povo alemão no caso de uma vitória da cruel coalizão dos inimigos do Reich — os Aliados do Ocidente e os temidos bolcheviques.

O povo tinha pleno conhecimento de que os alemães cometeram crimes terríveis no leste ocupado, em especial contra judeus, ainda que esse conhecimento, consciente ou inconscientemente, houvesse sido abafado por uma conspiração de silêncio. Pouca gente sabia dos detalhes, mas existem inúmeros indícios de que havia conhecimento generalizado do destino dos judeus. Traindo o sucesso da propaganda antissemita, muitos expressavam o medo de uma "vingança judaica" em caso de derrota. Os alemães sabiam também que não teriam como esperar clemência se o Exército Vermelho entrasse no país. O medo das consequências da derrota contribuiu em muito para manter o estoicismo da população, apesar da situação militar em declínio.

Nos dois últimos anos da guerra, o horror imposto pelos nazistas à maior parte da Europa voltou-se contra os próprios alemães. Para a população civil, a última fase do conflito foi seu inferno na terra. Em milhões de pessoas, o trauma se manifestava no medo das bombas dos Aliados. Goebbels falava em "bombardeio de terror". Nesse caso, a propaganda oficial não mentia. Os bombardeios pretendiam aterrorizar a população e conseguiram seu objetivo, já que o povo se via indefeso à medida que suas cidades iam sendo destruídas. Os ataques aéreos a áreas urbanas, cada vez mais destituídos de significado do ponto de vista militar, mataram mais de 400 mil pessoas e feriram 800 mil. Cerca de 1,8 milhão de lares foram destruídos, e 5 milhões de alemães ficaram sem teto.

A população civil das províncias do leste da Alemanha enfrentou outro tipo de terror. As pessoas tinham de fugir de suas casas sob um frio de vinte graus negativos para unir-se ao fluxo de refugiados que corria para o oeste, apavoradas com a entrada do Exército Vermelho no Reich. Cerca de meio milhão de civis, muitos mulheres e crianças, morreram na fuga desesperada da invasão. Para muitas alemãs que o Exército Vermelho encontrou pelo caminho, a última fase da guerra significou violência sexual. Calcula-se que 20% tenham sido estupradas por soldados soviéticos. Em média, mais de 10 mil soldados alemães eram mortos a cada dia nos últimos meses da guerra.

Enquanto o número de mortes de civis e soldados aumentava astronomicamente, a guerra ganhava um novo sentido para os alemães. Eles passaram a se ver como vítimas do conflito. Culpavam Hitler e a cúpula nazista por infligir a catástrofe à Alemanha, os Aliados pela devastação de seu país e mais uma vez — isto entre um círculo minoritário de antissemitas recalcitrantes — os judeus, por motivar a guerra. "Achamos que fomos iludidos, induzidos a erro, usados", declarou um ex-general pouco depois da guerra, expressando um sentimento bastante difundido. Na busca de bodes expiatórios e encarando a si mesmas como vítimas, pessoas traumatizadas ignoravam o fato de que elas mesmas, aos milhões, tinham festejado os êxitos iniciais de Hitler e se rejubilado com as vitórias da Wehrmacht — mesmo quando inúmeros europeus eram levados à penúria, à escravidão, à morte e à destruição sob o jugo nazista. Mas, se as reais dimensões da catástrofe moral levariam anos para serem reconhecidas, pelo menos dessa vez, ao contrário do que acontecera em 1918, a derrota foi total, consumada e definitiva.

O SIGNIFICADO PERMANENTE DA GUERRA

Para os que viveram esse inferno na terra, a experiência imediata, em suas diversas manifestações, determinou o significado que a guerra teve em termos pessoais. Já as gerações posteriores podem entender o significado permanente da guerra com maior clareza, pois percebem a ruptura decisiva que ela representou na história europeia do século XX.

O fim definitivo do fascismo como grande força política foi uma consequência óbvia. Da Primeira Guerra Mundial emergiu uma tríade de ideologias concorrentes e constelações de poder — a democracia liberal, o comunismo e o fascismo. Depois da Segunda Guerra Mundial, só as duas primeiras subsistiram como sistemas políticos rivais. A derrota militar total e a revelação progressiva dos crimes contra a humanidade cometidos pelo fascismo o desacreditaram completamente como ideologia, a não ser aos olhos de minguados admiradores, sem nenhum poder político.

Uma consequência de máxima importância da Segunda Guerra foi a reformulação da estrutura geopolítica da Europa. A Primeira Guerra terminou com a Rússia (que em breve se tornaria União Soviética) convulsionada pela revolução, depois pela guerra civil, e os Estados Unidos se distanciando da Europa com sua recusa a integrar a Liga das Nações e seu isolacionismo. A Segunda Guerra terminou com os limites da influência soviética expandidos no Leste Europeu, inclusive na própria Alemanha, graças, em boa parte, ao que se decidiu na Conferência de Yalta, em fevereiro de 1945. Apoiada em sua vitória militar, a União Soviética estava a caminho de se tornar uma superpotência. Os Estados Unidos, que a guerra já tinha transformado em superpotência com base em seu poderoso complexo militar-industrial (ele mesmo um produto do conflito), firmaram seu próprio domínio na Europa Ocidental e, ao contrário do que ocorreu em 1918, estavam destinados a permanecer no continente por longo tempo. Se a Primeira Guerra arruinou impérios e substituiu-os por Estados-nações em crise, a Segunda Guerra produziu uma Europa dividida ao meio entre dois blocos, um dominado pela União Soviética e outro pelos Estados Unidos, nos quais os interesses nacionais prontamente se submeteram às preocupações geopolíticas das duas superpotências emergentes.

Para os povos da Europa Oriental, os que mais sofreram nos seis anos de conflagração, a guerra acabou com a substituição de uma tirania por outra. Esses países, que viram no Exército Vermelho seu libertador do terror nazista, caíam sob uma opressão soviética que duraria décadas. Stálin não ia desistir de suas conquistas, feitas à custa de muito derramamento de sangue. Isso era certo. Os Aliados do Ocidente concordaram com a nova divisão da Europa. Caso não quisessem se voltar contra o antigo aliado soviético e travar outra guerra — o que não tinham condições militares, econômicas nem psicológicas de fazer —, não tinham escolha. Para os povos da Europa Oriental, o consolo proporcionado pelo fim da guerra não foi dos maiores.

Para a Europa Ocidental, a guerra trouxe um recomeço — difícil de distinguir entre as ruínas de 1945. Mesmo enquanto as bombas o destruíam, já havia planos de reconstruir o continente e evitar os erros que o assombraram a partir de 1918. Enquanto o Leste Europeu se fortalecia sob o domínio soviético e com economias socialistas sob controle estatal, a reconstrução da Europa Ocidental revigorou a iniciativa capitalista. Na economia, como na política, a guerra dividiu o continente.

Houve também um enfraquecimento das três antigas "grandes potências" — Inglaterra, França e Alemanha — que antes dominavam o continente. A Inglaterra, levada à falência pela guerra, teve seu poderio posto em questão. Seu império lhe servira de apoio durante o conflito, mas os povos das colônias, percebendo a debilidade imperial, cada vez mais buscavam a independência. As bases já combalidas do governo colonial estavam agora mais solapadas do que nunca. A França sofreu um enorme golpe em seu orgulho nacional com a derrota de 1940, que de modo algum foi compensado pela tão festejada coragem da Resistência. Suas colônias também estavam de olho na independência, não mais dispostas a aceitar um futuro governado a partir de Paris.

A Alemanha, derrotada mas não destruída em 1918, e com ressentimentos efervescentes que mais tarde abririam caminho para a ascensão de Hitler ao poder, dessa vez estava em frangalhos. Dividida em quatro zonas conforme se decidiu em Yalta — britânica, americana, soviética e, mais tarde, francesa —, era um país completamente arruinado, tanto do ponto de vista político como econômico, com sua soberania suprimida. Isso determinou o fim da "questão alemã" que vinha preocupando os políticos europeus desde os dias de Bismarck. Logo após a derrota, o Estado da Prússia, a força dominante do Reich, foi dissolvido; as Forças Armadas alemãs foram desmanteladas (pondo fim a qualquer ameaça proveniente do militarismo germânico) e a base industrial que proporcionara o sustentáculo econômico do domínio alemão foi posta sob controle dos Aliados. As grandes propriedades agrícolas das províncias do leste, terra natal de grande parte da aristocracia alemã que tinha desempenhado importante papel no Exército e no Estado durante muito tempo, foram perdidas para sempre à medida que as fronteiras iam se deslocando para o oeste. Outrora admirada internacionalmente por sua cultura e seus conhecimentos, a Alemanha estava agora reduzida à condição de pária em termos morais, embora o acerto de contas com a cúpula nazista ainda estivesse por vir, nos julgamentos por crimes de guerra que os Aliados em pouco tempo haveriam de organizar.

Levaria muitos anos para que a imensidão do colapso civilizatório fosse plenamente reconhecida e ocupasse o lugar central que lhe cabia no entendimento do legado da Segunda Guerra Mundial. A política genocida da Alemanha reformulou em grande parte o modelo étnico de colonização, principalmente na Europa Oriental. A destruição dos judeus, em particular, demoliu séculos de uma rica presença cultural. Os atos de "limpeza étnica" cometidos pelos alemães e seus aliados tiveram também um impacto duradouro — e em certos casos deixaram um rastro de ressentimentos, como na Iugoslávia, que décadas de governo comunista não apagaram. A presença étnica de alemães no Leste Europeu foi eliminada tanto pela violência stalinista como pelos selvagens atos de "limpeza" empreendidos por poloneses, tchecos, húngaros e romenos nos primeiros anos do pós-guerra. Acima de tudo, o colapso civilizatório revelou-se na tentativa alemã de destruir fisicamente os judeus da Europa por uma questão de raça. Que essa imensa guerra tenha tido em seu centro um projeto racial — de destruição genocida — seria visto com o tempo como seu traço definidor.

A questão moral a respeito de como essa conflagração foi possível, de como a Europa pôde mergulhar nesse poço sem fundo de desumanidade, preocuparia o continente por gerações. A guerra revelou mais claramente do que nunca os crimes terríveis que os homens são capazes de cometer quando todas as restrições legais ao comportamento são eliminadas ou distorcidas para servir a propósitos desumanos. O campo de concentração tornou-se um símbolo, mais do que qualquer outra coisa, do pesadelo de um mundo em que a existência não valia nada, em que vontades arbitrárias decidiam entre a vida e a morte. Cada vez mais, tornou-se claro que, ao criar esse inferno na terra para tantos de seus cidadãos, a Europa esteve perto de se destruir. O entendimento de que o continente estivera num rumo suicida indicou que havia necessidade de um recomeço inteiramente novo.

Embora a guerra europeia tenha chegado ao fim com a capitulação alemã em 8 de maio de 1945 (o Dia da Vitória), tropas europeias continuaram lutando durante mais três meses no Extremo Oriente até a rendição incondicional dos japoneses. O fim do conflito foi marcado pela derrota total do Japão, acelerada por um acontecimento que, mais que qualquer outro, moldaria o futuro da Europa e do resto do mundo nas décadas seguintes: a bomba atômica lançada na cidade de Hiroshima, em 6 de agosto, seguida de outra, jogada em Nagasaki três dias depois, com as mesmas consequências devastadoras. Durante quatro anos, os americanos vinham investindo pesado na pesquisa pioneira de cientistas nucleares para a produção da bomba atômica. Os alemães, felizmente, estavam bem atrasados em suas próprias pesquisas. A um só tempo, a bomba atômica mudou de forma radical as bases do poder político e militar e revolucionou a concepção de guerra.

No futuro, seria impossível uma matança como a do Somme, na Primeira Guerra, ou de Stalingrado, na Segunda. Mas um conflito futuro na Europa traria destruição numa escala nem sequer remotamente alcançada mesmo na Segunda Guerra. A bomba atômica proporcionava a seus detentores uma arma terrível que, à medida que o arsenal nuclear se tornava ainda mais destruidor, teria o poder de destruir um país inteiro com o simples apertar de um botão. O legado fundamental da guerra foi deixar a Europa e o resto do mundo sob a ameaça permanente de armas de poder destrutivo sem precedentes. A partir de então, os europeus teriam de aprender a viver sob a sombra da bomba e enfrentar a ameaça de aniquilamento nuclear. A nuvem em forma de cogumelo seria o símbolo de uma nova era. Foi o ponto de virada para o mundo.

9. Transições silenciosas nas décadas sombrias

A história resiste a um fim tão certamente quanto a natureza abomina o vácuo; a narrativa de nossos dias é um discurso contínuo, em que cada ponto é uma vírgula em embrião.

Mark Slouka, *Essays from the Nick of Time:*
Reflections and Refutations (2010)

Os trinta anos durante os quais a Europa pareceu empenhada na autodestruição foram tão desastrosos e caracterizados por rupturas tão imensas que dificilmente se conseguiria imaginar uma continuidade dos sistemas de valores socioeconômicos e das tendências do desenvolvimento cultural no longo prazo. No entanto, sob a superfície de uma era sombria, a vida das pessoas continuava sendo moldada ou remoldada em transições silenciosas, íntegras e talvez incólumes ao trauma.

Além dos determinantes impessoais de longo prazo representados pelas mudanças sociais e econômicas, havia valores e crenças que orientavam a vida das pessoas, em especial o resguardo silencioso das Igrejas cristãs. No entanto, grande parte do mais importante pensamento político e social da época escapou à influência das Igrejas ou até se opôs a elas. Como a elite intelectual da Europa reagiu ao que percebia como uma crise civilizatória? A dedicação ao trabalho, à reflexão e (às vezes) à oração deixa de fora uma quarta esfera: o lazer e a diversão que se podiam extrair do domínio em rápida mudança do entretenimento popular. Cada uma dessas quatro áreas — mudança econômica e social, o papel das igrejas cristãs, a reação dos intelectuais e a "indústria cultural" — revela ao mesmo tempo continuidades e transições que deixariam uma marca importante no mundo do pós-guerra.

ECONOMIA E SOCIEDADE: DINÂMICA DA MUDANÇA

Ao longo do período de horrores que afligiu a Europa entre 1914 e 1945, as economias e sociedades do continente se tornavam, na verdade, mais parecidas. É claro que permaneciam grandes diferenças — principalmente nacionais, étnicas, regionais e (muitas vezes misturada com estas) religiosas. Eram essas diferenças, mais que qualquer outra coisa, até mesmo que o pertencimento a uma classe social, que moldavam o sentimento de identidade. As oportunidades de trabalho no estrangeiro, a não ser para as classes mais privilegiadas, deixando de lado o serviço militar, eram limitadíssimas, fortalecendo o sentimento de identidade nacional (e os preconceitos que muitas vezes o acompanhavam). Depois da Primeira Guerra Mundial, a fragmentação num continente ainda mais dominado do que antes por Estados-nações muitas vezes orientados por um nacionalismo extremo e a instituição de sistemas de governo com modelos econômicos muito diferentes (e incompatíveis) — mais notavelmente na Rússia, na Itália e na Alemanha — favoreciam mais o afastamento que a aproximação dos países. As duas guerras mundiais, não é preciso dizer, produziram suas próprias distorções e divergências.

No entanto, houve importantes modelos intrínsecos de desenvolvimento que transcenderam distinções políticas e a divisão, ou foram no máximo interrompidos por algum tempo. O impacto de longo prazo da industrialização, que afetou diversas partes da Europa em intensidades e ritmos diversos, foi a força dinâmica dominante. As mudanças que se seguiram afetaram quase todo o continente e não ficaram confinadas por fronteiras nacionais. Mesmo os países menos desenvolvidos foram envolvidos de alguma forma — importando, copiando ou assimilando as mudanças que estavam ocorrendo em outro lugar. O abismo entre as partes mais ricas e economicamente mais avançadas da Europa Ocidental e Setentrional e as mais pobres do sul e do leste pouco diminuiu na primeira metade do século xx. Mesmo assim, as tendências do desenvolvimento — em demografia, urbanização, industrialização, nível de emprego, previdência social, alfabetização e mobilidade social — eram bastante semelhantes.

A população

Apesar de duas guerras mundiais, inúmeros conflitos civis, imensas epidemias de fome politicamente induzidas, depressão econômica e "limpezas étnicas" em grande escala, a população da Europa continuou crescendo substancialmente durante a primeira metade do século xx (embora menos que nos cinquenta anos anteriores). Em 1913, viviam na Europa quase 500 milhões de pessoas. Em 1950, esse número chegava a quase 600 milhões. Esse crescimento populacional não foi uniforme. Fatores políticos e militares tiveram influência em algumas partes do continente. Em 1946, a população soviética contava com 26 milhões de pessoas a menos que em 1941. As estatísticas sobre a população alemã mostram claramente o impacto nefasto das duas guerras e da Grande Depressão. Nesses dois países, no entanto, a redução da população foi temporária, embora durante anos o número de mulheres continuasse muito superior ao de homens. Os retrocessos econômicos também tiveram seu papel nas flutuações demográficas. A população irlandesa, por exemplo, caiu muito quando grande número de jovens começou a deixar o país para trabalhar fora, principalmente na Inglaterra.

Não obstante, a tendência geral foi sempre de crescimento populacional. A causa principal foi a queda pronunciada nas taxas de mortalidade, tendência que se iniciou na segunda metade do século xix, mas se acelerou de maneira notável na primeira metade do xx. As taxas de natalidade também estavam em queda, mas a um ritmo muito mais lento que as de mortalidade. Em 1910, a expectativa de vida no norte e no oeste da Europa era de cerca de 55 anos; na Rússia, era de 37 anos; na Turquia, de menos de 35. Quarenta anos depois, a maior parte dos habitantes do continente podia esperar viver até os 65 ou mais. No início do século, os índices mais elevados de natalidade e mortalidade achavam-se no leste e no sul da Europa. Em 1950, a distância entre essa parte da Europa e o norte e o oeste já tinha se reduzido consideravelmente. Mesmo na Rússia, apesar dos horrores que o país foi obrigado a suportar, a taxa de mortalidade caiu notavelmente: de 28 por 1000, na época do tsar, para 11 por 1000 em 1948.

A queda na taxa de mortalidade foi, em boa medida, resultado da grande ênfase dada a higiene, melhores moradias e educação sanitária, e a consequente melhora na saúde materna (que contribuiu muito para a queda na mortalidade infantil). Em termos gerais, embora em diferentes proporções em virtude dos respectivos graus de avanço econômico, os países europeus tiveram grande melhora na área da saúde na primeira metade do século xx. O surto de construção de habitações da década de 1920 (mencionado no capítulo 4), muitas vezes subsidiada pelo governo, reduziu o grande número de pessoas dividindo a mesma moradia e trouxe melhoras no saneamento básico e na higiene pessoal. Um pequeno crescimento da renda real e uma alimentação melhor (com o aumento da quantidade de carne em relação à de cereais) também contribuíram para a queda da mortalidade. A consciência da importância da saúde pública disseminou-se a partir dos países relativamente adiantados do norte e do oeste da Europa para o sul e para o leste do continente. Mas, nos lugares em que pouco se fez para superar o atraso no saneamento básico, na higiene pessoal e na falta de hospitais, como na Albânia, na Macedônia, no sul da Itália e na Turquia, as taxas de mortalidade permaneceram desproporcionalmente elevadas.

O progresso da medicina contribuiu para a queda da mortalidade, reduzindo as possibilidades de mortes prematuras devidas a doenças contagiosas. Isso se deu menos na área de técnicas cirúrgicas (embora a cirurgia reparadora tenha apresentado progressos na Primeira Guerra Mundial) do que no tratamento de ferimentos e na criação de medicamentos contra doenças letais, como tuberculose e gripe. A epidemia de gripe espanhola, no fim da Primeira Guerra, causou mais mortes que o próprio conflito. Os bebês eram especialmente suscetíveis a doenças gastrintestinais, e a mortalidade infantil por problemas ocorridos no parto continuava alta. Por outro lado, passou-se a usar cada vez mais as sulfamidas no controle de doenças contagiosas, vacinas contra o tétano e a difteria, e medicamentos contra a malária. O uso da penicilina, primeiro para evitar a infecção de ferimentos, generalizou-se perto do fim da Segunda Guerra, embora só pelos Aliados ocidentais. A vacinação passou a ser amplamente aplicada. Nas áreas rurais do sul da Europa, onde os governos pouco tinham feito para melhorar as condições de vida e de saúde pública, a malária continuou sendo um problema grave, em alguns casos até bem depois da Segunda Guerra. Mas até nesses lugares as doenças infecciosas começavam a ser controladas. Os casos de malária na Itália, por exemplo, caíram de 234 mil em 1922 para menos de 50 mil em 1945. Por volta de 1950, a doença tinha sido praticamente erradicada.

As regiões mais pobres e menos desenvolvidas do continente continuavam longe da tendência geral de queda na fecundidade. Na Rússia, na Espanha e em Portugal, a queda só começou na década de 1920; no sul da Itália e na Turquia, só depois da Segunda Guerra. No entreguerras, a taxa de fecundidade na Turquia era superior a cinco filhos por mulher. Na maior parte da Europa, já tinha caído para 2,5, e em alguns países para menos de dois (ou seja, menos do que a taxa necessária para a manutenção da população sem contar com imigração). O pequeno número de nascimentos e a concomitante perda de importância nacional causaram muita preocupação, principalmente na França (onde a queda se registrou primeiro), nos países escandinavos e não menos na Itália e na Alemanha (fazendo o jogo da ideologia fascista). A popularização do controle da natalidade e a educação em planejamento familiar (ajudada pelo aumento da alfabetização) tiveram muita influência na queda da fecundidade. Na Europa Ocidental, cerca de 90% dos nascimentos se davam dentro do casamento (os filhos ilegítimos ainda eram estigmatizados), e o número de casamentos permaneceu praticamente estável (sem contar um curto período de aumento no fim da década de 1930). Portanto, o fator decisivo foi que os casais simplesmente preferiram ter menos filhos — tendência reforçada pelo grande número de mulheres jovens que entravam no mercado de trabalho. As regiões católicas da Europa e as áreas rurais mais pobres do leste e do sul do continente só aos poucos entraram em compasso com a tendência geral de queda da fecundidade — o tamanho da população rural da Irlanda era uma exceção à tendência geral —, embora a direção fosse a mesma e a velocidade de convergência tendesse a aumentar com a modernização da economia.

As mudanças sociais e econômicas na Europa se intensificaram com a guerra, quando não foram causadas diretamente por ela. O êxodo rural em direção às regiões industrializadas, a partir do sul e do leste para o oeste, foi um dos aspectos dessas mudanças — uma tendência de longo prazo que as pressões do conflito exacerbaram. O deslocamento em massa da população por causa da guerra e da "limpeza étnica", embora fosse uma consequência temporária dos distúrbios políticos, teve consequências de longa duração.

Antes da Primeira Guerra, a emigração para os Estados Unidos era uma via de escape da opressiva pobreza nas regiões mais miseráveis da Europa, porém depois que o país implantou rígidas cotas de imigração, no começo da década de 1920, a correnteza reduziu-se a pouco mais que um filete. A maior parte das pessoas que buscavam uma vida melhor teve de encontrar uma nova pátria na própria

Europa. Para os que emigravam por motivos econômicos, isso significava, principalmente, procurar emprego nas áreas industriais em expansão. O fluxo de migrantes do campo para a cidade, traço característico da recuperação econômica da década de 1920, caiu mas não acabou durante a Depressão da década seguinte.

Em toda parte encolhia o contingente populacional que trabalhava no campo. Em 1910, a agricultura da Europa como um todo respondia por 55% da produção. Em 1950, tinha caído para 40%. A maior virada da atividade econômica deu-se na Rússia, responsável por mais da metade da queda geral na produção agrícola em relação à produção industrial. Entretanto, em todos os países, a população rural diminuía. A Boêmia industrializada atraía trabalhadores da Eslováquia rural. Milão e Turim atraíam migrantes do sul da Itália. Os poloneses saíam do sul e do leste do país para as áreas ocidentais, que se industrializavam mais rapidamente. E grande número de imigrantes do sul e do leste da Europa encontrava emprego permanente nas pujantes indústrias de Alemanha, França e Países Baixos. A França, com a população estagnada (o que mudaria durante a Segunda Guerra Mundial, com um forte crescimento), foi o país que teve maior necessidade de força de trabalho estrangeira no entreguerras. Em 1931, cerca de 8% de sua população, algo como 3,3 milhões de pessoas, era composta de imigrantes recentes.

A Segunda Guerra Mundial acentuou as tendências permanentes — das áreas rurais para as urbanas, da agricultura para a indústria, do sul e do leste para o norte e o oeste. Em 1939, a Alemanha contava cerca de meio milhão de trabalhadores estrangeiros, apesar da ideologia oficial xenófoba. Cerca de metade deles — incluindo poloneses, italianos, iugoslavos, húngaros, búlgaros e holandeses — trabalhava no campo (havia uma aguda escassez de mão de obra na lavoura), muitas vezes sazonalmente, mas a indústria também absorvia grande número de estrangeiros, em especial da Tchecoslováquia. A escassez da força de trabalho na Alemanha durante a guerra, cada vez mais desesperadora, levou a um grande aumento no número de estrangeiros (um terço deles mulheres) — muitos deles recrutados para trabalhos forçados dos mais cruéis —, principalmente a partir de 1942. Em meados de 1944, os 7651970 estrangeiros (dos quais 1930087 eram prisioneiros de guerra) representavam mais de um quarto da força de trabalho.

A Alemanha tinha condições de explorar um império de proporções continentais para satisfazer suas necessidades de força de trabalho (e fez isso da maneira mais implacável), mas, em todos os países participantes do conflito, a guerra provocou uma demanda crescente de mão de obra. Como os homens eram mandados à frente de batalha, grande parte dessa carência foi suprida por mulheres. Isso já acontecera na Primeira Guerra Mundial, mas a mudança acabou tendo curta duração. Quando os homens começaram a voltar do serviço militar, as mulheres foram afastadas do mercado de trabalho. Na Segunda Guerra, a mudança teve mais continuidade. O desemprego na Inglaterra, que parecia endêmico no entreguerras, desapareceu. As mulheres — donas de casa e outras que anteriormente não trabalhavam (ou que deixaram o serviço doméstico) — constituíam mais de três quartos da força de trabalho agregada. Na União Soviética, onde muitas já trabalhavam antes da guerra, elas já constituíam mais da metade da força de trabalho em 1942.

As mudanças internas mais repentinas e radicais na população europeia na primeira metade do século xx não se deram simplesmente em função de tendências permanentes do mercado de trabalho, claro, mesmo quando estimuladas pelas exigências da economia de guerra. Muito mais drásticas foram as turbulências populacionais causadas pela ação política e militar, mais graves na Europa Oriental, embora a Guerra Civil Espanhola tenha feito 2 milhões de refugiados entre 1936 e 1938. Cerca de 8 milhões de pessoas foram desalojadas na metade oriental do continente, em especial por causa de perdas territoriais, mudança de fronteiras e "ajustes" étnicos nos Estados emergentes, durante a Primeira Guerra Mundial ou logo depois dela. Mais de 1 milhão de armênios foram deslocados, e muitos deles morreram nas horríveis deportações a que foram submetidos pelos turcos em 1915. Cerca de 1 milhão de gregos e turcos foram removidos à força com a troca de populações em 1923. Na Rússia, devastada pela guerra civil que se seguiu à Primeira Guerra Mundial e à revolução, o número de mortos e refugiados foi estimado em mais de 10 milhões. Muitos outros milhões morreram ou foram desalojados durante a era da coletivização stalinista e dos expurgos da década de 1930, seguidos de outros milhões que fugiram para o leste ante o avanço do Exército alemão em 1941. As deportações em massa ordenadas por Stálin na época da guerra, visando a pessoas consideradas uma ameaça à segurança, levaram a mais migrações, como, por exemplo, a remoção forçada de 400 mil alemães do Volga para a Ásia Central e a Sibéria em 1941 (e mais tarde as deportações em massa de tártaros da Crimeia, além de calmucos, inguches, carachaios, balkares e tchetchenos — cerca de 1 milhão ao todo — do Cáucaso).

No fim de 1941, o assassinato de judeus europeus estava em franca escalada. Antes da guerra, centenas de milhares de refugiados da Alemanha nazista, judeus em sua maioria, tinham procurado socorro em outros países (que relutavam em recebê-los). Metade tratou de sair do continente, principalmente rumo aos Estados Unidos e à Palestina, mas a guerra fechou essas vias de escape. Cerca de 5,5 milhões de judeus caíram vítimas das políticas alemãs de extermínio. As mudanças de fronteiras e as expulsões depois do fim da Segunda Guerra Mundial levaram a novos deslocamentos demográficos. Em 1950, por exemplo, um terço da população da recém-criada República Federal da Alemanha tinha nascido fora do território do novo país. Essa afluência populacional viria a ser vital para a recuperação da Alemanha Ocidental depois da guerra.

As estatísticas cruas sobre deslocamentos populacionais, como todos os dados macroeconômicos, são impessoais. Nada têm a dizer a respeito das mortes, destruições, tribulações e angústias que estão por trás delas. Mesmo assim, são importantes para ilustrar as mudanças que alteraram de muitas formas o caráter da Europa do século xx. Igualmente impessoais são os dados que mostram, com base em diferentes critérios, que os padrões de vida de fato se elevaram durante a catastrófica primeira metade do século — pelo menos para a maioria daqueles que não morreram ou tiveram a vida arruinada por combates, bombardeios, espoliação ou políticas deliberadamente criminosas. Além da expectativa de vida, aumentaram a renda per capita (mais de 25%) e o poder aquisitivo da maior parte da população; a altura média das pessoas subiu quatro centímetros (indicador de melhor alimentação e maior renda); e a alfabetização se ampliou substancialmente. Embora essas tendências dissimulem, claro, variações importantes causadas pela guerra e outras privações, foram generalizadas em todo o continente. As regiões menos desenvolvidas antes da Primeira Guerra Mundial, no sul e no leste da Europa, mostraram sinais diversos de convergência com as partes ocidentais mais avançadas do continente no período que antecedeu a Segunda Guerra Mundial.

Guerra e economia: As lições aprendidas

Cada uma das guerras mundiais representou uma interrupção catastrófica, ainda que relativamente breve, do desenvolvimento econômico no longo prazo. O crescimento médio em muitos países europeus foi menor ao longo da desastrosa era de 1914-45 do que antes da Primeira e depois da Segunda Guerra Mundial. Levou cerca de uma década para que os países derrotados na Primeira Guerra se recuperassem. Mas eles se recuperaram, e o crescimento, embora menor do que antes da guerra, continuou. Calcula-se que se o crescimento anterior a 1914 tivesse prosseguido sem obstáculos, o nível da produção alcançado em 1929 seria atingido em 1923 no que se refere a alimentos, em 1924 em produtos industriais e em 1927 quanto a matérias-primas. Sejam quais forem as restrições que se façam a esse tipo de extrapolação — que dizem respeito à produção mundial, e não apenas europeia —, os números indicam uma interrupção temporária no crescimento em razão das hostilidades, e não um retrocesso permanente.

A globalização a que se chegou antes de 1914 foi obstaculizada e interrompida pela guerra, depois pelo protecionismo e pelo nacionalismo econômico durante a Grande Depressão da década de 1930. A produção europeia caiu de novo durante a Segunda Guerra Mundial, e muito do que se produzia era direcionado, claro, para equipar as Forças Armadas. Dessa vez, no entanto, a recuperação foi rápida. Depois da Segunda Guerra, o crescimento se acelerou muito mais do que logo após a Primeira, e teve consequências mais duradouras. Algumas lições haviam sido aprendidas. Houve uma disposição no sentido de adotar a cooperação internacional, que tanta falta fez no entreguerras, mas agora era aceita como essencial para a recuperação. Para restabelecer a estabilidade e regular a economia, adotou-se um novo patamar de intervenção do Estado. O fator decisivo foi o completo domínio econômico dos Estados Unidos e sua essencial exportação de ideias, tecnologia e capital. A base para o crescimento econômico sem precedentes das décadas seguintes fora lançada, no entanto, na própria Europa, e nos anos mais sombrios para o continente. Em termos estritamente econômicos, a guerra, ainda que considerando a escala dos conflitos de 1914-8 e 1939-45, não teve um balanço de perdas exclusivamente negativo. As consequências positivas também tiveram importância permanente.

As condições de guerra constituíram um estímulo destacado ao crescimento econômico e ao progresso tecnológico. Mesmo os Estados democráticos, para não falar das ditaduras, foram obrigados a intervir com vigor na economia de modo a dirigir a produção, imensamente aumentada, para o esforço de guerra. Para isso foi necessário investimento estatal na construção civil, maquinaria industrial e qualificação de mão de obra, pois o conflito criava novas demandas (que em muitos casos se perpetuaram), como de alumínio, para a produção de aeronaves durante a Segunda Guerra Mundial. A produção em massa de armamentos exigiu, já na Primeira Guerra, mecanização intensiva e métodos mais eficazes de organização e administração de fábricas.

A agricultura beneficiou-se da mecanização para maximizar a produção num tempo em que faltavam braços à lavoura. Cerca de 3 mil novos tratores foram entregues a agricultores britânicos durante o primeiro ano da Segunda Guerra, e a produção de todo tipo de máquinas agrícolas aumentou. Na Alemanha, país em que a frenética demanda de tanques, armas e aviões deixava pouca capacidade produtiva para dedicar a tratores, os agricultores geralmente precisavam se arranjar com o esforço de membros da família e com trabalhos forçados de estrangeiros e prisioneiros de guerra. Como em outras partes do continente onde a modernização da produção agrícola fez pouco progresso durante a guerra, a mecanização da agricultura e a intensificação da produção tiveram de esperar a época da reconstrução do pós-guerra — já que não havia como reverter o inexorável declínio da mão de obra agrária ocorrido durante o conflito.

As inovações tecnológicas e científicas foram enormes durante as duas guerras, em especial na segunda, e com efeitos permanentes. Não que a guerra tenha dado espaço a descobertas inteiramente novas. Mesmo nos casos em que um progresso importante acontecera em tempos de paz, a urgência da produção em época de guerra muitas vezes levou a avanços rápidos. A tecnologia aeronáutica tinha se aperfeiçoado rapidamente durante a Primeira Guerra, já que a guerra aérea passou a ser vista como decisiva em qualquer conflito futuro, e as inovações alimentaram a expansão da aviação comercial nas décadas de 1920 e 1930. O motor a jato, inventado e desenvolvido de forma simultânea, na década de 1930, por Frank Whittle, engenheiro da Real Força Aérea Britânica, e pelo engenheiro alemão Hans von Ohain, passou a ser produzido em massa na Alemanha a partir de 1944 para o caça Me262 e revolucionou a aviação civil depois da Segunda Guerra Mundial. Mais tarde, a exploração espacial seria erigida com base na tecnologia de foguetes que Wernher von Braun e outros cientistas alemães desenvolveram para lançar o míssil V2.

A capacidade de Braun, membro do Partido Nazista e oficial honorário da ss, foi prontamente reconhecida pelos americanos e, levado a um novo ambiente nos Estados Unidos, ele desempenharia importante papel no programa espacial do país. A fissão nuclear, desenvolvida às vésperas da guerra, levou ao programa americano que produziu a bomba atômica e abriu caminho, depois da guerra, para o uso pacífico da energia nuclear. Muitas outras inovações dos tempos de guerra ou os rápidos progressos em tecnologias preexistentes — como a radiodifusão, o radar, materiais sintéticos e computadores eletrônicos — teriam forte impacto na era pós-guerra. Esses avanços, muitos baseados em descobertas pioneiras do pré-guerra, teriam sido conquistados de qualquer modo, mas, provavelmente, com maior lentidão sem a guerra.

A Segunda Guerra Mundial foi, muito mais do que a Primeira, uma "guerra total", e não só para sociedades governadas por ditaduras. Com o conflito anterior, os estadistas aprenderam importantes lições sobre como conduzir uma economia de guerra. Foram muito mais eficientes do que seus antecessores, por exemplo, no controle da inflação, que nunca chegou a ganhar um impulso destrutivo como aconteceu em alguns dos países participantes da Primeira Guerra. Na Inglaterra, os impostos aumentaram muito mais do que no conflito anterior, reduzindo a necessidade de empréstimos de curto prazo e permitindo que o governo continuasse a tomar empréstimos de longo prazo com taxas de juros relativamente baixas. Na Alemanha, onde o medo paranoico de um novo mergulho na hiperinflação sempre esteve bastante presente, os impostos puderam ser mantidos num patamar bem mais baixo do que na Inglaterra, pois os custos elevados da guerra eram pagos em boa medida pelos territórios ocupados.

Alemanha e Inglaterra também estavam em extremos opostos do espectro quanto ao controle estatal do abastecimento de alimentos. Na Alemanha, a força incontrolável do descontentamento durante a Primeira Guerra Mundial, que crescia à medida que o padrão de vida despencava e a escassez de alimentos se tornava crítica, estava bem gravada na consciência política dos dirigentes nazistas. Explorando de forma implacável os recursos alimentícios e de outra natureza do continente, eles evitaram que o fenômeno se repetisse durante a Segunda Guerra. Os primeiros cortes importantes nas rações, depois da crise do inverno de 1941-2, foram altamente impopulares, mas não ocorreram reduções drásticas até a fase final da guerra. Países ocupados em grande parte da Europa pagaram o preço, com uma grave e cada vez maior escassez de alimentos que chegou à fome na Ucrânia e na Grécia, e muito perto disso no "inverno da fome" de 1944-5 na Holanda. Embora os preços dos alimentos fossem oficialmente controlados e a distribuição racionada, o mercado negro prosperava em toda parte. Na Inglaterra, os subsídios estatais e o rigoroso racionamento garantiram que os preços dos alimentos subissem mais devagar que os rendimentos da atividade agrícola. O racionamento de todos os gêneros alimentícios, exceto a batata e o pão, causou reclamações inevitáveis, embora tenha sido bem-aceito pela população e ajudado a manter a harmonia social. Na verdade melhorou a saúde de muita gente, embora à custa da monotonia alimentar.

Durante a Segunda Guerra Mundial, figuras proeminentes do mundo dos negócios e da indústria foram chamadas a ajudar a traçar a política do governo ainda mais que na Primeira. Os industriais estavam preocupados não apenas com a produção de guerra, mas também com o planejamento do mundo no pós-guerra. Até na Alemanha, onde o regime nazista apertava o controle sobre a economia (e sobre tudo o mais) e as bombas dos Aliados causavam uma destruição cada vez maior, os industriais casaram sua intensa colaboração com a guerra com planos secretos de reconstrução. Temerosos de ser arrastados, nos últimos meses da guerra, para a inútil autoimolação do regime nazista em seus estertores de morte, eles trabalharam junto do ministro de Armamentos e Produção do Reich, Albert Speer, para impedir a destruição insensata das instalações industriais determinada pela política de "terra arrasada" imposta por Hitler em março de 1945. Na verdade, a destruição da indústria alemã nem sequer chegou perto do nível geral de devastação causado pela guerra, e os industriais puderam continuar — em benefício próprio — seu envolvimento profundo em medidas de estímulo à recuperação. O mesmo ocorreu em outras grandes economias. A guerra tinha mobilizado uma enorme capacidade produtiva, que em muitos casos foi bastante danificada mas não destruída e, com o fim do conflito, recursos vultosos de mão de obra ficaram disponíveis para a reconstrução pacífica em lugar da produção de armamentos. O potencial de retomada permanecia latente entre as ruínas.

A recuperação, assim como a mobilização econômica para a guerra, precisava do Estado. A destruição absoluta na Europa impossibilitava que o Estado se retirasse da administração da economia. A ideia de que as forças do mercado bastariam para recuperar as economias fora refutada pelo nacionalismo econômico do período entreguerras. Só o Estado, e nisso os planejadores franceses e britânicos estavam de acordo, seria capaz de levantar o investimento necessário para os projetos de infraestrutura que reconstruiriam a economia. Os governantes americanos, embora favoráveis ao mercado, não tinham como se opor a essa conjuntura, e um rígido controle do Estado já estava estabelecido havia muito na União Soviética. Grandes programas habitacionais precisavam ser organizados. A escassez de alimentos também exigia controle e distribuição estatais; na Inglaterra, o racionamento continuou até quando já ia bem avançada a década de 1950.

Nos primeiros anos que se seguiram à Segunda Guerra Mundial, a economia da Europa caracterizou-se por um patamar de investimento e controle estatais jamais imaginado nas décadas de 1920 e 1930. Sob influência americana, no entanto, a Alemanha Ocidental não seguiu o modelo de dirigismo adotado na Inglaterra e na França (embora na Alemanha Oriental, sob controle soviético, o caminho tenha sido completamente diferente, claro). A experiência de rígido controle do Estado durante os doze anos de nazismo estimulou a eliminação das restrições ao livre mercado, a redução drástica da burocracia e a abolição dos cartéis industriais. Em muitos países, no entanto, a intervenção estatal inicial e o dirigismo em pouco tempo começariam a se reduzir, depois que a recuperação já estava em andamento.

O impacto social da guerra total

Ao fim da Segunda Guerra Mundial, as expectativas de que os governos deveriam fazer mais para melhorar as condições de vida da sociedade também induziu à intervenção estatal. Naturalmente, essas expectativas tinham sido criadas durante a Primeira Guerra Mundial, embora a maior parte tenha, lamentavelmente, se frustrado. Numa área essencial, no entanto, houve progressos notáveis. Sob pressão dos partidos trabalhistas, a maior parte dos países economicamente avançados da Europa ampliou, no período de entreguerras, os limitados benefícios sociais que alguns deles, em especial a Alemanha e a Inglaterra, já vinham adotando antes de 1914. Havia grandes diferenças nacionais entre os benefícios e a cobertura, já que os próprios sistemas nada tinham de uniformes, mas existia uma tendência comum. Depois de uma segunda grande guerra, não havia como retroceder na construção de um Estado de bem-estar social pleno. As expectativas eram ainda maiores, e os governos não tinham alternativa. Políticos de todas as tendências, liberais e conservadores, assim como os líderes dos movimentos de trabalhadores, pressionavam, embora com programas diversos, em favor de uma rede de assistência social mais ampla. Mesmo sob as regras estritas dos regimes fascistas, a mobilização das massas aumentou as expectativas de um futuro melhor, nele incluído o Estado de bem-estar social. As promessas de melhora no nível de vida, novas moradias, seguro social abrangente, amplas áreas de lazer e um carro para cada família — o "carro do povo", ou Volkswagen — faziam parte do apelo nazista, e em grande parte o mesmo ocorria com o fascismo na Itália de Mussolini.

A maior parte dessas promessas não foi cumprida antes do mergulho na catastrófica guerra. Mas as expectativas de que o Estado proporcionaria o contexto para a prosperidade material e a ampliação no bem-estar social sobreviveu ao fascismo e foram absorvidas pelos governos no pós-guerra. Na Inglaterra, havia um sentimento universal de que os sacrifícios feitos pelo povo na "guerra total" precisavam ser recompensados pelo Estado, garantindo que o pleno emprego trazido pelo conflito fosse mantido, o bem-estar social e o serviço de saúde fossem estendidos a todos e a pobreza e as privações da década de 1930 nunca mais se repetissem. Em 1944, o governo britânico comprometeu-se com um programa de pleno emprego, necessário para o êxito das medidas de seguridade social propostas dois anos antes por William Beveridge. As políticas sociais obviamente ocupariam um lugar prioritário na agenda do governo no pós-guerra.

No entanto, convém não exagerar a amplitude das mudanças sociais na Europa durante a primeira metade do século XX. A situação das mulheres na sociedade ilustra bem a questão. Antes da Primeira Guerra, os movimentos feministas tinham sido relativamente fortes, em especial quanto à reivindicação do sufrágio feminino, na Escandinávia e na Inglaterra (onde as campanhas das sufragistas contribuíram muito para trazer a público a questão). Mas os movimentos pelos direitos das mulheres eram bem mais fracos na Europa católica, principalmente no leste e no sul do continente, onde as formas liberais de governo constitucional eram pouco desenvolvidas. Na Europa Central germanófona, os movimentos feministas conquistaram apoio sobretudo entre mulheres de classe média. Seu progresso foi restrito por terem ficado espremidos entre o domínio masculino do conservadorismo reacionário e o do socialismo (que via a questão da emancipação das mulheres como um ramo subordinado na luta mais geral pela transformação econômica e social).

A Primeira Guerra promovera um avanço, pelo menos quanto à questão do voto feminino, em muitos países. O reconhecimento da contribuição vital das mulheres para o esforço de guerra levou a uma mudança de atitude em relação ao sufrágio feminino, e depois da guerra elas adquiriram o direito ao voto na maior parte dos países europeus. A França, porém, só concedeu o voto às mulheres em 1944; a Itália, a Romênia e a Iugoslávia, em 1946; e a Bélgica, em 1948. A Grécia demorou ainda mais, só adotando o voto feminino em 1952, depois da guerra civil. Na Suíça neutra, as mulheres acederam ao voto no âmbito federal só em 1971 (nos cantões, em momentos diversos a partir de 1958), e em Liechtenstein, só em 1984.

Além desse direito, a situação das mulheres em casa e no trabalho pouco mudou. A sociedade ainda era totalmente dominada pelos homens. Na Inglaterra, de acordo com o Relatório Beveridge, a mulher dependia do marido para as contribuições e os benefícios sociais, enquanto a constituição francesa de 1946 ainda enfatizava o papel de mãe. As mulheres continuavam muito discriminadas no mercado de trabalho, sobretudo as casadas, que continuavam a ser vistas, sobretudo, como donas de casa e reprodutoras. Os degraus mais altos das profissões liberais continuavam vedados a elas. A maior parte dos empregos ainda estava nas áreas vistas como "trabalho de mulher" — enfermagem, assistência social, magistério, secretariado, atendimento em lojas.

Na educação, as mulheres também continuavam em grande desvantagem. Inegavelmente, houve na Europa entre 1900 e 1940 uma tendência de alta no número de mulheres em universidades. Isso se deu no contexto da mais que duplicação do número (ainda reduzido) de estudantes universitários no período. Mas elas ainda representavam a menor parte nesse crescimento. Antes da Segunda Guerra Mundial, a proporção de mulheres nas universidades da Europa Ocidental era de menos de um quinto — cerca de um terço na Finlândia, mais de um quarto na França, Inglaterra e Irlanda, mas apenas entre 7% e 8% na Espanha e na Grécia. Com tantos homens convocados para os serviços militares durante a Segunda Guerra, o número de mulheres nas universidades aumentou. Mas as grandes mudanças nessa área, como na posição da mulher em geral, só ocorreriam décadas depois.

As possibilidades de mobilidade social eram também muito menores do que seria de imaginar. Com certeza, a imensa destruição, a colossal ruptura na economia mundial e as turbulências políticas que se estenderam ao longo de uma era de duas guerras mundiais, entremeadas com a Grande Depressão, inevitavelmente trouxeram grandes mudanças — em especial quanto à riqueza da aristocracia rural. A expropriação de terras foi, é claro, uma das marcas da Revolução Bolchevique. Apesar da resistência dos proprietários de terras, uma substancial redistribuição ocorreu também na Polônia, Tchecoslováquia, Romênia e Bulgária. Todo o período entreguerras constituiu uma forte ruptura de antigos padrões de acumulação de capital e aumento de riqueza. No entanto, os que possuíam riquezas e posição social às vésperas da guerra de modo geral mantiveram essa condição depois de terminado o conflito, exceto nas partes da Europa Oriental sob domínio soviético.

Na Inglaterra, que não sofreu ocupação inimiga, a continuidade social e institucional foi mais visível do que na maior parte da Europa. As elites sofreram um baque em sua riqueza em virtude dos impostos mais altos, da requisição de propriedades para uso das Forças Armadas ou da perda de parte delas para pagar o imposto sobre herança. Em especial, a riqueza da aristocracia rural, dos proprietários de terras e de outros detentores privados de grandes capitais foi muitas vezes reduzida de forma drástica. E, como eles frequentemente lamentavam, estava difícil encontrar empregados domésticos, pois as mulheres jovens já não se contentavam com a monotonia do serviço nas casas dos mais ricos. O modo de vida da nobreza dos anos do pré-guerra praticamente desapareceu. Mas houve pouca perda de status. Na Inglaterra e no País de Gales, em 1946-7, apenas 1% da população adulta ainda concentrava em suas mãos a metade de todos os bens de capital.

Na França houve algumas mudanças nas elites políticas e econômicas. Homens — e, apenas excepcionalmente, mulheres — que ganharam prestígio por sua atuação na Resistência substituíram muitos desacreditados governantes da Terceira República e colaboradores de Vichy. Nas municipalidades, porém, depois que os piores colaboracionistas foram expurgados, houve bastante continuidade. Também na Itália, quando acabaram os expurgos de fascistas notórios no pós-guerra imediato e os comunistas foram obrigados a sair do novo governo, a classe política não se alterou radicalmente. Na economia, assim que a poeira começou a assentar, as famílias italianas que controlavam os negócios e as proprietárias dos grandes latifúndios no sul eram em grande medida as mesmas de antes da guerra. Por outro lado, como na França e em outros países, uma nova classe, mais tecnocrática e empreendedora, começou a ganhar terreno na indústria italiana, enquanto em grandes empresas, como a Pirelli e a Fiat, poderosos sindicatos asseguravam um novo clima nos ambientes de trabalho. É fácil subestimar também a amplitude das mudanças que ocorreram na burocracia estatal e no sistema judiciário, no governo central e nos provinciais, depois da queda do fascismo — principalmente onde o controle das cidades ficou nas mãos da esquerda, como em grande parte do norte.

Na Alemanha, membros da classe mais rica tiveram importante papel no complô que pretendeu matar Hitler em julho de 1944. No entanto, essa mesma classe também participou de terríveis atrocidades. Era proporcionalmente numerosa na liderança do Exército e nos cargos mais altos da ss. Muitos empresários estiveram intimamente envolvidos na expropriação de bens imóveis, na exploração implacável de países ocupados, no trabalho escravo e na economia do genocídio. Alguns dos casos mais graves acabaram punidos nos julgamentos dos Aliados no pós-guerra. Mas a continuidade das elites na Alemanha Ocidental foi acentuada, mesmo depois da devastação de 1945, exceto onde tinham perdido suas terras para a guerra e para a ocupação, como aconteceu nas províncias do leste.

Em termos gerais, durante a primeira metade do século xx, as elites políticas e econômicas tendiam a se perpetuar. As mudanças mais importantes viriam na segunda metade do século. A ascensão social continuava rara. Uma exceção entre as principais potências em guerra foi a Alemanha, onde o Partido Nazista, com suas muitas organizações, facilitou alguma mobilidade entre classes. Coisa parecida pôde ser vista na Itália fascista. Mas é fácil exagerar o alcance do fenômeno. As mudanças mais profundas viriam depois. Nem mesmo a afirmação segundo a qual as bombas não conhecem diferenças sociais e caem da mesma forma sobre ricos e pobres é verdadeira. Os setores mais pobres da população, amontoados em casas e cortiços nas cidades industriais, estavam muito mais expostos ao que os bombardeios tinham de pior. Os bairros residenciais de classe média e as mansões das propriedades rurais tinham chances muito maiores de escapar ilesos.

O que mais tarde se convencionou chamar de "ciclo de privação" persistia na maior parte da Europa. Os soldados que voltavam para casa depois da Segunda Guerra em geral retomavam a ocupação que tinham antes de ser mobilizados. Em geral, continuavam pertencendo à mesma classe social, assim como ao ambiente que tinha dado forma à sua vida. O fluxo continuado do campo para as cidades teve como resultado uma classe de trabalhadores industrial maior, normalmente acomodada em moradias de má qualidade perto dos centros urbanos, com poucas oportunidades de ascender para a classe média ou para categorias profissionais superiores. Mas havia possibilidade de uma pequena ascensão social para a categoria dos funcionários de escritório, setor que estava em expansão em toda a Europa, embora em ritmos diferentes. As oportunidades de educação ainda eram mínimas para os nascidos sem privilégios sociais. Nas áreas rurais, a queda populacional, a presença cada vez menor de jovens nos vilarejos e a redução da mão de obra agrícola eram indicadores de uma mudança permanente, intensificada pela economia de guerra. Nas lavouras das partes mais remotas da Europa, fisicamente intocadas pela guerra, onde a mecanização e os transportes modernos quase não chegavam, a rotina diária continuava a mesma de cinquenta anos antes. Isso valia também para a vida diária do operário de fábrica — menos massacrante do que era antes da Primeira Guerra Mundial, com certeza, e com menos horas de trabalho, mas ainda reconhecível por uma geração anterior de trabalhadores.

Nas áreas mais devastadas da Europa pela Segunda Guerra Mundial — que se estendem da Alemanha às regiões ocidentais da União Soviética, passando pelo leste e sul do continente — havia pouca ou nenhuma normalidade do pré-guerra à qual voltar. Grande parte da Ucrânia, Bielorrússia e Polônia estava destruída, tanto pelos combates como pelo genocídio — mais do que em qualquer outra parte da Europa — e pela política de "terra arrasada" praticada pelos alemães na retirada. Na própria Alemanha, onde a recusa à capitulação acarretou uma colossal destruição do país à medida que a derrota se aproximava, dois terços da população tinham sido desalojados de uma forma ou de outra quando a guerra chegou ao fim. Milhões de soldados foram capturados (muitos, quase 3 milhões, que tinham se rendido aos Aliados ocidentais começaram a ser libertados aos poucos em 1948, mas as últimas levas dos outros 3 milhões só saíram da União Soviética em 1955). A população civil, inflada pela massa de refugiados que chegava das províncias orientais, amontoava-se em acomodações superlotadas — 50% das moradias nas grandes cidades foram destruídas — e, assustada pela derrota total, enfrentava um futuro de incertezas. Mesmo assim, sentia-se afortunada quando conseguia encontrar sua parte do país ocupada pelos Aliados ocidentais, e não pelos temidos e odiados soviéticos. O que importava não era apenas a imensa perda de vidas e a devastação da economia, mas o caráter do poder político, acima de qualquer outra coisa. O contexto da vida na Alemanha dividida no pós-guerra imediato seria determinado em grande medida pelos interesses dos ocupantes — no oeste, americanos, britânicos e franceses; no leste, soviéticos.

Para a população soviética, o sentimento de triunfo pela grande vitória e, sem dúvida, de alívio por ter sobrevivido era uma das faces da moeda. A outra era o luto por milhões de entes queridos perdidos ou a tentativa de reconstruir a vida quando suas cidades e seus vilarejos tinham sido obliterados pelo inimigo. O fim da guerra trouxe, com poucas mudanças, a continuidade do sistema stalinista, agora fortalecido e legitimado pelas glórias bélicas. Continuavam as expropriações, as pesadas requisições de produtos ou cotas de produtividade, a exposição à arbitrariedade do estado policialesco, o tratamento desumano dispensado a milhões de prisioneiros de guerra e aos considerados "não confiáveis", e a mobilização de recrutas para a reconstrução de estradas e ferrovias. Esse sistema agora estava imposto à maior parte do Leste Europeu, onde ficavam as regiões mais pobres do continente mesmo antes da Primeira Guerra Mundial. Agora, para coroar o imenso sofrimento e a devastação impostos pela Segunda, esses países seriam alijados do impulso econômico que em breve instilaria nova vida à Europa Ocidental.

Perspectivas de recuperação econômica

Na economia internacional, a Segunda Guerra Mundial veio acentuar a tendência que já vinha se firmando após a Primeira: o declínio, em termos proporcionais, da participação da Europa na produção e no comércio mundial. Também foi selada a subordinação definitiva da Inglaterra aos Estados Unidos como a potência econômica dominante, um desdobramento já antecipado pela Primeira Guerra Mundial e agora totalmente confirmado pelas demandas de financiamento de guerra na Segunda. À medida que a dívida britânica aumentava para fazer frente ao esforço de guerra, a dependência econômica em relação aos Estados Unidos, que emergiram do conflito como um gigante industrial, tornou-se esmagadora. No fim da guerra, do ponto de vista financeiro, a Inglaterra estava de joelhos, e os Estados Unidos em plena explosão econômica — os vencedores incontestes da Segunda Guerra Mundial. A produção industrial americana foi maior durante a guerra do que em qualquer período anterior de sua história. Vinha aumentando a um ritmo de 15% ao ano (comparados aos 7% durante a Primeira Guerra), e a capacidade produtiva da economia aumentou 50%, segundo estimativas. Em 1944, nada menos de 40% dos armamentos do mundo estavam sendo produzidos nos Estados Unidos. Enquanto as exportações britânicas minguavam, as americanas disparavam: dois terços a mais em 1944 em relação a 1939.

A pujança de sua economia permitiu que os Estados Unidos fossem bem longe no financiamento do esforço de guerra dos Aliados, dentro do esquema Lend-Lease [empréstimos e arrendamentos], uma ideia brilhante do presidente Roosevelt que o Congresso aprovou no primeiro semestre de 1941. Com isso, os Estados Unidos puderam conceder "empréstimos" de equipamentos sem exigir pagamento a seus Aliados altamente endividados e no limite de sua capacidade. No fim da guerra, o valor total das exportações do Lend-Lease chegava a mais de 32 bilhões de dólares, dos quais 14 bilhões tinham ido para a Inglaterra e preciosos 9 bilhões para a União Soviética (na forma de alimentos, máquinas e ferramentas, caminhões, tanques, aviões, trilhos e locomotivas). Os Estados Unidos foram os tesoureiros da guerra. Em breve, se tornariam os tesoureiros da paz.

Antes do fim da guerra, a supremacia econômica deu ao país uma posição determinante para decidir os arranjos institucionais da economia no pós-guerra para a metade da Europa que não entrou para a esfera soviética a partir de 1945, embora o impacto total de suas decisões só fosse sentido décadas depois. Em julho de 1944, um mês depois que as tropas Aliadas desembarcaram na Normandia, mais de setecentos delegados dos 44 países que constituíam as Nações Unidas reuniram-se para uma conferência num hotel americano em Bretton Woods, no estado de New Hampshire (com algum desconforto, pois o hotel era pequeno e estava em condições precárias). Ali tentaram traçar os princípios de uma ordem econômica global para o mundo do pós-guerra, capaz de superar de forma permanente os desastres que deram origem ao nacionalismo econômico, à Grande Depressão e ao triunfo do fascismo na década de 1930. As delegações mais importantes eram a da Inglaterra e a dos Estados Unidos. Mas não havia dúvida sobre quem dava as cartas agora. Algumas das ideias básicas por trás do acordo a que se chegou nessa conferência foram expostas pelo líder da delegação britânica, John Maynard Keynes, que entendera os perigos da ortodoxia econômica predominante na época da Depressão e cujas teorias anticíclicas sobre a intervenção do Estado e dos gastos deficitários para conter o desemprego em massa ganharam muito prestígio durante a guerra. Mas, nos pontos em que britânicos e americanos divergiam, prevaleceram os interesses dos Estados Unidos, expressos pelo chefe da sua delegação, Harry Dexter White.

A Conferência de Bretton Woods instituiu uma nova ordem monetária (inspirada basicamente em Keynes) de livre conversibilidade de moedas, com taxas de câmbio atreladas ao dólar americano em lugar do já desacreditado padrão-ouro. (O primeiro grande teste de "conversibilidade", no entanto, falhou redondamente no verão de 1947, quando a Inglaterra foi obrigada a revogar a conversibilidade da libra esterlina em meio a uma grave crise financeira e forte demanda de dólares, o que reduziu de forma severa as reservas em dólar.) Duas propostas de White tomariam forma como importantes instituições do pós-guerra: um Fundo de Estabilização Internacional (que mais tarde se transformaria no Fundo Monetário Internacional), com o propósito de corrigir problemas orçamentários de cada país e ao mesmo tempo manter a estabilidade do sistema; e um Banco Internacional de Reconstrução e Desenvolvimento (mais tarde Banco Mundial), que forneceria o capital necessário para a reconstrução do pós-guerra, embora seu fundo inicial fosse pequeno em relação à demanda. Os participantes da conferência reconheceram também a necessidade de uma nova instituição que fixasse as normas do comércio global. Contudo, esse órgão nunca se materializou, e as relações comerciais internacionais acabaram reguladas pelo Acordo Geral sobre Tarifas e Comércio (GATT), firmado de início por 23 nações em 1947.

Quaisquer que fossem os insuperáveis obstáculos políticos que pudessem impedir o sucesso imediato de Bretton Woods, a conferência deixou clara a determinação de não permitir a volta dos desastres ocorridos no entreguerras. Foi um indicador do consenso sobre a necessidade de reforma das bases da economia capitalista para evitar uma repetição do colapso do comércio e das finanças internacionais, responsável pela catástrofe. O dólar americano, isso ficou claro, devia assumir o lugar anteriormente ocupado pela debilitada libra esterlina como moeda central das finanças internacionais. Os americanos ficaram felicíssimos com isso, assim como com a liberalização do comércio. Os europeus também aceitaram essa premissa da ordem econômica do pós-guerra, mas com uma diferença de ênfase. Para britânicos e franceses, a intervenção do Estado numa escala impensável antes da guerra se tornara essencial não somente para a reconstrução, mas também para combater a imprevisibilidade das economias capitalistas sem freios e evitar o retorno do desemprego em massa. O acordo resultante — não aplicável ao bloco soviético, claro — foi uma mistura de economia de livre-comércio com direção estatal. O capitalismo foi reformado em alguma proporção em toda parte, embora não tenha sido transformado radicalmente nem fundamentalmente contestado — a não ser pelo número cada vez menor de filiados aos partidos comunistas (que lutavam para manter sua base de apoio à medida que a Guerra Fria se delineava). Embora fosse de difícil previsão em meio à devastação de 1945, a mistura de liberalismo econômico e social-democracia — que os alemães chamaram de "economia social de mercado" (*soziale Marktwirtschaft*) — traria uma fantástica prosperidade e orientaria politicamente a Europa Ocidental pelos trinta anos seguintes.

Um importante pré-requisito para o sucesso desse acordo depois de 1945 não existia depois da Primeira Guerra Mundial. Os Aliados ocidentais não fizeram nenhuma tentativa de impor pesadas reparações à Alemanha Ocidental — na Alemanha Oriental a história foi outra —, como ocorrera em 1919, com consequências deletérias para a Alemanha e outras nações derrotadas. Durante um curto período, em 1944, o Plano Morgenthau, que propunha reduzir a Alemanha do pós-guerra à condição de economia pré-industrial (oferecendo uma dádiva à máquina de propaganda nazista), foi cogitado com seriedade. Embora Roosevelt e Churchill concordassem em impor restrições à futura produção industrial alemã, a inutilidade de manter 70 milhões de pessoas na pobreza permanente e desativar uma peça-chave para a recuperação econômica europeia foi prontamente reconhecida, em especial depois que se instaurou o contexto da Guerra Fria.

A Cortina de Ferro se tornaria inclusive uma vantagem indireta para a metade ocidental do continente, pois condenou a parte oriental a um destino nada invejável, uma vasta tragédia humana para os povos mantidos atrás dela. Nada é capaz de compensar as mais de quatro décadas de privação de liberdade. Mas a perda para a mão de ferro da opressão soviética de partes da Europa já arruinadas desde o fim da Primeira Guerra Mundial por conflitos étnicos, violência nacionalista e disputas fronteiriças beneficiou as partes mais ricas da Europa Ocidental. Esses países, ao contrário dos que integraram o bloco soviético em formação, puderam tirar partido do apoio americano na reconstrução de suas economias destruídas.

Os europeus pareciam determinados a destruir suas próprias bases econômicas entre 1914 e 1945. Diante das ruínas de 1945, teria sido impossível imaginar que, em surpreendente contraste, os trinta anos seguintes trariam uma prosperidade duradoura e sem precedentes para a parte ocidental do continente. Essa prosperidade contínua transformaria os padrões de vida na Europa Ocidental. Entretanto, mesmo nas condições muito diferentes da Europa Oriental, o padrão de vida melhoraria e, para a maioria da população, iria muito além do que nos conturbados anos do entreguerras. As nações europeias teriam sido incapazes de fazer por si sós essas transformações. As duas metades separadas do continente se tornaram dependentes das novas superpotências, os Estados Unidos e a União Soviética, para a reconstrução, por caminhos diametralmente opostos, da economia de cada uma. Na economia e na política, as duas metades da Europa empreenderam caminhos separados depois de 1945.

IGREJAS CRISTÃS: DESAFIO E CONTINUIDADE

O modo como as pessoas organizavam a vida, além da tarefa elementar de garantir o sustento, ainda era influenciado sobretudo pela moral e pelos valores das Igrejas cristãs. A Europa da primeira metade do século XX ainda era um continente cristão, situado a oeste da União Soviética, oficialmente ateia, e a noroeste da Turquia (estado laico com população muçulmana). As Igrejas ainda exerciam enorme poder social e ideológico, principalmente entre os camponeses e as classes médias. E valiam-se disso, já que em toda parte as Igrejas cristãs foram arrastadas para as convulsões políticas que sacudiram a Europa depois da Primeira Guerra Mundial.

Como é notório, o filósofo alemão Friedrich Nietzsche anunciara, já em 1882, que "Deus está morto". Foi um obituário prematuro. Durante a primeira metade do século xx, as Igrejas cristãs certamente se viram na defensiva contra as ameaças apresentadas pela sociedade moderna, sobretudo pelo "bolchevismo ateu". Como as pessoas recorriam ao Estado, aos movimentos políticos ou a outras instituições públicas para atender a suas necessidades, de fato as Igrejas, aos olhos de um número cada vez maior de pessoas, não tinham mais nada a oferecer. "O nacionalismo é a nova religião. As pessoas não vão à igreja. Vão a reuniões nacionalistas", afirma o conde Chojnicki, um dos personagens de *A marcha Radetzky* (1932), do austríaco Joseph Roth, que nele expõe sua visão sombria da modernidade. O "desencanto com o mundo" de Max Weber refere-se à perda da atração outrora exercida pela crença mística em rituais sagrados, salvação, redenção e felicidade eterna após a morte. E, com a guerra e o genocídio devastando a Europa, a negação nietzscheana da racionalidade e da verdade e seu ataque à moral radicada em crenças religiosas pareciam tudo menos ideias equivocadas. As Igrejas não saíram incólumes dessa época. Contudo, nem a perda das crenças nem a queda no número de seguidores das principais denominações cristãs devem ser exageradas. Depois de duas guerras mundiais, sua influência permaneceu profunda. Apesar de todos os percalços, as Igrejas cristãs sobreviveram à catastrófica primeira metade do século xx praticamente intactas. Os maiores problemas viriam depois.

O começo da Primeira Guerra Mundial deu um novo impulso ao cristianismo. Quando a guerra eclodiu, era como se Deus estivesse ao lado de todos e de cada um. De fato, as Igrejas cristãs de todas as potências envolvidas pediam o apoio de Deus para sua causa. "Deus esteja conosco" (*Gott mit uns*), diziam os alemães. "Deus está do nosso lado" (*Dieu est de notre côté*), garantiam os franceses ao declarar a "união sagrada" (*union sacrée*) para a defesa do país. Outros países tampouco perderam tempo em misturar patriotismo e cristianismo. O clero não tardou a ver o conflito como uma cruzada nacional, uma "guerra santa" da civilização contra a barbárie, do bem contra o mal. Havia alguns pacifistas, claro, porém no mais das vezes o clero apoiava em peso a guerra de seu país. Benzia os soldados que iam para o campo de batalha e as armas com que lutavam. Rezava pelo êxito das ofensivas iminentes. Em toda parte, o nacionalismo engoliu os princípios básicos do cristianismo. Para homens supostamente de paz, a beligerância do clero parecia clamorosa. Num sermão do Advento em 1915, o arcebispo anglicano de Londres, Arthur Winnington-Ingram, exortou os soldados britânicos a "matar o bom assim como o mau, matar os jovens assim como os velhos" — embora o primeiro-ministro Herbert Asquith considerasse aquilo o delírio de um bispo extraordinariamente burro. Pelo menos um líder religioso proclamou sua neutralidade com coerência e exortou as nações a uma paz justa. Em 1917, o papa Bento XV (eleito em setembro de 1914) propôs um plano de paz que defendia a arbitragem internacional, a evacuação dos territórios ocupados, a renúncia às indenizações de guerra e a redução dos armamentos. Como recompensa, foi acusado de ser secretamente um guerrilheiro, um hipócrita que não admitia suas preferências. Foi chamado pelos franceses de "papa boche" e pelos alemães de "papa francês".

Para o clero, a guerra trouxe a perspectiva de uma revivescência do cristianismo, evidenciada pelo que os observadores rotularam de "volta aos altares". Na Inglaterra não ficou claro se houve algo além de um efêmero crescimento na frequência à igreja, que na verdade foi mais baixa em 1916 do que em qualquer outro período antes da guerra (o fato de tantos homens estarem servindo no estrangeiro colaborava para isso). No entanto, a crença na eficácia do espiritualismo — que supostamente permite aos vivos comungarem com os mortos — aumentou de forma proporcional ao número de famílias enlutadas. Numa época de grandes preocupações, não surpreende que as pessoas se voltassem para a oração. Os soldados quase sempre rezavam antes das batalhas, e os que sobreviviam agradeciam pelo fato de terem saído incólumes. A religião se misturava com a superstição. Muitos levavam consigo símbolos religiosos à frente de batalha. Uma cruz, um terço ou uma Bíblia de bolso serviam como talismã. Se o pior acontecesse, capelães de campo estavam por perto para lembrar os camaradas do soldado morto do simbolismo da morte como sacrifício, reforçado pelo grande número de cruzes provisórias de madeira erigidas nas covas dos caídos.

Também deve ter havido aqueles que se perguntavam como era possível haver ainda alguma fé depois de batalhas como as de Verdun e do Somme. É impossível saber quantos soldados perderam a fé cristã em meio ao massacre. Um relatório pastoral alemão atribuía "a aparente falta de sucesso dos pregadores à longa duração e à violência terrível da guerra, que levaram muitos soldados a duvidar da justiça e da onisciência de Deus e, assim, passarem a não dar importância à religião". No entanto, a maior parte dos soldados, como suas famílias, mantiveram pelo menos formalmente sua lealdade a uma ou outra forma de cristianismo ao voltar, com o fim da guerra, a um mundo transformado. Mesmo aqueles que não frequentavam serviços religiosos costumavam procurar a Igreja para batismos, casamentos e sepultamentos. E havia pouca manifestação de sentimentos antirreligiosos militantes ou radicais (embora em algumas partes do sul da Europa, em especial, houvesse um veemente anticlericalismo). No entanto, onde os laços religiosos já estivessem enfraquecidos, o que ficava mais evidente na população urbana, eles não se fortaleceram de maneira duradoura ao longo da guerra. A tendência que prevaleceu — mais visível entre os homens que entre as mulheres — foi de distanciamento do cristianismo e da ligação com as Igrejas.

No caso do protestantismo, esse efeito foi mais acentuado que no catolicismo. Na Suíça, nos países bálticos, na Escandinávia e nos Países Baixos houve uma tendência de declínio na adesão às igrejas protestantes nas primeiras décadas do século XX, embora acompanhada de um maior fervor dentro das instituições religiosas. Na Igreja da Inglaterra, o número de comunhões na Páscoa caiu consistentemente do início da década de 1920 à de 1950. Na Alemanha, o número de pessoas que comungavam caiu 11% entre 1920 e 1930, e as crismas chegaram a cair 45% no mesmo período.

A Igreja católica mostrou-se mais hábil em controlar suas congregações. Deu continuidade à revitalização da fé iniciada em meados do século XIX e conseguiu ao mesmo tempo ampliar seu apelo popular e conservar sua rigidez doutrinária e centralização organizacional, corporificada na pessoa do papa e usada como muralha contra as ameaças do mundo moderno, principalmente a do liberalismo e a do socialismo. O culto renovado da Virgem Maria, incentivado pelo pronunciamento em que o papa Pio IX proclamou o dogma da Imaculada Conceição, em 1854, despertou a devoção popular. Esse culto foi reforçado com as supostas aparições da Virgem em Lourdes, nos Pireneus, em 1858 (lugar que antes da Primeira Guerra Mundial já atraía mais de 1 milhão de peregrinos por ano); em Knock, no oeste da Irlanda, em 1879; e em Fátima, Portugal, em 1917. A devoção a santos mais populares foi estimulada. Menos de dois anos depois do fim da Primeira Guerra Mundial, que trouxe imensos sofrimentos ao povo da França, considerou-se que o momento era adequado para a canonização de Joana d'Arc — embora ela, na verdade, tivesse sido excomungada pela Igreja (por acusações fraudadas, das quais foi posteriormente absolvida) e condenada à fogueira por heresia cinco séculos antes. A canonização pretendia estimular a fé num país cujo Estado promovia valores laicos e onde o anticlericalismo corria forte. Seguiram--se outras importantes canonizações — a da jovem carmelita francesa Teresa de

Lisieux (santa Teresinha do Menino Jesus), retratada como modelo da vida espiritual católica, em 1925, e a de Bernadette Soubirous, que relatou as visões de Nossa Senhora em Lourdes, em 1933. Mais um incentivo à fé popular seguiu-se à proclamação da festa de Cristo Rei pelo papa Pio XI em 1925, pretendida como reação ao nacionalismo e ao secularismo, chamando os católicos a situar a moral cristã no centro da vida política e social.

Organizações sociais e de caridade que incorporavam católicos leigos também ajudaram a aproximar a população da igreja. A Ação Católica, fundada em meados do século XIX, tentou com certo êxito galvanizar o envolvimento de leigos na vida católica e instilar valores cristãos nos movimentos de trabalhadores e camponeses. Em algumas partes da Bretanha, os padres dirigiam jornais municipais e organizavam cooperativas agrícolas onde os camponeses podiam comprar adubos. Na Baixa Áustria e nas áreas rurais do norte da Espanha, o envolvimento ativo da Igreja em financiamentos bancários e outras formas de ajuda aos agricultores contribuiu para cimentar o apoio da população e fortalecer o poder do clero.

A Igreja católica prosperou principalmente nos lugares em que pôde combinar a fé com um forte sentimento de identidade nacional, ou onde representava uma minoria em situação de desvantagem. Tanto na Polônia como no Estado Livre Irlandês, novos Estados que nasceram da Primeira Guerra Mundial, o catolicismo se tornou na prática uma expressão da identidade nacional. Na Polônia da década de 1930, à medida que as tensões políticas e sociais aumentavam, a Igreja se associava intimamente à mobilização conservadora pela unidade nacional com um nacionalismo que enfatizava as diferenças entre os poloneses católicos e as minorias ucraniana, bielorrussa, alemã e judaica. Na Irlanda do Norte, majoritariamente protestante, os católicos fizeram da discriminação uma identidade — em relação a moradia, trabalho e praticamente todas as áreas da vida social e política — e uma subcultura à parte, ligada a aspirações nacionalistas de união com a recém-independente porção sul da Irlanda, maior e católica.

Também na Inglaterra, o preconceito de longa data motivou um forte senso de unidade e lealdade à Igreja entre os católicos, que não era menor entre os imigrantes irlandeses que tinham se mudado em grande número para o noroeste da Inglaterra depois da epidemia de fome de 1845. As fechadas comunidades irlandesas católicas enfrentavam alto grau de animosidade e discriminação por parte da maioria protestante, o que se refletia até mesmo nos esportes. O clube de futebol Glasgow Rangers não aceitava jogadores católicos, e seu vizinho e rival Celtic não admitia protestantes. Nos Países Baixos, uma subcultura minoritária também constituiu a base para o florescente catolicismo, enquanto no País Basco a Igreja identificou-se com o apoio a uma comunidade linguística discriminada. Na Alemanha, uma forte subcultura nasceu dos ataques de Bismarck à Igreja católica (que representava cerca de um terço da população do Reich) na década de 1870. As instituições e as crenças católicas vicejaram até a ascensão de Hitler ao poder. Quando isso ocorreu, da mesma forma que as igrejas protestantes alemãs, as católicas enfrentaram um desafio totalmente novo.

Tanto as igrejas protestantes, em suas diversas denominações, como a Igreja católica, mais centralizada, viam a luta contra o bolchevismo em particular e contra a esquerda em geral como essencial para a defesa do cristianismo no mundo moderno. A "modernidade" em todas as suas formas era vista como uma ameaça a ser afastada. Assim, essas duas correntes do cristianismo permaneceram axiomaticamente na direita, favorecendo os pilares conservadores do Estado e do poder social, vistos como uma muralha contra a esquerda. Inevitavelmente, portanto, as Igrejas e seus seguidores envolveram-se profundamente nos graves conflitos da Europa do entreguerras.

Isso não as tornava automaticamente antidemocráticas. O Partido do Centro Alemão esteve entre as principais forças políticas que constituíram a República de Weimar na Alemanha em 1919 e permaneceu como sustentáculo da nova democracia na década de 1920. O Partito Popolare Italiano, fundado em 1919, deu expressão política católica a seu eleitorado predominantemente rural no sistema político pluralista da Itália até ser banido por Mussolini em 1926. Na Inglaterra democrática, onde o sistema político não estava ameaçado, a Igreja Anglicana foi um dos pilares do status quo — "o Partido Conservador que reza", como era chamada. Por outro lado, todas as demais Igrejas cristãs, que ainda tinham bastante apoio na Inglaterra, eram propensas a uma atitude mais crítica quanto ao governo, mas não quanto à democracia. Sempre que se apresentava uma ameaça significativa de esquerda, as duas correntes principais apoiavam invariavelmente a autoridade do Estado. Quanto maior se supunha a ameaça, mais extremada era a reação que se dispunham a apoiar.

Em nenhum lugar ela foi mais extremada que na Alemanha. As várias denominações protestantes — na verdade, estavam divididas doutrinária e regionalmente, mas no todo abrangiam mais de dois terços da população — estiveram intimamente alinhadas com a autoridade do Estado desde os tempos de Martinho

Lutero. A revolução de 1918, a deposição do cáiser e a nova democracia que substituiu a monarquia trouxeram um desalento generalizado aos círculos das Igrejas. A "crise de fé" (*Glaubenskrise*) promoveu a esperança de uma restauração da monarquia ou de uma nova forma de liderança capaz de superar a crise moral, política e econômica. Para muitos membros do clero protestante, fazia-se necessário um líder verdadeiro. Nas palavras de um teólogo protestante, escritas em 1932, um "verdadeiro estadista" (em oposição aos meros "políticos" da República de Weimar), que "tenha em suas mãos a guerra e a paz, e comungue com Deus". De acordo com esse pensamento, a ascensão de Hitler ao poder, em 1933, foi vista pelo clero protestante como o começo de um despertar nacional que inspiraria um renascimento da fé. Havia até uma ala nazificada nas igrejas protestantes. O Movimento Cristão Alemão rejeitava o Antigo Testamento, qualificado de judaico, e se orgulhava de ser constituído dos "guerreiros de Jesus Cristo". Esses extremismos, cultivados por uma minoria do clero (embora com bastante apoio em algumas áreas), eram rejeitados, no entanto, por grande número de protestantes, cujas ideias de renascimento da fé eram conservadoras, tanto do ponto de vista doutrinário como organizacional.

De início, pareceu que o Movimento Cristão Alemão triunfaria. Prontamente, porém, organizou-se uma reação a suas demandas. O objetivo original dos nazistas de unificar as 28 igrejas regionais autônomas numa única "Igreja do Reich" suscitou enormes ressentimentos e teve de ser abandonado. Reunidos em Barmen em 1934, representantes do clero que rejeitavam com veemência a "heresia" do Movimento Cristão Alemão e a interferência política que pretendia forçar a centralização das igrejas manifestaram-se publicamente contrários a qualquer tipo de subordinação da Igreja ao Estado, no que qualificavam de "falsa doutrina". No entanto, a Declaração de Barmen restringiu-se a questões de pureza doutrinária (sob influência do teólogo suíço Karl Barth) e se absteve de fazer oposição política. De qualquer forma, a Igreja Confessante (nome assumido pelo grupo que assinou a Declaração) representava uma minoria de pastores protestantes. Grande parte do clero continuou a apoiar o regime de Hitler. Alguns teólogos protestantes expuseram o que viam como razões doutrinárias para o antissemitismo, os ideais raciais e o governo nazista. As igrejas protestantes não fizeram nenhum protesto público contra o tratamento dispensado aos judeus, os pogroms de novembro de 1938 ou a posterior deportação para os campos de extermínio. Poucos protestantes se opuseram à política externa nacionalista e agressiva, à guerra de conquista ou à tentativa de destruir o detestado regime bolchevique da União Soviética.

A posição política da Igreja católica foi determinada em grande medida por sua rejeição ao socialismo e ao anátema de sua variante mais extrema, o comunismo. Na encíclica "Quadragesimo Anno", de 1931, o papa Pio XI criticou as desigualdades do capitalismo e do sistema financeiro internacional, mas sua condenação do comunismo foi inequívoca: seus princípios materialistas eram incompatíveis com os ensinamentos da Igreja católica. A defesa de uma ordem social apoiada na solidariedade, não no conflito, e de relações trabalhistas baseadas na colaboração entre indústria, força de trabalho e Estado, conduziu sem dificuldade à adoção do "estado corporativo" pelo fascismo italiano e por regimes protofascistas como os de Áustria, Portugal e Espanha. A "solidariedade" no caso era imposta pelo Estado, beneficiava a indústria e era mantida por coação.

A Igreja católica italiana acertou uma trégua um tanto incômoda com Mussolini, selada no Tratado de Latrão de 1929. Em retribuição pela fundação do Estado do Vaticano — os Estados Pontifícios tinham deixado de existir quando se completou a unificação italiana, em 1870 — e pelo reconhecimento do catolicismo como a única religião oficial do país, a Igreja comprometeu-se na verdade com a passividade e a tolerância, para dizer o mínimo, em relação ao governo fascista. Silenciou sobre a violência dos brutamontes fascistas, depois festejou a conquista da Etiópia e não fez objeções à implantação de leis raciais. Aos olhos da Igreja, o fascismo italiano era um companheiro inconveniente, mas infinitamente preferível ao comunismo. Nas questões referentes à Igreja, no entanto, o papado se defendeu com vigor e eficiência, resistindo com determinação à "reivindicação total" do Estado sobre todas as esferas da sociedade. Do ponto de vista da Igreja, essa política teve êxito. Houve um renascimento discreto da atividade religiosa. Aumentou o número de padres, de casamentos na igreja e de alunos nas escolas católicas. O papa Pio XI protegia em especial a educação religiosa e a Ação Católica. E ele teve de aceitar limitações às atividades desta última, mas o Estado abandonou a tentativa de suprimi-la.

Na França, a Igreja católica encarava a Terceira República com hostilidade havia muito tempo. Afinal, o governo francês incitara ao anticlericalismo e promovera os valores seculares da sociedade moderna, em especial quebrando o monopólio da Igreja na educação. No entreguerras, a Igreja apoiou a direita reacionária (e às vezes extremista), e mais tarde acolheu calorosamente o regime de

Pétain em Vichy. Na Espanha, o antissocialismo radical que fundamentou o entusiasmado apoio da Igreja a Franco na guerra civil já era antigo. Já em 1916, o jornal religioso mais lido da Espanha afirmava que "soou o alarme contra as audácias do socialismo" e "o contágio do modernismo". A Espanha, como o jornal insistentemente proclamava, tinha sido grande quando era de fato católica, e o declínio nacional seguiu o declínio religioso. Em pouco tempo a publicação estaria convocando uma "cruzada" para tornar a Espanha católica de verdade outra vez. Compreensivelmente, com essas opiniões, a Igreja católica funcionou na península ibérica como uma trincheira contra a doutrina "ímpia" do marxismo, proporcionando os fundamentos ideológicos do regime de Franco na Espanha depois da guerra civil e da ditadura de Salazar em Portugal.

Os bispos católicos alemães, que advertiam sobre o conteúdo anticristão do movimento nazista antes de 1933, viraram a casaca poucas semanas depois que Hitler tornou-se chanceler e, para encorajar os católicos a apoiar o novo Estado, prometeram manter os direitos das instituições da Igreja. Ratificou-se uma concordata do Reich com a Santa Sé (uma das quarenta que o Vaticano assinou com vários Estados no entreguerras) apesar dos sinais de hostilidade para com as práticas, organizações e instituições católicas desde o começo do regime nazista. Desde o início, a concordata foi letra morta, compromisso de um lado só — vantajoso para a imagem do regime de Hitler enquanto se firmava, mas que nada fez na prática para proteger a Igreja católica da Alemanha.

Os ataques às instituições da Igreja começaram antes mesmo que a concordata fosse ratificada. O Partido do Centro, reduto católico, foi prontamente dissolvido. O grande movimento da juventude católica foi proibido. As publicações da Igreja foram fechadas. Padres foram perseguidos e presos. Impuseram-se restrições às procissões católicas. As chicanas eram constantes. Em mais de setenta ocasiões, entre 1933 e 1937, o Vaticano protestou em vão por violações da concordata. A esfera da educação, vital como era, tornou-se o centro dos atritos entre a Igreja e o Estado, numa batalha que acabou ganha pelo regime nazista por meio de sua mão pesada, confrontando o ressentimento generalizado e alguns protestos abertos. A posição da hierarquia católica quanto ao nazismo foi em princípio hostil. O alto clero via a essência anticristã da ideologia do regime e a reivindicação total sobre os cidadãos como totalmente incompatíveis com a fé católica. No entanto, na prática, a veemente defesa contra os ataques à Igreja foi acompanhada de uma leniência geral em outras esferas da política oficial, para evitar os riscos de uma ofensiva aberta à instituição. O regime podia ter certeza do apoio da Igreja a seu antibolchevismo e da aprovação para sua agressividade na política externa.

A Igreja católica não condenou oficialmente a perseguição cada vez maior aos judeus na Alemanha, nem mesmo depois dos pogroms de 9 e 10 de novembro de 1938. Em abril de 1933, o arcebispo de Munique-Freising, o proeminente cardeal Michael Faulhaber, explicou ao secretário de Estado do papa e antigo núncio na Alemanha, o cardeal Eugenio Pacelli (mais tarde papa Pio XII), os motivos pelos quais a hierarquia católica "não saía em defesa dos judeus. Isso não é possível no momento porque a luta contra os judeus se tornaria também uma luta contra os católicos", afirmou. A explicação remete à essência da passividade da Igreja católica diante do destino dos judeus na Alemanha nazista.

Pio XI, é verdade, em sua encíclica de 1937 intitulada "Mit brennender Sorge" [Com ardente preocupação], condena sem reservas o racismo. Mas a encíclica — esboçada por Faulhaber e emendada por Pacelli — era menos direta que uma denúncia anterior preparada pelo Vaticano, mas não publicada. Evitava a condenação explícita do nazismo e não se referia diretamente à perseguição dos judeus. Além disso, chegou atrasada e, embora o regime nazista tenha reagido com fúria e com uma pressão cada vez maior contra o clero católico, teve pouco impacto na Alemanha. E quando o Santo Ofício redigiu uma nova declaração, em meados de 1937, com o propósito de condenar as teorias nazistas, inclusive o antissemitismo, o cardeal Faulhaber advogou contra sua publicação para não pôr em risco a Igreja católica na Alemanha.

Assim, estava aberto o caminho para a inação persistente da hierarquia católica alemã enquanto a pressão sobre a Igreja se intensificava. Durante a guerra, a deportação e o extermínio dos judeus não suscitaram nenhuma denúncia pública dos bispos católicos da Alemanha, em contraste com a corajosa posição contrária à "ação de eutanásia" tomada pelo bispo Clemens von Galen, de Münster, em 1941. Enquanto isso, soldados alemães católicos, assim como seus compatriotas protestantes, iam para a guerra com pleno apoio da Igreja, acreditando, como defendia o clero, que ao promover uma bárbara invasão da União Soviética estavam empreendendo uma cruzada contra o bolchevismo ateu e pela defesa dos valores cristãos.

Nos Estados-satélites da Alemanha, as Igrejas cristãs tiveram, no melhor dos casos, uma conduta vacilante no que diz respeito à ajuda prestada a judeus e outras vítimas da brutal política racista. Na católica Croácia, o sadismo doentio da

Ustaše contra os sérvios e os romas, assim como contra os judeus, não foi alvo de condenação pública pelo Vaticano. Ante Pavelić, o abominável chefe de Estado croata, chegou a conseguir uma audiência com o papa. Frades franciscanos estiveram envolvidos em algumas das piores atrocidades da Ustaše. Contudo, o primaz da Croácia, o arcebispo Alojzije Stepinac, mesmo tendo permanecido leal ao Estado, interveio em 34 ocasiões em favor de judeus ou sérvios, denunciou inequivocamente o racismo e apelou, com êxito, contra a prisão e deportação de cônjuges e filhos de judeus no caso de casamentos mistos.

Quase todos os bispos da Eslováquia, país cujo presidente, o monsenhor Jozef Tiso, era também padre católico, apoiaram a política oficial antijudaica, embora tenha havido corajosas exceções. É digno de nota que o Vaticano tenha preferido não destituir Tiso de sua condição clerical, provavelmente por causa da popularidade de que desfrutava em seu país, assim como dezesseis outros sacerdotes que serviam no Conselho de Estado em Bratislava. Até mesmo o monsenhor Domenico Tardini, assistente do secretário de Estado do Vaticano, parecia perplexo ao comentar, em julho de 1942: "Todos sabem que a Santa Sé não consegue domar Hitler. Mas quem entenderia que não possa controlar sequer um padre?".

A hierarquia católica na Hungria apoiava com entusiasmo o governo do almirante Horthy e não fez objeções a sua política antijudaica até 1944. Tanto o núncio papal como o chefe da Igreja católica na Hungria só intervieram para tentar impedir a deportação de judeus batizados. No entanto, as deportações foram feitas. Com muito atraso, depois que cerca de meio milhão de judeus tinham sido enviados a Auschwitz, em 1944, os bispos ensaiaram um tímido protesto contra as deportações numa pastoral inócua. O furioso antissemitismo na Romênia, que levou à morte centenas de milhares de judeus sob o comando do marechal Ion Antonescu, contou, no melhor dos casos, com a indiferença, quando não com a aprovação, de parte da hierarquia ortodoxa. Um apelo do núncio papal em Bucareste pode ter contribuído para que o regime resistisse à pressão alemã, em 1942, para deportar mais 300 mil judeus. No entanto, dado o curso que a guerra tomava, Antonescu já vinha postergando as deportações havia meses e, à medida que a situação das forças do Eixo se complicava, sua relutância à deportação dos judeus que restavam na Romênia em 1944 tinha mais a ver com a tentativa de deixar uma porta aberta para as negociações com os Aliados.

Na Bulgária, onde os judeus eram uma pequena minoria e o antissemitismo, relativamente moderado, a hierarquia ortodoxa tomou uma posição bem diferente de sua congênere romena. A Igreja ortodoxa se opôs sem rodeios aos planos de deportação de judeus. Entretanto, a suspensão das deportações da Bulgária propriamente dita (embora as deportações nos recém-adquiridos territórios da Macedônia e da Trácia tenham sido feitas) nada teve a ver com o protesto da Igreja — pela qual o rei não tinha nenhuma simpatia. Baseou-se apenas em oportunismo, não em princípios. Simplesmente refletiu o reconhecimento por parte do governo búlgaro da estupidez que seria ordenar as deportações quando tudo indicava que a Alemanha estava perdendo a guerra.

Nos países da Europa ocupados pelos alemães, a posição das Igrejas e sua reação à perseguição dos judeus variaram muito. No Báltico e na Ucrânia, o clero em peso demonstrava os mesmos sentimentos extremamente nacionalistas, antissemitas e antissoviéticos que o resto da população, e guardou silêncio em relação aos assassinatos de judeus, quando não os apoiou diretamente. Na Polônia, padres e membros de ordens religiosas católicas ajudaram milhares de judeus, correndo grandes riscos, embora existissem também entre os religiosos expressões abertas de hostilidade, coincidentes com as da população. Nos Países Baixos, a Igreja católica e as protestantes se manifestaram a favor dos judeus em julho de 1942 e pediram que não fossem deportados. A hierarquia católica tinha recebido a anuência prévia do papado. Um telegrama enérgico de protesto contra as deportações foi enviado ao comissário do Reich, Arthur Seyss-Inquart, e lido em todas as igrejas em 26 de julho de 1942. O protesto, no entanto, de nada serviu. Como retaliação pela manifestação pública (ao contrário do apelo em privado feito pelas lideranças protestantes) e pela posição inflexível adotada pelo arcebispo de Utrecht, Joachim de Jong, em duas semanas centenas de judeus que tinham sido batizados na Igreja católica foram deportados para a morte em Auschwitz. Embora o clero da Holanda e o da vizinha Bélgica tivessem participado de redes de salvamento de judeus, não houve novas denúncias públicas das deportações.

Para o episcopado católico francês, que recebera o marechal Pétain de braços abertos como restaurador dos valores religiosos e arauto do renascimento moral, os judeus não passavam de uma irrelevância. Os bispos franceses aceitaram sem objeção a legislação antijudaica entre 1940 e 1942. Sua posição mudou com o início das deportações, em meados de 1942. Havia temores de que um protesto público pudesse provocar retaliação contra a Igreja. Alguns bispos, no entanto, manifestaram-se em alto e bom som contra as deportações em declarações públicas e cartas pastorais. O governo de Vichy manifestou preocupação, mas os protestos desapareceram tão rápido quanto tinham surgido. O governo jogou com a lealdade do episcopado a Pétain, adulando-o com isenções de impostos e outros subsídios para associações religiosas. Quando as deportações recomeçaram, no início de 1943, os protestos do ano anterior não se repetiram. Membros do clero católico e protestante, praticantes leigos e casas religiosas ajudaram a esconder centenas de judeus, muitos deles crianças (uma das quais, Saul Friedländer, tornou-se mais tarde um renomado historiador do Holocausto). Os líderes católicos, no entanto, se conformaram com uma posição fatalista, aceitando o que admitiam não poder mudar.

Enquanto isso ocorria, o papa Pio XII não fez nenhuma condenação aberta, pública e inequívoca do genocídio, uma realidade que mais tardar em 1942 estava clara para o Vaticano, ainda que talvez não em sua plena dimensão e em detalhes exatos. Os motivos do mais enigmático dos pontífices para isso talvez nunca venham a ser claramente estabelecidos, ainda que se libere o acesso aos arquivos secretos do Vaticano sobre o período. No entanto, as acusações de que ele foi "o papa de Hitler", indiferente ao destino dos judeus, ou de que deixou de agir em função de um arraigado antissemitismo não têm cabimento. Pio XII incentivou em segredo a resistência alemã contra Hitler em 1939, passou informações aos Aliados sobre a data da ofensiva na frente ocidental do ano seguinte, providenciou alimentos para os gregos que morriam de fome e instituiu um órgão de ajuda a refugiados. Não ficou inativo em relação à perseguição dos judeus, mas sua preocupação central foi a proteção da Igreja católica. Enxergando a si mesmo, da mesma forma que Bento XV na Primeira Guerra Mundial, como pacifista e defensor do catolicismo, antes de mais nada contra o comunismo ateu, ele tentou agir por meio de uma diplomacia discreta por trás dos panos.

Pio XII tinha a firme convicção de que se falasse poderia piorar as coisas — não só para a Igreja católica e seus seguidores, pelos quais tinha responsabilidade direta, mas também para as vítimas das atrocidades. Os bispos alemães tinham se esquivado a uma confrontação direta com o regime nazista já na década de 1930, temendo piorar a situação da Igreja. Em 1940, bispos poloneses aconselharam o Vaticano a evitar denúncias públicas das atrocidades por medo de horríveis represálias. "A única razão pela qual não falamos", disse o papa ao embaixador italiano, "é saber que tornaríamos a sina do povo polonês ainda mais difícil." Ao que parece, essa mesma ideia era aplicada ao destino dos judeus.

No segundo semestre de 1942, a intenção genocida do regime de Hitler tinha

446

se tornado inequívoca. Uma denúncia pública da política alemã nessa fase teria piorado a situação dos judeus. Sabendo que era impotente para desviar o regime de Hitler de sua implacável determinação de aniquilar os judeus da Europa, Pio XII não se dispôs a tentar uma nova estratégia. Sua preocupação maior continuou a ser proteger a Igreja católica. Em setembro de 1942, o encarregado de negócios americano no Vaticano soube, por meio de funcionários da instituição, que o papa não condenaria publicamente o extermínio de judeus porque não queria tornar pior a situação dos católicos na Alemanha e nos territórios ocupados.

Em sua mensagem de Natal, transmitida ao mundo por rádio em 24 de dezembro de 1942, o papa mencionou o genocídio, mas de forma breve e elíptica, ao falar de "centenas de milhares que, sem ter cometido nenhum crime, estão marcados para a morte ou para a extinção gradual às vezes só por sua nacionalidade ou sua raça". Essas poucas palavras integravam um texto de 26 páginas. Ele afirmou que a mensagem era "breve, mas foi bem compreendida". Tenha sido assim ou não, esse foi o único protesto público de sua parte. Numa carta dirigida ao bispo de Berlim, monsenhor Konrad Graf von Preysing, em abril do ano seguinte, Pio XII voltou à questão de sua reticência, lembrando que "o perigo de represálias e pressões [...] recomenda prudência". Expressou sua "apreensão por todos os católicos não arianos" — sem mencionar "não arianos" que não fossem católicos —, mas acrescentou que "infelizmente, no presente estado de coisas, não podemos dar a eles outra ajuda além de nossas preces".

O papa interveio pessoalmente para protestar contra as deportações junto aos governos da Eslováquia e da Hungria, mas nesse caso também se absteve de uma denúncia pública. Em outubro de 1943, ele deparou com a deportação de judeus ante seus próprios olhos. Uma semana antes que os judeus de Roma fossem reunidos para deportação, o Vaticano foi alertado sobre esse perigo pelo embaixador alemão na Santa Sé, Ernst von Weizsäcker, mas o papa não passou a informação aos líderes da comunidade judaica. Quando os judeus foram capturados, o Vaticano protestou oficialmente junto ao embaixador alemão. Mais uma vez não houve protesto público, pois se alegou que "isso só faria com que as deportações fossem feitas com mais vigor". Talvez, como se cogitou, o papa temesse a destruição da Cidade do Vaticano por bombardeios ou ação militar se incorresse em desagrado a Berlim — reação que não podia ser descartada. Se foi esse ou não o motivo, a Igreja não obstante tomou medidas práticas para ajudar os judeus de Roma, escondendo cerca de 5 mil fugitivos em conventos e mosteiros.

Não foi encontrada uma ordem por escrito do papa para que se tomassem essas medidas de salvamento, mas é pouco provável que as iniciativas simultâneas no sentido de esconder judeus em dependências da Igreja tenham surgido de forma espontânea. Uma testemunha ocular, o padre jesuíta Robert Leiber, diria mais tarde que Pio XII ordenara pessoalmente aos superiores das propriedades da igreja que abrissem as portas aos judeus. Quinhentos judeus encontraram abrigo na residência de verão do próprio papa, em Castel Gandolfo.

O silêncio público de Pio XII prejudicou irremediavelmente sua reputação. A mensagem de Natal de 1942 foi uma oportunidade perdida, em especial porque apenas uma semana antes as potências Aliadas tinham condenado de forma pública a "política bestial de extermínio a sangue-frio" de judeus. Tendo decidido referir-se ao genocídio, Pio XII devia tê-lo condenado de maneira explícita, enérgica e inequívoca, mas a linguagem velada que usou fez com que a mensagem tivesse pouco impacto. No entanto, o mais provável era que àquela altura, por mais explícito que fosse, nenhum protesto público feito pelo papa teria detido a sanha alemã na busca da "solução final para a questão judaica".

Em que medida isso afetou os católicos praticantes em geral? A resposta seria, provavelmente, "não muito". Na maior parte da Europa, os judeus sempre foram uma minoria reduzida e geralmente antipatizada. A guerra envolveu milhões de pessoas na luta pela própria sobrevivência, na qual o destino dos judeus provavelmente preocupava pouquíssima gente. Onde não havia hostilidade contra eles, havia indiferença generalizada. As pessoas tinham outras preocupações. A omissão das duas maiores correntes religiosas enquanto os judeus estavam sendo aniquilados teve pouca influência sobre a população que frequentava as igrejas ou sobre sua fidelidade a elas depois do fim da guerra.

Na verdade, mesmo deixando de lado a reação hesitante das Igrejas à perseguição dos judeus, os problemas que elas enfrentaram no entreguerras e durante a Segunda Guerra Mundial pouco afetaram sua posição ou o comportamento dos fiéis no pós-guerra imediato. Obviamente, isso não se aplicou às áreas controladas pelos soviéticos.

A Igreja católica desfrutou até de certo renascimento. Em muitos países, a frequência às igrejas aumentou durante a guerra e continuou firme depois, talvez refletindo a sensação de segurança que aparentemente o catolicismo proporcionava aos fiéis depois dos traumas violentos do conflito. Vários partidos políticos, alguns deles novos, na Alemanha Ocidental, nos Países Baixos, na Bélgica, Itália,

França e Áustria, cultivavam princípios católicos. Na Alemanha e na Áustria, a Igreja apresentou-se, com sucesso, como vítima do nazismo, sujeita a agressões e perseguição. Transformando-se em veículo de resistência contra o nazismo de forma retroativa, a Igreja cobriu com um véu o passado recente de aprovação e colaboração.

A constituição italiana do pós-guerra confirmou o Tratado de Latrão, firmado em 1929 por Mussolini e pela Igreja, que dessa forma continuou a moldar a educação e a moralidade pública. No Portugal de Salazar e na Espanha de Franco, a identidade nacional estava fortemente ligada à Igreja, que conferia legitimidade ideológica ao antissocialismo radical de ambas as ditaduras. Na Espanha, a instituição obteve isenção de impostos, liberdade de ação sem interferência do Estado e direito à censura em troca do apoio incondicional ao regime e sua parceria nas memórias tendenciosas da guerra civil. Na Irlanda, país majoritariamente católico e o único em que a maioria da população era religiosa praticante, a Igreja também floresceu como nunca, desfrutando de grande popularidade e muita influência política. No Vaticano, o pontificado de Pio XII continuou sem mudanças, com prestígio ainda maior, representando um pilar da reação contra os supostos males do mundo moderno, entre os quais se destacava o comunismo ateu. O apogeu da monarquia papal se deu em 1950, quando o papa usou sua autoridade *ex cathedra* para declarar que sem sombra de dúvida a Virgem Maria tinha subido aos céus de corpo e alma. Entretanto, numa época cada vez mais secular, cética e democrática, essa forma de monarquia absolutista estava com os dias contados.

As igrejas protestantes, divididas do ponto de vista doutrinário e organizacional, não tinham como se beneficiar da força internacional e da solidez do catolicismo. Na maior parte do norte e do oeste da Europa, a já antiga decadência do protestantismo continuou. A população da Inglaterra e dos países escandinavos continuava predominantemente cristã num sentido nominal, mas a queda na frequência à igreja só foi interrompida, de forma pouco significativa, pela guerra. Na Suécia, que se manteve neutra, a queda foi contínua e mais acentuada nas cidades do que nos vilarejos, assim como em todo o continente. Na Noruega e na Dinamarca, a associação das Igrejas com a resistência nacional freou por algum tempo esse declínio. Na Holanda, a Igreja Reformada dos Países Baixos também conseguiu se valer de seu declarado passado de oposição durante a ocupação alemã para revigorar o protestantismo nos primeiros anos do pós-guerra. Na Suíça, pátria de Karl Barth, o mais importante teólogo de sua época, sede de numerosas organizações protestantes internacionais e onde as igrejas protestantes atuaram no socorro a refugiados, esse vigor teve continuidade no pós-guerra, desafiando por algum tempo a tendência geral ao secularismo. Na Inglaterra, o protestantismo também renasceu nos anos do pós-guerra, chegando a um ápice no número de fiéis na década de 1950 para logo depois entrar num período de franco declínio.

Na Alemanha, as igrejas protestantes tiveram, claro, de responder pela posição que tomaram durante o Terceiro Reich. Como foi mantido o mesmo clero do período nazista, seu discurso permaneceria, durante pelo menos uma geração, incompleto e muitas vezes apologético, já que o papel das igrejas na resistência ao regime foi enfatizado e o apoio ao nazismo, minimizado. Em contraste com seus congêneres católicos, pelo menos os líderes protestantes se dispunham, num sentido geral, a admitir publicamente os graves erros cometidos na era nazista. No entanto, a declaração de culpa — evitando especificar casos — feita pelas igrejas protestantes em outubro de 1945, em Stuttgart, acabou promovendo mais divisão que unidade. De certa forma, ela teve como objetivo aplacar a consciência do clero, embora tenha sido vista por muitos alemães como inadequada, enquanto outros rejeitavam a implicação de culpa coletiva pelos crimes nazistas. Não obstante, logo depois da guerra, as igrejas alemãs fizeram muito para se reorganizar e revigorar, e desempenharam papel importante na assistência aos refugiados. Acompanhando a tendência geral no norte e oeste da Europa, a filiação formal conviveu com a queda na frequência aos serviços religiosos, principalmente nas áreas urbanas. Na zona de ocupação soviética, protestante em quase sua totalidade, as Igrejas e suas organizações foram submetidas a fortes pressões do Estado. As Igrejas continuaram existindo, porém cada vez mais como instituições de nicho, e a frequência aos serviços religiosos caiu a ponto de se tornar a reserva de uma pequena minoria em busca de conforto numa sociedade oficialmente laica.

Para o protestantismo na Europa, não houve uma bonança comparável àquela desfrutada pelo catolicismo. Para um e para outro, no entanto, no pós-guerra imediato, dominou a continuidade. Só se dariam mudanças significativas na década de 1960. Para os menos comprometidos e mais reflexivos, os horrores da guerra e as posteriores revelações sobre a magnitude das atrocidades perpetradas durante a grande conflagração suscitaram questionamento tanto sobre o comportamento das Igrejas como quanto a um Deus que tinha permitido tal domínio do mal. Essas dúvidas só aumentariam à medida que a Segunda Guerra se tornava mais distante no tempo.

OS INTELECTUAIS E A CRISE NA EUROPA

Durante praticamente toda a primeira metade do século xx, os intelectuais europeus — seus principais pensadores e autores em disciplinas diversas — ocuparam-se da sociedade em crise. A calamidade da Primeira Guerra Mundial intensificou a sensação de um mundo irracional, já presente no pensamento sociológico desde a década de 1890. Era como se a sociedade tivesse afundado na loucura. A civilização revelou-se fragilíssima, demasiado mórbida e doentia, à beira de um novo desastre. Esse sentimento contribuiu para o vigor cultural da década de 1920. Naquela época, durante poucos anos, pareceu que o desastre poderia ser evitado. Mas, com a Depressão, uma crise do capitalismo de gravidade sem precedente a alimentar o apelo cada vez mais ampliado do fascismo e a percepção entre os intelectuais de uma crise cataclísmica da civilização se acentuou.

Os valores liberais burgueses que produziram essa civilização deformada ficaram expostos a ataques de todos os lados. Já na década de 1920, os intelectuais começavam a entender que permanecer numa torre de marfim já não levava a nada. A vitória de Hitler na Alemanha confirmou essa sensação. Em maio de 1933, a queima de livros de autores considerados inaceitáveis pelos novos senhores do país, forçando a emigração de muitas figuras de destaque no mundo artístico e literário, a maior parte judeus, foi um baque de primeira grandeza.

A ideia de crise da civilização era generalizada. A democracia liberal sempre tivera poucos adeptos entre os intelectuais. Muitos duvidavam que a mudança fundamental necessária para solucionar a crise pudesse vir de um sistema que, a seus olhos, era a própria causa dela. A imensa desilusão com a sociedade burguesa e a perda da fé no sistema político que a representava polarizaram a reação intelectual. O mais comum era uma inclinação para a esquerda, para alguma variante do marxismo. No entanto, uma minoria se voltava para a direita fascista. Comum a ambas as tendências, embora de formas diversas, era o sentimento de que a velha sociedade deveria ser desfeita e substituída por uma nova, baseada em ideais utópicos de renovação social.

Os intelectuais quase nunca se voltavam para a esquerda social-democrata, cuja moderação parecia fora de sintonia com os extremos que se confrontavam, sem uma resposta real para a gravidade da crise. (A Inglaterra, em boa medida incólume aos extremos políticos que se instalavam na maior parte do continente europeu, e as nações escandinavas, onde havia surgido um consenso em torno de reformas social-democratas, permaneceram relativamente alheias à tendência geral.) Muitos preferiam buscar a salvação no comunismo, vendo a União Soviética como o único raio de luz na escuridão. Nas profundas trevas do presente, a promessa de uma revolução comunista mundial oferecia muitas esperanças para o futuro. Os princípios marxistas da igualdade sem classes, o internacionalismo e a abolição das cadeias impostas pelo capitalismo exerciam enorme atração sobre intelectuais idealistas. Teóricos marxistas como Antonio Gramsci (que escreveu grande parte de sua obra na prisão, na Itália fascista), o alemão August Thalheimer, o exilado Liev Trótski, o austríaco Otto Bauer e o húngaro György Lukács produziram sofisticadas análises da crise do capitalismo fora da camisa de força da ortodoxia stalinista.

Fora de suas fileiras, no entanto, os intelectuais do entreguerras costumavam ser motivados mais por um compromisso emocional com o marxismo (ainda que nem sempre com a forma política que a doutrina tinha assumido na União Soviética) do que por uma leitura atenta dos textos teóricos como contexto de uma nova ordem social baseada na liberdade, na justiça e na igualdade. Entre muitos outros estavam Henri Barbusse, Romain Rolland, André Gide e André Malraux, na França; Bertolt Brecht e Anna Seghers, na Alemanha; Aleksander Wat, na Polônia; Manes Sperber, polonês exilado na França; o húngaro Arthur Koestler; e John Strachey, Stephen Spender, W. H. Auden e George Orwell, na Inglaterra.

Acima de tudo estava o antifascismo: o comunismo representava a rejeição absoluta do racismo, do hipernacionalismo e do militarismo do agressivo e brutal credo nazista. A imensa maioria dos intelectuais rejeitava a ofensiva nazista sem disfarces contra os valores progressistas e a liberdade cultural. O que mais chocava, porém, era o ataque à própria essência das convicções humanísticas. A defesa aberta da violência contra aqueles que eram considerados inimigos políticos e raciais, mais evidenciada pelo tratamento implacável dispensado aos judeus, convenceu muitos intelectuais de que só lhes restava apoiar o comunismo soviético, a força mais comprometida com o antifascismo.

Como explicou o historiador e destacado intelectual de esquerda Eric Hobsbawm, bem depois da Segunda Guerra Mundial, a escolha que fez quando ainda adolescente em Berlim, assistindo aos estertores da República de Weimar, formou a base de seu compromisso de toda a vida com o comunismo e com a União Soviética. Foi um compromisso que, em seu caso, sobreviveu não somente às revelações sobre os crimes de Stálin mas também às invasões da Hungria em 1956 e à da Tchecoslováquia em 1968, que afastaram muitos intelectuais. "Para uma pessoa como eu só havia um caminho", lembra Hobsbawm. "O que restava além dos comunistas, em especial para um jovem que chegou à Alemanha já emocionalmente atraído pela esquerda?"

As ilusões sobre o comunismo soviético mantiveram a atração sobre muitos intelectuais mesmo bem depois que os horrores do stalinismo se tornaram irrefutáveis. Alguns tinham simplesmente perdido a capacidade crítica, com a visão ofuscada pela propaganda soviética sobre a gloriosa sociedade em processo de criação. Dois luminares do Partido Trabalhista britânico, Sidney e Beatrice Webb, publicaram em 1935 um constrangedor panegírico ao stalinismo intitulado *Soviet Communism: A New Civilization?* [Comunismo soviético: Uma nova civilização?]. Eles tinham tanta certeza do que afirmavam que, quando o livro foi reimpresso, dois anos depois, o ponto de interrogação do título foi suprimido. Outros autores, como o grande dramaturgo alemão Bertolt Brecht, simplesmente fecharam os olhos para a desumana realidade da ditadura comunista, agarrando-se à visão humanista da sociedade comunista utópica. Muitas vezes, os intelectuais simplesmente se recusavam a ver a realidade. Não podiam deixar o sonho morrer. Eram psicologicamente incapazes de abandonar a fé no comunismo como a única esperança da humanidade para criar um mundo melhor, mesmo depois que ficaram claros os indícios de que o stalinismo contrariava qualquer paródia dessa crença.

Outros consideravam que a enormidade do banho de sangue stalinista era um lamentável "efeito colateral" na construção da utopia. Embora alguns inocentes sofressem com isso, muitos deles pagando com a vida, havia também os inimigos autênticos da revolução, dizia-se. A extrema violência simplesmente refletia o poder dos inimigos internos da revolução; era uma triste necessidade.

Uma apologia alternativa foi a convicção, expressa com frequência, de que Stálin não representava a continuidade da revolução, mas sua negação, uma distorção completa de seus ideais, um desvio do "verdadeiro" caminho de Lênin, o fundador da União Soviética. O poeta polonês Antoni Słonimski, por exemplo, recusava-se a culpar o marxismo ou a revolução pela opressão dos anos de stalinismo. Um compatriota seu, poeta de vanguarda e editor de um jornal marxista, Aleksander Wat, que sofreu terrivelmente nas mãos do regime soviético durante a Segunda Guerra Mundial, explicou mais tarde que "via Stálin como uma pessoa terrível, capaz de coisas horríveis", mas se recusava a criticar a União Soviética, "a pátria do proletariado".

O filósofo inglês Bertrand Russell foi um dos poucos a visitar a Rússia (já em 1920), cheio de entusiasmo pela revolução, para depois se escandalizar com o uso do terror e com a eliminação implacável de políticos opositores. Russell, porém, estava bem consciente de que levantar a voz contra o bolchevismo na época daria margem a acusações de estar apoiando reacionários. O destacado escritor francês André Gide foi outro simpatizante que mudou de ideia depois de visitar a União Soviética, em meados da década de 1930. A publicação, em 1936, de sua crítica ao comunismo granjeou-lhe muita perseguição pessoal e a perda de antigos amigos de esquerda. Manes Sperber, escritor judeu polonês que depois da ascensão de Hitler foi obrigado a sair da Alemanha, exilando-se em Paris — destino de numerosos judeus emigrados —, já tinha sérias dúvidas sobre o comunismo soviético em 1931, depois de visitar Moscou. Embora declarasse que "relutei diante desse conhecimento, que me traria dificuldades políticas e emocionais", Sperber continuou sendo membro do partido, motivado em primeiro lugar pela luta contra o fascismo, até que os absurdos julgamentos-espetáculos de Stálin levaram-no a se desfiliar, em 1937.

Arthur Koestler, também judeu, prolífico escritor e jornalista nascido em Budapeste, entrou para o Partido Comunista alemão em 1931, mas começou a se desiludir com a realidade soviética depois de testemunhar a coletivização forçada e a fome na Ucrânia. Mas o rompimento não veio de uma hora para a outra. Foi moldado pela Guerra Civil Espanhola. Como muitos outros intelectuais de esquerda, ele foi à Espanha para combater o fascismo. Mas ao ver naquele país que a política dos comunistas era ditada exclusivamente pelos interesses da União Soviética e conhecendo as acusações evidentemente forjadas apresentadas nos julgamentos públicos de comunistas leais, em seu íntimo abandonou o stalinismo numa prisão de Franco (e, durante algum tempo, sob uma sentença de morte). Mesmo então, em benefício da manutenção da unidade antifascista, guardou silêncio durante meses, antes de romper finalmente com o comunismo, em 1938. Seu brilhante romance *O zero e o infinito*, de 1940, é uma reconstrução sombria da pressão psicológica exercida sobre os acusados de algum desvio em relação à ortodoxia para conseguir "confissões" absurdas de antigos dirigentes soviéticos nos julgamentos públicos stalinistas. Koestler enfrentou diretamente o dilema crucial de muitos intelectuais de esquerda na década de 1930: como permanecer leal à única força capaz de se opor ao fascismo e derrotá-lo e, ao mesmo tempo, reconhecer que a União Soviética se tornara uma grotesca caricatura dos mais caros ideais socialistas?

Para uma minoria significativa entre os intelectuais, os ideais da esquerda — para não falar da violência que acompanhou a Revolução Russa, a guerra civil subsequente e a ditadura stalinista — eram um anátema. Essa minoria procurava na direita a salvação da crise europeia. Alguns tornaram-se defensores diretos do fascismo. O que tinham em comum era a necessidade de renovação espiritual para superar o mergulho na barbárie e o niilismo da humanidade degenerada. O fascismo, nas décadas de 1920 e 1930 — quando a plena expressão de sua desumanidade no horror genocida da Segunda Guerra Mundial ainda não se dera —, oferecia uma utopia alternativa, que fundia o louvor mítico de valores culturais do passado com a visão de uma nação moderna, homogênea e unida que incorporasse esses valores.

Seu apelo não era tão atávico. As esperanças de Filippo Marinetti e dos futuristas, por exemplo, que glorificavam a violência revolucionária da moderna idade da máquina e louvavam Mussolini, não recorriam ao passado, mas à visão de uma sociedade utópica moderna. O poeta expressionista Gottfried Benn acabou atraído pelo nazismo como a força revolucionária que criaria uma estética nova e moderna — embora tenha se desiludido sem demora. O influente poeta modernista e crítico Ezra Pound nasceu nos Estados Unidos, mas fixou-se em Londres antes da Primeira Guerra Mundial. Descontente com o que considerava a responsabilidade do capitalismo internacional pela guerra e desprezando a democracia liberal, mudou-se para Paris, depois para a Itália, onde louvou Mussolini e viu o fascismo italiano como o arauto de uma nova civilização. Ao contrário de Benn e outros, Pound nunca se desiludiu, nem se retratou de forma nenhuma de sua crença no fascismo.

A fé no "homem novo", na renovação da "verdadeira" cultura e no renascimento nacional muitas vezes resultava numa expressão mística que desafiava o rigor intelectual. Para Pierre Drieu la Rochelle, romancista e comentarista político francês obcecado pela decadência nacional e cultural, o fascismo (e a ocupação da França) foi "a grande revolução do século XX" — uma "revolução da alma". Outro escritor francês pró-fascista, Robert Brasillach, via-o como "a verdadeira poesia do século XX", o espírito da "camaradagem nacional".

A crença na renovação espiritual por meio do renascimento nacional foi responsável, em boa medida, pela atração exercida pelo fascismo sobre os intelectuais. Nada menos que 250 intelectuais italianos assinaram o Manifesto dos Intelectuais Fascistas em 1925, glorificando o fascismo como "a fé de todos os italianos que desprezam o passado e anseiam por renovação". O Manifesto foi redigido por Giovanni Gentile, destacado professor de filosofia na Universidade de Roma. Ele esperava que o fascismo italiano criasse um Estado ético que substituísse a vontade moral do indivíduo e superasse a decadência do liberalismo burguês. Em meados da década de 1920, falava da "alma da nova Itália, que aos poucos, mas com certeza, vai prevalecer sobre a antiga". Ele estava inclusive disposto a louvar a barbárie fascista "como a expressão das energias saudáveis que despedaçam ídolos falsos e malignos, restaurando a saúde da nação dentro do poder de um Estado consciente de seus direitos soberanos, que são seu dever".

Ainda mais notável foi o comprometimento do filósofo Martin Heidegger com o movimento nazista na Alemanha. A filosofia desse pensador complexo e sofisticado, que conquistou renome internacional com a obra *Ser e tempo*, publicada em 1927, aproximou-o de ideais que ele via representados no movimento nazista. No centro de tudo estava a crença na "decadência espiritual" de sua época, manifesta na erosão daquilo que Heidegger chamava de "ser autêntico", assim como a crença acessória no destino especial do povo alemão para trazer a renovação cultural. Apesar de sua mente brilhante, tudo isso chegava muito perto do misticismo romântico. Para Heidegger, a Alemanha se situava no centro do que ele descreveu como "a grande pinça formada pela Rússia, de um lado, e a América, do outro", que juntas produzem "o mesmo frenesi desolado de tecnologia sem limites e organização ilimitada do ser humano médio". O "caminho para o aniquilamento" da Europa, escreveu o autor em 1935, só poderia ser bloqueado pelo "desenvolvimento de forças espirituais historicamente novas a partir do centro". Nessa época, Heidegger já estava comprometido havia muito com o movimento nazista, pois tinha ingressado no partido em 1º de maio de 1933. Três semanas depois, em seu discurso de posse como reitor da Universidade de Friburgo, cargo para o qual acabava de ser nomeado, elogiou o regime, glorificou Hitler (referindo-se a ele como "a realidade alemã, presente e futura, e suas leis") e ordenou a demissão de colegas "não arianos" da universidade (entre eles seu antigo professor e orientador Edmund Husserl).

A crença na necessidade de uma revolução cultural ou "espiritual" ia de mãos dadas com uma rejeição dos fundamentos da democracia liberal. Ambas as tendências eram particularmente fortes na Alemanha, embora nem de longe se restringissem a esse país. O historiador cultural alemão Arthur Moeller van den Bruck punha a culpa de "toda a miséria política da Alemanha" nos partidos políticos. Seu livro *Das Dritte Reich* [O Terceiro Reich], publicado em 1923, oferece uma visão quiliástica da perfeição alemã que deveria ser buscada, embora nunca pudesse ser plenamente alcançada. Bruck não viveu para ver seu lema adotado pelo Estado nazista e, como outros radicais alemães "neoconservadores" que defendiam uma "revolução conservadora", bem poderia ter se decepcionado com a experiência do regime de Hitler. Outro neoconservador, Edgar Jung, que defendera a construção de uma nação alemã orgânica como caminho para a ressurreição nacional e a renovação espiritual, logo se desencantou com a realidade do regime nazista e acabou assassinado pelos capangas de Hitler na infame Noite das Facas Longas, em junho de 1934.

Carl Schmitt, especialista alemão em direito constitucional, foi mais maleável ante a realidade da nova ordem alemã. Schmitt, já conhecido desde a década de 1920, rejeitava as instituições parlamentares como verdadeira expressão da democracia e defendia um Estado soberano forte, com um líder que representasse a unidade entre governantes e governados e, quando necessário, capaz de exercer um poder decisivo e livre de toda restrição legal para servir o interesse público. Nesse sentido, a lei não unia governantes e governados, mas derivava do "decisionismo" do poder soberano, cuja responsabilidade era manter a ordem. Schmitt, que entrou para o Partido Nazista em maio de 1933, contribuiu mais tarde para legitimar a ideia de "Estado líder". Depois que Hitler ordenou o assassinato do comando de suas tropas de assalto na Noite das Facas Longas, não seria uma aberração que Schmitt publicasse um artigo intitulado "O Führer protege a lei".

A complexidade e a variedade da vida intelectual na Europa do entreguerras não podem, claro, ser contidas nos extremos opostos de esquerda e direita, de comunismo e fascismo. Algumas tendências intelectuais eram, na verdade, completamente alheias à política. O positivismo lógico, ramo da filosofia particularmente associado a Ludwig Wittgenstein, segundo o qual só as proposições suscetíveis de verificação empírica tinham sentido, é exemplo disso. O pensamento econômico e político não estava necessariamente ligado aos extremos. Afinal, entre os mais importantes intelectuais da época estava um liberal, John Maynard Keynes, que abominava tanto o comunismo como o fascismo. Enquanto a Europa se voltava cada vez mais para modelos de sociedade baseados no socialismo de Estado marxista ou no autoritarismo fascista, Keynes dava uma sobrevida à democracia liberal capitalista propondo um caminho para um capitalismo reformado numa democracia reformada. Keynes, o mais brilhante economista de sua época, daria uma contribuição indispensável à política econômica depois da Segunda Guerra Mundial. Sua *Teoria geral do emprego, do juro e da moeda*, publicada em 1936, rejeita a ortodoxia econômica clássica, que se baseia em saúde financeira, orçamentos equacionados e no livre mercado para buscar equilíbrio. Em seu lugar, Keynes propôs a base teórica para a intervenção do governo por meio de aumento de gastos para estimular o mercado, criar pleno emprego e assim induzir uma demanda que sustente o crescimento econômico. Mas Keynes também era motivado pela noção de crise abrangente, embora sua origem na classe dominante inglesa e a relativa solidez das estruturas políticas britânicas o levassem a buscar soluções pela política econômica num contexto de democracia liberal.

Provavelmente só na Inglaterra, onde as elites mantinham não apenas seu status social como existiam num contexto de estabilidade política praticamente único, seria possível o surgimento das ideias bizarras de Evelyn Waugh. O romancista esnobe, reacionário e fervoroso adepto do catolicismo tridentino era fascinado pela aristocracia inglesa, desdenhava o restante da sociedade e fazia pouco da política, afirmando absurdamente que as chances de felicidade "não eram muito afetadas pelas condições políticas e econômicas" nas quais o povo vivia, e que nenhuma forma de governo era melhor que outra.

Essas ideias excêntricas estavam muito distantes da preocupação com a crise demonstrada pela maioria dos intelectuais europeus. Os últimos anos da década de 1930 trouxeram uma desesperança cada vez maior para as esquerdas. Muitos dos que foram à Espanha lutar contra o fascismo voltaram decepcionados. Logo depois, veio a profunda desolação por causa da traição da Tchecoslováquia pelos Aliados em 1938. A vitória final de Franco no ano seguinte e o pacto entre Hitler e Stálin — que selou uma amizade entre o regime que eles viam como epítome dos males políticos e o país que tantos admiravam — foram outras pílulas amargas que tiveram de engolir. Enquanto isso, o pluralismo e a abertura indispensáveis à vida intelectual tinham sido esmagados na Alemanha, Itália, União Soviética e em grande parte do resto da Europa. Pouco depois, a vida intelectual "normal" no continente entraria em hibernação pelos seis longos anos de guerra.

Muitas das mais vigorosas vozes intelectuais antifascistas vinham agora de alemães no exílio. Entre elas estavam as dos membros da prestigiada Escola de Frankfurt (transferida para Nova York), composta por eminentes filósofos e cientistas sociais marxistas (embora não leninistas) liderados por Max Horkheimer e Theodor Adorno, e as de escritores de diferentes convicções políticas. Entre estes estavam Thomas Mann, seu irmão Heinrich, Alfred Döblin, Erich Maria Remarque, Lion Feuchtwanger e Anna Seghers. Com o império de Hitler engolindo praticamente todo o continente europeu, Stefan Zweig, exilado no Brasil, perdeu as esperanças na Europa, em sua cultura e no futuro da humanidade. Em fevereiro de 1942, ele e sua mulher tomaram uma overdose de soníferos, deram-se as mãos e esperaram a morte chegar.

Quando a vitalidade começou a retornar à vida intelectual europeia, depois de 1945, tanto o pessimismo como o otimismo em relação ao futuro eram evidentes. As profundezas em que a civilização tinha afundado evocavam — principalmente no renascimento cristão, muito influenciado pela teologia de Karl Barth — um sentimento de esperança no futuro se a sociedade conseguisse voltar aos valores e crenças do cristianismo. Renovaram-se também as esperanças, ainda que só ganhassem força na década de 1950, na democracia liberal, que enfim triunfou sobre a ameaça nazista. Raymond Aron, destacado filósofo político francês (e antimarxista fervoroso), pensava que "podemos encerrar a era das guerras hiperbólicas sem cair de novo sob o jugo". As lições das duas guerras tinham sido aprendidas. "A violência desenfreada não leva a nada." A "missão de liberdade" do Ocidente, segundo o autor, demonstrava boas chances de sucesso.

Para outros, no entanto, o otimismo se voltava para o sentido exatamente oposto, com suas renovadas esperanças na vitória final do comunismo. A União Soviética tinha triunfado sobre o nazismo. Os comunistas desempenharam um papel de destaque nos movimentos de resistência que combateram a ocupação nazista. No entanto, na Europa Ocidental, a crença na União Soviética diminuía. À medida que a aliança com a União Soviética dos tempos de guerra dava lugar à Guerra Fria, o Leste Europeu caía sob o jugo soviético e os horrores do stalinismo tornavam-se mais amplamente conhecidos, a esperança naquele modelo de comunismo dava lugar a um novo clima de hostilidade.

Provavelmente nenhuma obra literária foi mais importante no pós-guerra imediato para moldar a posição sobre a União Soviética no nascimento da Guerra Fria que os dois romances distópicos de George Orwell, *A revolução dos bichos* e *1984*. Ele ficara profundamente desgostoso com o que vira na Espanha, durante a guerra civil, a respeito da intolerância stalinista para com qualquer desvio da rígida linha partidária. Seu anticomunismo se intensificou com o pacto entre Hitler e Stálin, em 1939. E quando Stálin aliou-se à Inglaterra, depois da invasão alemã de 1941, Orwell ficou horrorizado com o fato de "esse assassino repulsivo estar temporariamente do nosso lado, de forma que os expurgos etc. de repente sejam esquecidos". Por causa da aliança com a União Soviética, os editores rejeitaram sua sátira ferina do nascimento da ditadura de Stálin, *A revolução dos bichos*, quando foi concluída, em 1944. O livro saiu e foi muito aclamado no ano seguinte, depois de terminada a guerra na Europa, ao mesmo tempo influenciando e refletindo a nova atmosfera de Guerra Fria. Ainda mais impactante foi o romance *1984* (o título é uma inversão do ano de sua conclusão, 1948), publicado em 1949, quando o Leste Europeu já estava sob domínio soviético. Nele, Orwell delineia a assustadora visão futurista dos efeitos de tal ditadura sobre as liberdades individuais e a tolerância política.

A nova maneira como a crítica emergente do comunismo soviético se associou à análise estrutural do nazismo foi uma transição notável no clima intelectual do pós-guerra. Os dois sistemas eram vistos como manifestações diversas de um fenômeno que em essência era o mesmo, e os males do regime nazista eram transpostos para aquilo que se percebia como a ameaça viva representada pela União Soviética. O conceito de totalitarismo, embora existente desde a década de 1920, agora era usado de uma maneira diferente e devastadora para englobar a desumanidade dos dois regimes. Em meados da década de 1950, já no clima da Guerra Fria, as publicações de Carl Joachim Friedrich, cientista político americano de origem alemã, se tornariam o centro dessa mudança de uso.

Mesmo antes disso, porém, a obra decisiva — que teve muita influência no mundo ocidental — foi a de Hannah Arendt, judia alemã exilada nos Estados Unidos e, ironicamente, ex-amante do rei dos filósofos de Hitler, Martin Heidegger, e respeitada teórica política. Em 1949, ela estava terminando sua extraordinária análise *Origens do totalitarismo*, que sairia dois anos depois. O livro era, em sua essência, uma explicação da ascensão do nazismo ao poder, e em suas duas partes analisava o antissemitismo e o imperialismo, temas de pouca relevância para a natureza do poder soviético. A comparação com a União Soviética vinha na terceira parte, "Totalitarismo", que saiu quase toda numa edição posterior, bastante revista. Essa seção comparativa pintava a imagem tenebrosa de um "mal radical", fenômeno político inteiramente novo cuja essência é o "terror total", que destrói todas as bases da lei, "rompe com todos os parâmetros que conhecemos" e gera um sistema apoiado em "fábricas de aniquilamento" nas quais "todos os homens tornaram-se equitativamente supérfluos".

Era uma avaliação arrasadora do colapso da civilização. Aos olhos de muitos intelectuais, o caminho que a Europa vinha trilhando desde o Iluminismo do século XVIII, voltado para uma sociedade civilizada baseada em princípios de racionalidade e progresso, estava em ruínas. Nada menos que os fundamentos da sociedade moderna tinham sido corroídos. A era do Iluminismo, como já tinham concluído Horkheimer e Adorno em 1944, culminara perversamente na "autodestruição da razão".

Mas a crítica de Horkheimer e Adorno não se restringia ao nazismo e ao stalinismo. Estendia-se à moderna cultura de massas capitalista. E logo essa "indústria cultural", como a chamaram, envolveria toda a Europa Ocidental.

"O ESPETÁCULO DEVE CONTINUAR": A INDÚSTRIA DO ENTRETENIMENTO POPULAR

Poucas pessoas na massa europeia de baixo nível educacional se preocupavam com as desesperadas tentativas empreendidas pelos intelectuais de entender a crise que atravessavam. E a religião estava perdendo força, lentamente mas de forma inexorável. Quanto mais alfabetizada e instruída uma população, quanto maior o nível de urbanização, quanto mais adiantada a economia industrial, mais a Igreja católica e as protestantes tinham de lutar para manter a adesão popular. Era preciso competir não só com filosofias que rejeitavam o cristianismo e propunham "religiões seculares" alternativas, mas também com a enorme quantidade de distrações do dia a dia da vida moderna, mais predominantes nas cidades do que no campo. As igrejas vinham se esvaziando, mas os bares, estádios de futebol, salões de baile e cinemas viviam apinhados. Entre as duas hecatombes bélicas, separadas pela infelicidade da Depressão, as pessoas ainda procuravam aquilo que fizesse a vida valer a pena. Queriam se divertir. Por mais enfadonha que fosse a vida de muita gente, era determinada não somente pela economia ou pela rigidez moral das Igrejas, mas por aquilo que tornava sua existência mais tolerável — nesgas de cor em meio ao cinza, distrações da insipidez, alívio do intragável.

O que as pessoas mais queriam era entretenimento, não sermões de padres, ruminações intelectuais ou a edificante "alta cultura". A disseminação do entretenimento de massas já tinha feito enormes progressos durante a década de 1920, mas ainda não era o grande negócio que se tornaria em breve. Os progressos tecnológicos foram uma das principais causas de sua decolagem estratosférica na década seguinte, mesmo sob o manto negro da treva econômica. Se o entretenimento um dia tinha dependido da apresentação ao vivo, que só podia atingir umas poucas centenas de pessoas em cada evento, a produção em massa de rádios e gramofones acessíveis (muitas vezes combinados no rádio-gramofone) fez com que milhões de pessoas, no mesmo instante, em todo o país e na privacidade de sua sala, pudessem ouvir seus artistas prediletos.

A maior parte dos impulsos e das inovações vinha dos Estados Unidos. O país representava tudo o que era novo, vibrante e excitante para milhões, sobretudo para os jovens da Europa Ocidental. A música popular e o cinema eram suas forças mais dinâmicas. A Inglaterra, tendo a mesma língua e fortes laços culturais com os Estados Unidos, era mais aberta que qualquer outro país à influência americana (ainda que na década de 1930 tenham sido impostas barreiras para evitar que músicos britânicos ficassem sem trabalho, substituídos por talentos americanos importados). Os jovens se apressavam em abraçar as novidades. As forças até então dominantes não demonstravam o mesmo entusiasmo. O diretor geral e fundador da BBC, o austero e puritano Sir John Reith, tentou impedir o que via como a poluição cultural do rádio britânico pela influência americana. Mas suas tentativas de deter a maré estavam fadadas ao fracasso. O consumismo em expansão acarretou uma demanda insaciável por tudo o que os novos meios de comunicação cultural tinham a oferecer — uma demanda promovida com avidez pela indústria do entretenimento, em rápido crescimento, e pelas legiões dos que ganhavam dinheiro com ela: empresários, editores de música, agentes de artistas, produtores de discos e muitos outros.

O avanço irrefreável da música popular deu-se no mesmo ritmo que o do rádio, que transformou os principais intérpretes em estrelas da noite para o dia. O fonógrafo já tinha sido inventado por Thomas Edison, juntamente com o microfone, na década de 1870. No entanto, até a década de 1920, a reprodução sonora continuava bastante primitiva. Poucas das mais populares músicas da época sobreviviam para ser ouvidas pelas gerações posteriores. Mas isso estava mudando. Uma década ou pouco mais depois, os microfones e as técnicas de gravação tinham melhorado muito. Com a amplificação, os cantores já não precisavam ter vozes poderosas. Podiam empunhar o microfone em vez de projetar a voz à distância e obter um som muito melhor do que poucos anos antes. Uma nova geração de crooners, que sussurravam letras românticas de uma forma mais "intimista", ganhou grande popularidade. O primeiro dos superastros da música popular, cuja fama cruzou o Atlântico na década de 1930, foi Bing Crosby. O mesmo ocorreu com Frank Sinatra poucos anos depois. Seus discos eram vendidos não aos milhares, mas aos milhões. Mais de 50 milhões de cópias da melosa "White Christmas", composta por Irving Berlin, foram vendidas depois que ele a apresentou pela primeira vez, em 1941. Mesmo décadas depois, dificilmente não é ouvida em lojas de departamentos e supermercados quando chega o Natal.

Cantores europeus também ganharam enorme popularidade, que na maior parte das vezes se limitava a seu próprio país. Alguns deles, no entanto, como o britânico Al Bowlly (na verdade, nascido em Moçambique), que fez grande sucesso com "The Very Thought of You", ficaram famosos nos Estados Unidos. As cantoras também ganharam renome em seus próprios países e às vezes fora deles. Édith Piaf, "o pequeno pardal", que começou a trilhar o caminho do estrelato em meados da década de 1930, em poucos anos era a mais conhecida artista popular da França (e, nos anos seguintes, uma celebridade internacional). Na Inglaterra, Gracie Fields, uma tecelã de Lancashire que já se tornara nacionalmente famosa na década de 1920 como cantora e atriz, chegou ao auge da popularidade durante a Depressão com um repertório de comédias e canções sentimentais. A guerra e o rádio como entretenimento para os soldados produziram suas próprias estrelas. Vera Lynn, já bem conhecida, no fim da década de 1930, pelo rádio e por seus discos, como vocalista de algumas das mais conhecidas orquestras dançantes da Inglaterra, foi apelidada de "Namorada das Forças Armadas". Dificilmente se encontraria um soldado britânico que não conhecesse seu maior sucesso, "We'll Meet Again", música em perfeita sintonia com a época. "Lili Marlene", na voz de Lale Andersen, embora não apreciada pelos oficiais nazistas, tornou-se a favorita da Wehrmacht e, extraordinariamente, cruzou as linhas e tornou-se sucesso também entre os soldados Aliados na versão em inglês, cantada por Marlene Dietrich.

Os principais cantores populares das décadas de 1930 e 1940 foram produto da transformação — e da comercialização — da própria música. As pequenas bandas de hot jazz e blues, integradas por instrumentistas negros cujas raízes remontavam à música dos escravos africanos e ao country, foram superadas, no fim da década de 1920, por big bands dominadas por brancos. Elas levavam o nome de seu líder, promoviam a fama de seu vocalista e faziam um som mais suave, mais orquestrado e de apelo mais sentimental, sob medida para as grandes audiências do rádio.

O novo som das big bands nasceu também nos Estados Unidos, com o sucesso da Paul Whiteman Orchestra na década de 1920 (dando a Bing Crosby sua primeira grande oportunidade como cantor). Havia também algumas big bands importantes integradas por músicos negros, como a de Fletcher Henderson. Mas os negros ainda eram discriminados no mercado. Alguns dos maiores intérpretes de jazz, como o trompetista Louis Armstrong, que ganhou fama com suas bandas Hot Five e Hot Seven, na década de 1920, adaptaram-se às novas tendências e tornaram-se astros das novas big bands antes de ter suas próprias bandas. Na década de 1930, quando o sucesso que fazia em seu próprio país, embora digno de nota, ainda era limitado pelo preconceito racial, que vedava aos artistas negros os contratos mais polpudos, Armstrong conquistou grande aclamação popular na Europa. Durante a turnê europeia de sua banda, em 1932, "ele foi recebido com a mais entusiástica aceitação já dedicada a qualquer artista americano". Duke Ellington, o mais complexo e inovador de todos os primeiros "reis do jazz", viveu algo parecido quando sua banda tocou no London Palladium, em 1933 — "os aplausos foram magníficos, era aplauso em cima de aplauso", comentou ele. Seis anos depois, sua segunda turnê europeia chegou ao clímax em Estocolmo, em abril de 1939, com muita festa de seus fãs suecos por seu quadragésimo aniversário.

No entanto, até mesmo Armstrong e Ellington estavam perdendo terreno para novas tendências da música popular, cuja nova febre era o swing. O expoente máximo (e maior beneficiário) dessa transição foi Benny Goodman, cujo pai tinha fugido do terror antissemita na Rússia para os Estados Unidos. Goodman, apelidado "Rei do Swing", era um excelente clarinetista cuja banda tocava uma versão autêntica do jazz, beneficiada por arranjos de Fletcher Henderson (que, como muitos outros músicos negros de destaque, tinha vivido tempos difíceis durante a Depressão). Mas Goodman tinha muitos imitadores menos inovadores e menos talentosos. Eles transformaram o swing basicamente em música para dançar, explorando o filão do "furor dançante" que tomou conta de grande parte da Europa na década de 1930.

Os salões de baile, mais ainda que na década de 1920, eram o núcleo dinâmico do entretenimento popular ao vivo para os jovens, embora o ritmo frenético do charleston estivesse dando espaço à música dançante mais tranquila, como o foxtrot, o quickstep e a valsa, antes que os soldados americanos levassem o jitterbug (ou jive) à Europa durante a guerra. Os mais populares líderes das bandas dançantes eram grandes celebridades. Jack Hylton, líder da mais famosa da Inglaterra, podia pedir um pagamento semanal de 10 mil libras numa época em que o salário por uma semana de trabalho massacrante numa fábrica era de duas ou três. Em 1938, Hylton levou sua banda — integrada por muitos judeus — a Berlim, onde tocou durante um mês para animados dançarinos num salão de cuja parede pendia uma enorme suástica.

Na Alemanha nazista, no entanto, o swing, como o jazz, eram considerados "música de negros". Durante a guerra, jovens que imitavam modas e maneirismos britânicos chegaram a transformar sua devoção numa forma de protesto contra as normas nazistas, e foram devidamente punidos por isso. Mas a Alemanha de Hitler não podia ignorar totalmente essa tendência, e inclusive tinha sua banda de swing "oficial" — a Charlie's Orchestra, que, apesar da guerra, tinha ouvintes na Inglaterra. Enquanto isso, embora agindo de forma "politicamente incorreta", jovens oficiais da ss continuavam a frequentar clubes de jazz em Paris. Nem mesmo o nazismo pôde frear a atração exercida pela música popular.

No entanto, o que o regime podia fazer era eliminar artistas populares que não se encaixassem em seus critérios de pureza racial. Entre eles estava o famoso artista de cabaré Fritz Grünbaum, judeu que tentou fugir da Áustria imediatamente depois do Anschluss, em 1938, mas foi barrado na fronteira tcheca. Ele foi mandado para o campo de concentração de Buchenwald e para o de Dachau, onde morreu em 1941. Fritz Löhner-Beda, também judeu e originário da Boêmia, libretista famoso que tinha trabalhado em musicais e operetas com Franz Lehár, entre outros, foi preso em Viena depois do Anschluss, enviado a Dachau, depois a Buchenwald e, por fim, em 1942, a Auschwitz. Foi espancado até a morte no complexo industrial anexo, Monowitz. Ralf Erwin, judeu nascido na Silésia, compositor mais conhecido pela canção "Ich küsse Ihre Hand, Madame" [Beijo sua mão, madame] — famosa na voz do tenor Richard Tauber —, fugiu da Alemanha na época da ascensão do nazismo ao poder, em 1933. Foi capturado na França durante a ocupação e morreu num campo de internação em 1943. No âmbito do entretenimento popular, como em muitas outras áreas da vida cultural, os nazistas empobreceram grotescamente a Alemanha com suas políticas raciais absurdas e truculentas.

Os dias de glória do swing e das orquestras dançantes, porém, estavam acabando. Os salões enfrentavam dificuldades óbvias, com tantos jovens convocados para o serviço militar. Muitas bandas interromperam suas atividades porque seus membros tinham sido convocados. Alguns continuavam tocando mesmo de farda, mas outros já não podiam fazer o mesmo. Muitos foram mortos em ação. Glenn Miller, renomado líder da orquestra americana da Força Expedicionária

Aliada, que reunia 48 músicos, morreu em dezembro de 1944 no Canal da Mancha, quando o avião que o transportava da Inglaterra para a França, onde se apresentaria para soldados franceses, desapareceu. Sua morte marcou o começo do fim das big bands, que entraram num longo período de decadência e foram substituídas por formações menores e mais baratas. No entanto, a comercialização da música foi no máximo interrompida pela guerra, nunca acabando de fato. Sua expansão no pós-guerra foi imensa.

Em setor nenhum a explosão da indústria do entretenimento foi mais evidente do que no cinema — e em nenhuma outra esfera dessa indústria a inovação tecnológica foi mais importante. Na década de 1920, já tinha havido um grande crescimento no público de cinema mudo. Mas a transição para os filmes sonoros levou o cinema a seus dias de glória. O primeiro longa-metragem sonoro (na verdade, com apenas dez minutos de som), *O cantor de jazz*, musical sentimental que mostra Al Jolson com o rosto pintado de preto, foi sucesso imediato nos Estados Unidos em 1927. Em dois anos, a maior parte dos filmes de Hollywood já empregava o recurso do som. A rápida expansão dos "filmes falados" (e a maior produção de filmes em cores, ainda caros, que representavam uma pequena fatia do total) foi acompanhada pela gigantesca expansão da indústria do cinema e pela enorme influência cultural de Hollywood.

Algumas grandes empresas — Metro-Goldwyn-Mayer (MGM), Warner Brothers, Paramount, RKO Pictures e 20th Century Fox — em pouco tempo dividiram entre si a produção cinematográfica, a propriedade dos cinemas e o controle do mercado. Em meados da década de 1940, em seu ponto alto, os estúdios de Hollywood rodavam quatrocentos filmes por ano, entre comédias, musicais, faroeste e desenhos animados de Walt Disney. Grande parte dessa produção cruzava rapidamente o Atlântico. Em meados da década de 1930, o Mickey Mouse e o Pato Donald eram tão conhecidos na Europa quanto nos Estados Unidos, e o primeiro longa-metragem de animação da Disney, *Branca de Neve e os sete anões*, fazia furor em ambos, logo após o lançamento, em 1937. Apesar das restrições aos filmes estrangeiros e da aversão oficial a tudo o que era visto como produto da decadência da cultura americana dominada por judeus, até mesmo Hitler gostava dos desenhos da Disney. Inclusive ficou feliz quando seu ministro da Propaganda, Joseph Goebbels, deu-lhe de presente de Natal em 1937 dezoito filmes do Mickey Mouse.

A outrora criativa indústria cinematográfica alemã estava nessa época sob o domínio ferrenho dos nazistas. Entre os produtos dos últimos anos de democracia vacilante, pouco antes da chegada de Hitler ao poder, conta-se o primeiro "filme falado" alemão, *O anjo azul*, lançado em 1930 com uma versão em inglês, que catapultou Marlene Dietrich ao estrelato internacional da noite para o dia. Em pouco tempo, porém, produtores, atores e diretores foram obrigados a emigrar, principalmente para os Estados Unidos. Milhares de "não arianos" que ficaram na Alemanha perderam o emprego. O talento criativo que restou foi posto a trabalhar para o regime. A jovem e glamorosa Leni Riefenstahl mostrou seu toque artístico como diretora de filmes de propaganda, principalmente *Triunfo da vontade*, de 1935, e *Olympia* (1938), que glorificavam Hitler e seu regime.

Mas os alemães afluíam aos cinemas em números sem precedentes — por volta de 1 bilhão de ingressos eram vendidos por ano —, e o que queriam era entretenimento, não propaganda. Até Goebbels, o mestre da propaganda nazista, reconhecia isso. A maior parte dos filmes produzidos na Alemanha nazista não era de propaganda, pelo menos explicitamente, mas de entretenimento leve. Filmes românticos e musicais — como *Concerto a pedidos* (1941) e *O grande amor* (1942) — proporcionavam um breve escape à dura realidade da guerra. Um indício da importância que Goebbels atribuía ao entretenimento escapista (e sua capacidade de manter o moral) foi a abundância de recursos que destinou à produção do filme em cores *Münchhausen*, uma comédia fantástica sobre a aventuras do barão de Münchhausen que em 1943 deleitou e distraiu o público alemão atordoado com o desastre de Stalingrado.

Na Itália fascista, a indústria cinematográfica também sofreu muito com o controle e a censura do regime. Assim como na Alemanha, a importação de filmes era limitada. A maior parte das películas italianas estava enlaçada de alguma maneira com a propaganda fascista e a glorificação da guerra, embora muitas fossem comédias ligeiras e dramas românticos. Quase nada disso resistiu ao tempo, mas duas instituições ficaram como legado. Em 1937, Mussolini inaugurou o primeiro estúdio cinematográfico da Itália, dotado de instalações de produção tecnicamente avançadas, a Cinecittà [cidade do cinema], nas proximidades de Roma. Cinco anos antes, tinha sido realizado o primeiro Festival de Cinema de Veneza, no qual se concedia anualmente a Taça Mussolini para o melhor filme italiano e para o melhor estrangeiro — quase sempre alemão.

A criatividade também foi quase completamente reprimida na União Soviética da década de 1930, época em que o controle de Stálin sobre todas as esferas da vida civil aumentava de forma substancial. A produção cinematográfica se burocratizou. Em consequência disso e da intromissão da censura, em dez anos o número de lançamentos caiu à metade. A importação de filmes foi praticamente suspensa. E o experimentalismo de vanguarda, que tinha se destacado na década de 1920, foi substituído pela monótona uniformidade do "realismo socialista" — embora o público soviético preferisse, quando tinha oportunidade, como em qualquer outro país, comédias e musicais leves (ainda que impregnados dos valores do regime).

Fora dos limites dos regimes autoritários, a produção cinematográfica na Europa teve maiores oportunidades de florescer. Mas ninguém conseguia competir com o poderio financeiro, o glamour e a ambição das gigantescas produtoras de Hollywood. A língua também constituía uma barreira para a penetração no mercado anglófono. Na França, pátria do cinema e onde a obra cinematográfica tinha sido parte destacada da vanguarda artística da década de 1920, o advento do filme sonoro não só transformou o cinema, até então uma forma de arte intelectualizada, em entretenimento de massas, como criou problemas de financiamento para a produção nacional. O número de filmes produzidos cresceu velozmente no começo da década de 1930, mas a indústria, fragmentada, passou a ter dificuldades para financiar sua produção. Três quartos dos filmes lançados em 1934 eram estrangeiros, o que gerou protestos contra a ameaça à produção artística nacional, expressões de desprezo pela "invasão" americana das salas francesas e pedidos de intervenção protecionista. Os cineastas franceses lutavam para ficar à altura da concorrência. Não havia possibilidade de financiamento por grandes empresas privadas, como nos Estados Unidos. O Estado teve de intervir quando um relatório ordenado no governo da Frente Popular recomendou o financiamento público, que foi instituído logo depois da queda da Terceira República e continuou com o regime de Vichy.

O financiamento, além da concorrência dos Estados Unidos, também era um problema para a indústria cinematográfica britânica. As tentativas de incentivo à produção nacional e a restrição aos filmes importados, principalmente americanos, levaram apenas a um número maior de filmes ruins. Como em outros países, a produção teve números notáveis. Só em 1936, cerca de duzentos filmes foram lançados — um ponto alto da indústria cinematográfica britânica. Mesmo assim, as produtoras lutavam para sobreviver. Em 1937, restavam apenas vinte das mais de seiscentas em atividade na década anterior. Mesmo produtores com orçamentos generosos, como o imigrante húngaro Alexander Korda, enfrentavam dificuldades. A concentração do capital era inevitável. No fim da década de 1930, um pequeno número de grandes empresas, entre elas a Rank Organization (fundada em 1937 por J. Arthur Rank), controlava a maior parte da produção, das salas de cinema e da distribuição de filmes na Inglaterra. Rank em pouco tempo tornou-se dono das grandes cadeias de cinemas, os Gaumonts e os Odeons, que a essa altura ocupavam lugar de destaque no centro de quase todas as cidades britânicas.

Muitos desses "palácios de sonhos" eram edifícios resplandecentes, em estilo art déco, com amplos espaços internos e, às vezes, capacidade para receber mais de mil espectadores por sessão. A maior parte, porém, nada tinha de "palácio": na verdade, estava mais para pulgueiro molambento. Eram os pequenos cinemas independentes, que ficavam à mercê das grandes distribuidoras e só podiam exibir filmes fora de cartaz nas salas maiores. Em 1939, a Inglaterra tinha 5 mil cinemas, a maior parte bem-sucedidos, numa época em que sua popularidade atingia novos píncaros. Ir ao cinema saía bem mais barato que ir ao teatro. Os donos de muitos teatros de província perceberam para que lado o vento estava soprando e transformaram seus estabelecimentos em cinemas, empreendimentos mais lucrativos. Mesmo durante a Depressão, as entradas eram acessíveis — e proporcionavam um par de horas de diversão e escapismo, longe do clima desolador da economia. Durante a década de 1930, entradas a preços reduzidos permitiam que 80% dos desempregados fossem ao cinema com regularidade. Ao todo, 23 milhões de pessoas iam ver filmes a cada semana. As vendas anuais de ingressos chegavam na época a quase 1 bilhão.

Os cinemas eram os novos templos de culto; os astros e estrelas, os novos deuses. Os países europeus produziam seus próprios astros, embora a fama da maior parte deles não atravessasse as fronteiras nacionais. Um ator britânico que teve destaque internacional foi o refinado Robert Donat, que se tornou conhecido pelos papéis que representou em *Um fantasma camarada* (1935), *39 degraus* (1935), de Alfred Hitchcock, e *Adeus Mr. Chips* (1939). Fora do mundo anglófono, era ainda mais difícil conquistar o público internacional. Embora famoso na Alemanha, Hans Albers era pouco conhecido no exterior. Para isso, era preciso ir aos Estados Unidos. Marlene Dietrich e Peter Lorre (este de ascendência austro--judaica) fizeram isso e se tornaram astros internacionais. Emil Jannings e a atriz sueca Zarah Leander, por sua vez, deram as costas a Hollywood e tiveram sua celebridade restrita a países de língua alemã. Dada a influência praticamente hegemônica de Hollywood, a maior parte dos astros e estrelas internacionais era composta de americanos. Quando a guerra se abateu sobre a Europa, Clark Gable, no maior dos sucessos de Hollywood na época, *E o vento levou* (1939), chegou ao auge da popularidade internacional, logo acompanhado de John Wayne, Humphrey Bogart, Lauren Bacall, Orson Welles e outros. Estava aberto o caminho para o domínio americano sobre a cultura popular europeia — pelo menos na metade ocidental do continente — uma vez que a guerra tivesse acabado.

Além das continuidades e transformações silenciosas da conjuntura socioeconômica, dos hábitos de fé e da força institucional das Igrejas cristãs, das mudanças nas tendências intelectuais e da abrangência da indústria consumista do lazer, cada vez mais dominada pelos Estados Unidos, subjaz uma realidade inescapável: a Europa tinha chegado perto de se despedaçar na catastrófica e quase suicida primeira metade do século. Num continente devastado pela guerra, a pergunta que se impunha sobre o futuro era se — e como — uma nova Europa, capaz de superar as tendências suicidas da velha, poderia começar a tomar forma a partir das ruínas.

As ideias de uma Europa unida não eram novas, mas nos estertores da catástrofe continental estavam voltando à tona como meio de transcender o nacionalismo que levara o continente à beira da destruição total. Logo depois da Primeira Guerra Mundial, o aristocrata austríaco Richard von Coudenove-Kalergi (filho de um diplomata do Império Austro-Húngaro e uma japonesa) propôs a criação de uma unidade monetária e alfandegária que se estenderia de Portugal à Polônia. Ele via a superação do ódio recíproco entre franceses e alemães como a base essencial de uma nova Europa. Poucos anos depois, em 1929, o ministro das Relações Exteriores da França, Aristide Briand, cogitou a ideia de uma federação de nações europeias baseada na cooperação econômica e política. Jean Monnet, conterrâneo de Briand que mais tarde inspiraria os primeiros movimentos voltados para a integração europeia, declarou, quando fazia parte do governo francês no exílio em Argel, em 1943, que não haveria paz no continente até que os Estados europeus se reconstituíssem como partes de uma federação. Levantavam-se ideias como essa em toda parte, até mesmo em círculos antinazistas na Alemanha.

Mesmo nos dias mais negros da guerra, aqueles que, com imensa coragem, uniram-se à resistência alemã contra Hitler — e que muitas vezes pagaram com a vida — imaginavam uma Europa melhor, construída com base na cooperação, não no conflito entre as nações. Em 1942, o teólogo Dietrich Bonhoeffer, reunido em Estocolmo com o bispo de Chichester, George Bell, falou da disposição de um futuro governo alemão, depois do afastamento de Hitler, de dar apoio efetivo a uma integração das economias das nações europeias e a construção de um exército europeu. Ao elaborar suas ideias para uma nova Europa depois da guerra, membros do grupo de resistência Círculo de Kreisau afirmaram categoricamente, em 1943, que "o desenvolvimento livre e pacífico de uma cultura nacional já não pode conviver com a manutenção da soberania absoluta de cada Estado". No mesmo ano, um memorando escrito pelo conservador Carl Goerdeler falava na criação de uma "federação europeia" para proteger o continente de uma futura guerra, com um conselho econômico europeu permanente, eliminação de barreiras alfandegárias e organizações políticas comuns — ministérios europeus de economia e relações exteriores, além de Forças Armadas continentais.

Essas ideias não foram adiante — na época. Na Alemanha, os que as defenderam logo foram silenciados para sempre. Mas o idealismo a que deram voz, e até mesmo algumas das sugestões que fizeram, ganhariam curso, uma vez superada a devastação do continente, e seus objetivos pareceriam proféticos. Uma nova Europa, com princípios completamente diversos, poderia então erguer-se das cinzas da velha.

10. A Europa renasce das cinzas

Neste mundo existem pestes e existem vítimas — e na medida do possível devemos recusar estar do lado da peste.
Albert Camus, *A peste* (1947)

Em 1945, a Europa era um continente que vivia à sombra da morte e da devastação. "Isto aqui é um cemitério. Isto aqui é a morte" — foi assim que a escritora Janina Broniewska, ao voltar a Varsóvia logo depois de sua libertação, descreveu a cidade, irreconhecível em suas ruínas. De volta à Alemanha após mais de doze anos de exílio forçado, Alfred Döblin, o famoso autor do romance *Berlin Alexanderplatz*, publicado em 1929, ficou chocado ao ver cidades "das quais só restam pouco mais que o nome".

Na porção continental da Europa, as redes de ferrovias, os canais, as pontes e as estradas tinham sido arrasados por bombardeios ou destruídos por tropas em retirada. Em muitas regiões não havia gasolina, eletricidade ou água. Era assustadora a escassez de alimentos, remédios e, à medida que o inverno se aproximava, carvão para aquecimento. A produção agrícola tinha caído quase à metade. A desnutrição era generalizada. Por toda parte reinava a fome, acompanhada das doenças causadas por ela. O problema habitacional era avassalador. Em muitos casos, as pessoas que tinham um lugar onde morar eram obrigadas a dividi-lo com outras, frequentemente estranhas. O déficit habitacional, na esteira da gigantesca destruição, alcançava uma escala catastrófica. No oeste da União Soviética, região depredada pelos ocupantes alemães, 25 milhões de pessoas não tinham onde morar. Na Alemanha, 40% das unidades habitacionais de antes da guerra, cerca de 10 milhões de moradias, tinham desaparecido. No fim do conflito, ao todo estavam desabrigadas na Europa mais de 50 milhões de pessoas, esgaravatando as ruínas de cidades e vilas em busca de alimentos e abrigo.

Outros milhões de pessoas não tinham onde morar: eram os "desalojados", antigos trabalhadores forçados, refugiados ou prisioneiros de guerra. A Cruz Vermelha trabalhava incansavelmente para providenciar socorro. A Administração das Nações Unidas para Socorro e Reconstrução (UNRRA) fora criada pelos Estados Unidos em 1943 (dois anos antes da fundação da Organização das Nações Unidas). Financiada por mais de quarenta países e com sede em Washington, a entidade proporcionou assistentes sociais que fizeram o possível — o que não era pouco — para ajudar e, quando viável, repatriar 6,5 milhões de desalojados, muitos traumatizados por suas experiências. A maioria conseguiu, quase sempre depois de terríveis sofrimentos, voltar para a família, mas nem sempre tiveram a acolhida que esperavam. Muitos casais tinham estado separados durante anos, distanciando-se demais. Não é de admirar que o índice de divórcios tenha disparado.

Para muitas pessoas não haveria retorno. Morriam longe da família, em campos de desalojados ou na prisão (em especial nas condições duríssimas da União Soviética, onde mais de 1 milhão de prisioneiros de guerra pereceram). Algumas pessoas não queriam mesmo voltar; russos e ucranianos estavam entre aqueles que, com razão, temiam o que os esperava. Cerca de 2 milhões de pessoas, entre as quais dezenas de milhares de cossacos que haviam lutado ao lado do Eixo, foram "repatriadas" para a União Soviética pelas potências ocidentais, segundo acordos feitos com Stálin perto do fim da guerra. Com frequência o destino delas era a execução imediata, ou o gulag, ou um exílio distante, por muitos anos. Poucos judeus, com seus parentes assassinados e suas comunidades destruídas, tinham para onde ir. Outras pessoas — refugiados políticos ou criminosos de guerra — seriam obrigadas a procurar novos países, e às vezes inventar novas identidades.

A escala da devastação física da Europa superava em muito a de 1918. E as perdas humanas foram pelo menos quatro vezes superiores às das baixas militares da Primeira Guerra Mundial. No entanto, a guerra anterior tinha deixado um legado de confusão política e econômica crônica, espalhando as sementes de um novo conflito. Dessa vez, por outro lado, uma catástrofe muito pior acabou levando a um período extraordinário de imprevista estabilidade e, pelo menos na metade ocidental do continente, de progresso sem paralelo. Como isso foi possível?

Com certeza não haveria como imaginar esse desdobramento diante das ruínas de 1945. Naquela época, ninguém poderia antever as mudanças notáveis que ocorreriam na Europa em um período tão curto. Na verdade, os primeiros anos depois da guerra deram pouca indicação da transformação que estava por vir. Foram tempos de incerteza política, desordem econômica, miséria social e mais desumanidades terríveis. Só em 1949 os contornos de uma nova Europa — agora um continente dividido por fronteiras políticas, ideológicas e econômicas — ganhariam forma clara.

CATARSE (ATÉ CERTO PONTO)

Antes que pudesse haver algum sinal de recuperação do autoaniquilamento da Europa, era preciso um ajuste de contas com os responsáveis pelo horror do passado recente. Quando a guerra acabou, a Europa não era apenas um continente devastado, mas selvagem. O caos e a desordem imperavam em toda parte, e só aos poucos as forças de ocupação puderam impor seu domínio. Os governos municipais com frequência estavam desmantelados. As condições encontravam-se muitas vezes perto da anarquia. A autoridade pública, quando existia, não tinha condições de evitar vinganças brutais, isso quando não as incitava abertamente. A vingança proporcionava alguma forma de catarse, por mais inadequada que fosse, pelas atrocidades sofridas, pelos maus-tratos absurdos, pelas dores insuportáveis e pela agonia que as pessoas tinham sido obrigadas a aguentar. Para inúmeros europeus, a sede de vingança superou tudo o mais, até a alegria da libertação, assim que a guerra terminou.

A violência dos antes vencidos contra seus antigos algozes foi, de início, generalizada e, com frequência, ilimitada. Prisioneiros de campos de concentração eram às vezes incentivados a se vingar, ou pelo menos não eram detidos por soldados Aliados, chocados com o que tinham presenciado em Dachau, Buchenwald, Natzweiler-Struthof, Bergen-Belsen e outros focos de horrores inimagináveis. Em certos casos, ex-prisioneiros investiam contra seus guardas com furor assassino. Bandos de desalojados e ex-trabalhadores escravizados saqueavam lojas, apoderavam-se de qualquer bebida alcoólica que encontravam e surravam ou matavam civis alemães. Tais atrocidades selvagens foram controladas com relativa rapidez pelas forças de ocupação na Alemanha. Em outros países, porém, os alemães estavam muito mais expostos. Na Europa Oriental, as comunidades alemãs colheram os turbilhões de ódio que seus compatriotas tinham semeado.

Na Iugoslávia, a violência imediata do pós-guerra — numa escala sem paralelo, provavelmente, com qualquer outro lugar da Europa — na verdade não teve como alvo os alemães, que haviam deixado o país em abril de 1945, abrindo caminho à força rumo a oeste. As atenções se voltaram contra a odiada Ustaše croata e os eslovenos colaboracionistas. E a violência era executada não por hordas furiosas e descontroladas, e sim por grupos organizados de *partisans* vitoriosos, sobretudo comunistas sérvios. Foram inúmeros os massacres. Houve fuzilamentos em massa e horrenda selvageria. A maioria das mortes resultou de vingança de fundo étnico por atrocidades anteriores. As estimativas mais confiáveis indicam que o número de vítimas, tanto civis como soldados colaboracionistas, ascendeu a mais ou menos 70 mil. Levando em conta o tamanho da população, a mortandade foi dez vezes maior que na Itália e vinte vezes maior do que na França.

Ainda assim, mesmo na Europa Ocidental ocorreram represálias selvagens pelo que a população tinha sofrido. As piores se deram na Itália, na fase final da guerra, onde se estima em 12 mil o número de assassinatos, principalmente de fascistas. Durante semanas, no fim da guerra, *partigiani* levaram a cabo execuções arbitrárias de dirigentes e funcionários do Partido Fascista, além de colaboradores e informantes. Em algumas cidades, multidões arrombaram cadeias e lincharam os fascistas presos nelas. Na França, foram mortos cerca de 9 mil ex-adeptos destacados do regime de Vichy, em especial na época da libertação, em agosto de 1944. Mas na Holanda e na Bélgica não se concretizou plenamente o profetizado "dia dos machados", quando a multidão faria justiça com as próprias mãos. Nos dois países juntos, houve menos de quatrocentas vítimas. Mesmo assim foram registrados atos brutais de vingança, com a execução sumária de cerca de cem colaboradores — em geral arraia-miúda — após a libertação da Bélgica no último trimestre de 1944, e uma segunda onda de execuções em maio de 1945. Nem todos foram executados por crimes políticos. Houve vítimas de inimizades pessoais e rivalidade em negócios.

Mulheres condenadas como "colaboradoras horizontais" — vistas como culpadas por deitar-se com o inimigo — muitas vezes se tornavam, na Europa Ocidental, bodes expiatórios da fúria represada de comunidades inteiras. Na França, Itália, Holanda, Dinamarca e nas Ilhas do Canal, foram transformadas em párias sociais e humilhadas ritualmente em público. Cortavam-lhes o cabelo, despiam-nas e às vezes esfregavam-lhe excrementos no corpo. Só na França, cerca de 20 mil mulheres foram submetidas à degradação diante de grupos — majoritariamente masculinos — da população local.

O notável, em retrospecto, não é que ocorresse tal violência, mas que tenha sido tão efêmera, mesmo na França de Vichy ou na Hungria, Eslováquia, Romênia e Croácia, transformadas pelos alemães em países-satélites. Com exceção da Grécia (onde, durante a guerra, reinavam condições propícias a uma guerra civil e que logo dariam ensejo a um longo conflito com muitas mortes), as forças de ocupação ou os governos civis recém-instalados controlaram a situação com espantosa rapidez. A violência desenfreada foi cada vez mais contida, salvo onde as próprias autoridades públicas continuaram a incentivar atos de retaliação — como aconteceu nos casos de expulsão de pessoas de etnia alemã de muitas áreas da Europa Central e Oriental antes ocupadas.

Os Aliados haviam dado seu beneplácito quando os líderes dos governos polonês e tcheco no exílio anunciaram a intenção de expulsar todos os alemães de seus países quando a guerra acabasse. As expulsões, eufemisticamente chamadas "transferências de populações", de modo algum se limitaram a alemães. As deportações em massa de poloneses e ucranianos, assim como de germânicos, seguiram as alterações acordadas em Yalta e Potsdam, que empurraram as fronteiras da Ucrânia soviética para oeste, de modo a incorporar partes da antiga Polônia, e as fronteiras da Polônia também para oeste, à custa de território antes alemão. Pelo menos 1,2 milhão de poloneses e quase 500 mil ucranianos foram tirados de suas casas, muitas vezes com muita violência e brutalidade, e mandados para locais distantes. Outros 50 mil ucranianos deixaram a Tchecoslováquia, enquanto na direção oposta seguiam mais de 40 mil tchecos e eslovacos (muitos deles da Rutênia Subcarpática, que durante a guerra fora uma província da Tchecoslováquia, mas em 1945 foi cedida à Ucrânia). Cerca de 100 mil húngaros foram expulsos da Romênia e quase outros tantos foram deportados da Eslováquia para os Sudetos, enquanto 70 mil eslovacos, vindos da Hungria, entravam na Tchecoslováquia. Inacreditavelmente, o tormento dos judeus que haviam sobrevivido ao massacre nazista ainda não tinha terminado. Também eles fariam parte da população errante que vagava na maré de desumanidade do pós-guerra europeu. Cerca de 220 mil judeus ainda viviam na Polônia, e talvez 250 mil na Hungria. Entretanto, erupções de violência antissemita em várias cidades polonesas, húngaras e eslovacas, sendo as piores delas os pogroms em Kielce, na Polônia, em julho de 1946 e, semanas depois, em Miskolc, na Hungria, mataram centenas de judeus e obrigaram muitos outros a se refugiar.

A violência em Kielce irrompeu em 4 de julho, depois que o pai de um menino que voltou para casa depois de dois dias de desaparecimento acusou judeus de tê-lo sequestrado. Logo se espalhou o boato de que judeus haviam assassinado um menino cristão. As acusações de homicídio ritual — a velha calúnia mais uma vez revivida — evidentemente encontravam pronta acolhida. A polícia e as autoridades militares nada fizeram para dispersar as multidões que clamavam por sangue. Ao todo, 41 judeus foram mortos no pogrom. Conquanto esse tenha sido o pior incidente, o caso de Kielce fez parte de uma onda maior de violência antissemita que tirou a vida de 351 judeus na Polônia. Um letal preconceito persistia, apesar da guerra, da ocupação e do Holocausto. Na realidade, o ataque nazista aos judeus da Polônia permitira que muitos poloneses se beneficiassem do saque das propriedades deles. Na violência de pós-guerra, estava implícita a ideia de que os judeus ainda representavam uma ameaça à ordem social, que, em parte, fora construída com base em sua exclusão e na expropriação de seus bens. Às vezes, ao voltar a seus lares, na Polônia e em outras áreas da Europa Oriental, sobreviventes dos campos de extermínio tinham uma recepção hostil por parte de pessoas que um dia haviam considerado seus amigos, mas que agora não gostavam de rever aqueles de cujas casas e bens tinham se apossado. Três meses depois dos distúrbios em Kielce, cerca de 70 mil judeus buscaram um novo lar na Palestina. Grande número de outros judeus, saídos da Polônia, Hungria, Bulgária, Romênia e Tchecoslováquia, seguiram o primeiro grupo. Tinham concluído, por fim, que não havia futuro para eles na Europa.

Para os povos da Europa Oriental, não poderia haver catarse enquanto houvesse alemães vivendo entre eles. Os grupos de etnia germânica, muitos residentes em locais onde comunidades alemãs existiam havia séculos, eram os mais expostos à imensa brutalidade. Os Aliados tinham estipulado transferências "ordeiras e humanas", mas a realidade ficou bastante aquém disso. Ninguém se interessava em proteger aqueles que eram vistos como responsáveis pelo horror dos anos anteriores. Com a derrota alemã, o ódio compreensível que se acumulara durante os anos de guerra e ocupação transbordou em atos de represália sem limites e, a princípio, descontrolados. No fim de julho, entre 500 mil e 750 mil alemães, submetidos a roubos, estupros e espancamentos, privados de alimentos e tratamento médico, foram expulsos das novas áreas da Polônia. Atrocidades tornaram-se corriqueiras, e as autoridades polonesas pouco ou nada faziam para coibi-las. Os alemães eram vistos, na prática, como feras ou vermes, a serem caçados ou mortos à vontade. Até os soviéticos ficaram chocados com a ferocidade do revide polonês pelos sofrimentos causados pelos alemães. "Tornam-se cada vez mais frequentes os casos em que alemães são vítimas de homicídios não provocados, prisões sem fundamento e longos confinamentos com humilhação intencional", dizia um relatório do Exército Vermelho a Moscou em 30 de agosto de 1945.

Na Tchecoslováquia, os alemães dos Sudetos, fossem simpatizantes dos nazistas ou não, eram vistos como traidores. Em 12 de maio de 1945, o presidente Edvard Beneš, da Tchecoslováquia, falou pelo rádio a respeito da necessidade de "liquidar definitivamente o problema alemão". Foi o quanto bastou para que, de um momento para o outro, mais de 20 mil homens, mulheres e crianças fossem postos para fora de Brno, sendo que alguns não sobreviveram à marcha forçada até a fronteira da Áustria. Um padre católico declarou que o mandamento que determinava que os cristãos "amassem o próximo" não se aplicava aos alemães. Eram gente perversa, e chegara a hora de ajustar as contas com eles.

Como era de prever, o resultado dessas expressões de ódio foi uma terrível violência. Alemães eram expulsos de sua casa, e suas propriedades, saqueadas. Sofriam brutalidades em campos de internamento, onde as condições de vida eram duríssimas. Margarete Schell, nascida em Praga e que fora uma conhecida atriz, manteve um diário de suas experiências num desses campos. Contou que os homens eram açoitados durante a chamada noturna, e alguns eram obrigados a circular de cócoras pela área comum até cairem exaustos, quando eram chicoteados de novo. Ela mesma, entre outros abusos e humilhações que sofreu, foi surrada pelo comandante do campo por enviar uma carta sem permissão.

Fora dos campos, milícias tchecas, grupos de ação comunistas e outros bandos armados agrediam, humilhavam e matavam alemães como bem entendiam. Numa das piores atrocidades, em Usti nad Labem (Aussig), em 31 de julho de 1945, centenas de alemães foram massacrados. Muitos alemães se suicidaram — 5558 só em 1946, de acordo com estatísticas tchecas. Cerca de 3 milhões de alemães já tinham sido obrigados a sair da Tchecoslováquia perto do fim de 1947.

Calcula-se que entre 19 mil e 30 mil alemães dos Sudetos foram mortos. Entretanto, o número total pode ter sido muito maior se incluirmos os que sucumbiram a doenças, desnutrição e exposição às intempéries depois das brutais expulsões. Após várias semanas de expulsões e atrocidades, as deportações, ainda que continuassem a ser feitas brutalmente, tornaram-se mais ordenadas, pois não só o governo tcheco como também as tropas de ocupação tinham interesse em deter a violência descontrolada.

Ao todo, pelo menos 12 milhões de alemães foram deportados da Europa Central e Oriental para as zonas ocupadas da Alemanha, que, na medonha situação do pós-guerra, estavam pessimamente preparadas para recebê-los. A acolhida na própria Alemanha desses alemães expatriados foi tudo menos calorosa. "Estamos passando fome e sofrendo demais, Senhor Deus, mandai a ralé para casa. Mandai-os de volta para a Tchecoslováquia. Senhor Deus, livrai-nos da ralé", assim oravam algumas pessoas na zona rural de Württemberg em 1946-7. Em pesquisas de opinião feitas em 1949, cerca de 60% da população alemã e 96% dos expatriados classificavam suas relações como ruins. Os alemães consideravam os recém-chegados pretensiosos, atrasados e indignos de confiança; os novos residentes julgavam seus anfitriões egoístas, insensíveis e maus. "Sabemos que não somos desejados aqui e que as pessoas querem nos ver pelas costas", dizia o apelo de um queixoso ao prefeito de uma cidade em 1948, "mas também nós, o senhor pode acreditar, preferiríamos estar em nossa terra natal e não ser um peso para ninguém. Não somos refugiados. Em oposição às leis morais, fomos arrancados de nossas casas, enxotados de nossa terra, roubados de tudo o que possuíamos e trazidos para cá mediante o uso da força, e pelo menos não por vontade própria."

Segundo as estimativas mais otimistas, pelo menos meio milhão de alemães perderam a vida, de uma forma ou de outra, durante as brutais expulsões; a sorte de mais 1,5 milhão é desconhecida. Outros, oriundos de antigas comunidades alemãs na Romênia, Hungria e Iugoslávia, formaram parte de "reparações vivas" e foram deportados para um destino nada invejável em campos de prisioneiros soviéticos.

Em 1950, restava na Europa Oriental um número muito menor de populações minoritárias de qualquer tamanho. As minorias étnicas não foram eliminadas inteiramente, e os países bálticos e a Ucrânia tinham consideráveis minorias russas, que não eram discriminadas. Afinal, a União Soviética era dominada por russos. E a Iugoslávia, que já antes da guerra era formada por uma colcha de retalhos étnica, continuou basicamente assim. Mas a população dos países do Leste Europeu tornou-se muito mais homogênea do ponto de vista étnico. A velha Europa Oriental multiétnica tinha, em grande parte, desaparecido. As drásticas expulsões e a horrenda limpeza étnica cumpriram seu objetivo hediondo.

Depois da erupção de ódio primitivo que conduziu a essa violência extrema e sem peias nas primeiras semanas depois da rendição alemã, os clamores de justiça começaram a ser dirigidos para os canais estatais. Isso ocorreu mais depressa onde havia algum nível de confiança na capacidade dos governos recém-formados para realizar reformas de alto a baixo, expurgar o serviço público de antigos colaboradores do inimigo, prendê-los, julgá-los e punir severamente os culpados. A presença, nos novos governos, de respeitados ex-membros de movimentos de resistência nacional ajudou a agilizar o processo. Os rápidos expurgos na polícia, como ocorreram na Noruega, na Dinamarca e na França, tiveram o mesmo efeito e contribuíram, em certa medida, para restaurar a confiança no governo. Além disso, em grande parte da Europa, a população, cansada de anos de luta e ansiosa por uma volta a qualquer coisa que pudesse ser chamada de "normalidade" e desejosa de ver o término da violência e do conflito, estava disposta a colaborar com as autoridades. Entretanto, onde a confiança na autoridade pública precisava ser recriada aos poucos, como em grande parte da Europa Meridional e Oriental, o declínio da violência descontrolada teve de esperar mais. Com frequência, esconderijos de armas permaneciam nas mãos de milícias, justiceiros e ex-integrantes da resistência, que relutavam em entregá-las. A anistia por assassinatos ditados por vingança convenceram alguns a entregar suas armas. Mas, para que a violência diminuísse ou fosse reprimida pelas autoridades, a população precisava antes acreditar que os governos agiriam com eficiência contra criminosos de guerra e colaboradores.

Nos países agora sob a égide da União Soviética, o expurgo "oficial" de fascistas e partidários de regimes colaboracionistas foi drástico, porém logo se tornou um meio bastante arbitrário de demonstrar lealdade aos novos governantes. Aqueles que eram vistos como piores criminosos foram julgados e executados, muitas vezes em público. Uma enorme multidão (ainda que, com certeza, não os 100 mil que alguns afirmaram) assistiu ao enforcamento de sete alemães em Riga, em 1946. Ex-colaboradores incontestes em geral eram fuzilados sem perda de tempo quando os soviéticos recuperavam territórios perdidos, como os 1700 executados na Lituânia em julho e agosto de 1944. A forma mais comum de punição, no entanto, era a deportação para campos de trabalhos forçados em áreas inóspitas da União Soviética, de onde em geral ninguém voltava. Calcula-se que pelo menos meio milhão de pessoas tenham sido deportadas da Estônia, Letônia e Lituânia entre 1944 e 1949. Entre 140 mil e 200 mil foram presas na Hungria e deportadas para a União Soviética, em sua maioria confinadas em campos de concentração. Muitos suspeitos de simpatia pelo fascismo ou atividades anticomunistas, o que dava no mesmo, eram presos. Na Romênia, o número de presos políticos chegou a 250 mil em 1948 — cerca de 2% da população total. A essa altura, a linha divisória entre colaboracionismo real e atos julgados "contrarrevolucionários", cometidos pelos chamados "inimigos de classe", tinha se apagado havia muito tempo.

Numa cidade da Hungria, em fins de 1945, um frade franciscano, Szaléz Kiss, e cerca de sessenta rapazes, muitos deles membros de um grupo de jovens dirigido pelo religioso, foram presos e acusados de pertencer a uma "conspiração fascista" que matara soldados soviéticos. Obtiveram-se confissões mediante tortura. Kiss e três adolescentes foram executados; outros foram condenados à prisão ou deportados para a União Soviética. Como a teoria e a prática comunistas consideravam o fascismo a mais extrema forma de reacionarismo, o aparelho judicial na Europa Oriental enfrentava dificuldades para realizar expurgos sistemáticos e dirigidos, já que grande parte da população não comunista estava potencialmente implicada. Por isso mesmo, os expurgos se tornaram, na Romênia, na Bulgária e na Hungria, meios arbitrários de garantir subserviência política. Uma pessoa inocente podia, de forma deliberadamente falsa, ser denunciada como "fascista" em decorrência de alguma expressão inócua de inconformismo político.

Os expurgos "oficiais" na Europa ocidental foram menos draconianos do que nos países comunistas, inclusive menos do que a população em geral desejava. Vidkun Quisling, na Noruega, Anton Mussert, nos Países Baixos, e Pierre Laval, na França, foram executados. (Aos 87 anos de idade, o marechal Pétain teve sua sentença comutada para prisão perpétua.) Os expurgos eram, com certeza, levados a sério, em especial logo depois da guerra. Em toda a Europa Ocidental, centenas de milhares de pessoas foram presas e submetidas a julgamento por traição, crimes de guerra ou colaboracionismo — 40 mil na Dinamarca, 93 mil na Noruega, 120 mil nos Países Baixos e nada menos que 405 mil na Bélgica. De modo geral, esses condenados tinham sido acusados de delitos relativamente secundários e receberam penas leves. Muitos foram soltos logo ou anistiados dentro de pouco tempo.

Houve relativamente poucas sentenças de morte ou mesmo penas de prisão muito longas. Mais de 80% dos presos na Bélgica, por exemplo, nem foram indiciados; 241 foram executados, e a maioria dos demais recebeu penas leves. Nos Países Baixos, houve quarenta execuções e 585 sentenças de reclusão mais longas para 44 mil indiciamentos (muitos deles por transgressões banais). No entanto, servidores públicos e policiais profundamente envolvidos em episódios de coerção de trabalhos forçados, deportações de judeus e represálias contra a resistência safaram-se com facilidade. Já na França, o expurgo foi comparativamente severo. Houve 300 mil indiciamentos, que resultaram em 125 mil processos e quase 7 mil sentenças de morte, a maioria *in absentia*. Ainda assim, os tribunais determinaram cerca de 1500 execuções e 39 mil sentenças de prisão (em geral breves). A maioria das condenações foi objeto de anistia em 1947. Somente cerca de 1500 dos piores criminosos de guerra ainda estavam presos em 1951.

Na Áustria, cerca de meio milhão de pessoas, 14% da população adulta do país, tinham sido membros do Partido Nazista, e alguns dos piores criminosos de guerra nazistas eram austríacos. Ainda assim, o país conseguiu se apresentar como a primeira vítima da guerra de agressão alemã. A Áustria, como já foi corretamente observado, foi um dos lugares mais seguros na Europa para colaboracionistas. Somente trinta sentenças de morte por crimes de guerra foram cumpridas. Nos territórios tchecos vizinhos, esse número chegou a 686. Na Áustria, muitos membros da polícia e do Judiciário foram denunciados. Dos 270 mil nazistas empregados no país, a metade foi dispensada em meados de 1946, mas muitos outros foram logo anistiados e reempregados. Os tribunais decretaram 13 600 sentenças de prisão, em geral leves. Em 1948, uma anistia reintegrou 90% dos condenados a penas leves, e em meados da década de 1950 os condenados a penas mais severas foram anistiados. De modo geral, os tribunais se mostravam mais lenientes à medida que o tempo passava. Em todos os países, a normalização do funcionamento do Estado teve prioridade sobre a punição e retaliação por comportamento durante a guerra, a não ser nos casos mais gritantes.

Em todos os países da Europa ocupada houve colaboracionistas ferrenhos, mas raramente, ou nunca, houve o apoio da maioria da população, e quase todos eram odiados em seus países. Na Alemanha, contudo, durante muito tempo fora enorme a popularidade de Hitler, como também o apoio ao nacionalismo militarista de seu regime, que pisoteara a paz na Europa. Milhões de alemães tinham sido membros do Partido Nazista e de suas organizações. Muitos tinham apoiado a perseguição aos judeus e outras medidas desumanas no país, enquanto os integrantes das forças de ocupação — frequentemente com o apoio tácito dos que estavam na Alemanha — muitas vezes foram cúmplices em atos de barbárie na Europa ocupada. Ao regressar à sua terra natal, Alfred Döblin teve a sensação de que os próprios alemães mostravam "uma relação estranhamente distante com os acontecimentos de sua própria época" e eram incapazes de compreender a catástrofe que se abatera sobre eles, concentrando-se tão somente em sua rotina cotidiana. Se — e como — a Alemanha poderia voltar algum dia a desempenhar um papel positivo na Europa eram questões a que poucos saberiam dar respostas seguras em 1945. Expurgar o país de seus ex-nazistas era o primeiro passo, e o mais óbvio, no processo de reconstruir a Alemanha como uma democracia, como os Aliados tinham estipulado na Conferência de Potsdam, em meados de 1945. Mas dizer isso era fácil; fazer nem tanto.

Alguns membros da cúpula nazista tinham escapado a seu destino mediante o suicídio, quando o Terceiro Reich se desintegrava ou logo depois, já presos pelos Aliados. Entre estes estavam Joseph Goebbels, o ministro da Propaganda; Martin Bormann, o braço direito de Hitler (cujos restos mortais foram encontrados décadas depois, a pouca distância do bunker de Hitler); Robert Ley, o fanático chefe da Frente Alemã para o Trabalho; e Heinrich Himmler, o temido chefe da ss e da polícia alemã. Alguns, como Rudolf Höss, o ex-comandante de Auschwitz, ou Arthur Greiser, o cruel senhor do território chamado de "Warthegau", no oeste da Polônia, foram entregues aos poloneses, que eles haviam perseguido de forma tão bárbara, e executados. Outros, como o famigerado Adolf Eichmann, o "gerente" da "solução final para a questão judaica", foram levados em segredo, através da Espanha, para a América do Sul (muitas vezes, e espantosamente, isso aconteceu com a ajuda de canais do Vaticano). No entanto, os Aliados conseguiram capturar 21 figurões do regime nazista. Entre eles estavam Hermann Göring, designado sucessor de Hitler; Joachim von Ribbentrop, antigo ministro do Exterior; Ernst Kaltenbrunner, chefe da polícia política; Hans Frank, governador-geral da Polônia; e Rudolf Hess, vice-líder do Partido Nazista até sua bizarra fuga para a Escócia em 1941. Alguns líderes militares — Wilhelm Keitel (chefe do alto-comando da Wehrmacht), Alfred Jodl (chefe do Estado-Maior de Operações), Erich Raeder (comandante em chefe da Marinha até 1943) e Karl Dönitz (que lhe sucedeu como comandante da Marinha e, depois do suicídio de Hitler, foi presidente do Reich durante alguns dias) — também foram incluídos entre os grandes criminosos de guerra a serem julgados.

Levar dirigentes nazistas a julgamento por seus crimes foi a parte mais fácil. Difícil foi percorrer o campo minado do Judiciário, pois não havia nem precedente nem jurisprudência consagrados para o Tribunal Militar Internacional (com um corpo de juízes e promotores das quatro potências de ocupação) instalado em Nuremberg para funcionar durante um ano (entre 1945 e 1946). Churchill propusera que os grandes criminosos fossem fuzilados assim que detidos, mas Stálin preferiu que fossem julgados antes da execução. A opinião pública na Europa defendia a justiça sumária, porém levou a melhor a pressão americana para a abertura de um processo legal formalizado contra aqueles que fossem chamados a juízo, a fim de demonstrar sua culpa, sobretudo para a população alemã, em vez de simplesmente presumi-la. Doze dos indiciados, entre os quais Göring, Ribbentrop, Frank, Bormann (*in absentia*), Keitel e Jodl, foram sentenciados à morte por enforcamento. (Göring suicidou-se antes que sua pena fosse cumprida.) A maioria dos demais, inclusive Albert Speer, que teve a sorte de se livrar do cadafalso, receberam longas sentenças de prisão. O Partido Nazista, a ss e a Gestapo foram declarados organizações criminosas. Seguiram-se em Nuremberg doze julgamentos adicionais, realizados somente pelos americanos, entre 1946 e 1949. Figuras de destaque, ao todo 185, de ministérios do governo, das Forças Armadas, da indústria, da medicina e do Judiciário, como também das forças-tarefas (Einsatzgruppen) da polícia política foram indiciadas por cumplicidade em crimes atrozes durante a guerra. Os julgamentos terminaram com 24 sentenças de prisão perpétua e 98 de penas de prisão mais leves.

Na época, como até hoje, muitas pessoas criticaram os Julgamentos de Nuremberg como "justiça de vencedores". Alegaram que foram pouco mais que uma farsa, pois os próprios soviéticos tinham perpetrado imensos crimes de guerra, e os bombardeios de Dresden, Hamburgo e outras cidades pelos Aliados também eram exemplos disso. De fato, considerando os padrões judiciais do Ocidente, os julgamentos passaram longe da perfeição. Entretanto, não levar os criminosos de guerra nazistas a julgamento teria sido uma omissão grotesca aos olhos do mundo civilizado. Na própria Alemanha da época, pesquisas de opinião mostraram uma ampla aceitação da lisura dos julgamentos e dos veredictos. Maiorias esmagadoras aprovaram o indiciamento de organizações inteiras, como a sa, a ss e a Gestapo. Cerca de metade das respostas julgavam que a culpa por crimes de guerra se estendia além daqueles que estavam no banco dos réus em Nuremberg. Muita gente acreditava que outros membros do Partido Nazista e subordinados em posições de poder também deviam ser acusados. Aí, porém, começavam os problemas. Quem eram essas pessoas, qual era a extensão de sua culpa, como deveriam ser indiciadas? Como deveriam as potências ocupantes fazer distinção não só entre culpados e inocentes, a seus olhos, como também entre diferentes níveis de culpa, quando mais de 8 milhões de alemães — cerca de 10% da população — tinham sido membros do Partido Nazista e outras dezenas de milhões haviam se filiado a outras organizações ligadas ao Partido?

Não tardou para que se reconhecesse que a tarefa de desnazificar a sociedade alemã não era apenas hercúlea, mas absolutamente impraticável. Nas três zonas ocidentais, das quatro em que a Alemanha estava dividida, os americanos eram, pelo menos nos estágios iniciais do processo, os mais determinados em levá-la a cabo. Os Aliados ocidentais logo se deram conta de que era administrativamente impossível para o reduzido contingente de pessoal sem treinamento das forças de ocupação lidar com os milhões de questionários a respeito de seu envolvimento com as organizações nazistas durante o Terceiro Reich que os alemães foram obrigados a preencher. Com frequência, os questionários mal valiam o papel em que eram impressos; não chega a ser surpresa, mas nem todos contavam a verdade em suas declarações. No fim de 1945, os campos de internação estavam abarrotados, milhares de servidores públicos tinham sido demitidos, mas a desnazificação rigorosa da Alemanha se mostrava inexequível. Só na zona americana, apenas 1,6 milhão de questionários tinham sido processados, enquanto 3,5 milhões de nazistas conhecidos ainda aguardavam classificação — e os americanos pretendiam retirar-se da Alemanha em 1947.

Os britânicos e franceses não estavam se saindo muito melhor. Os primeiros tinham julgado e executado alguns dos responsáveis pelas horripilantes atrocidades em Bergen-Belsen, que tanto haviam chocado o público quando o campo foi libertado por tropas britânicas em 1945. Também foram demitidos cerca de 200 mil alemães — muitos do serviço público (principalmente professores), da polícia e de altos cargos na indústria, mas também gente que trabalhava na produção de alimentos, nas estradas de ferro e nos correios. Entretanto, o custo da ocupação era exorbitante para uma Inglaterra falida. A desnazificação começou a ocupar um distante segundo lugar na lista de prioridades, pois era urgente reconstruir a Alemanha. E isso teria de ser feito por alemães. Muitos tinham um passado extremamente obscuro. Contudo, caberia aos alemães administrar seu próprio país. Os franceses, como os britânicos, foram logo compelidos a uma atitude pragmática. Os expurgos retaliatórios teriam de ceder lugar a necessidades práticas. Três quartos dos professores alemães na zona francesa foram demitidos nas primeiras semanas da ocupação. Mas, quando as escolas reabriram, em setembro de 1945, todos foram recontratados. Os franceses só conseguiram processar cerca de meio milhão de questionários. E sua leniência foi das mais surpreendentes. Só 18 mil pessoas incorreram em penalidades automáticas; na zona francesa, os autores de "grandes delitos" foram treze; na zona americana, 1654.

No começo de 1946, admitindo o fracasso, os Aliados ocidentais repassaram aos alemães a responsabilidade por sua própria desnazificação. Criaram-se centenas de tribunais de comarca, sob controle dos Aliados. Mantiveram-se os questionários, mas com modificações. O mesmo aconteceu com várias categorias de culpa, que variavam de grandes transgressões até completa isenção. Quase todos os que foram levados a juízo pareciam capazes de apresentar pessoas com referências aparentemente impecáveis dispostas a atestar seu bom comportamento durante a era nazista. Não foi à toa que os depoimentos receberam o apelido de "atestados Persil" — lavavam "mais branco", como diziam os anúncios publicitários do conhecido sabão.

Pouco a pouco, todo o processo de desnazificação descambou para quase uma farsa. Mais de 6 milhões de causas foram nominalmente ouvidas, sendo dois terços delas prontamente anistiadas. Entre os levados a juízo, pelo menos nove décimos foram considerados culpados de transgressões banais. A maioria foi classificada como "simpatizante" ou inocentada por completo. Os tribunais, apelidados de "fábricas de simpatizantes", já tinham perdido a credibilidade e eram odiados pela população muito antes de serem finalmente extintos, em 1951, por leis aprovadas pelo governo da Alemanha Ocidental, que anistiou centenas de milhares de pessoas, apenas excetuados os piores criminosos. Nesse ínterim, a maioria dos servidores públicos demitidos foram reintegrados. O fracasso da desnazificação refletiu não só a crescente impopularidade dos procedimentos processuais, a rejeição generalizada de culpa coletiva por crimes nazistas e os ajustes pragmáticos a necessidades administrativas numa situação política em rápida transformação. Espelhou também o sentimento popular em relação ao nacional-socialismo, registrado em numerosas pesquisas de opinião: tinha sido uma boa ideia, mal executada, mas, em todo caso, preferível ao comunismo.

Na zona soviética, a desnazificação tomou um caminho diferente, mais inflexível. Dezenas de milhares de pessoas pereceram em campos (inclusive antigos campos de concentração nazistas) e em prisões administrados pela polícia secreta soviética, enquanto um número bem maior foi mandado para campos de trabalhos forçados. Na zona oriental, mais de meio milhão de alemães foram demitidos no fim de 1945, ao mesmo tempo que se realizavam enormes expurgos de juízes e advogados, servidores públicos e professores universitários e secundários. Mais de 40 mil novos professores já tinham assumido seus postos em fins de 1946. Dois terços dos juízes e três quartos dos professores de escolas primárias foram substituídos entre 1945 e 1950. Os novos professores e burocratas receberam treinamento mínimo, com consequências previsíveis para a qualidade da educação.

Mesmo na zona soviética, porém, considerações práticas não podiam ser postas de lado. Em geral, os médicos, mesmo com credenciais nazistas, foram deixados em seus empregos — não podiam ser substituídos com a mesma facilidade que professores e burocratas. Até a ideologia podia ser objeto de vista grossa quando era conveniente. Os americanos tiraram do país centenas de cientistas nazistas para trabalhar em seu programa espacial. Os russos fizeram o mesmo em sua zona. De mais a mais, a zona soviética não podia ser simplesmente destruída, ainda que os soviéticos parecessem estar fazendo todo o possível para isso ao desmantelar de forma drástica a indústria alemã. Por fim, nazistas de menor importância foram encorajados a provar que reconheciam seus erros, convertendo-se interiormente às doutrinas do marxismo-leninismo e aceitando o caminho que levaria a uma sociedade reconstruída de forma radical e governada pelos princípios do socialismo de Estado. O vermelho comunista era o novo pardo dos nazistas.

Seria possível realizar os expurgos de forma diferente? Não é fácil apontar caminhos alternativos que pudessem ter sido seguidos na Europa Ocidental ou no Leste Europeu. No bloco soviético emergente, os expurgos foram inegavelmente impiedosos, além de representar um instrumento bastante ineficiente para impor submissão política. Os expurgos drásticos e rápidos, que visavam a erradicar a "reação", os "elementos subversivos" e as "tendências antissoviéticas", assim como autênticos criminosos de guerra e colaboracionistas, transmitiram sua mensagem. A maior parte da população não era comunista, que dirá pró-soviética, e era improvável que votassem em comunistas em eleições livres. No entanto, os expurgos mostravam claramente o que estava por trás da atitude implacável dos novos governantes. O povo era levado à aquiescência mediante intimidação. Por mais brutal que fosse, o rompimento radical com o passado funcionava.

Na Europa Ocidental, os expurgos satisfizeram a poucos. Para uns, eram demasiado lenientes; para outros, rigorosos demais. Todavia, reconstruir sociedades num clima de consenso requeria integração, e não o divisionismo de recriminações e vinganças intermináveis. A compreensível ânsia de punição dos responsáveis precisava ser inibida, para que não envenenasse os esforços de longo prazo de reconstrução social e política. Era necessário conter as paixões exacerbadas. A justiça natural precisava subordinar-se à política. Lançar a vista para o futuro tinha de ter precedência sobre uma retificação mais completa do passado. A amnésia coletiva era o caminho para avançar.

Muita gente de passado mais que duvidoso pôde chegar à idade avançada e morrer de morte natural graças a uma leniência que nunca mostraram por suas vítimas. A relativa complacência do Ocidente para com ex-simpatizantes do fascismo e a rapidez com que foram reintegrados à sociedade alimentaram a propaganda soviética. Contudo, a própria União Soviética apoiou muitos elementos do Exército Vermelho que haviam cometido graves atrocidades, partindo do princípio, naturalmente, de que tinham agido por uma causa justa. Com o surgimento da Guerra Fria, considerações políticas de um lado e de outro determinaram que a época dos expurgos chegasse ao fim, que o passado fosse riscado em favor da unidade socialista no leste e de um anticomunismo cada vez mais estridente no Ocidente.

As vítimas da desumanidade nem remotamente podiam concordar com a ideia de que os culpados tinham sido punidos, de que o pus houvesse sido plenamente drenado. Nada seria capaz de compensá-los pelo que sofreram; não havia como imaginar uma catarse completa. Várias décadas depois, como indício da prestação de contas inevitavelmente falha, criminosos de guerra culpados de crimes hediondos ainda eram procurados, expostos e levados a julgamento. Durante o resto do século XX, a Europa nunca se livraria inteiramente do fedor da absurda desumanidade dos anos de guerra.

REDESPERTA A POLÍTICA: DIVISÕES E INCERTEZAS

Novas formas de política pluralista se reafirmaram com notável rapidez depois da guerra. A conquista alemã rompera a continuidade em quase todos os países, e a política precisou assumir novas formas. No entanto, as bases do pluralismo político não desapareceram. Tinham sido suprimidas por muito tempo, mas puderam ser reativadas com extraordinária celeridade. Sob a superfície da proibição e da perseguição, os partidos de esquerda, em especial, tinham não só mantido como ampliado grande parte de seu antigo eleitorado, em virtude de sua demonstração de resistência. No caso dos partidos liberais e conservadores, as descontinuidades foram maiores. Mesmo com relação a eles, porém, o que causa admiração é a rapidez com que as antigas bases políticas, ainda que por trás de partidos com novos nomes, puderam ser reconstruídas.

Ainda assim, o futuro panorama político apresentava contornos inteiramente indefinidos. O fascismo fora pulverizado, a enorme custo, e o retorno a um autoritarismo em estilo fascista podia ser descartado (embora os temores quanto a uma revivescência do nazismo na Alemanha não se extinguissem de imediato, enquanto Espanha e Portugal permaneciam naquilo que a ficção científica chama de deformação temporal). Por outro lado, com o triunfo militar da União Soviética, crescera o prestígio do comunismo soviético, que passou a desfrutar de muito apoio numa esquerda revitalizada e unida na luta contra o fascismo. Eram muitos os que olhavam para Moscou ainda, ou novamente, em busca de inspiração e esperança. No entanto, a maioria na esquerda ou desejava expressamente um sistema político pluralista ou pelo menos aceitava que a democracia inclusiva fosse por enquanto necessária. E para além da esquerda havia, em toda parte, e principalmente fora das maiores concentrações urbanas, grandes setores da sociedade que permaneciam conservadores, antissocialistas e, com frequência, sob forte influência das Igrejas. Em cada país, a natureza exata do sistema político e a constelação de sua base popular só se resolveram gradualmente.

Logo depois da guerra, foi como se a hora da esquerda — desalentada, dividida e derrotada durante a Depressão — tivesse finalmente chegado. As Frentes Populares da década de 1930, apesar de efêmeras, obtiveram sua unidade por meio da oposição comum ao fascismo. Em 1945, insuflado com a vitória depois de esmagado o inimigo mortal, o antifascismo tornou-se mais uma vez o cimento que deu coesão à esquerda. Os comunistas, sobretudo, beneficiaram-se de sua demonstração de resistência resoluta. A esquerda — comunista e socialista — parecia navegar de vento em popa.

Renasce a política pluralista na Europa Ocidental

Nas primeiras eleições do pós-guerra, na maioria dos países, os partidos comunistas mais que dobraram sua força, em comparação com os níveis de votação antes do conflito. Os melhores resultados dos comunistas em 1945-6 ocorreram na França (mais de 26%), Finlândia (23,5%), Islândia (19,5%) e Itália (quase 19%). Uma votação de 10% a 13% foi obtida em Bélgica, Dinamarca, Luxemburgo, Países Baixos, Noruega e Suécia. Em algumas eleições regionais alemãs (só em 1949 ocorreram eleições nacionais na Alemanha), a votação chegou a 14%. Entretanto, os comunistas receberam apenas de 5% a 6% dos votos em eleições na Áustria e na Suíça, e nada mais que 0,4% na Inglaterra. A votação dos candidatos de partidos socialistas em geral superou bastante a dos comunistas, chegando a mais de 40% nas primeiras eleições do pós-guerra na Áustria, Suécia, Noruega e algumas eleições regionais na Alemanha Ocidental, a mais de 30% na Bélgica e na Dinamarca e pouco menos que isso nos Países Baixos. Na França e na Itália, a votação total na esquerda foi considerável — 47% na França e 39% na Itália —, mas dividida de forma bastante igualitária entre comunistas e socialistas.

Ao desprezo pelo fascismo e à obstinada rejeição pelo eleitorado dos grupos conservadores, que no passado haviam se consorciado com a extrema direita, somava-se o desejo de amplas reformas sociais e econômicas da espécie que, acreditava-se, só a esquerda poderia proporcionar. Nos países escandinavos, onde a guerra fora menos destrutiva (embora a Noruega tivesse perdido 20% de sua infraestrutura econômica), a esquerda social-democrata pôde consolidar a base de poder constituída antes do conflito e introduzir reformas importantes e dura-douras na previdência social. Na Dinamarca, os sociais-democratas, de início um pouco prejudicados por sua participação no governo colaboracionista durante a guerra, logo recuperaram as perdas sofridas para os comunistas. A social-democracia fortaleceu-se na Noruega, favorecida por seu envolvimento na resistência, e se manteve forte na Suécia. Na pequena Islândia, um dos raros países europeus que prosperaram na guerra e que se tornara independente da Dinamarca em 1944, os sociais-democratas continuaram a perder para o Partido Comunista de Unidade Popular. Ambos, porém, se uniram ao Partido da Independência, conservador, numa coalizão que, extraordinariamente, enfrentou poucas discórdias para modernizar o país e melhorar o padrão de vida, mediante o apoio à frota pesqueira. Na Escandinávia, a guerra interrompeu, mas não destruiu as estruturas políticas ou os programas de reforma econômica e social.

A social-democracia também mostrou sua força na Finlândia, embora isso não estivesse óbvio em 1945. Na época, parecia muito mais provável que a Finlândia acabasse fazendo parte do bloco soviético. Em 1945, pela primeira vez desde 1929, os comunistas finlandeses (os "democratas populares") puderam disputar as eleições, recebendo 23,5% dos votos, um pouco abaixo dos 25% dos sociais-democratas (muito menos do que antes da guerra). Esses dois partidos, juntamente com o Partido Ruralista (21%), formaram um governo de coalizão cujo programa esquerdista incluía nacionalização, reformas fiscais e previdenciárias e um amplo controle estatal da economia, com medidas cuidadosas para preservar a independência e ao mesmo tempo manter boas relações com os vizinhos soviéticos. Coube aos comunistas o Ministério do Interior e quatro outras pastas. Um comunista, Mauno Pekkala, se tornou primeiro-ministro em 1946.

Tudo indicava que a infiltração comunista nas redes de poder, como estava ocorrendo nos países da Europa Oriental sob controle soviético, poderia vir a acontecer também na Finlândia. No entanto, os comunistas finlandeses, já divididos, defrontaram-se com forte oposição dos sociais-democratas e dos ruralistas, perdendo terreno para ambos nas eleições de 1948. Nesse meio-tempo, o anticomunismo tinha ganhado força, e a tomada do poder pelos comunistas na Tchecoslováquia, em 1948, ligou a sirene de alerta na Finlândia. Apenas um mês depois, os políticos finlandeses se houveram com habilidade em negociações sobre uma aliança militar com a União Soviética que resultou num acordo menos coercitivo, o tratado defensivo de "amizade, cooperação e assistência mútua". O mais importante, porém, foi que, por suas próprias razões pragmáticas, Stálin se dispôs — é possível que a reação negativa da comunidade internacional ao golpe tcheco tenha exercido seu papel — a deixar a Finlândia como um vizinho independente e não obrigá-la a aceitar a situação de satélite, como outros países na esfera de influência soviética. Os sociais-democratas, embora muito criticados em Moscou, conseguiram desempenhar, depois de 1948, um papel substancial na política e na economia da Finlândia durante alguns anos.

O Partido Trabalhista Britânico também triunfou no fim da guerra. Defendia uma versão da social-democracia, embora tivesse se desenvolvido, desde a fundação, de maneira muito diferente dos partidos social-democratas do continente. E, o mais importante, nunca enfrentara qualquer ameaça séria por parte do comunismo. Assim, não havia na esquerda britânica nenhuma cisão, nenhuma rixa interna. E, naturalmente, ela não tivera de se confrontar com um regime, perseguição ou ocupação nazistas. No período do Governo Nacional, durante a guerra, a política partidária convencional fora suspensa, mas ao ser retomada, em 1945, as velhas estruturas ainda estavam no lugar. O Partido Conservador, que só estivera fora do governo num total de três dos trinta anos anteriores, foi forçado a um papel de oposição e a repensar seu programa político e sua organização interna. No entanto, era visivelmente o mesmo partido e tinha em Churchill um líder de renome mundial.

Na eleição de 1945, foram decisivas as lembranças da Depressão, que tinham deixado marcas fundas na consciência pública da Inglaterra. Não podia haver uma volta àqueles anos funestos. A exigência de uma ampla reforma social e econômica que impedisse a repetição de tamanha desgraça derrubou Winston Churchill e levou os trabalhistas ao poder nas eleições de julho de 1945, com mais de 60% das cadeiras parlamentares. O novo governo, chefiado por Clement Attlee, um primeiro-ministro nada carismático mas eficientíssimo, tomou para si a tarefa de construir Jerusalém aqui e agora "na verde e amena terra da Inglaterra" (como dissera William Blake num poema, no começo do século XIX). Attlee teve a ajuda de vários ministros muito experientes e competentes. Entre os mais destacados estava Ernest Bevin, que no entreguerras fora o principal líder sindical da Inglaterra. Bevin foi uma presença gigantesca no Ministério do Trabalho no governo da guerra e, num dos golpes de mestre de Attlee, foi nomeado secretário do Exterior. Outra figura-chave foi seu quase xará, Aneurin Bevan. Ex-mineiro e orador eficaz, era um homem profundamente marcado pelas privações e dificuldades reinantes nas comunidades mineradoras do País de Gales, e no governo de Attlee foi nomeado ministro da Saúde. O ascético Sir Stafford Cripps, um ex-rebelde de esquerda que durante a temporada que passou em Moscou como embaixador britânico viu seu entusiasmo por Stálin se desvanecer e dar lugar ao interesse por gestão, eficiência e planejamento no estilo do New Deal numa economia mista, exerceu forte influência no direcionamento da economia britânica no pós-guerra.

O objetivo do novo governo trabalhista era nada menos que uma revolução social e econômica por meios democráticos. A mineração do carvão, as ferrovias, o gás e a eletricidade, bem como o Banco da Inglaterra, foram estatizados. A Lei da Educação, adotada pelo governo de coalizão durante a guerra, em 1944, ampliou o acesso ao ensino secundário. Aumentaram os direitos dos trabalhadores e empreendeu-se um extenso programa habitacional. E, acima de tudo, foi criado o "estado de bem-estar social", designação já classificada, com acerto, como "o talismã para uma Inglaterra melhor no pós-guerra", realização que coroou o governo Attlee. O salário-família, pago diretamente às mães, tornou-se universal, e uma série de leis de assistência social (que concretizava grande parte do plano de seguridade social proposto por Lord Beveridge em 1942) começou a reduzir os piores aspectos da privação do período anterior à guerra. Para a maior parte das pessoas, o principal feito, na época e em décadas posteriores, foi a fundação do Serviço Nacional de Saúde (com a oposição ferrenha dos médicos) em 1948, graças, sobretudo, ao esforço de Aneurin Bevan, proporcionando assim tratamento sem que o paciente tivesse de pagar por ele diretamente (além, é claro, da contribuição por meio de impostos). O resultado foi uma melhora substancial na assistência médica para os setores mais pobres da sociedade e uma redução das mortes por pneumonia, difteria e tuberculose. Todos esses foram avanços importantes e duradouros.

Entretanto, para aqueles que viveram os primeiros anos do pós-guerra na Inglaterra, havia o outro lado da moeda: a austeridade. O país fora vitorioso na guerra, mas estava pobre e tinha dívidas enormes a pagar. Seus custos de defesa ainda eram os de uma grande potência imperial, e as reformas sociais, muito necessárias e bem-vindas, significavam maiores despesas para o governo. A Inglaterra precisava exportar mais e reduzir de forma drástica as importações. O resultado foi um longo prosseguimento das restrições ao consumo que tinham vigorado durante a guerra.

As reformas sociais eliminaram as piores privações. Mesmo assim, para a massa da população, a vida era difícil, insípida e carente de prazeres materiais. A maioria dos gêneros de primeira necessidade ainda era racionada. A guerra foi travada e vencida sem que o pão fosse controlado, mas o racionamento veio em 1946 e durou dois anos. "Às vezes me pergunto quem foi que ganhou essa guerra", comentou uma dona de casa do norte da Inglaterra em 1946, traduzindo, provavelmente, um sentimento geral. Muitos produtos não eram encontrados. Quando corria a notícia de que isto ou aquilo tinha chegado, formavam-se filas. As mulheres, principalmente, tinham de encontrar tempo para isso, esperando às vezes durante horas, nem sempre com sucesso.*

---

* Minha tia Gladys entrou numa longa fila, em Oldham, porque tinham lhe dito que ali estavam

O racionamento de comida terminou em 1954, muito depois de seu fim em outras partes da Europa Ocidental. Só então as crianças puderam comprar doces sem cupons. E só quando chegou ao fim o racionamento de gasolina os carros puderam ser abastecidos para percorrer grandes distâncias. A paciência, grande no começo, aos poucos se esgotou. Em 1950, alguns eleitores se mostravam dispostos a abandonar os trabalhistas. Os conservadores estavam prestes a reconquistar o poder.

Entretanto, quaisquer que fossem as divisões político-partidárias, as reformas sociais adotadas pelo Partido Trabalhista tiveram amplo apoio de todos os partidos (em contraste com as mudanças econômicas, a estatização de indústrias e outras políticas). Os conservadores reconheciam que não podia haver um retrocesso às políticas da década de 1930. Aceitavam a necessidade de mudança e se adaptavam bem a ela, introduzindo com isso um período de notável consenso quanto às feições essenciais de uma política social que duraria mais de dois decênios. Depois de 1948, decaiu o ímpeto reformador dos trabalhistas, que não tiveram as rédeas do governo mais que cinco anos. Nesse período, contudo, o partido mudou o país para sempre. Durante o período trabalhista, a rota da Inglaterra continuara a divergir do caminho seguido pela Europa continental. A pronunciada sensação britânica de distanciamento de uma Europa que por duas vezes na memória viva fora arrastada a guerras mundiais e sua identificação de interesses com a Comunidade Britânica de Nações e com seu aliado na guerra, os Estados Unidos, continuariam a exercer uma forte influência na cultura política nacional nos anos seguintes.

Na maior parte da Europa Ocidental, a hora da esquerda passou depressa. Uma das razões para isso foi o fato de suas próprias divisões serem logo expostas. Não bastava o antifascismo para manter a esquerda coesa. Era inevitável que as antigas fissuras acabassem se abrindo de novo — por um lado, havia partidos socialistas empenhados em fazer mudanças dentro de uma estrutura democrática pluralista (e dispostos a operar em um capitalismo reformado e controlado); e, por outro, partidos comunistas ligados a Moscou, que trabalhavam pela destruição total do capitalismo e pelo controle exclusivo do poder do Estado.

---

vendendo meias de náilon. Quando quase chegava a sua vez, soube que não havia meia nenhuma: a fila era para comprar bucho. "Bem, não perdi tanto tempo para nada. Vou levar um pouco então", disse ela. (N. A.)

Uma segunda razão foi o surgimento da mais importante força política depois da guerra: a democracia cristã, um conservadorismo revitalizado que apoiava plenamente a democracia pluralista. A democracia cristã mostrou-se capaz de ampliar o eleitorado dos velhos partidos confessionais, integrando interesses sociais e políticos fragmentados, não só de forma negativa, por meio do anticomunismo, mas positivamente, com seu apoio a reformas sociais substanciais. De modo geral, antes da guerra, as elites conservadoras tinham tentado bloquear as mudanças e com frequência obstruíam a democracia, que viam como uma ameaça a seus interesses. Terminado o conflito, uma nova elite política, livre de máculas fascistas, adotou um enfoque diferente, percebendo a necessidade de incorporar as mudanças sociais e acolher a democracia parlamentar, que procurou moldar segundo seus próprios interesses. Em consequência, largas faixas de cada país em que o socialismo e o comunismo tinham penetrado pouco ou nada ficaram abertas ao apelo de uma política conservadora, mas reformista, que abraçasse a mudança social dentro do quadro dos princípios e valores cristãos.

A terceira razão, a preponderante, que estava na origem do enfraquecimento do comunismo e da crescente fragmentação da esquerda, assim como do crescimento da democracia cristã (e de outras formas de conservadorismo), foi a cisão cada vez mais profunda entre o Leste Europeu e a Europa Ocidental, que logo se consolidou na Guerra Fria. Esse fator se mostrou o mais importante de todos. Quanto mais visíveis se tornavam os aspectos impalatáveis do poder comunista difundido na Europa Oriental, mais fácil se tornava para os partidos conservadores europeus jogar com a arraigada aversão à União Soviética e com os temores do comunismo.

Em grande parte da Europa Ocidental, o eleitorado se dividiu rapidamente em três caminhos: o socialismo, o comunismo e a democracia cristã. Com a exacerbação do antagonismo entre os Aliados ocidentais e a União Soviética, as divisões na esquerda se endureceram, o apoio ao comunismo declinou e os democratas cristãos ganharam terreno. A esquerda viu-se cada vez mais impossibilitada de moldar a agenda política. Essa, com variações, foi a tendência em vários países, como Bélgica, Luxemburgo, Áustria, Itália, França e Alemanha Ocidental. Nos Países Baixos, o Partido Popular Católico conservou um eleitorado religioso menor do que o dos novos democratas cristãos em outros países. Os "pilares" políticos e culturais peculiares que haviam caracterizado a sociedade holandesa antes da guerra — o socialismo, o catolicismo e o protestantismo (com um grupamento liberal-conservador mais frouxo) — de modo geral se reconstituíram quase que da mesma forma de antes. Também na Bélgica o quadro político foi um caso de restauração com modificações. As forças dominantes eram conservadoras, pois a classe média e a população rural foram os principais beneficiários da reforma de uma economia capitalista, enquanto a esquerda radical perdeu espaço entre o operariado industrial. Na Áustria, sob ocupação das quatro potências, mas tratada como um país libertado, o partido comunista sempre foi, desde o início, uma força insignificante, embora lhe tenham permitido participar de um governo de ampla coalizão, dominada pelo Partido Popular Austríaco Democrata Cristão e pelos sociais-democratas. A prioridade era criar unidade nacional, e não renovar as divisões de antes da guerra.

Na Itália, parecia provável, em 1945, que o futuro do país viesse a ser definido pela esquerda revolucionária. No entanto, em meio a graves problemas econômicos, antes do fim do ano a democracia cristã, liderada por Alcide de Gasperi, ex-membro destacado do Partido Popular Católico, despontou como a mais importante nova força na política italiana. Na democracia cristã italiana, havia uma ala altamente conservadora e setores de esquerda que incluíam sindicalistas católicos. No entanto, De Gasperi mostrou-se mestre em manipular as duas alas do partido para manter seu controle. Nos primeiros tempos, foi ajudado pelo líder comunista Palmiro Togliatti, que passara em Moscou os anos da guerra e se dispunha a incluir os comunistas no governo. O gabinete de De Gasperi — uma coalizão aparentemente improvável de democratas cristãos, comunistas e socialistas — tomou medidas eficazes: encerrar os expurgos, substituir muitos dos recém-nomeados chefes de polícia e prefeitos regionais por autoridades com longa experiência, tirar as grandes empresas das mãos dos "comissários" que as vinham administrando e devolvê-las a mãos privadas, e dar início à restauração da ordem pública. Nas eleições de 2 de junho de 1946, o eleitorado confirmou o governo de coalizão e rejeitou a deslustrada monarquia, transformando a Itália numa república.

Era provável que prosseguisse a cisão tríplice na política italiana. Juntos, os socialistas e comunistas formavam o maior setor de apoio popular. Contudo, estavam divididos, tanto no tocante a objetivos de política como em relação à base eleitoral. Além do mais, os eleitores da esquerda se agrupavam majoritariamente nas regiões industrializadas do norte do país. As áreas mais rurais da Itália votavam em peso nos democratas cristãos, que ganhavam as eleições com mais de um terço do total de votos. Em maio de 1947, a incipiente Guerra Fria provocou tensões no governo que levaram à expulsão dos comunistas. Nas eleições parlamentares de abril de 1948, realizadas à sombra da "Ameaça Vermelha", a votação conjunta dos socialistas e comunistas caiu de 40% em 1946 para 31%. O papa Pio XII declarou aos italianos que quem votasse num partido contrário ao cristianismo era um traidor. A propaganda anticomunista americana também se mostrou bastante eficiente. Os democratas cristãos conseguiram aumentar sua votação de 35% para 48,5%, e com isso obter a maioria na Câmara dos Deputados. A mudança, da violência revolucionária dos *partigiani* para uma maioria governista da democracia cristã conservadora, era notável. A cisão na esquerda permitiu que os democratas cristãos conseguissem, apesar de suas próprias divisões internas, manter durante muitos anos o controle de um sistema político instável.

A França foi o único país na Europa Ocidental em que os comunistas, com 26% dos votos, tiveram uma votação maior que a dos socialistas (24%) nas primeiras eleições do pós-guerra. A nova força política, porém, era o Mouvement Républicain Populaire (MRP), a variante francesa da democracia cristã, que teve 25% dos votos nas eleições legislativas de 21 de outubro de 1945. Depois das eleições, o MRP, junto com os socialistas e os comunistas (as principais forças da Resistência), integrou uma aliança tripartite, um governo provisório incumbido de redigir uma constituição para a Quarta República. Charles de Gaulle, que já tinha encabeçado um governo provisório por ocasião da libertação, em 25 de agosto de 1944, continuou na chefia do governo. O MRP podia se beneficiar do papel desempenhado na Resistência por alguns de seus líderes, como Georges Bidault. Tal como outros partidos democratas cristãos, o MRP agradava a uma esquerda com raízes num pensamento social católico e também a um eleitorado conservador mais tradicional. O MRP participou da maioria dos governos da Quarta República, entre 1946 e 1958. Entretanto, ao contrário da democracia cristã em grande parte da Europa Ocidental, em poucos anos seu eleitorado minguou, em vez de crescer. A influência da Igreja católica na política francesa era bastante menor do que, por exemplo, na Itália ou na Alemanha Ocidental. Entretanto, o declínio gradual do MRP se deveu, principalmente, ao fato de que, à diferença de outros partidos democratas cristãos, havia uma grave ameaça vinda da direita conservadora — uma ameaça que, materializada em 1947, tinha como ponta de lança ninguém menos que o herói de guerra francês, Charles de Gaulle.

O MRP se dispusera, de início, a cooperar com os socialistas e comunistas para fazer uma reforma social de vulto e apoiou a promoção de boas relações com a

União Soviética. Os três grupos defendiam a ampliação dos benefícios sociais e um ambicioso programa de estatização, que incluía bancos, companhias de seguros, minas de carvão, geração de eletricidade e gás, empresas aéreas e a montadora automobilística Renault. Apesar de seu ardente conservadorismo, De Gaulle aceitou a iniciativa no sentido da propriedade estatal e da economia planificada (proposta pelo experiente economista Jean Monnet, incumbido de indicar as medidas necessárias para modernizar a economia francesa e restaurar a produção). O "New Deal" francês começou a ganhar forma com vigoroso apoio político. Os sindicatos (muitos deles dominados por comunistas), o próprio Partido Comunista, os socialistas e o MPR fizeram seu papel, garantindo altos níveis de produtividade industrial, incentivando os agricultores a aumentar depressa as remessas de alimentos às cidades e aprimorando a seguridade social, com pensões, benefícios para gestantes e mães e outras melhorias na vida da população em geral. No entanto, era preciso tempo para que as mudanças fizessem efeito. O padrão de vida, minado pela inflação alta e pela escassez de alimentos e diversos outros produtos básicos, permaneceu baixo durante pelo menos dois anos depois da libertação. Não foi surpresa que o conflito político crescesse. E o impacto adverso sobre a popularidade do governo também era previsível.

As dificuldades persistentes, a insatisfação política cada vez maior e o retorno às habituais divisões e disputas da política partidária num sistema pluralista não se coadunavam com a imagem excelsa que De Gaulle tinha de si mesmo no pináculo de uma França unificada. Em janeiro de 1946, de uma hora para a outra, ele renunciou à chefia do governo provisório. Voltou à cena em junho para defender com veemência a instituição de um presidente eleito com poderes executivos. (Não havia prêmio para quem adivinhasse o nome desse presidente.) Contudo, o eleitorado discordou e aprovou — ainda que sem entusiasmo, com um terço dos eleitores abstendo-se de ir às urnas — uma Quarta República em que os poderes do Parlamento superavam os do Executivo. O resultado foi um sistema que repetiria muitos dos defeitos da Terceira República do pré-guerra. Ao fortalecer os poderes do Legislativo (eleito por voto proporcional) para derrubar o governo, que invariavelmente representava uma incômoda coalizão de interesses políticos conflitantes, a nova constituição garantia a continuidade da instabilidade política.

Desdenhando as novas disposições constitucionais, De Gaulle anunciou, em abril de 1947, que pretendia formar e liderar um novo movimento político, a que deu o nome de Rassemblement du Peuple Français (RPF). Menos de um ano depois, seu partido, que pretendia estar acima da política partidária convencional e alicerçar-se numa plataforma de união nacionalista, anticomunismo e um forte poder executivo centrado na pessoa do presidente, já conquistava apoio na direita. Reuniu meio milhão de membros (sobretudo da classe média e do campesinato) e até 35% dos votos em várias eleições municipais no norte do país, embora sem conquistar muito terreno no plano nacional.

A coalizão governista tripartite, por sua vez, fazia água. Em abril de 1947, o primeiro-ministro socialista, Paul Ramadier, demitiu os ministros comunistas, tirando proveito de uma onda de greves por parte dos sindicatos, dominados pelos comunistas, e de sua oposição à manutenção do domínio imperialista francês em Madagascar e na Indochina. Três décadas se passariam antes que os comunistas voltassem a participar de um governo. O MRP, os socialistas, os radicais e partidos menores formaram uma série de governos instáveis, denominados com certa pretensão de "Terceira Força", mas unidos por pouco mais além da hostilidade à oposição comunista e gaullista. No começo dos anos 1950, a votação no MRP se reduzia a pó, pois a direita conservadora não conseguia superar suas divisões. Governos fracos se tornariam a norma durante o restante da Quarta República.

As zonas ocidentais da Alemanha ocupada se tornaram a arena central do renascimento político da Europa. Foi notável que a reconstrução da paisagem política começasse logo depois da capitulação nazista. Já em sua mensagem de fundação em Berlim, em junho de 1945, a União Democrática Cristã (Christlich Demokratische Union Deutschlands, CDU) conclamava os alemães a unir todos os seus esforços para refazer o país. Os sociais-democratas (SPD) e até os comunistas, ainda que de diferentes formas, também faziam da união nacional o ponto central de suas tentativas imediatas de acumular apoio para começar a recuperação. Tanto a esquerda como a direita percebiam a necessidade de ampliar seu eleitorado e superar as divisões paralisantes que envenenaram a política durante a República de Weimar e prepararam o caminho para o triunfo de Hitler em 1933. Em sua escalada rumo ao poder, o Partido Nazista havia destruído, em grande parte, os velhos partidos liberais e conservadores "burgueses", com exceção do Partido do Centro Alemão, de orientação católica, enquanto os socialistas e comunistas mantinham seu desastroso conflito que remontava à revolução de 1918 e suas sequelas. Seguiram-se os doze anos, longos e amargos, de ditadura e brutal perseguição de adversários. O que chamou a atenção em relação ao pós-guerra imediato, porém, não foi tanto a rapidez com que se retomou a política pluralista, mas a reiteração dos resultados eleitorais do período da República de Weimar nos pleitos recentes e o fato de serem determinados não só por classe social, mas por filiação religiosa.

Os democratas cristãos logo conquistaram eleitores na direita conservadora, o que contribuiu em muito para a superação das divisões debilitantes da era de Weimar. Eles se viam como um partido acima de classes e credos, incorporando o espírito da renovação cristã para superar a criminalidade do passado nazista e combater "as forças ímpias do mundo" ainda existentes. Queriam uma sociedade que combinasse a democracia com um capitalismo reformado em suas bases e edificado sobre princípios cristãos. Já em 1946-7, o SPD aparecia como o maior partido em eleições regionais e municipais nas zonas ocidentais da Alemanha, recebendo mais de 50% dos votos em áreas do sul, e em geral acima de 30% mais ao norte.

Konrad Adenauer, nessa época já com quase setenta anos, se tornaria, durante quase dois decênios, o primeiro líder do partido e a figura exponencial na democracia cristã alemã. Antes de Hitler chegar ao poder, Adenauer fora prefeito de Colônia, sendo depois disso preso em duas ocasiões durante o Terceiro Reich. Era uma pessoa com fortes raízes no catolicismo renano, ardoroso anticomunista e defensor da reconciliação com o Ocidente. Quando, a partir de 1947, a Guerra Fria se tornou uma realidade inelutável, Adenauer afastou a CDU de seus pendores iniciais em favor de uma substancial reforma do capitalismo e preferiu partir para uma economia liberal de mercado. O partido passou a ver com mais simpatia as grandes empresas, uma postura promovida em especial por seu guru em economia, Ludwig Erhard, embora o programa partidário continuasse a reduzir, por meio de medidas de bem-estar social, os efeitos das piores desigualdades do capitalismo de livre mercado. A guinada para a direita permitiu à CDU encontrar em certa medida pontos comuns com o incipiente Partido Democrático Livre (FDP), uma agremiação menor, constituída com base em princípios de liberdade econômica e individual, decididamente favorável às grandes empresas e avessa a toda e qualquer ideia de estatização. Nas primeiras eleições nacionais, em 1949, o FDP recebeu 12% dos votos; o SPD, 29%; e a CDU ficou um pouco à frente, com 31%. Os 12% do FDP foram cruciais para que a CDU (e seu congênere bávaro, a União Social Cristã, mais conservadora e fervorosamente católica em seus valores) passassem a ser o principal sustentáculo do governo de coalizão, que tinha Adenauer como chanceler federal.

Enquanto a direita conservadora descobria uma nova união, a esquerda voltava à divisão. Os sociais-democratas e os comunistas tinham se unido nos Antifas — comitês antifascistas — surgidos em 1945 nas cidades industriais e nas grandes fábricas para participar da luta comum contra o moribundo regime nazista. No entanto, mal a guerra acabou, os Aliados ocidentais vitoriosos dissolveram os Antifas, vendo-os mais como uma ameaça à ordem e uma porta de entrada para o comunismo do que como componentes construtivos de uma nova sociedade. Essa foi uma das primeiras indicações de que os Aliados estavam determinados a bloquear qualquer caminho radical para uma volta à democracia liberal-conservadora. Na verdade, parece improvável que os Antifas pudessem ser uma base duradoura para a reconstrução política, mas não tiveram nenhuma oportunidade para tanto. Isso condizia com o estado de espírito da grande maioria da população alemã, que desejava mudanças, mas tinha pouco apetite para experiências revolucionárias. O Partido Comunista não conseguia ir além de seus redutos anteriores no operariado industrial. Mesmo antes que a Guerra Fria se instalasse e erodisse quase completamente seu eleitorado, a votação média dos comunistas nas regiões ocidentais ficava abaixo de 10%, um terço do nível médio de votação do SPD.

O SPD também estava empenhado em mudanças sociais e econômicas. Seu líder, Kurt Schumacher, cuja autoridade moral decorria dos dez anos que passara em campos de concentração nazistas, defendia uma rápida restauração da união nacional alemã, construída firmemente sobre princípios democráticos e numa nova ordem econômica. Desejava a estatização das principais indústrias e a redistribuição de terras agrícolas a serem expropriadas de grandes latifúndios. Entretanto, Schumacher era um anticomunista ferrenho. Culpava os comunistas, bem como a classe média, que apoiara o nazismo, pelo desastre de 1933. E receava que o Partido Comunista abrisse as portas para um domínio da Alemanha pelos soviéticos. Contudo, sua retórica de luta de classes, previsivelmente, não era capaz de conquistar os grandes setores da Alemanha conservadora.

A eleição de 1949 para o Parlamento Federal (*Bundestag*) foi disputada por um amplo leque de partidos. O panorama político ainda estava ganhando forma, mas seus contornos principais já se tornavam claros: uma divisão tríplice entre cristãos, democratas livres e sociais-democratas.

No Leste Europeu, que incluía a porção oriental da Alemanha, o panorama político ganhara uma forma fundamentalmente diferente desde o início, muito antes que a Guerra Fria se consolidasse. Os Aliados ocidentais decerto exerceram controle na reconstrução da política em suas áreas (com frequência favorecendo os conservadores e não os sociais-democratas, por exemplo), mas seu nível de intervenção foi mínimo em comparação com o dos soviéticos em áreas da Europa sob seu domínio.

O sufocamento da política pluralista na Europa Oriental

De início, os soviéticos tinham se mostrado mais indecisos do que de fato pareciam estar em relação ao desenvolvimento estratégico da zona oriental da Alemanha, mas pouco a pouco passaram a defender a democracia pluralista só da boca para fora. No começo houve um simulacro de pluralismo, com a criação de partidos liberais e conservadores, ao lado do socialista e comunista, mas a pressão em favor do Partido Comunista era escancarada e incessante. Walter Ulbricht e outros dirigentes comunistas, que tinham passado a era nazista exilados em Moscou, puseram mãos à obra para criar uma base firme de poder, assumindo rapidamente cargos administrativos cruciais. Como era previsível, a estatização da indústria, a redistribuição de terras expropriadas e os expurgos nas elites econômicas, administrativas e profissionais foram bem-vistos por quem era desprovido de propriedades ou riqueza. Entretanto, em eleições municipais no inverno de 1945-6, ficou claro que, apesar de suas vantagens, os comunistas tinham muito menos votos do que os sociais-democratas e não conseguiriam maioria democrática nas urnas.

Em fevereiro de 1946, os comunistas começaram a fazer pressão para fundir os dois partidos. Schumacher liderava, com ardor, a oposição do SPD. Ruth Andreas-Friedrich, ex-jornalista que por muito tempo tomara parte ativa na resistência ao regime de Hitler e agora defendia com unhas e dentes o SPD, via com lucidez o perigo. "Faz nove meses", ela anotou em seu diário, em 14 de janeiro, "que o comunismo alemão vem recebendo ordens de Moscou [...]. Se metermos a cabeça nesse laço, estaremos perdidos, não só nós, como também Berlim e o resto da zona de ocupação soviética da Alemanha. Perdidos para a democracia, conquistados para a reivindicação nacional-bolchevique de poder mundial." A esquerda rachou. "Pessoas que há um ano tinham ajudado umas às outras contra o terror da Gestapo, que tinham arriscado a vida pela vida de alguém, hoje se atacam como se fossem as mais ferozes inimigas", comentou Ruth. Em março, foi realizado nos setores ocidentais de Berlim um referendo (proibido no setor oriental), e 80% dos membros do SPD rejeitaram a fusão. "Contra a violência, as ameaças e a propaganda, a vontade de autodeterminação triunfou", escreveu ela.

Não obstante, em abril de 1946, ocorreu na zona soviética uma fusão forçada dos dois partidos principais da esquerda, com a criação do Partido Socialista Unificado da Alemanha (Sozialistische Einheitspartei Deutschlands, SED). Desde o momento de sua criação, o novo partido foi dominado pelos comunistas e passou a ser visto como o principal instrumento para impor a versão marxista-leninista do "centralismo democrático" na zona oriental. Mesmo com toda a pressão que podia exercer, o SED não conseguiu maioria absoluta dos votos em nenhuma das eleições regionais em outubro de 1946. A essa altura, no entanto, as artérias políticas estavam se esclerosando, e os vestígios de um pluralismo genuíno eram eliminados de modo gradual, mas sistemático. Os que se opunham à criação de uma "democracia popular" eram demitidos, e muitos foram presos. O processo de separação política (e social) das zonas ocidentais prosseguiu, agora de maneira irreversível. Em janeiro de 1949, proclamou-se oficialmente que o SED era um partido marxista-leninista, e com isso foi criada uma variante alemã da ditadura stalinista.

O que aconteceu na zona oriental da Alemanha repetiu a maneira como o domínio soviético foi imposto na maior parte da Europa Oriental nos primeiros anos do pós-guerra. O poder soviético não foi o único fator a determinar a constelação política nesses países. O descrédito das elites anteriores à guerra devido à colaboração com os nazistas, o apoio a partidos comunistas nativos, as expectativas de benefícios advindos de uma redistribuição de renda, a desconfiança dirigida aos Aliados ocidentais, tudo isso desempenhou seu papel. Entretanto, em todos esses países, o poder soviético era a constante na equação, o fator comum e determinante. E, tal como na Alemanha Oriental, quando ficou óbvio que o pluralismo democrático não reuniria o necessário apoio para o domínio comunista, o padrão adotado foi a intensificação da pressão para garantir o controle soviético.

A Hungria foi o mais claro exemplo disso. Um governo provisório multipartidário ganhara popularidade ao redistribuir terras tomadas de grandes propriedades, o que fez com que o Partido dos Pequenos Proprietários recebesse nada menos que 57% dos votos nas eleições de novembro de 1945, enquanto apenas 17% dos eleitores votaram nos comunistas. Contudo, isso não impediu a gradual destruição do Partido dos Pequenos Proprietários e de outras formas de oposição política por meio de brutais táticas intimidatórias, até que, em 1949, o Partido Comunista, apoiado por Moscou, concentrasse em suas mãos todo o poder.

Na Polônia, já no fim de 1944, o Comitê Lublin, apoiado por Moscou, recebera reconhecimento soviético oficial como governo provisório da Polônia, enquanto os comunistas assumiam o controle da polícia e do aparato de segurança. O Governo Nacional, exilado em Londres desde o começo da guerra, embora reconhecido pelos Aliados ocidentais como o legítimo governo polonês, não tinha poder algum. Contudo, os Aliados estavam ansiosos por resolver o problema da Polônia. No fim de junho de 1945, autoridades ocidentais convenceram alguns membros do Governo Nacional, entre os quais Stanisław Mikołajczyk, que ocupara o cargo de primeiro-ministro, a se unir ao Governo Provisório de Unidade Nacional, de base mais ampla, com a perspectiva de realização de eleições. Com isso, já antes da Conferência de Potsdam, no mês seguinte, os Aliados se curvaram ao fato consumado na Polônia e retiraram formalmente seu reconhecimento do governo no exílio em Londres.

Em Yalta, em fevereiro de 1945, Stálin prometera eleições democráticas, mas seu entendimento de democracia não era o mesmo das potências ocidentais. Quando as eleições enfim ocorreram na Polônia, em janeiro de 1947, foi num contexto de repressão e intimidação intensas por parte dos soviéticos. Mais de cem adversários dos comunistas foram assassinados, dezenas de milhares acabaram presos, ao mesmo tempo que a candidatura de muitos representantes da oposição foi impugnada. Oficialmente, o bloco comunista recebeu 80% dos votos. É impossível saber qual teria sido o resultado real em eleições genuinamente livres. As potências ocidentais assistiram a isso sem nada poder fazer para impedir o avanço do controle soviético. Não sem razão, os próprios poloneses se perguntavam para que servira a guerra, pois antes achavam que tinha sido para preservar a independência da Polônia. Também na Romênia e na Bulgária, a tomada do poder pelos comunistas seguiu um modelo análogo de infiltração pelos comunistas da máquina de governo, de intimidação, detenção e prisão de adversários políticos, além de manipulação de resultados eleitorais, com o apoio por forças militares e de segurança soviéticas.

O caso da Tchecoslováquia foi diferente e provocou ondas de choque em todo o Ocidente (embora estrategistas políticos em Washington afirmassem ter previsto tudo o que aconteceu). Em eleições inquestionavelmente livres, em maio de 1946 — as tropas soviéticas e americanas tinham sido retiradas de antemão —, os comunistas receberam a maior proporção de votos, 38,6%, o que lhes deu um grau de legitimidade democrática. Seu êxito eleitoral não surpreendeu. Havia uma enorme agonia social, altíssimos níveis de pobreza, um elevado déficit habitacional e total desordem econômica. Os anos de ocupação alemã haviam gerado, como em outros lugares, muita recriminação e ressentimento. Entre as razões por que a população se voltou para os comunistas estavam, sem dúvida, sobretudo nas faixas mais instruídas, uma grande dose de idealismo — uma fé ardente no comunismo como "o ideal eterno da humanidade" e um "caminho nacional para o socialismo", o que subordinava o interesse individual "ao bem de toda a sociedade". Pelo menos foi assim que mais tarde se expressou Heda Marolius Kovály, judia que sofrera cruelmente em campos de concentração nazistas e era casada com um ministro comunista no governo tcheco (que seria executado em 1952 com base em acusações fraudulentas de "conspiração contra o Estado").

Não obstante, embora fossem o maior grupo político, os comunistas ainda não tinham maioria eleitoral (e nas áreas eslovacas menos ainda do que nas tchecas). O novo primeiro-ministro, Klement Gottwald, stalinista histórico recém-chegado do exílio em Moscou durante a guerra, enfrentava ampla oposição, embora por parte de um leque de partidos adversários entre si. A popularidade do governo dominado pelos comunistas caiu ainda mais em 1947, com o crescimento das dificuldades econômicas, a falta de solução para o problema de relativa autonomia para os eslovacos e a pressão de Stálin para que o país rejeitasse a ajuda econômica americana, o que o empurrava para o bloco soviético no Leste Europeu. Com relutância, os comunistas admitiram novas eleições, a realizar-se em maio de 1948. Suas perspectivas de melhores resultados não eram nada boas. Mas vários ministros de outros partidos cometeram a tolice de renunciar a seus cargos no governo de coalizão em fevereiro, como protesto contra medidas dos comunistas para aumentar seu controle sobre a polícia, e o episódio provocou uma crise política em grande escala. Os comunistas organizaram manifestações de massa em apoio a suas demandas. Cresceu a pressão sobre todos os indecisos. O ministro do Exterior, Jan Masaryk, filho do primeiro presidente da Tchecoslováquia, foi achado morto sob a janela de seu gabinete; segundo a versão oficial, teria sido suicídio, mas em geral acreditava-se que fora assassinado por agentes do regime. O que estava em curso era nada menos que um golpe comunista. As eleições de maio foram controladas inteiramente pelos comunistas, que passaram a dominar o novo Parlamento. O desafortunado presidente, Edvard Beneš, foi obrigado a nomear um novo gabinete, ainda liderado por Gottwald, mas agora dominado de alto a baixo por comunistas.

Em junho de 1948, Gottwald substituiu Beneš na presidência. As primeiras manifestações de entusiasmo, quando existiram, logo evaporaram. Em questão de meses, como comentou Heda Marolius Kovály, "a União Soviética tinha se tornado nosso modelo", e o império da lei mostrava-se precário. Seguiu-se uma vigorosa repressão de adversários, enquanto milhares de pessoas desapareciam em prisões e campos de concentração. Um sistema ao estilo soviético estava em vigor no único país da Europa Central em que a democracia pluralista sobrevivera antes da guerra até ser minada pela política de apaziguamento das potências ocidentais e depois devorada por Hitler. Era a confirmação cabal de que o stalinismo era incompatível com a criação de uma democracia ao estilo ocidental em qualquer lugar da esfera de influência soviética.

Só na Iugoslávia as tentativas de impor a influência soviética fracassaram. Lá, porém, prevaleceram circunstâncias muito especiais. Partidários de Tito já controlavam a maior parte do país quando o Exército Vermelho chegou, perto do fim de 1944. As tropas soviéticas retiraram-se no fim da guerra, deixando a Tito a glória de ter sido o libertador da Iugoslávia. Além do mais, os comunistas iugoslavos, liderados por ele, tinham chegado ao poder sem ajuda de Moscou — na Europa, só os partidos comunistas da Iugoslávia e da Albânia conseguiram isso. Embora antes houvesse sido um leal agente da União Soviética, Tito tinha estatura para uma base firme de poder autônomo, o que lhe possibilitou desafiar a pressão de Stálin para se alinhar com as exigências de Moscou quando a Guerra Fria começou a criar problemas. A intimidação do ditador soviético não agradou a Tito, que, seguro em seu reduto nos Bálcãs, desfrutava de amplo apoio popular num país onde sua figura simbolizava uma nova união que transcendia as tradicionais divisões étnicas. A não ser que invadisse o país, o que teria sido arriscado, Stálin nada podia fazer. Em junho de 1948, a cisão entre Moscou e Belgrado tornou-se oficial, com a expulsão da Iugoslávia do Cominform, a organização criada para substituir o Comintern. E Stálin não disfarçava sua hostilidade. Na tentativa de levar a Iugoslávia à submissão pela fome, os soviéticos e seus satélites lhe impuseram um boicote econômico. De nada adiantou. Apesar da constante e pesada campanha difamatória de Moscou, Tito continuou por um caminho independente.

Na própria União Soviética, as pessoas julgavam que os imensos sacrifícios não podiam ser em vão, mas a alegria universal com que o triunfo fora saudado em 1945 logo deu lugar a uma colossal desilusão. A esperança de que a vitória na "grande guerra patriótica" traria um clima político mais benigno dissipou-se rapidamente. Em vez disso, o sistema stalinista intensificou seu controle, e o aparelho repressor se tornou mais ativo. Os dirigentes da União Soviética, e Stálin mais que todos, viam graves perigos à frente. Muitos soviéticos tinham colaborado com os ocupantes nazistas; milhões de novos cidadãos precisavam ser convertidos em fiéis comunistas; extensos territórios recém-obtidos deveriam ser incorporados; e a ameaça do capitalismo imperialista ainda se agigantava. Além disso, o país tinha de ser reconstruído. Superar as descomunais perdas materiais exigia a renovação de programas intensivos para produzir um rápido crescimento industrial.

O progresso foi expressivo. Em 1947, segundo o governo, a indústria soviética voltou a igualar a produção de antes da guerra. O preço a pagar por isso foi uma nova queda no padrão de vida, já aflitivo. Grandes greves e manifestações ocorreram em fábricas de material bélico nos Urais e na Sibéria no último trimestre de 1945. A polícia secreta registrou mais de 1 milhão de cartas de protesto contra as condições de vida. As safras ruins de 1945 e 1946 agravaram os problemas da produção agrícola, que ficou bem abaixo dos níveis do pré-guerra durante anos e anos. A fome, que ceifou a vida de 2 milhões de pessoas, assolou a Ucrânia e outras regiões da União Soviética. Cerca de 100 milhões de soviéticos foram atingidos pela desnutrição. Para Stálin e os demais dirigentes, as privações tinham de ser suportadas para que o Estado soviético sobrevivesse, se recuperasse e reconstruísse suas defesas. Todo potencial de descontentamento e cada sinal concebível de oposição precisavam ser reprimidos com dureza. Uma nova onda de prisões, expurgos e julgamentos teatrais, lembrando o terror da década de 1930, varreu a União Soviética e seus satélites no Leste Europeu. Ex-prisioneiros de guerra, suspeitos de dissidência, intelectuais e grupos étnicos minoritários, principalmente judeus, eram alvos especiais. Não tardou para que os campos e colônias penais voltassem a abrigar nada menos que 5 milhões de prisioneiros. Longe de criar uma nova sociedade na União Soviética, a guerra fortalecera a antiga. A mão pesada da repressão não podia ser aliviada nem de leve. Em todo o seu horror, o stalinismo prosseguiu com força total nos anos que se seguiram à guerra.

Em 1947, a Guerra Fria já começava a produzir sua glaciação. As divisões se consolidavam: um bloco soviético quase monolítico em confronto com um bloco ocidental cada vez mais apreensivo, porém resoluto, dominado pelos Estados Unidos. No ano seguinte, tais divisões estavam plenamente determinadas. Poderia essa situação ter sido evitada? Poderia a revitalização da política na Europa Ocidental, se não na Oriental, ter tomado um rumo diferente? Em ambos os casos, parece improvável. Em última análise, a desconfiança mútua — de um lado, o medo do avanço comunista; de outro, o medo do agressivo capitalismo imperialista — era grande demais para impedir que a Europa se partisse em duas metades.

No começo, a política stalinista na Europa Oriental foi, sem dúvida, menos uniforme e predeterminada do que com frequência se afigura em retrospecto. Ainda assim, o que ficou patente desde a primeira hora foi que não seria permitida alternativa alguma ao domínio dos comunistas, que não podiam se arriscar aos caprichos da política pluralista à maneira ocidental. Tão logo ficou claro que os partidos comunistas não chegariam ao poder mediante eleições genuinamente livres, tornaram-se inevitáveis a intimidação, a infiltração e a pressão de modo a garantir a dominação por outros meios. No entanto, isso só podia aprofundar a separação em relação aos países do continente que não tinham caído sob a influência soviética.

Um ponto crucial foi que em nenhum país da Europa Ocidental os partidos comunistas ganharam popularidade suficiente para chegar perto de conquistar maioria parlamentar em eleições livres. E quando os métodos comunistas para conquistar o poder no Leste Europeu, observados com horror pela maior parte da população da Europa Ocidental, se tornaram alvos fáceis para condenação por partidos políticos anticomunistas e pelos Aliados ocidentais, o apoio ao comunismo na maior parte da porção oeste do continente passou a cair ainda mais. A divisão, que se alargava celeremente, era inevitável. Já estava presente desde o começo de 1945, provocada em primeira instância pela necessidade soviética de uma zona protetora, formada por satélites sob regime comunista, e só podia crescer à medida que ganhava forma final o antagonismo internacional entre as grandes potências. Essa divisão foi cimentada em 1947, quando Stálin virou as costas à oferta de ajuda americana para reconstruir a Europa, insistindo que o Leste Europeu seguisse seu próprio caminho — sob domínio soviético.

Na Europa Ocidental, o espaço para políticas econômicas radicais tornou-se mais limitado ainda com a Guerra Fria. O temor de que o comunismo fincasse um pé no Ocidente, sobretudo na Alemanha, país de importância fundamental, acrescentou um ingrediente valioso e significativo ao apoio que os Aliados ocidentais ocupantes, em especial os Estados Unidos, davam à política conservadora e à economia liberal. Por conseguinte, desde o começo eram mínimas as chances de que a rota política na Europa Ocidental divergisse daquela que de fato foi seguida. O redespertar político da Europa depois de 1945 é inseparável do contexto internacional que o moldou. Por isso, é quase inútil a busca de culpados pela Guerra Fria, que não poderia ter sido evitada. A divisão do continente foi um resultado inelutável da Segunda Guerra Mundial e da conquista da Europa pelas novas superpotências, ideológica e politicamente antagônicas: os Estados Unidos e a União Soviética.

A CORTINA DE FERRO

Atribui-se em geral a Winston Churchill a criação da vívida metáfora de uma "cortina de ferro" que dividia a Europa, por ele usada num famoso discurso no Westminster College, em Fulton, no estado americano do Missouri, em março de 1946. Na realidade, já um ano antes, Joseph Goebbels, ministro da Propaganda de Hitler, tinha se referido em público e em privado a uma "cortina de ferro" ao falar da ocupação soviética da Romênia. Nos últimos meses da guerra, Hitler e Goebbels previram repetidas vezes o rompimento da coalizão de forças anglo-americanas e soviéticas. Ambos se recusavam a ver que era precisamente o objetivo de destruir a Alemanha nazista o que mantinha coesa a aliança de guerra. Uma vez cumprida a meta, a dissolução da aliança entre elementos inerentemente antagônicos era quase inevitável. A ruptura não se deu de imediato, de um só golpe, mas de maneira gradual, no decorrer de um período de três anos, pouco mais ou pouco menos, e em vários estágios, decisivos e cumulativos. Entretanto, a partir de junho de 1945, ocorreu numa única direção — rumo à divisão da Europa.

Terminada a Primeira Guerra Mundial, o presidente americano, Woodrow Wilson, e os governantes da Inglaterra e da França se reuniram para determinar a nova ordem do pós-guerra. Convulsionada pela revolução e pela guerra civil, e vista com antipatia cada vez maior pelas potências ocidentais, a Rússia não participou dessa iniciativa. Logo depois, os Estados Unidos decidiram não se filiar à Liga das Nações e optaram por não se envolver diretamente nos assuntos europeus. O contraste com 1945 era gritante. Depois da Segunda Guerra, as grandes potências europeias, antes poderosas, estavam fragilizadas demais, militar e politicamente, para criar uma nova ordem. A França estava atolada em problemas internos: economia arruinada pela inflação alta, fuga de capitais e baixos índices de produção. Os apuros financeiros da Inglaterra só foram resolvidos com um substancial empréstimo feito em 1946 pelos Estados Unidos e pelo Canadá. Um sinal da debilidade britânica foi o começo do fim de seu império. A Índia, aclamada como a "joia da coroa" do império, tornou-se independente em 1947. Em outra iniciativa de vastas consequências, a Inglaterra abriu mão de seu problemático mandato na Palestina, o que levou à criação do Estado de Israel em 1948. A França, mais relutante a abrir mão de suas possessões de ultramar, achava-se envolvida numa guerra colonial na Indochina, cada vez mais sangrenta, com as forças de Ho Chi Minh, que já em 1945 declarava representar uma República Democrática do Vietnã. Também esse conflito teria, posteriormente, consequências momentosas. A Primeira Guerra Mundial havia preservado, e até ampliado, os impérios coloniais das grandes potências europeias. A Segunda começou a dar-lhes fim. A era da conquista imperial estava encerrada.

Os Estados Unidos e a União Soviética ocuparam o vácuo que o fim das grandes potências europeias — a destruição da Alemanha, o colossal enfraquecimento da Inglaterra e da França — criou na Europa. As duas potências mundiais restantes, por sua vez, tinham saído da guerra imensamente fortalecidas. O poder econômico dos Estados Unidos e seu complexo industrial-militar eram muitíssimo superiores aos de qualquer outro país. Em contraste, a União Soviética sofrera enormes perdas econômicas ao arcar com a parte mais difícil da guerra continental durante quatro anos, mas construíra uma máquina militar descomunal, que exultava com seu grande triunfo e agora ocupava quase toda a Europa Oriental. A força soviética sobrepujava em muito a dos Aliados ocidentais. Mesmo em 1947, depois que a força militar dos tempos de guerra tinha sido drasticamente desmobilizada, o Exército soviético ainda contava com cerca de 2,8 milhões de homens em prontidão para combate; menos de um ano depois do fim das hostilidades, as tropas americanas na Europa tinham caído para menos de 300 mil homens.

As conferências dos "Três Grandes" durante a guerra — ainda se permitia à Inglaterra a vaidade de pertencer a esse "clube" fechado — haviam exposto o domínio das novas superpotências. O mesmo se podia dizer da fundação da Organização das Nações Unidas (ONU), em 24 de outubro de 1945, em San Francisco, nos Estados Unidos. Prevista como uma entidade mais dinâmica do que a extinta Liga das Nações, a ONU compreendia, de início, os cinquenta países que haviam assinado sua carta em 26 de junho (menos de um terço deles eram europeus). Cinco países — Estados Unidos, União Soviética, Inglaterra, França e China — seriam os membros permanentes do Conselho de Segurança, órgão com poder de veto sobre qualquer decisão. No entanto, a Inglaterra e a França haviam saído da guerra debilitadíssimas e enfrentavam problemas cada vez maiores em seus impérios coloniais, enquanto a China estava arruinada depois de oito anos de conflito com o Japão e a incessante guerra civil entre nacionalistas e comunistas. Na prática, as únicas potências dominantes eram os Estados Unidos e a União Soviética.

Os dois gigantes demarcaram a nova Europa à sua própria imagem. E cada qual interpretou seu papel no pós-guerra como parte de uma missão ideológica mais ampla. À liberalização e à democratização como extensões externas da filosofia política e econômica dos americanos contrapunham-se o controle monopolístico do Estado e a planificação da economia dos soviéticos. Um choque entre tais polos antípodas era questão de tempo, e o embate assumiria a forma de uma disputa pelo poder em todo o globo, e não apenas na Europa. Entretanto, havia um desequilíbrio. Para os Estados Unidos, a Europa, ainda que de importância vital, estava distante de suas praias. O comunismo era uma ameaça geograficamente distante, embora considerada cada vez mais presente. Para Stálin, a Europa estava à sua porta, e por duas vezes em uma geração pusera em perigo a existência de seu país. Além do mais, as forças do capitalismo internacional não tinham sido derrotadas e continuavam a ser um inimigo poderoso. A preocupação maior de Stálin não era a exportação da revolução, e sim a salvaguarda da segurança soviética. Assim sendo, a Europa seria, inevitavelmente, o principal campo de batalha da Guerra Fria. E a Alemanha, onde os antagonistas ideológicos se achavam lado a lado, seria, também de forma inevitável, o epicentro do conflito.

Já antes do fim da guerra, a perspectiva da expansão soviética na Europa era uma das preocupações da secretaria do Exterior britânica. Na época, os americanos mostravam mais boa vontade em relação a Stálin, mas logo a possibilidade de que o espectro do poder soviético viesse a assombrar a Europa e além começou a preocupar também o Departamento de Estado americano. Não tardou muito para que o conceito-chave se tornasse "contenção", sobretudo depois que George F. Kennan, diplomata que servia na embaixada americana em Moscou, avisou, em tons sombrios, no famoso "telegrama longo" de fevereiro de 1946, sobre a necessidade de evitar a expansão soviética, que, segundo seu relato, estava sendo feita por meio de infiltração e pressão política, e não mediante intervenção militar direta.

Por mais exagerados que, em retrospecto, se mostrassem esses receios, em 1946 eram palpáveis. Naquela primavera, a União Soviética havia se retirado, tardia e relutantemente, do Irã (ocupado por forças soviéticas e britânicas desde 1941). Os americanos também viram motivos sérios de preocupação em 1946, quando os soviéticos pressionaram a Turquia para que cedesse o controle sobre os estreitos de Dardanelos e de Bósforo, os chamados estreitos turcos, embora Stálin recuasse no fim do ano. Mais preocupante ainda era a situação na Grécia. Stálin tinha se dado por satisfeito, em 1944-5, conforme acertado com Churchill, em manter a Grécia na esfera de influência britânica, e quando os comunistas gregos se sublevaram não lhes prestara ajuda alguma. Mas quando a insurreição recomeçou, em março de 1946, com apoio da Iugoslávia de Tito, embora ainda com pouca ajuda de Stálin, os avanços comunistas levaram à primeira aplicação da política de "contenção".

O perigo de que a guerra civil na Grécia criasse oportunidades para expansão soviética parecia real aos americanos, mais ainda quando Ernest Bevin, secretário do Exterior britânico, comunicou, em fevereiro, que devido a seus problemas financeiros a Inglaterra não podia mais prestar ajuda militar ou econômica à Grécia e à Turquia. A partir de março de 1947, os Estados Unidos forneceram à direita grega assistência e treinamento militar, decisivos para a derrota da esquerda, ainda que as enormes perdas (cerca de 45 mil mortos e imensa destruição material), além da posterior repressão, infligissem danos duradouros à perspectiva de uma genuína união nacional na Grécia. Para os Estados Unidos, porém, a "contenção" fora um sucesso. O presidente Harry S. Truman chegou a chamá-la de uma "doutrina" — apoio a "povos livres" contra o "totalitarismo" para deter a propagação do comunismo. O conceito tornou-se o mantra da Guerra Fria.

Nesse ínterim, a Alemanha, em especial, passava a ser considerada um campo de provas decisivo. O atrito entre as potências de ocupação aumentara em 1946 por três motivos: os soviéticos se recusavam a cooperar com recursos financeiros, crescia a pressão para que os partidos comunistas tivessem domínio total no setor soviético e a zona oriental de ocupação seguia cada vez mais seu próprio caminho. De início, tinha sido previsto que as forças americanas deixariam a Europa em 1947. Entretanto, num discurso em setembro de 1946, o secretário de Estado americano, James F. Byrne, anunciou que as tropas ficariam. Byrne reconheceu o fracasso de um governo unificado da Alemanha, através do Conselho de Controle Aliado, conforme previsto em Potsdam, e deu a entender que a recuperação econômica da Alemanha, tida como vital para toda a Europa Ocidental, teria de ser realizada zona por zona. Byrne levantou a possibilidade da formação de uma unidade econômica entre a zona americana e as outras zonas ocidentais. Em janeiro de 1947, essa ideia se concretizou na Bizona, união das zonas americana e britânica. Com isso, a divisão formal da Alemanha em Estados separados tornou-se apenas questão de tempo.

O momento decisivo na divisão da Europa se deu em junho de 1947, quando o secretário de Estado americano, George C. Marshall, anunciou o abrangente Plano de Recuperação Europeia. O Plano Marshall, como em geral é chamado, foi uma iniciativa de grande significado simbólico — profundamente político em intenção, ainda que econômico em método — e de imensa importância psicológica para trazer nova esperança às populações da Europa Ocidental. Apesar do que comumente se diz e da mitologia a seu respeito, não foi o plano que criou a prosperidade da Europa no pós-guerra. Sua escala era limitada demais para isso. Ainda assim, porém, foi uma iniciativa de enorme importância.

O crescimento econômico antecedia o Plano Marshall e remontava a 1945. Todos os países da Europa Ocidental, salvo a Alemanha, já registravam maior formação de capital em 1948 (ano em que começaram os ingressos da ajuda do Plano Marshall) do que em 1938. E o produto nacional bruto permanecia inferior ao de uma década antes apenas na Alemanha (bastante) e na Itália (ligeiramente). Entretanto, não resta dúvida de que o Plano Marshall acelerou a recuperação. Considerando que o índice do produto interno bruto na Europa Ocidental em 1938 fosse 100, ele aumentou de 87 em 1948 para 102 em 1950, o começo de um crescimento prolongado e robusto. O volume das exportações também cresceu sensivelmente, e o renascimento dos mercados de capital londrinos fomentou o comércio dentro da Europa e além do continente. Além disso, o Plano Marshall beneficiou também a reconstrução das redes de transporte e a modernização da infraestrutura.

Nos dois lados do Atlântico, os defensores do programa de auxílio afirmaram na época que o Plano Marshall pretendia "salvar a Europa" do colapso econômico. Foi também um exagero, ainda que a Europa realmente enfrentasse sérios problemas econômicos em 1947. A produção agrícola era um terço inferior à do pré-guerra. A produção industrial tampouco havia retornado ao nível anterior à guerra. A escassez de moradias e alimentos era crítica. Essa situação não era particularmente desastrosa só na Alemanha, onde a produção industrial ainda se arrastava. Como os Aliados ocidentais percebiam com clareza cada vez maior, sem a recuperação econômica da Alemanha o resto do continente tampouco deslancharia. A inflação atrapalhava as perspectivas de recuperação, uma vez que a oferta de moeda excedia a de mercadorias para igualar a procura reprimida. Na Hungria, Romênia e Grécia, a moeda perdeu todo o valor. Na França, os preços estavam quatro vezes maiores que antes da guerra. Na Alemanha, o montante de moeda em circulação era sete vezes maior do que em 1938; na Itália, vinte vezes maior. Em muitos casos, cigarros e outros produtos substituíam a moeda sem valor numa economia de escambo. A inflação só veio a ser controlada, pouco a pouco, com medidas de austeridade e reforma monetária, mediante desvalorização.

Entretanto, o maior obstáculo para a recuperação econômica europeia em 1947 era o *"dollar gap"* — a carência de dólares para pagar as importações, absolutamente necessárias, de matérias-primas e bens de capital para investimento. Esse desequilíbrio torpedeava os entendimentos definidos com todo o cuidado na Conferência de Bretton Woods, apenas três anos antes, para a liberalização do comércio com base em moedas vinculadas ao dólar. Era exatamente esse obstáculo à recuperação econômica sustentável que o Plano Marshall pretendia transpor. Os países europeus receberam 12 bilhões de dólares — 2% do produto nacional bruto americano — em quatro anos. A Inglaterra foi a maior beneficiária, com mais do dobro do montante destinado à Alemanha Ocidental, e quase todo o dinheiro foi usado para pagar dívidas britânicas. Entretanto, foi na Alemanha Ocidental, na Itália e na Áustria, ex-inimigos dos americanos, que o Plano teve maior impacto. Isso teve seu valor simbólico, bem como econômico. Esses países foram levados a sentir que não eram mais adversários, e sim parte de um projeto, patrocinado pelos Estados Unidos, que oferecia perspectivas de recuperação no longo prazo e estabilidade política.

O Plano Marshall nada teve de altruísta. Beneficiou a economia americana tanto quanto a europeia, uma vez que os Estados Unidos forneceram a maior parte dos bens adquiridos nos termos do Plano. No entanto, afora considerações econômicas, ele foi claramente político. Desde sua concepção, era visto como uma arma na incipiente Guerra Fria. A ajuda para tornar a Europa economicamente forte — e, na Europa, revitalizar a Alemanha, o prostrado gigante econômico — vincularia a metade ocidental do continente a interesses americanos e erigiria uma barreira sólida ao expansionismo soviético.

A todos os países europeus, inclusive a União Soviética, foi oferecido o auxílio. Contudo, como o próprio Marshall havia previsto (e desejado), a União Soviética o rejeitou, forçando os países de sua esfera de influência a fazerem o mesmo (a Polônia e a Tchecoslováquia assim procederam, ainda que com grande relutância).

A Finlândia, preocupada em evitar possíveis retaliações da União Soviética, também declinou. Num gesto decisivo, Stálin recusou a assistência do Plano Marshall. Terá sido um erro gigantesco? A rejeição negava à Europa Oriental quaisquer possíveis benefícios que o estímulo do Plano Marshall pudesse oferecer. E, aos olhos de milhões de europeus, proporcionava superioridade moral e política aos americanos. Todavia, da perspectiva de Stálin, com seu temor de que a segurança da União Soviética e de seus satélites ficasse vulnerável ao poderio econômico superior dos Estados Unidos, a recusa da ajuda impedia qualquer interferência ocidental na consolidação do poder soviético no Leste Europeu. Seu receio, provavelmente justificado, era que o auxílio econômico oriundo dos Estados Unidos fosse um veículo de corrosão da ascendência política soviética em seus Estados-satélites. Sua decisão acarretou a divisão definitiva da Europa em duas metades.

Os dezesseis países europeus (mais os representantes das zonas ocidentais da Alemanha) fora do bloco soviético foram adiante e, em abril de 1948, formaram a Organização Europeia de Cooperação Econômica (OECE) para coordenar a execução do Plano. A iniciativa pressagiou o que viria a ser uma divisão duradoura não só com a Cortina de Ferro, como também entre os próprios países da Europa Ocidental. Os americanos pretendiam a integração econômica e também política da porção ocidental do continente. O Plano Marshall baseava-se nessa presunção, de início no sentido de uma união alfandegária europeia, embora envolvendo uma organização supranacional. Eles imaginavam construir uma nova Europa Ocidental à imagem dos Estados Unidos, mas os países europeus eram motivados por seus interesses nacionais, o que logo frustrou e depois destroçou as ideias americanas de integração europeia. Nas palavras contundentes do diplomata americano George Kennan, os europeus não tiveram nem força política nem "clareza de visão" para criar um novo "projeto" para a Europa. Os escandinavos mostravam "uma apreensão patológica em relação aos russos", os britânicos estavam "gravemente debilitados" e as demais nações sofriam de uma falta de convicção semelhante àquela de que padeciam os britânicos.

Para os governantes da França, o que mais interessava ao país era evitar a perspectiva de uma Alemanha reconstruída e militarmente poderosa que pudesse mais uma vez se valer do poderio econômico da indústria pesada do Ruhr. O tipo de integração econômica com base no livre-comércio defendido pelos Estados Unidos não seria a melhor forma de promover esse interesse prioritário. Os planos franceses de reconstrução no pós-guerra previam a internacionalização do Ruhr, de modo a garantir acesso ao carvão e ao coque alemão, e com isso enfraquecendo a Alemanha de modo permanente. Mas quando, em junho de 1948, os Aliados ocidentais decidiram criar um novo Estado unitário, a Alemanha Ocidental, a França se viu obrigada a alterar sua política, que passou a ser a defesa de uma cooperação na alocação dos recursos da Alemanha em termos de combustíveis e produção de aço. Essa foi a gênese do crucial entendimento franco-alemão que seria a base da posterior Comunidade Econômica Europeia.

Os interesses nacionais da Inglaterra eram bem diferentes. As autoridades em Londres só viam desvantagens na união alfandegária europeia recomendada pelo Plano Marshall — um ponto de partida óbvio para uma futura integração. Afirmavam que "não há atrativos para nós numa cooperação econômica de longo prazo com a Europa". Temiam que essa situação submetesse a Inglaterra a uma concorrência econômica prejudicial, impedisse o governo de tomar medidas independentes no sentido de uma recuperação interna, agravasse a saída de dólares e com isso aumentasse a dependência da ajuda americana. Ademais, os interesses britânicos estavam vinculados à Comunidade Britânica de Nações e à restauração do comércio mundial. O diplomata americano William L. Clayton, uma das figuras-chave na criação do Plano Marshall, chegou bem perto da verdade em sua avaliação: "O problema dos britânicos é que eles se agarram a um fio de esperança de que, de uma forma ou de outra, com ajuda nossa, serão capazes de preservar e controlar seu império". Como sintetizou o próprio George Marshall, a Inglaterra queria "beneficiar-se de um programa europeu em sua plenitude [...] e ao mesmo tempo conservar a ideia de que não é exatamente um país europeu". Algumas nações menores assumiam uma atitude semelhante. O objetivo americano de integração econômica, portanto, foi uma ideia natimorta. Quando voltou à baila, gradualmente, a integração econômica europeia não viria do Plano Marshall, e sim da posterior reaproximação franco-alemã em relação ao carvão e ao aço do Ruhr. E a Inglaterra não quis saber de participar disso.

Nos últimos meses de 1948, a divisão econômica da Europa estava se igualando à cisão política. Em outubro, a União Soviética criou o Cominform (Bureau Comunista de Informação), sucessor do Comintern, com o objetivo de bloquear o que chamou de "plano americano para a escravização da Europa". Segundo o Cominform, o mundo estava dividido num bloco imperialista (dominado pelos Estados Unidos) e um bloco democrático (influenciado pelos soviéticos). Em ja-

516

neiro de 1949, o bloco soviético criou sua própria organização econômica, o Comecon (Conselho de Assistência Econômica Mútua), como contrapartida do Plano Marshall, patrocinado pelos Estados Unidos.

O Plano Marshall confirmou a divisão da Europa em dois blocos hostis. As medidas tomadas para criar o Estado alemão ocidental cimentaram a divisão. Em junho de 1948, os Aliados ocidentais acordaram a fundação da Alemanha Ocidental. Fizeram uma reforma monetária que instaurou a base financeira para a recuperação econômica e que, mais tarde, muitos alemães viram como o verdadeiro fim da Segunda Guerra Mundial para seu país. A adoção do marco alemão e a suspensão, pouco depois, dos controles de preços de muitos produtos determinaram o rápido fim do mercado negro e o começo da normalização da economia. Os soviéticos responderam com uma nova moeda na zona oriental. Muito mais ameaçadora foi a imposição de um bloqueio das ligações terrestres entre as três zonas ocidentais e a capital, Berlim (a própria cidade estava dividida entre as quatro potências, mas se localizava, incomodamente, no interior da zona soviética, a 150 quilômetros de sua divisa).

O objetivo soviético era forçar os Aliados ocidentais a sair de Berlim. Os americanos viam a capital como seu grande campo de afirmação. Não se esqueciam do golpe comunista na Tchecoslováquia e temiam que uma saída de Berlim fosse o prelúdio para que os soviéticos estendessem as garras sobre a Europa Ocidental. O bloqueio foi quebrado por uma improvisada ponte aérea dos Aliados, que, a partir de 26 de junho, forneceu 2,3 milhões de toneladas de suprimentos à população das zonas ocidentais bloqueadas de Berlim. Foram 278 mil voos realizados num período de 321 dias, antes que Stálin enfim admitisse a derrota e suspendesse o bloqueio, em 12 de maio de 1949. Para as potências ocidentais, a ponte aérea constituiu, naturalmente, um triunfo de propaganda e assinalou a disposição e a determinação dos americanos de se manter na Europa como salvaguarda contra a propagação do poder comunista.

Ainda em maio, representantes alemães-ocidentais redigiram uma Lei Básica — uma constituição — para o futuro Estado, que, fundado em 20 de setembro de 1949, se chamaria oficialmente República Federal da Alemanha. Nessa época, os soviéticos já tinham se resignado a criar um Estado separado em sua zona. Em 7 de outubro, selou-se a divisão da Alemanha até um momento futuro indefinido — muitos presumiram que seria para sempre — com a criação da República Democrática Alemã na antiga zona oriental.

Num período brevíssimo, a Alemanha deixara de ser, para o Ocidente, uma ameaça à segurança futura para se transformar em baluarte contra a expansão soviética. Reunidos em Dunquerque, em março de 1947, franceses e britânicos haviam assinado um tratado defensivo ainda voltado para a possibilidade de uma futura agressão alemã. Um ano depois, esse documento foi ampliado no Pacto de Bruxelas, também assinado por Países Baixos, Bélgica e Luxemburgo. Agora, porém, era a União Soviética, e não mais a Alemanha, que passava a ser vista como a principal ameaça. O medo crescente do poderio soviético, além do compromisso americano de manter indefinidamente suas tropas no continente europeu, tornava essencial incorporar de modo formal os Estados Unidos aos aparatos de segurança para a defesa da Europa Ocidental. A crise de Berlim, que revelara claramente o quanto essa porção do continente ficaria exposta sem a proteção do poder militar americano, incentivou a criação de uma aliança atlântica como barreira a um potencial expansionismo soviético.

Em 4 de abril de 1949, os signatários do Pacto de Bruxelas firmaram com Estados Unidos, Canadá, Itália, Portugal, Dinamarca, Noruega e Islândia o Tratado de Washington, que criou a Organização do Tratado do Atlântico Norte (Otan), comprometendo-se a prestar ajuda mútua no caso de um ataque a qualquer um de seus membros. Ela deu à Europa Ocidental uma sensação de segurança que suas defesas extenuadas não proporcionavam. Seu valor era sobretudo simbólico, uma expressão de união no compromisso de defesa da Europa Ocidental. Na realidade, era um disfarce para uma fragilidade visível — as forças terrestres soviéticas superavam as dos Aliados ocidentais numa razão de 12 para 1. E só duas das catorze divisões dos Aliados estacionadas na Europa eram americanas.

Fosse como fosse, logo a segurança europeia teve de ser repensada. Em 29 de agosto de 1949, a União Soviética detonou sua primeira bomba atômica num campo de provas onde fica hoje o Cazaquistão. O Ocidente ficou chocado. Os americanos imaginavam que sua superioridade nuclear duraria muito mais tempo. Em vez disso, as duas superpotências militares passaram a lançar olhares hostis, cada qual de seu lado da Cortina de Ferro, que agora constituía a grande barreira divisória da Europa. Com um arsenal nuclear em rápida expansão de cada lado, a Guerra Fria logo congelou, com a formação de dois grandes blocos antagônicos de poder. E essa situação perduraria por quatro décadas.

Em 1949 começava a ficar claro que, de formas bem diferentes, tanto o Leste Europeu como a Europa Ocidental estavam a caminho de uma estabilidade e de um crescimento econômico impossíveis de prever quatro anos antes. Era nítido o contraste com a prolongada turbulência que se seguira à Primeira Guerra Mundial. Como explicar isso?

Cinco elementos cruciais interagiram para lançar os alicerces da transformação imprevisível que só se materializou de fato na década de 1950: o fim da ambição da Alemanha à condição de grande potência; o impacto do expurgo de colaboracionistas e criminosos de guerra; a cristalização da divisão duradoura da Europa; o crescimento econômico que começava a decolar no fim da década de 1940; e a nova ameaça de guerra atômica (e em breve termonuclear).

As ambições da Alemanha de se tornar uma potência mundial (e até mesmo a potência mundial dominante) eram um traço crucial e pernicioso que marcou a história europeia desde o período que antecedeu a Primeira Guerra Mundial até 1945. Essas ambições foram parte do pano de fundo que levou à eclosão de 1914; depois declinaram, sem se extinguir, durante a malfadada democracia pós-1918, só para retornar, com agressividade muito maior, a partir de 1933, levando diretamente à Segunda Guerra Mundial em 1939. Com a derrota total de 1945, tinham sido esmagadas de uma vez por todas. A eliminação dessa fortíssima turbulência no coração da Europa deu ao continente, mesmo na divisão da Guerra Fria, uma nova oportunidade.

Por mais precários e insuficientes que tenham sido os expurgos dos colaboracionistas e dos culpados dos piores crimes de guerra, foram medidas que proporcionaram certa dose de catarse às vítimas do nazismo e do colaboracionismo, além de mostrar que os métodos violentos da extrema direita não teriam mais como envenenar as sociedades como acontecera depois de 1918. Um elemento crucial da instabilidade política do entreguerras havia praticamente desaparecido. As mudanças de fronteiras e as transferências de populações na Europa Oriental, embora realizadas à custa de muito sangue, geraram uma homogeneidade étnica muito maior à que tinha se registrado no entreguerras, o que também contribuiu para a pacificação da metade oriental do continente, muito embora sob a mão pesada da repressão soviética.

Por mais perverso que isso possa parecer, a Cortina de Ferro que dividiu a Europa acabou sendo uma fonte de estabilidade, ainda que a um altíssimo preço para os povos do Leste Europeu, condenados a décadas de domínio soviético.

Quanto mais a União Soviética afirmava seu controle monolítico sobre a Europa Oriental, mais determinados se tornavam os americanos a confrontá-lo com o exercício de sua influência sobre a Europa Ocidental. Berlim, que em breve se tornaria a única abertura na Cortina de Ferro, pela qual passavam milhões de refugiados numa corrente unilateral, tornou-se o símbolo da defesa americana do Ocidente após a ponte aérea de suprimentos em 1948. Sem a presença dos Estados Unidos e a sensação de proteção que oferecia, é difícil imaginar algo que se aproximasse da estabilidade que o cobertor ideológico do anticomunismo ajudou a criar no Ocidente.

Não que os soviéticos tivessem planos militares para ocupar a Europa Ocidental (ainda que tal ocupação fosse com certeza temida na época). Mas sem o apoio americano para reconstruir as economias ocidentais, sustentar sistemas políticos frágeis, proporcionar um guarda-chuva defensivo e liderar um ataque de propaganda à ameaça do comunismo, os partidos comunistas europeus poderiam ter conquistado mais eleitores e diminuído as chances de criação de democracias pluralistas estáveis. Se os americanos tivessem de fato saído da Europa em 1947, como pretendiam fazer de início, é de duvidar que as ex-grandes potências europeias, a França e a Inglaterra, gravemente debilitadas, tivessem sido capazes de liderar a bem-sucedida reconstrução da Europa Ocidental. A presença americana na Europa garantiu o triunfo do capitalismo. Com certeza, ela não foi recebida com aclamação unânime. A esquerda em especial a detestava. Tampouco a crescente "americanização" da Europa, que muitos apontaram, foi acolhida com alegria em toda parte. Tal como antes da guerra, foi criticada em alguns círculos como sinal de declínio cultural. Entretanto, quaisquer que tenham sido as desvantagens causadas pela longa presença americana, as vantagens as excederam com folga. Sob a égide dos Estados Unidos, a Europa Ocidental teve a oportunidade de encontrar suas próprias formas de união e de começar a superar os perigos nacionalistas do passado recente.

Seja como for, talvez isso não tivesse sido viável sem o crescimento econômico que preparou a base para a prosperidade sem precedentes que, apesar da austeridade do pós-guerra, logo começou a se fazer visível. Embora não tenha sido a causa do crescimento, o Plano Marshall simbolizou as novas esperanças para o futuro na Europa Ocidental. Em lugar do pagamento de reparações, que minou a estabilidade econômica na década de 1920, houve o incentivo dos empréstimos americanos. A ajuda do Plano Marshall deu às economias europeias um amparo importante e, nas palavras de um relatório de 1951, "força para operar sua própria

520

recuperação". Por trás do crescimento havia montantes gigantescos de mão de obra ociosa, capacidade produtiva, demanda represada e inovação técnica. Também desempenharam papéis relevantes as lições sobre a confiança nas forças do mercado para restaurar as condições vigentes antes da guerra, como as que tinham prevalecido depois da Primeira Guerra Mundial, e a aplicação de técnicas keynesianas de política monetária para estimular o crescimento. E, mais do que nunca, a Europa Ocidental se associou, do ponto de vista econômico, aos Estados Unidos, uma sociedade tecnologicamente avançada e próspera.

Com a rejeição do Plano Marshall, a Europa Oriental logo distanciou-se bastante da metade ocidental do continente. No entanto, apesar da incessante repressão soviética, também lá o crescimento econômico teve forte aceleração depois da guerra, e o avanço material foi expressivo. Sociedades empobrecidas e subdesenvolvidas, dilaceradas por conflitos étnicos e de classe nos anos do entreguerras, contavam agora uma base de prosperidade e estabilidade relativas, por mais forçado que tivesse sido o processo.

Por fim, as armas nucleares levaram as autoridades, nos dois lados da Cortina de Ferro, a ter mais cautela. A existência dessas armas de imenso poder de destruição, daí a algum tempo bem mais poderosas do que as que tinham destruído Hiroshima e Nagasaki, acenava com perspectivas tão aterradoras que reduziram as probabilidades de uma guerra quente, e não apenas fria, entre as novas superpotências. Com a invenção da bomba de hidrogênio, os Estados Unidos e a União Soviética haviam adquirido, em 1953, o potencial de "destruição mutuamente garantida" (conceito apropriadamente abreviado em inglês como "MAD", de "mutually assured destruction"). Dispor ou não dispor de armas nucleares logo se tornaria uma das questões de política nacional mais controversas na Europa, principalmente depois que a Inglaterra e a França — ansiosas para conservar seu lugar no elenco das grandes potências — produziram as suas. Mas, uma vez criadas (e duas vezes usadas pelos americanos em 1945), não se podia fazer com que desaparecessem pela força do desejo. Não surpreende que sua simples existência continue a ser encarada com temor, e que a possibilidade de que venham um dia a ser usadas seja terrível. Entretanto, parece altamente provável (embora não seja possível demonstrá-lo) que a possibilidade de um confronto nuclear entre as superpotências, que teria causado uma calamitosa terceira guerra mundial, foi fundamental para criar na Europa dividida, depois de 1945, uma estabilidade que era impossível ao fim da primeira grande conflagração europeia, em 1918.

O futuro da Europa em 1945, na medida do possível, apontava para um continente de Estados-nações independentes. E, quando a Europa se cristalizou em suas duas metades separadas, ainda era um continente de Estados-nações. Entretanto, isso começava a mudar. Na Europa Oriental, o poderio militar da União Soviética levou à rápida subordinação dos interesses das várias nações ao interesse do bloco. A soberania de cada uma deixou de existir. Os países da Europa Ocidental, embora sob crescente influência americana, eram mais sensíveis a esse tipo de intromissão — e nesse quesito destacavam-se a Inglaterra e a França.

Nos primeiros anos do pós-guerra, poucas pessoas falavam de entidades políticas supranacionais, e quando Winston Churchill imaginou os "Estados Unidos da Europa", em 1946, não incluiu a Inglaterra em sua proposta, nem pensou num mundo que ainda não fosse dominado pelas grandes potências (categoria na qual estava decidido a manter a Inglaterra). No entanto, a incipiente Guerra Fria e a necessidade de garantir que os frutos do crescimento econômico não fossem destruídos por rivalidades nacionalistas combinaram-se para criar os primórdios da pressão em favor de maior coordenação e integração das economias e da defesa da Europa Ocidental. A criação da Organização Europeia de Cooperação Econômica em 1948 e, no ano seguinte, da Otan e do Conselho da Europa (dedicado à cooperação europeia em questões relacionadas ao estado de direito e à defesa dos direitos humanos fundamentais) eram passos ainda pequenos no sentido da conciliação de interesses nacionais com maior integração continental.

As cisões históricas eram profundas demais para permitir que os interesses nacionais fossem superados de forma rápida ou abrangente — e a Inglaterra, sobretudo, era refratária a qualquer possível diminuição de seu status ou soberania. Em 1950, os franceses apresentaram uma proposta — o Plano Schumann — de controle conjunto da produção de carvão e aço do Ruhr, mas as questões de segurança nacional, através do controle do potencial de rearmamento alemão após a fundação da República Federal da Alemanha, falaram mais alto que as noções idealistas de união europeia. O plano, porém, veio a se tornar o passo decisivo — o começo do caminho que levaria a um "mercado comum" e à criação da Comunidade Econômica Europeia, com suas próprias instituições governantes.

Contra todas as possibilidades, uma nova Europa — dividida, mas com cada parte arrimada em alicerces mais sólidos do que qualquer coisa que se pudesse vislumbrar ao fim da guerra — tinha nascido das cinzas e ganhado forma com notável rapidez. A perspectiva de futuro se abria. Em meio às persistentes cicatri-

522

zes, físicas e morais, da mais terrível guerra de todos os tempos, despontavam as probabilidades do surgimento de uma Europa mais estável e mais próspera do que teria sido possível imaginar nas décadas em que o continente chegara perto da autodestruição.

Bibliografia selecionada

Qual tamanho pode ter um pedaço de corda? Uma bibliografia da Europa no século XX tem mais ou menos a mesma extensão — a que for necessária. Por isso, a lista abaixo, necessariamente muito seletiva, limita-se a obras que considerei interessantes e úteis para escrever este livro. Ela compreende apenas umas poucas monografias e ensaios de pesquisa especializada, publicados em periódicos acadêmicos, embora sejam os elementos essenciais com que se constrói todo o saber histórico. Não incluí nessa lista obras de ficção, ainda que algumas lancem luzes importantes sobre a época. Concentrei-me essencialmente em obras genéricas, publicadas sobretudo em inglês. Muitas delas contêm suas próprias bibliografias detalhadas sobre países e assuntos específicos. As obras das quais extraí citações breves de contemporâneos estão marcadas com asterisco.

ABELSHAUSER, Werner; FAUST, Anselm; PETZINA, Dietmar (Orgs.). *Deutsche Sozialgeschichte 1914-1945.* Munique: C. H. Beck, 1985.

ADAMTHWAITE, Anthony. *Grandeur and Misery: France's Bid for Power in Europe, 1914-1940.* Londres: Bloomsbury, 1995.

ADDISON, Paul. *The Road to 1945: British Politics and the Second World War.* Londres: Jonathan Cape, 1975.

*ALDCROFT, Derek H. *From Versailles to Wall Street 1919-1929.* Harmondsworth: Penguin, 1987.

_____. *The European Economy, 1914-1990.* 2. ed. Londres: Routledge, 1993.

ALEXANDER, Martin (Org.). *French History since Napoleon.* Londres: Bloomsbury, 1999.

_____; GRAHAM, Helen (Orgs.). *The French and Spanish Popular Front: Comparative Perspectives.* Cambridge: Cambridge University Press, 1989.

ALY, Götz. *"Final Solution": Nazi Population Policy and the Murder of the European Jews.* Londres: Bloomsbury, 1999.

_____. *Hitler's Beneficiaries.* Londres; Nova York: Verso, 2007.

*ANDREAS-FRIEDRICH, Ruth. *Schauplatz Berlin. Ein Deutsches Tagebuch*. Munique: Rheinsberg, 1962.

ANGELOW, Jürgen. *Der Weg in die Urkatastrophe*. Berlim: be.bra, 2010.

*ANNAN, Noel. *Our Age: Portrait of a Generation*. Londres: Weidenfeld & Nicolson, 1990.

*APPLEBAUM, Anne. *Iron Curtain: The Crushing of Eastern Europe 1944-1956*. Londres: Doubleday, 2012.

ARENDT, Hannah. *The Origins of Totalitarianism*. Orlando, FL: Harvest, 1966. [Ed. bras.: *Origens do totalitarismo*. São Paulo: Companhia das Letras, 1989.]

ARON, Raymond. *The Century of Total War*. Londres: Praeger, 1954.

ASCHERSON, Neal. *The Struggles for Poland*. Londres: MacMillan, 1987.

BACH, Maurizio; BREUER, Stefan. *Faschismus als Bewegung und Regime. Italien und Deutschland im Vergleich*. Wiesbaden: VS, 2010.

BADE, Klaus J. et al. (Orgs.). *Migration in Europa. Vom 17. Jahrhundert bis zur Gegenwart*. Paderborn: Fink Wilhelm, 2008.

BALDERSTON, Theo. *The Origins and Cause of the German Economic Crisis. November 1923 to May 1932*. Berlim: [s.n.], 1993.

_____. "War Finance and Inflation in Britain and Germany, 1914-1918". *Economic History Review*, n. 42, v. 2, 1989.

_____ (Org.). *The World Economy and National Economies in the Interwar Slump*. Basingstoke: Palgrave Macmillan, 2003.

BANAC, Ivo. *The National Question in Yugoslavia: Origins, History, Politics*. Ithaca, NY: Cornell University Press, 1984.

BANKIER, David (Org.). *Probing the Depths of German Antisemitism*. Jerusalém: Yad Vashem, 2000.

BARBER, John; HARRISON, Mark. *The Soviet Home Front, 1941-1945: A Social and Economic History of the USSR in World War II*. Londres: Longman, 1991.

BARTOV, Omer. *Hitler's Army*. Nova York: Oxford University Press, 1991.

_____. *Murder in our Midst: The Holocaust, Industrial Killing, and Representation*. Nova York: Oxford University Press, 1996.

_____. *Mirrors of Destruction: War, Genocide, and Modern History*. Nova York: Oxford University Press, 2000.

BARZUN, Jacques. *From Dawn to Decadence, 1500 to the Present: 500 Years of Western Cultural Life*. Londres: HarperCollins, 2001.

BAUER, Yehuda. *The Holocaust in Historical Perspective*. Londres: Sheldon, 1978.

BECKER, Jean-Jacques. *The Great War and the French People*. Leamington Spa: Berg, 1980.

BEETHAM, David (Org.). *Marxists in Face of Fascism*. Manchester: Manchester University Press, 1983.

BEEVOR, Antony. *Stalingrad*. Londres: Penguin, 1998.

_____. *Berlin: The Downfall, 1945*. Londres: Penguin, 2003.

_____. *The Battle for Spain*. Londres: Penguin, 2006.

_____. *D-Day: The Battle for Normandy*. Londres: Penguin, 2009.

_____. *The Second World War*. Londres: Weindenfeld & Nicolson, 2012.

_____; VINOGRADOVA, Luba (Orgs.). *A Writer at War: Vasily Grossman with the Red Army 1941-1945*. Londres: Pimplico, 2006.

BELL, P. M. H. *The Origins of the Second World War in Europe*. Londres: Routledge, 2007.

_____. *Twelve Turning Points of the Second World War*. New Haven, CT; Londres: Yale University Press, 2011.

BELLAMY, Chris. *Absolute War: Soviet Russia in the Second World War — A Modern History*. Londres: Macmillan, 2008.

BENSON, Leslie. *Yugoslavia: A Concise History*. Londres: Palgrave Macmillan, 2001.

BERGER, Heinrich; DEJNEGA, Melanie; FRITZ, Regina; PRENNINGER, Alexander (Orgs.). *Politische Gewalt und Machtausübung im 20. Jahrhundert*. Viena: Boehlau, 2011.

*BERGHAHN, Volker. *Germany and the Approach of War in 1914*. Londres: Macmillan, 1973.

_____. *Modern Germany: Society, Economy and Politics in the Twentieth Century*. Cambridge: Cambridge University Press, 1982.

_____. *The Americanisation of West German Industry, 1845-1973*. Leamington Spa: Berg, 1986.

_____. *Sarajewo, 28. Juni 1914. Der Untergang des alten Europa*. Munique: Deutscher Taschenbuch, 1997.

BERG-SCHLOSSER, Dirk; MITCHELL, Jeremy (Orgs.). *Conditions of Democracy in Europe, 1919-39*. Basingstoke: Palgrave Macmillan, 2000.

_____. *Authoritarianism and Democracy in Europe, 1919-39: Comparative Analyses*. Basingstoke: Palgrave Macmillan, 2002.

*BERKHOFF, Karel C. *Harvest of Despair: Life and Death in Ukraine under Nazi Rule*. Cambridge, MA; Londres: Harvard University Press, 2004.

BESSEL, Richard. *Germany after the First World War*. Oxford: Clarendon, 1993.

_____. *Germany 1945: From War to Peace*. Londres: Simon & Schuster, 2009.

_____ (Org.). *Fascist Italy and Nazi Germany: Comparisons and Contrasts*. Cambridge: Cambridge University Press, 1996.

_____; SCHUMANN, Dirk (Orgs.). *Life after Death: Approaches to a Cultural and Social History of Europe during the 1940s and 1950s*. Cambridge: Cambridge University Press, 2003.

BLANNING, T. C. W. (Org.). *The Oxford Illustrated History of Modern Europe*. Oxford: Oxford University Press, 1996.

BLATMAN, Daniel. *Les Marches de la mort. La derniere étape du génocide nazi*. Paris: Fayard, 2009.

BLINKHORN, Martin. *Carlism and Crisis in Spain, 1931-1939*. Cambridge: Cambridge University Press, 1975.

_____. *Democracy and Civil War in Spain, 1931-1939*. Londres: Routledge, 1988.

_____. *Fascism and the Right in Europe*. Harlow: Routledge, 2000.

_____ (Org.). *Fascists and Conservatives: The Radical Right and the Establishment in Twentieth-Century Europe*. Londres: Routledge, 1990.

BLOM, Philipp. *The Vertigo Years: Change and Culture in the West, 1900-1914*. Londres: Weidenfeld & Nicolson, 2008.

BLOXHAM, Donald. *The Great Game of Genocide: Imperialism, Nationalism and the Destruction of the Ottoman Armenians*. Oxford: Oxford University Press, 2005.

_____. "The Armenian Genocide of 1915-1916: Cumulative Radicalization and the Development of a Destruction Policy". *Past and Present*, n. 181, 2003.

BOND, Brian. *War and Society in Europe, 1870-1970*. Londres: Sutton, 1984.

BORODZIEJ, Włodziemierz. *Geschichte Polens im 20. Jahrhundert*. Munique: C. H. Beck, 2010.

BOSWORTH, R. J. B. *The Italian Dictatorship*. Londres: Bloomsbury, 1998.

_____. *Mussolini*. Londres: Bloomsbury, 2002.

_____. *Mussolini's Italy: Life under the Dictatorship*. Londres: Penguin, 2005.

BOSWORTH, R. J. B. (Org.). *The Oxford Handbook of Fascism*. Oxford: Oxford University Press, 2009.

BOTZ, Gerhard. *Krisenzonen einer Demokratie. Gewalt, Streik und Konfliktunterdrückung in Österreich seit 1918*. Frankfurt: Campus, 1987.

BOURKE, Joanna. *An Intimate History of Killing: Face-to-Face Killing in Twentieth-Century Warfare*. Londres: Granta, 1999.

BRACHER, Karl Dietrich. *The Age of Ideologies: A History of Political Thought in the Twentieth Century*. Londres: Macmillan, 1985.

BRECHENMACHER, Thomas. "Pope Pius XI, Eugenio Pacelli, and the Persecution of the Jews in Nazi Germany, 1933-1939: New Sources from the Vatican Archives". *Bulletin of the German Historical Institute*, Londres, n. 27, v. 2, 2005.

BRENDON, Piers. *The Dark Valley: A Panorama of the 1930s*. Londres: Pimlico, 2001.

BREUILLY, John. *Nationalism and the State*. Manchester: Manchester University Press, 1993.

*BRITTAIN, Vera. *Testament of Youth* (1933). Londres: Virago, 1978.

BROADBERRY, Stephen; HARRISON, Mark. (Orgs.). *The Economics of World War I*. Cambridge: Cambridge University Press, 2005.

_____; O'ROURKE, Kevin H. (Orgs.). *The Cambridge Economic History of Modern Europe*. Cambridge: Cambridge University Press, 2010. v. 2: *1870 to the Present*.

BROSZAT, Martin. *The Hitler State*. Londres: Routledge, 1981.

BROWNING, Christopher. *Fateful Months: Essays on the Emergence of the Final Solution*. Nova York: Holmes & Meier, 1985.

_____. *The Path to Genocide*. Cambridge: Cambridge University Press, 1992.

_____. *The Origins of the Final Solution*. Lincoln, NB: University of Nebraska Press; Jerusalém: Yad Vashem, 2004.

BRÜGGEMEIER, Franz-Josef. *Geschichte Grossbritanniens im 20. Jahrhundert*. Munique: C. H. Beck, 2010.

*BRUSSILOV, A. A. *A Soldier's Notebook* (1930). Westport, CT: Praeger, 1971.

BUBER-NEUMANN, Margarete. *Under Two Dictators: Prisoner of Stalin and Hitler* (1949). Londres: Random House, 2008.

BUCHANAN, Tom. *Europe's Troubled Peace 1945-2000*. Oxford: Wiley-Blackwell, 2006.

*BUCKLEY, Henry. *The Life and Death of the Spanish Republic: A Witness to the Spanish Civil War* (1940). Londres: I. B.Tauris, 2014.

BULLIET, Richard W. (Org.). *The Columbia History of the 20th Century*. Nova York: Columbia University Press, 1998.

BURGDORFF, Stephan; WIEGREFE, Klaus (Orgs.). *Der 2. Weltkrieg. Wendepunkt der deutschen Geschichte*. Munique: Spiegel, 2005.

BURLEIGH. Michael. *The Third Reich: A New History*. Londres: Pan Macmillan, 2000.

*_____. *Sacred Causes: Religion and Politics from the European Dictators to Al Qaeda*. Londres: Harper Perennial, 2006.

_____; WIPPERMANN, Wolfgang. *The Racial State: Germany 1933-1945*. Londres: Cambridge University Press, 1991.

BURRIN, Philippe. *La Dérive fasciste*. Paris: Seuil, 1986.

_____. *Living with Defeat: France under the German Occupation, 1940-1944*. Londres: Hodder Headline, 1996.

_____. *Fascisme, nazisme, autoritarisme*. Paris: Seuil, 2000.

BURUMA, Ian. *Year Zero: A History of 1945*. Nova York: Penguin, 2013.

CALDER, Angus. *The People's War: Britain 1939-1945*. Londres: Panther, 1971.

CALIC, Marie-Janine. *Geschichte Jugoslawiens im 20. Jahrhundert*. Munique: C. H. Beck, 2010.

CANNADINE, David. *The Decline and Fall of the British Aristocracy*. New Haven, CT; Londres: Anchor, 1990.

_____. *Class in Britain*. Londres: Penguin, 2000.

CAPLAN, Jane (Org.). *Nazi Germany*. Oxford: Oxford University Press, 2008.

_____; WACHSMANN, Nikolaus (Orgs.). *Concentration Camps in Nazi Germany: The New Histories*. Londres: Routledge, 2010.

*CAREY, John. *The Intellectuals and the Masses*. Londres: Faber & Faber, 1992.

CARLEY, Michael Jahara. *1939. The Alliance that Never Was and the Coming of World War II*. Chicago: Ivan R. Dee, 1999.

CARR, Raymond. *Spain, 1808-1975*. Oxford: Oxford University Press, 1982.

CARSTEN, F. L. *The Rise of Fascism*. Londres: Batsford, 1967.

_____. *Revolution in Central Europe 1918-19*. Londres: Maurice Temple Smith 1972.

CECIL, Hugh; LIDDLE, Peter (Orgs.). *Facing Armageddon: The First World War Experienced*. Londres: Cooper, 1996.

CESARANI, David. *Eichmann: His Life and Crimes*. Londres: Vintage, 2004.

_____ (Org.). *The Final Solution: Origins and Implementation*. Londres: Routledge, 1996.

*CHARMAN, Terry (Org.). *Outbreak 1939: The World Goes to War*. Londres: Virgin, 2009.

*CHICKERING, Roger; FÖRSTER, Stig (Orgs.). *Great War, Total War: Combat and Mobilisation on the Western Front 1914-1918*. Cambridge: Cambridge University Press, 2000.

CLARK, Christopher. *Kaiser Wilhelm II: A Life in Power*. Harlow: Longman, 2000.

_____. *The Sleepwalkers: How Europe Went to War in 1914*. Londres: Harper Perennial, 2012.

CLARK, Martin. *Modern Italy 1871-1982*. Londres: Longman, 1984.

CLARKE, Peter. *The Keynesian Revolution in the Making 1924-1936*. Oxford: Oxford University Press, 1988.

_____. *Hope and Glory: Britain 1900-1990*. Londres: Penguin, 1996.

CLAVIN, Patricia. *The Great Depression in Europe, 1929-1939*. Basingstoke: Palgrave Macmillan, 2000.

_____. *Securing the World Economy: The Reinvention of the League of Nations, 1919-1946*. Oxford: Oxford University Press, 2013.

CLOGG, Richard. *A Concise History of Greece*. 2. ed. Cambridge: Cambridge University Press, 2002.

*CLOUGH, Shepard B.; MOODIE, Thomas; MOODIE, Carol (Orgs.). *Economic History of Europe: Twentieth Century*. Londres: Macmilliam, 1965.

CONQUEST, Robert. *The Harvest of Sorrow: Soviet Collectivization and the Terror-Famine*. Londres: Arrow, 1988.

CONSTANTINE, Stephen. *Unemployment in Britain between the Wars*. Londres: Routledge, 1980.

CONWAY, Martin. *Catholic Politics in Europe 1918-1945*. Londres: Routledge, 1997.

_____. *The Sorrows of Belgium: Liberation and Political Reconstruction, 1944-1947*. Oxford: Oxford University Press, 2012.

_____. "Democracy in Postwar Europe: The Triumph of a Political Model". *European History Quarterly*, n. 32, v. 1, 2002.

CORNER, Paul. *The Fascist Party and Popular Opinion in Mussolini's Italy*. Oxford: Oxford University Press, 2012.

CORNER, Paul (Org.). *Popular Opinion in Totalitarian Regimes*. Oxford: Oxford University Press, 2009.

CORNWALL, M. (Org.). *The Last Years of Austria-Hungary: A Multi-national Experiment in Early Twentieth-century Europe*. Exeter: University of Exeter Press, 1990.

CORNWELL, John. *Hitler's Pope: The Secret History of Pius XII*. Londres: Penguin, 1999.

_____. *Hitler's Scientists: Science, War and the Devil's Pact*. Londres: Penguin, 2003.

COSTA-PINTO, António. *Salazar's Dictatorship and European Fascism — Problems of Interpretation*. Nova York: Columbia University Press, 1995.

_____. *The Blue Shirts: Portuguese Fascists and the New State*. Nova York: Columbia University Press, 2000.

CRAMPTON, R. J. *Eastern Europe in the Twentieth Century*. 2. ed. Londres: Routledge, 1997.

*CROSS, Tim (Org.). *The Lost Voices of World War I*. Londres: Bloomsbury, 1988.

CULL, Nicholas; CULBERT, David; WELCH, David (Orgs.). *Propaganda and Mass Persuasion: A Historical Encyclopedia, 1500 to the Present*. Santa Barbara, CA: ABC-CLIO, 2003.

*DĄBROWKA. Maria. *Tagebücher 1914-1965*. Frankfurt: Suhrkamp, 1989.

DAHRENDORF, Ralf. *Society and Democracy in Germany*. Londres: Weidenfeld & Nicolson, 1968.

DAVIES, Norman. *God's Playground*. Oxford: Oxford University Press, 1981. v. 2: *A History of Poland*.

*_____. *Europe: A History*. Oxford: Oxford University Press, 1996.

_____. *Europe at War, 1939-1945: No Simple Victory*. Londres: Macmillian, 2006.

DAVIES, R. W.; WHEATCROFT, S. G. *The Years of Hunger: Soviet Agriculture 1931-1933*. Londres: Macmillan, 2009.

DAVIES, Sarah. *Popular Opinion in Stalin's Russia: Terror, Propaganda and Dissent, 1934-1941*. Cambridge: Cambridge University Press, 1997.

DEAR, I. C. B.; FOOT, M. R. D. (Orgs.). *The Oxford Companion to the Second World War*. Oxford: Oxford University Press, 1995.

DE GRAZIA, Victoria. *How Fascism Ruled Women: Italy, 1922-1945*. Berkeley, CA: University of California Press, 1992.

DIEHL, James M. *Paramilitary Politics in Weimar Germany*. Bloomington, IN: Indiana University Press, 1977.

DILKS, David. *Churchill and Company: Allies and Rivals in War and Peace*. Londres: I. B.Tauris, 2012.

*_____ (Org.). *The Diaries of Sir Alexander Cadogan 1938-1945*. Londres: Cassell, 1971.

*DÖBLIN, Alfred. *Schicksalsreise, Bericht und Bekenntnis. Flucht und Exil 1940-1948*. Munique; Zurique: Piper, 1986.

*DUGGAN, Christopher. *The Force of Destiny: A History of Italy since 1796*. Londres: Houghton Mifflin Harcourt, 2008.

*_____. *Fascist Voices: An Intimate History of Mussolini's Italy*. Londres: Vintage, 2012.

EATWELL, Roger. *Fascism: A History*. Londres: Penguin, 1996.

EDGERTON, David. *The Shock of the Old: Technology and Global History since 1900*. Londres: Profile, 2008.

EICHENGREEN, Barry. *Golden Fetters: The Gold Standard and the Great Depression, 1919-1939*. Nova York: Oxford University Press, 1995.

EKMAN, Stig; AMARK, Klas (Orgs.). *Sweden's Relations with Nazism, Nazi Germany and the Holocaust*. Estocolmo: Almqvist & Wiksell, 2003.

EKSTEINS, Modris. *Rites of Spring: The Great War and the Birth of the Modern Age*. Boston: Houghton Mifflin Harcourt, 1989.

ELEY, Geoff. *Forging Democracy: The History of the Left in Europe 1850-2000*. Nova York: Oxford University Press, 2002.

*ELGER, Dietmar. *Expressionism: A Revolution in German Art*. Colônia: Taschen, 1994.

*ENGLUND, Peter. *The Beauty and the Sorrow: An Intimate History of the First World War*. Londres: Vintage, 2011.

ERDMANN, Karl Dietrich. *Das Ende des Reiches und die Neubildung deutscher Staaten*. Munique: DTV, 1980.

EVANS, Richard J. *The Coming of the Third Reich*. Londres: Penguin, 2003.

_____. *The Third Reich in Power*. Londres: Penguin, 2005.

_____. *The Third Reich at War*. Londres: Penguin, 2008.

*_____; GEARY, Dick (Orgs.). *The German Unemployed*. Londres: Croom Helm, 1987.

FABER, David. *Munich: The 1938 Appeasement Crisis*. Londres: Simon & Schuster, 2008.

*FAINSOD, Merle. *Smolensk under Soviet Rule* (1958). Boston, MA: Unwin Hyman, 1989.

FALTER, Jürgen. *Hitlers Wähler*. Munique: C. H. Beck, 1991.

FELDMANN, Gerald D. *Army, Industry and Labor in Germany 1914-18*. Princeton, NJ: Princeton University Press, 1966.

_____. *The Great Disorder: Politics, Economics and Society in the German Inflation, 1914-1924*. Nova York: Oxford University Press, 1993.

_____ (Org.). *Die Nachwirkungen der Inflation auf die deutsche Geschichte 1924-1933*. Munique: R. Oldenbourg, 1985.

*FERGUSON, Niall. *The Pity of War*. Londres: Allen Lane; Penguin, 1998.

_____. *The Cash Nexus: Money and Power in the Modern World 1700-2000*. Londres: Allen Lane; Penguin, 2002.

*_____. *The War of the World: Twentieth-Century Conflict and the Descent of the West*. Nova York: Penguin, 2006.

FERRO, Marc. *The Great War 1914-1918*. Londres: Routledge, 1973.

_____ (Org.). *Nazisme et Communisme. Deux régimes dans le siècle*. Paris: Hachette, 1999.

*FIGES, Orlando. *A People's Tragedy: The Russian Revolution 1891-1924*. Londres: Penguin, 1996.

*_____. *The Whisperers: Private Life in Stalin's Russia*. Londres: Penguin, 2008.

_____. *Revolutionary Russia 1891-1991*. Londres: Penguin, 2014.

FINER, S. E. *Comparative Government*. Harmondsworth: Penguin, 1970.

FISCHER, Conan. *The Rise of the Nazis*. Manchester: Manchester University Press, 1995.

_____. *The Ruhr Crisis 1923-1924*. Oxford: Oxford University Press, 2003.

_____ (Org.). *The Rise of National Socialism and the Working Classes in Weimar Germany*. Providence, RI; Oxford: Berghahn, 1996.

FISCHER, Fritz. *Germany's Aims in the First World War*. Nova York: W. W. Norton, 1967.

*_____. *Krieg der Illusionen. Die deutsche Politik von 1911-1914*. Düsseldorf: Droste, 1969.

_____. *Juli 1914. Wir sind nicht hineingeschlittert*. Hamburgo: Rowohlt, 1983.

FISK, Robert. *In Time of War: Ireland, Ulster, and the Price of Neutrality, 1939-45*. Filadélfia: University of Pennsylvania Press, 1983.

FITZPATRICK, Sheila. *Everyday Stalinism: Ordinary Life in Extraordinary Times — Soviet Russia in the 1930s*. Nova York: Oxford University Press, 1999.

FLOOD, P. J. *France 1914-18: Public Opinion and the War Effort*. Basingstoke: Macmillan, 1990.

FLORA, Peter et al. (Orgs.). *State, Economy and Society in Western Europe: A Data Handbook*. Frankfurt: Campus, 1983. 2 v.

FOOT, M. R. D. *Resistance: European Resistance to Nazism 1940-45*. Londres: Methuen, 1976.

FÖRSTER, Jürgen (Org.). *Stalingrad, Ereignis, Wirkung, Symbol*. Munique: Piper, 1992.

FOSTER, R. F. *Modern Ireland 1600-1972*. Londres: Penguin, 1989.

FOX, Robert (Org.). *We Were There: An Eyewitness History of the Twentieth Century*. Londres: Profile, 2010.

FREI, Norbert. *National Socialist Rule in Germany: The Führer State*. Oxford: Blackwell, 1993.

_____. *Adenauer's Germany and the Nazi Past: The Politics of Amnesty and Integration*. Nova York: Columbia University Press, 2002.

_____. *1945 und wir. Das Dritte Reich im Bewusstsein der Deutschen*. Munique: C. H. Beck, 2005.

_____ (Org.). *Was heißt und zu welchem Ende studiert man Geschichte des 20. Jahrhunderts?*. Göttingen: Wallstein, 2006.

FREVERT, Ute. *Eurovisionen. Ansichten guter Europäer im 19. und 20. Jahrhundert*. Frankfurt: S. Fischer, 2003.

FRIEDLÄNDER, Saul. *Nazi Germany and the Jews: The Years of Persecution 1933-39*. Londres: Weidenfeld & Nicolson, 1997.

_____. *The Years of Extermination: Nazi Germany and the Jews 1939-1945*. Londres: Weidenfeld & Nicolson, 2007.

FRIEDRICH, Jörg. *Der Brand. Deutschland im Bombenkrieg 1940-1945*. Berlim: Propyläen, 2004.

FRÖHLICH, Elke. *Der Zweite Weltkrieg. Eine kurze Geschichte*. Stuttgart: Reclam, 2013.

FULBROOK, Mary. *History of Germany: 1918-2000. The Divided Nation*. Oxford: Blackwell, 2002.

_____. *Dissonant Lives: Generations and Violence through the German Dictatorships*. Oxford: Oxford University Press, 2011.

_____ (Org.). *20th Century Germany: Politics, Culture and Society 1918-1990*. Londres: Bloomsbury, 2001.

_____ (Org.). *Europe since 1945*. Oxford: Oxford University Press, 2001.

FURET, François. *Le Passé d'une illusion. Essai sur l'idée communiste au XXe siècle*. Paris: R. Laffont; Calmann-Lévy, 1995.

GADDIS, John Lewis. *The Cold War*. Londres: Penguin, 2005.

GARFIELD, Simon. *Our Hidden Lives: The Everyday Diaries of a Forgotten Britain 1945-1948*. Londres: Ebury, 2004.

GATRELL, Peter. *A Whole Empire Walking: Refugees in Russia during World War I*. Bloomington, IN: Indiana University Press, 1999.

_____. *Russia's First World War: A Social and Economic History*. Harlow: Routledge, 2005.

GAY, Peter. *Weimar Culture: The Outsider as Insider*. Londres: Penguin, 1974.

GEARY, Dick. *European Labour Protest 1848-1939*. Londres: Croom Helm, 1981.

_____. *European Labour Politics from 1900 to the Depression*. Basingstoke: Macmillan, 1991.

_____ (Org.). *Labour and Socialist Movements in Europe before 1914*. Oxford, Nova York; Munique: Berg, 1989.

GEHLER, Michael. *Europa. Ideen. Institutionen. Vereinigung*. Munique: Olzog, 2005.

*GEISS, Imanuel (Org.). *July 1914: The Outbreak of the First World War — Selected Documents*. Londres: Scribner, 1967.

532

GELLATELY, Robert. *Lenin, Stalin and Hitler: The Age of Social Catastrophe*. Londres: Jonathan Cape, 2007.

GENTILE, Emilio. *The Sacralization of Politics in Fascist Italy*. Cambridge, MA; Londres: Harvard University Press, 1996.

GERLACH, Christian. *Extrem gewalttätige Gesellschaften. Massengewalt im 20. Jahrhundert*. Munique: DVA, 2010.

_____; ALY, Götz. *Das letzte Kapitel. Der Mord an den ungarischen Juden 1944-1945*. Frankfurt: S. Fischer, 2004.

*GERWARTH, Robert. "The Central European Counter-Revolution: Paramilitary Violence in Germany. Austria and Hungary after the Great War". *Past and Present*, n. 200, 2008.

_____. *Hitler's Hangman: The Life of Heydrich*. New Haven, CT; Londres: Yale University Press, 2011.

_____ (Org.). *Twisted Paths: Europe 1914-1945*. Oxford: Oxford University Press, 2008.

*_____; HORNE, John. "Vectors of Violence: Paramilitarism in Europe after the Great War, 1917--1923". *The Journal of Modern History*, n. 83, v. 3, 2011.

*_____ (Orgs.). *War in Peace: Paramilitary Violence in Europe after the Great War*. Oxford: Oxford University Press, 2012.

GILBERT, Felix. *The End of the European Era, 1890 to the Present*. 3. ed. Nova York: W. W. Norton, 1984.

GILBERT, Martin. *Recent History Atlas 1860 to 1960*. Londres: Weidenfeld and Nicolson, 1966.

_____. *First World War Atlas*. Londres: Macmillan, 1970.

_____. *Atlas of the Holocaust*. Londres: William Morrow, 1982.

GILDEA, Robert. *Marianne in Chains: Daily Life in the Heart of France during the German Occupation*. Nova York: Henry Holt, 2002.

_____; WIEVIORKA, Olivier; WARRING, Anette (Orgs.). *Surviving Hitler and Mussolini: Daily Life in Occupied Europe*. Oxford; Nova York: A&C Black, 2006.

GLENNY, Misha. *The Balkans 1804-1999: Nationalism, War and the Great Powers*. Londres: Penguin, 1999.

GOLTZ, Anna von der; GILDEA, Robert. "Flawed Saviours: The Myths of Hindenburg and Pétain". *European History Quarterly*, n. 39, 2009.

GRAHAM, Helen. *The Spanish Republic at War 1936-1939*. Cambridge: Cambridge University Press, 2002.

GRAML, Hermann. *Hitler und England. Ein Essay zur nationalsozialistischen Außenpolitik 1920 bis 1940*. Munique: De Gruyter Oldenbourg, 2010.

*_____. *Bernhard von Bülow und die deutsche Aussenpolitik*. Munique: De Gruyter Oldenbourg, 2012.

*GRAVES, Robert. *Goodbye to All That: An Autobiography* (1929). Londres: Penguin, 2000.

GREGORY, Adrian. *The Last Great War: British Society and the First World War*. Cambridge: Cambridge University Press, 2008.

_____. "British 'War Enthusiasm' in 1914 — A Reassessment". In: BRAYBORN, Gail (Org.). *Evidence, History and the Great War: Historians and the Impact of 1914-18*. Nova York; Oxford: Berghahn, 2003.

GRIFFIN, Roger. *The Nature of Fascism*. Londres: Psychology, 1991.

_____. *Modernism and Fascism: The Sense of a Beginning under Mussolini and Hitler*. Londres: Springer, 2007.

*_____ (Org.). *Fascism*. Oxford: Oxford University Press, 1995.

_____ (Org.). *International Fascism: Theories, Causes and the New Consensus*. Londres: Edward Arnold, 1998.

GROSS, Jan. *Fear: Anti-Semitism in Poland after Auschwitz*. Princeton, NJ: Random House; Princeton University Press, 2006.

GRUCHMANN, Lothar. *Der Zweite Weltkrieg. Kriegführung und Politik*. Munique: DTV, 1975.

GUNDLE, Stephen; DUGGAN, Christopher; PIERI, Giuliana (Orgs.). *The Cult of the Duce: Mussolini and the Italians*. Manchester: Manchester University Press, 2013.

*HAMANN, Brigitte. *Der Erste Weltkrieg. Wahrheit und Lüge in Bildern und Texten*. Munique: Piper, 2004.

HARDACH, Gerd. *The First World War 1914-1918*. Harmondsworth: Penguin, 1987.

HARRISON, Joseph. *An Economic History of Modern Spain*. Manchester: Manchester University Press, 1978.

_____. *The Spanish Economy in the Twentieth Century*. Londres: Croom Helm, 1985.

HARTWIG, Wolfgang. *Utopie und politische Herrschaft im Europa der Zwischenkriegszeit*. Munique: De Gruyter Oldenbourg, 2003.

HASTINGS, Max. *Armageddon: The Battle for Germany 1944-45*. Londres: Pan Macmillan, 2004.

_____. *Finest Years: Churchill as Warlord 1940-45*. Londres: HarperCollins, 2009.

* _____. *All Hell Let Loose: The World at War 1939-1945*. Londres: HarperCollins, 2011.

_____. *Catastrophe: Europe Goes to War 1914*. Londres: HarperCollins, 2013.

HAYES, Paul (Org.). *Themes in Modern European History 1890-1945*. Londres: Routledge, 1992.

HENKE, Klaus-Dietmar; WOLLER, Hans (Orgs.). *Politische Säuberung in Europa. Die Abrechnung mit Faschismus und Kollaboration nach dem Zweiten Weltkrieg*. Munique: DTV, 1991.

*HENNESSY, Peter. *Never Again: Britain 1945-1951*. Londres: Vintage, 1993.

HERBERT, Ulrich. *Hitler's Foreign Workers*. Cambridge: Cambridge University Press, 1997.

_____. *Geschichte Deutschlands im 20. Jahrhundert*. Munique: C.H. Beck, 2014.

_____. "Europe in High Modernity: Reflections on a Theory of the 20th Century". *Journal of Modern European History*, n. 5, v. 1, 2007.

HERF, Jeffrey. *The Jewish Enemy: Nazi Propaganda during World War II and the Holocaust*. Cambridge, MA; Londres: Harvard University Press, 2006.

HERWIG, Holger H. *The Outbreak of World War I: Causes and Responsibilities*. Boston: Houghton Mifflin, 1997.

HEWITSON, Mark. *Germany and the Causes of the First World War*. Londres: Berg, 1983.

HILBERG, Raul. *The Destruction of the European Jews*. Nova York: New Viewpoints, 1973.

HIRSCHFELD, Gerhard. *Nazi Rule and Dutch Collaboration: The Netherlands under German Occupation, 1940-1945*. Oxford: Berg, 1988.

_____; KRUMEICH, Gerd; RENZ. Irena (Orgs.). *"Keiner fühlt sich hier mehr als Mensch...". Erlebnis und Wirkung des Ersten Weltkriegs*. Frankfurt: S. Fischer, 1996.

_____; KRUMEICH, Gerd; RENZ, Irena (Orgs.). *Brill's Encyclopedia of the First World War*. Leiden: Brill, 2012. 2 v.

HOBSBAWM. Eric. *Age of Extremes. The Short Twentieth Century, 1914-1991*. Londres: Vintage, 1994. [Ed. bras.: *Era dos extremos: O breve século XX*. São Paulo: Companhia das Letras, 1995.]

_____. *Fractured Times: Culture and Society in the Twentieth Century*. Londres: Little, Brown and Company, 2013. [Ed. bras.: *Tempos fraturados: Cultura e sociedade no século XX*. São Paulo: Companhia das Letras, 2013.]

HOENSCH, Jörg K. *A History of Modern Hungary, 1867-1986*. Harlow: Longman, 1988.

HOERES, Peter. *Die Kultur von Weimar. Durchbruch der Moderne*. Berlim: bre.bra, 2008.

HOFFMANN, Peter. *The History of the German Resistance 1933-1945*. Cambridge, MA; Londres: McGill--Queen's University Press, 1977.

HOGAN, Michael. J. *The Marshall Plan: America, Britain, and the Reconstruction of Western Europe, 1947 -1952*. Cambridge: Cambridge University Press, 1987.

HORNE, John; KRAMER, Alan. *German Atrocities 1914: A History of Denial*. New Haven, CT; Londres: Yale University Press, 2001.

_____ (Org.). *State, Society and Mobilization in Europe during the First World War*. Cambridge: Cambridge University Press, 1997.

_____ (Org.). *A Companion to World War I*. Oxford: Wiley-Blackwell, 2012.

*HOSENFELD, Wilm. *"Ich versuche, jeden zu retten". Das Leben eines deutschen Offiziers in Briefen und Tagebüchern*. Munique: DTV, 2004.

HOSKING, Geoffrey. *A History of the Soviet Union*. Londres: Fontana, 1985.

_____. *Russia and the Russians: A History*. Londres: Allen Lane, 2001.

*HÖSS, Rudolf. *Kommandant in Auschwitz*. Munique: DTV, 1963.

HOWARD, Michael. *War in European History*. Oxford: Oxford University Press, 1976.

_____; LOUIS, W. Roger (Orgs.). *The Oxford History of the Twentieth Century*. Oxford: Oxford University Press, 1998.

*HUGHES, S. Philip. *Consciousness and Society: The Reorientation of European Social Thought, 1890-1930*. Nova York: Knopf, 1958.

ILLIES, Florian. *1913. Der Sommer des Jahrhunderts*. Frankfurt: S. Fischer, 2012.

ISAACS, Jeremy; DOWNING, Taylor. *Cold War: For 45 Years the World Held Its Breath*. Londres: Bantam, 1998.

JÄCKEL, Eberhard. *Hitler in History*. Hanover; Londres: Brandeis University Press, 1984.

_____. *Hitlers Weltanschauung. Entwurf einer Herrschaft*. Stuttgart: DVA, 1991.

*_____. *Das deutsche Jahrhundert. Eine historische Bilanz*. Stuttgart: DVA, 1996.

JACKSON, Julian. *The Politics of Depression in France*. Cambridge: Cambridge University Press, 1985.

_____. *The Popular Front in France: Defending Democracy, 1934-1938*. Cambridge: Cambridge University Press, 1988.

_____. *France: The Dark Years*. Oxford: Oxford University Press, 2001.

_____.*The Fall of France: The Nazi Invasion of 1940*. Oxford: Oxford University Press, 2003.

*_____ (Org.). *Europe 1900-1945*. Oxford: Oxford University Press, 2002.

*JAHODA, Marie; LAZARSFELD, Paul F.; ZEISEL, Hans. *Marienthal: The Sociography of an Unemployed Community*. Londres: Tavistock, 1972.

JAMES, Harold. *The German Slump: Politics and Economics 1924-1936*. Oxford: Oxford University Press, 1986.

_____. *Europe Reborn: A History, 1914-2000*. Londres: Routledge, 2003.

JARAUSCH, Konrad. *The Enigmatic Chancellor: Bethmann-Hollweg and the Hubris of Imperial Germany*. New Haven, CT; Londres: Yale University Press, 1973.

JELAVICH, Barbara. *History of the Balkans*. Cambridge: Cambridge University Press, 1983. v. 2: *Twentieth Century*.

JENKINS, Roy. *Churchill*. Londres: Plume, 2001.

JESSE, Eckhard (Org.). *Totalitarismus im 20. Jahrhundert. Eine Bilanz der internationalen Forschung*. Bonn: Nomos, 1999.

JOLL, James. *Europe since 1870: An International History*. Londres: Weidenfeld & Nicolson, 1973.

_____. *The Origins of the First World War*. Londres: Longman, 1984.

*JUDT, Tony. *Postwar: A History of Europe since 1945*. Londres: Penguin, 2005.

_____. *Reappraisals: Reflections on the Forgotten Twentieth Century*. Londres: Penguin, 2009.

_____; SNYDER, Timothy. *Thinking the Twentieth Century: Intellectuals and Politics in the Twentieth Century*. Londres: Penguin, 2012.

*JÜNGER, Ernst. *Storm of Steel* (1920). Londres: Allen Lane, 2003.

*_____. *Kriegstagebuch 1914-1918*. Ed. Helmuth Kiesel. Stuttgart: Klett-Cotta, 2010.

KAELBLE, Hartmut. *Historical Research on Social Mobility*. Londres: Croom Helm, 1981.

_____. *A Social History of Western Europe 1880-1980*. Dublin: Gill and Macmillan, 1989.

_____. *Kalter Krieg und Wohlfahrtsstaat. Europa 1945-1989*. Munique: C. H. Beck, 2011.

KANN, R. A.; KRALY, B. K.; FICHTNER, P. S. (Orgs.). *The Habsburg Empire in World War I*. Nova York: East European Quarterly, 1977.

KATER, Michael H. *The Nazi Party: A Social Profile of Members and Leaders, 1919-1945*. Oxford: Blackwell, 1983.

_____. *Different Drummers: Jazz in the Culture of Nazi Germany*. Oxford: Oxford University Press, 1992.

_____. *The Twisted Muse: Musicians and their Music in the Third Reich*. Oxford: Oxford University Press, 1997.

_____. *Weimar: From Enlightenment to the Present*. New Haven, CT; Londres: Yale University Press, 2014.

*KEDWARD, Rod. *La Vie en bleu: France and the French since 1900*. Londres: Penguin, 2006.

KEEGAN, John. *The First World War*. Londres: Knopf, 1999.

KERSHAW, Ian. *The "Hitler Myth": Image and Reality in the Third Reich*. Oxford: Clarendon, 1987.

_____. *Hitler*. Londres: Allen Lane, 1998, 2000. 2 v.

_____. *Fateful Choices: Ten Decisions that Changed the World 1940-1941*. Londres: Penguin, 2008.

_____. *The End: Germany 1944-45*. Londres: Penguin, 2012.

_____; LEWIN, Moshe (Orgs.). *Stalinism and Nazism: Dictatorships in Comparison*. Cambridge: Cambridge University Press, 1997.

KERTZER, David I. *The Pope and Mussolini: The Secret History of Pius XI and the Rise of Fascism in Europe*. Oxford: Oxford University Press, 2014.

*KEYNES, John Maynard. *The Economic Consequences of the Peace*. Londres: Harcourt, Brace and Howe, 1919.

KIELINGER, Thomas. *Winston Churchill. Der späte Held. Eine Biographie*. Munique: C. H. Beck, 2014.

KIESEL, Helmuth. *Geschichte der literarischen Moderne*. Munique: C. H. Beck, 2004.

KINDLBERGER, Charles P. *The World in Depression 1929-1939*. Harmondsworth: Penguin, 1987.

KIRK, Tim; MCELLIGOTT, Anthony (Orgs.). *Opposing Fascism: Community, Authority and Resistance in Europe*. Cambridge: Cambridge University Press, 1999.

KITCHEN, Martin. *The Coming of Austrian Fascism*. Londres: Routledge, 1980.

KLEINE-AHLBRANDT, William Laird. *Twentieth-Century European History*. St. Paul, MN: Wadsworth, 1993.

KNOX, MacGregor. *Mussolini Unleashed 1939-1941*. Cambridge: Cambridge University Press, 1986.

_____. *Common Destiny: Dictatorship, Foreign Policy, and War in Fascist Italy and Nazi Germany*. Cambridge: Cambridge University Press, 2000.

KNOX, MacGregor. *To the Threshold of Power, 1922-33: Origins and Dynamics of the Fascist and National Socialist Dictatorships.* Cambridge: Cambridge University Press, 2007. v. 1.

KOCH, Stephen. *Double Lives: Stalin, Willi Münzenberg and the Seduction of the Intellectuals.* Londres: HarperCollins, 1995.

KOCHANSKI, Halik. *The Eagle Unbowed: Poland and the Poles in the Second World War.* Londres: Penguin, 2012.

KOCKA, Jürgen. *Facing Total War: German Society, 1914-1918.* Leamington Spa: Berg, 1984.

KOLB, Eberhard. *The Weimar Republic.* Londres: Routledge, 1988.

KOLKO, Gabriel. *Century of War: Politics. Conflicts, and Society since 1914.* Nova York: The New Press, 1994.

*KOVÁLY, Heda Margolius. *Under a Cruel Star: A Life in Prague 1941-1968* (1986). Londres: Granta, 2012.

*KOSSERT, Andreas. *Kalte Heimat. Die Geschichte der deutschen Vertriebenen nach 1945.* Berlim: Pantheon, 2008.

KRAMER, Alan. *Dynamic of Destruction: Culture and Mass Killing in the First World War.* Oxford: Oxford University Press, 2007.

KRUMEICH, Gerd (Org.). *Nationalsozialismus und Erster Weltkrieg.* Essen: Klartext, 2010.

KÜHLWEIN, Klaus. *Pius XII. und die Judenrazzia in Rom.* Berlim: epubli, 2013.

*KULKA, Otto Dov. *Landscapes of the Metropolis of Death.* Londres: Allen Lane, 2013.

_____. "History and Historical Consciousness: Similarities and Dissimilarities in the History of the Jews in Germany and the Czech Lands 1918-1945". *Bohemia*, n. 46, v. 1, 2005.

_____; JÄCKEL, Eberhard (Orgs.). *The Jews in the Secret Nazi Reports on Popular Opinion in Germany, 1933-1945.* New Haven, CT; Londres: Yale University Press, 2010.

_____; MENDES-FLOHR, Paul R. (Orgs.). *Judaism and Christianity under the Impact of National Socialism.* Jerusalem: Historical Society of Israel and Zalman Shazar Center for Jewish History, 1987.

LAMB, Richard. *The Ghosts of Peace 1935-1945.* Salisbury: M. Russell, 1987.

*LAQUEUR, Walter. *Europe since Hitler.* Londres: Penguin, 1972.

_____ (Org.). *Fascism: A Reader's Guide.* Harmondsworth: Wildwood, 1976.

LARKIN, Maurice. *France since the Popular Front.* Oxford: Clarendon Press, 1988.

LARSEN, Stein Ugelvik; HAGVET, Bernt; MYKLEBUST, Jan Peter (Orgs.). *Who Were the Fascists? Social Roots of European Fascism.* Bergen: Universitetsforlaget, 1980.

_____; HAGTVET, Bernt (Orgs.). *Modern Europe after Fascism 1943-1980s.* Nova York, 1998: Columbia University Press. 2 v.

LATOURETTE, Kenneth Scott. *Christianity in a Revolutionary Age.* Grand Rapids, MI: Zondervan, 1969. v. 4: *The Twentieth Century in Europe.*

LEITZ, Christian. *Nazi Germany and Neutral Europe during the Second World War.* Manchester: Manchester University Press, 2000.

*LEONHARDT, Jörn. *Die Buchse der Pandora. Geschichte des Ersten Weltkriegs.* Munique: C. H. Beck, 2014.

*LEVINE, Joshua (Org.). *Forgotten Voices of the Somme.* Londres: Random House, 2008.

*LEVI, Primo. *If this is a Man.* Londres: The Bodley Head, 1960. [Ed. bras.: *É isso um homem?*. 2. ed. Rio de Janeiro: Rocco, 2013.]

LEWIN, Moshe. *The Making of the Soviet System.* Londres: Methuem, 1985.

_____. *The Soviet Century.* Londres: Verso, 2005.

LIDDLE, Peter (Org.). *Captured Memories 1900-1918: Across the Threshold of War*. Barnsley: Pen and Sword Military, 2010.

_____ (Org.). *Captured Memories 1930-1945: Across the Threshold of War — The Thirties and the War*. Barnsley: Pen and Sword Military, 2011.

LIDEGAARD, B. *Countrymen: The Untold Story of How Denmark's Jews Escaped the Nazis*. Londres: Atlantic, 2014.

LIEVEN, D. C. B. *Russia and the Origins of the First World War*. Londres: St. Martin's, 1983.

LINZ, Juan J. *The Breakdown of Democratic Regimes: Crisis, Breakdown and Reequilibration*. Baltimore, Londres: Johns Hopkins University Press, 1978.

_____; STEPAN, Alfred. *The Breakdown of Democratic Regimes: Europe*. Baltimore, MD; Londres: Johns Hopkins University Press, 1978.

LIPSET, Seymour Martin. *Political Man: The Social Bases of Politics*. Londres: Heinemann, 1960.

*LIULEVICIUS, Vejas Gabriel. *War Land on the Eastern Front: Culture, National Identity and German Occupation in World War I*. Cambridge: Cambridge University Press, 2000.

LONGERICH, Peter. *Holocaust: The Nazi Persecution and Murder of the Jews*. Oxford, 2010.

_____. *Himmler*. Oxford: Oxford University Press, 2012.

*LOUNGUINA, Lila. *Les Saisons de Moscou 1933-1990*. Paris: Plon, 1990.

LOWE, Keith. *Inferno: The Devastation of Hamburg, 1943*. Londres: Penguin, 2007.

_____. *Savage Continent: Europe in the Aftermath of World War II*. Londres: Penguin, 2012.

LUKACS, John. *At the End of an Age*. New Haven, CT; Londres: Yale University Press, 2002. [Ed. bras.: *O fim de uma era*. Rio de Janeiro: Zahar, 2005.]

LYTTELTON, Adrian. *The Seizure of Power: Fascism in Italy 1919-1929*. Londres: Scribner, 1973.

_____ (Org.). *Liberal and Fascist Italy*. Oxford: Oxford University Press, 2002.

MACARTNEY, C. A. *The Habsburg Empire, 1790-1918*. Londres: Weidenfeld & Nicolson, 1968.

*MACCULLOCH, Diarmaid. *A History of Christianity*. Londres: Penguin, 2009.

MACHTAN, Lothar. *Die Abdankung. Wie Deutschlands gekrönte Häupter aus der Geschichte fielen*. Berlim: Propyläen, 2008.

_____. *Prinz Max von Baden. Der letzte Kanzler des Kaisers*. Berlim: Suhrkamp, 2013.

MACK SMITH, Denis. *Mussolini*. Londres: Vintage, 1983.

MACMILLAN, Margaret. *Peacemakers: Six Months that Changed the World*. Londres: Random House, 2002.

_____. *The War that Ended Peace: How Europe Abandoned Peace for the First World War*. Londres: Profile, 2013.

MAIER, Charles S. *Recasting Bourgeois Europe*. Princeton, NJ: Princeton University Press, 1975.

*_____ (Org.). *The Cold War in Europe: Era of a Divided Continent*. Nova York: M. Wiener, 1991.

*MAIER, Klaus A. "Die Zerstörung Gernikas am 26. April 1937". *Militärgeschichte*, n. 1, 2007.

MAIOLO, Joe. *Cry Havoc: The Arms Race and the Second World War 1931-1941*. Londres: John Murray, 2010.

MAK, Geert. *In Europe: Travels through the Twentieth Century*. Londres: Vintage, 2008.

MAMATEY, Victor; LUŽA, Radomir. *A History of the Czechoslovak Republic, 1918-1948*. Princeton, NJ: Princeton University Press, 1973.

MANN, Michael. *Fascists*. Cambridge: Cambridge University Press, 2004.

_____. *The Dark Side of Democracy: Explaining Ethnic Cleansing*. Cambridge: Cambridge University Press, 2005.

MANN, Michael. *The Sources of Social Power*. Cambridge: Cambridge University Press, 2012. v. 3: *Global Empires and Revolution, 1890-1945*.

MARRUS, Michael. R. *The Nuremberg War Crimes Trial 1945-46: A Documentary History*. Boston; Nova York: Bedford; St. Martin's, 1997.

MARWICK, Arthur. *The Deluge: British Society and the First World War*. Londres: The Bodley Head, 1965.

_____. *War and Social Change in the Twentieth Century: A Comparative Study of Britain, France, Germany, Russia, and the United States*. Nova York: St. Martin's Press, 1975.

_____ (Org.). *Total War and Social Change*. Londres: Macmillan, 1988.

MASON, Timothy W. *Sozialpolitik im Dritten Reich. Arbeiterklasse und Volksgemeinschaft*. Opladen: Westdeutscher, 1977.

_____. *Nazism, Fascism and the Working Class: Essays by Tim Mason*. Ed. Jane Kaplan. Cambridge: Cambridge University Press, 1995.

MAWDSLEY, Evan. *The Stalin Years: The Soviet Union, 1929-1953*. Manchester: Manchester University Press, 1998.

_____. *The Russian Civil War*. Edimburgo: Birlinn, 2000.

MAYER, Arno J. *The Persistence of the Old Regime: Europe to the Great War*. Londres: Croom Helm, 1981.

_____. *Why Did the Heavens not Darken? The "Final Solution" in History*. Nova York: Pantheon 1988.

MAZOWER, Mark. *Inside Hitler's Greece: The Experience of Occupation, 1941-44*. New Haven, CT; Londres: Yale University Press, 1993.

_____. *Dark Continent: Europe's Twentieth Century*. Londres: Allen Lane, 1998. [Ed. bras.: *Continente sombrio: A Europa no século XX*. São Paulo: Companhia das Letras, 2001.]

_____. *The Balkans: From the End of Byzantium to the Present Day*. Londres: Phoenix, 2001.

_____. *Hitler's Empire: Nazi Rule in Occupied Europe*. Londres: Penguin, 2008. [Ed. bras.: *O império de Hitler: a Europa sobre o domínio nazista*. São Paulo: Companhia das Letras, 2013.]

MCCAULEY, Martin. *The Origins of the Cold War*. Londres: Longman, 1983.

_____. *The Soviet Union, 1917-1991*. 2. ed. Londres: Routledge, 1993.

MCELLIGOTT, Anthony. *Rethinking the Weimar Republic*. Londres: Bloomsbury, 2014.

_____ (Org.). *Weimar Germany*. Oxford: Oxford University Press, 2009.

*MCLEOD. Hugh. *Religion and the People of Western Europe 1789-1970*. Oxford: Oxford University Press, 1981.

MCMEEKIN, Sean. *The Russian Origins of the First World War*. Cambridge, MA; Londres: Harvard University Press, 2011.

MCMILLAN, Dan. *How Could This Happen? Explaining the Holocaust*. Nova York: Basic, 2014.

MCMILLAN, James F. *Twentieth-Century France: Politics and Society 1898-1991*. Londres: Bloomsbury, 1992.

MEEHAN, Patricia. *The Unnecessary War: Whitehall and the German Resistance to Hitler*. Londres: Sinclair-Stevenson, 1992.

*MERRIDALE, Catherine. *Night of Stone: Death and Memory in Russia*. Londres: Granta, 2000.

*_____. *Ivan's War: The Red Army 1939-1945*. Londres: Faber & Faber, 2005.

MERRIMAN, John. *A History of Modern Europe*. 2. ed. Nova York: W. W. Norton, 2004. v. 2: *From the French Revolution to the Present*.

MICHAELIS, Meir. *Mussolini and the Jews*. Oxford: Clarendon Press, 1978.

MICHALKA, Wolfgang (Org.). *Die nationalsozialistische Machtergreifung*. Paderborn: Schöningh, 1984.

MICHMANN, Dan. *Angst vor den 'Ostjuden'. Die Entstehung der Ghettos während des Holocaust*. Frankfurt: S. Fischer, 2011.

_____ (Org.). *Belgium and the Holocaust*. Jerusalém: Yad Vashem, 1998.

MILWARD, Alan S. *The Economic Effects of the World Wars on Britain*. Londres: Macmilliam, 1970.

_____. *The Reconstruction of Western Europe 1945-51*. Londres: Routledge, 1984.

_____. *War, Economy and Society 1939-1945*. Harmondsworth: Penguin, 1987.

MITCHELL, B. R. (Org.). *International Historical Statistics: Europe, 1750-2000*. Basingstoke: Palgrave Macmillan, 2003.

MÖLLER, Horst. *Europa zwischen den Weltkriegen*. Munique: R. Oldenbourg, 1998.

*MOMBAUER, Annika. *The Origins of the First World War: Diplomatic and Military Documents*. Manchester: Manchester University Press, 2013.

MOMMSEN, Hans. *From Weimar to Auschwitz: Essays in German History*. Londres: Polity, 1991.

_____. *The Rise and Fall of Weimar Democracy*. Chapel Hill; Londres: University of North Carolina Press, 1996.

_____. *Zur Geschichte Deutschlands im 20. Jahrhundert. Demokratie, Diktatur, Widerstand*. Munique: DVA, 2010.

_____. *Das NS-Regime und die Auslöschung des Judentums in Europa*. Göttingen: Wallstein, 2014.

MOMMSEN, Wolfgang J. *Imperial Germany 1867-1918: Politics, Culture and Society in an Authoritarian State*. Londres: E. Arnold, 1995.

MOMMSEN, Wolfgang; KETTENACKER, Lothar (Orgs.). *The Fascist Challenge and the Policy of Appeasement*. Londres: G. Allen & Unwin, 1983.

MONTEFIORE, Simon Sebag. *Stalin: The Court of the Red Tsar*. Londres: Vintage, 2003.

MOORE, Bob. *Refugees from Nazi Germany in the Netherlands 1933-1940*. Dordrecht: M. Nijhoff, 1986.

_____. *Victims and Survivors: The Nazi Persecution of the Jews in the Netherlands 1940-1945*. Londres: E. Arnold, 1997.

_____. *Survivors: Jewish Self-Help and Rescue in Nazi Occupied Western Europe*. Oxford: Oxford University Press, 2010.

_____ (Org.). *Resistance in Western Europe*. Oxford e Nova York: Berg, 2000.

MOORHOUSE, Roger. *Killing Hitler*. Londres: Vintage, 2007.

_____. *The Devil's Alliance: Hitler's Pact with Stalin 1939-1941*. Nova York: Basic, 2014.

MORGAN, Kenneth O. *Labour in Power 1945-1951*. Oxford: Oxford University Press, 1985.

MORGAN, Philip. *Italian Fascism*. Londres: Palgrave Macmillan, 2004.

MORRIS, Jeremy. *The Church in the Modern Age*. Londres: I. B.Tauris, 2007.

MOSSE, George L. *The Culture of Western Europe: The Nineteenth and Twentieth Centuries*. Londres: Murray, 1963.

_____. *The Crisis of German Ideology*. Londres: Weidenfeld & Nicolson, 1966.

_____. *The Nationalization of the Masses*. Nova York: H. Fertig, 1975.

_____. *Fallen Soldiers: Reshaping the Memory of the World Wars*. Nova York: Oxford University Press, 1990.

_____ (Org.). *International Fascism: New Thoughts and New Approaches*. Londres: Sage, 1979.

MOWATT, Charles Loch. *Britain between the Wars 1918-1940*. Londres, 1955.

_____ (Org.). *The New Cambridge Modern History*. Cambridge: Cambridge University Press, 1968. v. 12: *The Era of Violence 1898-1945*.

MÜHLBERGER, Detlef. *The Social Bases of Nazism 1919-1933*. Cambridge: Cambridge University Press, 2003.

*MÜNKLER, Herfried. *Der Grosse Krieg. Die Welt 1914 bis 1918*. Berlim: Rowohlt, 2013.

NAIMARK, Norman M. *The Russians in Germany: a History of the Soviet Zone of Occupation, 1945-1949*. Cambridge, MA: Harvard University Press, 1995.

*_____. *Fires of Hatred: Ethnic Cleansing in Twentieth-Century Europe*. Cambridge, MA; Londres: Harvard University Press, 2001.

_____. *Stalin's Genocides*. Princeton, NJ: Princeton University Press, 2010.

_____. "Stalin and Europe in the Postwar Period. 1945-53: Issues and Problems". *Journal of Modern European History*, n. 2, v. 1, 2004.

NEITZEL, Sönke. *Weltkrieg und Revolution 1914-1918/19*. Berlim: bre.bra, 2008.

NEWMAN, Karl J. *European Democracy between the Wars*. Londres: Allen & Unwin, 1970.

*NIELSEN, Frederick. *Ein Emigrant für Deutschland. Tagebuchaufzeichnungen. Aufrufe und Berichte aus den Jahren 1933-1943*. Darmstadt: Bläschke, 1977.

*NIETHAMMER, Lutz. *Die Mitläuferfabrik. Die Entnazifizierung am Beispiel Bayerns*. Berlim: Dietz, 1982.

*NOAKES, Jeremy. "Nazism and Eugenics". In: BULLEN, R. J.; STRANDMANN, H. Pogge von; POLONSKY. A. B. (Orgs.). *Ideas into Politics: Aspects of European History 1880-1950*. Londres: Croom Helm, 1984.

_____ (Org.). *The Civilian in War*. Exeter: University of Exeter Press, 1992.

*_____; PRIDHAM, Geoffrey (Orgs.). *Nazism 1919-1945: A Documentary Reader*. Exeter: University of Exeter Press, 1983, 1984, 1988, 1998. 4 v.

NOLTE, Ernst. *Three Faces of Fascism: Action Française, Italian Fascism, National Socialism*. Londres: Henry Holt, 1965.

NOVE, Alec. *Stalinism and After*. Londres: Routledge, 1975.

ORTH, Karin. *Das System der nationalsozialistischen Konzentrationslager. Eine politische Organisationsgeschichte*. Hamburgo: Hamburger, 1999.

*ORWELL, George. *Down and Out in Paris and Londres*. Londres: Victor Gollancz, 1933. [Ed. bras.: *Na pior em Paris e Londres*. São Paulo: Companhia das Letras, 2006.]

*_____. *The Road to Wigan Pier*. Londres: Victor Gollancz, 1937. [Ed. bras.: *O caminho para Wigan Pier*. São Paulo: Companhia das Letras, 2010.]

*_____. *Homage to Catalonia*. Londres: Victor Gollancz, 1938.

OVERY. Richard. *War and the Economy in the Third Reich*. Oxford: Clarendon Press, 1994.

_____. *Why the Allies Won*. Londres: Jonathan Cape, 1995.

_____. *The Nazi Economic Recovery 1932-1938*. Cambridge: Cambridge University Press, 1996.

_____. *Russia's War 1941-1945*. Londres: Penguin, 1999.

_____. *The Dictators: Hitler's Germany and Stalin's Russia*. Londres: W. W. Norton, 2004.

*_____. *The Morbid Age: Britain and the Crisis of Civilization, 1919-1939*. Londres: Penguin, 2010.

_____. *The Bombing War: Europe 1939-1945*. Londres: Penguin, 2013.

PARKER, R. A. C. *Struggle for Survival: The History of the Second World War*. Oxford: Oxford University Press, 1990.

_____. *Chamberlain and Appeasement: British Policy and the Coming of the Second World War*. Londres: Macmillan, 1993.

_____. *Churchill and Appeasement: Could Churchill have Prevented the Second World War?* Londres: Macmillan, 2000.

PASSMORE, Kevin. *Fascism: A Very Short Introduction*. Oxford: Oxford University Press, 2002.

PAXTON, Robert O. *Vichy France: Old Guard and New Order 1940-1944*. Londres: Barrie & Jenkins, 1972.

_____. *The Anatomy of Fascism*. Londres: Allen Lane, 2004.

PAYNE, Stanley G. *Falange: A History of Spanish Fascism*. Stanford: Stanford University Press, 1961.

_____. *A History of Fascism 1914-1945*. Londres: University College London Press, 1995.

PETZINA, Dietmar; ABELSHAUSER, Werner; FAUST. Anselm (Orgs.). *Sozialgeschichtliches Arbeitsbuch III. Materialien zur Statistik des Deutschen Reiches 1914-1945*. Munique: C. H. Beck, 1978.

*PEUKERT, Detlev J. K. *The Weimar Republic: The Crisis of Classical Modernity*. Londres: Allen Lane, 1991.

PHAYER, Michael. *The Catholic Church and the Holocaust*. Bloomington, IN: Indiana University Press, 2000.

PIKETTY, Thomas. *Capital in the Twenty-First Century*. Cambridge, MA; Londres: The Belknap Press, 2014.

*POLLARD, Sidney; HOLMES, Colin (Orgs.). *Documents in European Economic History*. Londres: E. Arnold, 1973. v. 3: *The End of the Old Europe 1914-1939*.

POLONSKY, Antony. *The Little Dictators: The History of Eastern Europe since 1918*. Londres: Routledge & K. Paul, 1975.

POPE, Stephen; WHEAL, Elizabeth-Anne. *Macmillan Dictionary of the First World War*. Londres: St. Martin's, 1995.

_____. *Macmillan Dictionary of the Second World War*. 2. ed. Londres: Macmillan, 1995.

PRESTON, Paul. *Franco*. Londres: HarperCollins, 1993.

_____. *The Coming of the Spanish Civil War*. 2. ed. Londres: Routledge, 1994.

_____. *The Politics of Revenge: Fascism and the Military in 20th Century Spain*. Londres: Routledge, 1995.

_____. *Comrades: Portraits from the Spanish Civil War*. Londres: HarperCollins, 1999.

_____. *The Spanish Civil War: Reaction, Revolution and Revenge*. Londres: HarperCollins, 2006.

*_____. *The Spanish Holocaust: Inquisition and Extermination in Twentieth-Century Spain*. Londres: HarperCollins, 2012.

_____; MACKENZIE, Ann L. (Orgs.). *The Republic Besieged: Civil War in Spain 1936-1939*. Edimburgo: Edinburgh University Press, 1996.

PRIESTLAND, David. *Merchant, Soldier, Sage: A New History of Power*. Londres: Penguin, 2012.

PRITCHARD, Gareth. *The Making of the GDR, 1945-1953*. Manchester: Manchester University Press, 2000.

PUGH, Martin. *We Danced All Night: A Social History of Britain between the Wars*. Londres: Vintage, 2009.

RAPHAEL, Lutz. *Imperiale Gewalt und mobilisierte Nation. Europa 1914-1945*. Munique: C. H. Beck, 2011.

*REES, Laurence. *The Nazis: A Warning from History*. Londres: BBC Books, 1997.

*_____. *War of the Century: When Hitler Fought Stalin*. Londres: BBC Books, 1999.

_____. *Auschwitz: The Nazis and the "Final Solution"*. Londres: BBC Books, 2005.

_____. *Behind Closed Doors: Stalin, the Nazis and the West*. Londres: BBC Books, 2008.

REICH-RANICKI, Marcel. *Mein Leben*. Stuttgart: DVA, 1999.

REYNOLDS, David. *The Long Shadow: The Great War and the Twentieth Century*. Londres: Simon and Schuster, 2013.

REYNOLDS, David. "The Origins of the Two 'World Wars': Historical Discourse and International Politics". *Journal of Contemporary History*, n. 38, v. 1, 2003.

REYNOLDS, Michael A. *Shattering Empires: The Clash and Collapse of the Ottoman and Russian Empires, 1908-1918*. Cambridge: Cambridge University Press, 2011.

RHODES, Anthony. *The Vatican in the Age of the Dictators 1922-45*. Londres: Holt, Rinehart and Winston, 1973.

RICHARDS, Michael. *A Time of Silence: Civil War and the Culture of Repression in Franco's Spain, 1936-1945*. Cambridge: Cambridge University Press, 1998.

ROBERTS, Andrew. *Masters and Commanders: How Roosevelt, Churchill, Marshall and Alanbrooke Won the War in the West*. Londres: Allen Lane, 2008.

———. *The Storm of War: A New History of the Second World War*. Londres: Penguin, 2009.

ROBERTS. J. M. *A History of Europe*. Oxford: Helicon, 1996.

———. *Twentieth Century: A History of the World, 1901 to the Present*. Londres: Penguin, 1999.

ROBERTSON, Ritchie. *Kafka: A Very Short Introduction*. Oxford: Oxford University Press, 2004.

RODRIGUE, Aron. "The Mass Destruction of Armenians and Jews in the 20th Century in Historical Perspective". In: KIESER, Hans-Lukas; SCHALLER, Dominik J. (Orgs.). *Der Völkermord an den Armeniern und die Shoah*. Zurich: Chronos, 2002.

ROGGER, Hans; WEBER, Eugen (Orgs.). *The European Right: A Historical Profile*. Londres: Weidenfeld & Nicolson, 1965.

RÖHL, John C. G. *Wilhelm II. Der Weg in den Abgrund 1900-1941*. Munique: C. H. Beck, 2008.

ROSE, Richard. *What is Europe?* Nova York: HarperCollins, 1996.

ROSEMAN, Mark. "National Socialism and the End of Modernity". *American Historical Review*, n. 116, v. 3, 2011.

ROSENBERG, Emily S. (Org.). *Geschichte der Welt 1870-1945. Weltmärkte und Weltkriege*. Munique: C. H. Beck, 2012.

ROTHSCHILD, Joseph. *East Central Europe between the Two World Wars*. Seattle: University of Washington Press, 1977.

ROUSSO, Henry. *Le Syndrome de Vichy de 1944 à nos jours*. Paris: Seuil, 1990.

———. *Les Années noires: vivre sous l'occupation*. Paris: Gallimard, 1992.

———. *Vichy, L'événement, la mémoire, l'histoire*. Paris: Gallimard, 2001.

——— (Org.). *Stalinisme et nazisme. Histoire et mémoire comparées*. Paris: Complexe, 1999.

SARTORI, Roland (Org.). *The Ax Within: Italian Fascism in Action*. Nova York: New Viewpoints, 1974.

SASSOON, Donald. *The Culture of the Europeans: From 1800 to the Present*. Londres: HarperCollins, 2006.

*SCHELL, Margarete. *Ein Tagebuch aus Prag 1945-46*. Kassel: Herbert M. Nuhr, 1957.

SCHOENBAUM, David. *Hitler's Social Revolution: Class and Status in Nazi Germany 1933-1939*. Nova York: Doubleday, 1967.

SCHWEITZER, Arthur. *The Age of Charisma*. Chicago: Nelson-Hall, 1984.

SEBESTYEN, Victor. *1946: The Making of the Modern World*. Londres: Pan Macmillan, 2014.

SERVICE, Robert. *The Bolshevik Party in Revolution: A Study in Organisational Change 1917-1923*. Londres: Macmillan, 1979.

———. *The Russian Revolution 1900-1927*. Londres: Macmillan, 1986.

———. *A History of Twentieth-Century Russia*. Londres: Harvard University Press, 1998.

———. *Lenin: A Biography*. Londres: Macmillan, 2000.

SERVICE, Robert. *Stalin: A Biography*. Londres: Macmillan, 2004.

SHARP, Alan. *The Versailles Settlement: Peacemaking in Paris, 1919*. Basingstoke: Macmillan, 1991.

SHEEHAN, James. *The Monopoly of Violence: Why Europeans Hate Going to War*. Londres: Faber & Faber, 2010.

SHEFFIELD, Gary. *Forgotten Victory: The First World War — Myths and Realities*. Londres: Headline, 2002.

SHEPHARD, Ben. *The Long Road Home: The Aftermath of the Second World War*. Londres: Random House, 2010.

SHERRATT, Yvonne. *Hitler's Philosophers*. New Haven, CT; Londres: Yale University Press, 2013.

*SHIRER, William L. *Berlin Diary: The Journal of a Foreign Correspondent, 1934-1941*. Londres: A. A. Knopf, 1941.

*SHORE, Marci. *Caviar and Ashes: A Warsaw Generation's Life and Death in Marxism, 1918-1968*. New Haven, CT; Londres: Yale University Press, 2006.

SIMMS, Brendan. *Europe: The Struggle for Supremacy, 1453 to the Present*. Londres: Allen Lane, 2013.

SIRINELLI, Jean-François (Org.). *Histoire des droites en France*. Paris: Gallimard, 1992. v. 1: *Politique*.

SKIDELSKY, Robert. *J. M. Keynes: Economist, Philosopher, Statesman*. Londres: Penguin, 2003.

*SŁOMKA, Jan. *From Serfdom to Self-Government: Memoirs of a Polish Village Mayor, 1842-1927*. Londres: Minerva, 1941.

SMITH, L. V.; AUDOIN-ROUZEAU, Stephane; BECKER, Annette. *France and the Great War, 1914-18*. Cambridge: Cambridge University Press, 2003.

SMITH, S. A. *Red Petrograd: Revolution in the Factories 1917-1918*. Cambridge: Cambridge University Press, 1983.

*SNOWDEN, Ethel ("Mrs. Philip"). *A Political Pilgrim in Europe*. Londres: Cassell, 1921.

*SNYDER, Timothy. *Bloodlands: Europe between Hitler and Stalin*. Nova York: Basic Books, 2010.

SOUCY, Robert. *French Fascism: The First Wave, 1924-1933*. New Haven, CT; Londres: Yale University Press, 1986.

_____. *French Fascism: The Second Wave, 1933-1939*. New Haven, CT; Londres: Yale University Press, 1995.

*SPERBER, Manès. *Bis man mir Scherben auf die Augen legt. All' das Vergangene....* Viena: Europa, 1977.

STACHURA, Peter D. *Poland in the Twentieth Century*. Londres: St. Martin's, 1999.

_____. *Poland, 1918-1945*. Londres: Routledge, 2004.

_____ (Org.). *Unemployment and the Great Depression in Weimar Germany*. Basingstoke: Macmillan, 1986.

*_____ (Org.). *Poland between the Wars, 1918-1939*. Londres: Macmillan, 1998.

STARGARDT, Nicholas. *The German Idea of Militarism: Radical and Socialist Critics 1866-1914*. Cambridge: Cambridge University Press, 1994.

_____. *Witnesses of War: Children's Lives under the Nazis*. Londres: Jonathan Cape, 2005.

*_____. *The German War: A Nation under Arms, 1939-45*. Londres: Random House, 2015.

_____. "Wartime Occupation by Germany: Food and Sex". In: BOSWORTH, Richard; MAIOLO, Joseph (Orgs.). *Cambridge History of the Second World War*. Cambridge: Cambridge University Press, 2015. v. 2: *Politics and Ideology*.

STARITZ, Dietrich. *Die Gründung der DDR*. Munique: DTV, 1984.

STEINBERG, Jonathan. *All or Nothing: The Axis and the Holocaust 1941-43*. Londres: Routledge, 1991.

*STEINER, Zara. *The Lights that Failed: European International History 1919-1933*. Oxford: Oxford University Press, 2005.

*_____. *The Triumph of the Dark: European International History 1933-1939*. Oxford: Oxford University Press, 2011.

STEINERT, Marlis. *Hitlers Krieg und die Deutschen*. Düsseldorf e Viena: Econ, 1970.

STERN, Fritz. *Einstein's German World*. Londres, 2000.

_____. *Five Germanys I Have Known*. Nova York: Farrar, Straus and Giroux, 2006.

_____. *Der Westen im 20. Jahrhundert. Selbstzerstörung, Wiederaufbau, Gefährdungen der Gegenwart*. Göttingen: Wallstein, 2008.

STERNHELL, Zeev. *Ni Droite, ni Gauche. L'idéologie fasciste en France*. Paris: Complexe, 1987.

STEVENSON, David. *Armaments and the Coming of War: Europe 1904-14*. Oxford: Oxford University Press, 1996.

_____. *Cataclysm: The First World War as Political Tragedy*. Nova York: Basic Books, 2004.

STEVENSON, John; COOK, Chris. *The Slump: Society and Politics during the Depression*. Londres: Jonathan Cape, 1977.

STONE, Dan. *Histories of the Holocaust*. Oxford: Oxford University Press, 2010.

STONE, Norman. *The Eastern Front 1914-1917*. Londres: Hodder and Stoughton, 1975.

_____. *World War One: A Short History*. Londres: Penguin, 2007.

STRACHAN, Hew. *The First World War*. Oxford: Oxford University Press, 2001. v. 1: *To Arms*.

_____. *The First World War*. Londres: Penguin, 2006.

SUGAR, Peter F. (Org.). *Fascism in the Successor States 1918-1945*. Santa Barbara, CA: ABC-CLIO, 1971.

SUNY, Ronald Grigor. *The Soviet Experiment: Russia, the USSR, and the Successor States*. Nova York: Oxford University Press, 1998.

*TAYLOR, A. J. P. *English History 1914-1945*. Londres: Penguin, 1970.

_____. *From Sarajevo to Potsdam: The Years 1914-1945*. Londres: Book Club Associates, 1974.

TAYLOR, Frederick. *Hitler: The Occupation and Denazification of Germany*. Londres: Bloomsbury, 2011.

_____. *The Downfall of Money: Germany's Hyperinflation and the Destruction of the Middle Class*. Londres: Bloomsbury, 2013.

THAMER, Hans-Ulrich. *Verführung und Gewalt. Deutschland 1933-1945*. Berlim: Dt. Buch-Gemeinschaft, 1986.

THOMAS, Hugh. *The Spanish Civil War*. Londres: Eyre & Spottiswoode, 1961.

THRÄNHARDT, Dietrich. *Geschichte der Bundesrepublik Deutschland*. Frankfurt: Suhrkamp, 1986.

THURLOW, Richard. *Fascism in Britain: A History, 1918-1985*. Londres: Blackwell, 1987.

TODOROV, Tzvetan. *The Fragility of Goodness: Why Bulgaria's Jews Survived the Holocaust*. Londres: Princeton University Press, 2001.

_____. *Hope and Memory: Reflections on the Twentieth Century*. Princeton, NJ: Princeton University Press, 2003.

TOMKA, Béla. *A Social History of Twentieth-Century Europe*. Londres: Routledge, 2013.

TOOZE, Adam. *The Wages of Destruction: The Making and Breaking of the Nazi Economy*. Londres: Allen Lane, 2006.

_____. *The Deluge: The Great War and the Remaking of Global Order 1916-1931*. Londres: Penguin, 2014.

TRAVERSO, Enzo. *The Origins of Nazi Violence*. Nova York: New Press, 2003.

_____. "Intellectuals and Anti-Fascism: For a Critical Historization". *New Politics*, n. 9, v. 4, 2004.

TRAVERSO, Enzo. (Org.). *Le Totalitarisme. Le XXe siècle en débat*. Paris: Seuil, 2001.

TRENTMANN, Frank; FLEMMING, Just (Orgs.). *Food and Conflict in Europe in the Age of the Two World Wars*. Basingstoke: Palgrave Macmillan, 2006.

TUCKER, Robert C. *Stalin in Power: The Revolution from Above, 1928-1941*. Nova York: Norton, 1990.

*ULRICH, Bernd; ZIEMANN, Benjamin (Orgs.). *German Soldiers in the Great War: Letters and Eyewitness Accounts*. Barnsley: Pen & Sword Military, 2010.

UNGER, Aryeh L. *The Totalitarian Party: Party and People in Nazi Germany and Soviet Russia*. Cambridge: Cambridge University Press, 1974.

VERHEY, Jeffrey. *The Spirit of 1914: Militarism, Myth and Mobilisation in Germany*. Cambridge: Cambridge University Press, 2000.

VICKERS, Miranda. *The Albanians: A Modern History*. Londres: I. B. Tauris, 1995.

VINCENT, Mary. *Spain 1833-2002: People and State*. Oxford: Oxford University Press, 2007.

VINEN, Richard. *A History in Fragments: Europe in the Twentieth Century*. Londres: Little, Brown, 2000.

VOLKOGONOV, Dmitri. *Stalin: Triumph and Tragedy*. Londres: Prima, 1991.

WACHSMANN, Nikolaus. *KL: A History of the Nazi Concentration Camps*. Nova York: Farrar, Straus and Giroux, 2015.

WADDINGTON, Lorna. *Hitler's Crusade: Bolshevism and the Myth of the International Jewish Conspiracy*. Londres: I. B. Tauris, 2007.

WALKER, Mark. *Nazi Science: Myth, Truth, and the German Atomic Bomb*. Nova York: Springer, 1995.

WALLER, Philip; ROWELL, John (Orgs.). *Chronology of the 20th Century*. Oxford: Helicon, 1995.

WASSERSTEIN, Bernard. *Barbarism and Civilisation: A History of Europe in Our Time*. Oxford: Oxford University Press, 2007.

_____. *On the Eve: The Jews of Europe before the Second World War*. Londres: Simon and Schuster, 2012.

WATSON, Alexander. *Ring of Steel: Germany and Austria-Hungary at War, 1914-1918*. Londres: Penguin, 2014.

WATT, Donald Cameron. *How War Came: The Immediate Origins of the Second World War, 1938-1939*. Londres: Pantheon, 1990.

*WEBER, Eugen. *Varieties of Fascism*. Nova York: Van Nostrand, 1964.

*_____. *The Hollow Years: France in the 1930s*. Nova York; Londres: W. Norton & Company, 1996.

WEE, Herman van der. *Prosperity and Upheaval: The World Economy 1945-1980*. Harmondsworth: Penguin, 1987.

WEHLER, Hans-Ulrich. *Deutsche Gesellschaftsgeschichte*. Munique: C. H. Beck, 2003. v. 4: 1914-1949.

WEINBERG, Gerhard. *The Foreign Policy of Hitler's Germany*. Chicago; Londres: University of Chicago Press, 1970, 1980. 2 v.

_____. *A World at Arms*. Cambridge: Cambridge University Press, 1994.

WEINDLING, Paul. *Health, Race and German Politics between National Unification and Nazism*. Cambridge: Cambridge University Press, 1989.

WEISS-WENDT, Anton. *Murder without Hatred: Estonians and the Holocaust*. Syracuse, NY: Syracuse University Press, 2009.

WELCH, David. *Germany, Propaganda and Total War 1914-18*. Nova Jersey: Rutgers University Press, 2000.

WERTH, Alexander. *Russia at War 1941-1945*. Nova York: Carroll & Graf, 1984.

546

WINKLER, Heinrich August. *Geschichte des Westens. Die Zeit der Weltkriege 1914-1945*. Munique: C. H. Beck, 2011.

WINKLER, Heinrich August. *Geschichte des Westens. Vom Kalten Krieg zum Mauerfall*. Munique: C. H. Beck, 2014.

WINSTONE, Martin. *The Dark Heart of Hitler's Europe: Nazi Rule in Poland under the General Government*. Londres: I. B.Tauris, 2015.

WINTER, Jay. *Sites of Memory, Sites of Mourning: The Great War in European Cultural History*. Cambridge: Cambridge University Press, 1995.

_____. *Dreams of Peace and Freedom: Utopian Moments in the 20th Century*. New Haven, CT; Londres: Yale University Press, 2006.

_____; PROST, Antoine. *The Great War in History: Debates and Controversies 1914 to the Present*. Cambridge: Cambridge University Press, 2005.

_____; PARKER, Geoffrey; HABECK, Mary R. (Orgs.). *The Great War and the Twentieth Century*. New Haven, CT; Londres: Yale University Press, 2000.

WIRSCHING, Andreas. "Political Violence in France and Italy after 1918". *Journal of Modern European History*, n. 1, v. 1, 2003.

WOLLER, Hans. *Die Abrechnung mit dem Faschismus in Italien 1943 bis 1948*. Munique: De Gruyter Oldenbourg, 1996.

_____. *Geschichte Italiens im 20. Jahrhundert*. Munique: C. H. Beck, 2010.

WOOLF, S. J. (Org.). *The Nature of Fascism*. Londres: Weidenfeld & Nicolson, 1968.

_____ (Org.). *Fascism in Europe*. Londres: Methuen, 1981.

*WOODRUFF, William. *The Road to Nab End: A Lancashire Childhood*. Londres: Eland, 2000.

*_____. *Beyond Nab End*. Londres: Little, Brown, 2003.

*WRIGHT, Jonathan. *Gustav Stresemann: Weimar's Greatest Statesman*. Oxford: Oxford University Press, 2002.

WRIGLEY, Chris (Org.). *Challenges of Labour: Central and Western Europe 1917-1920*. Londres: Routledge, 1993.

WRÓBEL, Piotr. "The Seeds of Violence: The Brutalization of an East European Region, 1917-1921". *Journal of Modern European History*, n. 1, v. 1, 2003.

ZIEMANN, Benjamin. *Contested Commemorations: Republican War Veterans and Weimar Political Culture*. Cambridge: Cambridge University Press, 2013.

_____. *Gewalt im Ersten Weltkrieg*. Essen: Klartext, 2013.

_____. "Germany after the First World War — A Violent Society?". *Journal of Modern European History*, n. 1, v. 1, 2003.

ZIMMERMANN, Moshe (Org.). *On Germans and Jews under the Nazi Regime*. Jerusalém: The Hebrew University Magnes Press, 2006.

ZÜRCHER, Erik J. *Turkey: A Modern History*. Londres: I. B.Tauris, 2004.

ZUCKMAYER, Carl. *Geheimbericht*. Ed. Gunther Nickel, Johanna Schrön. Göttingen: Wallstein, 2002.

_____. *Deutschlandbericht für das Kriegsministeriuim der Vereinigten Staaten von Amerika*. Ed. Gunther Nickel, Johanna Schrön, Hans Wagener. Göttingen: Wallstein, 2004.

*ZWEIG, Stefan. *The World of Yesterday*. 3. ed. Londres: Cassell, 1944.

*_____. *Tagebücher*. Frankfurt: S. Fischer, 1984.

Índice remissivo

Abdul-Hamid II, sultão, 38

Abissínia *ver* Etiópia

abortos, 38, 215; ilegalidade de, 218

Ação Católica, 438, 441

"ação de eutanásia" (1939), ideologia de Hitler sobre, 37, 364

aço, suprimentos alemães de, 324

Acordo de Munique (setembro de 1938), 338, 342-3

Acordo Geral sobre Tarifas e Comércio (GATT), 432

Acordo Sykes-Picot, 163

Adenauer, Konrad, 500

Adler, Victor, 122

Administração das Nações Unidas para Socorro e Reconstrução (UNRRA), 473

Adorno, Theodor, 458, 461

Adowa, batalha de (1896), 35, 265

Afonso XIII, rei da Espanha, 250

África do Sul, 28, 34, 39, 63

Agadir, crise de (1911), 44

agricultura, 29, 173; coletivização soviética, 178-9, 276; declínio da população rural, 418,

429; Grande Depressão e, 174, 212-4; mecanização, 422; pós-guerra, 513; Romênia, 254

Albânia, 133; anexada pela Itália, 346; instabilidade política, 141, 200

Albers, Hans, 469

Alemanha: — ECONOMIA: balança comercial (década de 1930), 238; crescimento econômico, 28, 134; crise do sistema financeiro, 212; depois da Segunda Guerra Mundial, 165-7, 205; desemprego, 214, 216; desemprego na década de 1920, 172, 207; desemprego na década de 1930, 236; empréstimos e investimentos americanos, 167; escassez de alimentos (1936), 238, 269; inflação e hiperinflação (a partir de 1923), 112-3, 159-60, 166; nova moeda (*Reichsmark*, 1923), 166; Plano Marshall e, 512-3; Plano Quadrienal de Hitler, 269-70, 326; projetos de criação de empregos, 236; queda na produção (1929-32), 214; recuperação da Grande Depressão, 235-9; — ESQUERDA: década de 1930, 223; derrota da, 305; oposição ao Partido Nazista, 299; — POLÍTICA EXTERNA: Bálcãs, 43;

"cheque em branco" à Áustria-Hungria, 41, 42, 50; Itália, 43; medo do cerco, 43, 48, 53; Pacto Molotov-Ribbentrop (agosto 1939), 348; relações com a França (década de 1920), 192-6; Tchecoslováquia, 335-8; União Soviética, 162; visão da Rússia (1914), 50, 51; — PÓS-GUERRA: déficit habitacional depois da Segunda Guerra Mundial, 473; desnazificação, 484-7; divisão, 430; fim das ambições de grande potência, 519; ocupação Aliada, 485; política, 499-501; recuperação, 512-3; zonas de ocupação 410; — PRIMEIRA GUERRA MUNDIAL: acordos de Versalhes, 133-6; Armistício (1918), 78, 103; baixas, 63, 111; bloqueio da, 71; consequências da Revolução Russa sobre a, 77; declaração de guerra à França, 52; declaração de guerra à Rússia, 52; estratégia militar, 55; expectativa de guerra, 47-8; gastos com a defesa, 44, 93; negação da derrota, 134; ofensivas finais, 77-8; polarização da política, 100-3; reparações, 113, 136, 159, 162, 166, 196; — visão popular da, 261; — SEGUNDA GUERRA MUNDIAL: baixas, 353; civis, 406; colapso da frente oriental, 362; consequências da, 354, 410; deportações da Polônia, 367; medo do avanço do Exército Vermelho, 362, 408; Operação Barbarossa, 358-9, 367-8, 371-2; Operação Cidadela, 361; papel da ideologia na, 364-6; rendição (1945), 362, 412 —; agricultura, 422; ambições pré-Primeira Guerra Mundial, 42-3; americanismo rejeitado na, 190; anexação da Áustria (Anschluss) (1938), 253, 335; antissemitismo, 36; apoio à eugenia, 37, 219; bolchevismo temido na, 192, 381; campos de concentração, 296; campos de internação, 485; cemitérios de guerra, 117; cinema, 466; comparada à Itália, 292; constituição do Reich, 30, 130; construção de estradas, 237; Corporação de Alimentos do Reich, 238; crise de Agadir (1911), 44; democracia, 101, 158-62, 205-8, 220, 225; "eleição hotentote" (1907), 34; empréstimos de guerra, 93;

entreguerras, 24, 221, 238-9, 261-2, 297, 324; expansão territorial, 239; fragmentação do sistema político na, 222; Freikorps, 121; guinada para a ditadura, 228-92; Igreja católica na, 439, 442; indústria automobilística, 169, 237; indústria cinematográfica, 467; indústria e produção industrial, 114, 166, 172; julgamento de crimes de guerra, 484; Lei de Serviços Auxiliares (1916), 94; mão de obra imigrante, 418; memorial de guerra (Berlim — 1931), 117; mobilidade social, 428; modernismo cultural, 183-90; Movimento Cristão Alemão, 440; mudanças territoriais segundo Versalhes, 76, 135; mulheres e emprego feminino, 217; música popular, 465; nacionalismo étnico, 21, 205; natureza da ditadura de Hitler, 292-9; opinião pública (1939), 346, 352; Pacto Anti-Comintern com o Japão (1936), 284; Partido Comunista, 158, 207, 223, 227; Partido Democrático Livre (FDP), 500; Partido do Centro Alemão, 439, 499; Partido Nazista, 442-3; Partido Social-Democrata (SPD), 31; partidos políticos, 100-3, 158, 161, 206; pessimismo cultural, 191; Plano Marshall e, 513; plebiscito de 1933, 263; plebiscito de 1936, 269; população alemã, 415; programas habitacionais, 170; protestantismo na, 437, 439, 450; "saudação alemã" como empréstimo da fascista, 293; seguro-desemprego, 173, 207, 211, 215; Serviço de Empregos (1935), 236; sindicatos, 31; social-democracia, 31; teatro, 187; "terror vermelho" na, 123; troca de lideranças (1938), 334; União Democrática Cristã (CDU), 499; *ver também* Hitler, Adolf; nazismo; República Federal da Alemanha

Alemanha Oriental *ver* República Democrática Alemã

Alexandre, rei da Sérvia, 46, 202

alfabetização, 33, 415, 417, 420

Alsácia-Lorena, 194

América do Sul, fuga de nazistas para a, 483

analfabetos, 85, 150, 379

anarquismo, 32

Andaluzia, 32

Anders, Władysław, general, 387

Andreas-Friedrich, Ruth, 502

Angell, Norman: *The Great Illusion*, 29

Anschluss (anexação da Áustria pela Alemanha em 1938), 254, 465

anticlericalismo, 437, 441

Antifas (comitês antifascistas alemães), 501

antifascismo, 501; comunismo e, 452

antissemitismo, 20, 33, 35-6, 38, 123, 147, 201, 225, 248-9, 254-5, 272, 274, 292, 295, 363, 374, 381, 402, 405, 407-8, 440, 443-6, 460, 464, 477; Hungria, 122, 148; política nazista de limpeza racial, 295; *ver também* judeus

Antonescu, Ion, marechal, 371, 444

Antuérpia, 403

apaziguamento, 197, 261, 268, 328-32, 340-1, 351, 506; fim do, 344

Aragão, 319

Archdéacon, Edmond, 35

Arendt, Hannah: *Origens do totalitarismo*, 460

Argélia, 172, 388

armas e armamentismo: artilharia pesada, 62; corrida armamentista pré-Primeira Guerra Mundial, 44; produção em massa, 92

Armênia, 138, 172; deportações de armênios (1915), 419; massacres de armênios, 38, 66, 120, 419; rebelião em Van (1915), 67

Armstrong, Louis, 464

Aron, Raymond, 459

arquitetura: Bauhaus, 185; inovação tecnológica, 185

Arras, batalha de (1917), 72

art déco, 185, 469

arte, movimentos modernistas e, 182

Asquith, Herbert, 436

Associação Alemã de Psiquiatria, 191

Átila, 39

Atlântico, batalha do, 360, 387

atrocidades: — SEGUNDA GUERRA MUNDIAL: barbárie na guerra soviética, 370; câmaras de gás, 376-7; genocídio de judeus, 364, 374-5, 445-6; pelo Exército Vermelho na Alemanha, 362;
trabalho escravo, 365, 377 —; Amritsar, 119; contra armênios, 38, 66, 120, 419; exceções a, 382; Irlanda, 119; retaliação violenta e vingança depois da Segunda Guerra Mundial, 474-80; *ver também* campos de concentração; genocídio

Attlee, Clement, 492-3

Auden, W. H., 452

Auschwitz, campo de concentração de, 124, 365-6, 377-9, 403, 444-5, 465, 483; libertação pelo Exército Vermelho, 378

Austrália, 63

Áustria, 138; anexação pela Alemanha (Anschluss, 1938), 254, 465; democracia, 198; economia, 214; expurgos do pós-guerra, 482; movimentos fascistas, 253; Partido Nazista, 253; partidos políticos, 146, 495; política externa (1937), 334; "terror vermelho", 123

Áustria-Hungria: — PRIMEIRA GUERRA MUNDIAL: baixas, 63, 111; declaração de guerra, 53; derrota pela Sérvia, 65; ofensiva dos Cárpatos (1914-5), 67; planos de guerra, 55; preparação para a guerra, 45, 50; — "cheque em branco" da Alemanha para a, 41-2, 50; e a Rússia, 51, 53; e a Sérvia, 41-2, 46, 49; movimentos nacionalistas separatistas, 105; reação ao assassinato de Francisco Fernando, 46, 50

Austro-Húngaro, Império, 20, 30; colapso, 104-5, 130

autodeterminação, conceito de Woodrow Wilson de, 75, 131

automobilismo italiano, 290

automóveis *ver* carros

autoritarismo, 210; desvio para o, 220, 240, 256; e ditaduras, 272-3; e fascismo, 244; não dinâmico, 273; *ver também* ditaduras

aviões: motor a jato, 422; Primeira Guerra Mundial, 62

Azerbaijão, 138

Babi-Yar, ravina de (Kiev), massacre de judeus em, 375

Bacall, Lauren, 470

Baden, príncipe Max von, chanceler do Reich (1918), 102

baixas: — PRIMEIRA GUERRA MUNDIAL, 63-7, 107, 111; feridos e mutilados, 83, 111, 115; italianas, 76; pântanos do Pripet, 70; Somme, 70; Verdun, 69; — SEGUNDA GUERRA MUNDIAL, 353-4, 361, 473; Inglaterra, 394; União Soviética, 371 —; Guerra Civil Espanhola, 321

Baker, Josephine, 190

Balbo, Italo, 290

Bálcãs, 38, 42, 44, 50-1, 53, 68, 106, 121, 199, 356, 506; guerras balcânicas, 44, 46, 106; interesse russo nos, 49; Liga Balcânica, 44; sistemas políticos, 200; ver também Bósnia-Herzegóvina; Croácia; Iugoslávia; Sérvia

Baldwin, Stanley, 204, 230, 328-9; renúncia, 330-1

Balfour, Arthur, 163

bálticos, países, 174, 302, 354, 356, 372, 437, 479; controle soviético dos (1940), 356; expurgos de colaboracionistas, 479; igrejas, 445; judeus nos, 445; ver também Estônia; Letônia; Lituânia

Banco da Inglaterra, 28, 492; e o padrão-ouro, 167, 212

Banco Internacional de Reconstrução e Desenvolvimento (Banco Mundial), 432

bancos e o sistema financeiro: Grande Depressão, 212; Suíça, 390

Barbusse, Henri, 452

Barmen, Declaração de (1934), 440

Barth, Karl, 440, 449, 459

Battle of the Somme, The (filme britânico), 91

Bauer, Otto, 122, 452

Bauhaus, 185

Baviera, 213; política (anos 1920), 159-60

BBC, 170; Sir John Reith e a, 462

Bebel, August, 26-7

Beck, Ludwig, general, 336

Beckmann, Max, 184

belgas, lutando com as Forças Armadas dos Aliados na Segunda Guerra Mundial, 386

Bélgica, 29, 62, 64-5, 73-4, 102, 116, 134, 136, 140, 168, 194, 212, 214, 240, 247, 256, 356, 377, 387, 400, 445, 448, 475, 482, 490, 496, 518; — PRIMEIRA GUERRA MUNDIAL: baixas de civis, 64; devastação, 112; invasão alemã (1914), 53 —; apoio ao fascismo, 247; crescimento econômico, 168; e o Congo, 39; julgamento de crimes de guerra, 481; ocupação alemã, 400; partidos políticos depois da Segunda Guerra Mundial, 495; recuperação da Grande Depressão, 232; redes de apoio aos judeus, 403; vingança depois da Segunda Guerra Mundial, 475; voto feminino, 426

Bell, George, bispo de Chichester, 471

Belzec (Polônia), câmaras de gás em, 376

bem-estar social, 233, 289, 425, 493, 500

Beneš, Edvard, 478, 505-6

Benn, Gottfried, 455

Bento XV, papa, 436, 446

Berchtold, Leopold, conde, 47

Berg, Alban, 183

Bergen-Belsen, campo de concentração de, 474, 485

Berlim, 27, 56, 520; ponte aérea (1949), 517; queda ante o Exército Vermelho, 362

Bernadette Soubirous, santa, 438

Bessarábia (Romênia), anexação russa da, 356

Bethmann Hollweg, Theobald von, 26, 50, 52

Bevan, Aneurin, 492, 493

Beveridge, William, Lord, 37, 389, 426, 493; e a condição da mulher, 426

Bevin, Ernest, 492, 512

bibliotecas públicas, 188

Bidault, Georges, 497

Bielorrússia, 70, 354, 375, 382, 430

Bilbao, bombardeio de (1938), 317

Binding, Karl, 191

Birkenau, campo de concentração de, 377

Black and Tans (paramilitares na Irlanda), 119

Blake, William, 492

Blomberg, Werner von, 325, 334-5

Bloomsbury, Grupo de, 183

Blum, Léon, 307-8, 310-2, 316, 329

Bôeres, Guerra dos (1899-1902), 39

Bogart, Humphrey, 470

bolchevismo, 20, 22; contrarrevoluções contra, 120-4; judeus ligados ao, 94, 269; medo ocidental do, 130, 149, 159; ódio dos ditadores ao, 269; triunfo do, 124-30; ver também Partido Bolchevique

bomba atômica, 25, 411-2, 422, 518

bombardeios aéreos: — PRIMEIRA GUERRA MUNDIAL, 62; — SEGUNDA GUERRA MUNDIAL, 357, 407, 429; "bombardeio de área", 360; Dresden, 361; Inglaterra, 393 — ; Guerra Civil Espanhola, 317

Bonhoeffer, Dietrich, 471

Bonnet, Georges, 329, 350-1

Boris III, rei da Bulgária, 200

Bormann, Martin, 483-4

Bósforo, estreito de, 43, 53, 512

Bósnia-Herzegóvina, 370; anexação pela Áustria (1908), 44-5, 50

Bowlly, Al, 463

boxers, rebelião dos (1900), 39

Brasil, 459

Brasillach, Robert, 455

Braun, Wernher von, 422

Brecht, Bertolt, 187, 452-3

Brest-Litovski, Tratado de (1918), 75-6, 135

Bretton Woods, Conferência de, 432; redução das reservas em dólar, 514

Briand, Aristide, 193-5, 197, 470

Brittain, Vera, 111, 118

Broniewska, Janina, 472

Brüning, Heinrich, 208, 221-2

Brusilov, Aleksey Alekseyevitch, general, 70, 80, 85

Bruxelas, 403; Pacto de Bruxelas (1948), 518

Bucareste, 70, 444; Tratado de Bucareste (1918), 76

Buckley, Henry, 316

Bukharin, Nikolai, 176-7, 281

Bulgária: ataque à Sérvia, 44; autoritarismo, 256; democracia, 140; deportação de judeus, 444; Primeira Guerra Mundial, 68, 78; toma-da comunista, 504; Tratado de Bucareste, 76; violência política, 200

Bülow, Bernhard von, 135

Cadogan, Alexander, Sir, 351

Cadorna, Luigi, general, 103

câmaras de gás, 365, 376-7

Cambrai, batalha de (1917), 73

camisas-azuis irlandeses (Associação dos Camaradas do Exército — Guarda Nacional), 246

camponeses soviéticos, 126-7, 177

campos de concentração, 39, 126-8, 271, 280, 296, 321, 364-5, 368, 481, 487, 501, 505-6; "Aktion Reinhard", campos de extermínio da, 376; Alemanha, 296; Auschwitz, 365-6, 377-9; Polônia, 272, 376-7; retaliação pelos prisioneiros, 474

Canadá, 63, 509, 518

Canárias, ilhas, 314

Canárias, levante nas (1936), 315

canibalismo entre prisioneiros soviéticos na Alemanha, 365

cantores: crooners, 462; populares europeus, 463

capacetes de aço na Primeira Guerra Mundial, 60

capitalismo: crise do, 20, 23, 451; reformado, 24, 433

Caporetto, batalha de (1918), 76, 103-4

Carlos I, imperador da Áustria-Hungria, 74

Carlos II, rei da Romênia, 201, 255

Carmona, António, general, 202

Carnot, Sadi, 46

carros: expansão dos veículos motorizados, 232; fabricação, 217; produção em massa, 169

casamento, índices de, 417

Catalunha, 32, 250, 312, 314, 317, 319-20

catolicismo ver Igreja católica

Cáucaso, 66-7, 75, 78, 93, 106, 138, 179, 358, 360, 419

Cazaquistão, 179, 518

CEDA (Confederación Española de Derechas Autónomas), 251-2, 313-4

Chamberlain, Austen, 193, 230

Chamberlain, Joseph, 230

Chamberlain, Neville, 230; Acordo de Munique (1938), 338-9; antiamericanismo de, 340; como primeiro-ministro, 330, 340; declaração de guerra (1939), 350-1; Hitler e, 337, 340-1, 345

Chautemps, Camille, 310, 332

Cheka (polícia política soviética), 122, 128

Chełmno, vans de gás em, 376

chetniks, guerrilheiros (Iugoslávia), 397

China, 23, 39, 334, 510; e a ocupação da Manchúria pelo Japão (1931), 260; rebelião dos boxers (1900), 39

Christus Rex (editora católica belga), 247

Churchill, Winston, 19; como líder de guerra, 388, 395; Conferência de Casablanca (1943), 360; e a Cortina de Ferro, 509; e as eleições de 1945, 492; e De Gaulle, 388; e Dunquerque, 356; oposição ao apaziguamento, 341; Primeira Guerra Mundial, 66, 95; proposta de uma "grande aliança" com a União Soviética, 341; sobre criminosos de guerra, 484; sobre Mussolini, 290; visão sobre a Europa, 522; visão sobre Stálin, 341

Ciano, Galeazzo, conde, 332

ciência: inovações científicas durante as duas guerras, 422

Cinecittà (Roma), 467

cinema, 181, 188; astros e estrelas, 469; desenhos da Disney, 466; desenvolvimento do, 466; filmes americanos, 190, 462; instalações, 469; vanguarda, 188; *ver também* indústria cinematográfica

civilização: colapso da, 24, 352, 355, 411, 459-60; crise da, 413, 451-61; "idade de ouro", 27-40

civis: — PRIMEIRA GUERRA MUNDIAL: baixas belgas, 64; Polônia, 87-90 —; SEGUNDA GUERRA MUNDIAL: Alemanha, 406-7; apoio e assistência a judeus, 402-3; baixas, 353; e bombardeios aéreos, 357, 360; experiência da ocupação alemã, 396-405; experiências de, 380; França,

403-6; Inglaterra, 392-4; países neutros, 390-2; Polônia, 363

classe média, 22, 32, 34, 154, 191, 223-4, 242, 247, 289, 308, 434

classe trabalhadora, 31-3, 56, 98, 132, 140, 142, 147-8, 155, 170, 188, 198, 203, 220, 227, 243, 249, 306, 309, 347

Clayton, William L., 516

Clemenceau, Georges, 95, 131

clientelismo, 127, 140, 145, 399

Codreanu, Corneliu Zelea, 254-5

colaboracionistas: anistia para, 486; Bélgica, 400; Dinamarca, 400; expurgos do pós-guerra, 479-82, 519; França, 404; Noruega, 400; países bálticos, 372

Colônia, bombardeio de (1942), 360

colonialismo: e nacionalismo, 34; e repressão, 39

comércio: depois da Segunda Guerra Mundial, 513-4; global, 28, 262, 432; internacional, 169, 212, 237, 270, 391

Cominform (Bureau Comunista de Informação), 506, 516

Comintern (Internacional Comunista), 150, 207, 240, 249, 284, 316, 332, 506, 516

Comunidade Britânica de Nações, 494, 516

Comunidade Econômica Europeia, 516, 522

comunismo, 22, 109, 124, 128, 139, 144, 148, 152, 160, 174-5, 198, 203-4, 206, 275, 290, 306, 309, 313, 316, 318-9, 322, 333, 369, 441, 446, 449, 452-4, 457, 459, 486, 492, 495, 501-2, 505, 508, 511-2, 520; antifascismo e, 452; atração de intelectuais pelo, 452; e expropriação, 428; eleições no Ocidente do pós-guerra, 490, 508; ilusões sobre soviéticos, 453-4; sobrevivência depois da Segunda Guerra Mundial, 409, 489; soviéticos comparados aos nazistas, 460; *ver também* marxismo; socialismo

Conferência de Haia (1899), 39

Conferência de Haia (1929), 197

Conferência Econômica Mundial (Londres — 1933), 211, 229

Conferência para o Desarmamento (Genebra — 1932), 262-3

conflito de classes, 20, 22, 107; durante a Grande Depressão, 220; e a direita radical, 241; União Soviética, 128

Congo Belga, 39

Conselho da Europa (1949), 522

Constantino I, rei da Grécia, 140

construtivismo, 183

construtoras, 231, 237

consumismo, 190, 462

contrarrevolução: contra o bolchevismo, 22; depois da Primeira Guerra Mundial, 118-24; movimentos populistas, 33

controle da natalidade, 218, 417

cooperação internacional, 131, 206, 421

corporativismo: Áustria, 253; como ideologia de direita, 241; Itália, 234

Corredor Polonês, 136, 195

cortiços, demolição de (Inglaterra), 231

Cortina de Ferro, 25, 434, 515, 518-9, 521

Costa, Gomes da, general, 202

Cot, Pierre, 330

Coudenove-Kalergi, Richard von, 470

crimes de guerra, 410, 481-2, 484, 519

Cripps, Stafford, Sir, 492

cristianismo, 36, 251, 405, 435-7, 439, 459, 461, 497

Cristiano X, rei da Dinamarca, 400

Croácia, 133, 370, 443, 476

Croix-de-Feu, 249

Crosby, Bing, 463

Crowe, Eyre, Sir, 53

Cruz Flechada (Partido Nacional Socialista da Hungria), 256, 274, 397

Cruz Vermelha, 473

cubismo, 182

cúlaques, 128, 179, 282

cultura: "anos loucos" (anos 1920), 164; antes da Primeira Guerra Mundial, 27; década de 1920, 180-92; dimensão racial da, 190; entretenimento comercial de massa, 461-9; popular, 180-1, 188, 461, 470; rejeição do

americanismo, 190; vanguarda, 181-7; visão fascista da decadência, 189

Cunliffe-Lister, Philip, Sir, 329

curdos, 66-7

D'Annunzio, Gabriele, 134

Dąbrowska, Maria: *Noites e dias*, 348

dadaísmo, 182, 184

Dahlerus, Birger, 350

Daily Mail, The, 245

Daladier, Édouard, 311, 336, 338-9, 346

Danzig (Gdansk), 135, 195, 331, 344-8

Dardanelos, estreito de, 43, 66-7, 512

Darwin, Charles, 37

darwinismo social, 37

Dawes, Charles G., 166

De Gaulle, Charles, general, 386-8, 406, 497-8

De Stijl (movimento holandês), 183

Déat, Marcel, 404

Declaração Balfour (1917), 163

defesa civil, e a violência política, 119

Delbos, Yvon, 332

democracia: Alemanha, 101, 158-62, 205-8, 220, 225; ameaças à (a partir de meados da década de 1920), 197-209; como pano de fundo para Versalhes, 132, 137-49; consequências da Grande Depressão sobre a, 221; crise da civilização, 451; democracia cristã, 495-7, 500; democracia liberal, 109, 132, 140, 150, 258, 275, 409, 451, 455-9, 501; direita radical e, 244-52; esperanças renovadas, 459; Europa Ocidental, 203-4, 210; fracasso nos Estados sucessores do Império Austro-Húngaro, 256; sobrevivência após a Segunda Guerra Mundial, 409; *ver também* social-democracia

denúncias: Alemanha, 299; Itália, 287; União Soviética, 282

deportações: de judeus, 367; de pessoas de etnia alemã, 476, 479; de poloneses, 368, 476; de todos os judeus em mãos dos alemães (a partir de 1941), 371; de ucranianos, 476

desabastecimento de alimentos: década de 1930

na Alemanha, 270; Grécia, 398; Segunda Guerra Mundial, 365; *ver também* fome

desemprego: Alemanha, 211; consequências sociais do, 215-7; década de 1920, 173; depois da Primeira Guerra Mundial, 110-2; Grande Depressão, 213; Inglaterra, 214-7, 229, 419; "Marchas da fome" (Reino Unido), 229; seguro-desemprego, 115, 173, 207, 211, 215

desnazificação, 485, 486, 487

destruição depois da Segunda Guerra Mundial, 472-4

"destruição mutuamente garantida" (MAD — *"mutually assured destruction"*), 521

Dia da Vitória (8 de maio de 1945), 411

"Die Brücke" (expressionistas de Dresden), 182

Dietrich, Marlene, 463, 467, 469

Dimitrijević, Dragutin (Ápis), 45

Dinamarca, 136, 168, 173, 232-3, 240, 246, 256, 261, 356, 391, 400, 449, 476, 480, 490, 518; judeus na, 403; julgamento de crimes de guerra, 481; ocupação alemã, 400

direita política: ascensão da democracia cristã, 495-6; avanço europeu para a, 239-52; disciplina como ideologia de direita, 240; Grande Depressão e apoio à, 220, 243-4; ideologias comuns, 240-1; radical, 158, 240-6, 271

Disney, Walt, 466

ditaduras, 270-300; Alemanha (Hitler), 274, 292-9; autoritarismo e, 271-3; características comuns, 270; comparação de formas dinâmicas, 300-3; dinâmicas, 274-5, 300; doutrinação, 301; Itália (Mussolini), 274, 284-91; repressão, 301; União Soviética (Stálin), 274; visão nas democracias ocidentais das, 302

Dix, Otto, 184

Döblin, Alfred, 459, 472, 483

doenças: controle de, 416; gripe espanhola, 111, 416; malária, 416

doentes mentais, extermínio de, 364

Dollfuss, Engelbert, 253-4

Donat, Robert, 469

Dönitz, Karl, almirante, 362, 483

Doriot, Jacques, 249-50, 404

Dreyfus, Caso (1906), 36, 307

Drieu la Rochelle, Pierre, 455

Dunquerque, evacuação de (1940), 395

Dunquerque, Tratado de (1947), 518

Dyer, Reginal, general, 119

Dzerjinski, Felix, 128

Ebert, Friedrich, 102, 134

economia: boom da década de 1920, 165-75; debilidade estrutural da Europa, 165-75; depois da Primeira Guerra Mundial, 110-5, 420-2; "economia social de mercado", 433; inflação, 112-3; intervenção do Estado, 421, 424; liberalismo econômico e social-democracia, 433; modelo soviético, 175-9; mudanças e desdobramentos, 414-34; nacionalização na Inglaterra, 492-3; perspectivas de recuperação (a partir de 1945), 431-4; quebra da bolsa de Nova York (1929), 165, 211; recuperação europeia (1925-9), 168-74; Segunda Guerra Mundial e, 423-4; *ver também* Grande Depressão

Eden, Anthony, 268-9, 331-2

Edison, Thomas, 462

Eduardo VIII, rei da Inglaterra, 331

educação: das mulheres, 427; difusão da educação básica, 33; Lei da Educação (Inglaterra — 1944), 492

Eichmann, Adolf, 483

Einstein, Albert, 183

Eisner, Kurt, 122-3

Eixo Roma-Berlim, 292, 360; formação (1936), 269

El Alamein, batalha de (1942), 360

eletricidade, 169-70, 217, 472, 492, 498

Eliot, T. S., 183

elites e mobilidade social, 427

Ellington, Duke, 464

emigração para os Estados Unidos, 30, 417

emprego: das mulheres, 217, 417-9, 427; na indústria, 29; na Inglaterra, 426; *ver também* desemprego

Engels, Friedrich, 31, 279, 368

Enigma (sistema criptográfico), 360, 387
Entente Cordiale (1904), 43
Erhard, Ludwig, 500
Erwin, Ralf, 465
Erzberger, Matthias, 78
Escandinávia, 191, 203, 218-9, 239, 356, 400, 426, 437, 491; *ver também* Dinamarca; Finlândia; Noruega; Suécia
Escola de Frankfurt, 458
Eslováquia, 143, 198, 256, 377, 418, 444, 447, 476
Eslovênia, 147
eslovenos, 144, 475
Esmirna, 120
Espanha: Alemanha e, 392; consequências da Primeira Guerra Mundial na, 112; direita política, 250-2, 313; economia, 168; eleições de 1936, 313; esquerda política, 250, 313; fascismo na, 252; Frente Popular, 313, 320; Igreja católica na, 312, 442, 449; Movimento Juventude Socialista, 314; neutralidade na Segunda Guerra Mundial, 356, 391; reforma agrária, 251; Segunda República (a partir de 1931), 312-4, 318-9; sindicatos, 313; sistema político, 142; *ver também* Guerra Civil Espanhola
espiritualismo, 436
esporte: na Itália fascista, 290; profissional, 181
esquerda política: comunismo soviético, 305; depois da Segunda Guerra Mundial, 489; derrota da (Alemanha — 1935), 305; efeito da Grande Depressão sobre a, 220, 239; efeito da Guerra Civil Espanhola sobre a, 323; intelectuais e a, 451; *ver também* comunismo; socialismo
Estados Unidos: — ECONOMIA: boom na década de 1920, 166, 211; crescimento, 28; produção de automóveis em massa, 169; protecionismo, 211; recuperação da Grande Depressão, 229; — PRIMEIRA GUERRA MUNDIAL, 71, 77; declaração de guerra à Alemanha (1917), 72; — SEGUNDA GUERRA MUNDIAL: ajuda à Inglaterra, 358; bombardeio atômico de Hiroshima e Nagasaki, 411; Forças Armadas

—, 386; Alemanha e, 162, 166, 190; como superpotência, 409, 509; controles de imigração, 174, 417; depois da Primeira Guerra Mundial, 107, 164; domínio econômico, 167, 421, 431-2, 509; empréstimos para financiamento da Primeira Guerra Mundial, 93, 111; entretenimento popular, 462; guerra civil na Grécia, 512; guerra com o Japão (1941), 359; influência sobre a Inglaterra, 494; isolacionismo, 340; Japão e, 334; Lend-Lease Bill (lei de empréstimos e arrendamentos — 1941), 358; Plano Marshall, 513; quebra da bolsa de Nova York, 211; visão da União Soviética, 511
Estados-nações, 21, 130, 132, 139, 162, 409, 414, 522
Estônia, 138, 144, 200, 256, 271, 356, 369, 372, 481
Etiópia (Abissínia), 235, 265-8, 291-2, 297, 301, 334, 441
eugenia, 37-8, 190, 218-9, 364
Eupen-Malmédy (Bélgica), 136, 194, 196
Europa: ações em prol da cooperação, 516; agricultura, 173-4; alianças opositoras (pré--Primeira Guerra Mundial), 41-4; colapso no pós-Primeira Guerra Mundial, 258-70; debilidade econômica estrutural, 165-75; equilíbrio de poder, 355; estabilidade pós-Segunda Guerra Mundial, 518-22; Grande Depressão e, 210-5; Guerra Fria, 459; ideias de união, 470; medo do comunismo na, 507-8; opinião pública (1938-9), 347; Plano Marshall, 514-5; recuperação econômica (1925-9), 169-74
Europa Central: ascensão da direita radical, 253-7; democracias, 198-9; instabilidade política, 259; movimentos feministas, 426
Europa Oriental: — PRIMEIRA GUERRA MUNDIAL: 65, 113; condições sociais depois da, 115; — SEGUNDA GUERRA MUNDIAL: devastação, 430; natureza da guerra, 363; agricultura na Grande Depressão, 213; ascensão da direita radical, 253-7; domínio soviético, 24, 430, 503, 521; economia no pós-guerra, 521; ins-

tabilidade política, 259; ocupação soviética (1944-5), 362; opressão soviética, 409, 433-4, 507; pogroms contra judeus, 36; política no pós-guerra, 502-8; populações deslocadas na Primeira Guerra Mundial, 93, 115; rejeição do Plano Marshall, 515; Tratado de Locarno e, 195; violência étnica contra alemães no pós-guerra, 477-9

Exército alemão, 47, 67, 74-5, 78, 135, 160, 162, 360, 366, 371-2, 419

Exército austro-húngaro, 45, 70, 85-6

Exército britânico, 45, 59, 73, 84, 92, 388-9

Exército francês, 85, 387

Exército italiano, 76, 86, 103, 297, 332

Exército otomano, 86

Exército romeno, 383

Exército Vermelho (União Soviética), 125-6, 129, 138, 284, 302, 333, 336, 342, 356-8, 361-2, 369, 373-4, 378, 380-1, 383-6, 397, 407-9, 478, 488, 506

expectativa de vida, 415, 420

exploração espacial, 422

Exposição Universal (Paris — 1900), 28

expressionismo, 184-5

Falange Española, 251, 318

Falkenhayn, Erich von, 67-8, 70

Farinacci, Roberto, 285

fascismo: atração do, 240, 454; atração dos intelectuais pelo, 455; caráter revolucionário do, 241; derrota do, 409, 489; na Escandinávia, 246; na Irlanda, 246; na Suíça, 246; regimes autoritários e, 244; renovação nacional e, 242

fascismo italiano, 205, 273-4, 286, 292-5, 441, 455-6; ascensão do, 119; caráter do, 289

Fátima (Portugal), 437

Faulhaber, Michael, cardeal, 443

fecundidade, taxas de, 417

Ferdinando, rei da Romênia, 201

Festival de Cinema de Veneza, 467

Feuchtwanger, Lion, 459

Fields, Gracie, 463

financiamento da Primeira Guerra Mundial, 93, 111

Fine Gael (partido irlandês), 246

Finlândia, 31, 99, 138, 143, 168, 210, 246, 256, 362, 375, 391, 427, 490-1, 515; democracia, 143, 200; Segunda Guerra Mundial, 356; social-democracia, 491

física quântica, 183

fissão nuclear, 422

Fiume, porto de (Rijeka), 133-4

Flandres, ofensiva alemã em (1918), 77

Foch, Ferdinand, marechal, 78, 109

fome: "inverno da fome" (Holanda — 1944-5), 423; na Grécia, 423; na Ucrânia, 179, 423, 506; na União Soviética, 127, 179-80, 276

fonógrafo, invenção do, 462

Força Aérea alemã, 263

Forças Armadas: significado da Segunda Guerra Mundial para as, 380-9; *ver também* soldados

Ford, Henry, 169, 173

fornecimento de alimentos: controle estatal, 423; para a Alemanha, 365

França: — ECONOMIA: crescimento, 168; crise (1936), 311; êxodo rural, 174; políticas de austeridade (1937), 329; pós-guerra, 497, 514; recuperação da Grande Depressão, 232; tarifas, 211; volta ao padrão-ouro, 168; — POLÍTICA EXTERNA: aliança com a Tchecoslováquia, 264, 331; dependência da política britânica, 268, 345; Oriente Médio, 162; pacto com a União Soviética (1935), 264; pós-guerra na Europa, 515; relações com a Alemanha, 53; relações com a Inglaterra, 264; revolta árabe, 106; Ruhr, 113, 158, 515; Rússia, 43, 51; Sarre, 135; — PRIMEIRA GUERRA MUNDIAL: Arras (Chemin des Dames), 72; baixas, 63, 111; danos, 112; declaração de guerra à Áustria-Hungria, 52; Marne (1918), 77; ofensiva da Alemanha em Verdun, 69; planos de guerra, 54; soldados das colônias, 63; unidade nacional, 95; — DIREITA POLÍTICA: apoio ao fascismo, 247; guinada para a (1936), 311; ódio à Frente Popular, 307;

partidos políticos radicais, 249; — ESQUERDA POLÍTICA, 248; socialismo, 31; vitória eleitoral e declínio, 306; — GASTOS COM DEFESA: indústria aeronáutica, 329; percepção da inferioridade militar em relação à Alemanha, 339; Primeira Guerra Mundial, 93; — INDÚSTRIA, 172; condições da indústria, 171-2; produção de automóveis, 169; — MULHERES: emprego, 217; voto, 426; — SEGUNDA GUERRA MUNDIAL: avanço alemão na Renânia, 267; baixas, 353; consequências de longo prazo da, 410; forças da França Livre na Segunda Guerra Mundial, 386; movimento de resistência, 387; ocupação alemã, 403-6; rendição (1940), 356; repressão e represálias, 405-6, 475, 481 —; apaziguamento (1937), 329; conceito de união europeia e, 471; crise de Agadir (1911), 44; debilidade depois da Primeira Guerra Mundial, 259; democracia, 140, 203, 221; eleições de 1932, 247; eleições de 1936, 306; Frente Popular (1936), 249, 306-12; governo de Vichy, 404-6; governos conservadores, 305; Grande Depressão, 212-4; greves (1936), 308; Guerra Civil Espanhola e, 316; Igreja católica na, 441, 445; indústria cinematográfica, 468; judeus na, 405, 445; "ligas" patrióticas, 205, 248; Milice (polícia paramilitar fascista), 406; mobilidade social, 428; novo sepultamento de soldados depois da Primeira Guerra Mundial, 116; opinião pública (1939), 346; Partido Socialista, 306-8; polarização política, 309; política no pós-guerra, 481, 497-9; Quarta República, 497; queda populacional, 417; rearmamento (1937), 328, 339; reparações depois da Primeira Guerra Mundial, 113; sindicatos, 31, 308; turbulência política, 232; violência política (1934), 248; visão de desarmamento (1932), 262

Francisco Fernando, arquiduque, 41, 4-6, 50, 65

Francisco José, imperador, 30, 74, 104

Franco, Francisco, general, 246, 252, 269, 287, 303, 313, 316-7, 319-23, 327, 442, 449, 454, 458

Frank, Hans, 365, 367, 483

Freikorps, paramilitares dos (Alemanha), 121, 159

Frente Alemã para o Trabalho, 483

Freud, Sigmund, 182

Friedländer, Saul, 446

Fritsch, Werner von, general, 324-5, 334-5

Fundo Monetário Internacional, 432

futebol, 18, 83, 181, 290, 438, 461

futurismo, 183

Gable, Clark, 470

Galen, Clemens August, Graf von, bispo de Münster, 364, 443

Galícia (Polônia), 68; judeus na (Primeira Guerra Mundial), 65, 89

Galton, Francis, Sir, 37

Gamelin, Maurice, general, 339

Gandhi, Mahatma, 119, 331

gás venenoso na Primeira Guerra Mundial, 62

Gasperi, Alcide de, 496

gastos com a defesa: antes da Primeira Guerra Mundial, 44; durante a Primeira Guerra Mundial, 93

genocídio: de armênios, 38, 66, 120, 419; de judeus, 364, 374-5, 411, 445-6; Segunda Guerra Mundial, 354, 379

Gentile, Giovanni, 286, 289, 456

Geórgia, 138

Gestapo, 299, 401, 406, 484, 502

Gide, André, 452, 454

Giolotti, Giovanni, 153

globalização, 19, 421

Goebbels, Joseph, 333, 338, 343, 407, 466-7, 483, 509

Goerdeler, Carl, 471

Goethe, Johann Wolfgang von, 183

Gömbös, Gyula, 255

Goode, William, Sir, 115

Goodman, Benny, 464

Göring, Hermann, general, 324-5, 350, 365, 483-4

Gottwald, Klement, 505-6

gramofone, 188, 462

Gramsci, Antonio, 287, 452

Grande Depressão, 18, 165, 168, 172, 189, 192, 199, 210, 213, 220, 229, 415, 421, 427, 432

Grandi, Dino, 346

Graves, Robert, 111

Grécia, 28, 44, 46, 120, 133, 140-1, 168, 200-1, 240, 256, 265, 273, 346, 357, 394, 399, 423, 427, 512; autoritarismo com general Metaxas, 273; colapso da moeda, 514; derrota para os alemães, 356; garantias francesas e britânicas à, 346; guerra civil na (1945-9), 512; monarquia, 140, 273; movimento comunista de resistência, 398; ocupação alemã, 398; perda de Esmirna, 120; sistema político, 140, 200; troca de população com os turcos, 419; violência no pós-guerra, 476; voto feminino, 426

Greiser, Arthur, 483

Grey, Edward, Sir, 26, 52-3

Grimm, Hans: *Volk ohne Raum*, 191

gripe espanhola, 111, 416

Gropius, Walter, 185

Grosz, Georg, 184

Grünbaum, Fritz, 465

Guarda de Ferro (Legião do Arcanjo Miguel — Romênia), 254, 370

Guernica, bombardeio alemão de (1937), 317

Guerra Civil Espanhola (1936-9), 17, 246, 303, 317, 323, 419, 454

Guerra Civil Russa (1917-20), 115, 118, 120, 124

Guerra da Crimeia (1853-6), 29, 43

Guerra de Secessão (Estados Unidos), 54

Guerra Franco-Prussiana (1870-1), 54, 63

Guerra Fria, 19, 324, 433, 459-60, 488, 495-6, 500-1, 506-8, 512, 514, 518-9, 522; Cortina de Ferro, 509; desconfiança mútua, 508; missões ideológicas, 511-2

Guerra Russo-Japonesa (1905), 43, 54

guerras: como elemento definidor do século XX, 19; guerra nuclear, 25; no século XIX, 29

Guilherme II, cáiser, 39, 102

habitação: déficit habitacional, 110, 171, 276, 473, 505; melhoras na, 170; modernista, 185; popular (*council houses*), 231; programas habitacionais na Inglaterra, 217, 231; pública, 170-1

Habsburgo, fim da monarquia dos, 104

Haig, Douglas, Sir (marechal de campo), 69, 72-3

Hailé Selassié, imperador da Etiópia, 265

Halifax, Lord, 33-2, 338, 340-1, 350, 356, 395

Hamburgo, bombardeio de (1943), 360

Harris, Arthur, marechal do ar, 360

Heidegger, Martin, 456, 460

Heimwehr (partido fascista austríaco), 253

Heisenberg, Werner, 183

Hemingway, Ernest, 182

Henderson, Fletcher, 464

Henderson, Nevile, Sir, 350

Henlein, Konrad, 336

Hermann, Chaim, 378

Hess, Rudolf, 483

Heydrich, Reinhard, 371, 396

higiene, 38, 57, 416

"higiene racial", 37, 190, 218, 296

Himmler, Heinrich, 371, 373, 483

Hindenburg, Paul von, general, 64, 71, 77, 208, 222, 226-8

Hiroshima, bombardeio atômico de, 411, 521

Hitchcock, Alfred, 469

Hitler, Adolf: "ação de eutanásia" (a partir de 1939), 364; Acordo de Munique (1938), 342; admiração por Mussolini, 293; ambições sobre a Polônia, 345; antibolchevismo, 333; antissemitismo paranoico de, 224, 294, 354; apoio a Franco, 316; apoio militar a, 349; ascensão de, 158, 160, 221-8; campanha de terror (a partir de 1933), 227; como chanceler (janeiro de 1933), 221, 225-6; conversas com Chamberlain, 337, 340, 341, 344; culto à personalidade, 294; desenhos da Disney apreciados por, 466; domínio do Partido Nazista, 294; economia alemã e, 235, 269; fracasso em derrotar a Inglaterra, 357; Itália e, 332; *Mein Kampf*, 224, 297; motivação psicológica para a Segunda Guerra Mundial, 354; opinião das democracias ocidentais sobre, 305; "Plano Quadrienal", 270; planos de guerra (1937), 324-5; popularidade pessoal, 268, 298, 334-5; propaganda, 222, 224, 298; Renânia e, 267; suicídio de, 362; tentativa de golpe (*putsch* de Munique — 1923), 161, 206; tentativas de assassinato, 362, 382; União Soviética e, 269, 332, 357; visão do desarmamento (1932), 263; visão sobre a Inglaterra, 349; visão sobre os ucranianos, 373

Ho Chi Minh, 510

Hoare, Samuel, 265

Hobsbawm, Eric, 15, 309, 452-3

Hoche, Alfred, 191

Holanda *ver* Países Baixos

holandeses lutando com as Forças Armadas Aliadas na Segunda Guerra Mundial, 386

Hollywood, 190, 466, 468-70

Hoover, Herbert, 222

Horkheimer, Max, 458, 461

Horthy, Miklós, almirante, 148, 255, 273-4, 397, 444

Hosenfeld, Wilm, 382

Höss, Rudolf, 124, 483

Hossbach, Friedrich, coronel, 325

Hötzendorf, Franz Conrad von, conde, 47

Hungria: acordos de Versalhes, 133; antissemitismo e violência antijudaica na, 122; ascensão do fascismo, 256; autoritarismo na, 273; colapso da moeda, 514; destino dos judeus, 397, 444; expurgos de colaboracionistas no pós guerra, 481; governo ao estilo soviético ("terror vermelho" — 1919), 123, 147; Igreja católica na, 444; independência (1918), 105; irredentismo, 255; política no pós-guerra, 503; rendição ao Exército Vermelho, 397; sistema político, 147-8, 198

Husserl, Edmund, 456

Huxley, Aldous, 219

Hylton, Jack, 464, 465

ideologia: conflito entre fascismo, bolchevismo

e democracia liberal, 258; das ditaduras, 274; de direita, 240-1; papel para os soldados, 385; Segunda Guerra Mundial e, 363-6

IG Farben (indústria química), 326

Igreja católica, 142, 147, 202, 251, 286, 298, 313, 438-9, 441-7, 461, 497; antibolchevismo, 439; culto da Virgem Maria, 437; fascismo e, 441; identidade nacional e, 438, 449; judeus e, 443-8; nazismo e, 442, 443; população europeia e, 417; revitalização da, 437, 448-9

Igreja da Inglaterra, 437, 439

Igreja ortodoxa, 128, 141, 395, 445

igrejas, incêndio de (Espanha), 313

Ilhas do Canal, 476; judeus deportados das, 377

iluminação elétrica, 169

Iluminismo, 186, 354, 461

Império britânico, 23, 47, 111, 162; apoio ao apaziguamento, 340; consequências da Segunda Guerra Mundial sobre o, 410; fim do, 510; soldados britânicos na Segunda Guerra Mundial, 386, 388

impostos: Alemanha, 423; Inglaterra, 423; Primeira Guerra Mundial e, 93; sobre veículos automotores, 232

imprensa: e a Primeira Guerra Mundial, 59, 93; italiana, 286; jornais populares, 33

Índia, 23, 43, 119, 328, 331, 386; independência da (1947), 510

Indochina, 499, 510

indústria: crescimento na década de 1920, 167; eficiência, 421; Grande Depressão, 214; inovações tecnológicas, 422; métodos de administração, 172; queda da produção industrial na Europa (1930), 211, 214

indústria cinematográfica: Alemanha, 466; financiamento, 468; França, 468; Hollywood, 190, 466, 468, 469, 470; Inglaterra, 468; Itália, 467; União Soviética, 467; *ver também* cinema

indústria elétrica na Inglaterra, 217

industriais, e as políticas oficiais na Segunda Guerra Mundial, 424

industrialização, 29, 97, 176, 178, 270, 276, 277, 414-5

Inglaterra: — ECONOMIA: crescimento (1928-9), 168; desemprego, 214-7; padrão-ouro, 167, 212; pós-guerra, 493-4; tarifas, 212; — POLÍTICA EXTERNA: Acordo Naval com a Alemanha (1935), 264; convenção com a Rússia (1907), 43; Estados Unidos, 358, 431-2; Extremo Oriente, 260; França, 194, 265; garantias à Polônia, 345; Nações Unidas, 510; ocupação da Renânia pelos alemães, 268; Oriente Médio, 163; Tchecoslováquia, 336-9; visão da Europa, 359, 516; — PRIMEIRA GUERRA MUNDIAL: baixas, 63, 111; declaração de guerra (1914), 53; gastos com defesa, 92; opinião pública e, 92; reação pública à eclosão da, 57; soldados das colônias, 63; — SEGUNDA GUERRA MUNDIAL: baixas, 353; bombardeios na, 357; coesão social, 394; consequências de longo prazo da, 410; declaração de guerra (setembro de 1939), 350; invasão alemã da Polônia, 350 —; agricultura mecanizada na, 422; apaziguamento (1937), 330-1; bôeres e, 39; continuidade social, 427; depois da Primeira Guerra Mundial, 110-3, 259; direita radical na, 244-6; eleição de 1945, 389; estabilidade política, 203; eugenia na, 37, 219; Governo Nacional, 230, 245; governos conservadores, 305; greve geral (1926), 172; Guerra Civil Espanhola e, 316; igrejas cristãs não anglicanas, 439; indústria cinematográfica, 468; intelectuais e, 458; judeus refugiados na, 343; literatura inglesa, 188; Marinha Real, 45; opinião pública (1939), 346; Plano Marshall e, 514; política no pós-guerra, 389, 492-3; produção de automóveis, 169; programas habitacionais, 171; queda na frequência às igrejas, 437; rearmamento (1937), 328-9; recuperação da Grande Depressão, 229-31; revolta árabe e, 106; rivalidade com a Alemanha, 42, 54; sindicatos, 32; sistema eleitoral, 138, 426; socialismo na, 32; Sociedade Eugenista, 191; unidade nacional, 95; visão sobre as ditaduras, 303; visão sobre o desarmamento (1932), 262; *ver também* Exército britânico; Império britânico

Instituto Sueco de Biologia Racial, 191

inteligência, decodificação do sistema Enigma, 360, 387

Iraque, 163

Irlanda: apoio ao fascismo, 246; democracia, 140; Estado Livre Irlandês, 138, 140, 390, 438; guerra de independência (1919-23), 118; identidade católica, 438, 449; Levante da Páscoa (1916), 119; neutralidade na Segunda Guerra Mundial, 356, 392; população irlandesa, 415; voluntários irlandeses nas forças britânicas, 392

Islândia, 246, 256, 490, 518; Partido Comunista de Unidade Popular, 490

Isonzo, batalhas de, 76

Israel, criação do Estado de (1948), 510

Itália: — ECONOMIA: agricultura e aterramento, 233; cartéis, 233-4; intervenção estatal, 233; recuperação da Grande Depressão, 234, 235; — PRIMEIRA GUERRA MUNDIAL: Áustria-Hungria e, 68, 76; baixas, 111; — SEGUNDA GUERRA MUNDIAL: batalha da, 357, 361 —; abolição da monarquia (1946), 496; acordos de Versalhes e, 133; alinhamento com as potências ocidentais (1935), 263; anexação da Albânia, 346; apoio para o regime fascista, 288-9; Armistício (1943), 360; ascensão do fascismo, 105, 119, 150; comparada à Alemanha, 292; consequências políticas da Primeira Guerra Mundial, 103, 157; consolidação do fascismo, 259; constituição do pós-guerra, 449; democratas cristãos, 495; entrada dos Aliados em Roma (1944), 399; fronteiras, 21; guerra civil (1945), 398; Igreja católica na, 441, 448; indústria cinematográfica, 467; inquietação social, 32; instabilidade de governo, 153; invasão da Etiópia (1935), 235, 265, 291; legislação antijudaica, 292; lei eleitoral, 30, 150; mobilidade social, 428; monarquia, 288; morte de fascistas por vingança, 475; nacionalismo, 104; natureza da ditadura, 284; ocupação alemã do norte da, 398; Opera Nazionale Dopolavoro (organização de lazer), 290; organizações bélicas, 289; organizações de jovens, 289; Pacto Anti-Comintern com a Alemanha (1937), 332; Partido Comunista, 157; partidos políticos, 150, 156; polícia política, 287; política depois da Segunda Guerra Mundial, 496; pretensões imperiais, 163, 235, 257; produção de automóveis, 169; racismo, 292; rearmamento (1937), 326; repressão sob o fascismo, 287; República de Salò, 398; sistema eleitoral, 155, 156, 157; tratamento das colônias, 288, 301; Vaticano e, 202; visão do rearmamento alemão, 263

Iugoslávia, 21, 133-4, 138, 144, 195, 212, 256, 266, 370, 399, 479, 506, 512; comunismo na, 411, 506; constituição de 1921, 144; derrota para a Alemanha, 356; guerrilheiros comunistas, 398; independência (1918), 106; minorias étnicas, 144; ocupação alemã, 397; retaliação contra Ustaše, 475; suspensão da constituição (1929), 202; voto feminino, 426

Jannings, Emil, 469

Japão: ataque a Pearl Harbor (1941), 359; ataques a colônias britânicas na Segunda Guerra Mundial, 389; crescimento econômico, 167; Estados Unidos e, 334; guerra com a Rússia (1905), 43; militarismo, 332, 333-4; ocupação da Manchúria (1931), 260; Pacto Anti-Comintern com a Alemanha (1936), 284; rendição (6 de agosto de 1945), 411

Jarrow (Inglaterra), 216, 230

Jaurès, Jean, 32, 46, 56, 204

Jesus Cristo, 341, 440

jingoísmo, 34

Joana d'Arc, canonização de, 437

Jodl, Alfred, general, 483, 484

Joffre, Joseph, general, 72

Jong, Joachim de, arcebispo de Utrecht, 445

Jorge II, rei da Grécia, 140, 273

Jorge VI, rei da Inglaterra, 331

jornadas de trabalho, 171

Joyce, James, 182-3

judeus: ação de nazistas locais contra, 376; antissemitismo, 35; artistas populares, 465; assassinatos de, 123, 419; austríacos, 336; como bodes expiatórios na Primeira Guerra Mundial, 93; Declaração Balfour, 163; demonização pelos nazistas, 299; deportação para o Governo Central da Polônia, 366; deportações da Europa Ocidental, 376; deportações de Roma, 447; em países sob ocupação alemã, 402-3; emigração para a Palestina, 477; fuga da Alemanha (a partir de 1938), 343; genocídio de, 364, 374-5, 411, 445-6; húngaros, 377, 397; Igreja católica e tratamento dos, 443-4, 448; marchas de morte, 377-8; na França, 405; na Galícia (Polônia — Primeira Guerra Mundial), 65, 88-9; na Polônia (Primeira Guerra Mundial), 88-9; ocupação soviética da Polônia e, 369; Países Baixos, 402; perseguição pelos nazistas, 294, 295; perspectiva de guerra (1939), 352; pogroms, 36, 38, 122, 372; redes de resgate, 445; refugiados, 343; Reichskristallnacht, 295; relacionados ao bolchevismo, 94, 121-2, 372; Ucrânia, 375; violência sofridas no pós-guerra, 477; *ver também* antissemitismo

julgamentos por crimes de guerra e colaboracionismo, 410, 428, 481-4, 488

Jung, Carl, 182

Jung, Edgar, 457

Jünger, Ernst, 62, 261

Jutlândia, batalha da (1916), 71

Juventude Hitlerista, 299

Kafka, Franz, 186-7

Kaltenbrunner, Ernst, 483

Kamenev, Liev, 176-7, 281

Kandinsky, Wassily, 185

Kapp, Wolfgang, 159, 161

Katyn, floresta de: assassinato de oficiais poloneses (1940), 368, 387

Keitel, Wilhelm, general, 483-4

Kellogg, Frank B., 195
Kemal Paxá, Mustafá (Atatürk), 66
Kennan, George F., 27, 511, 515
Kerenski, Alexander, 74, 99
Keynes, John Maynard, 27, 37, 219, 229-30, 432, 457, 458; *Teoria geral do emprego, do juro e da moeda* (1936), 458
Kiel, motim naval de (1918), 102
Kielce (Polônia), 477
Kiev, 122, 125, 361, 373-5
Kindertransport (1938), 343
Kirchner, Ernst Ludwig, 184
Kirov, Serguei, 280-1
Kiss, Szaléz, padre, 481
Klamperer, Viktor, 346
Knock (Irlanda), 437
Koch, Erich, 373
Koestler, Arthur, 258, 452, 454; *O zero e o infinito*, 258, 454
Kokoshka, Oskar, 184
Kollwitz, Käthe, 85, 117
Komsomol (movimento de juventude da URSS), 276
Korda, Alexander, 468
Kosovo, 144
Kovály, Heda Margolius, 353, 505-6
Kraft durch Freude, 293
Kreisau, Círculo de, 471
Kronstadt, motim de (1921), 126
Kun, Béla, 122-3, 148-9, 255

La Roque, François de, coronel, 249
Lamszus, Wilhelm, 61
Lang, Fritz, 188
Langemarck, mito de, 117
Largo Caballero, Francisco, 314, 320-1
Latrão, Tratado de (1929), 202, 441, 449
Lausanne, conferência de (1932), 222
Lausanne, Tratado de (1923), 120
Laval, Pierre, 265, 404, 406, 481
Lawrence, D. H., 37
lazer, organizações de: "Força pela Alegria"

(Alemanha), 293; Opera Nazionale Dopolavoro (Itália), 290, 293
Le Bon, Gustave: *Psicologia das multidões*, 33
Leander, Zarah, 469
Lebensraum (política de expansão alemã), 191, 294, 324
Légion Française des Combattants, 405
Lehár, Franz, 465
Lei da Educação (Inglaterra — 1944), 492
Lei de Proteção da República (Alemanha — 1922), 160
Leiber, Robert, padre, 448
Lend-Lease Bill (Estados Unidos), 358
Lênin, Vladimir Ilitch Ulianov, 98-9, 127-9, 150, 176, 177, 275-6, 278-9, 283, 294, 314, 453
Leningrado, 280-2, 358, 394-5
Letônia, 68, 138, 144, 168, 200, 256, 356, 369, 372, 481
Levante de Varsóvia (1944), 387
Levi, Primo, 378
Ley, Robert, 483
Líbano, 163
Líbia, invasão italiana da (1911), 35
Lidice (Tchecoslováquia), 397
Liechtenstein, 390, 426
Liège, bombardeio de (1914), 62
Liga Alemã de Defesa, 34
Liga Balcânica, 44
Liga da Marinha Alemã, 34
Liga das Nações, 131-2, 135-6, 194-7, 206, 259, 260, 263-5, 267-8, 291, 334, 340, 344, 409, 509-10
Liga Feminina contra a Guerra (França), 118
Liga Pangermânica, 34, 100
Linha Hindenburg, 72, 77
literatura: alemã, 185-8; francesa, 188; inglesa, 188; modernista, 182; queima de livros por nazistas (1933), 188
Lituânia, 21, 68, 93, 138, 144, 200, 240, 256, 356, 369, 372, 480
Litvinov, Maxim, 333, 348
livre mercado, 425, 458, 500
livros, queima de (Alemanha — 1933), 451

Lloyd George, David, 40, 95, 110, 131

Locarno, Tratado de (1925), 194, 197, 230, 263, 266, 268

Loewenfeld-Russ, Hans, 105

Löhner-Beda, Fritz, 465

Londonderry, Lord, 329

Londres: como centro econômico global, 27; renascimento de mercados de capitais londrinos, 513

Lorre, Peter, 469

Lourdes, aparições da Virgem em (França), 437-8

Lublin-Majdanek, campo de extermínio de, 378

Ludendorff, Erich, general, 65, 71, 77-8, 102, 160

Lueger, Karl, 36

Lukács, György, 452

Lüttwitz, Walther von, general, 159

Luxemburgo, 134, 168, 356, 490, 495, 518

Luxemburgo, Rosa, 122

Lvov, pogrom de (1919), 122

Lynn, Vera, 463

MacDonald, Ramsay, 204, 229-31

Macedônia, 133, 144, 398, 416, 445

Macke, August, 184

maçonaria, 35, 248, 287, 318, 321, 405

Madagascar, 367, 499

malária, 416

Malraux, André, 452

Manifesto dos Intelectuais Fascistas (1925), 455

Manifesto Futurista (1909), 57

Mann, Heinrich, 459

Mann, Thomas, 186, 188, 459; *A montanha mágica*, 186, 188

Mão Negra (organização sérvia), 42, 45

Marc, Franz, 184

Marcha sobre Roma (1922), 154-5, 158, 243

"Marchas da fome" (Reino Unido — 1932), 229

Marienthal (Áustria), 216

Marinetti, Filippo, 455

Marinha Real britânica, 45

Marne, batalha do (1914), 64

Marrocos, 44, 252, 313-6, 322

Marshall, George C., 513, 516; *ver também* Plano Marshall

Marx, Karl, 31, 165

marxismo, 190, 251, 279, 287, 293-4, 442, 451-3, 487

Masaryk, Jan, 505

Masaryk, Thomas, 143

máscaras antigás, 348

massas, e emoções das multidões, 33-4

Masurianos, batalha dos lagos (1914), 65, 68

Matteoti, Giacomo, 155

Maurras, Charles, 307

medicina, progresso da, 416

mencheviques, 98

mercado negro, 177, 396, 398, 401, 404, 423, 517; Inglaterra, 394

Mers el-Kébir, afundamento da esquadra francesa em (1940), 388

Metaxas, Ioanis, 140, 273

Midway, batalha de (1942), 359

Mies van der Rohe, Ludwig, 185

Mikołajczyk, Stanisław, 504

militares: papel nas ditaduras, 272

Miller, Glenn, 465

minorias étnicas, 21-2, 86, 131, 139, 141, 144-5, 199-201, 240, 254, 272, 479

Miskolc (Hungria), 477

mobilidade social, 141, 415, 427

modernismo, 181, 183, 185, 442

moedas: alemã, 166, 517; colapsos, 513; conversibilidade de (Bretton Woods), 432; dólar americano, 432

Moeller van den Bruck, Arthur, 456

Mola, Emilio, general, 314

Molotov, Viacheslav, 278, 349

Moltke, Helmuth von, marechal de campo, 47-9, 55, 67

monarquia: constitucional, 97, 141-2, 244; italiana, 154; monarquias hereditárias, 30

Monnet, Jean, 470, 498

monumentos aos mortos em guerras e cemitérios de guerra, 116-7; túmulos do "soldado desconhecido" (Paris), 116

Morgenthau, Plano (1944), 433
mortalidade infantil, 416
mortalidade, taxas de, 415-6
Moscou, avanço alemão contra, 358
Mosley, Oswald, 119, 230, 245-6, 394
Mouvement Républicain Populaire (MRP), 497, 499
Movimento Cristão Alemão, 440
movimentos de juventude, 242, 276
mudança social, 30, 104, 495
Muggeridge, Malcolm, 180
mulheres: campanhas pelo direito ao voto, 30, 426; direito a trabalho na França (1936), 308; educação feminina, 427; emprego feminino, 93, 217, 417-9, 426; fascismo e, 242, 289; mudança do papel da sociedade, 426; na União Soviética, 396; Primeira Guerra Mundial, 90, 93; Segunda Guerra Mundial, 380, 393, 396, 475
Müller, Hermann, 207-8
Munique, tentativa de *putsch* de Hitler (1923), 161, 206
música: big bands, 463-4, 466; comercialização da, 466; jazz, 164, 188, 190, 463-6; modernista, 183; orquestras dançantes, 463, 465; popular americana, 188, 462; swing, 464-5
Musil, Robert, 26, 108
Mussert, Anton, 481
Mussolini, Benito: anexação da Albânia, 346; apoio a Franco, 315; assassinato de, 399; chegada ao poder, 151-7; culto ao Duce, 290; estado totalitário e, 284-91; Fasci di Combattimento, 151; Hitler e, 266, 269, 292, 332; invasão da Etiópia, 265; Marcha sobre Roma (1922), 155, 158; reintegração pela Alemanha (1943), 398

nacionalismo, 20-3, 33-5, 38, 45, 95, 105, 107, 121, 132, 137, 145, 147, 149, 167, 241, 247-9, 254, 260, 272, 363, 368, 414, 421, 424, 432, 435, 438, 470, 482
Nagasaki, bombardeio atômico de, 411, 521
natalidade, taxas de, 190, 415

nazismo, 22, 224, 225, 275, 292, 389, 425, 442-3, 449-50, 455, 459-61, 465, 501, 519; afinidades com o fascismo, 293; atração sobre intelectuais, 456, 457; comparação com o comunismo soviético, 460; derrota do, 489; rejeição por intelectuais, 452; resistência alemã ao, 382; *ver também* Partido Nazista
Negrín, Juan, 320
negros, músicos, 464
Neue Sachlichkeit (tendência cultural), 185
Neurath, Konstantin von, 325, 335
Nicolau II, tsar da Rússia, 30, 39, 97
Nielsen, Frederic W., 338
Nietzsche, Friedrich, 435
Nikolaiev, Leonid, 280-1
Nivelle, Georges Robert, general, 72-3
NKVD (polícia política soviética), 281, 368-9, 373
Noite das Facas Longas (Alemanha — 1934), 228, 457
Noli, Fan, 141
Normandia, desembarques dos Aliados na (1944), 361
Norte da África, 360, 363, 386-9, 392
Noruega, 168, 173, 232-3, 240, 246, 256, 356-7, 391, 400-1, 480-1, 490, 518; declínio das igrejas protestantes, 449; judeus na, 403; julgamento de crimes de guerra, 481; lei eleitoral, 31; ocupação alemã, 400
norugueses, lutando ao lado dos Aliados na Segunda Guerra Mundial, 386
Nova Zelândia, 63
Nuremberg: Leis de, 295; Tribunal Militar Internacional de, 484

O'Duffy, Eoin, 246
Odessa, pogrom de judeus em (1905), 38
Ofensiva Brusilov (1916), 70, 86
Ohain, Hans von, 422
Okhrana (polícia política tsarista), 96
Opera Nazionale Dopolavoro, 290, 293
opinião pública, 93, 135-8, 193, 260-1, 267-8, 334, 484
Oradour-sur-Glane, massacre de (1944), 406

566

Organização das Nações Unidas (ONU): Conselho de Segurança, 510; fundação (1945), 510

Organização Europeia de Cooperação Econômica (OEEC), 515, 522

Oriente Médio, 38, 43, 63, 106, 163; *ver também* Palestina

Orlando, Vittorio, 131

Orwell, George, 215, 320, 452, 459-60; *1984*, 459; *A revolução dos bichos*, 459; sobre Barcelona, 319

Otan (Organização do Tratado do Atlântico Norte), 518, 522

Otomano, Império, 17, 38, 43-4, 49, 66, 68, 76, 78, 93, 106, 163

ouro, reservas de, 28

Pacelli, Eugenio, cardeal (depois papa Pio XII), 443

pacifismo, 26, 56, 58-9, 96, 117, 261, 323, 347

Pacto Briand-Kellogg (1926), 195

Pacto de Bruxelas (1948), 518

Pacto Hoare-Laval (1936), 265

Pacto Molotov-Ribbentrop (agosto de 1939), 348

padrão-ouro, 28, 166-8, 212, 232, 432

País Basco, 32, 250, 312, 315, 317, 439

Países Baixos, 113, 140, 168, 203, 240, 247, 256, 266, 356, 377, 400-2, 418, 448, 481, 490, 518; apoio ao fascismo, 246; catolicismo no, 439; declínio do protestantismo, 437, 449; igrejas e apoio aos judeus, 445; julgamentos de crimes de guerra, 482; ocupação alemã, 401; partidos políticos depois da Segunda Guerra Mundial, 495; refugiados judeus nos, 343

Palestina, 163, 328, 344, 420, 477, 510

Papen, Franz von, 222, 236

Paris: como centro de cultura, 27, 182, 188; Exposição Universal (1900), 28

Parti Populaire Français, 249

Parti Social Français, 249

Partido Bolchevique, 98-9, 127, 276; e a paz com a Alemanha, 74; luta interna, 129; uso do terror, 128

Partido Comunista da Alemanha, 305, 490

Partido Comunista da Espanha, 314

Partido Comunista da França, 247-8, 307-8, 312, 490

Partido Comunista de Unidade Popular (Islândia), 490

Partido Conservador (Inglaterra), 245, 356, 439, 492

Partido da Pátria (Alemanha), 100, 159

Partido Fascista (Itália), 154-5, 158, 243, 255, 273, 285, 289-91, 296, 475

Partido Nacional Socialista da Hungria *ver* Cruz Flechada

Partido Nazista (Partido Nacional-Socialista dos Trabalhadores Alemães — NSDAP), 158, 206, 221, 223-5, 227, 242-3, 253, 261, 293, 296, 333, 362, 382, 422, 429, 457, 482-5, 499; *ver também* nazismo

Partido Obrero de Unificación Marxista (POUM), 319-20

Partido Operário Social-Democrata Russo (1899), 98

Partido Popular Italiano, 150, 153

Partido Rex (Bélgica), 247

Partido Social-Democrata Alemanha (SPD), 31, 499-503

Partido Social-Democrata Majoritário da Alemanha (MSPD), 100

Partido Socialista da Áustria, 253

Partido Socialista da França, 306-8

Partido Socialista da Itália, 150, 157

Partido Socialista Unificado da Alemanha (Sozialistische Einheitspartei Deutschlands — SED), 503

Partido Trabalhista (Inglaterra), 32, 59, 204, 230-1, 245, 341, 453, 491, 494

Partito Popolare Italiano (Partido Popular), 439

Passchendaele (terceira batalha de Ypres — 1917), 73, 91

patriotismo, 34, 57-8, 84, 147, 385, 435

Päts, Konstantin, 271

Paul Whiteman Orchestra, 463

Pavelić, Ante, 370, 444

Pearl Harbor, ataque japonês a (1941), 359

Pekkala, Mauno, 491

pessimismo cultural na Alemanha, 191

Pétain, Philippe, general, 72, 73, 405, 442, 445-6, 481

Petrogrado (São Petersburgo), 59, 74, 86, 97, 99, 126

Piaf, Édith, 463

Piatnitski, Osip, 283

Picasso, Pablo, 182, 188; *Guernica*, 317

Picot, François-Georges, 163

Piłsudski, Józef, marechal, 125, 145-6, 199-200, 272

Pio IX, papa, 437

Pio XI, papa, 286, 438, 441, 443

Pio XII, papa, 443, 446-9, 497

Plano Dawes (1924), 166-7, 192, 196

Plano Marshall, 513, 514-7, 520-1

Plano Schumann, 522

Ploesti, campos petrolíferos de (Romênia), 70

Ploetz, Alfred, 37

pobreza, 29, 170; e a Grande Depressão, 213-5; teste de pobreza, 214, 230

Poincaré, Raymond, 51, 56-7, 204-5, 248, 404

Politburo (URSS), 176, 278, 280, 281, 368

poloneses: como criptógrafos na Segunda Guerra Mundial, 387; lutando ao lado das Forças Armadas britânicas na Segunda Guerra Mundial, 386

Polônia: — ECONOMIA: depois da Primeira Guerra Mundial, 113; desemprego, 216; Grande Depressão, 213; instituição do złoty como unidade monetária, 199; — PRIMEIRA GUERRA MUNDIAL: consequências sobre a população, 87-90; populações deslocadas na, 93; — SEGUNDA GUERRA MUNDIAL: baixas, 353; derrota (1939), 356; devastação da guerra, 430; resistência clandestina, 366, 373; retaliação contra alemães, 478 —; Alemanha como ameaça à, 344-9; atrocidades alemãs contra, 366; autoritarismo, 272; campos de concentração, 272, 364, 366; controle soviético, 367-9, 504; Corredor Polonês, 136, 195; de-

mocracia, 145-6; eleições de 1947, 504; golpe de Estado (1926), 199; Igreja católica e apoio aos judeus na, 445; invasão alemã, 349-50, 356; pacto de não agressão com a Alemanha (1934), 264; partidos políticos, 145; política no pós-guerra, 504; Tchecoslováquia e, 344; transferências de populações, 476; Tratado de Brest-Litovski, 76; Tratado de Locarno e, 195; violência contra judeus (1946), 477; *ver também* Danzig; Galícia

Popolo d'Italia (jornal), 152

população: declínio da população da Europa, 415; migração do campo para as cidades, 417, 429

populações deslocadas, 417; depois da Segunda Guerra Mundial, 473; na Europa Oriental, 93, 115, 419, 430

Portugal, 30, 116, 203, 240, 256, 274, 375, 390-1, 417, 437, 441-2, 470, 489, 518; apoio a nacionalistas espanhóis, 316; autoritarismo em, 202, 274; Igreja católica em, 449; neutralidade na Segunda Guerra Mundial, 356, 391

Posen (Polônia), 136, 364, 366

positivismo lógico, 457

potências do Eixo, 358, 360, 386, 390

Potsdam, Conferência de (1945), 504

Pound, Ezra, 182, 455

Preysing, Konrad Graf von, monsenhor, 447

Priestley, J. B., 216

Prieto, Indalecio, 314, 321-2

Primeira Guerra Mundial: Armistício (1918), 78; consequências, 20-4; consequências políticas, 109; consequências sobre Estados, 92-108; cristianismo e, 435-7; custo econômico, 111-4; declarações de guerra, 52-3; devastação física, 112; Europa depois da, 107-8; experiências da, 79-91; frente ocidental, 72-3; frente oriental, 70, 85; horror da, 61-78; "idade de ouro" antes da, 27-40; impulso para, 40-60; medo e, 53-5; mobilização, 58, 59; pressentimento, 26; recuperação econômica, 421-2; sustentabilidade do conflito, 73

Primo de Rivera, José Antonio, 251

Primo de Rivera, Miguel, general, 142, 149, 168, 202, 250-2, 313

Princip, Gavrilo, 46

"princípio da incerteza" de Heisenberg, 183

Pripet, pântanos do, 70

prisioneiros de guerra, 108, 356, 365, 378, 391, 418, 422, 430, 473, 507

produção em massa, 173, 185, 421, 462

proteção tarifária, 168

protecionismo, 167, 209, 211, 421

protestantismo e igrejas protestantes, 437, 439-40, 449-50, 495; associação com a resistência durante a guerra, 449; declínio, 437, 449; tratamento dos judeus, 440

Protocolos dos sábios de Sião, Os (falsificação), 95, 122, 321

Proust, Marcel, 188

Prússia, 30, 53, 55, 65, 68, 90, 136, 145, 158, 161, 216, 227, 344, 366, 410

psicanálise, 182

quebra da bolsa de Nova York (1929), 165, 209, 211; *ver também* Grande Depressão

Quisling, Vidkun, 400, 481

racionamento de alimentos: Alemanha, 407; Inglaterra, 394, 424, 493; União Soviética, 395

racismo, 33, 240, 292, 295, 363, 443-4, 452

radiodifusão, 422

rádios, produção em massa de, 462

Raeder, Erich, almirante, 483

Ramadier, Paul, 499

Rank Organization, 469

Rank, J. Arthur, 469

Rapallo, Tratado de (1922), 134, 162, 195, 333

Rassemblement du Peuple Français (RPF), 498

Rathenau, Walther, 123

Redlich, Josef, 59

refugiados, 419; da Alemanha, 419; da Guerra Civil Espanhola, 419; depois da Segunda Guerra Mundial, 473; em países neutros, 391; populações deslocadas na Europa Oriental, 93, 430; russos na França, 172

Reichenau, Walter von, marechal de campo, 383

Reich-Ranicki, Marcel, 352

Reichskristallnacht (1938), 295

Reith, John, Sir, 462

relações trabalhistas, 142, 234, 309, 441

Remarque, Erich Maria, 261, 459; *Nada de novo no front*, 261

Renânia: ocupação pelos Aliados (até 1930), 194-7; remilitarização da, 266, 298

reparações depois da Primeira Guerra Mundial, 113, 136, 160, 162, 166; Plano Young (1929), 196, 207, 222

repatriações depois da Segunda Guerra Mundial, 473

República Democrática Alemã (Alemanha Oriental), 425, 433, 503, 517

República Federal da Alemanha, 420, 517, 522

resistência, movimentos de (Segunda Guerra Mundial): Dinamarca, 401; França, 387, 404, 406; Grécia, 397; Iugoslávia, 397; Noruega, 401; Países Baixos, 401-2; Polônia, 366, 373

retaliação e vingança depois da Segunda Guerra Mundial, 474-81

revolta árabe (1916), 106

Revolução Russa (1917), 20, 22, 455

Ribbentrop, Joachim von, 332, 335, 349, 483-4

Richthofen, Wolfram Freiherr von, 317

Riefenstahl, Leni, 467

Riga, batalha de (1917), 74

Riga, Tratado de (1921), 125

Robles, Gil, 251

Röhm, Ernst, 228

Rolland, Romain, 452

Roma: Cinecittà, 467; Marcha sobre Roma (1922), 154-5, 158, 243

roma, etnia (ciganos), 375

Romênia: agricultura na, 254; antissemitismo na, 444; colapso da moeda, 514; constituição (1923), 201; controle pelos comunistas, 504; desmembramento (1918), 76; expulsão de húngaros, 476; fascismo na, 254-5; garantias britânicas e francesas à, 346; judeus na, 444;

569

minorias étnicas, 254; Primeira Guerra Mundial, 70, 111; Segunda Guerra Mundial e atrocidades, 370; Tratado de Versalhes e, 133; voto feminino, 426

Roosevelt, Franklin Delano, 229, 334, 340, 358, 360, 388, 393, 431, 433

Roth, Joseph, 435

Rothermere, Lord, 245

Ruhr: ocupação francesa (1923), 113, 158; proposta de internacionalização, 515

Russell, Bertrand, 57, 454

Rússia: — PRIMEIRA GUERRA MUNDIAL: Alemanha e, 65, 68, 74; ataque turco, 66; baixas, 63, 111; declaração de guerra pela Alemanha, 52; expectativa de guerra, 49; fim da Primeira Guerra Mundial, 98; gastos de defesa, 93; mobilização, 49; planos de guerra, 55; populações deslocadas na, 93 —; ambições territoriais, 44; Armênia e, 67; Áustria-Hungria e, 51; campesinato, 129; corrida armamentista antes da Primeira Guerra Mundial, 44; medo de controle dos Bálcãs pelos alemães, 53; migração rural para áreas urbanas, 418; pogroms contra judeus, 36, 38; relações com a Inglaterra, 43; revolução de 1905, 31, 33, 38; Sérvia e, 42; *ver também* Revolução Russa; União Soviética

salários: Alemanha, 211; de trabalhadores de fábricas, 172; depois da Primeira Guerra Mundial, 110

Salazar, António de Oliveira, 202, 274, 316, 442, 449

salões de baile, 180, 347, 461, 464

São Petersburgo, 27-9, 33, 51-2, 56, 59, 67, 97, 126

Sarajevo, assassinato do arquiduque Francisco Fernando em, 41

Sarre, 135, 194, 196

saúde pública, 309, 416; melhora na saúde materna, 416

Sazonov, Serguei, 51

Schacht, Hjalmar, 238, 325

Schell, Margarete, 478

Schiller, Friedrich, 183

Schleicher, Kurt von, general, 222, 228

Schlesswig, 136

Schlieffen, Alfred Graf von, general, 55, 64

Schmitt, Carl, 457

Schnitzler, Arthur, 105

Schoenberg, Arnold, 183, 188

Schumacher, Kurt, 501-2

Schuschnigg, Kurt von, 254, 335

Sedan, batalha de (1870), 54

Seeckt, Hans von, general, 160

Seghers, Anna, 452, 459

Segunda Escola Vienense, 183

Segunda Guerra Mundial: aliança fragmentada depois da, 509; atrocidades, 363-79; baixas, 353; caminho para, 304, 332; como "guerra total", 423; destruição deixada pela, 472-4; experiência de civis durante, 390-408; experiências de soldados na, 380-90; Grande Aliança (Inglaterra, Estados Unidos e União Soviética), 361; impacto social, 425-30; morte de civis, 353; natureza genocida da, 354, 379; países neutros, 356, 390-2; primeira fase, 356-7; recuperação econômica depois da, 421; retaliação e vinganças violentas depois da, 474-81; segunda fase, 357-60; significado permanente da, 408-11; terceira fase, 361-2; últimos meses de paz antes da, 342-52

segurança coletiva, política de, 264, 333

seguro-desemprego, 115, 173, 207, 211

Sérvia: Áustria-Hungria e, 41, 46, 49; Kosovo e, 144; nacionalismo sérvio, 45; Primeira Guerra Mundial, 65, 68, 111

Serviço Nacional de Saúde (Inglaterra — 1948), 493

sérvios, atrocidades da Ustaša contra, 370

Seyss-Inquart, Arthur, 445

Shaw, George Bernard, 37, 219

Shirer, William, 346, 352, 406

Sicília, desembarques dos Aliados na (1943), 360-1

Sikorski, Władisław, general, 387

Silésia, 124, 133, 136, 195, 344, 365-6, 465
Simon, John, Sir, 328
Sinatra, Frank, 463
sindicatos, 31-2, 58, 94, 114, 153-4, 159, 171-2, 234, 236, 241, 245, 250, 272, 293, 308-9, 319, 405, 428, 498-9
sinti, etnia, 375
sionismo, 163
Síria, 163
Słomka, Jan, 87, 89-90, 113
Słonimski, Antoni, 453
Smigly-Rydz, Edward, general, 272
Snowden, Ethel, 115, 123
Snowden, Philip, 115, 230-1
Sobibor (Polônia), câmaras de gás em, 376
social-democracia, 31, 48, 203, 208, 239, 305, 433, 490-1
socialismo: contrarrevoluções e, 122; declínio depois da Grande Depressão, 239; depois da Primeira Guerra Mundial, 139; partidos políticos, 31; visto como ameaça pela direita radical, 241
SOE (Executiva de Operações Especiais britânica), 396
soldados: álcool e, 83; combate corpo a corpo, 80-1; depois da Primeira Guerra Mundial, 118; desemprego, 110-2; deserção, 85-6, 101; desmobilização, 110, 112; disciplina, 84; experiências na Primeira Guerra Mundial, 78-91; fatalismo, 83; feridos e mutilados, 83, 114; ferimentos, 84; medo, 83; moral, 84-5; religiosidade de, 436-7; rendição, 86, 101; visão da morte, 79; visão do inimigo, 81
Somme, batalha do (1916), 69
Somme, ofensiva alemã do (1918), 77
Speer, Albert, 424, 484
Spender, Stephen, 452
Spengler, Oswald, 191-2
Sperber, Manes, 306-7, 351, 452, 454
squadristi (paramilitares fascistas), 153-5, 286
Ståhlberg, Kaarlo Juho, 143
Stálin, Ióssif: acordo de Yalta e, 409; aproximação com a Alemanha, 333; autodetermina-

ção, 132; avanço alemão contra Moscou e, 359; controle do Partido Bolchevique, 127-9; controle do Partido Comunista, 278, 281; culto à personalidade de, 279-80, 385; deportações em massa ordenadas por, 419; execuções ordenadas por, 368; expurgos de, 280-2, 327, 341, 452; Guerra Civil Espanhola e, 316; opinião de intelectuais sobre, 452-3; paranoia em relação a adversários, 280; personalidade, 282; política econômica soviética, 176-8; recusa de ajuda americana, 508, 515; segurança no pós-guerra, 511; stalinismo, 148, 275, 453-4, 459, 461, 506-7; Tito e, 506
Stalingrado, batalha de (1942-3), 360
Stamboliiski, Alexander, 141, 200
Stauffenberg, Claus Schenk Graf von, coronel, 382
Stavisky, Alexandre, 248
Stepinac, Alojzije, arcebispo da Croácia, 444
Stopes, Marie, 218
Strachey, John, 452
Strasser, Gregor, 228
Stresa, conferência de (1935), 263
Stresemann, Gustav, 165, 193-7, 206-7
Stuttgart, 185, 450
submarinos, 62, 71-2, 135, 359, 392
Sudetos, 336-7, 339, 343, 346, 476, 478-9; ver também Tchecoslováquia
Suécia, 159, 168, 170-1, 212, 214, 218, 221, 232-3, 246, 256, 375, 390-1, 403, 490; Alemanha e, 391; consequências da Primeira Guerra Mundial na, 112; declínio das igrejas protestantes, 449; Instituto Sueco de Biologia Racial, 191; neutralidade na Segunda Guerra Mundial, 356, 391; recuperação da Grande Depressão, 232
Suíça, 21, 29-30, 37, 64, 99, 106, 140, 203, 240, 243, 256, 266, 375, 390-1, 490; apoio ao fascismo na, 246; declínio do protestantismo, 437, 449; neutralidade na Segunda Guerra Mundial, 266, 356, 390; voto feminino, 426
Suñer Ordóñez, Enrique, 321

superpotências, 24, 25, 409, 434, 509-10, 518, 521
surrealismo, 182
Sykes, Mark, Sir, 163
Szálasi, Ferenc, 256, 273, 397
Szpilman, Władislaw, 382

Tannenberg, batalha de (1914), 65, 71
tanques de guerra, 62, 73, 77, 84, 323, 357, 361, 422, 431
Tardini, Domenico, monsenhor, 444
Tauber, Richard, 465
Taylor, Frederick Winslow, 173
tchecos nas Forças Armadas Aliadas na Segunda Guerra Mundial, 386
Tchecoslováquia, 22, 106, 133, 138, 143, 168, 195, 198-9, 210, 325-6, 331-2, 334, 336-9, 341-7, 355, 396, 427, 453, 458, 476-9, 514, 517; agricultura, 174; aliança com a França, 264, 332; ascensão comunista (1948), 491, 505; democracia, 143, 198, 256; economia, 211; expurgos no pós-guerra, 482; invasão alemã (1939), 256; judeus na, 123; ocupação alemã, 418; pacto com a União Soviética (1935), 264; partido comunista, 199, 504; política externa (1937-8), 334, 344; retaliação contra alemães, 478; Sudetos (1938), 336; transferências de populações, 476
teatro alemão, 187
tecnologia: crescimento econômico e, 421; eletrodomésticos modernos, 170; entretenimento de massas e, 461; guerras modernas e, 54
Teerã, Conferência de (1943), 361
telefone, propagação do, 170
Teoria da Relatividade, 183
Teresa de Lisieux, santa, 437-8
teste de pobreza, 214, 230
Thalheimer, August, 452
Tirol do Sul, 21, 133
Tiso, Jozef, 444
Tisza, István, conde, 47
Tito, Josip Broz, 371, 397, 506, 512

Togliatti, Palmiro, 496
totalitarismo, 460, 512
trabalhadores: imigrantes, 172; serviço compulsório na Primeira Guerra Mundial, 94; trabalho escravo na Segunda Guerra Mundial, 366; trabalhos forçados, 367, 418
Transilvânia, 133
Transjordânia, 163
Treblinka, campo de extermínio de, 376
trens na Primeira Guerra Mundial, 60
Tresckow, Henning von, general, 382
Tribunal Militar Internacional (Nuremberg), 484
trincheiras, 64, 83, 87, 91, 110, 122
Trótski, Liev, 99, 122, 126, 176-7, 280-1, 452
Truman, Harry S., 512
Tukhachevski, Mikhail, 284
Turíngia, 159, 160, 183
Turquia, 17, 66, 78, 106, 120, 130, 375, 390, 392, 415-7, 434, 512; como república parlamentar (1923), 138; declaração de guerra à Alemanha (1945), 392; neutralidade na Segunda Guerra Mundial, 356, 392; pressão soviética sobre a, 512; Tratado de Lausanne e, 120; troca de população com gregos, 419

Ucrânia, 36, 70, 75, 89, 112, 126, 179-80, 354, 372-4, 423, 454, 476, 479; devastação da guerra, 430; fome (1932-3), 179; fome (1946), 507; guerrilheiros nacionalistas ucranianos, 374; igrejas, 445; invasão alemã, 358, 372; judeus ucranianos, 374; pogroms contra judeus, 122, 372; transferências de populações, 476; Tratado de Brest-Litovski, 76
Ulbricht, Walter, 502
Umberto I, rei da Itália, 46
União Britânica de Fascistas (BUF), 119, 245-6
União Democrática Cristã (Christlich Demokratische Union Deutschlands, CDU), 499
União Soviética: — ECONOMIA: coletivização da agricultura, 178-9, 276; escassez de alimentos e fome, 126-7, 177-9, 276; exportações de grãos, 174; leis trabalhistas (1938), 284; na

Segunda Guerra Mundial, 395; Nova Política Econômica, 175-6, 275; planejamento industrial, 176-8; planos quinquenais, 178, 275, 280, 284; recuperação pós-guerra, 506-10; — PÓS-GUERRA: expurgos de colaboracionistas, 480; poderio militar, 510; repatriação para a, 473; repressão, 506; — SEGUNDA GUERRA MUNDIAL: avanço contra a Alemanha, 362; baixas, 353; dificuldades de civis, 395; invasão alemã (1941), 357-8, 373, 383; mortes de civis, 353; Operação Bagration, 361-2 —; Alemanha e, 162, 264; burocracia, 278; Cominform, 516; como superpotência, 409, 510; constituição (1936), 275; deportações em massa, 419; desilusão do Ocidente, 459; distanciamento da Europa, 130, 259; expurgos (1937-8), 280-4; Guerra Civil Espanhola e, 320-1; Guerra Fria, 459; ilusões de intelectuais quanto ao comunismo soviético, 453-4; indústria cinematográfica, 467; julgamentos-espetáculo, 281; Liga das Nações e, 264; movimento de juventude (Komsomol), 276; mulheres na força de trabalho, 419; natureza da ditadura soviética, 274-84; ocupação da Polônia oriental, 367-9; organização do Partido Comunista, 278, 280; Pacto Molotov-Ribbentrop (agosto 1939), 348; Politburo, 176, 278, 280-1, 368; população soviética, 415; proposta de uma "grande aliança" com a Inglaterra, 341; uso do terror, 127, 282-3, 302, 507; vida na, 275, 430; *ver também* Rússia; Stálin, Ióssif

Uppsala, 191

urbanização, 415, 461

Ustaša, fascistas da (Croácia), 370

Usti nad Labem (Aussig), massacre de alemães em (1945), 478

utopias/ideais utópicos, atração sobre intelectuais, 451, 455

Valera, Éamon de, 393

Varsóvia: destruição de (1945), 472; Levante de (agosto de 1944), 387

Vaticano, 202, 264, 390, 441-4, 446-7, 449, 483; concordatas com a Alemanha, 442; conheci-

mento de genocídio de judeus, 446; Tratado de Latrão (1929), 202, 441, 449; *ver também* Pio XI, papa; Pio XII, papa

Veneza, Festival de Cinema de, 467

Venizelos, Eleftherios, 140

Verdun, 68-70, 72, 77, 79, 84, 436

Vernet, Madeleine, 118

Versalhes, Tratado de (1919), 22, 109, 136, 193-4, 197, 201, 220, 262-3, 298; fronteiras e, 21, 130; remilitarização da Renânia e, 269; visão alemã do, 135-6; *ver também* reparações

vias expressas alemãs (*Autobahn*), 293

Viena, 28-9, 36, 46, 50, 60, 112, 147, 198, 212, 216, 335, 339, 465; antes da Primeira Guerra Mundial, 27, 56; depois da Primeira Guerra Mundial, 115; novas habitações, 170

Vietnã, República Democrática do, 510

violência política, 118-9, 160, 200, 202, 354, 370; *ver também* fascismo; nazismo

Vítor Emanuel III, rei da Itália, 154

Vittorio Veneto, batalha de (1918), 105

Viviani, René, 51

voluntários na Primeira Guerra Mundial, 59

Voroshilov, Kliment, general, 284

voto, direito ao: ampliação do, 138, 150; feminino, 426; masculino, 30

Wat, Aleksander, 452-3

Waugh, Evelyn, 458

Wayne, John, 470

Webb, Beatrice, 453

Webb, Sidney, 37, 453

Weber, Max, 186, 435

Webern, Anton, 183, 188

Weimar: cultura de, 184, 187; República de, 183, 299, 439-40, 452, 499-500

Weissenhof, conjunto, 185

Weizsäcker, Ernst von, 447

Welles, Orson, 470

Wells, H. G., 37

White, Harry Dexter, 432

Whiteman, Paul, 463

Whittle, Frank, 422

Wigan (Inglaterra), 214-5

Wilson, Woodrow, 71, 74-5, 78, 89, 102, 130-1, 138, 509

Winnington-Ingram, Arthur, bispo de Londres, 435

Wittgenstein, Ludwig, 457

Woodruff, William, 347, 351, 389

Woolf, Virginia, 183, 188

Yalta, Conferência de (1945), 409, 504

Yejov, Nikolai, 282

Ypres, batalha de (1917), 72

Zeitgeist (espírito da época), 180-1

zepelim alemão, 62

Zinoviev, Grigori, 176-7, 280-1

Zog (Ahmed Bey Zogu), rei da Albânia, 141, 200

Zurique, 182, 390

Zweig, Stefan, 56, 352, 459

ESTA OBRA FOI COMPOSTA PELA SPRESS EM DANTE E IMPRESSA EM OFSETE
PELA RR DONNELLEY SOBRE PAPEL PÓLEN SOFT DA SUZANO PAPEL E CELULOSE
PARA A EDITORA SCHWARCZ EM OUTUBRO DE 2016

A marca FSC® é a garantia de que a madeira utilizada na fabricação do papel deste livro provém de florestas que foram gerenciadas de maneira ambientalmente correta, socialmente justa e economicamente viável, além de outras fontes de origem controlada.